Norbert Harlander
Clemens Heidack
Friedrich Köpfler
Klaus-Dieter Müller

Personalwirtschaft

Norbert Harlander
Clemens Heidack
Friedrich Köpfler
Klaus-Dieter Müller

Personalwirtschaft

3., überarbeitete Auflage

verlag
moderne industrie

Die Deutsche Bibliothek – **CIP-Einheitsaufnahme**

Personalwirtschaft / Norbert Harlander
. . . – 3., überarb. Aufl. – Landsberg/Lech : Verl.
Moderne Industrie, 1994
Bis 2. Aufl. u.d.T.: Praktisches Lehrbuch Personalwirtschaft
  ISBN 3-478-39373-6
NE: Heidack, Clemens

3., überarbeitete Auflage 1994
2., völlig überarbeitete und erweiterte Auflage 1991

© 1985 verlag moderne industrie, 86895 Landsberg/Lech
Umschlaggestaltung: Hendrik van Gemert, 86925 Fuchstal-Leeder
Satz: H. Buck, 84036 Kumhausen
Druck- und Bindearbeiten: Kösel, 87409 Kempten
Printed in Germany 390 373/11943001
ISBN 3-478-39373-6

Inhaltsverzeichnis

Vorwort zur 3. Auflage

Unter den Bedingungen des immer rascheren technologischen Wandels in Produktion und Dienstleistung, gewinnt die Personalarbeit nicht nur an Bedeutung, sondern erhält eine neue Qualität. Die Nutzung des Mitarbeiterpotentials ist dabei immer mehr zum kritischen Erfolgsfaktor von Unternehmen geworden.

Die Aktualisierung der 3. Auflage der ,,Personalwirtschaft'' versucht, den neuen Entwicklungen und Erkenntnissen des jüngsten Wirtschaftszyklus Rechnung zu tragen. Hierzu gehören vor allem die Entwicklungen im Rahmen der Lean-Philosophie sowie Optimierung der Qualität und Qualifikation (TQM).

Kernaussage der Philosophie des Lean-Managements ist die Wertschöpfung
- durch konsequente Konzentration auf die Primäraufgabe(n) sowie die Prozeßverkettung im Betrieb
- durch umfassende kommunikative Vernetzung des beteiligten Umfeldes mit allen Ressourcen intern im Unternehmen und extern am Markt. Dabei sind Arbeiten und Lernen im Team in den Vordergrund gerückt und Leistungssteigerung bzw. Leistungsverdichtung eng mit Lernen verbunden.

Der ganzheitliche Zusammenhang der externen und internen Ausgestaltung der Personalarbeit wird strategisch und operativ durch das Einbeziehen des Personalmarketing, der Personallogistik und eines übergreifenden Personalcontrolling aufgezeigt.

Leistungssteigerung verlangt konzeptionell eine Strukturoptimierung. Die strategische Realisierung erfordert aus ganzheitlicher Sicht eine quantitative und qualitative Personalanpassung in einer gegenläufigen Gestaltungsorientierung: quantitativen Personalabbau/qualitativen Personalaufbau. Formen der kooperativen Selbstqualifikation erscheinen besonders effektiv, was partnerschaftliche Handlungs- und Führungskompetenz voraussetzt, die im fördernden Klima einer Unternehmenskultur für Personal- und Organisationsentwicklung gedeihen.

In der Neufassung des Kapitels ,,Personalbedarfsdeckung und -anpassung'' und durch Einfügen des neuen Abschnitts ,,Personalfreisetzung'' wird die aktuelle Problematik der Personalanpassung eingehend behandelt.

Die Grundlagen und Anforderungen an eine praxisbezogene Personalwirtschaft haben die Verfasser bereits in der ersten Auflage dargestellt. Diese werden in der vorliegenden dritten Auflage entsprechend den aktuellen Weiterentwicklungen vertieft.

Aachen, Düsseldorf, Koblenz, Münster, im Oktober 1994

Die Verfasser

1. Grundlagen und Grenzen – betriebliche Personalwirtschaft im Ordnungsgefüge von Gestern und Heute

1.1 LEAN... und was kommt danach? – Neuorientierung und Fragestellungen an die betriebliche Personalwirtschaft

Der dramatische Personalabbau in der letzten rezessiven Wirtschaftsphase hat auf negative Weise gezeigt, daß der Mensch der flexibelste Produktionsfaktor ist, und wie die „Lean-Philosophie" als Anleitung zum „Einfachen" und „schnellstmögliches" Handeln zum Alibi restriktiver Personalwirtschaft werden kann. Die Möglichkeiten und Grenzen der Personalwirtschaft sind zur Enttäuschung einiger Optimisten einmal mehr deutlich geworden. Dennoch geht den Trend der Neuorientierung der Personalarbeit, insbesondere in Richtung einer strategischen Personalanpassung im Sinne des Lean-Managements weiter, denn Strukturwandlungen der Märkte und die Nutzung technischer Neuerungen stellen in allen hochindustrialisierten Wirtschaftsbereichen das Management vor sich ähnelnde Herausforderungen, die Personalanpassungen erfordern. Die Probleme müssen jedoch situationsspezifisch erarbeitet werden, mit Menschen, denen unterschiedlich Orientierungen über ihre Tätigkeit im Unternehmen vermittelt wurden. War das Unternehmen gemäß seiner Unternehmenskultur in der Personalarbeit vorher im Umgang mit seinen qualifizierten Mitarbeitern konsequent und kompetent, so ist es auch leichter, in der Krise das Hauptproblem der betrieblichen Personalarbeit, die Integration des Menschen als Mitarbeiter in das sozio-technische und sozio-ökonomische Arbeitssystem des Unternehmens, gemeinsam zu meistern. Insbesondere mit Blick auf Ostdeutschland ist dies bisher nicht oder zumindest zu wenig in der erhofften Zeit oder gar zur Zufriedenheit gelungen. Über diese momentanen Gegebenheiten hinaus dient dem allgemeinen Verständnis, zunächst die unterschiedlichen Auffassungen aufzuzeigen, um einen besseren Überblick von verschiedenen Standpunkten zu erhalten.

Bei der Frage nach dem Verständnis einer betrieblichen Personalwirtschaft sind die Antworten so vielgestaltig, daß eine einheitliche Klärung unwahrscheinlich, wenn nicht gar unmöglich ist.

Praktiker wie Theoretiker vertreten unterschiedliche Auffassungen. Bei den Praktikern gilt es zu unterscheiden, ob sie auf der Seite der Arbeitgeber oder der Arbeitnehmer zu finden sind. Bei den ersteren wiederum ist die politische Einordnung häufig genauso entscheidend wie ihre Einstellung zum Menschen schlechthin. Traditionelle Vorstellungen von Unterordnung stehen progressiven Überlegungen von hierarchischer Gleichheit unter Umständen unversöhnlich gegenüber. Mittler zwischen beiden Lagern bevorzugen zumeist Zwischenlösungen und bauen auf die Entwicklung in diese oder jene Richtung. Bei den Arbeitnehmern selbst sind die Meinungen über Wesen und Aufgaben einer Personalwirtschaft genauso kontrovers. Sozialem Engagement mit direktem Unterstützungscharakter steht dabei häufig die Idee der Selbsthilfe und Eigenverantwortung gegenüber.

Darüber hinaus finden sich auch Ohnmachtsphänomene einerseits und kämpferischer Gestaltungswille andererseits.

Bei einer Einbeziehung der Vertretungen von Arbeitgebern und Arbeitnehmern sowie der leitenden Angestellten wird das Bild noch differenzierter und das Meinungsspektrum weitläufiger. Wissenschaftler werden zitiert und widerlegt. Zumindest scheint auch die Berufung auf sie nicht wesentlich zielführender. Eine philosophische Betrachtungsweise beginnt meist beim Wesen und der Zielbestimmung eines Menschen und führt Wertbegriffe und darauf aufbauende Prinzipien und Verhaltensweisen ein. Der Psychologe – insbesondere der Betriebs- oder Führungspsychologe – nimmt einiges davon auf und stellt die spezielle Struktur oder Dynamik des Menschen heraus. Je nach seiner wissenschaftlichen Schule hebt er auf Verhaltens-, Bedürfnis- oder Beziehungsfragen ab und artikuliert seine spezielle Fragestellung an die Personalwirtschaft und ihr Instrumentarium. Ähnlich verwirrend sieht es in der Soziologie aus. Klassische Betriebssoziologen geben andere Antworten als die Organisationssoziologen und berufen sich dabei auf langjährige praktische Erfahrungen, die von den zweiten energisch und vehement zurückgewiesen werden. Struktur ist der Geheimcode der ersten, Prozeß der der zweiten. Personalwirtschaft ist das, was sich auf den verschiedenen Betriebsebenen herauskristallisiert hat oder das, was dabei ist sich zu entwickeln im Gegen- oder Miteinander aller Beteiligten.

Auch die Wirtschaftswissenschaftler melden sich zu Wort und identifizieren die Personalwirtschaft als den Gegenstand, der einzig ihrer Wissenschaft zuzuordnen ist. Allerdings ist damit die Gemeinsamkeit auch schon zu Ende. Prozeßtheoretiker zählen diese Managementfunktion zur Beschaffungsaufgabe, die mit der Materialwirtschaft und der Finanzwirtschaft zusammen insgesamt den betriebsnotwendigen Input an Material, Betriebsmittel, Dienstleistungen, Arbeitskräften, Geld und Kapital sowie Rechten zu organisieren, zu bewirtschaften und für Produktion und Absatz aufzubereiten und abzusichern hat. Die Faktortheorie dagegen sieht den Menschen als Produktionsfaktor, der nach der Frage optimaler Ergiebigkeit eingesetzt werden muß. Unterstützung erhält sie dabei von der Entscheidungstheorie, die quantitative Aspekte noch weiter herausstellt und auf der Basis von betriebswirtschaftlichen Modellen konkret rechnet. Der Systemtheoretiker nimmt für sich in Anspruch, die gesamte betriebliche Transformationsaufgabe nicht nur technologisch, sondern auch als menschlichen Prozeß in Augenschein zu nehmen und so Verbindungen zu den Nachbardisziplinen der Psychologie und Soziologie zu schlagen. Vertreter eines betriebswirtschaftlichen Marketing-Ansatzes und deren Kritiker und/oder Überwinder im Sinne eines Human Concepts sprechen von Personalmarketing und halten dafür, daß der Mitarbeiter schließlich nicht nur ökonomisch festgelegt ist.

Wenn also auch aus der Sicht der Wissenschaft keine eindeutige Antwort gegeben wird, so sind vielleicht diejenigen zu Konkretisierungen oder praktischen Hinweisen fähig, die sich die Gestaltung eines Gemeinwesens zur Aufgabe gemacht haben. Welche Vorstellungen haben nun die Ordnungspolitiker entwickelt, die zumindest für die Bundesrepublik Deutschland Rahmenbedingungen artikuliert haben, nach denen die Menschen in diesem Gemeinwesen ihre Beziehungen untereinander gestalten? Dies könnte ja dann Modellcharakter für die Unternehmen haben. Oder konkreter gefragt: Welche Ordnungsrahmen liegen vor, und wie wird dort die gesellschaftliche Aufgabe des Bürgers im weitesten Sinne definiert, und wo werden ihm konkrete Grenzen gesetzt? Die politische, gesellschaftliche Rechts- und Wirtschaftsordnung sprechen zwar unterschiedliche Ebenen menschlicher Existenz an, sind aber doch wohl einer gemeinsamen Grundidee unterzuordnen, die mit dem Begriffspaar „Freiheit und Bindung" nur oberflächlich gekennzeichnet ist. Diese Grundlage schließlich ist ja auch nur im historischen Kontext zu verstehen. Sie ist die Quintessenz eines Volkes aus historischen Erfahrungen, aus Irrungen und Wirrungen vieler Jahrhunderte und aus einem dadurch initiierten Entwicklungsprozeß, ohne daß damit eine Wertung vorgenommen wurde. Entwicklung meint dabei, daß alte Strukturen noch genauso präsent sind, wie neue zunehmend erkennbar werden. Allerdings muß darunter auch das verstanden werden, was als Chancen und Risiken in politischen Ordnungssystemen enthalten ist, in wissenschaftlichen Systemüberlegungen keimt und in den täglichen Erfahrungen der Chefs, Vorgesetzten und Mitarbeiter gelebt wird.

Betriebliche Personalwirtschaft ist damit in ein ungemein komplexes System von Zielen, Erwartungen, Meinungen, Wünschen und Enttäuschungen gestellt. Die direkt Beteiligten sind klar bestimmt. Es sind diejenigen, die über das Kapital in einer Unternehmung verfügen, diejenigen, die das Unternehmen nach außen und innen managen, diejenigen, die in der 2. und 3. Leitungsebene nach unten als Vorgesetzte und nach oben als Mitarbeiter agieren und schließlich vor allem diejenigen, die Leitung über sich ergehen lassen oder als Hilfe empfinden und im praktischen Tun den Schlußakkord setzen. Last but not least ist auch und vor allem an diejenigen zu erinnern, die in der betrieblichen Funktion der Personalwirtschaft selbst tätig werden und dort konkrete Funktionen wahrzunehmen haben. Wie sie dies tun, hängt nicht nur von dem vorgegebenen Gestaltungsspielraum, nicht nur von ihrer Einstellung zum Menschen, nicht nur von ihrem eigenen Gestaltungswillen, sondern auch von den indirekt Beteiligten ab. Dies sind die Betriebswirte, Soziologen und Psychologen, die alleine in ihren Denkkategorien oder gemeinsam und miteinander Gestaltungsmöglichkeiten erarbeiten, vorstellen und für die Praxis aufbereiten. Schließlich gehören zu dieser Gruppe die Philosophen, die das Bild vom Menschen den Kategorien von Raum und Zeit unterordnen und im Wechselspiel diese beein-

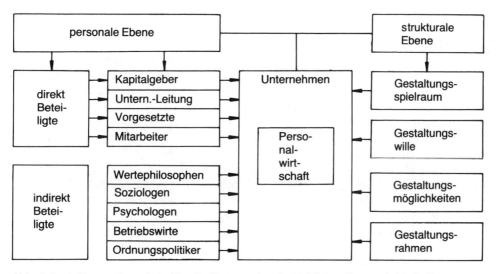

Abb. 1.1 – 1: Personale und strukturelle Ebenen einer betrieblichen Personalwirtschaft

flussen und von diesen beeinflußt werden. Den umfassenden Gestaltungsrahmen geben letztlich die Politiker ab, wenn sie in Rede und Gegenrede Perspektiven zur Ausgestaltung der Ordnungssysteme entwickeln.

Sie alle tragen Verantwortung für den Menschen in seiner Arbeit und damit einem gewichtigen Teil seiner Existenz. Sie alle sind gefordert, die Konturen der Organisation im Sinne eines Werdens und Seins mitzugestalten, damit das mögliche Spektrum einer betrieblichen Personalwirtschaft offener zutage tritt und die Möglichkeiten, aber auch die Grenzen erkennbarer werden. Personalwirtschaft kann Spannungsfeld, aber auch Kraftquelle betrieblicher Aktivitäten zwischen Umfeld und Unternehmen einerseits und allen Beteiligten andererseits sein.

1.2 Mensch und Arbeit – das Phänomen Arbeit im Wechsel der Geschichte

1.2.1 Menschheitsgeschichte im Spiegel der Arbeit

Die Entwicklung und Geschichte der Menschheit ist begleitet und durchdrungen von der Geschichte der Arbeit; die bewußt gestaltete Tätigkeit des Menschen mit seinen geistigen und körperlichen Gegebenheiten, die Möglichkeit, seine Existenzsicherung und seine Existenzerleichterung zu betreiben bestimmt und beherrscht das Leben und die Entwicklung des Menschen in einer so totalen Weise, daß sich die Frage stellt, ob die Gestaltungsformen der Arbeit nicht überhaupt die treibenden Kräfte in der Entwicklung der Menschheit sind. Die Veränderungen von einer Geschichtsepoche zur anderen sind durch alle Zeiten gekennzeichnet von einer Neugestaltung menschlicher Arbeit. Veränderte Haupttätigkeitsbereiche, neue Organisationsformen – zum Beispiel die Ausbildung von Berufen als Folge von Spezialisierung der Schaffenden oder die Verwendung anderer Materialien für die Herstellung von Werkzeugen – sind bestimmende Merkmale von Geschichtsepochen. Entwicklungsstand und Kultur einer Rasse, eines Volkes, eines Stammes erschließen sich uns aus der Art, wie Menschen gestaltend in die Natur eingriffen, welche Werkzeuge sie dafür entwickelten und welche Ergebnisse sie dabei erzielten. Nach der vorherrschenden Art von Arbeit, die dem Menschen von seinem Entwicklungsstand aufgezwungen war, oder dem für die Herstellung von Werkzeugen und Waffen überwiegend verwendeten Material benennen wir die markanten Epochen der Menschheitsgeschichte und kennzeichnen damit unterscheidend die Besonderheiten von Kulturen, Rassen und Völkern. Jäger und Sammler, Ackerbauer und Viehzüchter, Steinzeit, Bronzezeit, Eisenzeit, die Zeit des Handwerks, der Manufaktur, der Industrie, das Maschinenzeitalter, die Ära der Automation, die Epoche der Elektronik und Halbleiter sind Kennzeichnungen sich chronologisch und anthropologisch unterscheidender Phasen der Menschheitsentwicklung. In der Eigenart der in ihr mehrheitlich anzutreffenden Betätigungen, den vorherrschenden Werkzeugmaterialien, der überwiegenden Form der Arbeitsorganisation erschließen sich uns rückschauend die Lebensbedingungen und die bestimmende Art der Lebensmeisterung in den Epochen. Deutlicher und umfassender als mit dem Blut der Kämpfenden wird die Geschichte geschrieben und beschrieben mit dem Schweiß, der Not und der Hoffnung der Arbeiter.

20

1.2.2 Soziale Wirklichkeiten

Wirklichkeit im sozialen Bereich ist keine stabile Größe. Sie ist das Ergebnis von wechselnden, auf den Menschen wirkenden materiellen und immateriellen Einflüssen.

Materielle Gegebenheiten und geistig-ideelle Gestaltungsvorstellungen bestimmen gleichermaßen, wenn auch mit wechselnder Intensität, die gesellschaftlichen Wünsche und die gesellschaftliche Stellung des Menschen. Welcher Anteil dem einzelnen Menschen an den Gütern dieser Erde gewährt oder wenigstens zuerkannt wird, hängt ab von dem in der Zeit vorherrschenden Menschenbild. Das Menschenbild wird geformt von den Wertvorstellungen, die dem menschlichen Sein von den meinungsbildenden, den Anspruch, die Wirklichkeit zu erfassen, erhebenden Denkern und ihren Anschauungen zugemessen werden. Philosophen und ihre Gedanken, bekannte und unbekannte, raum- und zeitübergreifende und solche von nur lokaler und kurzzeitiger Bedeutung, Religionsstifter und Religionslehrer formen die Vorstellungen vom Menschen und die Art und Weise, wie der einzelne zu leben hat, wie sein Verhältnis zur menschlichen Gemeinschaft ist, wie er sich in seiner Wesenheit selbst verstehen und verwirklichen kann und sich in seinem Verhältnis zum Sinn des Lebens zu begreifen hat. Die Philosophen zeichnen den Raum vor, in dem die sich verändernden sozialen Wirklichkeiten die Lebensbedingungen und Lebenserwartungen bestimmen. Ob der Mensch als eine Sache verstanden wird, an der man Eigentum erwerben kann (Sklaverei), oder als ein Wesen mit eigener unantastbarer Würde begriffen wird (Grundgesetz), ist eine philosophische Frage. Die Art ihrer Beantwortung aber führt zu einem grundverschiedenen Menschenbild: Je nachdem, ob die Annahme vorherrscht, alle Menschen seien gleich oder Menschen seien durch Geburt, Stand, Rasse oder Religion mit unterschiedlichen Privilegien ausgestattet, ist die Folge nicht nur ein grundverschiedenes Rechtssystem, sondern − aufgrund eines gänzlich unterschiedlichen Menschenbildes − auch ein prinzipiell anders gestalteter wirtschaftlicher und sozialer Lebensraum.

Drei grundsätzliche Ansätze bestimmen den Grundton des Menschenbildes, das sich dann im Lichte der verschiedenen philosophischen Schulen ausformt.

Das idealistische Menschenbild geht davon aus, daß der Mensch ein von Anfang und im Anfang bestimmtes, konkretes Wesen ist, das einen festen und unabänderlichen Stand und Sinn im Gefüge des Seienden hat.

Das materialistische Menschenbild sieht den Menschen und vor allem auch seine Wertvorstellungen und nicht nur seine physischen und physiologischen Bedürfnisse als Funktion der ökonomischen Verhältnisse. Bestimmend sind beim materialistischen Menschenbild die wirtschaftlichen Bedingungen, unter denen der Mensch aufwächst und lebt. Sie prägen nach dieser Auffassung das Wertgefüge und entscheiden darüber, welche moralischen und ethischen Vorstellungen sich entwickeln.

Das existentialphilosophische Menschenbild sieht im Menschen eine nicht vorherbestimmte, undeterminierte Möglichkeit, deren Ausformung erst im Augenblick der eigenen Seinserfahrung oder in der Verwirklichung eines eigenen Lebensplanes geschieht. Das von den Philosophen als Modell vorgegebene Bild vom Menschen, seinem Sinn, seiner Aufgabe und seiner Bestimmung läßt soziale Systeme verschiedener Gestalt und mit unterschiedlicher Stellung des Menschen entstehen. Soziale Wirklichkeiten erscheinen so als Funktionen der sich ändernden Menschenbilder. Die Art, wie wir uns selbst verstehen und mit unseren Mitmenschen umgehen, wird bestimmt von dem leitenden Menschenbild. Personalführung, Personalwesen und Personalwirtschaft geschieht deshalb immer vor dem Hintergrund eines bewußt gewählten oder intuitiv verfolgten Menschenbildes (s. auch: Kap. Wertephilosophie und verhaltenswissenschaftliche Aspekte).

Das Wort Mensch leitet sich ab von dem althochdeutschen (ca. 700 bis ca. 1100 n. Chr.) Ausdruck *mannisco*, der als Adjektiv zum Begriff Mann gehört. Wie stark ein Menschenbild – hier die alleinige oder doch überragende Wertigkeit des Mannes und der Männlichkeit – die soziale Wirklichkeit bestimmt, wird deutlich, wenn man bedenkt, daß in Religion, Politik, Gesellschaft und Wirtschaft über Jahrhunderte hinweg bis über unsere Gegenwart hinaus der Wert der Frau eine Gleichberechtigung verhinderte und das durch keine A-priori-Gegebenheiten Nachgeordnetsein der Frau bedingte. Über Generationen hinweg war das unterdrückt gelebte Dasein soziale Wirklichkeit der Frau.

1.2.3 Arbeit und Macht

Mit dem Wesen der Arbeit scheint untrennbar das Phänomen Macht und Herrschaft verbunden zu sein. Die Beschäftigung mit den Erscheinungsformen der Arbeit, den durch sie bewirkten Abhängigkeitsverhältnissen zeigt durch alle Zeiten die Beziehung zwischen der existenzerhaltenden Notwendigkeit zur Arbeit und den herrschenden Machtstrukturen und Machtverhältnissen auf. Die Anthropologie zeigt, daß in Gemeinschaften, in denen die Notwendigkeit, für den Lebensunterhalt tätig zu sein, *auf alle Mitglieder gleichmäßig verteilt ist,* das Phänomen Arbeit und die Bezeichnung Arbeit nicht auftauchen. Arne Eggebrecht[1] weist darauf hin, daß in der Zeit des Alten und Mittleren Reiches in Ägypten (2660 – 1785 v. Chr.) der Begriff Arbeiter nicht existierte, weil alle gleichermaßen zu den zu verrichtenden Tätigkeiten herangezogen wurden. Privilegien, die von manuellen Tätigkeiten befreiten, scheinen nicht bestanden zu haben, so daß keinem und keiner Gruppe die besonders schweren und belastenden Verrichtungen aufgezwungen werden konnten. Erst mit der Ausbildung von Machtstrukturen und der Schaffung des individuellen Eigentums, das Inhalt und Ausdruck von Macht ist, wurden Teile der Bevölkerung von der Notwendigkeit und Pflicht, für die Sicherung des unmittelbaren Lebensunterhalts tätig zu sein, befreit. Für die Nichtprivilegierten ergaben sich Abhängigkeit und Hörigkeit. Die niedrigen und gemeinen Dienste waren von ihnen zu verrichten; der Stand der ,,Arbeiter‘‘ wurde geboren. In der ägyptischen Sprache steht für Arbeit und Arbeiter das Wort ,,meru‘‘, was soviel bedeutet wie tragen oder Träger. Die Arbeiter konnte man aufgrund des Zwanges, für ihre Existenzerhaltung ihre Kraft einsetzen zu müssen, so niedrig entlohnen, daß sie nie Eigentum bilden konnten und dadurch chancenlos in der Rolle der Nichtprivilegierten, der Eigentumslosen, der Recht- und Machtlosen verharren mußten. Der Unterschied zwischen dem Wert ihrer Arbeitsleistung und dem für ihre Existenzerhaltung und die Aufzucht ihrer Nachkommenschaft notwendigerweise bezahlten Lohn floß den Privilegierten zu, von deren Prachtentfaltung seit Jahrtausenden monumentale Zeugen künden.

---

[1] Arne Eggebrecht, Die frühen Hochkulturen: Das Alte Ägypten, in ,,Geschichte der Arbeit‘‘, Herausgeber Helmuth Schneider, S. 42, Köln 1983.

1.2.4 Geschlechtsbezogenheit der Arbeit

Eine andere Form, „Arbeiter" zu schaffen, manifestiert sich in der Gewaltenteilung der Geschlechter. Durch die Ausbildung von Überlegenheit aufgrund physischer, biologischer, religiöser und mythischer Ansprüche im 5. und 4. Jahrhundert vor unserer Zeitrechnung formt sich die Sozialordnung des Patriarchats im Raume des heutigen Anatoliens und Griechenlands. Das Patriarchat (bei manchen Ethnologen ist der Ausdruck verpönt) verwies die Frau in eine dienende, unterworfene Stellung und schloß sie aus den Angelegenheiten der Männerwelt, der Welt überhaupt aus. Das Wesen, das sich unterordnete, Gleichberechtigung nicht kannte und nicht verlangen durfte, wurde geschaffen. Sein Los bestand im Arbeiten und Dienen. Die Last der Arbeit konnte nun ganz im Einklang mit der „Sozialordnung" auf die Schultern der Frau gebürdet werden. Einfache und körperlich schwere Arbeiten waren es, für die sie taugte. Diese Entwicklung begann für den griechisch-römischen Kulturraum vor rund zweieinhalbtausend Jahren. Sie hat heute noch die die sozialen Verhältnisse mitbestimmende Kraft und erschließt noch immer ein Reservoir von Arbeitskräften denen, die privilegiert sind oder sich für privilegiert halten. Die Zuordnung der Arbeit erfolgte und erfolgt nach den Regeln der von den Herrschaftsträgern entwickelten Machtstrukturen.

Die Spezialisierung auf bestimmte, besonders gekonnte Tätigkeiten ließ Berufe und Berufsstände entstehen und prägte somit schon im frühen Altertum eine hierarchische Struktur nach Wissen, Können und Fertigkeiten, an deren Basis die Masse aus Ungebildeten stand. Ihr Los war es, die Tätigkeiten zu verrichten, deren Erfüllung ihnen von den Überlegenen zugewiesen wurde. Den Berufenen aber − gemeint sind nicht die im Sinne Luthers Angerufenen − wurden aus eigener Kraft und mit Hilfe der Mächtigen, die ihre Dienste nutzten, Möglichkeiten eröffnet, Eigentum zu bilden und zu vererben. Kapital konnte gebildet werden, und der Zwang, von der Hand in den Mund zu leben, erlosch. Berufe entstanden früh in der Geschichte; reiche Überlieferungen von ägyptischen Arbeitsdarstellungen, oft aus Stein gemeißelt, aus dem 3. Jahrtausend vor Christus, berichten davon. Es bildete sich bald eine Hierarchie der Berufe, an deren Spitze der Beruf des Beamten stand; denn ihm war es zu eigen, daß er allen anderen befehlen konnte. Wieder finden wir, daß die Arbeitswelt in eine Struktur gefaßt ist, die Herrschaftsansprüche begründet und ausdrückt. Je gemeiner, je geringer die geforderten Kenntnisse und Fähigkeiten waren, desto niedriger der Stand, desto geringer der soziale Anspruch. Die untersten Schichten bildeten die Landarbeiter und bald die Träger und Schlepper für die Errichtung der Bauwerke und die Ruderer für die Schiffahrt.

Das deutsche Wort Arbeit leitet sich ab von dem mittelhochdeutschen Wort „arebeit", das Mühsal, Not bedeutet. Es beschreibt mehr den Zustand, der zur Arbeit zwingt, als den Vorgang. Arbeit wurde und wird im Einklang mit dem alttestamentarischen Gotteswort „im Schweiße Deines Angesichts sollst Du Dein Brot verzehren" (Genesis III 19) als Fluch verstanden und erlebt; denn Zwang, Abhängigkeit, Unterordnung und Plackerei, Besitzlosigkeit und Rechtlosigkeit kennzeichnen sie über Jahrhunderte hinweg als ein nur mit Gottvertrauen zu ertragendes Los der Unterdrückten. Herrschaftsansprüche, bis hin zum Leibeigentum, konnten sich über den Stand der Arbeiter ausbreiten und ihn zur Ausbeutung in voller Übereinstimmung mit dem weltlichen und kirchlichen Recht freigeben.

1.2.5 Arbeit und Besitz

Von Jean-Jacques Rousseau ist das Wort überliefert: „Der Erste, der ein Stück Land umzäunte und sich in den Sinn kommen ließ zu sagen: ‚Dieses ist mein!' und der einfältige Leute fand, die ihm glaubten, der war der wahre Stifter der bürgerlichen Gesellschaft." Durch die Geschichte des Menschen zieht sich sein Streben nach persönlichem Besitz. Menschen, die dem Streben nach irdischen Gütern abschwören, erscheinen als Außenseiter, oft als Verehrenswürdige der menschlichen Gesellschaft. Besitz und Eigentum, wodurch immer sie erworben werden, ob durch Gewalt oder Macht, durch Erbschaft oder Schenkung, durch Arbeit und Sparen, bedeuten Macht und schaffen Privilegien. Das Streben nach Überlegenheit, der Erwerb von Vorrechten, das Bewußtsein größerer Sicherheit vor fremden Einflüssen bestimmen das menschliche Tun. Wer Besitz erwirbt, erwirbt Überlegenheit, genießt Vorrechte und erlangt eine bedingte Unabhängigkeit. Besitz befreit von dem harten Diktat, wegen der Existenzgefährdung jeden existenzerhaltenden Lohn akzeptieren zu müssen. Besitz und Eigentum an produzierenden Produktionsmitteln, an Kapital befreien zumindest zeitweise von dem Zwang, arbeiten zu müssen. Der Besitzer und Eigentümer von Kapital konnte sich befreien von den Fesseln der Arbeit; er brauchte sich nicht Tag für Tag aufs neue zu verdingen, um seinen Lebensunterhalt zu sichern. Diese Wirkung des Besitzes, „arbeitsfrei" zu machen, erscheint als die Triebfeder des allseits und zu allen Zeiten anzutreffenden Strebens nach ihm. Besitz als vorweggenommene, materialisierte Arbeitsleistung macht unabhängig und sicher vor Not und unmittelbarer Gefährdung der Existenz. Wer Eigentum hat, unterliegt nicht dem Zwang, fremdbestimmte Arbeit zu fremddiktierten Bedingungen annehmen zu müssen. Das Streben nach dieser Freiheit vom Zwang zur Arbeit scheint die Ursache zu sein für das Streben nach Eigentum. Wer Eigentum hat, und das zeichnet den Kapitaleigner aus, unterliegt nicht dem existentiellen Zwang, fremdbestimmte Arbeit zu fremddiktierten Bedingungen zur Erhaltung seiner physischen, psychischen und sozialen Existenz annehmen zu müssen. Das wesentlichste Privileg des Eigentums an Vermögen ist die mit ihm verbundene Fähigkeit und Macht, frei zu sein, um über sich und andere bestimmen zu können.

1.2.6 Arbeit als Ausdruck gesellschaftlicher Wertigkeit

Die Struktur der Gesellschaft war zu allen Zeiten bestimmt von der Intensität des Zwanges zur Arbeit. In den alten Kulturen des Mittelmerraumes waren es die Stände der Herrscher, Beamten, Priester, Handwerker und Arbeiter, die das soziale Gefüge bildeten. Der recht- und besitzlose Stand der Sklaven lieferte im römischen Imperium die größte Zahl der Arbeiter. Im 4.–3. Jahrhundert v. Chr. war es üblich geworden, die Feinde in den Kriegen nicht mehr auszurotten, sie nicht mehr unbedingt zu töten. Man führte Krieger, Frauen und Kinder in die Gefangenschaft. Durch den Sieg über sie hatte man Eigentum an ihnen erworben, konnte über sie wie über eine andere Kriegsbeute verfügen und auch die Früchte aus dieser „Sache", die Arbeit, ziehen. Für Jahrhunderte war somit ein Reservoir für Arbeitskräfte erschlossen, die nur einen Bruchteil dessen kosteten, was sie an Ertrag einbrachten.

Bei den Germanen treten uns der Adel, die Freien und Minderfreien als Träger der Gesellschaft entgegen, während für die Unfreien kein Raum mehr in ihrer Standesordnung war.

In der Zeit vor der französischen Revolution kennzeichnen Adel, Klerus, Bürgertum, Bauern und Arbeiter die soziale Ordnung. Rechte und Besitz unterschieden diese Stände in grotesker Weise. Im Unterschied der Privilegien, im Luxus auf der einen Seite, der hoffnungslosen Armut auf der anderen lag der Zündstoff zur Französischen Revolution.

Für Aristoteles gab es zwei Arten von Sklaven. Die ,,besseren'' Sklaven kamen zufällig durch kriegerische Niederlagen unter das Joch der Sklaverei; die ,,minderwertigen'' aber wurden in diesen ,,Stand'' hineingeboren und waren aufgrund ihrer Herkunft nur in der Lage und dazu bestimmt, niedrige Dienste zu verrichten. Im christlichen Mittelalter und in der frühen Neuzeit spielte diese Auffassung eine große Rolle. Bis zur Entscheidung von Papst Paul III. 1537 zugunsten der Freiheits- und Eigentumsrechte der Indianer holte sich die europäische Eroberungspolitik in Amerika ihre moralische Rechtfertigung daraus. Die Indianer wurden durch die Bulle ,,Sublimis Deus'' vor der Sklaverei bewahrt. Sie standen nicht für niedrige Arbeiten für die neuen europäischen Herren zur Verfügung. Das minderte ihren Wert erheblich und bedrohte so ihr Leben; denn die Entscheidung des Papstes schützte zwar Freiheit und Eigentum, erwähnte aber nicht ihr Recht auf Leben. Die europäischen Herren ohne indianische Arbeitskräfte lösten ihr Arbeiterproblem auf erstaunliche Weise. Sie importierten − und dabei wurden sie von Männern der Kirche, wie dem Dominikaner Bartolomé de Las Casas, unterstützt − Neger aus Afrika; denn über deren Rechte hatte Rom nicht entschieden.

Eine Verbindungslinie zwischen den Ideen des Altertums, der Sklaverei, der Einstellung im christlichen Mittelalter und der beginnenden Neuzeit zu den Rechten der Menschen in den Kolonialgebieten, dem Bürgerkrieg zwischen dem Süden und dem Norden der Vereinigten Staaten von Amerika in den sechziger Jahren des vergangenen Jahrhunderts (1861 − 1865), der Auffassung einer Minderheit von Vätern des Bürgerlichen Gesetzbuches von 1900, man sollte den Dienstvertrag in Anlehnung an das Mietrecht regeln, den Rassenproblemen und Apartheidsansprüchen der Gegenwart und den Rechtfertigungsversuchen für Niedriglohngruppen läßt sich ohne wirklichkeitsfremde Konstruktionen ziehen. Sie beweist, daß die Einstellung zur Arbeit, zum arbeitenden Menschen und zum Anspruch auf den Ertrag der Arbeit zu den großen geschichts- und gesellschaftsgestaltenden Fragen der Menschheit gehört.

1.2.7 Berufung und Beruf

Das Wertgefüge des Altertums ordnete die Handarbeit, die Arbeit als Mittel der Existenzsicherung, sehr niedrig ein. Arbeit und Arbeiter bildeten die unterste Sprosse der sozialen Leiter. Macht und ihr Vorfahr, die Gewalt, schafften Privilegien und wurden deshalb geschützt. Thomas von Aquin (1225 − 1274) sah in seinen epochebestimmenden Gedanken im Beruf eines Menschen die Auswirkung göttlichen Waltens. Der Mensch wurde kraft göttlichen Einflusses in einen Beruf gestellt. Das Gefüge der Berufe verkörperte einen Teil des göttlichen Schöpfungsplanes. Die im Beruf gestellten Aufgaben zu erfüllen war ihm Teil und Dienst an der Schöpfungsordnung. Der Beruf forderte für Thomas die Hingabe der ganzen Persönlichkeit als Ausdruck der Liebe des Menschen zu Gott. Luther wertet den Beruf als ,,Gerufenheit'' von Gott. Die Antwort durch Pflichterfüllung und Gehorsam im Beruf ist ihm Ausdruck eines Gottesdienstes. Die von Gott vom

Menschen geforderten guten Werke lassen sich durch das Streben nach vollkommenen Leistungen im Beruf und demütige Hingabe erbringen. Calvin (1509 – 1564) formt die Pflichterfüllung im Beruf, die Leistung von Arbeit, zur Prädestinationslehre aus und sieht im Berufserfolg ein göttliches Zeichen der Gnade und Gottgefälligkeit menschlichen Tuns. Am Erfolg im Beruf, an den Ergebnissen der Arbeit, an der Mehrung des Vermögens lassen sich für ihn die Gnade Gottes und die Gottgefälligkeit ablesen. Das materielle Wohlergehen wird zum Spiegel der berechtigten Hoffnung in einem nachirdischen Leben. Die Forderung nach restlosem, nimmermüdem Einsatz in der Arbeit wird für seine Anhänger zur Aufforderung zum Gottesdienst und Dienst an der Heilserfüllung des Menschen. Berufsethos, Berufstugenden, die Treuepflicht des Arbeitnehmers und die Fürsorgepflicht des Arbeitgebers haben in dieser Gedankenwelt ebenso ihre Wurzeln wie das ungehemmte Streben nach materiellem Erfolg, das ja nicht Ausdruck zwischenmenschlicher Bedenkenlosigkeit sein kann, sondern Vollzug und Spiegel göttlicher Wohlgefälligkeit ist.

Vor diesem ideologischen Hintergrund wird das Verlangen der Unternehmer, Handelsherren und Gutsbesitzer nach Unterwürfigkeit ihrer Angestellten, Gesellen und Lehrlinge nicht zu einer Unterdrückung, sondern zu einer durch die höhere Einsicht gerechtfertigten, gottesdienstlichen und des Menschen Heil fördernden Handlung. Die Steigerung der Arbeitsleistung in Qualität und Menge, die Vergrößerung des Gewinns, erscheinen so als Ausdruck gottgewollten Tuns. Neue hierarchische Strukturen können sich bilden, die Besitzstände sich etablieren, das Bürgertum sich anschicken, seine soziale Stellung zu festigen; dem Manufakteur, dem Fabrikherrn und Großunternehmer kann das soziale Gewissen beruhigt werden.

1.2.8 Freiheit – Gleichheit – Brüderlichkeit

Freiheit vom Zwang der Privilegierten forderten Bauern und Arbeiter; Gleichheit leiteten sie aus dem göttlichen Ursprung aller Menschen ab; Brüderlichkeit war ihr Traum für die Zukunft. Das System der Geburtsstände, Besitzstände und Berufsstände wurde bereits im 16. Jahrhundert von den Bauern befehdet. Der Holländer Hugo Grotius (1583 – 1645) begründet das Naturrecht des Menschen auf Leben, Freiheit, Eigentum. Die Gleichheitsgedanken, die sich auch im urchristlichen Ideal von der Gleichheit aller Geschöpfe Gottes finden, begannen in vielen Köpfen zu keimen. Im französischen Bürgertum beginnt Unruhe zu gären; Arbeiter und Bauern werden in drückender wirtschaftlicher Not gehalten, während der Luxus des Adels und des Klerus groteske Formen annimmt. Adel und Klerus sind von den Steuern befreit; die Arbeiter und Bauern zahlen Geld- und Naturalzinsen und müssen Fron- und Spanndienste leisten; Steuern werden aus ihnen gepreßt. Unter Führung des in der Zeit des Merkantilismus wohlhabend gewordenen Bürgertums bricht unter Louis XVI. 1789 der weltverändernde Sturm los, der sich schon unter Louis XIV. und Louis XV. zusammengebraut hatte. Am 4. 8. 1789 hebt die Nationalversammlung die Adelsprivilegien auf; am 26. 8. 1789 folgt die Erklärung der Menschenrechte nach nordamerikanischem Vorbild. Kirchen-, Kron- und Emigrantengüter werden eingezogen, die Kirche 1790 verstaatlicht. Die Beseitigung der Privilegien sollte die Rechtsgleichheit als Voraussetzung auch einer wirtschaftlichen Gleichstellung schaffen. Der vierte Stand – der Arbeiter- und Bauernstand – war zu neuen Freiheiten aufgebrochen.

Das Beben der französischen Revolution erschütterte ganz Europa, und noch heute sind seine Wirkungen zu spüren. Vieles von dem, was heute den bundesrepublikanischen Rechtsstaat ausmacht, die Gewaltenteilung, der Schutz der Menschenwürde, die Gleichheit vor dem Gesetz, der Schutz des Eigentums, die Betonung des Rechts des Individuums, die Schutzbestimmungen des Arbeitsrechts, hat seine Verankerung in den Ideologien und Auseinandersetzungen der Französischen Revolution. Der partnerschaftliche Gedanke im Arbeits-, Sozial- und Betriebsverfassungsrecht hat sich erhoben aus dem Gedankengut der Weltveränderer von 1789. Sie trugen dazu bei, daß der Arbeitnehmer heute nicht nur als Produktionsfaktor wie Boden und Kapital verstanden, sondern ihm auch eine Eigenart zugestanden wird, die einen schonenden, würdesichernden und seine existentielle Basis nicht gefährdenden Umgang mit ihm verlangt.

1.2.9 Vorindustrielle Ära

Die ständische, durch Privilegien gefestigte Ordnung in der vorindustriellen Epoche mit ihren vorwiegend überschaubaren Klein- und Mittelbetrieben gab wenig Anlaß, sich Fragen der Menschenbehandlung, der Menschenführung, der Lohnfindung, der Personalverwaltungsaufgaben oder eines speziellen Rechts für Arbeiter und Angestellte besonders zuzuwenden. Eine Trennung von Arbeits- und Privatsphäre wurde nur selten vollzogen; die Arbeitsgemeinschaft war für die meisten Gesellen, Lehrlinge und Arbeitskräfte eingebettet in eine Lebensgemeinschaft mit der Familie des Meisters. Die Zunftordnungen und die religiösen Verhaltensvorschriften bildeten in Verbindung mit den besitz- und berufsständischen Privilegien ein Korsett, das wohl Halt gab, aber auch wenig Freiheitsraum gewährte. Besondere personalwirtschaftliche Überlegungen brauchten in dieser, im übrigen durch Arbeitsteilung noch nicht sinnentleerten Zeit nicht angestellt zu werden, zumal auch Ansprüche, die über das generationsvertraute Maß hinausgingen, kaum erhoben wurden. Diese Aussagen gelten für die überwiegende Mehrheit der Betriebe in vorindustrieller Zeit. Personalwirtschaftliche Aufgaben müssen aber bei den Unternehmungen entstanden sein, deren Durchführung, unabhängig von industriellen Fertigungsmethoden, den Einsatz großer Menschenmengen erforderte. Herodot spricht von 100 000 Arbeitern, die zum Bau der Cheopspyramide (2575 – 2465 v. Chr.) und ihrer Nebenanlagen zusammengezogen waren. Hier sind Probleme der Personalverwaltung entstanden; denn die Aufgabe der Personalbeschaffung, der Zuteilung von Arbeiten, die Fragen des Arbeitsplatzes, der Arbeitszeit, der Ausgabe von Werkzeug, der Verköstigung, der Unterbringung, der Entlohnung, der Ahndung von Verstößen bedurften einer Regelung, und die Gräberfunde berichten uns auch davon, zum Teil in detailgenauer Ausführlichkeit. Beim Bau der chinesischen Mauer, mit deren Errichtung 214 v. Chr. begonnen wurde, mögen ähnliche, jedenfalls aber personalwirtschaftliche Probleme entstanden und gelöst worden sein. Beim Bau griechischer Tempel, dem Bau christlicher Kirchen und Dome, bei der Errichtung orientalischer Moscheen und Grabdenkmäler, beim Schiffsbau des Altertums und des Mittelalters, dem Erz-, Silber- und Kohlebergbau wurden, teils schon lange vor dem industriellen Zeitalter, größere und größte Menschenmengen auf kleinem Raum konzentriert und in Leistung und Zeit zu einem gemeinsamen Werk koordiniert. Diese Aufgaben waren nicht ohne personalwirtschaftliche Maßnahmen zu lösen.

Die Entwicklung der Personalwirtschaft scheint mehr aufgabenorientiert als epochebezogen zu sein. Nicht das Industriezeitalter hat die Personalwirtschaft geschaffen, sondern mit den im Industriezeitalter vermehrt anzutreffenden großen, belegschaftsstarken Betrieben traten personalwirtschaftliche Erfordernisse stärker in den Vordergrund und verlangten aufmerksamere Beachtung.

1.2.10 Die Zeit der Industrialisierung

Der Begriff Industrialisierung ist zweideutig. Im engeren Sinne ist damit gemeint, daß die Fabrikbetriebe die Zahl der landwirtschaftlichen und handwerklichen Betriebe zurückdrängen. Im weiteren Sinne bedeutet Industrialisierung das Vordringen neuer technischer, elektronischer, organisatorischer, maschinen- und automatengetragener Verfahren in Produktion und Verwaltung und die Anwendung chemischer, physikalischer und biologischer Prozesse in allen Bereichen der Wirtschaft.

Getragen von arbeitskräftesparenden, die Erträge wesentlich steigernden Verfahren in der Landwirtschaft, insbesondere der durch Justus v. Liebig propagierten Mineraldüngung, war es in der ersten Hälfte des 19. Jahrhunderts möglich geworden, Arbeitskräfte aus den Agrargebieten in die Städte ziehen zu lassen und in den Fabriken einzusetzen, die durch den Einsatz neuartiger Maschinen und Verfahren, vor allem der nicht mehr an das Energievorkommen ortsgebundenen Kraftmaschinen – die Dampfmaschine wurde 1765 von James Watt erfunden –, entstanden. Der Fortfall von Arbeitsplätzen in der Landwirtschaft war eine der Voraussetzungen der Industrialisierung, die Innovationen in allen Bereichen der Produktion und des Transportwesens, das Entstehen von Fabriken die anderen. Überlagert wurden diese strukturellen Gegebenheiten von den Ideen des Wirtschaftsliberalismus. Die freie Gestaltung der Vereinbarungen und Beziehungen zwischen Fabrikherren und Arbeitskräften herrschte vor. Die Gedankenwelt des Liberalismus sieht im Eigeninteresse der Wirtschaftspartner die das Wirtschaftsgeschehen steuernde Kraft; der freie Wettbewerb stellt ihr Regulativ dar, und lenkende Eingriffe des Staates werden, als dem Prinzip laissez faire laissez passez, le monde rule de lui même zuwiderlaufend, abgelehnt. Unter diesen Bedingungen stand ein Millionenheer von Arbeitsuchenden, die Arbeitnehmer, relativ wenigen Arbeitsplatzbesitzenden, den Arbeitgebern, gegenüber. Der Preis, der allein den Ausgleich zwischen Angebot und Nachfrage zustande brachte, tat seine Wirkung, da auch die den Klein- und Handwerksbetrieb lenkenden und die Interessengegensätze mildernden persönlichen Bande verloren gegangen waren. Die Folgen: Löhne am oder unter dem Existenzminimum, körperlicher Raubbau, Häufung der Arbeitsunfälle, lange Arbeitszeiten, Sonn- und Feiertagsarbeit, Kinderarbeit, keine sozialen Einrichtungen, Verelendung breiter Volksteile und rasch wachsender Reichtum der Fabrikherren. Die Funktionen der Personalwirtschaft, wie sie die in den Fabrikbetrieben zusammenarbeitenden Belegschaftszahlen mit sich brachten, oblagen von der Personalbeschaffung bis zur Personalentlastung fast ausschließlich den Meistern. In manchen Großunternehmen wurden „Büroschreiber" eingesetzt; die Personalverwaltungsaufgaben wurden speziellen Arbeitskräften übertragen, die Ansätze für eine Personal(verwaltungs)abteilung geschaffen. Die Ideen des Wirtschaftsliberalismus, die rücksichtslose Verfolgung der eigennützigen Interessen durch die Unternehmer, die Existenznot der Arbeiter führten Karl Marx und Friedrich Engels zu ihrer Kritik an der liberalen, kapitalistischen Gesellschaftsordnung und spalteten die Welt bis in unsere Tage hinein in zwei sich feindlich gegenüberstehende Blöcke.

Die geschichtsgestaltende Wirkung der Arbeitswelt hat sich auch im Industriezeitalter erwiesen. Die Not der Arbeiter und ihrer Familien im Verlaufe der Industrialisierung in der zweiten Häfte des 19. Jahrhunderts war so groß, daß das soldatische Potential in Deutschland dadurch gefährdet war. Aus hungernden Arbeitern konnten sich keine kräftigen Soldaten entwickeln. 1839 wurde ein Regulativ zum Schutze von Kindern und jugendlichen Arbeitern eingeführt, 1853 Inspektionen zur Kontrolle von Arbeitsschutzvorschriften geschaffen. Der Staat mußte regulierend eingreifen, und er tat es durch die Entwicklung der Sozialgesetzgebung unter Otto von Bismarck im letzten Drittel des 19. Jahrhunderts.

Die Gewerkschaftsbewegung ging von England aus; sie griff aber bald nach Deutschland über. 1865 wurden die Freien Gewerkschaften gegründet; andere Gewerkschaften folgten. Ihr Ziel, wenn auch mit unterschiedlicher Intensität verfolgt, war, die Arbeits- und Lebensbedingungen der Arbeiter zu bessern, den Anspruch auf Menschenwürde in der Arbeitswelt durchzusetzen. Für die Entwicklung der Gewerkschaften war die in der Gewerbeordnung von 1869 reichsweit festgeschriebene Koalitionsfreiheit von maßgebender Bedeutung. Auf der Unternehmerseite zeigten sich nur zögernd und vereinzelt Ansätze, das unternehmerische Denken auch auf personalwirtschaftliche Überlegungen auszuweiten. Bahnbrechend auf sozialpolitischem Gebiet wirkte Alfred Krupp (1812 – 1887). Die Ideen und Maßnahmen von Ernst Abbe (1840 – 1905), die Arbeitsbedingungen zu bessern und den Interessengegensatz zwischen Arbeitern und Unternehmern zu verkleinern, hatten Vorbildcharakter. Aus dem kirchlichen Lager waren vor allem die Stimmen von Adolf Kolping (1813 – 1865) und von Wilhelm Emanuel von Ketteler (1811 – 1877) unüberhörbare Mahner für mehr soziale Gerechtigkeit in der Arbeitswelt.

1.2.11 Die wissenschaftliche Arbeitsgestaltung

Die Faszination der Technik, der Glaube an die Naturwissenschaften führten Ende des 19. Jahrhunderts dazu, die Arbeit mit wissenschaftlichen Methoden zu analysieren und zu systematisieren. Die Gedanken und Arbeiten des amerikanischen Ingenieurs Frederick Winslow Taylor (1856 – 1915) veränderten die Welt, nicht nur die Arbeitswelt. Der Quäker Taylor wollte durch die Anwendung wissenschaftlicher Methoden nicht einseitig dem Unternehmen nutzen, sondern auch durch Erhöhung der Arbeitsleistung die Möglichkeit zu einem höheren Lohn und damit würdigeren Lebensbedingungen schaffen. Die Arbeitsvorgänge wurden von Taylor analysiert, in Ablaufphasen zerlegt, von allen überflüssigen Bewegungen befreit und in kräfte- und zeitsparender Weise miteinander verbunden. Die Verrichtungen wurden genau festgelegt, die Arbeiter genau instruiert über ihre Aufgabe und deren Ablauf; die Werkzeuge wurden den Aufgaben angepaßt und ihre Verwendung genau erklärt. Der Arbeitsvollzug wird so durch wissenschaftliche Methoden optimiert. Die dadurch erreichbare Mehrleistung erlaubte es, erhebliche Lohnzuschläge zu zahlen.

Mit seinen Arbeitszeit- und Arbeitszeitablaufstudien schuf Taylor die Voraussetzung für die Fließbandarbeit, die dann von Henry Ford (1863 – 1947) erstmals in die industrielle Wirklichkeit umgesetzt wurde. Die von Taylor und Ford eingeleitete Entwicklung hat nicht nur die Konsumausweitung durch die Massenproduktion ermöglicht, sie hat auch durch die konsequente Anwendung des Prinzips der Arbeitsteilung und der Ausmerzung aller individuellen Freiräume im Arbeitsablauf die Entfremdung sehr gefördert und das Arbeitserlebnis bis zu einer sinn- und geistlosen mechanischen Verrichtung degradiert.

1.2.12 Die Human-Relations-Bewegung

Aufmerksam geworden durch Untersuchungsergebnisse in den Werken der Western Electric Company in Hawthorne (Hawthorne-Experimente) anfangs der dreißiger Jahre dieses Jahrhunderts, haben die amerikanischen Psychologen E. Mayo und F. J. Roethlisberger von der Havard-University die Bedeutung der sozialen Beziehungen unter den Arbeitern auch in hochrationalisierten Betrieben wiederentdeckt. Für den Arbeitserfolg – so konnten sie nachweisen – waren nicht nur die technischen Bedingungen und durchdachten Arbeitsabläufe bestimmend, sondern auch und vor allem die partnerschaftlichen Beziehungen zwischen Vorgesetzten und Mitarbeitern und die sozialen Bindungen innerhalb und zwischen den Arbeitsgruppen. Die Bedeutung der informellen Gruppen wurde erkannt.

Mit ihren Hinweisen brachten Mayo und seine Mitarbeiter die Industriesoziologie auf eine neue Bahn. Der Arbeiter und Angestellte wurde nicht mehr als ein stumpfsinniges, nur an seinem materiellen Lohn interessiertes Wesen verstanden, sondern als ein Partner, dem es auch angelegen war, an dem Entstehen eines Werkes und den dafür notwendigen Entscheidungen verantwortlich teilzuhaben.

Aus der Human-Relations-Bewegung erwuchs die gesetzgestaltende Kraft für das Arbeits-, Sozial- und Betriebsverfassungsrecht nach dem Zweiten Weltkrieg in der Bundesrepublik und der Elan, der das ,,Wirtschaftswunder'' ermöglichte.

1.2.13 Die ,,Rationalisierungsphase''

Seit dem Anfang der achtziger Jahre des zwanzigsten Jahrhunderts vollzieht sich im wirtschaftspolitischen und im unternehmerischen Denken in der Bundesrepublik Deutschland ein signifikanter Wandel.

Daß der Mensch im Mittelpunkt des Denkens von Wirtschaftspolitikern und Unternehmensleitern stünde, wird zwar immer noch behauptet, doch hat die Handlungsmaxime ,,Rationalisierung'' bei vielen Entscheidungen den Vorrang.

,,Rationalisierung'' bedeutet fast immer, daß im wirtschaftlichen Geschehen der Einsatz des Produktionsfaktors Kapital vor dem Produktionsfaktor Menschliche Arbeit bevorzugt wird. Dieser Trend kennzeichnet nicht nur das unternehmerische Verhalten in der Bundesrepublik Deutschland, sondern ist auch bestimmend in allen industrialisierten, deshalb zivilisatorisch hochentwickelten Ländern.

In diesen Wirtschaftsterritorien ist das für die Bezahlung der produzierten Güter notwendige Einkommen der Konsumenten durch die teilweise oder totale Anwendung des

Prinzips der freien Marktwirtschaft so gesteigert worden, daß der sich daraus ergebende Anteil für den Produktionsfaktor Arbeit an den Kosten sich wettbewerbsnachteilig auf den Außenmärkten allgemein und den Drittländern speziell auswirkt.

Die arbeitgeberseitig im Außenhandel als absatzhemmend, weil standortgefährdend, kritisierte Höhe der Lohn- und Lohnnebenkosten ist das Ergebnis einer permanenten Preissteigerung, als deren Konsequenz − sowohl aus Arbeitgebersicht als auch aus der Arbeitnehmerperspektive − die Verteuerung des Produktionsfaktors Arbeit sich ergeben mußte.

Der Kostenvorteil der Schwellen- und Drittländer begründet sich weitestgehend dadurch, daß diese Länder nicht auf unmittelbare Kaufkraftschöpfung für ihre Bevölkerung bedacht sind oder in ihrer wirtschaftshistorischen Entwicklung nicht darauf bedacht sein mußten. Der Wert ihrer Zahlungsmittel hängt nicht so sehr von der Kaufkraft der Binnenmärkte ab, sondern von ihren Angeboten auf den Außenmärkten.

Die Folge dieser von Arbeitgebern und Arbeitnehmern zu verantwortenden Entwicklung ist die Bemühung, den teuer gewordenen Produktionsfaktor Arbeit durch den billigeren Produktionsfaktor Kapital zu ersetzen. Die zugrundeliegende Hypothese ist dabei, daß die Produktionsfaktoren Kapital und Arbeit gegeneinander austauschbar seien. Vorschnell und egoistisch wird dabei außer Acht gelassen, daß dem Produktionsfaktor Arbeit eine zentrale wirtschaftliche und gesellschaftliche Funktion zukommt. Überlegungen, die betriebswirtschaftliche Relevanz besitzen, müssen nicht zwangsläufig auch volkswirtschaftlich, weltwirtschaftlich und ökologisch stimmig sein. Die Senkung der sich aus arbeits- und sozialpolitisch manifestierenden Lohn- und Lohnnebenkosten mag in vielen Fällen betriebswirtschaftlich konsequent, aber volkswirtschaftlich und sozialpolitisch extrem problematisch sein.

Maschinen, Automaten, Computer scheinen in ihrer Leistungsfähigkeit unbegrenzt, Computer in ihrer ,,Denkfähigkeit'' an Schnelligkeit und Präzision dem menschlichen Gehirn haushoch überlegen zu sein, und trotzdem − Automaten, Computer sind keine Nachfrager auf dem Konsumentenmarkt. Betriebswirtschaftliche Folgerichtigkeit kreiert nicht zwangsläufig volkswirtschaftliche Logik.

Eine auf die Dauer florierende Wirtschaft verlangt sowohl einen kaufkräftigen Binnen- als auch Außenmarkt. Der Grundsatz wirtschaftlich-verantwortungsvollen Handelns mit einer sozialen Einbindung strebt nach

− Wirtschaftswachstum,
− Vollbeschäftigung,
− Preisstabilität,
− ausgewogener Handelsbilanz

und erfordert ein in der Keimzelle der Wirtschaft − dem Unternehmen − beginnendes gesamtkonzeptionelles, humanorientiertes Verhalten.

Nicht Kostensenkung, sondern Erweiterung der Kaufkraft sollte deshalb betriebswirtschaftlich, volks- und weltwirtschaftlich bestimmendes Kriterium sein.

Schon Henry Ford I (1863 – 1947) wußte, daß Massenproduktion nur über Massenkonsumtion abgesetzt werden kann. Deshalb trat er für kürzere Arbeitszeit und höhere Löhne ein. Durch eine fortgesetzte Anwendung des ,,Rationalisierungsprinzips'' wächst die Menge der produzierten Güter immer mehr, während die Anzahl der kaufkräftigen Massenkonsumenten sinkt. Folgt aus der ,,Rationalisierung'', die deutsche Übersetzung würde etwa ,,vernünftige Gestaltung'' bedeuten, zuerst ein Fortfall von teurer menschlicher Arbeitskraft – und damit eine Reduzierung der Produktionskosten und eine Erhöhung der Wettbewerbsfähigkeit –, so folgert daraus zeitlich verzögert ein Wegfall potenter Abnehmerschichten, als das Resultat der sich systemkonsequent ergebenden Arbeitslosigkeit. Diese Konsequenz bewirkt auch, daß die Einnahmen des Staates aus den einkommensabhängigen Steuern sinken, die Staatsausgaben zur Aufrechterhaltung eines staatserhaltenden Mindesteinkommen aber permanent steigen.

Ob die betriebswirtschaftliche, kostenreduzierende Verhaltensweise und außenwirtschaftliche Vorteile gebietende Handlungsmaxime dauernd wirksam Ergebnisse zeitigen kann, muß sich erweisen.

In Ansätzen zeigen sich zu Beginn der neunziger Jahre des 20. Jahrhunderts Anzeichen, daß verantwortungsvolle, gesamtheitlich denkende und einem moralischen Imperativ sich verantwortlich fühlende Wirtschaftsführer die Notwendigkeit akzeptieren, den Menschen, die Gesamtheit der Arbeitnehmer, Männer und Frauen, wieder als Dreh- und Angelpunkt ihres Entscheidungsverhaltens zu betrachten. Es keimt im vom Produktivitätsdenken stärker geprägten unmittelbaren Bereich der Wirtschaft mehr als im egozentrisch beherrschten Nucleus der Wirtschaftspolitik das Bewußtsein, daß der arbeitende Mensch Gegenstand und Ziel alles wirtschaftlichen Tuns ist, und nicht individuelle Interessen, sondern das Wohl der Gemeinschaft, in der sich auch der Einzelne geborgen fühlt und sicher weiß, die entscheidende gesellschaftspolitische Stütze darstellt.

Führungsverhalten, humanes Wirken im Umfeld der Wirtschaft erfordert Menschen, die sich bewußt sind, daß wesentliche Inhalte des menschlichen Erlebens von ihrer Denk- und Verhaltensweise abhängen. Menschen führen meint immer, den Menschen, hier den Mitarbeiter, in seinem Streben nach einem erfüllten Dasein zu unterstützen.

1.3 Mensch und Gesellschaftsordnung – Rahmenbedingungen menschlicher Tätigkeit

Die momentanen Formen und konkreten Inhalte der vier Ordnungsysteme

- rechtliche Ordnung,
- politische Ordnung,
- gesellschaftliche Ordnung und
- wirtschaftliche Ordnung

der Bundesrepublik Deutschland sind Ausdruck der Wertvorstellungen, die die Väter dieser Systeme als Spiegelbild der gesellschaftlichen Erwartungen und originären Vorstellungen beseelt haben. Diese Werte allerdings waren auch Ausdruck einer besonderen Zeit, die durch massive Überlebensbedürfnisse und konkrete Mangelerfahrungen nach dem

Zweiten Weltkrieg nur unzureichend beschrieben wird. So wie sich Bedürfnisse in ihrer Struktur und ihrer Bedeutsamkeit in Abhängigkeit von Zeit und Raum verändern, so entwickeln sich auch Wertvorstellungen weiter. Sie sind jeweils Ausdruck der Lebenssituation einer Gesellschaft inklusive der internalisierten Erfahrungen sowie der speziellen Zukunftsängste und Wünsche. Auch sie bilden den Rahmen personalwirtschaftlicher Überlegungen auf der Grundlage der momentanen Ordnungsvorstellungen im Hier und Jetzt. Alle zwischenmenschlichen Beziehungen sind soziale Beziehungen. Sie spielen sich zwischen Menschen an bestimmten Orten und zu einer bestimmten Zeit ab. Dieses Miteinander läuft in unterschiedlichen Gruppen, wie z.B. Familie, Schule, Betrieb etc., ab. Dabei erhebt sich die Frage, wie solche Beziehungen funktionieren, welche Spielregeln diesen zugrunde liegen und woher die teils ausdrücklichen und teils unausgesprochenen Vorschriften und Verbote kommen. Auch die Dauer solcher unterschiedlicher Gruppierungen ist dabei abhängig von individuellen Neigungen und/oder rechtlichen Festlegungen. Wo immer ein Mensch in eine solche Gruppe aufgenommen wird, wird ihm auch ein Rang und eine Rolle zuteil.

Soziale Rangordnungen lassen sich historisch zu allen Zeiten und in allen gesellschaftlichen Systemen nachweisen. Sie sind heute noch in Staat, Kirche, Heer und im diplomatischen Protokoll verbreitet. Durch diese Ordnung wird der Spielraum der persönlichen Entfaltung festgelegt, individuelles und soziales Verhalten geregelt und die Einordnung des einzelnen organisiert. Menschliche Eigenschaften, Gewohnheiten, Traditionen und festgefügte Institutionen sind die ,,Begründer'' dieser Ordnungsformen. Nach dieser Erkenntnis und Erfahrung entstanden zunehmend auch die sogenannten mehrdimensionalen Rangordnungen, die die Einordnung des Individuums so komplex machen. So ist der einzelne heute in diesem demokratischen Staatswesen sowohl gleichberechtigter Bürger wie auch ein über- oder untergeordnetes Mitglied gesellschaftlicher Gruppierungen und Institutionen. Dies gilt auch für die Organisationsform des Betriebes, in dem beide Prinzipien wirksam sind. Politik, Recht, Gesellschaft und Wirtschaft sind die Rahmengefüge des heutigen Menschen.

1.3.1 Die Rechtsordung als Voraussetzung politischer, gesellschaftlicher und wirtschaftlicher Systeme

Recht gilt als eine in allen Menschen wirkende geistige Kraft, die den staatlichen Institutionen dazu dient, das gemeinsame Zusammenleben auf friedlicher Grundlage zu gewährleisten und zu fördern. Seinen schriftlichen Niederschlag findet es in Gesetzen, zu deren Durchsetzung der Staat äußerer Macht bedarf. Sitte und Brauchtum ergänzen als Gewohnheitsrecht diesen Schriftenkatalog.

Moderne Verfassungen beruhen mit auf der Idee, daß die Macht des Staates und aller Träger öffentlicher Gewalt begrenzt ist. Sie ist formuliert im Konsens der einzelnen Menschen als Persönlichkeiten, die auf der Grundlage ihrer naturgegebenen Rechte (Grund- und Menschenrechte) ihr Zusammenleben gestalten wollen. Seinen Niederschlag findet dies z.B. in der amerikanischen Erklärung der Menschenrechte, die der Unabhängigkeitserklärung der USA vom 4. Juli 1776 vorausgeschickt wurde:

„Alle Menschen sind ebenbürtig geschaffen. Sie sind von ihrem Schöpfer mit unveräußerlichen Rechten ausgestattet, und zu diesen gehören Leben, Freiheit und Streben nach Glück. . . Zur Sicherung dieser Rechte werden unter den Menschen Regierungen errichtet, deren rechtmäßige Gewalt aus der Zustimmung der Regierten fließt."

1948 nahmen die Vereinten Nationen eine „Erklärung der Menschenrechte" an, in der jene Freiheiten und Rechte aufgeführt sind, die jedes Land seiner Bevölkerung verfassungsrechtlich sichern soll. Da soll „. . . die Anerkennung der angeborenen Würde und der gleichen und unveräußerlichen Rechte aller Mitglieder der menschlichen Gesellschaft die Grundlage für Freiheit, Gerechtigkeit und Frieden in der Welt bilden, und – . . . die Nichtachtung und Geringschätzung der Menschenrechte zu barbarischen Handlungen geführt haben."

Im Grundgesetz der Bundesrepublik Deutschland (GG) vom 23. 5. 1949 finden sich diese Prinzipien unter dem Leitgedanken Freiheit und Gleichheit. So bekennt sich im Artikel 1 des Grundgesetzes das deutsche Volk zu unverletzlichen und unveräußerlichen Menschenrechten als Grundlage jeder menschlichen Gemeinschaft des Friedens und der Gerechtigkeit in der Welt. Die Würde des Menschen ist unantastbar. Sie zu achten und zu schützen ist Verpflichtung aller staatlichen Gewalt. Die Grundrechte binden Gesetzgebung, vollziehende Gewalt und Rechtsprechung als unmittelbar geltendes Recht.

Damit gewähren die Grundrechte im Grundgesetz unmittelbar persönliche Rechte, die eingeklagt und gerichtlich durchgesetzt werden können.

Eine Gemeinschaft, in welcher Organisationsform auch immer, kann nur bestehen, wenn die Mitglieder neben Rechten auch Pflichten haben. Diese Pflichten stehen allerdings nicht direkt im Grundgesetz. Sie ergeben sich vielmehr zwangsläufig aus den Rechten, denn ohne diese wären die Rechte im täglichen Leben und in der Arbeit gar nicht zu verwirklichen. Zu diesen Grundrechten, die die Möglichkeiten und Grenzen des einzelnen im privaten wie im beruflichen Bereich aufzeigen, treten dann noch das Privatrecht und das öffentliche Recht und das dazwischenstehende Arbeitsrecht. Sie bilden den Rechtsrahmen, in den der Arbeitgeber Arbeit inhaltlich und umfanglich einzubinden, der Arbeitnehmer den Vereinbarungen nachzukommen und die betriebliche Personalwirtschaft die organisatorischen Abläufe vorzubereiten hat. Allerdings bietet diese Rechtsordnung allen Beteiligten im Betrieb auch die Möglichkeit, ihre Wünsche und Erwartungen im gesetzten Rahmen rechtlich weiter zu entwickeln. Erst die Ausgestaltung eines Ordnungssystems mit konkretem Leben in konkreten Arbeitssituationen bereitet den Boden für ein dynamisches Miteinander im gleichgewichtigen Geben und Nehmen.

1.3.2 Die politische Ordnung als gemeinsame Gestaltungsaufgabe

Politik bedeutet im weitesten Sinne die Auseinandersetzung in allen Bereichen der menschlichen Gesellschaft mit dem Ziel der Einflußnahme. So gesehen zielt Politik entweder auf die Übernahme der Macht oder auf ihre Ausübung ab. Macht ist dabei jede Beeinflussung im Sinne eines Führungsanspruchs. Dies gilt für Großinstitutionen ebenso wie innerhalb kleinerer sozialer Gruppen wie Familie, Schule, Verein oder Betrieb.

Politik im engeren Sinne ist die ordnende Gestaltung des Gemeinwesens. Sie soll Entwicklungsprozesse beeinflussen, weil die bestehenden Verhältnisse sich wandeln, verändern oder verändern sollen. Starrheit setzt damit aller Politik ein Ende. Ihr Ziel muß es deshalb sein, in den menschlichen Beziehungen eine wie auch immer geartete dauerhafte Ordnung zu schaffen. Dazu bedarf es der Auseinandersetzung und des Kampfes über die Gestalt dieser Ordnung und über die Personen, die diese Ordnung verwirklichen wollen. Was dem Obsiegenden zufällt, das ist das „Vermögen" sozusagen, die Befugnis, der ihm vorschwebenden Ordnungsidee zur Verwirklichung zu verhelfen.

Die Verkündung des Grundgesetzes wird mit Recht als die Geburtsstunde der Bundesrepublik Deutschland angesehen. Die Arbeitsfähigkeit dieser politischen Ordnung war allerdings erst durch die Bildung seiner wichtigsten Organe Bundestag, Bundesrat, Bundespräsident und Bundesregierung gewährleistet.

Der Name BRD besagt, daß sich die westdeutschen Länder zu einem Bundesstaat zusammengeschlossen haben und daß dieser Bund eine Republik, ein Freistaat ist. Artikel 20, Absatz 1 fügt hinzu, daß die BRD ein demokratischer und sozialer Bundesstaat ist. Den Ländern ist ihre Eigenstaatlichkeit geblieben. Sie haben eigene Verfassungen, Staatsgebiete und staatliche Gewalt. Die Staatsgewalt geht dabei nach Artikel 20, Absatz 2 GG vom Volke aus. Es besteht also Volkssouveränität mit freiheitlichem Gehalt. Damit ist die Bundesrepublik eine demokratische Republik. Sie ist ferner ein sozialer Staat, der sich die Fürsorge für alle Teile der Bevölkerung, insbesondere für die wirtschaftlich schlechter gestellten Kreise angelegen sein läßt, um jedem ein menschenwürdiges Dasein zu ermöglichen. Daß sie auch ein Rechtsstaat ist, der Gerechtigkeit und Rechtssicherheit zu gewährleisten hat und die Tätigkeit des Staates an Gesetz und Recht bindet, ist im Artikel 20, Absatz 3 erklärt.

Aus diesen Grundsätzen der Verfassung ergibt sich der zentrale Begriff des sozialen Rechtsstaates, der als Grundform der modernen Demokratie für alle bindend ist. Das damit anerkannte Sozialstaatsprinzip besagt, daß das Miteinander in der großen Gemeinschaft zwar vom einzelnen die Einordnung in das Ganze und Rücksichtnahme fordert, ihm aber auch über die Garantie seiner eigenen Rechtsstellung hinaus angemessene Lebensmöglichkeiten gewährleistet. Damit ist die Idee des mündigen Bürgers etabliert, der ein Gestaltungsrecht, aber auch eine Gestaltungspflicht des Gemeinwesens hat. Er organisiert seinen Lebensbereich und übernimmt dabei Verantwortung für sein Handeln. Als ein der Gemeinschaft verpflichtetes Wesen ist in ihm auch das Bewußtsein wach, gemeinsam mit anderen die anstehenden Probleme grundlegend zu erörtern, Vorschläge für ihre Lösungen auszuarbeiten und politische Zielvorstellungen in der eigenen oder in anderer Person zu verwirklichen zu suchen.

Mündigkeit ist eine Gestaltungsmöglichkeit. Erst ihr Gebrauch macht den eigentlichen Bürger in einem demokratischen Staat aus. Mündigkeit beinhaltet auch Zivilcourage, die – in welchen Institutionen und Guppierungen auch immer – Veränderungsnotwendigkeiten gegen Etabliertes und Tradiertes anzubringen weiß. Personalwirtschaft kann damit auf der Grundlage dieser politischen Mündigkeitsvorstellung Wahrer und Förderer dieser auch Unternehmen gestaltenden Idee sein. Gestaltungswille und Verantwortlichkeit sind individuell unterschiedlich ausgeprägte Verhaltensweisen, die den Wert des einzelnen für das Unternehmen dokumentieren und dem ökonomischen Tun erst seine Durchschlagskraft verleihen. Die Art, wie diese Mündigkeit im Unternehmen ihren Niederschlag findet, ist freilich noch von anderen Faktoren, z.B. Autoritätsvorstellung im Gestern und Heute, bestimmt.

1.3.3 Die gesellschaftliche Ordnung als Herausforderung

Der häufig verwendete Begriff des sozialen Wandels schließt unbedingt immer wiederkehrende Veränderungen in der gesellschaftlichen Entwicklung genauso aus, wie echte Verhaltensänderung in eine ganz bestimmte Richtung ein. Veränderungen vollziehen sich überall und zu jeder Zeit anders. Jede Generation ist zwar durch bestimmte soziale Verhaltensweisen geprägt, aber dies bedeutet nicht, daß ihr Aussterben selbst schon Veränderungen im sozialen Bereich begründet. Erst in der folgenden oder einer späteren Generation trennt sich diese allmählich von den übernommenen Verhaltensweisen. Zeit ist damit nicht Ursache, sondern wichtige Voraussetzung für sozialen Wandel.

Raum und Umwelt sind ein zweiter Aspekt. Geographische Umwelt und kulturelle Umgebung beeinflussen menschliches Verhalten und werden im Wechselprozeß selber wieder verändert. So sind Schulen und Betriebe für den sozialen Wandel doppelt interessant. Einmal spiegelt die Fülle dieser Institutionen die Bedeutung der Ausbildungsstätten für die Gesellschaft wider, zum zweiten begründen verbessert ausgebildete Menschen intensiveren sozialen Wandel.

Schließlich darf nicht übersehen werden, daß die Menschen selbst unter dem Einfluß dieses Wandels stehen. Treten z.B. neuartige Bedürfnisse auf − seien es nun künstlich hervorgerufene, eingebildete oder wirkliche −, so kann dies gesellschaftliche Veränderungen bewirken. Sind diese neuen Bedürfnisse noch mit einer besonderen Haltung und Bereitschaft verbunden, werden die Menschen Unzufriedenheiten mit ihrer Rolle artikulieren und in Zukunftserwartungen für sich und ihre Kinder manifestieren. So ist z.B. ein stark dynamisierter Wissensdrang für sozialen Wandel in der Gesellschaft von hoher Bedeutung.

Die gesellschaftliche Entwicklung in der BRD ist durch ihren Weg zu einer modernen Industriegesellschaft gekennzeichnet. Arbeitsklima und hoher Bildungsstand sind ebenso wesentliche Kennzeichnungen für ökonomische Rationalität wie weitläufige soziale Beziehungen. Verwandtschaftliche und örtliche Beziehungen verlieren dabei zugunsten von Kontakten in gesellschaftlichen Gruppen und Betrieben.

Die Arbeitswelt der heutigen industriellen Gesellschaft ist durch eine weitestgehende Trennung von Arbeitsstätte und Familienhaushalt gekennzeichnet. Aus der Rationalisierung der Produktionsvorgänge hat sich eine so hochgradige Arbeitsteilung vertikaler wie horizontaler Art ergeben, daß zunehmend die Gefahr deutlich wird, daß die Arbeit des Menschen sowohl die Qualität, ein Ganzes zu schaffen, verliert als auch die Qualität eigenverantwortlichen Tuns. Gleichzeitig führt die Vielzahl der Produktionsstätten und Produktionsverfahren zu einem fast unübersichtlichen Angebot an Waren und Dienstleistungen, das nicht mehr für konkrete Abnehmer, sondern für einen anonymen Markt aufbereitet wird. Damit wird Kontakt zu Fremden notwendig, und die sozialen Beziehungen werden zunehmend ausgeweitet. Wesentlich größere soziale Wahlmöglichkeiten sind die positiven Folgen solcher marktorientierter Produktionen. Neben die Industrie- und Konsumgesellschaft ist zunehmend die Freizeitgesellschaft getreten. In ihr gestaltet der Mensch seine Lebensführung nach seinen individuellen Bedürfnissen. Inwieweit er sich dabei zu einem echten aktiven Ausgleich zu seiner Arbeitswelt entschließt oder eine passive Kulturbegegnung betreibt, liegt im Entscheidungsbereich des einzelnen.

Insgesamt ist die gesellschaftliche Ordnung in der BRD heute durch das Prinzip des Pluralismus gekennzeichnet. Es versteht sich als legitime Vielfalt von Meinungen, Interessen und Rollen in einer demokratischen Ordnung mit einer prinzipiell unbegrenzt großen Anzahl von Gruppen. Die fast unüberschaubaren Gruppen stehen zwischen Staat und Einzelbürger. Sie werden als autonom angesehen und stehen in Konkurrenz untereinander. Soziale und wirtschaftliche Konflikte sollen dabei nach Möglichkeit durch Vereinbarungen geregelt werden. Sie sind dann Ausdruck der Dynamik der unterschiedlichen gesellschaftlichen Interessen und Konsensfähigkeit der Beteiligten. Für den einzelnen bedeutet der gesellschaftliche Pluralismus sowohl eine Ausweitung seiner individuellen Wünsche und Erwartungen auf gesellschaftliche Gruppen als auch die Gefahr, in der Vielzahl seiner Bedürfnisse durch Identifikation mit den Teilzielen vieler Organisationen seine Orientierung zu verlieren. Gleichzeitig erfordert er vom modernen Menschen der heutigen Tage eine unerhörte Rollenvielfalt, die durch die Erwartungen der unterschiedlichsten Gruppierungen genährt wird.

Für die betriebliche Personalwirtschaft betritt damit ein wesentlich differenzierterer Mitarbeiter die Arbeitsbühne mit wesentlich detaillierteren Ansprüchen und Ängsten. Er trägt Vorstellungen aus seiner kulturellen, religiösen, sozialen und geographischen Umwelt in das Unternehmen mit der häufig unausgesprochenen Erwartung der Berücksichtigung. Gleichzeitig versteht er sich als Vertreter der einen oder anderen Gruppierung, deren Sicht unternehmerischen Engagements und Erfolgs sehr unterschiedlich ausfallen kann. Das Unternehmen wird dann als Betätigungsfeld gesellschaftlicher Weiterentwicklung in die eine oder andere Richtung angesehen.

Personalwirtschaft ist damit Koordinator akzeptabler Betriebsgruppierungen und ein Ansprechpartner überbetrieblicher Institutionen. Gleichzeitig ist die Personalwirtschaft aber auch selbst eine Institution, die über ihre Angebote zu betrieblichen Gruppierungen Anteil an der pluralistischen Ordnung hat und dem Mitarbeiter Orientierungen in dieser heterogenen Vielfalt anbietet.

1.3.4 Die Wirtschaftsordnung als Grundlage gesellschaftlichen Wohlstandes

Die ersten modernen Volkswirtschaftstheoretiker lehnten jede Einmischung des Staates in das Wirtschaftsleben ab. Höchstens die Hemmnisse galt es zu beseitigen, die die freie Wirtschaft behinderten. Die ,,Harmonie des Wirtschaftslebens'' sorge allein dafür, daß jeder zu seinem Recht käme. Wirtschaftskrisen und soziale Fragen haben aber in der Vergangenheit dem Staat die Beeinflussung des Wirtschaftslebens zur Aufgabe gemacht. Dieses staatliche Einwirken auf den Wirtschaftsablauf ist dabei für die Wirtschaftsordnung bestimmend, die als vom Staat oder seiner Führung bewußt nach bestimmten gesellschaftlichen Ideen gestaltete Organisation des Wirtschaftslebens angesehen wird. Plan- und Marktwirtschaft sind die beiden Hauptformen der Wirtschaftsordnung.

Die Wirtschaftsordnung der BRD ist die soziale Marktwirtschaft. Es ist eine ordnungspolitische Konzeption, die von einer bestimmten Leitidee der Gestaltung zwischenmenschlicher Beziehungen in einer Gesellschaft ausgeht. Sie besteht darin, daß auf der Grundlage der Wettbewerbswirtschaft die freie Initiative mit einem gerade durch die marktwirtschaftliche Leistung gesicherten sozialen Fortschritt verbunden wird (Müller-Armack).

Dadurch sind die Eckpfeiler — Freiheit und Bindung — und die durch sie zu realisierenden gesellschaftlichen Ziele festgelegt. Soziale Zielsetzungen wie soziale Sicherung, soziale Gerechtigkeit und sozialer Fortschritt sollen auf der Grundlage freier Initiative des Individuums bei möglichst großen Freiheitsspielräumen realisiert werden. Hauptanliegen einer so verstandenen Marktwirtschaft ist es, eine Synthese zwischen dem Ziel individueller Freiheit und dem der sozialen Bindungen menschlicher Verhaltensweisen zu finden.

Die zwischenmenschlichen Beziehungen sowohl in der Gesellschaft wie auch insbesondere im Wirtschaftsleben sollen durch Wettbewerb geregelt sein. Diesen Wettbewerb zu sichern ist daher oberstes Gebot der Ordnungspolitik des Staates. Gleichzeitig aber soll dieser Wettbewerb auch ein hohes Maß an persönlichen Initiativen und Aktivitäten freisetzen, um die ökonomische Effektivität einer Gesellschaft zu stärken und so ihre dauerhafte wirtschaftliche Leistungsfähigkeit zu sichern. Dies wiederum gilt dann als Voraussetzung dafür, soziale Zielsetzungen zu verwirklichen.

Persönliche Freiheit, soziale Gerechtigkeit und ökonomische Leistungsfähigkeit sind damit die untrennbar miteinander verbundenen Bestandteile des Konzepts der sozialen Marktwirtschaft. Gleichzeitig wird aber deutlich, daß sie auch eine umfassendere Idee gesellschaftlichen Zusammenlebens darstellt. Verschiedene Lebensbereiche des Menschen sind grundsätzlich nicht isoliert voneinander zu betrachten und deshalb auch nicht konträr gestaltbar. Eine Abstimmung der einzelnen Lebensbereiche durch Koordination der einzelnen Teilordungen in eine integrierte Ordnung ist deshalb nicht nur wünschenswert, sondern unumgänglich. So haben letztlich die in der Rechtsordnung verankerten Freiheitsrechte nur dann einen materiellen Inhalt, wenn sie vom einzelnen in der politischen Willensbildung oder im ökonomischen Prozeß wahrgenommen werden können. Schließlich ist es notwendig zu verdeutlichen, daß sozialer Schutz der individuellen Existenz nur dann zu einer wirklichen Sicherung führen kann, wenn die Gesellschaft durch ein leistungsfähiges Wirtschaftssystem die hierfür notwendigen materiellen Mittel aufbringen und zur Verfügung stellen kann.

Die soziale Marktwirtschaft geht von dieser Interdependenz der Lebensbereiche aus und entwickelt daraus ihre konstituierenden und regulierenden Prinzipien. Eucken hat folgende sieben konstituierenden, d.h. das soziale System begründende, Prinzipien genannt:

- Funktionsfähiger Preis- und Leistungswettbewerb
- Geldwertstabilität als Ausgleich allgemeiner Preisniveausteigerungen (Inflation) oder Senkungen (Deflation)

- Garantie eines freien Marktzugangs für alle am arbeitsteiligen Wirtschaftsprozeß Beteiligten
- Privateigentum an den Produktionsmitteln unter Wettbewerbsbedingungen
- Prinzip der vollen Haftung zur Verhinderung ökonomischer Verantwortungslosigkeit
- Vertragsfreiheit zur Absicherung einzelwirtschaftlicher Entscheidungen
- Konstanz der Wirtschaftspolitik zur Förderung der kurz- bis mittelfristigen Überschaubarkeit des Wettbewerbsprozesses.

Sie gilt es nicht nur vereinzelt, sondern in ihrer Gesamtheit zu realisieren. Sie gelten als „conditio sine qua non" (unerläßliche Voraussetzung) dieser Wettbewerbsordnung. Ergänzt und abgesichert werden sie durch die regulierenden Prinzipien staatlicher Wirtschaftspolitik. Sie sind vom Staat zu ergreifen, sie haben die Qualität von Korrekturinstrumenten:

- Konsequente Monopolkontrolle und Wettbewerbspolitik
- Einkommenspolitik über das Ergebnis des Wettbewerbsprozesses hinaus zum Ausbau einer sozial wünschenswerten Verteilung
- Festlegung von Mindestpreisregelungen für Märkte mit anormalen Reaktionen auf Preisänderungen (z.B. Arbeitsmarkt)
- Wirtschaftsrechnung nach Verursacherprinzip zur Vermeidung der Abwälzung betriebswirtschaftlicher Kosten auf die Gesellschaft (z.B. Umweltschutzpolitik).

Dieses dynamische Konzept gilt es ständig den gesellschaftlichen Entwicklungsbedingungen anzupassen. Dabei ist es jeweils notwendig, es vor Verformungen durch Interessengruppen zu schützen.

Für ein Unternehmen ist es das Aktionsfeld ökonomischer Aktivitäten. Es schafft persönliche Chancen und zwingt, persönliche Risiken zu berücksichtigen. Es bindet den einzelnen Arbeitgeber wie Arbeitnehmer in ein System dynamischen Wettbewerbs ein. Beide Gruppen müssen sich auf ihren Märkten der Konkurrenz stellen und sich dieser gegenüber durchsetzen oder behaupten. Sie zwingen den einzelnen zu einer ständigen Anpassungsfähigkeit. Sie ermöglichen dem einzelnen aber auch eine umfassende Gestaltung nach seinen individuellen Lebenszielen.

Für die Personalwirtschaft als betrieblicher Teilfunktion stellt sich damit die Aufgabe, den Wettbewerb im Unternehmen so zu steuern, daß jeder Mitarbeiter seine Chancen auch verwirklichen kann. Dazu gehören Anleitung zum individuellen Engagement ebenso wie kollektive Förderung einzelner Gruppen. Die Personalwirtschaft ist damit Repräsentant der Wettbewerbsordnung und ein Garant einer leistungsfähigen Wirtschaftseinheit. Personalwirtschaft muß den Wettbewerb auf den Absatz- und Beschaffungsmärkten ebenso in ihre Aktivitäten einbeziehen wie auch den Wettbewerb auf dem Arbeitsmarkt. Insgesamt stellt sich damit das Spektrum einer betrieblichen Personalwirtschaft als ein außerordentlich differenziertes Feld im Rahmen interdependenter rechtlicher, politischer, gesellschaftlicher und ökonomischer Ordnungssysteme und Ordnungsvorstellungen dar. Personalwirtschaft benötigt deshalb zum konsequenten und folgerichtigen Einsatz seines Instrumentariums auch eine relative Klarheit im gesellschaftlichen Wertesystem, um eine Richtschnur im Dickicht unterschiedlicher Meinungen und Interessen zu haben. Damit wird aber auch ihr Dilemma deutlich. Dies ist zugleich auch die Chance zu einer Integration von Divergierendem.

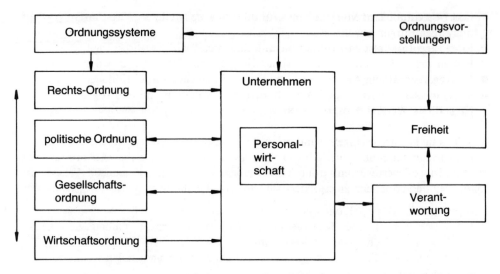

Abb. 1.3 – 1: Ordnungssysteme und Ordungsvorstellungen als Grundlagen einer betrieblichen Personalwirtschaft (Heidack, 1983)

1.3.5 Zusammenfassung

- Menschen bedürfen verschiedenster Ordnungssysteme zur Regelung ihrer sozialen Beziehungen.
- Diese Ordnungen gelten im Hier und Jetzt. Gleichzeitig sind sie Ausdruck der verinnerlichten Erfahrungen und in ihrem Bedürfnis nach Weiterentwicklung Ausdruck spezifischer Wünsche und Zukunftsängste.
- Ordnungen legen Rang und Rolle des einzelnen im Sinne eines Spielraumes der persönlichen Entfaltung fest.
- Das Ordnungsgefüge der Bundesrepublik Deutschland ist mehrdimensional und überlappt sich in einer
    rechtlichen,
    politischen,
    gesellschaftlichen und
    wirtschaftlichen
  Ordnungsvorstellung.
  Diese machen die Einordnung des einzelnen so komplex und erfordern von diesem das Bewußtsein der Vielfältigkeit seiner Möglichkeiten.
- Die Rechtsordnung der BRD beruht auf der individuellen Freiheit und der Gleichheit vor dem Gesetz. Rechten stehen Pflichten des einzelnen und der staatlichen Institutionen gegenüber, die den Freiheitsrahmen des Individuums im täglichen Leben und in der Arbeit determinieren. Ihre Konkretisierungen erfahren diese Rechte und Pflichten im Privatrecht, im öffentlichen Recht und im Arbeitsrecht. Dies ist die Gestaltungsgrundlage von Arbeitgeber und Arbeitnehmer und Handlungsspielraum einer betrieblichen Personalwirtschaft.
- Die politische Ordung regelt die Frage der Macht in einem Gemeinwesen. Demokratisch und sozial sollen dabei die Gütezeichen dieser Ordnung sein. Sie sollen Rechte

und Lebensmöglichkeiten für den gestaltungsberechtigten, aber auch -verpflichteten mündigen Bürger gewährleisten. Dieses Modell ist auf seine Übertragbarkeit auf das Macht- und Sozialsystem Betrieb von einer betrieblichen Personalwirtschaft zu überprüfen.

- Die gesellschaftliche Ordnung hat die Idee der Pluralität von Meinungen, Interessen und Rollen begründet. Damit sind dynamische Veränderungsprozesse institutionalisiert, die im Begriff des sozialen Wandels ihren Ausdruck finden. Dieser Wandel erfaßt auch die Arbeitswelt und zwingt dazu, Konflikte anzugehen, auszutragen und zu regeln. Die betriebliche Personalwirtschaft kann dabei eine von vielen solcher ,,Konsensinstrumente'' sein.
- Die wirtschaftliche Ordnung der BRD wird mit dem Begriff der ,,Sozialen Marktwirtschaft'' umschrieben. Wettbewerb als zentrale Freiheitsbedingung und sozialer Fortschritt als Bindungsbedingung sind die zentralen Eckpfeiler. Für Unternehmen und alle darin beteiligten Akteure ist sie das ökonomische Aktionsfeld. Sie verpflichtet den einzelnen, seine Chancen auch wahrzunehmen. Die betriebliche Personalwirtschaft kann damit Wettbewerb fördern und notwendige Ausgleiche vornehmen.
- Personalwirtschaft ist damit Ausdruck eines speziellen Gestaltungswillens, der den vom Unternehmen gesetzten Gestaltungsspielraum einerseits und den ordnungspolitischen Gestaltungsrahmen andererseits harmonisiert.

1.4 Mensch und Wertesystem — Vorstellungen einer Philosophie des ,,Wertvollen und Erstrebenswerten''

So wie Plato und Aristoteles im Altertum, wie auch Augustinus und Thomas von Aquin im Mittelalter, so beschäftigen sich seither zahlreiche Philosophen und Theologen mit der Frage, was ist ein Gut, was ist wertvoll, und warum erstrebt der Mensch überhaupt etwas? Gleichzeitig war auch immer die Frage aktuell, was die Ursache dieses seines Strebens ist.

Es ist klar, daß die Antwort, je nach Situation des Fragestellers, außerordentlich unterschiedlich ausfiel. Sie war sowohl im Jenseits als auch im Diesseits angesiedelt und wurde selbstverständlich auch unterschiedlich interpretiert. Heute sind unsere Überlegungen sehr stark von der Wertephilosophie, wie sie sich im 19. und 20. Jahrhundert entwickelt hat, geprägt. Sie versucht, ein neues Wertbewußtsein zu schaffen. So sehen heute viele Philosophien ihre eigene Wissenschaft als kritische Wissenschaft von den allgemeingültigen Werten. Das Besondere an allen Wertediskussionen ist zweierlei:

Einmal, daß dem Menschen in der Welt eine besondere Stellung zugewiesen wird, und zweitens, daß die Freiheit des einzelnen eine Voraussetzung für seine Verantwortung darstellt. Eine solche Freiheit darf unter keinen Umständen preisgegeben werden.

1.4.1 Grundwerte und Gesellschaft

In jeder Ordnung wurden und werden Vorstellungen von einer Richtungsweisung wirksam. Solche Zielüberlegungen gilt es durch den Einsatz politischer Instrumente in den

Ordnungssystemen eines Landes zu konkretisieren. Da es sich bei solchen Zielbestimmungen immer um Werturteile handeln muß, entsteht sofort die Frage, wer diese Werte eigentlich setzt. Für eine freiheitliche Gesellschaft scheidet die Festlegung einer Präferenz oder Zielordnung durch eine relativ kleine Gruppe von Individuen nach diktatorischem Prinzip generell aus. Subjekte der Zielbestimmung sind in einem demokratischen System dabei alle Staatsbürger bzw. die von ihnen in freien Wahlen dazu legitimierten Vertreter. Dabei ist zu verdeutlichen, daß es nicht möglich ist, aus den unterschiedlichen Wertvorstellungen und Interessenlagen der Individuen eine gesellschaftliche Zielfunktion abzuleiten und als allgemeingültigen Maßstab für alle Gestaltungsaufgaben zu verwenden. Dieses Dilemma kann für den Staat und für alle seine Institutionen, so auch die Betriebe, nur pragmatisch im Sinne eines „second best" gelöst werden.

Nach demokratischen Spielregeln werden diejenigen Grundwerte ermittelt, die als gemeinsame Grundlage von der Mehrheit der Gesellschaft akzeptiert werden. Im Idealfall können aus ihnen dann alle wirtschaftspolitischen und unternehmerischen Ziele widerspruchsfrei abgeleitet werden, die dann als Richtschnur für alles ökonomische Tun und der Personalwirtschaft als eindeutiger Maßstab gelten können.

Die Frage, die in der gesellschaftspolitischen Diskussion der BRD zur Zeit sehr häufig gestellt wird, ist die nach diesen allgemein verbindlichen ethischen Normen. Die Ursachen dafür liegen unter anderem im Verlust an Sinngebung, an Lebensorientierung für den einzelnen und viele gesellschaftliche Gruppen begründet. Es besteht außerem die Notwendigkeit, in einer meinungs- und interessenpluralistisch strukturierten Demokratie den kleinsten Nenner gemeinsamer Überzeugungen zu finden. Ohne Ethik oder mit schierer Wertneutralität kann kein Gemeinwesen auf Dauer existieren. Nur auf der Basis eines Mindestwertekonsenses lassen sich die bereits gefügten Ordnungssysteme sichern und weiter ausbauen.

Was sind nun Grundwerte, die sich als kleinster Nenner für ökonomisch orientierte Gemeinschaften wie z.B. Unternehmen eignen? Der Begriff der Ethik hilft dabei ein wenig weiter. Er kann nach Streithofen einmal eine durch längere Zeit oder häufige Übung erworbene Handlungsweise, zum anderen die innere Gesinnung und Willenshandlung des Menschen sein. Danach sind Gegenstände der Ethik die menschlichen Handlungen, soweit sie aus Überlegung und freier Selbstbestimmung hervorgehen. Unüberlegte und unfreie Handlungen scheiden damit aus der Betrachtung aus.

Dieses freie Wollen, Streben und Handeln des Menschen wird einer Regel unterstellt. Diese Norm kann selbstverständlich übertreten werden und macht dann den Unterschied zwischen Gutem und Bösem aus. Sie wird letztlich als eine Verpflichtung auf ein Ziel angesehen. Dieses konkrete Endziel ist dann jener Wert, den der Mensch als sein letztes Ziel erwählt, weil er es als sein höchstes Gut betrachtet. Dabei nimmt er an, daß dies ihm das erstrebte Glück gewähren kann.

Die Ansicht, was das objektive Endziel aller Menschen ist, wird von der jeweiligen Weltschau des Menschen bestimmt. Eine grundsätzliche Entscheidung wird durch die Annahme oder Ablehnung eines persönlichen, überweltlichen Gottes gefällt. Danach entscheidet sich die Frage nach einem diesseitigen oder jenseitigen Endziel. Alle anderen Güter sind dann Zwischenziele, die auf den jeweilig höheren Zweck zugeordnet sind.

Wird die Frage nach dem Endziel offen gelassen, so ist die Frage nach einem relativ letzten Wert gestellt. Danach gilt es dann, eine Wertordnung zu etablieren, die eine Rangordnung von Gütern höherer zu denen niederer Wertigkeit darstellt. Diese Überlegungen sind für konkrete Unternehmen deshalb von besonderem Interesse, weil die allseitige Akzeptanz einer solchen Werteordnung und/oder das Bewußtsein eines solchen gemeinsamen Minimumkonsenses die betriebliche Arbeit im allgemeinen und die der Personalwirtschaft im besonderen transparenter macht und Konfliktregelungen wesentlich erleichtert. Wertekonsens ist die höchste Form der Identifikation mit einem Unternehmen, unabhängig davon, ob die Beteiligten Arbeitgeber oder Arbeitnehmer sind.

1.4.2 Grundwerte und Individuum

Relativ oberster Grundwert ist nach Streithofen die personenhafte Würde des Menschen. Folgende Wesenszüge lassen sich dabei herausarbeiten:

- Jeder Mensch ist ein Wesen, das sich seiner selbst mächtig und selbst verantwortlich ist. Er kann sich im Gegensatz zu den anderen Lebewesen frei entscheiden. Er bestimmt sich selbst zur Tätigkeit. Person bedeutet dabei,
  - jedem Eigentumsverhältnis entzogen zu sein, selbst wenn psychophysische Verfügungen die Geschichte durchziehen,
  - Selbstzweck zu sein, selbst wenn Gebrauchsansprüche ständig gestellt werden. Dabei ist es wichtig, darauf hinzuweisen, daß in Unternehmen, in denen der Mensch ausschließlich ökonomisch betrachtet wird, nur seine Leistung und nicht er in seiner gesamten Persönlichkeit gebraucht wird.
- Solche selbständigen und vernunftbegabten Personen sind aber noch nicht Persönlichkeit. Dieser entspringt die Aufgabe, Verpflichtung und Verantwortung, sich weiter zu bilden und zu entwickeln. Damit muß sich jeder Mensch gemessen an seinen Möglichkeiten entfalten. Der Weg dazu ist beständiges und zielbewußtes Handeln in allen Lebensbereichen.
- Jeder Mensch besitzt einen eigenen Wert, der absolut einmalig ist. Nur er besitzt diesen Selbstwert. Damit ist jeder Mensch ein konkreter Grundwert. Er hat einen, seinen besonderen, nicht wiederholbaren, ihm auch nicht abzusprechenden Wert.
- Der menschliche Wille ist grundsätzlich frei. Ursache dieser Freiheit als Grundwert ist das geistige Erkenntnisvermögen des Menschen. Kraft seines Verstandes kann er einsehen, urteilen, überlegen, meinen, zweifeln, glauben und folgern. Aufgrund dieser Begabtheit kann sich der Mensch prinzipiell viele Tätigkeiten aussuchen. Hinzu kommt noch das menschliche Strebevermögen, schöpferisch, in geistiger Freiheit tätig sein zu wollen, um darin seine persönlichen Eigenarten bewußt zur Geltung bringen zu können.

Selbstverständlich sind den menschlichen Freiheitsmöglichkeiten auch Grenzen gesetzt. Geist und Streben sind an gegebene Ordnungen gebunden. Aber in diesem Rahmen kann der Mensch nach freiem Ermessen die Vervollkommnung der eigenen Person ansteuern. Damit konkretisiert sich die Würde der menschlichen Person erst durch die individuelle Willensfreiheit. Sie ist Träger der Wertordnung von Staat, Gesellschaft und Wirtschaft. Unternehmen sind damit auch Institutionen, die diese Erkenntnis und Gestaltungsfreiheit in ihr Tun und Handeln einzubeziehen haben. Freiheit des einzelnen, eingebunden in eine betriebliche Ordnung, ist dann die Grundlage für die Werte „Solidarität, Subsidiarität und Gemeinwohl".

Der Mensch ist auch soziales Wesen.

Von seiner Geburt an ist er auf eine Gemeinschaft ausgerichtet. In diesem Sinne ist der Mensch auf Solidarität angewiesen. Sie beinhaltet wechselseitige Verbundenheit und Verantwortlichkeit. Sie gilt im Verhältnis von Einzelmenschen zueinander, im Verhältnis des einzelnen zu konkreten Gemeinschaften wie Familie, Schule und Betrieb und auch im Verhältnis zwischen verschiedenen Gruppierungen. Solidarität in einem Unternehmen ist dabei die Chance, die eine positive Unternehmensentwicklung mit sich bringt. Sie kommt allen zugute. Geht das Unternehmen zugrunde, so kommen alle zu Schaden. Jeder einzelne beeinflußt somit mit seinem Tun oder Unterlassen den Grad des Nutzens für alle.

Neben den Grundwert der Solidarität tritt der der Subsidiarität. Danach muß der Mensch das leisten, was er leisten kann. Jeder Mensch hat seine Lebensaufgabe so weit zu erfüllen, wie er dazu in der Lage ist. Das heißt, daß einem Menschen die Aufgaben, zu deren Erfüllung er selbst in der Lage ist, nicht abgenommen werden dürfen. Dabei hat die Gemeinschaft allerdings die Bedingungen zu schaffen, die dem einzelnen die Entfaltung seiner Kräfte erst ermöglichen. Solidarität und Subsidiarität gehören damit zusammen. Gesellschaftliche Hilfe muß damit immer Hilfe zur Selbsthilfe sein. Sie muß solange ergänzen, bis sich der Mensch selber helfen kann. Unternehmen haben in diesem Sinne Aufgaben, die über die bloße Leistungserstellung hinausgehen. Neben anderen gesellschaftlichen Gruppierungen ist ihnen auch die Verpflichtung zur Förderung der individuellen Kräfteentfaltung zueigen. Der Mitarbeiter selbst aber hat auch die Verpflichtung, seine personalen Anlagen und Fähigkeiten nicht zurückzudrängen.

Als nächstes Grundwertprinzip gilt das des Gemeinwohls. Danach ist der Mensch als Einzel- oder Gesellschaftswesen auf Zusammenarbeit angewiesen. Dies ist für die Erfüllung der existenziellen menschlichen Zwecke unerläßlich. Das Ergebnis einer solchen Zusammenarbeit wird als Gemeinwohl oder Gemeinnutz bezeichnet. Dabei geht es immer um die Fragen, welches Ziel hat die jeweilige Gemeinschaft, und mit welchen Mitteln kann es realisiert werden. Für ein Unternehmen in einem marktwirtschaftlichen System ist dies die Deckung des langfristigen Bedarfs, die erst ein Überleben „in the long run" sichert. Dabei sollen die Mittel so eingesetzt werden, daß sie die Markterlöse langfristig nicht übersteigen. Alle betrieblichen Instrumente werden danach ausgerichtet. Wichtig ist aber, dabei zu bedenken, daß das erreichte Gemeinwohl der menschlichen Bestimmung und seiner Wirkmöglichkeit entspricht. Ein Nutzen, der nur einer betrieblichen Gruppe Gewinn bringt, widerspricht der Vorstellung von Gemeinwohl. Ein Unternehmen soll das Wohl aller im Auge haben, es besteht nicht für sich selbst und ist auch kein Selbstzweck.

Diese vier Prinzipien als Grundwerte bedürfen bestimmter Verhaltensweisen zu ihrer Verwirklichung. Dies sind die Mittel, die sich auf die primären unmittelbaren Grundwerte beziehen. Sie werden als Tugenden, und damit als sekundäre mittelbare Grundwerte erstrebt, weil sie notwendig und geeignet sind, den oben genannten Prinzipien als höherrangige Ziele zu dienen. Diese Verhaltensweisen sind die Normen für das Handeln des Menschen. Das Eigentümliche daran ist allerdings, daß es sie in der Mitte zwischen den

Gegensätzen des Zuwenig und Zuviel zu halten gilt. So hält z.B. die Freundlichkeit die Mitte zwischen Streitsucht und Schmeichelei. Im einzelnen zählt Streithofen folgende Verhaltensweisen zu den sekundären, mittelbaren:

1. Klugheit
2. Gerechtigkeit
3. Tapferkeit
4. Maß

Diese führt er auf ihren eigentlichen und ursprünglichen Sinngehalt zurück und überträgt sie dann in das Verständnis der heutigen Tage. Dies gilt vor allem für die schwer verständlichen Verhaltensweisen der Tapferkeit und des Maßes. So ist die erste Verhaltensweise der Tapferkeit Selbstvertrauen, richtige Selbsteinschätzung und auch gezielte Risikobereitschaft. Es wird hier auch der Begriff der Zivilcourage gebraucht, der auf betriebliches Verhalten im Sinne von Widerstand gegen inkompetente Vorgesetztenentscheidungen umgesetzt werden kann.

Die vierte Verhaltensweise ist als Grundwert das Maß. Sie befähigt den Menschen zur erforderlichen Mitte zwischen Gleichgültigkeit oder Gefühllosigkeit einerseits und Genußgier andererseits. Sie wird auch als Mäßigkeit oder Maßhaltung bezeichnet. Um das

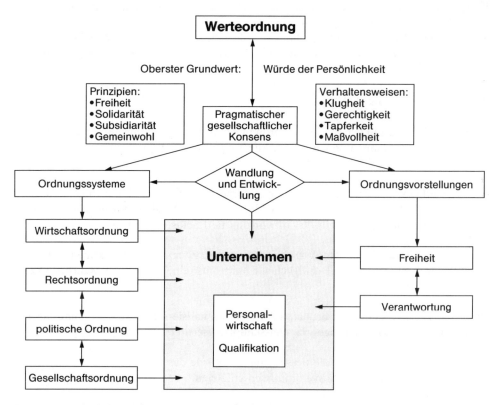

Abb. 1.4 – 1: Einfluß von Werteordnung und Ordnungssystem auf Wandel und Entwicklung (nach Heidack)

45

richtige Maß zu finden, ist das Vernunftgemäße mit den Eigenarten des jeweiligen Menschen zu verbinden. Es gibt selbstverständlich kein einheitliches Maß für einen Menschen, weil Anlagen und Bedürfnisse verschieden sind. Vernunft, Gemäßigkeit wird auch von Raum und Zeit, Gebräuchen und Gewohnheiten vor Ort beeinflußt. Dem Maß zugeordnete Verhaltensweisen sind die Demut, die Milde, der Lern- und Wissenseifer und die Bescheidenheit. Seinen Wunsch nach eigener Überlegenheit zu zügeln, sich vor übermäßiger und ungerechter Strafe zu bewahren, sich selbst den Forderungen des betrieblichen Alltags im Wissen und Können zu stellen und sein eigenes Tun nicht in den Vordergrund zu stellen sind dabei die konkreten Inhalte dieser dem Maß zugeordneten Werte. Sie richten alle im Unternehmen auf eine Mitte, die alle Polarität überwindet und Gegensätzliches vermeidet. Maß ist die Fähigkeit, bei Konflikten betriebliche Kompromisse, die die Handschrift beider Parteien trägt, einzugehen.

Bei einer abschließenden Betrachtung der Grundwerte in Form von Prinzipien und Verhaltensweisen ist selbstverständlich klar zu machen, daß diese Werte nicht konkrete Forderungen im betrieblichen Alltag in idealtypischer Weise sein können. Sie sind auf der Grundlage der Wertephilosophie die Maßstäbe, die es anzusetzen gilt, wenn das Zusammenleben von Menschen organisiert werden soll. Gleichzeitig bieten sie natürlich auch die Möglichkeit, bei unterschiedlichen Auffassungen als Mittler zu Rate gezogen zu werden. Dabei ist es wichtig zu bedenken, daß sie Ziel menschlicher Handlungen sind und weniger den praktischen Weg dazu selbst darstellen. Trotzdem sollte eines nicht unterschätzt werden: Werte sind Richtungsweiser für den einzelnen. Sie befähigen ihn, seine Handlungen selbstkritisch zu beleuchten und die anderer zu gewichten. Werte sind Grundlagen menschlichen Zusammenlebens, die die Form des Miteinanders bestimmen.

1.4.3 Zusammenfassung

● Menschen bedürfen der Werte, um Ordnungen in Wertschöpfung ausgestalten zu können. Darüber hinaus können sie Auskunft darüber geben, was wertvoll und erstrebenswert ist.

● Die heutige Wertediskussion ist gekennzeichnet von der Vorstellung von einer besonderen Stellung des Menschen in der Welt und von der Freiheit des einzelnen als Voraussetzung für indidviduelle Verantwortung und Selbsterneuerung.

● Werte werden in einem demokratischen Ordnungssystem von den einzelnen entwickelt und münden in einen gesellschaftlichen Kompromiß ein, der von der Mehrheit akzeptiert werden kann.

● Solche Wertvorstellungen bedürfen der Operationalisierung durch ökonomische und soziale Zielkonkretisierungen in Wertschöpfungscenters.

● Relativ oberster Wert ist die personenhafte Würde des Menschen. Dieser ist damit Selbstzweck und Eigentumsverhältnissen entzogen.

● Persönlichkeit wird ein Mensch durch sein Engagement zu Bildung und Entwicklung. Sie entfaltet sich dabei an seinen Möglichkeiten. Dieser individuellen Persönlichkeitsausprägung hat auch die Arbeit zu folgen. Betriebliche Personalwirtschaft ist ein Begleiter bei der Suche nach der Entwicklung persönlicher Eigenarten in die zu berücksichtigenden Arbeitsinhalte und -formen.

- Freiheit in einer Ordnung, Solidarität, Subsidiarität und Gemeinwohl als bestimmte Form der Zusammenarbeit machen erst ein Unternehmen in seinen komplexen Beziehungen aus. Sie verpflichten alle Beteiligten und kennzeichnen die Wirkmöglichkeiten des einzelnen.

- Prinzipien bedürfen der Ergänzung durch konkrete Verhaltensweisen, die als sekundäre Grundwerte wie Klugheit, Gerechtigkeit, ,,Zivilcourage'', und ,,Mittigkeit'' das betriebliche Miteinander an Spielregeln anbinden.

- Personalwirtschaft ist damit auch der Kritiker an den Verhaltensweisen aller in und am Unternehmen Beteiligten. Zivilcourage ist dabei die Verhaltensweise, die von dieser Funktion am deutlichsten gefordert wird, allerdings auch im Sinne von Maß und der Fähigkeit der Konfliktregelung.

1.5 Mensch, Persönlichkeit und Gruppe – verhaltenswissenschaftliche Aspekte

Personalwirtschaft kann den Menschen nicht lediglich als Träger des Faktors Arbeit sehen. Die Menschen sind nicht Mittel, sondern bleiben Mittelpunkt des betrieblichen Geschehens. Die Personalwirtschaft wird und wirkt nur dann lebendig, wenn sie sein Verhalten, wie er durch seine eigenen Ideen, Ziele und Interessen den Leistungsprozeß aktiv gestaltet, in Betracht zieht. Die Betrachtungsperspektive ist einmal die betriebliche Funktion der Person. Dabei stehen psychologische Aspekte im Vordergrund. Andererseits ist gerade die allgegenwärtige organisatorische Prägung ein Phänomen, das im menschlichen Verhalten, sei es in den individuellen Handlungsvollzügen oder den Gruppenbezügen, besonders dann von Bedeutung wird, wenn es um betriebliche oder berufliche Leistung geht. Diese soziologische Perspektive hat zwei komplementäre Aspekte:

- Einmal ist es das reibungslos funktionierende Sozialsystem, also ein Harmoniemodell, das die traditionelle Betriebswirtschaftslehre bevorzugt.
- Zum andern kann die soziologische Betrachtung den Betrieb als konfliktträchtigen Herrschafts- und Zwangsverband sehen. Diese Sichtweise liegt vor allem im Trend der sozialkritischen Haltung neuerer Soziologie.

Betrachtungen und Darstellungen, die den einzelnen in seinem Verhalten im organisatorischen Zusammenhang und dem Beziehungsgefüge der Gruppe und der Gesellschaft sehen, sowie die, die das Verhalten dort zu integrieren verstehen, werden dem Sachverhalt am ehesten gerecht. Soziologie und Psychologie versuchen dies von einem verschiedenen Standpunkt und aus einer unterschiedlichen Perspektive. Diese Trennungen nach verschiedenen Erkenntnisaspekten in der Verhaltenswissenschaft haben den Menschen mit seinen Erwartungen und Interessen, seine Beziehung zu anderen Menschengruppen zum Ausgangs- und Beziehungspunkt.

Den formalen Rahmen dieser Verhaltensaspekte, die Erkenntnisgegenstand der Verhaltenswissenschaften sind, versucht Abb. 1.5 – 1 für die Praxis zu erfassen und bildlich darzustellen.

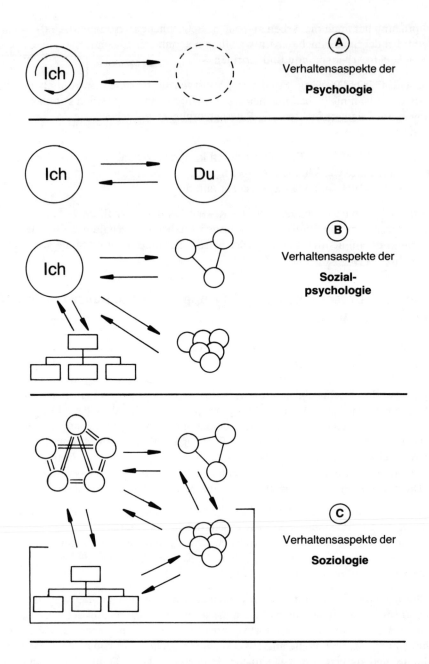

Abb. 1.5 – 1: Soziographische Darstellung der verschiedenen Erkenntnisaspekte in der Verhaltenswissenschaft (entnommen: Heidack, C., Betriebspsychologie/Betriebssoziologie, Wiesbaden 1983, S. 31)

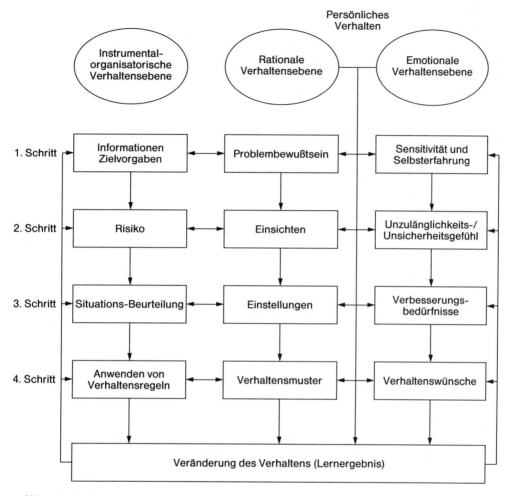

Abb. 1.5 – 2: Lernschritte zur Verbesserung des Führungs- und Entscheidungsverhaltens auf drei verschiedenen Verhaltensebenen (nach Heidack)

Die gesamte Verhaltensdynamik in einer Organisation und in ihrem Umfeld ist danach ein Kräftespiel einer Wertschöpfungskette, die letztlich von der Einzelperson, dem Ich mit seinem Verhalten und Erleben ausgeht. Hierauf konzentrieren sich als Erkenntnisgegenstand die *psychologischen Fragenkomplexe*, wie es die schematische Darstellung A in Abb. 1.5 – 1 zeigt. Das Kräftespiel zwischen den einzelnen Personen und anderen Einzelpersonen sowie Gruppen sind *sozialpsychologische Fragenkomplexe* (vgl. B. in Abb. 1.5 – 1). Der Wirkungszusammenhang (vgl. C. in Abb. 1.5 – 1) zwischen Gruppe und Gruppen bzw. Gruppengebilde und Gruppengebilden und Organisationen gehört in den *Themenbereich soziologischer Fragestellungen*. So spielen sich die Verhaltensaktivitäten auch auf der instrumental-organisatorischen Ebene ab. Ihre Lernschritte zur Verdeutlichung des Verhaltens sind in der Abb. 1.5 – 2 veranschaulicht.

Gegenstand organisationssoziologischer Bemühungen ist die Betrachtung von Organisationen als zweckbestimmte kooperative soziale Gebilde, die zielgerichtete, strukturierte, soziotechnische Systeme darstellen und als Instrumente wesentlich dem Zweck sozialer Herrschaft dienen. Ihre lebendige Vielfalt und persönliche Einzigartigkeit kommt im Rahmen freiheitlicher Gestaltung erst voll zur Geltung und in ihrem individuellen Reichtum zum Ausdruck.

1.5.1 Psychologische Aspekte des Lernens im Arbeitsprozeß

1.5.1.1 Psychologische Ansätze und Perspektiven

Traditionell ist für die Personalwirtschaft die Industrie- oder Betriebspsychologie, die Motivations- und Führungslehre von besonderem Interesse. Danach gehört die Betriebspsychologie zur praxisorientierten Psychologie mit den drei Arbeitsfeldern:

○ Betriebliche Arbeitspsychologie
○ Betriebliche Berufspsychologie
○ Betriebliche Sozialpsychologie

Fragen der Motivations- und Führungslehre sind gemäß Abb. 1.5 – 2 den Grundlagendisziplinen und der Persönlichkeitspsychologie zuzuordnen. Dabei werden aber bereits gruppenpsychologische, insbesondere gruppendynamische und rollenspezifische Gegebenheiten miteinbezogen.

Von der Betriebspsychologie erwartet man Hilfen bei der strukturellen Personalorganisation und den Problemen, die durch die sozialen Beziehungen aufgrund der Einbindung des Personals in eine konkrete Struktur des Betriebs und sein meist hierarchisches Arbeits- und Führungssystem entstehen und bestehen. Die zunehmende Dynamik in den Systemen läßt die Prozesse wie Kommunikation und Interaktion immer mehr in den Vordergrund treten.

Die strukturellen und personellen Elemente der Arbeitsorganisation beziehen sich auf vier institutionelle Regelungsbereiche:

● Auf die traditionellerweise aufgabenbezogenen Regelungen für die Arbeitsorganisation im ausführenden Tätigkeitsbereich sowie die der Führungsorganisation, also der gesamten Organisationsstruktur.
● Spezifische Regelungen im Bereich der Personalauswahl, die die Selektionsfunktion diagnostisch unterstützen.
● Spezifische Regelungen für die Personalentwicklung mit ihren informationellen und bildungsbezogenen sowie den sozialorganisatorischen/stellenbezogenen Grundlagen.
● Regelungen, um das zwischenmenschliche Verhalten in der kooperativen Zusammenarbeit im Verhältnis von Vorgesetzten, Kollegen und Mitarbeitern zu steuern; darüber hinaus sind auch Erwartungshaltungen und Konfliktansätze zu erkennen und zu regeln.

Die Abb. 1.5 – 3 versucht den Einfluß der Arbeitsorganisation auf die Qualität des Arbeitserlebens des Mitarbeiters vor allem im ausführenden Tätigkeitsbereich durch einen mehrstufigen komplexen Prozeß zu verdeutlichen. Ausgangspunkt der Analyse sind die

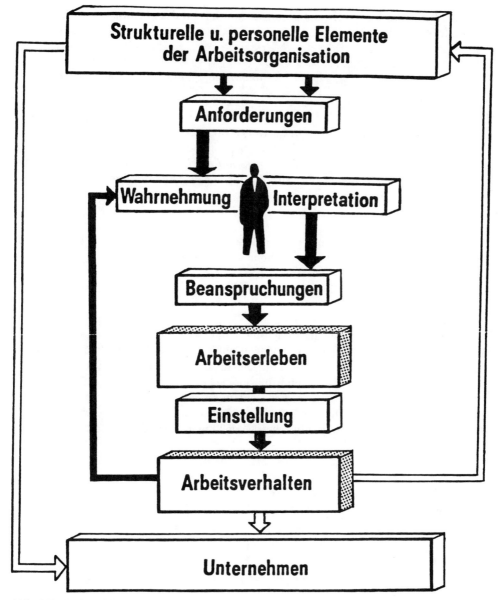

Abb. 1.5 – 3: Auswirkungen der Arbeitsorganisation auf Mensch und Unternehmen (nach Wechsel-berger, L., in: Heidack 1989, S. 267)

strukturellen (Arbeitsaufgabe, Arbeitsplatz und dessen Umfeld) und personellen Elemente (z.B. Führungs- und Kollegenverhalten; Informationsgeschehen) der Arbeitsorganisation. Sie stellen Anforderungen an den arbeitenden Menschen, werden von ihm als Lob, Ta-del, Kontrolle etc. wahrgenommen und unterschiedlich interpretiert. Dies führt auch zu unterschiedlichen Beanspruchungen (Leistungsstreben, Streß, Ärger oder Freude). Da-durch wird sein Arbeitserleben, seine Einstellung und das ganze Arbeitsverhalten geprägt.

Folgende Leitthese der Arbeitsgestaltung kann aufgrund des in Abb. 1.5 – 3 dargestellten Modells aufgestellt werden:

> *Die Qualität des Arbeitserlebnisses bestimmt die Qualität des Arbeitsergebnisses.*

Im Zusammenhang der Personalführung werden weitere Einzelheiten behandelt. Hier kann insgesamt festgestellt werden: Durch eine Integration des Mitarbeiters in die Arbeitsorganisation, die es dem Menschen *nicht nur ermöglicht, sondern es durch die Qualität des Arbeitserlebens für ihn sinnvoll und nutzbringend macht, sich für die Ziele der Organisation voll und ganz zu engagieren,* wird die allgemeine *Motivationsgrundlage zur optimalen Nutzung des Humanpotentials* im Rahmen des „Human Ressources Management" geschaffen.

Die zunehmende Dynamik in den organisatorischen Systemen läßt die Prozesse wie Kommunikation und Interaktion immer mehr in den Vordergrund treten.

Die strukturellen und personellen Aspekte der Arbeitsorganisation beziehen sich auf vier Regelungsbereiche:

Abb. 1.5 – 4 kennzeichnet die Führungsposition und Erwartungen der Bezugsgruppen, die das Rollenverhalten der Führungskraft und die Konflikte, die sie damit auslösen kann, kennzeichnen. Auf jedes Element und jede Beziehung dieser Darstellung muß sich die Aufmerksamkeit personalorganisatorischer und führungstechnischer Regelungen richten. Hierfür ist ein gewisser Vorrat an psychologischen Kenntnissen notwendig. Im hier gesteckten Rahmen kann nur auf die wichtigsten, sozusagen klassischen Ansätze, hingewiesen werden, die durch ein übergreifendes heuristisches Modell ergänzt werden (vgl. S. 16).

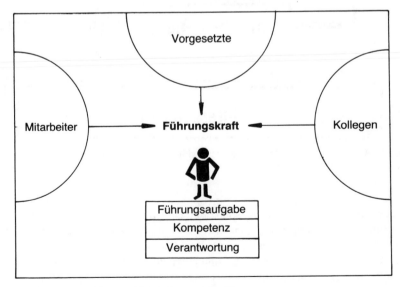

Abb. 1.5 – 4: Führungsposition und Erwartungen der Bezugsgruppen

52

1.5.1.2 Das Bild vom Menschen in Organisationen

Bedeutsam für personalbezogenes und mitarbeiterorientiertes Handeln ist das *Bild vom Menschen,* das man in einer Organisation hat.

Von alters her macht man sich Gedanken über die Natur des Menschen und sucht sie nach den unterschiedlichsten Kriterien und/oder nach subjektivem Ermessen zu bestimmen. Typologien wie die Erlebnistypen von Jung oder die Körperbau- bzw. Charaktertypen von Kretschmer (vgl. hierzu auch das Kapitel Führungsverhalten 2.1) sind Ausdruck des Interesses, in dem meist ein hohes Sicherheitsbedürfnis in der Beurteilung von Umgang mit dem Menschen zu erkennen ist. Solche Typologien haben ihre besondere Bedeutung, sind aber durch ihre hohe Vorurteilsträchtigkeit im Alltag sehr gefährlich.

Persönlichkeit kann und soll nur aus dem Verhalten des Menschen nach genauer Beobachtung beurteilt werden und nicht vordergründig nach äußerlichen Merkmalen im Betrieb und ihre entsprechende Einstufung und Förderung, wie auch ganz speziell für Vorstellungen von den Eigenschaften einer idealen Führungskraft und der Einstufung von Führungsverhalten. Hierzu müssen diagnostische Fähigkeiten geschult werden, die mehr auf einem Training von Situationsbeurteilungen basieren als auf der Kenntnis von Eigenschaftstheorien.

In der Personalwirtschaftslehre werden Menschen in ihrem Verhalten in der Organisation gesehen. Individuum und Organisation bestimmen das Menschenbild. Dem liegen Vorstellungen und Erwartungen zugrunde, die man grundsätzlich vom Verhalten im Betrieb und in Organisationen hat, wobei es letztlich um das Zuordnen von Menschen und Sachen geht.

Die für die Betriebsorganisation und somit auch für die Personalwirtschaftslehre bedeutsamste Unterscheidung für die Sicht des Individuums kennzeichnet McGregor in der Theorie X als dem pessimistischen und der Theorie Y als dem optimistischen Menschenbild.

In der Theorie X mit dem pessimistischen Menschenbild geht McGregor von drei Grundsätzen aus:

Grundannahmen über den Menschen in Organisationen	Organisationstheoretische Ansätze dieser Menschenbilder
I. Organisationsmitglieder als passive Instrumente	Klassische Organisationstheorie (Wissenschaftliche Betriebsführung: Taylor u. a.) Managementlehre
II. Organisationsmitglieder mit eigenen Einstellungen, Werten, Zielen und ihre notwendige Motivation zur Teilnahme	Bürokratiemodelle (Bürokratismus), Teilnahmeentscheidungen, Konflikt in Organisationen
III. Organisationsmitglieder als Entscheidungsträger und Problemlöser mit begrenzter kognitiver Rationalität	Problemlösung und Entscheidungsfindung; Planung und Innovation in Organisationen

Abb. 1.5 – 5: Grundannahmen und organisationstheoretische Ansätze von Menschen in Organisationen nach March/Simon

- Der Mensch hat eine angeborene Abneigung gegen Arbeit und versucht sich vor ihr „zu drücken", wo immer er kann.
- Wegen dieser Arbeitsunlust müssen die Menschen durch Lenkung, Führung, Zwang und Strafandrohung dazu bewegt werden, einen produktiven Beitrag zur Organisation und zur Erreichung der Ziele zu leisten.
- Der Mensch möchte lieber geführt werden, als selbständig Verantwortung zu tragen. Er hat wenig Ehrgeiz und ist vor allem auf Sicherheit aus.

Die Theorie Y, das optimistische Menschenbild, beruht auf folgenden Grundsätzen:

- Der Mitarbeiter ist nicht von Natur aus der Arbeit gegenüber positiv oder negativ eingestellt. Er entwickelt diese Einstellung vielmehr aufgrund seiner Erfahrung.
- Der Mitarbeiter ist bereit, Leistungen zu vollbringen, Fähigkeiten zu entwickeln, Verantwortung zu übernehmen und sich für gesteckte Ziele einzusetzen. In diesem Falle sind externe Kontrollen unnötig, er wird Selbstkontrolle und Eigeninitiative entwickeln. Dem Mitarbeiter müssen Hilfestellungen gegeben werden, seine Anlagen und Fähigkeiten zu erkennen und weiter zu entwickeln. In der Regel weicht der Mensch der Verantwortung nicht aus, sondern sucht sie vielmehr.

Um diese dualistische Auffassung von pessimistisch und optimistisch für das Menschenbild in Organisationen zu überwinden, gehen March/Simon von drei unterschiedlichen Grundannahmen über menschliches Verhalten in Organisationen aus. Sie ordnen diese Hypothesen, die sie aus der Entwicklungsgeschichte von Techniken und Theorien der Organisation gewonnen haben, spezifischen organisationstheoretischen Problemstellungen zu, wie sie die Abb. 1.5 – 5 gegenüberstellt.

Eine weitere Differenzierung von Menschenbildern wird in jüngerer Zeit, vor allem in den humanistischen Ansätzen der Organisationstheorie, vorgeschlagen. Die Integration der Betrachtung, die jeweils Motivations- und Organisationstheorien beeinflußt, ist dabei noch intensiver geworden. Während sie sehr breit gefächert im angelsächsischen Raum diskutiert wird, ist in die deutschen psychologisch orientierten Organisationsüberlegungen nur die Typologie von Menschenbildern nach Schein eingegangen. Die Charakteristik des „complex man" ist davon am verbreitesten. Die Wertschöpfungsdiskussion scheint dies auszulösen. Abb. 1.5 – 6 zeigt, daß das Bild vom komplexen Menschen die mehr situativ und personell bedingten Erscheinungsweisen der anderen Menschenbilder in ihren organisatorischen Konsequenzen nicht ausschließt.

1.5.1.3 Der Einfluß der Motivationslehre

Der Einfluß der humanisierungsorientierten Motivationslehre auf das positive Bild vom Menschen ist nicht zu verkennen. Ihre Theorien sind in der Praxis von Wirtschaft und Verwaltung am weitesten verbreitet und üben auch ihren Einfluß auf die Personalwirtschaftslehre aus. Daneben hat die Anreiz-Beitrags-Theorie, vor allem im Gedanken des Lohn-Leistungs-Verhältnisses besondere Bedeutung in der Personalwirtschaftslehre, da sie von der Grundhypothese ausgeht, daß den Anreizen Forderungen nach Beiträgen zur Leistung gegenüberstehen.

Menschenbild	Organisatorische Konsequenzen
1. rational-economic man ist in erster Linie durch monetäre Anreize motiviert; ist passiv und wird von der Organisation manipuliert, motiviert und kontrolliert; sein Handeln ist rational; Annahmen der Theorie X.	Klassische Managementfunktion: Planen, Organisieren, Motivieren, Kontrollieren; Organisation und deren Effizienz stehen im Mittelpunkt; Organisation hat die Aufgabe, irrationales Verhalten zu neutralisieren und zu kontrollieren.
2. social man ist in erster Linie durch soziale Bedürfnisse motiviert; als Folge der Sinnentleerung der Arbeit wird in sozialen Beziehungen am Arbeitsplatz Ersatzbefriedigung gesucht; wird stärker durch soziale Normen seiner Arbeitsgruppe als durch Anreize und Kontrollen des Vorgesetzten gelenkt; Annahmen der Human-Relations-Bewegung.	Aufbau und Förderung von Gruppen; speziale Anerkennung der Mitarbeiter durch Manager und Gruppe; die Bedürfnisse nach Anerkennung, Zugehörigkeitsgefühl und Identität müssen befriedigt werden; Gruppenanreizsysteme treten an die Stelle von individuellen.
3. self-actualizing man menschliche Bedürfnisse lassen sich in einer Hierarchie anordnen; der Mensch strebt nach Autonomie und bevorzugt Selbstmotivation und Selbstkontrolle; es gibt keinen zwangsläufigen Konflikt zwischen Selbstverwirklichung und organisatorischer Zielerreichung; Annahmen der Theorie Y.	Manager sind Unterstützer und Förderer (nicht Motivierer und Kontrolleure); Delegation von Entscheidungen; Übergang von Amtsautorität zu Fachautorität; Übergang von extrinsischer Motivation zu intrinsischer Motivation; Mitbestimmung am Arbeitsplatz.
4. complex man ist äußerst wandlungsfähig; die Dringlichkeit der Bedürfnisse unterliegt Wandel; der Mensch ist lernfähig, erwirbt neue Motive; in unterschiedlichen Systemen werden unterschiedliche Motive bedeutsam; Annahmen der Situationstheorie.	Manager sind Diagnostiker von Situationen; sie müssen Unterschiede erkennen können und eigenes Verhalten situationsgemäß variieren können; es gibt keine generell richtige Organisation.

Abb. 1.5 – 6: Organisatorische Konsequenzen unterschiedlicher Menschenbilder nach Schein (entnommen Staehle 1980, S. 203)

Im Hinblick auf die Humanisierung der Arbeitswelt haben neben der Theorie X und Y von McGregor die Maslowsche Bedürfnistheorie und die Zwei-Faktoren-Theorie von Herzberg weite Verbreitung gefunden.

Der bedeutsame Beitrag von Maslow ist, daß er in einem strukturellen Aufbau denkbare Motive zu einer Bedürfnishierarchie nach folgender Systematik ordnet. Die Bedürfnisse (vgl. hierzu Abb. 1.5 – 7) niederer Ebenen erhalten solange einen Vorrang gegenüber der nächsthöheren Bedürfniskategorie, wie sie nicht gesättigt sind.

Allerdings wird das Doppelziel, Leistung und Zufriedenheit realisieren zu können, bei Maslow nur einseitig vom Faktor der Zufriedenheit gesehen. In seiner Zwei-Faktoren-Theorie berücksichtigt Herzberg diese Zielvorgabe und versucht sie darüber hinaus zu differenzieren.

E Bedürfnisse der Selbstverwirklichung

15. Einfluß: Die Umwelt den eigenen Ideen entsprechend gestalten. Macht (direkt/indirekt) ausüben.
14. Interesse: Interessante, neugiererregende, herausfordernde Aufgaben haben.
13. Selbstverwirklichung: Die eigenen Fähigkeiten zur Geltung bringen und steigern.
12. Kennen, Wissen, Verstehen (Selbstqualifikation): Erforschen, erfahren, lernen, erkennen, analysieren, systematisieren, verstehen.
11. Erzielung von Erfolgen (Achievement): Ziele erreichen, Aufgaben erfüllen, Leistung erbringen.

D »Ich«-Bedürfnisse

10. Selbstschätzung: Vertrauen in die eigenen Fähigkeiten; ein solides und positives Selbstbild.
9. Rang, Würde und Rolle: Den eigenen Fähigkeiten entsprechende Rollen wahrnehmen und Rang (Status) haben.
8. Anerkennung: Befördert, gelobt, anerkannt, gewürdigt werden, als wichtig empfunden werden, das Interesse anderer auf sich lenken.

C »Soziale« Bedürfnisse

7. Identifikation: Sich hinter die Ziele einer Organisation stellen; sich einer sozialen Einheit zugehörig fühlen.
6. Beziehungen: Gute Beziehungen zu Mitmenschen, z.B. zu Vorgesetzten, Kollegen, Mitarbeitern, Kunden usw., zu haben.

B Sicherheitsbedürfnisse

5. Übersicht: Klare Verständlichkeit des Systems, der Gesetze und der Regeln.
4. Wirkungsfähigkeit: Verfolgbarkeit und Brauchbarkeit der unentbehrlich wichtigen Mittel und Werkzeuge.
3. Sicherheit: Freiheit von der Angst vor Verlust schon errungener Vorteile oder noch offener Möglichkeiten.

A Körperliche (physiologische) Bedürfnisse

2. Milieu: Befriedigendes Milieu: Licht, Temperatur, Sauberkeit usw.
1. Grundbedürfnisse: Genügend Essen, Trinken, Schlafen, Kleidung usw., ein zufriedenstellendes Gehalt.

Abb. 1.5 – 7: Aufbau der Bedürfnisse nach Maslow (Quelle: Heidack 1981, S. 41 f.)

Arbeitszufriedenheit wird mit höherer Leistungsmotivation in engen Zusammenhang gebracht und hat mit der individuellen Selbsthonoration zu tun. Damit wird ein Kernstück der Bestrebungen zur Humanisierung der Arbeitswelt gekennzeichnet und in seinen praktischen Auswirkungen auch maßgeblich beeinflußt.

Im Mittelpunkt der Herzbergschen Theorie steht die Aussage, daß Zufriedenheit und Unzufriedenheit nicht in einem kontinuierlichen Bereich zwischen zwei Polen angeordnet sind, wie die Skizze a in Abb. 1.5 – 8 zeigt. Vielmehr betrachtet Herzberg Arbeitszufriedenheit und Unzufriedenheit als zwei voneinander unabhängige Dimensionen, die durch zwei einpolige Pfeile dargestellt sind (vgl. Skizze b in Abb. 1.5 – 8). Dies heißt, daß ein Mitarbeiter zum selben Zeitpunkt sehr zufrieden (z.B. mit seiner Arbeit), aber auch sehr unzufrieden (z.B. mit unzulänglichen Arbeitsmitteln oder nicht hinreichenden Spesen) sein kann. Diesen Überlegungen entspricht das Kategoriesystem von Herzberg, in dem er unterscheidet:

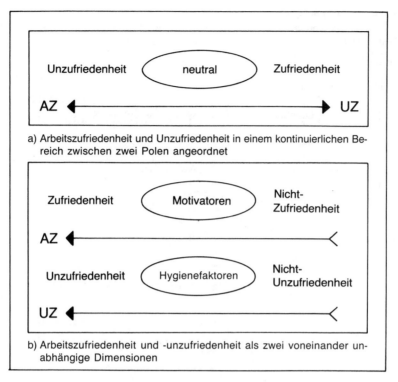

a) Arbeitszufriedenheit und Unzufriedenheit in einem kontinuierlichen Bereich zwischen zwei Polen angeordnet

b) Arbeitszufriedenheit und -unzufriedenheit als zwei voneinander unabhängige Dimensionen

Abb. 1.5 – 8: Dimensionen der Arbeitszufriedenheit und Arbeitsunzufriedenheit in der Zwei-Faktoren-Theorie nach Herzberg (Quelle: Heidack 1983, S.132)

- die Hygienefaktoren, die wie die Hygiene zur Gesundheit positive Grundbedingungen sind, die einfach zum Arbeitsvollzug und in die Arbeitsumwelt gehören (vgl. hierzu Abb. 1.5 – 9).
- die Motivatoren, die Zufriedenheitsstifter sind und innere Bedürfnisse darstellen, die zur weiteren Entfaltung der Person aufgrund der Leistung dienen.

Insgesamt bietet die Herzbergsche Theorie einen guten, praktikablen Ansatz zum Bewußtmachen von Motivation im Personalbereich. Allerdings wird die Frage von Motivation und Motivatoren immer mehr eingeengt, je mehr man die Stufen der organisatorischen Hierarchie hinuntersteigt. Aber gerade hier lehrt die Herzbergsche Theorie, daß man sehr achtsam sein muß, keine Unzufriedenheit aufkommen zu lassen und die Hygienefaktoren zu beachten. Beispiel: Unzulänglichkeiten in der Information, bei der Behandlung von Mitarbeitern oder in den Arbeitsunterlagen schaffen Unzufriedenheit.

Auch umfassendere Theorien, wie z.B. die Erwartungs-Valenz-Theorie von Porter/Lawler, finden Eingang in die Praxis der Personalwirtschaftslehre. Dies geschieht vor allem vor dem Hintergrund von Konflikthandhabung und Innovationsverhalten. Ihre Komplexität, wie auch die der genannten Problembereiche verhindern noch weitgehend die Aufnahme in die Praxis.

Um einen Überblick über die sehr komplexen, prozeßhaften Vorgänge und ihre Hintergründe zu bekommen, werden die *Dynamik und die Strukturelemente des Motivations-*

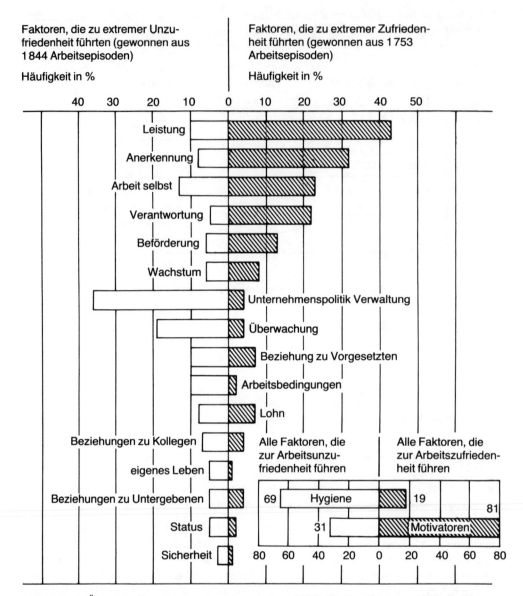

Faktoren, die zu extremer Unzufriedenheit führten (gewonnen aus
1 844 Arbeitsepisoden)

Häufigkeit in %

Faktoren, die zu extremer Zufriedenheit führten (gewonnen aus 1 753
Arbeitsepisoden)

Häufigkeit in %

Leistung
Anerkennung
Arbeit selbst
Verantwortung
Beförderung
Wachstum
Unternehmenspolitik Verwaltung
Überwachung
Beziehung zu Vorgesetzten
Arbeitsbedingungen
Lohn
Beziehungen zu Kollegen
eigenes Leben
Beziehungen zu Untergebenen
Status
Sicherheit

Alle Faktoren, die
zur Arbeitsunzu-
friedenheit führen

Alle Faktoren, die
zur Arbeitszufrieden-
heit führen

69 Hygiene 19

81

31 Motivatoren

Abb. 1.5 – 9: Übersicht über Untersuchungsergebnisse (USA) (Quelle: Herzberg 1968, S. 57)

vorgangs in Abb. 1.5 – 10 veranschaulicht. Die Darstellung kann als heuristische Grundlage für jedweden zielgerichteten Handlungsvorgang, ob Planung, Entscheidung oder
Montage etc., gelten.

Die Vorgangselemente werden einmal durch den bildhaften Vergleich mit dem Bogen-
schießen dargestellt. Darüber hinaus wird das „Flitzebogen-Modell" zusätzlich in seiner
Komplexität hinsichtlich der unterschiedlichen Antriebskräfte (Bedürfnisse, Interessen,

58

etc.), der möglichen Handlungsregulierung (Barrieren, Abwehrmechanismus etc.) und der Ziele (Leistung, Erfolg und Zufriedenheit) erläutert.

Motivation wird nach der Darstellung in Abb. 1.5 – 10 auf dem „Weg zum Ziel" als selbst- oder fremdgesteuertes Verhalten (Handlungsregulierung) wirksam. „Weg zum Ziel" ist ursprünglich die Bedeutung für „Methode" (griechisch). Planung der Wege zum Ziel ist nach traditioneller Auffassung der Inhalt der Strategie. Trotz sorgfältiger Planung und bester Anfangsmotivation kann die Begeisterung auf dem Weg zum Ziel durch eine Reihe von Hindernissen gebremst werden. Es können *organisatorische Schwierigkeiten* sein, die methodisches Geschick oder strategische Erfahrung und Übersicht verlangen. Die Kosten können davonlaufen. Bei all diesen Problemen gibt es Regeln und auch Verordnungen, die das selbstgesteuerte Handeln leiten und begrenzen. Besondere Beachtung muß dem psychologischen Hintergrund der persönlichen Barrieren geschenkt werden.

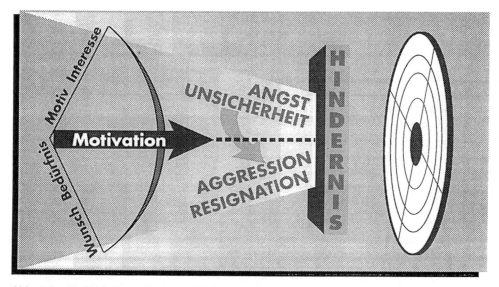

Abb. 1.5 – 10: Modellvorstellung vom Motivationsvorgang mit psychologischem Hintergrund (copyright Clemens Heidack)

Neben den organisatorischen und rahmenbezogenen Barrieren lassen sich drei Motivationsbarrieren feststellen, die mit dem persönlichen/sozialen Umfeld zusammenhängen und durch bestimmtes persönliches Unvermögen bedingt sind. Sie lassen sich wie folgt umschreiben:

– . . . will nicht! = *Willensbarrieren*
– . . . kann nicht! = *Fähigkeitsbarrieren*
– . . . wagt nicht! (. . . darf nicht!) = *Risikobarrieren*

Im Willen drückt sich die persönliche Entschlußkraft und das Engagement aus, den Lernvorgang auf dem Weg zum Ziel zu steuern. Zu den *Willensbarrieren* gehören negative Erwartungen und Einstellungen, die meist durch negative Erfolgserlebnisse (Frustration) entstanden sind. Man könnte in diesen Fällen das Hindernis auf dem Weg zum Ziel in Abb. 1.5 – 10 auch als „Frust-Mauer" bezeichnen.

Das Kernproblem ist in allen Fällen, wenn Hindernisse oder Schwierigkeiten auftreten, die Verunsicherung bzw. die Angst, die sich daraus ergibt und deren Folgen. Aufgrund des Angst- bzw. Unsicherheitsgefühls treten als Abwehrmechanismus meist Reaktionsweisen aggressiver bzw. resignativer Art: Kampf- oder Fluchtverhalten auf.

Spezifisch psychologische Probleme der Führungslehre werden im Zusammenhang mit der Personalführung eingehender behandelt.

1.5.2 Soziologische bzw. gruppenspezifische Aspekte

1.5.2.1 Theoretische Ansätze und Perspektiven

Entsprechend bestimmten Zielsetzungen und Fragestellungen wird die Mannigfaltigkeit, Vielschichtigkeit und Wandelbarkeit der Organisationsstrukturen und -prozesse in ihrer komplexen Organisationswirklichkeit aus bestimmten theoretischen Perspektiven betrachtet. Diese Betrachtungsweisen beschränken sich bewußt auf einen als relevant erachteten Ausschnitt und auf eine für charakteristisch gehaltene Dimension. Die wichtigsten Ansätze (vgl. Büschkes, 1980, 1172 f.) sind:

- Der *strukturell-funktionale* Ansatz. Das Interesse richtet sich in erster Linie auf die Bestandssicherung, die Entwicklung und das Überleben von Organisationen. Die zur Lösung relevanten interdependenten Systemprobleme gehen auf Talcott Parsons zurück. Sie sind:

  – Zielorientierung und Zielverwirklichung in der und durch die Organisation
  – Umweltanpassung und Mittelbeschaffung
  – Integration und Kontrolle
  – Erhaltung der normativen Struktur der Mitgliedermotivation.

- Der *gruppenorientierte Ansatz:* Er befaßt sich mit den Gruppen als sozialen Gebilden, den Gruppenbeziehungen in ihrer Interaktionsstruktur und mit dem Rollenkonzept, wobei die Rolle in der Soziologie als gedankliche Hilfskonstruktion eine ähnliche, inhaltlich zentrale Bedeutung hat wie der Begriff Motivation in der Psychologie.
- Der *systemtheoretische Ansatz:* Er hilft, Organisationen als umweltoffene Systeme zu begreifen und auch soziologisch zu erklären, um dem Kriterium der Selbsterhaltung der Ordnungsstrukturen gerecht zu werden und andererseits die Effizienz organisatorischen Verhaltens durch Rückkopplungssysteme zu gewährleisten. Dieser Ansatz wird vor allem deswegen bevorzugt, weil die Anpassung an veränderte Umweltbedingungen leicht Bezugspunkt der Analyse sein kann. Gerade wegen der weiten Verbreitung dieses Ansatzes muß aber auf die damit verbundenen Gefahren hingewiesen werden. So ist es z.B. möglich, daß man nur noch Probleme des Systems untersucht und nicht auch das System als Problem ansieht. Oder man stellt nicht von vornherein in der Analyse die Organisation selbst, etwa den Betrieb oder den Verband, zur Diskussion.

60

- Der *soziotechnische Ansatz:* In den Vordergrund des Interesses ist hier die wechselseitige Wirksamkeit und Vernetzung von technologischen Gegebenheiten, sozialen Strukturen und Beziehungen sowie personellen Motivationen im Hinblick auf den Erfolg und die Entwicklung von Organisationen gerückt. Auch hier besteht häufig die Gefahr, die Technik bei der Organisationsgestaltung überzubewerten, anstatt zu sehen, daß die Technologie weitgehende Dispositionsmöglichkeiten offen läßt und nicht als voll determinierender Faktor wirkt.
- Der *entscheidungstheoretische Ansatz:* Bestand, Leistung und Veränderung von Organisationen werden als abhängig von der Informationsbeschaffung, -verarbeitung, Problemlösung und Entscheidungsfindung, -umsetzung, -durchsetzung und -kontrolle gesehen. Die rein formalen mathematischen Modelle weichen hier zunehmend den verhaltensorientierten Ansätzen. Ihr hervorragendster Vertreter ist Herbert A. Simon, der die Probleme der Organisation unter dem Gesichtspunkt genauer betrachtet, wie der Entscheidungsprozeß und das Kommunikationssystem zwischen der Organisation und ihrer Umwelt vermitteln.
- Der *konflikttheoretische Ansatz:* Im Mittelpunkt der Fragestellung stehen organisatorische Konfliktlagen aufgrund von verschiedenen strukturellen Bedingungen und herrschaftlichen Gegebenheiten sowie die aktuellen Konflikte, die die Zusammenarbeit von Menschen unterschiedlicher Prägung und mit unterschiedlichen Interessen kennzeichnen. Es besteht die Gefahr einer Polarisierung. Integrative Momente und verbindende Elemente werden leicht außer acht gelassen.
- Der *herrschaftssoziologische Ansatz:* Hier geht es vor allem um

  - Autoritäts- und Kontrollinstanzen
  - Legitimationsprobleme, Statussicherung und hierarchische Veränderungen
  - den Einfluß und die Konsequenzen, die aufgrund der bestehenden Hierarchie Erfolg und Fortbestand sowie die soziale Bindung aller Personen, die für die Organisation von Wichtigkeit sind (Kunde, Bürger, Publikum), bestimmen. Spannungen und Konflikte werden häufig zu global auf autoritäre Herrschaftsstrukturen zurückgeführt, und die vielfachen individuellen Einflüsse werden nicht gesehen oder mißdeutet.

- Der *kontingenztheoretische situative Ansatz:* Orientiert am Gegenwartserfolg wird die jeweils zweckmäßigste Organisationsmöglichkeit verfolgt, auf traditionelle Bindungen und Werte wird wenig Wert gelegt.
- Der *interventionistische Ansatz:* Aktive, geplante Veränderung im Sinne von Organisationsentwicklung (OE) ist das Ziel dieses Ansatzes.
- Der *evolutionstheoretische Ansatz:* Die Vertreter dieser Denkrichtung (Hayek, Ulrich, Malik u.a.) sehen die Organisationen als Brennpunkte und Motoren sozialen Wandels an, wobei biogenetisch-kybernetische Systemvorstellungen die Hintergrundperspcktivcn bestimmen.

1.5.2.2 Dimensionen der Sozialstruktur

Die Sozialstruktur einer Organisation ist durch die beiden Hauptprinzipien jeder formalen Organisation ,,*Spezialisierung*" und ,,*Koordination*" gekennzeichnet und stellt das Regelsystem dar, in dem Konflikte entstehen und Integration bewirkt wird. Die Sozialstruktur verbindet die Organisation mit der Gesellschaftsstruktur. Sie kann allerdings nur mittelbar, z.B. durch Organisationspläne oder Organigramme, erfaßt werden. Als Resultat sozialer Prozesse, die sich in ihr verfestigen, zeigt sie folgende Dimensionen, mit denen sich die Organisationssoziologie zentral befaßt:

- *Arbeitsteilung und Koordination:* Die organisatorische Arbeitsteilung geht getrennt von Planungs-, Entscheidungs-, Beschaffungs-, Produktions-, Betriebs- und Verwaltungsaufgaben über die berufliche Spezialisierung hinaus. Sie variiert je nach Organisationstyp und -größe. Arbeitsteilung bedingt Organisationsrollen, die in ihrem Zuordnungsgefüge zu Abteilungen, zu Bereichen oder Teilsystemen organisatorisch mit verschieden großem Kompetenzraum zusammengefaßt und kommunikativ wie interaktiv verknüpft werden. Ziel ist die Kontrolle des Organisationshandelns, wozu Formalisierung, Standardisierung effizient beitragen. Dies führt im hohen Maße zur Bürokratie bzw. Technokratie.
- *Autorität und Herrschaft:* Eine relativ überdauernde Kooperation zum Zweck kontinuierlicher Verwirklichung von Organisationszielen und effektiver Steuerung hierarchisch gegliederter Leitungs- und Instanzensysteme wird vor und bei Veränderungen und Neuerungen nur durch entsprechende Autorität und Kompetenz gewährleistet.
- *Statussystem:* In den meisten Organisationen besteht zwischen der Position und der Autoritätsstruktur ein relativ enger Zusammenhang. Die mit der Position verbundene Kompetenz als organisatorischer Status, der zunächst einmal ohne Ansehen der Person gegeben ist, unterscheidet sich vom sozialen Status der Wertschätzung, die der Person zukommt und ihr Autorität und Verantwortung verleiht. Die äußeren Zeichen des Status können sein:

  - *Privilegien* als Statusvorteile aufgrund von Tradition
  - Statussymbole als äußere Zeichen der Statusdifferenzierung, z.B. größerer Schreibtisch, Rangabzeichen beim Militär
  - *Prestige* aufgrund von persönlichen Bewertungsprozessen innerhalb und außerhalb der Organisation.

1.5.2.3 Sozialer Wandel, Wertewandel und Mobilität/Flexibilität – Entwicklung zu einem neuen Aufgaben- und Führungsverständnis

Vor dem Hintergrund des technologischen Fortschritts und des ökonomischen Wachstums im konjunkturellen Auf- und Abstieg spielt der soziale Wandel eine wesentliche Rolle, der in der Personal- und Bildungsarbeit volle Aufmerksamkeit geschenkt werden muß. Tiefgehenden Einfluß auf den sozialen Wandel hatten die *Qualitätsoffensive aus Japan* und die *Perestroika in den ehemaligen Ostblockstaaten*.

Die Herausforderung durch den sozialen Wandel wird deutlich, wenn man sich einige Strukturveränderungen vor Augen hält, die das Humanpotential und den Wertewandel unübersehbar prägen und damit das Human Ressources Management in seinen Zielen und Methoden beeinflussen. Dies führt zu einer Veränderung im Aufgaben- und Führungsverständnis, dessen Ursachen sich besonders beeindruckend in verschiedenen Strukturveränderungen zeigen und besondere Anforderungen an Mobilität und Flexibilität stellen.

1. Den *Strukturwandel und Änderungen der sozialen Gesamtstruktur* erleben wir in fast allen Bereichen des Berufslebens und des Alltags durch Veränderungen von soziotechnischen Strukturen und Systemen.

Allgemein kann man feststellen, daß es drei Wirkfaktoren gibt, die die Dynamik der Veränderungen bestimmen:

▶ Technischer Fortschritt
▶ Ökonomisches Wachstum (dies kann positiv oder negativ sein)
▶ Sozialer Wandel mit verändertem Wertebewußtsein

Diese drei Grundtatbestände stehen meist in einem sehr engen Zusammenhang. Betrachten wir den Trend etwas langfristiger, so ergeben sich für die letzten Jahrzehnte statistisch darstellbare Strukturveränderungen, die gesellschaftlich und betrieblich auf die Führungs- und Sachaufgaben erhebliche Auswirkungen haben und besondere Anforderungen an die Qualifikation stellen.

Besonders auffällig sind *Veränderungen der sozialen Gesamtstruktur,* die sich langfristig wie folgt ausgewirkt haben:

> *Die ausführende, weniger qualifizierte Tätigkeit des Menschen im Betrieb nimmt ab, die durchführende Tätigkeit von Spezialisten aller Art wie auch die Führungstätigkeit im Betrieb nimmt zu.*

Sie werden in der Organisationslehre durch einen Modellvergleich gekennzeichnet: Aus dem hierarchischen *Schichtenmodell,* der „Pyramidenform" der Aufbaustruktur in der betrieblichen Organisation in der Früh- und Hochindustrialisierung mit einer sehr breiten Basis ungelernter und angelernter Berufstätigkeit und einer kleinen Führungsspitze von $3-5$ % an der Gesamtbelegschaft, ist in den letzten 50 Jahren in zunehmendem Maße ein *Zwiebelmodell* entstanden. Die horizontale Gliederung ist einer vertikalen Aufstiegsformation gewichen. Hiermit wird deutlich gemacht, daß *Spezialisten bis in die höchsten Ränge* aufsteigen können. Ferner wird der Unterschied von Führungskräften deutlich, die sich als *Generalisten,* d.h. als Linien-Manager betätigen, und solchen, die als Spezialisten meist Spezialisten führen. Die Bedeutung der Qualifikation und damit der Wandel der Weiterbildung kann hiermit global kaum anders deutlicher gemacht werden.

Die *Veränderungen der Beschäftigungsstruktur* zeigen sich besonders deutlich in der hierarchischen *Gehaltsgruppenstruktur* der Angestellten, wie es die Abb. 1.5 – 12 veranschaulicht. Dort wird auch die wichtigste Ursache dieses Wandels angezeigt: Routine- und Massenarbeit entfallen einerseits *durch Rationalisierung* aufgrund technischen Fortschritts und der sich organisatorisch dadurch verändernden soziotechnischen Systeme. Somit schwinden minderqualifizierte Tätigkeiten auch heute weiterhin immer mehr. Andererseits kommen qualifiziertere Arbeiten hinzu, die von ihrem Volumen her durch die ökonomische Entwicklung bedingt sind und in ihrer Qualität höher qualifizierte Mitarbeiter, meist Spezialisten, erfordern; aber dies auch herausfordern.

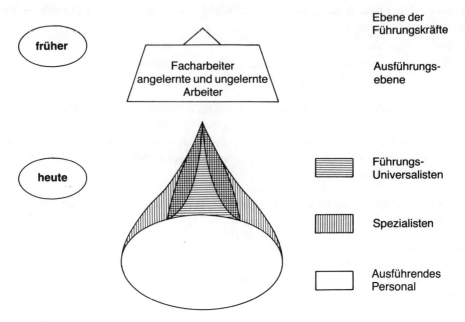

früher

heute

Ebene der
Führungskräfte

Ausführungs-
ebene

Facharbeiter
angelernte und ungelernte
Arbeiter

Führungs-
Universalisten

Spezialisten

Ausführendes
Personal

Abb. 1.5 – 11: Sozialer Strukturwandel

2. Entwicklung zur Bildungsgesellschaft: Ein solcher Strukturwandel ist dadurch möglich, daß auch wirtschaftliches Wachstum und der allgemeine Bildungs- und Kenntnisstand wachsen, wie es aus Abb. 1.5 – 13 hervorgeht.

Das *Ansteigen des Bildungsniveaus breiter Gesellschaftsschichten* hat diesen Strukturwandel überhaupt erst ermöglicht. Mit dem *Wirtschaftswachstum* der sechziger und insbesondere Anfang der siebziger Jahre ist auch der allgemeine Bildungs- und Kenntnisstand gewachsen. Die verschiedenen beruflichen *Qualifikationsstufen* zeigen einerseits das wirtschaftliche Wachstum und veranschaulichen den Bildungsstand der Bevölkerung, der im oberen Bereich zunehmend angestiegen ist. *Seit Ende der siebziger Jahre* konnte man sagen, daß die Gesellschaft in der *Bundesrepublik Deutschland zur Bildungsgesellschaft* geworden war. Dies bedeutet, daß der Bildungsstand der Bevölkerung eine Stufe erreicht hat, die nach allgemeinem Standard im oberen Drittel der Pyramide liegt, d.h., daß ein allgemeiner Wissens-, Kenntnis- und Erfahrungsstand erreicht ist, der durch höhere Schulbildung und/oder Weiterbildung über den Stand der normalen Volks- und Berufsschulpflicht hinausgeht (vgl. hierzu die *3. Stufe in Abb. 1.5 – 13*).

Das höhere Bildungsniveau hat *Auswirkungen auf ein stärkeres Selbstbewußtsein und damit auf das Streben nach mehr Eigenständigkeit des Mitarbeiters im Betrieb.* Formen der Selbstqualifikation allein oder im Gruppenverband werden bewußter durchgeführt bzw. neu eingeführt. Die Konsequenzen der höheren Qualifikation für die Pesonalarbeit, insbesondere für die Personalführung und Personalentwicklung im Unternehmen: Der Mitarbeiter verlangt nach einer Behandlung, die seine Fähigkeiten entfalten läßt und fördert. Der Vorgesetzte kann nicht durch Einzelanweisungen oder einseitiges Befehlen führen. Dies wird heute vielfach als menschenunwürdig empfunden. Mit steigendem Bildungs-

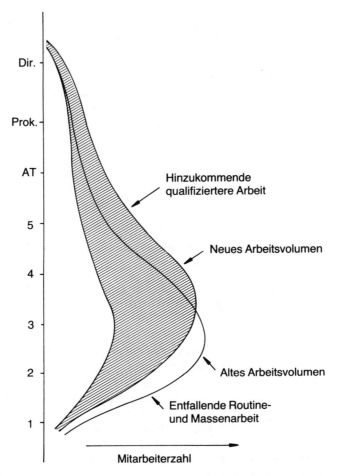

Abb. 1.5 – 12: Wandel in der Angestelltenstruktur nach dem hierarchischen Aufbau von Lohn- und Gehaltsgruppen

niveau steigt auch das *„humane Anspruchsniveau"*. Allerdings muß das Anspruchsdenken mit den Anforderungen einer Bildungsgesellschaft übereinstimmen, die sich allgemein ausgedrückt in *permanentem, lebenslangem Lernen* niederschlagen.

Die Ursachen für die Entwicklung zu einem neuen Aufgaben- und Führungsverständnis die zu einem mitarbeiterorientierten und kooperativen Verhalten im Betrieb führen, sind sehr vielgestaltig und komplex. Sie liegen *wesentlich in der Veränderung des Humanpotentials. Die Veränderungen der sozialen Gesamtstruktur,* wie sie die Abb. 1.5 – 6 und 1.5 – 7 verdeutlichen, gehören dazu, wenn auch die Bildungsaspekte die qualitative Veränderung direkter ausdrücken.

Über diese sich gesellschaftlich-sozial auswirkenden Phänomene hinaus, sollen einige *qualitative und quantitative Aspekte und Auswirkungen* thesenartig aufgezeigt werden, die die Veränderungen konkreter beleuchten. Im Vordergrund stehen dabei Zahlen und Qua-

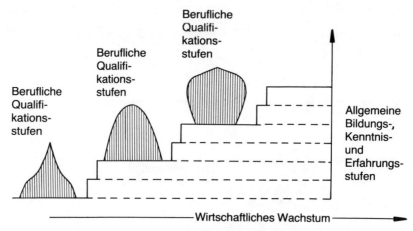

Abb. 1.5 – 13: Bildungsstrukturwandel in Abhängigkeit vom wirtschaftlichen Wachstum (nach Kneschaurek, St. Gallen)

lifikation der Fach- wie der Führungskräfte. Ferner gehören zur Problematik Fragen des Wertewandels, der Wertschöpfung und der Veränderungen des Führungs- und Sozialverhaltens.

Folgende Punkte können zum Verständnis, das durch die Lean-Diskussion bereits wieder im Wandel begriffen ist, angeführt werden:

3. Der *Spezialisierungsgrad* ist insgesamt gestiegen und damit auch die Anzahl der *Spezialisten*. Geht man dabei von der Tatsache aus, daß selbst ein hervorragender Fachmann nicht alle Probleme beherrschen kann, im Gegenteil: daß ein Spezialist nur auf einem schmalen Gebiet Bescheid weiß, insgesamt jedoch das Arbeitsfeld auch für ihn komplexer geworden ist, so ist er auf seine Kollegen angewiesen. Daraus folgt: Um optimal wirken zu können und erfolgreich zu sein, muß er je nach Problemstellung mit ihnen kooperieren. Dieser *kollegiale Kooperationsbeitrag* wird heute gerade bei Spezialisten in ihrem Führungsverhältnis zum Vorgesetzten als „Good will"-Komponente der Arbeitsleistung (Richter 1985) und als Motivationsaufgabe des Vorgesetzten angesehen. Desgleichen gilt sie in der Zusammenarbeit mit den spezialisierten Partnern. Im Rahmen der kooperativen Selbstqualifikation erwartet allerdings jedes Gruppenmitglied, daß diese speziellen kollegialen, kooperativen Beiträge, um Probleme zu lösen und Konflikte zu handhaben, selbstverständlich sind und zu Wertschöpfungscenter werden.

Im Rahmen der betrieblichen Leistungserstellung ist bei der *Interaktion* von qualifizierten Mitarbeitern/Spezialisten (und unterstellten Führungskräften) *mit ihren Vorgesetzten* kooperatives Verhalten unerläßlich. Dies wird vor allem deutlich, wenn man bedenkt, daß der Vorgesetzte in Speziallabors auf den kooperativen Beitrag seiner Spezialisten angewiesen ist. Es gibt heute nicht wenige Arbeitszusammenhänge, in denen der Vorgesetzte mehr von seinen Mitarbeitern abhängig ist als umgekehrt.

4. *Folgende Veränderungen* bei den Führungskräften haben nicht nur quantitative Bedeutung, sondern insgesamt auch immer qualitative Auswirkungen:

66

Einmal war die *Zahl der Führungskräfte* angewachsen. Dies zeigt sich in der geänderten Führungs- und Organisationsstruktur (vgl. Abb. 1.5 – 11). Während noch vor etwa 50 Jahren höchstens drei bis fünf Prozent der Beschäftigten in Wirtschafts- und Verwaltungsbetrieben Führungskräfte waren, ist der Anteil heute auf 15 bis 20 % gestiegen. Interessanterweise hat dieser Anteil am stärksten in mittleren Betrieben zugenommen und bereitet dort auch die meisten Probleme. Der Trend hat sich mit dem Umsetzen von Lean-Management gewendet.

Zum anderen war mit der *Anzahl der Führungskräfte auch die Anzahl der Führungsebenen* gewachsen. In vielen Fällen hört man, daß gerade die mittleren Führungskräfte das Rückgrat des Unternehmens sind. Ihre schwierige Stellung als Zwischenvorgesetzte ist eine ständige Konfliktquelle. Die Position dieser Vorgesetzten verlangt eine gefestigte Selbständigkeit, aber auch gleichzeitig eine hohe Bereitschaft zur Kooperation. Die Tendenzen zur Selbststeuerung der Mitarbeiter im Team bereiten den Führungskräften viele Schwierigkeiten.

5. Der *Bereich der Personalführung,* d.h. der Kreis der zu betreuenden, direkt unterstellten Mitarbeiter, ist *kleiner* geworden. Die Personen im Führungs- bzw. Kontrollbereich (auch Führungs- bzw. Kontrollspanne genannt) sind qualifizierter und verlangen deshalb auch eine höhere, führungspsychologisch fundierte Zuwendung.

Personalführung ist wesentlich zur *beruflichen Menschenführung* geworden. Außer der fachlichen Kompetenz, die durch Schulbildung und Ausbildung zugrunde gelegt wurde, werden im Rahmen der Führungstechnik methodische Kompetenz und Sozialkompetenz, die auf führungspsychologisches Wissen und Erfahrungen basieren, gefordert. Sie bestimmen die Führungskompetenz, die zu professioneller Menschenführung gehört. Die Abb. 1.5 – 14 verdeutlicht die *persönlichen Führungsvoraussetzungen* in ihren Systemzusammenhängen.

6. Die *Qualität zur Personalführung* hängt vor allem von der Zielsetzung und der Motivation ab, die den Kern des Systems bilden. Die stärker mitarbeiterorientierten Führungsvoraussetzungen im oberen Teil der Abbildung sind: Autorität, Sensitivität und Flexibilität/Lernbereitschaft. Im unteren Teil kennzeichnen Delegation, Information/Kommunikation und Konfliktlösung die organisationsbezogenen Voraussetzungen. Auch die einzelnen Wirkweisen und Entwicklungsrichtungen in den kleineren Kreisen kennzeichnen im oberen Teil eine stärker mitarbeiterorientierte Ausprägung, im unteren Teil eine stärkere Ausrichtung auf organisatorische Belange. Dabei sollte bewußt sein, daß sie in ihrer Komplexität im Führungsverhalten stets einen ganzheitlichen Zusammenhang haben, was die Vollstruktur der Vernetzung in Abb. 1.5 – 14 andeutet.

Im einzelnen werden die Voraussetzung im Zusammenhang mit der Personalführung (Teil 2, 2.1 und in 2.3.3.2 Delegation) eingehender behandelt.

7. Mit Blick auf die Führungskompetenz sei hier erwähnt, daß die *Führungsautorität* unaufhörlich ihren Herrschaftscharakter verloren und *eine Art Servicefunktion* gewonnen hat. Dies bedeutet, daß der Vorgesetzte mit hoher *Sensitivität* Voraussetzungen schaffen muß, daß der einzelne und mit ihm die Gruppe sich leistungsmäßig voll entfalten kann. Von daher betrachtet, hat Autorität ihre ursprüngliche Wortbedeutung wiedererlangt:

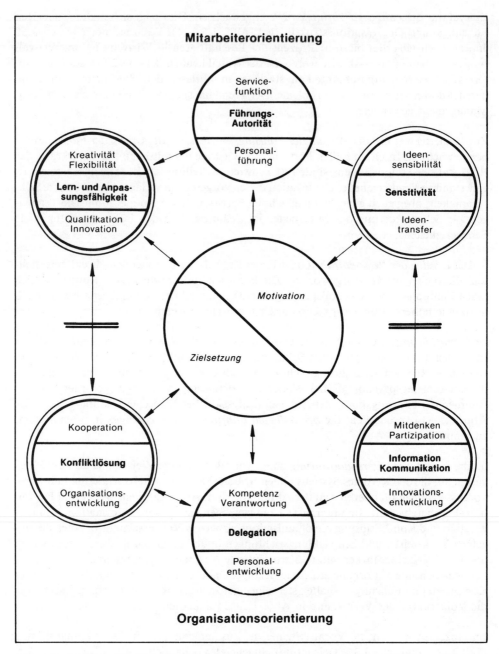

Abb. 1.5 – 14: Übersicht über das Wirksystem von Führungsvoraussetzungen für kooperative Verhaltenssteuerung im Ideenmanagement (nach Heidack)

Autorität kommt vom lateinischen Wort *„augere"*, *d.h. übersetzt „fördern, vermehren"*.
In der aktuellen Personalarbeit im Betrieb umgesetzt bedeutet

> *erfolgreiche Personalführung: Vorgesetzte können heute auf Dauer nur in dem Maße*
> *selbst erfolgreich sein wie sie Mitarbeiter zu deren persönlichem Erfolg führen und*
> *dabei in hohem Maße zur betrieblichen Leistungserstellung beitragen.*

Führen bedeutet auch immer soziale Einflußnahme mit der Absicht, sowohl die Ziele des
Betriebes wie auch der Mitarbeiter möglichst weitgehend zu erfüllen. Führungsautorität
verlangt das Eingehen auf die persönlichen Ziele des Mitarbeiters, zumindest das Beachten seiner Gefühle.

Bisher kennzeichnet *zweckrationales Denken* weitgehend das Verhalten bei der Leistungserstellung im Betrieb. Der Mitarbeiter fühlt sich häufig dieser Macht des bloßen Zweck-
mäßigkeitsdenkens ausgeliefert. Gefordert werden von ihm in erster Linie Verstandes-
und Willensqualitäten. *Gefühlswerte,* die sein menschliches Bewußtsein prägen, bleiben
zutiefst unbefriedigt. Die dadurch auftretenden *Konflikte* und zwischenmenschlichen Spannungen gefährden häufig den Leistungserfolg. Gemäß dem reinen Zweckdenken werden
sie als Störfaktor angesehen und als solche bekämpft.

8. *Soziale Mobilität und Flexibilität* und ihre besondere Bedeutung mit Blick auf *Kreativität und Innovation* werden durch Lern- und Anpassungsbereitschaft und durch Infor-
mation/Kommunikation im Interaktionsfeld (vgl. Abb. 1.5 – 15) getragen. Sie sind im
System der Abb. 1.5 – 14 mit zwei Kreisringen gekennzeichnet. Sie sind über die Personalführung hinaus für alle Mitarbeiter wichtig, wie auch weitere Formen der Mobilität
im Rahmen des sozialen Wandels.

So wird mit *vertikaler Mobilität* der berufliche oder soziale Aufstieg oder Abstieg (z.B.
Bäcker oder Friseure am Fließband) klassifiziert. Mit *horizontaler Mobilität* ist die re-
gionale Veränderung (z.B. Umzug) oder Beweglichkeit (z.B. Pendler) gemeint.

Flexibilität (oder Ubiquität: lat. „ubique" = überall) deutet die vielfältige berufliche Verwendbarkeit oder Anpassungsfähigkeit an, die von der Qualifikation her den strukturellen und arbeitstechnischen Veränderungen von Beschäftigungsformen gewachsen ist.

Mobilität und Flexibilität von Mitarbeitern einer Organisation lassen sich in der zielgerichteten Kooperation und Konflikthandhabung im Betrieb erkennen. Ihren Ausdruck
findet das kooperative Zusammenspiel innerhalb des sozialen Beziehungsgefüges eines
Betriebes:

- im Informationsaustausch
- im Kommunikationsnetz
- im Interaktionsgeschehen
- im Rollenverhalten von Positionsinhabern
- in der Konflikthandhabung.

Diese Dynamik vollzieht sich vor allem im *Interaktionsfeld* der drei Aktionsfelder des betrieblichen Tätigkeitsbereiches, die sich – wie Abb. 1.5 – 15 modellmäßig verdeutlicht – überlagern:

- im *Funktionsfeld:* Die Anforderungen werden hier durch Aufgabe, Kompetenz und Verantwortung bestimmt.
- im *Lernfeld:* Veränderungen, Neuerungen und Fortschritt verlangen eine entsprechende Qualifikation durch permanentes Lernen. Die institutionelle Weiterbildung mit ihren organisierten Lernprozessen in Schulungen, Seminaren etc. und die kooperative Selbstqualifikation in Arbeitsgruppen bewirken im Zusammenspiel die notwendige Qualifikation.
- ▶ Abb. 1.5 – 15 ist als Ganzes ein System in Spannung. Im Umgang mit anderen Personen, Abteilungen und/oder Organisationsbereichen treten Spannungen und Konflikte insbesondere bei Problemen, Veränderungen oder Innovationen auf, die Konfliktbewältigung verlangen.

Konflikte gehören unaufhebbar zur sozialen Betriebswirklichkeit, auch wenn die vorherrschenden Harmoniemodelle in der Betriebswirtschaftslehre diese Tatsache kaum berücksichtigen. Sie können sehr *unterschiedlicher Art* sein. Als *manifeste Konflikte* werden sie oft von einzelnen oder Gruppen ausgetragen. Sie sind *latent,* wenn sie nur in speziellen Konfliktlagen ausbrechen. *Echte* Konflikte zeigen eine direkte Konfrontation mit dem Verursacher. *Unecht* oder *umgeleitet* sind sie, wenn sie sich auf Ersatzobjekte richten (Mitarbeiter anstatt Vorgesetzter) oder Abreaktionen sind.

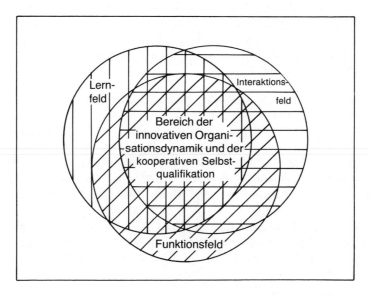

Abb. 1.5 – 15: Aktionsfelder der Verhaltenssteuerung mit Integration der Organisationsdynamik

Widersprüche oder unterschiedliche Erwartungen von Interaktionspartnern innerhalb und außerhalb des Betriebes führen aufgrund der Rollenvielfalt (Manager, Ehemann, Vater, Freund etc.) zu verschiedenen *Rollenkonflikten.*

Konflikte sind nicht nur unliebsame Störungen, wie sie häufig zu einseitig gesehen werden, sondern haben auch ihre kreative und innovative Wirkung. Sie sind treibende Kräfte von Wandel und Veränderung.

Neben dem engeren Konfliktbegriff, daß sich jeder einzelne persönlich und im Gruppenprozeß mit Konflikten auseinandersetzen muß, versucht die Soziologie im Sinne einer *allgemeinen Theorie des sozialen Konflikts* diesen so zu verstehen, daß jede soziale Situation und jeder soziale Prozeß, in dem mehrere Personen oder soziale Einheiten tätig werden, sich in widerstreitender Beziehung zueinander befinden: Sie trägt damit der Tatsache Rechnung, daß die soziale Situation der Menschen, wie sie miteinander leben, auf Widersprüchlichkeiten und Zwängen aufbaut. Dies muß aber nicht zu einem Antagonismus, d.h. einem Widerpart aller gegen alle führen. Max Weber geht davon aus, daß sich jedes menschliche Verhalten in Abhängigkeit von Organisationsstrukturen vollzieht. Weisungen und Anordnungen sind entsprechend auf sachgebundene Zwecke hingerichtet. So gibt es Regelungen und Vorschriften, die zur Kooperation des Menschen führen, aber durchaus nicht immer nur seiner persönlichen Freiheit förderlich sind. Z.B. folgen die Menschen, ohne daß eine Person in Erscheinung tritt, bei Androhung von Strafe den Weisungen des Schilderwaldes im Verkehr oder dem Rauchverbot in einer Raffinerie, dem Zeittakt des Fließbandes. Der *Sachzwang* zum Wohle der Allgemeinheit wird hier überdeutlich.

In gleicher Weise verlangt die betriebliche Organisation von den Mitarbeitern vielfach Verhaltensweisen, die nicht ihren individuellen Wünschen und Interessen entsprechen bzw. ihren persönlichen Zielen sogar zuwiderlaufen. Hier sprechen wir von *Sozialzwängen.*

Die *Außensteuerung* durch Sach- und Sozialzwänge scheint die *Individualtität und Selbstbestimmung* von außen her durch Anordnungen und Regelungen um so mehr aufzuheben, je größer die Betriebe und Organisationseinheiten werden. Wird das Netz dieser Vorschriften zu eng, fühlen sich die Menschen in ihrer Freiheit zu sehr beschnitten. Dies führt zunehmend zu unerwünschten provokativen Reaktionen.

1.5.3 Die wachsende Bedeutung von Gruppen und Gruppenprozessen

1.5.3.1 Kennzeichnung der Arbeitsgruppe

Leistungen werden im Betrieb im kooperativen Zusammenhang erstellt. Für die praktische Personalarbeit ist deshalb das in den letzten Jahren gewachsene Wissen über Gruppenprozesse, gruppendynamische Wirkungen und Konflikthandhabung von besonderer Bedeutung.

Schon die tradtitionelle Soziologie hatte auf die formellen und informellen Gruppenprozesse aufmerksam gemacht und sie untersucht. Auch Beziehungen und Rollenverhalten als Grundelemente einer handelnden Gruppe waren Gegenstand der Betrachtung.

Heute wird die *Gruppe* als ein soziales Gebilde (= Mehrzahl von Menschen) gesehen, deren Mitglieder in direkter Kommunikation und Interaktion miteinander stehen und durch Rollendifferenzierung, gemeinsame Normen sowie ein Wir-Gefühl gekennzeichnet sind. Die Mitglieder wissen und fühlen sich in unterschiedlichem Grad zusammengehörig, aufeinander angewiesen und voneinander abhängig.

Für die Gruppenaktivität sind als grundlegende dynamische Elemente zu unterscheiden: die *Beziehungen* in den Formen von

● Information,
● Kommunikation,
● Interaktion

und die *Rollen,* die die einzelnen Mitarbeiter im Handeln mit den anderen charakterisieren.

1.5.3.2 Formelle und informelle Gruppenprozesse

Für die Personalarbeit ist die Unterscheidung von formellen und informellen Gruppenprozessen bzw. Gruppenstrukturen von besonderer Bedeutung, weil sie die Gruppen im Spannungsfeld von Arbeits- und Sozialverhalten kennzeichnet. Bisher wurde zu stark unterschieden zwischen der formellen und der informellen Gruppe. Beide sind jedoch nur eine Merkmalsunterscheidung. Im Gruppenverhalten selbst bilden sie ein Kontinuum von informellen und formellen Beziehungen, wie dies die Gruppenmerkmale in Abb. 1.5 – 13 verdeutlichen. Eine Unterscheidung der beiden Gruppentypen in Organisationen ist für die Erklärung vieler Erscheinungsformen in der Praxis recht hilfreich und sinnvoll.

Formelle Gruppen sind Kooperationseinheiten, die zur Erfüllung spezifischer Aufgaben in eindeutigem Zusammenhang mit ihrem Organisationsauftrag bzw. ihrem Organisationsziel geschaffen wurden. Organisationsstrukturen des Betriebes und Arbeitsablaufprogramm bestimmen ihre Größe, die Zusammensetzung und die Dauer des Bestehens. Sie haben jeweils eine Leitung, die sie in ihrer Zielsetzung, Information, Koordination bestimmt und steuert. Sie ist von der Institution selbst zweckrational organisiert, d.h. bewußt geplant und eingesetzt, um bestimmte Ziele zu erreichen und Aufgaben zu erfüllen.

Informelle Gruppen entstehen dagegen aus spontanen und organischen Gruppierungen von Gruppenmitgliedern. Zwei Gründe sind dabei erkennbar, die meist nicht unabhängig voneinander auftreten:

● *Soziale Bedürfnisse,* die in der Natur des Menschen liegen. Der Mensch lebt nicht nur in einer Organisation, sondern ist auch dort, um Erfüllung und Befriedigung zu suchen. So entwickelt er vielfältige Beziehungen zu anderen Mitarbeitern der Organisation. Soweit Zeit und Arbeitsbereich es erlauben, verfestigen sich solche Beziehungen und führen zu informellen Gruppen. Die Ursachen liegen in bestimmten Gemeinsamkeiten, wie gemeinsame Hobbys, Interessen, Clubzugehörigkeit, Alter, Konfession,

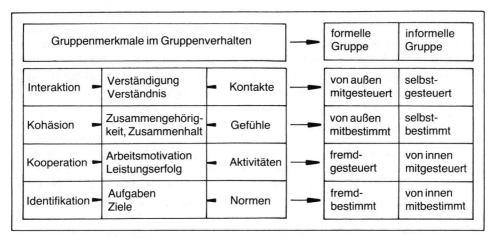

Gruppenmerkmale im Gruppenverhalten			formelle Gruppe	informelle Gruppe
Interaktion	Verständigung Verständnis	Kontakte	von außen mitgesteuert	selbst-gesteuert
Kohäsion	Zusammengehörig-keit, Zusammenhalt	Gefühle	von außen mitbestimmt	selbst-bestimmt
Kooperation	Arbeitsmotivation Leistungserfolg	Aktivitäten	fremd-gesteuert	von innen mitgesteuert
Identifikation	Aufgaben Ziele	Normen	fremd-bestimmt	von innen mitbestimmt

Abb.1.5 – 16: Was sind und wie bilden sich Gruppenmerkmale? (nach Sahm)

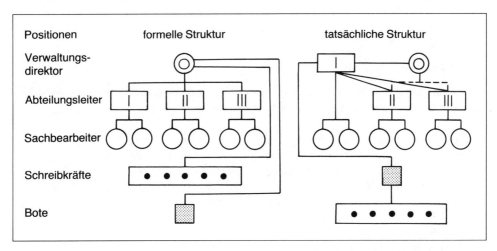

Abb. 1.5 – 17: Beispiel einer durch informelle Faktoren veränderten formellen Autoritätsstruktur (nach Bolte)

Landsmannschaft und dergl. Abb. 1.5 – 17 kennzeichnet die vielfältigen Beziehungen informeller Natur in einer Fertigungsabteilung.

● *Persönliche Bedürfnisse.* Sie kommen zu den sozialen Bedürfnissen hinzu. Häufig werden in ihnen jene negativen Erscheinungsformen der informellen Gruppenverhaltensweisen gesehen, die typisch für *Cliquenbildungen* sind. Der Anlaß zu solcher informellen Gruppenbildung ist auch häufig Frustration bei der Arbeit oder nicht ausgelastete Fähigkeit bzw. brachliegende persönliche Anlagen.

Wenngleich die negative Wirkung von Cliquen nicht heruntergespielt werden soll, so sind dennoch die spontanen Aktivitäten informeller Gruppenverhaltensweisen ein belebendes Element in der betrieblichen Organisation und sollten vollwertig mitberücksichtigt werden.

Eine Form, in der viele Elemente informeller Natur auch organisatorisch genutzt werden können, ist das *Team.* Die Begriffsbedeutung von ,,Team" ist mit besonderem Gefühlsinhalt und der Vorstellung von besonders gutem Zusammenspiel und guter Zusammenarbeit verbunden. Trotz seines schlagwortartigen Phrasencharakters, die der Begriff in vielerlei Fällen hat, ist er für die Kennzeichnung eines partizipativen Arbeitsstils auch einer formalen institutionellen Gruppe besonders geeignet.

1.5.3.3 Teilautonome Gruppen

Besonderen Einfluß auf die Personalarbeit hatten in den 70er Jahren die Bestrebungen, die Arbeit zu humanisieren und die Menschen für die Arbeit besser zu motivieren, indem der Gruppe die Möglichkeit gegeben wird, die Arbeit in gewissen Maßen autonom zu gestalten. Wie im Team sollen auch hier Vorzüge informeller Verhaltensdynmaik, wie Selbststeuerung und Eigenleistung, auf formelle Gruppenstrukturen übertragen werden. Vom *Prinzip* her sollen *Autonomie und Partizipation* in kleinen Gruppen zu höherer Leistungsmotivation und *Arbeitszufriedenheit* anregen. Der Umfang der gewährten Autonomie führt zu teilautonomen Gruppen. Dabei ist zu bemerken, daß es im Betrieb grundsätzlich nie vollautonome Gruppen geben kann, es sei denn, man bezieht die Autonomie auf die Teilaufgaben und die Selbststeuerung im Team.

1.5.3.4 Der Rollenbegriff

Wie bereits erwähnt, hat der Rollenbegriff in der Soziologie eine ähnlich zentrale Bedeutung wie der Begriff Motivation in der Psychologie.

Rollen sind an *Aufgaben und Funktionen* im sozialen Beziehungsgeflecht gebunden. Sie beziehen sich auf die *Erwartungen* — wie Abb. 1.5 – 3 zeigt — der Vorgesetzten, Mitarbeiter und Kollegen. Ohne ein gemeinsames Handeln (Interaktion) mit diesen Menschen ist es nicht möglich, Rollen zu übernehmen oder sie zu erfüllen. Hierfür muß aber dem Rolleninhaber für seine Aufgabe eine entsprechende Kompetenz gegeben sein, die auch seine Verantwortung bestimmt.

Die *Dimensionen der Rollen* sind:

- Ihr *Verpflichtungscharakter,* entsprechend dem die Rolle aussagt, was man in ihr *tun muß, kann* und *darf.*
- Der *Identifikationsgrad,* der das Maß der individuellen Bedeutsamkeit, d.h., welches Gewicht der Rolleninhaber ihr selbst zumißt, kennzeichnet (z.B. als Sicherheitsbeauftragter).
- Der *Allgemeinheitsgrad,* der den Entfaltungsspielraum zwischen ritueller starrer Festlegung bis hin zu innovativer Offenheit umfaßt (Bandarbeiter — Werbetexter).
- Der *Bekanntheitsgrad* in der Öffentlichkeit (z.B. Prokura).
- Die *Reichweite,* mit der eine bestimmte Rolle im Mittelpunkt des Handelns steht und alle Aufgabenbereiche oder nur einen spezifischen Teil der Funktion erfaßt (z.B. Einkäufer für alle Güter im Mittelbetrieb — Einkäufer für Stahl im Großbetrieb).
- Der *Konsens,* der die Widerspruchsfreiheit und Übereinstimmung mit Rolleninhalt und den Erwartungen der anderen charakterisiert (z.B. Gutachter in der Verbesserungsvorschlagskommission zu einem Vorschlag, der den eigenen Zuständigkeitsbereich betrifft).

Im Betrieb muß ein einzelner häufig eine *Vielfalt von Rollen* wahrnehmen. Hinzu kommt, daß die Rollen außerhalb des Betriebs auch das Verhalten im Betrieb beeinflussen. So widersprechen sich die Rollen des Managers mit den Rollen, die er als Ehemann, Vater etc. hat. Oder im Betrieb gerät der Betriebsrat mit seiner Angestelltenrolle in Konflikt. Diese Konflikte sind soziologisch *Interrollenkonflikte*. Sie sind zu unterscheiden vom *Intrarollenkonflikt* – dem typischen Führungskonflikt oder Meisterkonflikt –, der dadurch bedingt ist, daß die Erwartungen der Bezugspartner/-gruppen (vgl. Abb. 1.5 – 3) sich widersprechen: Der Vorgesetzte erwartet eine andere Rollenhandlung als die Mitarbeiter.

Zusammenfassend ist festzustellen, daß die verhaltenswissenschaftlichen Erkenntnisse in der Personalwirtschaft eine Reihe von Aspekten bewußt gemacht bzw. ein *differenzierteres Bewußtsein* geschaffen haben. Neben dem technischen Fortschritt erleichtern sie einen entsprechenden sozialen Wandel und die *Humanisierung der Arbeitswelt*.

Humanisierung der Arbeitswelt wird als ein *ganzheitlicher Faktor der Personalarbeit im Betrieb* angesehen und als *strategische Aufgabe* betrachtet. Dies bedeutet allerdings mehr, als die fünf Hauptströmungen der siebziger Jahre im einzelnen erkennen lassen. Humanisierung wird verstanden als:

1. Strategie gegen physische wie psychische Überbelastung und Verschleißerscheinungen (*äußere Humanisierung*)
2. Strategie zur Realisierung von größerer Autonomie gegen tayloristische Tendenzen der Arbeit (Selbststeuerung im Team; vernetzte Fertigungsinseln)
3. Politische Mitbestimmung
4. Strategie zur Systemüberwindung
5. Strategie einer „herrschaftsfreien Gesellschaftsordnung‘‘.

Der *ganzheitliche Aspekt der Humanisierung der Arbeitswelt umfaßt die Organisationsentwicklung und die Selbstfindung des Menschen im Rahmen des Human Resources Management, insbesondere als partnerschaftliches Führungsverhalten (innere Humanisierung)*.

1.5.4 Zusammenfassung

- Der Betrieb ist ein soziotechnisches Arbeitssystem. Das Arbeitsverhalten des einzelnen und von Gruppen bestimmt weitgehend den Leistungsprozeß.
- Die Integration in das konfliktträchtige Leistungsgeschehen ist in den verschiedenen Erkenntnisaspekten der Verhaltens- und Arbeitswissenschaften einsichtig zu machen. In ihren verschiedenen Disziplinen, der Psychologie, der Sozialpsychologie und der Soziologie, leisten sie einen bedeutsamen Beitrag zu einem differenzierteren Problembewußtsein des betrieblichen Geschehens.
- Mittelpunkt der Betrachtung ist der Mensch. Das Bild vom Menschen bestimmt weitgehend das Mitarbeiterverständnis des Vorgesetzten und seinen Führungsstil, die Unternehmensphilosophie und Organisationskultur. Ein positives Bild hat Auswirkungen auf Motivation und Innovation.

- Von besonderer Bedeutung für die Personalwirtschaftslehre im Betrieb sind die humanistischen Motivationslehren von Maslow (Bedürfnishierarchie) und von Herzberg (Zufriedenheits- und Unzufriedenheitsstifter).
- Die verschiedenen theoretischen, soziologisch orientierten Ansätze spiegeln die Komplexität der Verhaltensprozesse in der Organisation wider. Sie führen zu verschiedenen Ansätzen und Ansichten in der Handlungs- und Entscheidungsorientierung innerhalb der betrieblichen Personalarbeit.
- Zentrales Problem der gesamten Dynamik im Unternehmen sind sozialer Wandel und Mobilität/Flexibilität. Diese Dynamik vollzieht sich konkret in drei Aktionsfeldern des betrieblichen Tätigkeitsbereiches − dem Funktionsfeld, dem Lernfeld und dem Interaktionsfeld −, die sich je nach Situation und Problemlage der Tätigkeit verschieden überlagern und dort besondere Möglichkeiten zur Wertschöpfung bieten.
- In dem Maß, in dem die Notwendigkeit zur Kooperation steigt, erhöhen sich auch die Anforderungen an die Konflikthandhabung, sei es in formalen Organisationseinheiten, sei es in informellen Gruppenbeziehungen.
- Zunehmend an Bedeutung gewinnen in der Personalarbeit partizipative Formen des Arbeits- und Führungsstils. Hierzu zählen die Arbeit im „Team" sowie in teilautonomen Gruppen. Im Konzept der sich überlappenden Gruppen von Likert kommt eine kommunikative Teamstruktur in typischer Weise zur Geltung.
- Der Rollenbegriff hat in der Soziologie hinsichtlich der betrieblichen Personalarbeit eine ähnliche zentrale Bedeutung wie der Begriff der Motivation in der Psychologie.
- Die verhaltenswissenschaftlichen Aspekte liefern sicherlich eine bedeutsame Fundierung der Humanisierung im Betrieb und tragen wesentlich zur Festigung und zum Verständnis verschiedener Werthaltungen und Einstellungen im Betrieb bei.

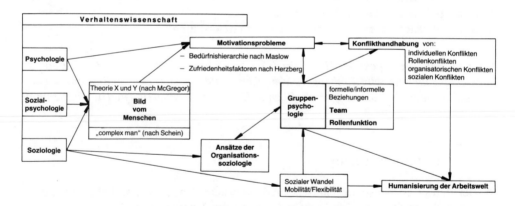

Abb. 1.5 − 18: Gedankenskizze: Verhaltenswissenschaftliche Aspekte

1.6 Der Mensch als Produktionsfaktor — betriebswirtschaftliche Zielvorstellungen

1.6.1 Die technische Betrachtungsweise des Unternehmens

Ein Unternehmen besitzt auf Dauer nur dann eine Daseinsberechtigung, wenn es den Bedarf an nachgefragten Gütern oder Dienstleistungen deckt. Dabei wird noch keine Aussage zu gesellschaftlichen Wertvorstellungen hinsichtlich des Bedarfs und der Möglichkeiten, ihn zu befriedigen, gemacht. Güter und Dienstleistungen entspringen einer Kombination von knappen Produktionsfaktoren, welche sich wie folgt systematisieren lassen:

operative
Arbeitsleistung

dispositive
Arbeitsleistung

Betriebsmittel
Werkstoffe

Abb. 1.6 – 1: Betriebswirtschaftliche Systematik der Produktionsfaktoren in Anlehnung an F. Gutenberg

Diese, nur auf sachliche Aspekte abgestellte Betrachtungsweise entspricht der traditionellen Betriebswirtschaftslehre Gutenbergs, die den Menschen ausschließlich als Produktionsfaktor sieht. Umfang und Aussagemöglichkeiten traditioneller Betriebswirtschaftslehre sollen im folgenden übersichtlich dargestellt werden, um die weitere Entwicklung dagegen abheben zu können.

1.6.1.1 Die Produktionsfaktoren

Bei den operativen Arbeitsleistungen handelt es sich um jenen menschlichen Einsatz an körperlichen und geistigen Kräften, welcher unmittelbar mit der Leistungserstellung, der Leistungsverwertung und mit der Erledigung finanzieller Aufgaben in Zusammenhang steht. Unter rein technischer Betrachtungsweise wird der Mensch ausschließlich als rational handelndes Lebewesen gesehen (homo oeconomicus). Gefühle werden bei dieser betriebswirtschaftlichen Betrachtungsweise ausgeschlossen, so daß es sich nicht um humane Wesen, sondern nur um Leistungsträger handelt.

Die Arbeit des Drehers, des Einkäufers, des Verkäufers, des Konstrukteurs, Bilanzbuchhalters und Kassierers stellen unter anderem operative Arbeitsleistungen dar.

Die dispositiven Arbeitsleistungen sind sorgfältig von den operativen zu unterscheiden, da auch sie von Menschen erbracht werden. Dispositive Arbeit befaßt sich mit der Leitung und Lenkung der betrieblichen Vorgänge. Insoweit trifft sie laufend Entscheidungen über die betrieblichen Ziele und die einzusetzenden Mittel, diese Ziele zu erreichen. Solche Festlegungen finden ihren Niederschlag in der Planung, der Organisation und der Kontrolle. Durch die Lösung planerischer und organisatorischer Aufgaben werden die operativen Arbeitsleistungen mit den sächlichen Produktionsmitteln in der vom dispositiven Faktor bestimmten Weise kombiniert. Damit hängt das Ergebnis der Leistungen dieser Elementarfaktoren von der Leistung des dispositiven Faktors ab.

Die Betriebsmittel stellen die Arbeitsplätze dar und umfassen somit alle Grundstücke und Gebäude, Maschinen und Werkzeuge, Büro- und Verkaufseinrichtungen, Kraftfahrzeuge und Behälter, Papier und Bleistifte, also auch Hilfs- und Betriebsstoffe.

Die Werkstoffe dienen als Ausgangsstoffe für die Herstellung von Erzeugnissen. Sie werden also be- oder verarbeitet. Es zählen dazu Rohstoffe, Halb- und Fertigerzeugnisse, die entweder im eigenen Unternehmen hergestellt oder von anderen Betrieben zugekauft worden sind. Im einzelnen handelt es sich z.B. um Kohle, Wolle, Bleche, Farbe, Reifen, Armaturen oder Autoreifen.

1.6.1.2 Die Kombination der Produktionsfaktoren

Kein Produktionsfaktor kann für sich allein Güter oder Dienstleistungen hervorbringen. Stets muß menschliche Arbeitsleistung an einem Arbeitsplatz durch optimale Entscheidungen des dispositiven Faktors eingesetzt werden. Erst die Zusammenarbeit aller Produktionsfaktoren verspricht wirtschaftlichen Erfolg.
Bei der Entscheidung über die optimale Kombination ausführender Arbeitsleistungen mit Betriebsmitteln und Werkstoffen sind die folgenden Fragen zu klären:

— In welcher Weise ist die Produktion zu organisieren, wie ist sie zu strukturieren? Wird z.B. viel menschliche Arbeitsleistung mit wenig sächlichen Arbeitsmitteln kombiniert oder umgekehrt, Spezialisierung oder Generalisierung?
— Wie wirken sich die eingesetzten Mengen der Produktionsfaktoren auf das Produktionsergebnis aus?

1.6.1.3 Die Entscheidungsebenen im Produktionsvollzug

Der dispositive Faktor löst die eben genannten Struktur- und Mengenprobleme in drei logisch aufeinanderfolgenden Schritten. Richtungsweisend sind dabei drei unterschiedliche Kennziffern.

1. Schritt:
Durch einen Vergleich der Input- und Outputmengen, wobei es sich um einen reinen Mengenvergleich handelt, können effiziente von ineffizienten Produktionsverfahren getrennt werden. Als spezielle Anwendungsform des ökonomischen Prinzips kann nach den zwei folgenden Prinzipien entschieden werden:

— Wähle von mehreren technisch unterschiedlichen Produktionsformen nur diejenigen aus, welche bei gegebenem Faktoreinsatz einen maximalen Gesamtertrag erreichen.

Dieses Prinzip kann man als technische Maximierung bezeichnen.

– Wähle von mehreren technisch unterschiedlichen Produktionsformen nur diejenigen aus, welche bei gegebenem Gesamtertrag mit einem minimalen Faktoreinsatz erreicht werden.

Dieses Prinzip kann man als technische Minimierung bezeichnen.

Produktionsformen, die gegen eines dieser Prinzipien verstoßen, sind ineffizient. Unter den effizienten Produktionsformen kann man unter dem Gesichtspunkt mengenmäßiger Optimierung mit Hilfe der

$$\text{Produktivitätskennziffer} = \frac{\text{Leistungsergebnis}}{\text{Leistungsfaktoren}}$$

die effektivste heraussuchen. Auch hierbei handelt es sich, vom Ausgangspunkt der Überlegungen her gesehen, um eine rein mengenmäßige Messung.

2. Schritt:

Auf der zweiten Entscheidungsebene wird die Wirtschaftlichkeit in die Überlegungen einbezogen. Als betriebswirtschaftliches Prinzip hat sie die Knappheit der eingesetzten Faktoren zu berücksichtigen. Dies ist bei einer reinen Mengenrechnung nicht möglich. Da die Knappheit eines Gutes sich bei freiem Angebot und freier Nachfrage nur im Beschaffungspreis (II) ausdrückt, gibt die Minimalkostenkombination den Ausschlag für eine Produktionsform unter den unterschiedlichen Formen mit gleich hohem Ertrag. Damit liegt dann ein Wert vor für die zweite Kennziffer, die Wirtschaftlichkeit.

Das Ergebnis solcher Überlegungen läßt sich im Sonderfall des Einproduktunternehmens mit zwei Produktionsfaktoren veranschaulichen:

Mit einem vorgegebenen Kostenbudget soll

$$K = \Pi_1 \cdot x_1 + \Pi_2 \cdot x_2$$

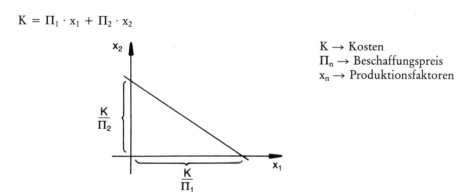

K → Kosten
Π_n → Beschaffungspreis
x_n → Produktionsfaktoren

Abb. 1.6 – 2: Kombinationsmöglichkeiten von zwei Produktionsfaktoren bei vorgegebenem Kostenbudget

ein maximaler Ertrag erreicht werden. Unter der Voraussetzung, daß die beiden Produktionsfaktoren x_1 und x_2 sich gegenseitig substituieren können, ergeben sich Kurven gleichen Ertrages, die Produktisoquanten (Pi_n). Je weiter sie vom Ursprung entfernt sind,

$$K = x_1\,\Pi + x_2\,\Pi_2$$

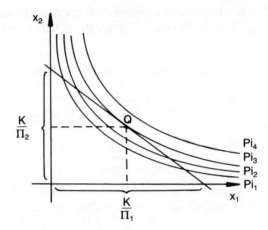

Abb. 1.6 – 3: Die Ermittlung der Minimalkostenkombination nach dem Maximalprinzip

desto höher ist der Ertrag. Der maximale Ertrag ist erreicht auf der Produktisoquanten, die von der Kostenbudgetgeraden tangiert wird. Der Berührungspunkt Q auf der Produktisoquanten stellt dann die optimale Kombination dar, welche bei gegebenem Kostenbudget realisiert werden kann.

Auf die gleiche Weise kommt man zum angestrebten Ergebnis auch mit umgekehrter Vorgehensweise. Ausgehend von einer vorgegebenen Ertragshöhe und konstanten Preisen für die Produktionsfaktoren, wird auf der Produktisoquanten diejenige Faktorkombination realisiert, welche die niedrigsten Kosten verursacht. Das ist im Punkt Q der Fall, der sich als Tangentialpunkt zwischen Produktisoquante und Kostenbudgetgerade ergibt.

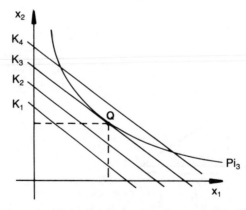

Abb. 1.6 – 4: Die Ermittlung der Minimalkostenkombination nach dem Minimalprinzip

3. Schritt:
Nachdem mit Hilfe der Schritte eins und zwei das Strukturproblem gelöst wurde, ist nunmehr noch das Mengenproblem zu entscheiden. Hierbei geht es um die Lösung der Frage, welcher Bedarf gerade noch durch den Einsatz der knappen Produktionsfaktoren gedeckt

werden soll. Die Dringlichkeit des Bedarfs drückt sich in der Höhe des Absatzpreises aus. Da der Faktor Kapital, hierbei handelt es sich bei der Systematik nach Gutenberg um die Faktoren Betriebsmittel und Werkstoffe, normalerweise von allen Produktionsfaktoren am knappsten ist, stellt er für die Mengenplanung der Produktion den Engpaßfaktor dar, der darüber entscheidet, wieviel am Absatzmarkt gerade noch angeboten wird. Als Wegweiser zum angestrebten Ziel, mit den knappen Produktionsfaktoren möglichst viel Bedarf zu decken, dient deshalb der Preis des eingesetzten Kapitals, der Gewinn. Dieser setzt sich aus Zinsanteil und Risikoprämie zusammen und kann durch die Kennziffer

$$\text{Rentabilität} = \frac{\text{Gewinn}}{\text{Kapital}}$$

veranschaulicht werden.

Die Vorteilhaftigkeit von Produktionen fußt damit sowohl auf der Basis bewerteter Einsatzmengen als auch bewerteter Leistungsergebnisse. Da hier nicht die Aufgabe gestellt ist, eine Preis- und Absatztheorie zu entwickeln, soll das Gewinnmaximierungsproblem anhand eines Beispiels mit stark vereinfachenden Annahmen über Absatzpreis- und Absatzmengenbeziehungen dargestellt werden:

Ein Schokoladenfabrikant produziert Osterhasen und Weihnachtsmänner, die er vollständig zum Festpreis am Markt absetzen kann. Hierbei benötigt er drei der Art nach unterschiedliche Maschinen. Zwischen diesen und der Bearbeitungszeit je Produkt sowie ihrer Kapazität bestehen folgende Anhängigkeiten:

Maschine	Bearbeitungszeit in Std./ME		Maschinenkapazität in Std./Monat
	Osterhasen	Weihnachtsmänner	
Mischmaschine	4	3	600
Presse	2	2	320
Verpackungsmaschine	3	7	840
Aus dem Verkaufspreis pro Stück und Kosten je Stück ergibt sich der Gewinn pro Stück			
Verkaufspreis	40	50	
∕. Lohnkosten	10	12	
∕. Betriebsmittelkosten	18	24	
∕. Werkstoffkosten	8	9	
∕. Unternehmerlohn	2	2	
Gewinn in DM	2	3	

Die Bearbeitungszeit der Maschine für die Osterhasen (y_1) und Weihnachtsmänner (y_2) beträgt

$$4y_1 + 3\,y_2$$

Da im Monat nur 600 Maschinenstunden für die Mischmaschine zur Verfügung stehen, muß bei der Planung die folgende Kapazitätsrestriktion beachtet werden:

$$4\,y_1 + 3\,y_2 \leqq 600$$

Analog ergibt sich für die Presse und die Verpackungsmaschine

$$2 y_1 + 2 y_2 \leqq 320$$
$$3 y_1 + 7 y_2 \leqq 840$$

Für den Zweiproduktfall läßt sich der zulässige Produktionsbereich in einem zweidimensionalen Koordinatensystem veranschaulichen. Der schraffierte Bereich liefert ein produktionstechnisch mögliches Produktionsprogramm.

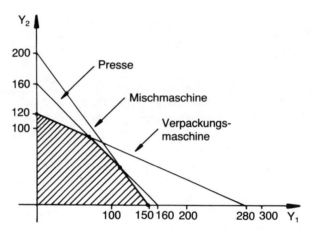

Abb. 1.6 – 5: Darstellung des zulässigen Produktionsbereichs für den Zweiproduktfall

Aus den Überlegungen des ersten Schrittes ergibt sich eindeutig, daß effiziente Produktionsprogramme sich auf die endlich vielen Eckpunkte des schraffierten Bereiches beschränken.

Es muß nun noch entschieden werden, welches dieser Produktionsprogramme realisiert werden soll. Hierzu dient als wegweisende Größe der maximale Gewinn. Dieser ergibt sich aus der folgenden Geraden:

$$2 y_1 + 3 y_2 = G \rightarrow max.$$

Bei dieser Funktion handelt es sich um eine Gerade, auf der stets der gleiche Gewinn erzielt wird, also eine Isogewinngerade. Der Gewinn ist um so höher, je weiter die Gerade vom Ursprung des Koordinatensystems entfernt ist. Im Tangentialpunkt mit dem schraffierten Lösungsfeld liegt das optimale Produktionsprogramm. Dies ist der Punkt Q mit den Koordinaten

$y_1 = 70$ (ME)
$y_2 = 90$ (ME)

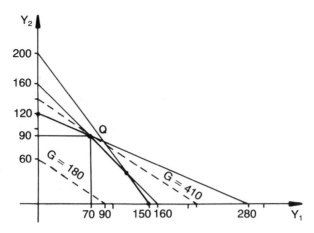

Abb. 1.6 – 6: Darstellung des optimalen Produktionsprogramms

Es wird danach ein optimales Produktionsprogramm verwirklicht, bei dem 70 Osterhasen und 90 Weihnachtsmänner im Monat produziert und annahmegemäß auch verkauft werden. Mit Hilfe dieses Produktionsprogramms kann im Monat maximal ein Gewinn von 410 DM erzielt werden.

1.6.2 Die soziale Betrachtungsweise des Unternehmens

Das Unternehmen ist nicht nur ein technisches System, sondern auch ein soziales; denn die sogenannten Produktionsfaktoren repräsentieren humane Wesen mit Empfindungen und sozialen Bedürfnissen. Das bedeutet, es sind auch personale Aspekte zu beachten. Diese beziehen sich auf alle Entscheidungen, die das Unternehmen als Erlebnisbereich des Menschen positiv zu gestalten trachten. Die Bedeutung der vorhergehenden Aussagen kann man in vollem Umfang erst ermessen, wenn man bedenkt, daß der arbeitende Mensch täglich mindestens acht Stunden, und zwar seine aktivsten, im Unternehmen verbringt im Umgang mit Mitarbeitern, Kollegen und Vorgesetzten.

Während die ethisch-normative Betriebswirtschaftslehre den Menschen in den Mittelpunkt der Betrachtung stellte, betrachtet die traditionelle Betriebswirtschaftslehre den Menschen ausschließlich als Produktionsfaktor. Die weitere Entwicklung zur entscheidungsorientierten und systemorientierten Betriebswirtschaftslehre versucht folgerichtig eine Synthese der zuerst genannten Betrachtungsweisen.

Es gelingt den beiden letzten Ansätzen jedoch nicht, eine umfassende Personalwirtschaftslehre mit ihren sozialen Ansätzen zu integrieren, da humane Belange sich der zeitlich linearen Logik des Theoriesystems entziehen. An dieser Stelle ist deshalb zu betonen, wenn die Wirklichkeit richtig erfaßt werden soll, daß gerade im humanen Bereich nicht die größere Genauigkeit und Dichte der Daten zum Erfolg führt, sondern die Erfassung der richtigen Vernetzung.

Abb. 1.6 – 7: Das Unternehmen als sozio-technisches System

Hinter dem Produktionsfaktor operative Arbeitsleistung stehen die Arbeiter und Angestellten, welche sich im Unternehmern die Möglichkeit verschaffen möchten, ihre Bedürfnisse zu decken. Darüber hinaus wollen sie sich jedoch auch in der Arbeit selbst verwirklichen und ihr Kommunikationsbedürfnis mit den Menschen im Unternehmen befriedigen.

Die dispositive Arbeitsleistung wird von den Unternehmern erbracht. Um zu klaren Aussagen zu kommen, ist es sinnvoll, sich die rechtliche Situation der Aktiengesellschaft zu
vergegenwärtigen und die Unternehmer mit dem Vorstand zu identifizieren. Selbstverständlich können Arbeiter oder Angestellte auch zugleich Unternehmer in der Unterneh-
mensspitze sein. Auf den nachgelagerten Hierarchieebenen des Unternehmens nehmen
sie in den meisten Unternehmen im Rahmen der Delegation von Führungsaufgaben unternehmerische Funktionen wahr. Aber auch diese Feststellung soll aus Gründen der gedanklichen Klarheit nicht mit in die Überlegungen einbezogen werden. Unternehmer können auch zugleich Kapitaleigner sein. In den Anfängen der industriellen Organisation der
Wirtschaft war das der vorherrschende Fall, der bis heute für inhaltliche und begriffliche
Unklarheit sorgt.

Die Kapitaleigner stellen dem Unternehmer die Betriebsmittel und Werkstoffe oder die
dafür notwendigen finanziellen Mittel und zusätzlich die notwendigen liquiden Mittel zur
Verfügung. Auch hier sollte aus Vereinfachungsgründen die Vorstellung auf die Eigen-
kapitaleigner beschränkt bleiben, obwohl natürlich auch Fremdkapitaleigner in allen Unternehmen anzutreffen sind. Was für die Unternehmer ausgeführt wurde, mag auch hier
gelten: Arbeiter und Angestellte sowie Unternehmer können in Personalunion als Kapitaleigner auftreten.

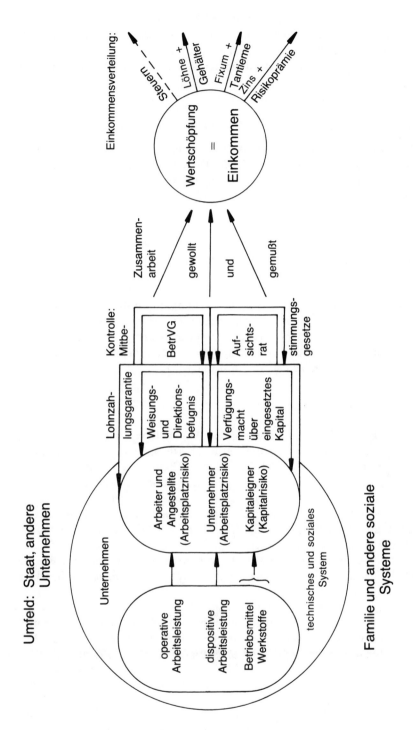

Abb. 1.6 – 8: Darstellung der sozialen Abhängigkeiten im Unternehmen

Die Erkenntnis der betriebswirtschaftlichen Forschung und Lehre, daß es sich bei Unternehmen um offene sozio-technische ökonomische Gebilde handelt, war die Geburtsstunde der Personalwirtschaftslehre, welche sich mit allen Tatbeständen auseinanderzusetzen hat, die mit dem Einsatz von Menschen zusammenhängen, um ein erwerbswirtschaftliches Ziel zu erreichen.

1.6.2.1 Die Zusammenarbeit im Unternehmen

Alle drei Gruppen im Unternehmen wollen und müssen zusammenarbeiten, um das erwerbswirtschaftliche Ziel zu verwirklichen. Diese Erkenntnis ist bei allen vorhanden, da jede Gruppe weiß, daß sie allein die Deckung ihres persönlichen Bedarfs nicht maximieren kann. Die Mitglieder jeder Gruppe sprechen daher in unterschiedlichem Sinne von ,,meiner Firma''.

Auf die Entscheidungen im Unternehmen und die Zusammenarbeit der drei Gruppen wirkt sich das Umfeld des Unternehmens aus. Hierzu zählen insbesondere der Staat, andere Unternehmen und die Gesellschaft.

Das Ergebnis der Zusammenarbeit ist die Leistung. Subtrahiert man von ihr die Vorleistungen, so bleibt, sofern erfolgreich gewirtschaftet wurde, ein Mehrwert, die Wertschöpfung, zurück. Das gemeinsame Ziel aller drei Gruppen ist es, die Wertschöpfung zu maximieren. Auf diese Art und Weise kann jede Gruppe ihre Bedürfnisse besser decken, ganz gleich, zu welchem Teil sie daran beteiligt ist.

1.6.2.2 Rechte und Pflichten

Die Kapitaleigner zahlen den Arbeitern und Angestellten Lohn und Gehalt, bevor feststeht, ob ein Mehrwert erwirtschaftet wurde. Hierin liegt eine Lohnzahlungsgarantie der Kapitaleigner, die soweit geht, daß Löhne und Gehälter aus dem Eigenkapital zu zahlen sind, sofern keine Wertschöpfung erfolgt ist. Diese Lohnzahlungsgarantie ist für die Arbeiter und Angestellten sozial notwendig, da sie ihre Arbeitsleistung nicht speichern können und ihren Lebensunterhalt aus laufenden Einkommen bestreiten müssen. Neben der Lohnzahlungsgarantie der Kapitaleigner besteht die Möglichkeit, im Konkursfalle Lohn- und Gehaltsforderungen aus den letzten drei Monaten vor Konkurseröffnung nach den §§ 141a ff. AFG als Konkursausfallgeld vom Arbeitsamt zu erhalten. Für den Antrag auf Zahlung ist allerdings eine Ausschlußfrist von zwei Monaten zu beachten.

Darüber hinaus gewährt die Konkursordnung Gläubigern aus Lohn- und Gehaltsforderungen die folgenden Möglichkeiten: Forderungen aus den letzten sechs Monaten vor Konkurseröffnung werden als Masseforderungen bedient. Forderungen aus den letzten sechs bis zwölf Monaten zählen zu den bevorrechtigten Konkursforderungen.

Ältere Lohn- und Gehaltsforderungen werden den übrigen nicht bevorrechtigten Konkursforderungen zugeschlagen.

Trotz dieser verschiedenen Absicherungsmaßnahmen bleibt für die Arbeiter und Angestellten das Arbeitsplatzrisiko bestehen, die Gefahr, den Arbeitsplatz zu verlieren.

Für die Unternehmer, soweit sie Angestellte des Unternehmens sind, treffen die eben gemachten Aussagen in gleichem Maße zu. Die unterschiedlichen Einkommenshöhen haben allerdings im Ernstfall des Arbeitsplatzverlustes auch für den einzelnen Betroffenen unterschiedliche wirtschaftliche und soziale Auswirkungen.

Im Gegensatz zu den Arbeitern und Angestellten arbeiten die Unternehmer nicht nur mit dem von den Kapitaleignern zur Verfügung gestellten Realkapital, sondern sie können im Rahmen ihrer rechtlichen Möglichkeiten voll darüber verfügen.

Gegenüber den Arbeitern und Angestellten besitzen sie Weisungs- und Direktionsbefugnis, da es eine Stelle im System geben muß, die die unternehmerischen Ziele und die einzusetzenden Mittel letztendlich festlegt und die Aktivitäten im Unternehmen koordiniert. Die Legitimation dafür, daß die Weisungs- und Direktionsbefugnis bei den Unternehmern angesiedelt ist, läßt sich einerseits historisch geben. In den Anfängen der industriellen Organisation der Unternehmen traten Kapitaleigner und Unternehmer meistens in Personalunion auf. Aus der starken Stellung der Kapitaleigner ergab sich die Möglichkeit, die Weisungs- und Direktionsbefugnis den Unternehmern zuzuweisen. Heute läßt sich das Faktum treffender mit der fachlichen Kompetenz der Unternehmer begründen.

Die Verfügungsmacht über das eingesetzte Kapital kann unangemessen oder willkürlich ausgeübt werden. Die Kapitaleigner müssen deshalb Kontroll- und Einwirkungsmöglichkeiten haben, um das verhindern zu können. Das Aktiengesetz institutionalisierte unter diesem Gesichtspunkt den Aufsichtsrat, der den Vorstand beruft. Verfügungsmacht über das Kapital bedeutet aber auch gleichzeitig Einwirkungsmöglichkeit auf die Arbeitsplätze der Arbeiter und Angestellten, so daß diese ebenso an einer Kontrolle und Einwirkungsmöglichkeit interessiert sind wie die Kapitaleigner. Diese Möglichkeit räumen ihnen die Mitbestimmungsgesetze ein:

● das Mitbestimmungsgesetz der Montanindustrie von 1951
● die Mitbestimmungsregelungen des Betriebsverfassungsgesetzes von 1952
● das Mitbestimmungsgesetz von 1976.

Die Weisungs- und Direktionsbefugnis den Arbeitern und Angestellten gegenüber bezieht sich nicht nur auf gestaltende Maßnahmen, sondern vorwiegend auf Entscheidungen des täglichen Vollzugs. Auch hier sind unsachgemäße oder willkürliche Festlegungen denkbar. Damit wird eine Kontroll- und Einwirkungsmöglichkeit der direkt Betroffenen unbedingt notwendig. Dieses ermöglichen das Betriebsverfassungsgesetz bzw. das Sprecherausschußgesetz und die Personalvertretungsgesetze.

Unter Verteilungsgesichtspunkten wird die Wertschöpfungsgröße als Einkommen bezeichnet (siehe auch Abb. 1.6 – 8). Dabei entfallen auf die Gruppe der Arbeiter und Angestellten die Löhne und Gehälter. Zwischen Kapitaleignern und Unternehmern wird überwiegend ein Arbeitsvertrag ausgehandelt, der für die Unternehmer ein festes Jahreseinkommen (Fixum) und einen erfolgabhängigen Bestandteil (Tantieme) vorsieht. Dieser kann an der mengenmäßigen Produktion, am Gewinn oder am Umsatz ausgerichtet sein. Auf die Kapitaleigner entfällt der Zins und eine Prämie für das zu tragende Kapitalrisiko. Bei der Gewinnausschüttung wird nur relativ selten ausdrücklich auf den Zinsanteil und den Anteil für die Risikoprämie hingewiesen. Die Gründe hierfür liegen in der Tatsache, daß die Knappheit des verfügbaren Kapitals den Eigentümern eine starke Verhandlungsposition einräumt. Sie zahlen als Arbeitseinkommen nur dasjenige, was notwendig ist, um die benötigten Arbeitskräfte zu bekommen. Sie vereinnahmen den gesamten Unternehmensgewinn unter Hinweis auf das Kapitalrisiko, ohne zwischen produktivbedingten und anderen Einkommensbestandteilen zu unterscheiden, von denen ein Teil eventuell als Arbeitseinkommen zu zahlen ist.

Aus dem Einkommen sind noch Steuern zu zahlen, welche eventuelle Subventionszahlungen des Staates übersteigen und keinen Kostencharakter haben.

Die Einkommensverteilung soll zweistufig betrachtet werden. Zunächst einmal muß das gemeinsam erwirtschaftete Einkommen auf die drei Gruppen von Menschen im Unternehmen und auf den Staat verteilt werden. Diese Entgeltfindung erfolgt vor dem Hintergrund, daß die Produktionsfaktoren sich gegenseitig bedingen und knapp sind. Damit ist die Preisgestaltung auf den Märkten der Produktionsfaktoren unabdingbar zu beachten. Die Stärke der Verhandlungsposition von Anbietern und Nachfragern wirkt sich auf die Einkommensverteilung aus, welche damit festgelegt wird durch

● Tarifverhandlungen,
● arbeitsvertragliche Regelungen,
● einseitige unternehmerische Festlegungen
● und verabschiedete Gesetze.

Ein weiteres Kriterium ist die Qualität der eingesetzten Faktoren. Sie kann durch die Produktivität bestimmt werden, wenn man von den Schwierigkeiten bei der Messung absieht.

Auf der zweiten Verteilungsstufe ist der Gruppenanteil des Einkommens den einzelnen Mitgliedern der Leistungsgemeinschaft zuzurechnen. In der Kapitaleignergruppe führt das zu keinen besonderen Schwierigkeiten. Das sieht bei den operativen und dispositiven Arbeitsleistungen anders aus, weil der Anteil sich nach Umfang und Qualität menschlicher Arbeitsleistungen zu richten hat. Eine genaue rechnerische Aufteilung ist nicht möglich. Um diesem Anspruch dennoch möglichst nahezukommen, erfolgt die kausale Einkommensfindung nach der Menge und Qualität der verrichteten Arbeit, d.h. letztlich und insgesamt gesehen nach der Produktivität.

Neben der kausalen Entgeltfindung tritt noch die soziale Entgeltfindung. Sie ist als Korrektiv zu betrachten, welches humanen Gesichtspunkten im Zusammenleben der Menschen im Unternehmen zum Durchbruch verhelfen soll. Hierin kommt die soziale Verantwortung der wirtschaftlich Starken den wirtschaftlich Schwächeren gegenüber zum Ausdruck, an deren Bedürfnissen Unternehmer und Kapitaleigner nicht vorbeigehen können und dürfen.

Mit den Einkommensbezügen der Gruppe der Arbeiter und Angestellten wird sich das Kapitel 2.5 ,,Mitarbeiter und Entgelt'' unter systematisierenden und anwendungsbezogenen Gesichtspunkten auseinandersetzen.

1.6.3 Zusammenfassung

● Mit der räumlichen und gedanklichen Trennung zwischen Arbeitsgemeinschaft und Lebensgemeinschaft im Zuge der Industrialisierung mußte die Frage ,,wie funktioniert die Arbeitsgemeinschaft, deren Zielvorstellung eine Optimierung der Zwangssituation zwischen knappen Produktionsfaktoren und überschießendem Bedarf ist'' zu einem tragenden Gesichtspunkt der Betriebswirtschaftslehre werden.

● Hierzu wurde ein sozialwissenschaftliches Modell entwickelt, das trotz der sehr einschränkenden Prämissen
  - homo oeconomicus
  - vollkommene Information
  - das Unternehmen ist eine Entscheidungseinheit
  - der Unternehmer ist nur an Gelderlösen interessiert

  bis heute seinen Erklärungswert behalten hat.

● Es umfaßt die sachlichen Aspekte, nämlich die Entscheidung, wie die Produktionsfaktoren zu kombinieren sind. Sie erfolgt in der logischen Abfolge auf drei Ebenen:

  - Trennung von effizienten und ineffizienten Kombinationen.
  - Auswahl derjenigen effizienten Produktionsform, welche die knappsten Produktionsfaktoren möglichst schont.
  - Deckung des dringendsten Bedarfs durch die Steuerung des Engpaßfaktors Kapital in die gewinnbringendste Verwendungsart.

● Spätestens aber, nachdem qualifizierte Arbeitskräfte knapp wurden und die Personalkosten ein Ausmaß erreichten, welches andere Kostenarten in den Schatten stellte, traten auch personale Aspekte in das Gesichtsfeld der Betriebswirtschaftslehre.

● Sie beschäftigen sich mit der positiven Gestaltung des humanen Erlebnisbereichs Unternehmen. Getragen wurden diese Überlegungen vom Zwang und Willen zur Zusammenarbeit aller am Unternehmen beteiligten Menschen.

● Von ihnen wird die Gruppe der Unternehmer mit einer großen Machtfülle ausgestattet. Die Kapitaleigner übertragen ihnen die Verfügungsmacht über ihr Kapital, und die Arbeiter und Angestellten sind ihrer Weisungs- und Direktionsbefugnis unterworfen. Diese Macht wird durch die Betroffenen kontrolliert.

● Letztlich wurde aber auch auf die Einkommensverteilung hingewiesen, die unter kausalen, finalen und sozialen Gesichtspunkten erfolgt.

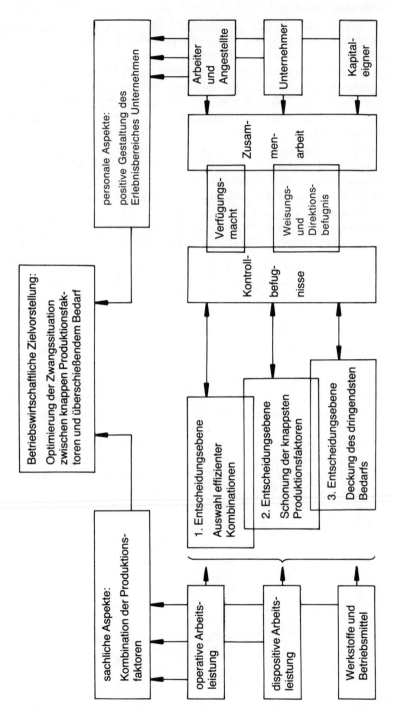

Abb. 1.6 – 9: Das Zusammenwirken von sachlichen und personalen Aspekten zur Realisierung betriebswirtschaftlicher Zielvorstellungen

1.7 Der Mensch als Rechtssubjekt — Grundlagen des Arbeitsrechts

1.7.1 Leitgedanken

Personalwirtschaftliches Handeln geschieht in einem durch zahlreiche Gesetze, Verordnungen und Vorschriften geregelten und geschützten Raum. Für jeden Arbeitgeber und Arbeitnehmer, für jeden Vorgesetzten und Untergebenen erweist es sich als nützlich, wenn er die Grundregeln des für die Gestaltung der Rechtsbeziehungen zwischen Arbeitgeber und Arbeitnehmer geschaffenen Rechtssystems, des Arbeitsrechts, kennt. Personalwirtschaft erschöpft sich nicht in der Ausgestaltung der Arbeitsbeziehungen nach rechtlichen Gesichtspunkten. Bei weitem nicht. Deshalb ist auch die Tendenz zu begrüßen, die Position des Personalleiters nicht mehr, wie das noch bis in die späten 50er und frühen 60er Jahre der Fall war, als eine Domäne für Juristen zu begreifen. Aber die Partner eines Arbeitsverhältnisses sind gut beraten, wenn sie sich über die rechtlichen Grundlagen, Möglichkeiten und Begrenzungen ein sicheres Wissen verschaffen. Nur dann kann die Gestaltung der Beziehungen so geregelt werden, daß Konflikte vermieden oder doch so rechtzeitig erkannt werden können, daß adäquates, rechtskonformes Verhalten und Handeln möglich ist. Das arbeitsrechtliche Wissen der Arbeitspartner soll nicht den fachlichen Rat des Anwaltes ersetzen; aber es kann den Gang zu ihm seltener machen und im übrigen dazu dienen, die Beziehungen zwischen Arbeitgeber und Arbeitnehmer von Rechtsstreitigkeiten zu entlasten. Ein Abriß der vielfältigen Fachliteratur steht am Ende dieses Kapitels.

1.7.2 Quellen des Arbeitsrechts

In der Bundesrepublik Deutschland gibt es kein umfassendes, eigenständiges Gesetzeswerk „Arbeitsrecht". Ein solches Werk war bereits in der Weimarer Verfassung vom 11. 8. 1919 in Artikel 157, Abs. 2, in Aussicht gestellt. Trotz der zweifelsfrei rechtsfördernden Wirkung ist es bisher nicht geschaffen worden. So stellt sich das Arbeitsrecht als ein Konglomerat von Vorschriften dar, die in verschiedenen, ihrem Rechtsrang unterschiedlichen Kodifikationen verankert sind. Diese Situation, verschiedene Quellen und unterschiedliche Rechtswirkungen, ist sicherlich der Transparenz des Arbeitsrechts nicht dienlich und fördert auch nicht die Rechtssicherheit; sie eröffnet aber durch ihre Vielfältigkeit die Möglichkeit, die Gestaltung einer speziellen Rechtsbeziehung so individuell und situationsangemessen wie nur irgend möglich zu regeln. Die beklagte Mannigfaltigkeit der Rechtsquellen erweist sich so als Dienerin einer flexiblen, bedürfnisgenauen und die Sicherheit des Individuums betonenden Rechtsgestaltung. Sind Regelungen in verschiedenen Vorschriften enthalten, dann sind die Rangordnung und der Geltungsbereich der Vorschrift zu prüfen. Als Verfahrensweise darf im allgemeinen gelten, daß eine spezielle Regelung oder Vorschrift einer allgemeinen vorgeht und die für den Arbeitnehmer günstigere den Vorrang vor einer für ihn ungünstigeren hat. Rechtsquellen des Arbeitsrechts der Bundesrepublik Deutschland sind

a) Internationales Recht
Hierunter fallen die von der Bundesrepublik Deutschland anerkannten Normen des Völkerrechts, z.B. die Menschenrechtskonvention der Vereinten Nationen, die Be-

schlüsse der Internationalen Arbeitsrechtorganisation, die Menschenrechtskonvention des Europarates, die völkerrechtlichen Vereinbarungen über die Europäische Wirtschaftsgemeinschaft, Verordnungen und Richtlinien der Europäischen Gemeinschaft und sonstige völkerrechtliche Verträge. Wegen ihrer Rechtswirkung seien hier auch Konkordate und Kirchenverträge erwähnt. Sie haben eine große und oft unbekannte Wirkung auf Mitarbeiter von Kirchen und kirchenabhängiger Organisationen.

b) Verfassungsrecht

Das Grundgesetz der Bundesrepublik Deutschland vom 23. Mai 1949 enthält eine Reihe von Bestimmungen, die gestaltenden Einfluß auf das oder doch Teile des Arbeitsrechts ausüben. Daß Artikel 1, der den Schutz der Menschenwürde festschreibt, auch und vor allem für den Bereich der Arbeitswelt gilt, ist als Rechtsnorm wichtig und von gestaltender Kraft, bis hin zu der Ausformung des einzelnen Arbeitsvertrages und des einzelnen Arbeitsverhältnisses. Daß sich das Recht auf die freie Entfaltung der Persönlichkeit auch auf den Bereich der Arbeitswelt auswirkt, gewährleistet den Vorrang des Individuums vor dem nivellierenden Zwang zur Gemeinschaft; daß aber Artikel 9, Abs. III, das Koalitionsrecht regelt, hat auf die Entwicklung der Sozialpartnerschaft im nationalen Rahmen wie auch in der betrieblichen Ausformung unmittelbar prägenden Einfluß gehabt. Der Gedanke der Sozialpartnerschaft hat in den Jahren nach 1949 den wirtschaftlichen, materiellen und auch geistigen Aufstieg des deutschen Volkes entscheidend geprägt und das Prinzip der verantwortlichen Partnerschaft zu einem Ausdruck gelebter Demokratie am Arbeitsplatz werden lassen. Anzeichen, diese Partnerschaft aufzulösen muß im Interesse des sozialen Friedens rechtzeitig und entschieden entgegengetreten werden. Neben dem Grundgesetz finden sich auch in den Verfassungen der Länder der Bundesrepublik Deutschland Bestimmungen zur Arbeit und zum Arbeitsrecht. So ist zum Beispiel in der Verfassung des Freistaates Bayern im Artikel 167 der Schutz der Arbeitskraft festgelegt, und Artikel 168 enthält Aussagen zu Entgelt, Gleichbehandlung und Fürsorge. In der Verfassung des Landes Hessen im Artikel 28 und in der Verfassung der Freien und Hansestadt Bremen im Artikel 8 ist auch das Recht auf Arbeit festgeschrieben. Soweit Bestimmungen der Länderverfassungen nicht im Widerspruch zum Grundgesetz stehen, sind sie neben diesem gültig.

c) Gesetze

Die für das Arbeitsrecht geltenden gesetzlichen Vorschriften sind in verschiedenen Gesetzen enthalten; zum Teil sind sie in eigenen, für die Regelung arbeitsrechtlicher Tatbestände erlassenen Gesetzen zu finden. Das Bürgerliche Gesetzbuch, als die Sammlung der Bestimmungen für den privaten Rechtsverkehr, enthält eine Reihe von Vorschriften, die auch und gerade in das Gebiet des Arbeitsrechts fallen. Insbesondere ist der Dienstvertrag, der die Grundlage für den Arbeitsvertrag darstellt, in den §§ 611 – 630 geregelt. Da es sich beim Arbeitsvertrag um einen speziellen Vertrag handelt, gelten für ihn die prinzipiellen Bestimmungen aus dem Allgemeinen Teil des Bürgerlichen Gesetzbuches:

§§ 1 – 89 Personen
§§ 104 – 115 Geschäftsfähigkeit
§§ 116 – 144 Willenserklärung
§§ 145 – 147 Vertrag

§§ 186 – 193 Fristen, Termine
§§ 194 – 225 Verjährung

Aus dem Zweiten Buch des BGB: Recht der Schuldverhältnisse

§§ 241 – 304 Inhalt der Schuldverhältnisse
§§ 305 – 361 Schuldverhältnisse aus Verträgen
§§ 362 – 397 Erlöschen der Schuldverhältnisse
§§ 398 – 413 Übertragung der Forderung
§§ 662 – 687 Auftrag
§§ 812 – 822 Ungerechtfertigte Bereicherung
§§ 823 – 853 Unerlaubte Handlungen

Die §§ 631 – 656 enthalten Bestimmungen über den Werk- und Maklervertrag; man wird sie zur Abgrenzung gegenüber dem Dienstvertrag/Arbeitsvertrag heranziehen müssen. Im Handelsgesetzbuch, HGB, sind in den §§ 59 – 83 Bestimmungen enthalten, die für kaufmännische Angestellte gelten, und in den §§ 84 – 92c sind solche enthalten, die jedenfalls teilweise für solche kaufmännische Angestellte – Handlungsgehilfen – Anwendung finden, die ihr Entgelt in Form von Provisionen erhalten.

In der Gewerbeordnung sind in den §§ 105 – 139m Bestimmungen enthalten, welche die Allgemeinen Verhältnisse der gewerblichen Arbeitnehmer (Gesellen, Gehilfen, [Auszubildende], Betriebsbeamte, Werkmeister, Techniker, Fabrikarbeiter) betreffen und regeln. Die Handwerksordnung enthält in ihrem zweiten Teil, Berufsbildung im Handwerk, in den §§ 21 – 51 Bestimmungen über die Berufsbildung im Handwerk.

Das Binnenschiffahrtsgesetz und das Seemannsgesetz enthalten Regeln über die Gestaltung der Arbeitsverhältnisse auf Schiffen.
Das Gesetz zur Verbesserung der betrieblichen Altersversorgung enthält ebenso Teile, die auf die Gestaltung und Ausfüllung des Arbeitsvertrages wirken. Auch die Vorschriften über Arbeitnehmererfindungen können gestaltende Wirkung auf den Arbeitsvertrag haben.

Gesetze, die speziell zur Gestaltung von Arbeitsverhältnissen dienen und damit eine hervorgehobene Stellung im Arbeitsrecht haben, sind das

ArbGG	= Arbeitsgerichtsgesetz
ArbnErfG	= Gesetz über Arbeitnehmererfindungen
ArbSichG	= Arbeitssicherheitsgesetz
AÜG	= Arbeitnehmerüberlassungsgesetz
ArbPlSchG	= Arbeitsplatzschutzgesetz
ArbSG	= Arbeitssicherstellungsgesetz
AZO	= Arbeitszeitordnung
BBiG	= Berufsbildungsgesetz
BergPG	= Gesetz über Bergmannsprämien
BeschFG	= Beschäftigungsförderungsgesetz v. 26. 4. 1985
BetrAG	= Gesetz zur Verbesserung der betrieblichen Altersversorgung
BetrVG 1952	= Betriebsverfassungsgesetz v. 1952
BetrVG 1972	= Betriebsverfassungsgesetz v. 1972
BUrlG	= Bundesurlaubsgesetz

BVG	= Bundesversorgungsgesetz
EigÜG	= Eignungsübungsgesetz
EntwhfG	= Entwicklungshilfegesetz
FeiertLohnzG	= Gesetz zur Regelung der Lohnzahlung an Feiertagen
HATG	= Hausarbeitstagsgesetze (Landesgesetze)
JArbSchG	= Gesetz zum Schutz der arbeitenden Jugend
KSchG	= Kündigungsschutzgesetz
KündFG	= Kündigungsfristengesetz
LohnfortzG	= Lohnfortzahlungsgesetz
MinArbBedG	= Gesetz über die Festsetzung von Mindestarbeitsbedingungen
MitbestG	= Gesetz über die Mitbestimmung der Arbeitnehmer
MontanMitbestG	= Gesetz über die Mitbestimmung der Arbeitnehmer in den Aufsichtsräten und Vorständen der Unternehmen des Bergbaus und der Eisen und Stahl erzeugenden Industrie Montan-Mitbestimmungsgesetz
MuSchG	= Gesetz zum Schutz der erwerbstätigen Mutter – Mutterschutzgesetz –
PersVG	= Bundespersonalvertretungsgesetz
SchwbG	= Gesetz zur Sicherung der Eingliederung Schwerbehinderter in Arbeit, Beruf und Gesellschaft – Schwerbehindertengesetz –
TVG	= Tarifvertragsgesetz
VermBG	= Drittes Gesetz zur Förderung der Vermögensbildung der Arbeitnehmer – Vermögensbildungsgesetz

d) Rechtsverordnungen

Nach Artikel 80 GG können die Bundesregierung, ein Bundesminister oder die Landesregierungen ermächtigt werden, Rechtsverordnungen zu erlassen. Rechtsverordnungen des Bundes stehen über den Landesgesetzen. Sie setzen Landesrecht nach dem Grundsatz ,,Bundesrecht bricht Landesrecht'' außer Kraft. Auch die Länder können aufgrund der Länderverfassungen Rechtsverordnungen erlassen. Immer sind die Rechtsverordnungen den Gesetzen, zu deren Ausführung und Durchführung sie erlassen werden, unmittelbar in der Ranghöhe nachgeordnet. Die Rechtsverordnungen sind verbindliche Vorschriften. Sie müssen eingehalten werden.

e) Verwaltungsrichtlinien

Verwaltungsrichtlinien sind Empfehlungen der obersten Verwaltungsbehörden oder Körperschaften an Arbeitgeber und Arbeitnehmer. Sie sollen befolgt werden. Von besonderer Bedeutung für den Bereich der Personalwirtschaft sind zum Beispiel die Unfallverhütungsvorschriften der Berufsgenossenschaften. Ihre Einhaltung kann nach § 850 RVO durch Ordnungsstrafen gesichert werden. Ein anderes Beispiel wäre die ,,Verordnung über die berufs- und arbeitspädagogische Eignung für die Berufsausbildung in der gewerblichen Wirtschaft'' (Ausbilder-Eignungsverordnung gewerbliche Wirtschaft).

f) Kollektivverträge

Als Rechtsquelle für das Arbeitsrecht typisch, weil nur hier anzutreffen, sind Kollektivverträge. Der Tarifvertrag ist eine Vereinbarung zwischen den Sozialpartnern, den

Arbeitgebern, vertreten durch die Arbeitgeberverbände, oder einem einzelnen Arbeitgeber und den Arbeitnehmern, vertreten durch die Gewerkschaften. Im Prinzip setzt die Anwendung des in Kollektivverträge gefaßten Rechts die beiderseitige Verbandszugehörigkeit voraus; nur durch sie ergibt sich die Tarifgebundenheit. Durch eine Allgemeinverbindlichkeitserklärung nach § 5 TVG können der Bundesminister für Arbeit und Soziales bzw. die Landesminister, denen er dazu die Befugnis übertragen hat, gemäß § 4 der „Verordnung zur Durchführung des Tarifvertragsgesetzes" einen Tarifvertrag auch auf Nicht-Tarifgebundene ausdehnen. Der Tarifvertrag erhält damit den Charakter einer Rechtsnorm für alle Arbeitgeber und Arbeitnehmer, die im räumlichen, fachlichen und betrieblichen Geltungsbereich des Tarifvertrags liegen. Betriebsvereinbarungen entsprechen in ihrer Rechtswirksamkeit den Kollektivverträgen. Sie werden zwischen dem Arbeitgeber und der Mitarbeiterschaft eines Unternehmens, vertreten durch den Betriebsrat, geschlossen. Im Gegensatz zu Kollektivverträgen beziehen sich Betriebsvereinbarungen nur auf die Mitarbeiterschaft eines Unternehmens. Nach der Formvorschrift des § 77, Abs. 2, BetrVG müssen Betriebsvereinbarungen schriftlich niedergelegt und von den beiden vertragsschließenden Parteien unterzeichnet werden. Betriebsvereinbarungen sind insoweit den Tarifverträgen nachgeordnet, als beim Bestand eines Tarifvertrages eine Betriebsvereinbarung über den gleichen Tatbestand, unabhängig davon, ob sie eine für die Mitarbeiterschaft günstigere Regelung enthält, nicht mehr möglich ist.

g) Gewohnheitsrechte

Auch das Gewohnheitsrecht kann im Arbeitsrecht Rechtsquelle sein. Seine Bedeutung ist jedoch gering. Gewohnheitsrecht als ungeschriebenes Recht kann dann entstehen, wenn ein bestimmtes Verhalten von einer Personenmehrheit über einen längeren Zeitraum in der Annahme praktiziert wird, rechtmäßig zu handeln. Betriebliche Übungen gründen ihre normative Wirkung nicht auf das Gewohnheitsrecht, sondern nach herrschender Meinung auf eine stillschweigende Vereinbarung.

h) Arbeitsverträge

Durch das auch im Arbeitsrecht geltende Prinzip der Vertragsfreiheit sind Arbeitsverträge, die zwischen dem Arbeitgeber und dem einzelnen Arbeitnehmer geschlossen werden, als Rechtsquelle von recht erheblicher Bedeutung. Vertragsfreiheit bedeutet, daß alles vertraglich geregelt werden kann, was nicht gegen ein Gesetz, eine Verordnung oder gegen die guten Sitten verstößt. Das individuelle Arbeitsrecht – im Gegensatz zum kollektiven Arbeitsrecht – hat im Arbeitsvertrag die entscheidendste Gestaltungsform.

i) Rechtsprechung

Die Rechtsprechung, auch nicht die der höchsten Gerichte, ist keine eigene Rechtsquelle. Art. 20/III des Grundgesetzes bindet die Rechtsprechung an die Gesetze. Die Rechtsprechung kann damit nur Hinweise geben, wie ein Gesetz zu verstehen ist und wie mit ihm verfahren werden soll. Als Interpretationshilfe für die Gesetze kommt der Rechtsprechung der Landesarbeitsgerichte und des Bundesarbeitsgerichts, speziell den Entscheidungen des großen Senats, bedeutendes Gewicht zu. Das sog. Richterrecht ist eine wichtige Rechtsquelle im Arbeitsrecht, z.B. für das Arbeitskampfrecht, die Betriebsrisikolehre und die Haftung des Arbeitnehmers.

1.7.3 Entwicklung und Stellung des Arbeitsrechts in der Bundesrepublik Deutschland

Die Entstehung des Arbeitsrechts als eigenes Rechtsgebiet hängt eng mit der Befreiung der Mehrheit der Menschen aus den Fesseln des Feudalismus zusammen. Solange man Menschen und damit auch ihre Arbeit als Objekte betrachtete, brauchte man keine differenzierte Unterscheidung zwischen Sachmiete und Dienstmiete. In den Zunftordnungen des Ständestaates des Mittelalters tauchen Regelungen auf, die sich auf die Arbeit beziehen. Sie haben aber mehr den Charakter von Aufzählungen von Pflichten der Gesellen und Lehrlinge, als sie deren Rechte darstellen oder Pflichten der Meister darlegen. Mit der zunehmenden Freiheit der Menschen als Folge der Französischen Revolution von 1789 wurden sie in den ersten Jahrzehnten des 19. Jahrhunderts auch frei, um über ihre Arbeitskraft selbst zu verfügen. Damit setzten sie ihre Ware „Arbeit" aber auch den Regeln der freien Marktwirtschaft aus. Der Fortfall von Arbeitsplätzen als Folge der industriellen Revolution drückte den Preis für Arbeit und beeinflußte so entscheidend die Arbeits- und Lebensbedingungen. Diese waren nur durch kollektives Verhalten der Arbeitnehmer zu verbessern. Es wurden auf seiten der Arbeitnehmer Koalitionen gebildet. Arbeitnehmerzusammenschlüsse, Gewerkschaften entstanden und wurden wieder verboten und neu zugelassen. Langsam entwickelte sich das Tarifvertragsrecht um die Wende vom 19. auf das 20. Jahrhundert. 1918 wurde die Rechtswirksamkeit von Tarifverträgen gesetzlich anerkannt. Auf die Änderung der rechtsphilosophischen Betrachtungsweise des Mietvertrages für Arbeit zum Dienstvertrag übte der aus Stettin stammende, in Berlin, Breslau und Heidelberg lehrende Otto von Gierke (11. 1. 1841 – 10. 10. 1921) bestimmende Wirkung aus. Das Interesse des Staates an der Regelung der Arbeitswelt wurde durch die Erkenntnis gefördert, daß nur durch die Besserung der Arbeitsbedingungen die staatstragende Kraft der Arbeitnehmerschaft nach innen und außen gesichert werden konnte.

In der Zeit der Weimarer Republik empfing das Arbeitsrecht bedeutsame Impulse. Die Weimarer Reichsverfassung gewährte den Gewerkschaften rechtlichen Schutz; 1918 entstand die Tarifvertragsordnung, 1920 das Betriebsrätegesetz. Schutzgesetze für Arbeitnehmer wurden geschaffen, so 1923 ein Schwerbehindertengesetz, 1926 das Gesetz über die Fristen für die Kündigung von Angestellten und das Arbeitsgerichtsgesetz. Von 1933 bis 1945 war die Koalitionsfreiheit suspendiert. Die Gestaltung der Arbeitswelt wurde weitgehend obrigkeitlicher Anordnung übertragen; die Ausgestaltung des Arbeitsrechts wurde nicht gefördert, obwohl zum Beispiel die noch heute gültige Arbeitszeitordnung aus dieser Zeit (30. 4. 1938) stammt. Nach dem Zweiten Weltkrieg knüpften Rechtslehre, hier vor allem Hans Carl Nipperdey (1895 – 1968), ab 1954 erster Präsident des Bundesarbeitsgerichtes, und Gesetzgebung an die Gedanken aus der Weimarer Zeit an. Das Koalitionsrecht wird im Grundgesetz der Bundesrepublik Deutschland, Art. 9/III, verankert; die Betriebsverfassungsgesetze entstehen 1952 und 1972; eine Vielzahl von Arbeitnehmer-Schutzgesetzen wird erlassen, und in dem Gesetz über die Mitbestimmung der Arbeitnehmer in den Aufsichtsräten und Vorständen der Unternehmen des Bergbaus und der Eisen und Stahl erzeugenden Industrie vom 21. 5. 1951 und in dem Gesetz über die Mitbestimmung der Arbeitnehmer vom 4. 5. 1976 werden die Mitwirkungsrechte und Mitgestaltungsmöglichkeiten der Arbeitnehmer in dem Lebensbereich Wirtschaft und Arbeit ausgebaut. Die Entwicklung des Arbeitsrechts ist auch jetzt noch nicht abgeschlossen, zumal seine Ausformung wie das keines anderen Rechtsgebietes von wirtschaftlichen und gesellschaftlichen, auch kurzfristig wirkenden Zeiteinflüssen abhängig ist. Zu wehren ist aber strikt den Absichten von Unternehmerkreisen aus taktischen Überlegungen, das Arbeitsrecht konjunkturellen und betriebswirtschaftlichen Maximen zu unterstellen.

1.7.4 Einordnung des Arbeitsrechts

Die Herrschaftstheorie des Staates verweist darauf, daß kein Staat organisch aus kleinen Zellen (Familien, Sippen, Stämmen) gewachsen, noch durch freie Vereinbarungen von Gleichberechtigten zustande gekommen ist. Das in einem Staat geltende Recht ist danach nicht Ursache, sondern Folge des Staates. Demnach verfügt sich der Staat sein Recht und grenzt sich auch eben durch das in seinen Grenzen geltende Recht von anderen Staaten, Rechtsgebilden, ab. Das in einem Staat geltende Recht ist nicht ein beziehungsloses Nebeneinander von verschiedenen Rechten, sondern es stellt ein beziehungsreiches, aufeinander wirkendes und voneinander abhängiges Geflecht von Rechtsregeln dar. In den Rechtsregeln und Rechtsvorschriften eines Staates treffen wir regelmäßig auf eine Ordnung. Ausgehend von dieser Ordnung können wir bei deren beziehungsreicher und vielfältiger Zueinanderordnung von einem Rechtssystem sprechen. Im Rechtssystem durchdringen sich die Begriffe *Erkenntnissystem* und *Wirkungssystem*. Ein Rechtssystem ist sowohl Erkenntnissystem als auch Wirkungssystem. Das Rechtssystem der Bundesrepublik Deutschland ruht auf der Grundlage des Grundgesetzes. Das Grundgesetz stellt die gesamtheitstragende Basis unserer Rechtsordnung dar. Auf ihm bauend, erheben sich die beiden Blöcke des privaten und des öffentlichen Rechts. Das *private Recht* ist dadurch gekennzeichnet, daß sich die Parteien als gleichberechtigte und gleichbefugte Partner gegenüberstehen, während es für das *öffentliche Recht* typisch ist, daß der Staat als eine Partei des öffentlichen Rechts gegenüber der anderen Partei, der privaten Rechtspersönlichkeit, ungleich mächtigere Verwirklichungs- und Sanktionsmöglichkeiten zur Verfügung hat. Das Arbeitsrecht ist sowohl in das Privatrecht als in das öffentliche Recht eingebettet. Es folgt teilweise den Regeln des Privatrechts, teilweise den Regeln des öffentlichen Rechts. Die Instanz, welche Gestaltung, Ausführung und Einhaltung der Rechtsregeln vorschreibt und kontrolliert, ist entweder eine natürliche der juristische Person des privaten Rechts oder der Staat, repräsentiert durch seine Behörden.

Das Arbeitsrecht enthält Normen, die aus dem Rechtskreis des privaten Rechts und dem Rechtskreis des öffentlichen Rechts entstammen.

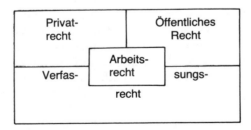

Abb. 1.7 – 1: Einordnung des Arbeitsrechts

1.7.5 System des Arbeitsrechts

Das Arbeitsrecht kennt zwei Gestaltungsformen: das individuelle und das kollektive Arbeitsrecht. Mit diesen beiden Formen ist die Möglichkeit geschaffen, daß das Recht sowohl die Interessen, Rechte und Pflichten des einzelnen Arbeitgebers und des einzelnen Arbeitnehmers als auch die Rechte und Pflichten von Personenmehrheiten auf betrieblicher oder überbetrieblicher Ebene gestalten und formen kann.

Das *individuelle Arbeitsrecht* findet im wesentlichen seinen Niederschlag im Arbeitsvertrag, der grundsätzlich im Rahmen der gesetzlichen Bestimmungen frei gestaltet werden kann.

Aus dem staatsphilosophischen Gedanken, daß sich der Staat nur so weit in die Rechtsbeziehungen von Wirtschaftssubjekten einmischen soll und darf, wie dies zum Schutze von wirtschaftlich schwachen Gesellschaftsteilen erforderlich ist, resultiert das kollektive Arbeitsrecht. Das *kollektive Arbeitsrecht* beschäftigt sich mit den Berufsverbänden, den Tarifverträgen, den Betriebsvereinbarungen, den Arbeitskämpfen und den Vertretungen der Arbeitnehmer und Belegschaften.

Die Berufsverbände sind Zusammenschlüsse von Interessenten auf der Arbeitgeber- und auf der Arbeitnehmerseite. Sie werden Koalitionen genannt und treten uns in Form der Arbeitgeberverbände und der Gewerkschaften entgegen. Das Recht zu ihrer Bildung ist im Art. 9, Abs. 3, des Grundgesetzes der Bundesrepublik Deutschland verankert. Die Berufsverbände, sowohl die Arbeitgeberverbände als auch die Arbeitnehmerverbände, sind überwiegend nach dem Industrieverbandsprinzip organisiert. Das bedeutet, daß sich Arbeitgeber einer Branche bzw. eines Wirtschaftszweiges einerseits und Arbeitnehmer andererseits zusammenschließen und ihre wirtschaftlichen Interessen gemeinsam vertreten. Beim Industrieverbandsprinzip kommt es nicht auf die Stellung, Größe oder Tätigkeit innerhalb der Branche an, sondern nur auf die Zugehörigkeit zu ihr.

Die Berufsverbände sind, gleichgültig, ob sie als eingetragene Vereine, wie z.B. die meisten Arbeitgeberverbände, oder als nicht rechtsfähige Vereine, wie z.B. eine Reihe von Gewerkschaften, konstituiert sind, vor den Arbeitsgerichten aktiv und passiv parteifähig, und sie sind nach § 2, Abs. 1, TVG kampffähig, d.h. sie können streiken. In der Tariffähigkeit liegt ihre größte wirtschaftliche Bedeutung. Durch einen Tarifvertrag − er ist schriftlich zu schließen − gestalten die Berufsverbände ihre, nicht die ihrer Mitglieder, Rechtsbeziehungen und legen Normen für ihre Mitglieder fest. Die Gestaltung der Rechtsbeziehungen erfolgt durch den *obligatorischen, den schuldrechtlichen Teil* des Tarifvertrages, die Festlegung der Normen im *normativen Teil*. Der normative Teil des Tarifvertrages ist in aller Regel sein Hauptzweck. Durch ihn werden für die Mitglieder der Tarifparteien Rechtsnormen geschaffen, die zwar nicht formelle Gesetzeskraft haben, in ihrer materiellen Wirkung den Gesetzen aber sehr nahekommen und nur zwingenden gesetzlichen Vorschriften nachstehen. Die Regelungen im normativen Teil des Tarifvertrages können sich beziehen auf den Inhalt des Arbeitsverhältnisses (Inhaltsnormen), wie z.B. die Höhe des Entgeltes, die Arbeitszeit, den Urlaub, auf die Form der Begründung und Beendigung des Arbeitsvertrages bzw. des Arbeitsverhältnisses (Abschlußnormen), wie z.B. Formvorschriften bei Vertragsschluß und Vertragsbeendigung, auf betriebliche

Fragen (Normen über betriebliche Fragen), wie z.B. Arbeitsschutz, soziale Einrichtung, Beurteilungs- und Disziplinarmaßnahmen, und auf Normen über betriebsverfassungsrechtliche Fragen, wie z.B. eine Freistellung von Mitarbeitern für die Erledigung betriebsverfassungsrechtlicher Aufgaben oder die Mitwirkung des Betriebsrates in sozialen Angelegenheiten, die über § 87 BetrVG hinausgehen.

Grundsätzlich gelten die durch einen Tarifvertrag gesetzten Normen nur für Mitglieder der vertragsschließenden Berufsverbände (Arbeitgeberverbände, Gewerkschaften), so daß mit Nicht-Gewerkschaftsmitgliedern auch Arbeitsbedingungen vereinbart werden können, die ungünstiger als die Tarifvertragsbedingungen sind. Tarifverträge können für allgemeinverbindlich erklärt werden (§ 5 TVG). Voraussetzung für die Allgemeinverbindlichkeitserklärung ist das Vorhandensein eines gültigen Tarifvertrages, der Antrag einer Tarifvertragspartei, Geltung des Tarifvertrages für mindestens 50 % der Arbeitnehmer (weil sie Gewerkschaftsmitglieder sind), öffentliches Interesse und Zustimmung des Tarifausschusses.

Die Betriebsvereinbarung ähnelt dem normativen Teil des Tarifvertrages; sie wirkt gestaltend auf die Arbeitsverhältnisse innerhalb eines Betriebes bzw. Unternehmens ein. Durch die Betriebsvereinbarung können Arbeitgeber und Arbeitnehmer, vertreten durch den Betriebsrat, das Mitbestimmungsrecht im gesetzlichen und tarifvertraglichen Rahmen betriebsindividuell ausgestalten. Können sich die Tarifvertragsparteien nicht auf gütlichem, friedlichem Wege über die Gestaltung der Arbeitsbedingungen, vornehmlich die des Entgelts, einigen, so ist die Möglichkeit der Anwendung wirtschaftlichen Drucks auf die Gegenseite nach Art. 9, Abs. 3, GG gegeben. Die Anwendung wirtschaftlichen Drucks auf die Gegenseite zur Wahrung und Förderung der Arbeits- und Wirtschaftsbedingungen ist der Arbeitskampf. Von seiten der Arbeitnehmer ist das Hauptkampfmittel der Streik, die Einstellung der Arbeit, von seiten der Arbeitgeber die Aussperrung, der Ausschluß der Arbeitnehmer von der Arbeit. Das Arbeitskampfrecht ist ein kollektives Recht. Es beruht nicht auf einzelvertraglicher Basis; denn es steht einer Personenmehrheit zu. Das Arbeitskampfrecht deckt nur rechtmäßige Arbeitskämpfe; es gilt nicht für politische Arbeitskämpfe (nicht zur Durchsetzung wirtschaftlicher Ziele bestimmt), für wilde Arbeitskämpfe (nicht von einer Gewerkschaft begonnen oder übernommen), für tarifwidrige Arbeitskämpfe (Arbeitskämpfe während der Laufzeit von Tarifverträgen, in der Friedenspflicht besteht), betriebsverfassungswidrige Arbeitskämpfe (nicht von tariffähigen Parteien geführt), sittenwidrige und strafgesetzwidrige Arbeitskämpfe (nicht im Einklang mit der Rechtsauffassung der recht und billig empfindenden Mehrheit der Bürger oder gegen die bestehende Rechtsordnung verstoßend).

Durch den rechtmäßigen Arbeitskampf werden arbeitsvertragliche Pflichten weder vom Arbeitgeber noch vom Arbeitnehmer verletzt. Der Arbeitskampf ist ein Mittel zur Gestaltung der wirtschaftlichen Beziehung zwischen Arbeitgeber und Arbeitnehmer, wenn er auch nur als letztes Mittel zur Anwendung kommen soll. Gerade im Arbeitskampf soll die Verhältnismäßigkeit der Mittel gewahrt und die Chancengleichheit beachtet werden.

Zum kollektiven Arbeitsrecht gehört das Betriebsverfassungsrecht. Das Betriebsverfassungsrecht hat einen sehr breiten und tiefgehenden Einfluß auf die Gestaltung und die Durchführung der rechtlichen und faktischen Beziehungen zwischen Arbeitgeber und Arbeitnehmer. Es regelt das Instrument und die Funktion Betriebsversammlung, die Organisation und die Pflichten und Rechte des Betriebsrates, des Wirtschaftsausschusses und der Jugendvertretung sowie der Vertrauensleute für Schwerbehinderte.

Die Ausfächerung des Arbeitsrechts in das individuelle und kollektive Arbeitsrecht erlaubt es, die Rechtsbeziehungen zwischen Arbeitgeber und Arbeitnehmer unter Wahrung individueller Interessen und dem Schutz gesamtheitlicher, gesellschaftsrelevanter Anliegen den wirtschaftlichen Erfordernissen und Bedingungen anzupassen und so dem Bestand einer freiheitlichen und gesellschaftlich verantwortlichen Rechts- und Staatsform zu dienen.

1.7.6 Umfang des Arbeitsrechts

Das Arbeitsrecht umfaßt das Rechtsgebiet, das sich mit der Regelung der Beziehungen zwischen Arbeitgeber und Arbeitnehmer beschäftigt. Diese Beziehungen sind im Rechtssinne unterschiedlicher Natur. Sie lassen sich in fünf Bereiche ordnen. Diese Ordnung ist auch bei Schaub zu finden:

1. *Arbeitsvertragsrecht und Arbeitsverhältnisrecht*
2. *Arbeitnehmerschutzrechte*
3. *Tarif- und Streikrecht*
4. *Betriebs- und Unternehmensverfassungsrecht*
5. *Arbeitsgerichts- und Arbeitsverfahrensrecht.*

Da das Arbeitsrecht in seiner Realisierung entscheidend auf den Begriff des Arbeitgebers und Arbeitnehmers abstellt, gilt es diese Begriffe abzugrenzen. *Arbeitgeber* ist jeder, der einen Arbeitnehmer beschäftigt. Arbeitgeber können sowohl natürliche als auch juristische Personen sein. Ist eine Gesellschaft nach bürgerlichem Recht Arbeitgeber, so ist jeder einzelne Gesellschafter Arbeitgeber. Dem Arbeitgeber steht das Weisungsrecht gegenüber dem Arbeitnehmer zu; es obliegt ihm, den Arbeitnehmer für seine Dienste zu entlohnen und seiner Fürsorgepflicht nachzukommen.

Arbeitnehmer ist, wer einem Arbeitgeber durch einen Arbeitsvertrag zur Leistung von Arbeit verpflichtet ist. Der Begriff der Arbeitnehmerschaft ist an mehrere Kriterien gebunden. Arbeitnehmerschaft liegt dann vor, wenn die fünf Kriterien zutreffen:

1. Weisungsgebundenheit
2. Abhängigkeit
3. Freiwilligkeit
4. Für einen Dritten
5. Erwerbszweck.

Zu 1) *Weisungsgebundenheit* liegt dann vor, wenn die Tätigkeit im wesentlichen durch Fremdbestimmung, also nicht durch Eigenbestimmung, veranlaßt und durchgeführt wird.

Zu 2) *Abhängigkeit* bedeutet, daß der Arbeitnehmer zur Erfüllung seiner Pflichten der Mitwirkung anderer Personen bedarf. Könnte er alle Regelungen allein treffen, wäre er Unternehmer. Da er aber zur Erfüllung seiner Pflichten der Mitwirkung des Arbeitgebers oder dessen sachlicher Mittel bedarf, ist er abhängig. Die wirtschaftliche Abhängigkeit, die Frage, ob der überwiegende Teil der zur Existenzsicherung erforderlichen Mittel aus der Tätigkeit gezogen wird, ist dabei nicht von entscheidender Bedeutung.

Zu 3) *Freiwilligkeit* liegt dann vor, wenn die Tätigkeit auf eigenen Willensentschluß zurückzuführen ist. Nicht wirtschaftlicher, auch nicht existentieller Zwang ist dabei entscheidend, sondern der nicht von einer anderen Person oder Instanz aufgezwungene Entschluß, Arbeit zu leisten.

Zu 4) *Für einen Dritten* wird Arbeit geleistet, wenn sie nicht für sich selbst oder den durch verwandtschaftliche oder freundschaftliche Bande verbundenen Personenkreis geleistet wird. (Es sind jedoch auch Arbeitsverträge mit Verwandten, Ehegatten, Freunden arbeitsrechtlich denkbar.)

Zu 5) Der als Arbeit bezeichneten Tätigkeit liegt immer ein *Erwerbszweck* zugrunde. Tätigkeiten, die nicht aus materiellen, sondern aus ideellen Gründen geleistet werden, sind nicht Arbeit im Rechtssinne. Diese Begriffsabgrenzung ist vor allem wichtig für Beschäftigte von kirchlichen Organisationen und Parteien.

Ist eines der fünf Kriterien nicht erfüllt, ist die Arbeitnehmerschaft nicht gegeben und das Arbeitsrecht findet nicht oder nur teilweise Anwendung. Wie schon ausgeführt, kann der Arbeitgeber sowohl eine natürliche als auch eine juristische Person sein. Arbeitgeber kann auch eine Personenmehrheit, z.B. eine BGB-Gesellschaft, eine offene Handelsgesellschaft oder eine Kommanditgesellschaft sein. Ist der Arbeitgeber eine juristische Person, so handelt diese durch ihre Organe, die juristische Person Verein durch den Vorstand, die GmbH durch den oder die Geschäftsführer, die Aktiengesellschaft durch den Vorstand. Arbeitnehmer kann nur eine natürliche Person, ein Mensch, sein.

1.7.7 Wirkungen des Arbeitsrechts

Das Arbeitsrecht regelt einen Lebensbereich, der vielfältigen Wechselwirkungen unterliegt und der starken und schnell erforderlichen Veränderungen ausgesetzt ist. Trotz, oder gerade wegen der allgemeinen Funktion eines Rechtssystems, stabilisierend zu wirken, muß eine den Lebensumständen sich anpassende Flexibilität von einem Rechtssystem gefordert werden. Für das Arbeitsrecht gilt die Forderung nach Flexibilität in ganz besonderem Maße; denn die Beziehungen zwischen Arbeitgeber und Arbeitnehmer sind noch nicht in ein Stadium sozialer Harmonie gekommen; das Verteilungsproblem an den Erträgen in unserer Wirtschaft ist (noch) nicht zufriedenstellend gelöst, und zum anderen wirken konjunkturelle Veränderungen im Sinne einer Verschiebung des Kräfteverhältnisses zwischen den Ansprüchen und durchsetzbaren Forderungen von Arbeitgebern und Arbeitnehmern.

Das Arbeitsrecht kommt der Forderung, Stabilität einerseits und Flexibilität andererseits, unter anderem dadurch nach, daß es drei verschiedene Rechtswirkungen unterscheidet. Das Arbeitsrecht kennt

Regeln mit absolut zwingender Wirkung. Regeln mit absolut zwingender Wirkung können von den Parteien nicht verändert werden. Sie sind unabdingbar. Sie gelten auch dann, wenn sich die Parteien über ihre Nichtanwendung einig waren oder ihre Nichtanwendung vereinbart haben. Vorschriften mit absolut zwingender Wirkung kommen vor allem im Arbeitsschutzrecht, im Tarifvertragsrecht und in der Arbeitsgerichtsbarkeit vor. Als Beispiele seien angeführt, daß das Beschäftigungsverbot für Mütter von 8 Wochen nach der Geburt unverzichtbar ist; der Anspruch auf tarifliche Rechte kann nicht verwirkt werden; die örtliche oder sachliche Zuständigkeit der Arbeitsgerichte kann nicht geändert werden. Unabdingbar im Bereich des individuellen Arbeitsrechts ist beispielsweise das Recht zur fristlosen, außerordentlichen Kündigung.

Relativ zwingende Wirkung haben Rechtsvorschriften, die nur einseitig, nur zu Gunsten des Arbeitnehmers, abgeändert werden können. Die Frage, was zugunsten des Arbeitnehmers wirkt, kann im Einzelfalle Auslegungssache sein. In jedem Falle bedarf es aber einer Einigung. Als Beispiel sei angeführt, daß nach der Arbeitszeitordnung, § 3, die werktägliche Arbeitszeit in der Regel (Ausnahmen §§ 4 ff.) die Dauer von acht Stunden nicht überschreiten darf. Eine kürzere Arbeitszeit kann, eine längere darf nicht vereinbart werden. Das Bundesurlaubsgesetz schreibt im § 3 mindestens 18 Tage Erholungsurlaub pro Jahr vor. Nach 1993 ist zu erwarten, daß die bundesdeutsche Urlaubsregelung den überwiegenden Verhältnissen in der EWU angepaßt, d.h. verlängert wird. Ein längerer Urlaub darf, ein kürzerer Urlaub kann nicht rechtswirksam vereinbart werden.

Von nachgiebiger Wirkung sind die Vorschriften des Arbeitsrechts dann, wenn eine dispositive Regelung sowohl zugunsten als auch zuungunsten des Arbeitgebers möglich ist. Die Wirkung der Rechtsvorschrift ist im Einzelfall zu prüfen.

1.7.8 Geltungsbereiche des Arbeitsrechts

Das Arbeitsrecht wird als das Sonderrecht der Arbeitnehmer bezeichnet. Diese Bezeichnung ist, obwohl allgemein üblich, nicht ganz zutreffend: Denn auch der Arbeitgeber unterliegt den Vorschriften des Arbeitsrechts, und auch auf die nach Artikel 9/III GG gebildeten Koalitionen erstreckt es sich. Arbeitsrecht ist die Gesamtheit der Rechtsvorschriften, die auf die Beziehung zwischen Arbeitnehmer und Arbeitgeber einwirken.

Die meisten arbeitsrechtlichen Gesetze und Rechtsverordnungen sind Bundesrecht. Sie gelten also im gesamten Gebiet der Bundesrepublik Deutschland: In einigen wenigen Fällen kann auch Landesrecht in das Arbeitsrecht eingreifen, z.B. Sonderurlaubsregelung für in der Jugendarbeit tätige Personen in Bayern, Bremen und Nordrhein-Westfalen oder über den Bildungsurlaub, der ebenfalls der Ländergesetzgebung unterliegt.

Das Arbeitsrecht gilt grundsätzlich für alle im Gebiet der Bundesrepublik Deutschland tätigen Arbeitgeber und Arbeitnehmer, gleichgültig, ob sie Deutsche sind oder nicht. Somit fallen unter das Arbeitsrecht alle Arbeitnehmer im Bereich der Bundesrepublik und alle Arbeitgeber, gleichgültig, ob es sich um solche des Handelsrechts (HGB), des Bürgerlichen Rechts (BGB) oder des Öffentlichen Rechts handelt. Als Arbeitgeber gilt im Arbeitsrecht der Betrieb, nicht die Unternehmung. Betrieb ist die organisatorisch-technische Einheit, in der die Erstellung wirtschaftlicher Leistungen dauerhaft erfolgt. Im Gegensatz dazu stellt die Unternehmung die rechtlich-kaufmännische Einheit dar. Sie gibt den rechtlich-kaufmännischen Rahmen ab, in dem das wirtschaftliche Tun stattfindet. Das Arbeitsrecht hebt ab auf den Betrieb, so daß auf einen in Deutschland gelegenen Betrieb einer Unternehmung mit Sitz im Ausland das deutsche Arbeitsrecht ohne Einschränkung und Ergänzungen durch ausländisches Recht Anwendung findet. Es kann sein, daß für Betriebe ein und desselben Unternehmens unterschiedliche arbeitsrechtliche Vorschriften zur Anwendung kommen. Das kann der Fall sein, wenn die Betriebe in verschiedenen Bundesländern lokalisiert sind und Landesrecht gültig ist, wenn die Betriebe in verschiedenen Tarifgebieten ihren Standort haben oder sie in verschiedenen Wirtschaftszweigen, z.B. in der Industrie, im Handwerk, im Handel oder im Transportgewerbe, tätig sind.

Das Arbeitsrecht gilt für alle Arbeitnehmer, soweit es sich um Angelegenheiten handelt, die mit ihrer Tätigkeit als Arbeitnehmer in kausalem Zusammenhang stehen.

Das Arbeitsrecht gilt für Angestellte und für Arbeiter, für arbeitnehmerähnliche Personen und für Arbeitgeber. *Angestellte* im Sinne des Arbeitsrechts sind Personen, deren Tätigkeit überwiegend in geistiger Arbeit besteht und denen ein gewisses Maß an eigenbestimmter Arbeit abverlangt wird. *Arbeiter* üben vorwiegend eine körperlich beanspruchende Tätigkeit aus. Die Grenzen zwischen Angestellten und Arbeitern sind nicht mehr scharf zu ziehen, da sich durch die fortschreitende Technisierung und Automatisierung die Unterschiede immer mehr nivelliert haben und oft nur noch historische Gründe für die Zuordnung maßgebend sind. So gelten Schichtführer in einer Raffinerie oder Walzwerkführer als Arbeiter und Phonotypistinnen oder Aufzugführer als Angestellte.

Arbeitnehmerähnliche Personen unterliegen nicht den unmittelbaren und permanenten Weisungen des Arbeitgebers. Sie haben einen größeren Freiraum als die Arbeitnehmer für die Gestaltung ihrer Arbeit, z.B. in bezug auf Ort, Zeit, Tempo und Menge der auszuführenden Arbeit. Sie gleichen in diesem Bezug den Selbständigen, sind aber in ihrer wirtschaftlichen Lage wie die Arbeitnehmer von ihrem Arbeitgeber abhängig. Deshalb bedürfen sie des gleichen Schutzes wie die Arbeitnehmer; auch für sie gilt das Arbeitsrecht − jedoch nur, soweit die Anwendung auf arbeitnehmerähnliche Personen ausdrücklich bestimmt ist, z.B. § 2 BUrlG, § 12a TVG. Arbeitnehmerähnliche Personen sind beispielsweise Heimarbeiter, Einfirmenvertreter, freie Mitarbeiter, vor allem dann, wenn sie in ihrer wirtschaftlichen Existenz auf einen Arbeitgeber ausgerichtet sind.

Arbeitgeber ist jede (geschäftsfähige) natürliche oder juristische Person, die mindestens einen Arbeitnehmer beschäftigt.

1.7.9 Durchsetzung des Arbeitsrechts

Zur Sicherung und Durchsetzung von Ansprüchen aus dem Arbeitsrecht wurde für dieses Rechtsgebiet eine eigene Gerichtsbarkeit geschaffen, *die Arbeitsgerichtsbarkeit.* Die Arbeitsgerichtsbarkeit ist eine der fünf Gerichtsbarkeiten der Bundesrepublik Deutschland. Sie steht gleichrangig neben der ordentlichen Gerichtsbarkeit (Zivil- und Strafsachen, freiwillige Gerichtsbarkeit), der Verwaltungsgerichtsbarkeit, der Sozialgerichtsbarkeit und der Finanzgerichtsbarkeit. Die Arbeitsgerichtsbarkeit untersteht als besondere Gerichtsbarkeit nicht den Justizministerien, sondern den Arbeitsministerien. In der Arbeitsgerichtsbarkeit gibt es drei Instanzen. Die *Arbeitsgerichte,* die *Landesarbeitsgerichte* und das *Bundesarbeitsgericht* mit Sitz in Kassel. Die Arbeitsgerichte und die Landesarbeitsgerichte sind nach den §§ 14/33 Arbeitsgerichtsgesetz Einrichtungen der Länder. § 40 des Arbeitsgerichtsgesetzes bestimmt das Bundesarbeitsgericht zu einer Einrichtung des Bundes, dessen Geschäfte der Verwaltung und Dienstaufsicht der Bundesminister für Arbeit und Sozialordnung im Einvernehmen mit dem Bundesminister für Justiz führt. Diese administrative Zuordnung berührt nicht die richterliche Unabhängigkeit, wie sie im Artikel 97 des Grundgesetzes verankert ist. Die Arbeitsgerichte und die Landesarbeitsgerichte bestehen aus *Kammern.* Die Kammern sind mit einem Vorsitzenden und zwei ehrenamtlichen Richtern besetzt. Der Vorsitzende ist Berufsrichter; die ehrenamtlichen Richter sind Laien, die aus den Kreisen der Arbeitnehmer und der Arbeitgeber je zur Hälfte entnommen werden. Die Senate des Bundesarbeitsgerichts werden in der Besetzung mit einem Vorsitzenden, zwei berufsrichterlichen Beisitzern und je einem ehrenamtlichen Richter aus den Kreisen der Arbeitnehmer und der Arbeitgeber tätig (§ 41, 2 AGG). Die Arbeitsgerichte aller drei Instanzen sind also *Kollegialgerichte,* d.h., es entscheidet grundsätzlich ein Gremium, das in der Arbeitsgerichtsbarkeit immer aus Berufsrichtern und Laien gebildet wird, welche die Betrachtungsweisen der Arbeitnehmer und der Arbeitgeber zur Wirkung bringen können. Die besondere Lebensverbundenheit und Aktualität der Rechtsprechung der Arbeitsgerichtsbarkeit wird damit gewährleistet. Nur Verfügungen und Beschlüsse ergehen vom Vorsitzenden Richter allein. Auch auf Parteiantrag kann der Vorsitzende Richter allein entscheiden. Versäumnisurteile oder Anerkenntnisurteile bedürfen nicht der Mitwirkung der Laienrichter.

§ 2 Arbeitsgerichtsgesetz bestimmt: Die Gerichte für Arbeitssachen sind ausschließlich zuständig für

- bürgerliche Rechtsstreitigkeiten zwischen Tarifvertragsparteien oder zwischen diesen oder Dritten aus Tarifverträgen oder über das Bestehen oder Nichtbestehen von Tarifverträgen;
- bürgerliche Rechtsstreitigkeiten zwischen tariffähigen Parteien oder zwischen diesen und Dritten aus unerlaubten Handlungen, soweit es sich um Maßnahmen zum Zwecke des Arbeitskampfes oder um Fragen der Vereinigungsfreiheit, einschließlich des hiermit im Zusammenhang stehenden Betätigungsrechts der Vereinigungen, handelt;
- bürgerliche Rechtsstreitigkeiten zwischen Arbeitnehmern und Arbeitgebern

    a) aus dem Arbeitsverhältnis,
    b) über das Bestehen oder Nichtbestehen eines Arbeitsverhältnisses,
    c) aus Verhandlungen über die Eingehung eines Arbeitsverhältnisses und aus dessen Nachwirkungen,
    d) aus unerlaubten Handlungen, soweit diese mit dem Arbeitsverhältnis im Zusammenhang stehen,
    e) über Arbeitspapiere;

- bürgerliche Rechtsstreitigkeiten zwischen Arbeitnehmern oder ihren Hinterbliebenen und

    a) Arbeitgebern über Ansprüche, die mit dem Arbeitsverhältnis in rechtlichem oder unmittelbar wirtschaftlichem Zusammenhang stehen,

b) gemeinsamen Einrichtungen der Tarifvertragsparteien oder Sozialeinrichtungen des privaten Rechts über Ansprüche aus dem Arbeitsverhältnis oder Ansprüche, die mit dem Arbeitsverhältnis in rechtlichem oder unmittelbar wirtschaftlichem Zusammenhang stehen, soweit nicht die ausschließliche Zuständigkeit eines anderen Gerichts gegeben ist;

- bürgerliche Rechtsstreitigkeiten zwischen Arbeitgebern und Einrichtungen nach Nummer 4), Buchstabe b), soweit nicht die ausschließliche Zuständigkeit eines anderen Gerichts gegeben ist;
- bürgerliche Rechtsstreitigkeiten über Ansprüche von Arbeitnehmern oder ihren Hinterbliebenen auf Leistungen der Insolvenzsicherung nach dem vierten Abschnitt des ersten Teiles des Gesetzes zur Verbesserung der betrieblichen Altersversorgung;
- bürgerliche Rechtsstreitigkeiten zwischen Entwicklungshelfern und Trägern des Entwicklungsdienstes nach dem Entwicklungshelfergesetz;
- bürgerliche Rechtsstreitigkeiten zwischen den Trägern des freiwilligen sozialen Jahres und Helfern nach dem Gesetz zur Förderung des freiwilligen sozialen Jahres;
- bürgerliche Rechtsstreitigkeiten zwischen Arbeitnehmern aus gemeinsamer Arbeit und aus unerlaubten Handlungen, soweit diese mit dem Arbeitsverhältnis im Zusammenhang stehen.

Die Gerichte für Arbeitssachen sind auch zuständig für bürgerliche Rechtsstreitigkeiten zwischen Arbeitnehmern und Arbeitgebern,

a) die ausschließlich Ansprüche auf Leistung einer festgestellten oder festgesetzten Vergütung für eine Arbeitnehmererfindung oder für einen technischen Verbesserungsvorschlag nach § 20, Abs. 1, des Gesetzes über Arbeitnehmererfindungen zum Gegenstand haben,

b) die als Urheberrechtsstreitsachen aus Arbeitsverhältnissen ausschließlich Ansprüche auf Leistung einer vereinbarten Vergütung zum Gegenstand haben.

Vor die Gerichte für Arbeitssachen können auch nicht unter die Absätze 1) und 2) fallende Rechtsstreitigkeiten gebracht werden, wenn der Anspruch mit einer bei einem Arbeitsgericht anhängigen oder gleichzeitig anhängig werdenden bürgerlichen Rechtsstreitigkeit der in den Absätzen 1) und 2) bezeichneten Art in rechtlichem oder unmittelbar wirtschaftlichem Zusammenhang steht und für eine Geltendmachung nicht die ausschließliche Zuständigkeit eines anderen Gerichts gegeben ist.

Aufgrund einer Vereinbarung können auch bürgerliche Rechtsstreitigkeiten zwischen juristischen Personen des Privatrechts und Personen, die kraft Gesetzes allein oder als Mitglieder des Vertretungsorgans der juristischen Person zu deren Vertretung berufen sind, vor die Gerichte für Arbeitssachen gebracht werden.

In Rechtsstreitigkeiten nach diesen Vorschriften findet das Urteilsverfahren statt.

Die Arbeitsgerichtsbarkeit kennt zwei Verfahren: Das Urteilsverfahren und das Beschlußverfahren. Im *Urteilsverfahren* gilt die Verhandlungsmaxime für die Rechtsfindung des Gerichts. Das Arbeitsgericht würdigt die von den Parteien vorgetragenen Tatsachen und Beweise und entscheidet danach, was rechtens ist. Der Verlauf des Rechtsstreites wird im Urteilsverfahren im wesentlichen von den Parteien bestimmt. Im *Beschlußverfahren* herrscht die Offizialmaxime (der Untersuchungsgrundsatz). Der Sachverhalt wird bei Anwendung der Offizialmaxime von Amts wegen, also vom Gericht, erforscht. Beim Beschlußverfahren fällt somit dem Gericht im Vergleich zum Urteilsverfahren eine wesentlich aktivere Rolle zu; denn es erforscht und klärt in eigener Zuständigkeit den rechtlich erheblichen Sachverhalt, nachdem ihm die Gründe für ein Rechtsbegehren vorgetragen wurden.

Die örtliche Zuständigkeit des Arbeitsgerichts regeln die §§ 12 ff. ZPO; danach ist Gerichtsstand der Ort, an dem eine beklagte natürliche Person ihren Wohnsitz, eine beklagte juristische Person den Sitz ihrer Verwaltung hat.

Für den Beginn eines Verfahrens in einem arbeitsgerichtlichen Rechtsstreit ist das Arbeitsgericht immer, also unabhängig vom Streitgegenstand und vom Streitwert, erste Instanz.

In der ersten Instanz der Arbeitsgerichtsbarkeit besteht kein Anwaltszwang. Die Parteien können, müssen sich aber nicht durch einen Anwalt vertreten lassen.

1.7.10 Begründung des Arbeitsverhältnisses

Das Arbeitsverhältnis ist die Rechtsbeziehung, die zwischen dem Arbeitgeber und dem Arbeitnehmer aufgrund eines Arbeitsvertrages entsteht.

Kommt kein Arbeitsvertrag zustande, wird die Arbeit aber doch aufgenommen, so sprach man früher von einem faktischen Arbeitsverhältnis; heute wird hierfür überwiegend von einem Beschäftigungsverhältnis gesprochen.

Arbeitsvertrag und Arbeitsverhältnis sind nicht identisch; doch bedingt das Arbeitsverhältnis den Arbeitsvertrag. Der Arbeitsvertrag ist ein schuldrechtlicher Vertrag, der auf den Vorschriften der §§ 611 ff. BGB über den Dienstvertrag basiert.

Der Arbeitsvertrag bindet die Vertragsparteien, den Arbeitgeber und den Arbeitnehmer, enger und in der Regel langfristiger aneinander als ein Dienstvertrag. Diesen Unterschied macht das BGB deutlich durch seine Unterscheidung der ordentlichen Kündigung von Dienstverhältnissen nach § 621 BGB und der ordentlichen Kündigung von Arbeitsverhältnissen nach § 622 BGB.

Der Arbeitsvertrag dokumentiert – im Gegensatz zum Dienstvertrag – eine persönliche Abhängigkeit des Arbeitnehmers vom Arbeitgeber. Es entsteht ein Unterordnungsverhältnis, das durch das Weisungs- oder Direktionsrecht des Arbeitgebers seinen Ausdruck findet. Der Arbeitnehmer leistet weitgehend fremdbestimmte, d.h. vom Arbeitgeber bestimmte Arbeit, und er verrichtet sie in einer in der Regel in fremdem Eigentum stehenden Arbeitsumgebung. Sieht man von Sonderfällen wie z.B. der Heimarbeit ab, so ist der Arbeitnehmer durch den Arbeitsvertrag persönlich und fachlich an Weisungen des Arbeitgebers oder seiner Beauftragten gebunden. Dieser bestimmt auch im Rahmen der Gesetze oder Tarifverträge die Arbeitszeit, den Urlaub; er legt den Arbeitsort fest und regelt den organisatorischen, arbeitstechnischen und sozialen Einbau des Arbeitnehmers in das Gefüge seines Betriebes. Das Weisungsrecht des Arbeitgebers darf sich nur innerhalb des von Gesetzen, von Tarifverträgen oder Betriebsvereinbarungen oder des Arbeitsvertrages bestimmten Rahmens bewegen. Es ist selbstverständlich, daß sich das Weisungsrecht an den Vorschriften über Treu und Glauben oder die guten Sitten zu orientieren hat. Zum Schutze des Arbeitnehmers schränkt das Betriebsverfassungsrecht die Weisungsbefugnis ein oder unterwirft sie einer zusätzlichen Kontrolle.

Der Arbeitsvertrag besteht aus zwei übereinstimmenden, auf ein gemeinsames Ziel gerichteten Willenserklärungen. Der wesentliche Inhalt ist die Bestimmung der zu erbringenden Arbeitsleistung und der dafür zu zahlenden Vergütung. Es genügt, wenn die zu erbringende Arbeitsleistung summarisch bestimmt wird, da sie im einzelnen durch das dem Arbeitgeber zustehende Weisungsrecht konkretisiert werden kann. Wird im Arbeitsvertrag eine Vergütung nicht ausdrücklich festgelegt, so gilt nach § 612 II BGB die taxmäßige oder übliche Vergütung für vereinbart.

Für den Abschluß des Arbeitsvertrages ist eine bestimmte Form in der Regel nicht vorgeschrieben. Eine Ausnahme stellt der § 74 I HGB dar. Danach ist die Schriftform erforderlich, wenn ein Wettbewerbsverbot mit Handlungsgehilfen vereinbart wird; auch die §§ 354, 692 RVO regeln die Schriftform für Angestellte von Krankenkassen und Berufsgenossenschaften, soweit sie der Dienstordnung unterstellt werden sollen. Arbeitsverträge können demnach schriftlich, mündlich oder durch konkludente Handlung abgeschlossen werden. Ist durch einen Tarifvertrag, eine Betriebsvereinbarung oder durch Parteienabsprache eine bestimmte Form vorgeschrieben, dann ist die Einhaltung dieser Form für die Gültigkeit des Vertrages unerläßlich. Zur Hebung der Rechtssicherheit und der Vermeidung von Beweisnöten kann beiden Vertragsparteien nur daran gelegen sein, die Schriftform zu wählen. Das gilt ebenfalls für Änderungen oder Ergänzungen des Vertrages.

Grundsätzlich kann auch ein Arbeitsvertrag nur von voll geschäftsfähigen Personen abgeschlossen werden. Voll geschäftsfähig sind Personen ab dem vollendeten 18. Lebensjahr, soweit sie nicht entmündigt sind. Entmündigungsgründe können sein: Geisteskrankheit, Geistesschwäche, Verschwendung, Trunksucht oder Rauschgiftsucht.

In zwei Fällen weicht das Gesetz von dem Gebot der vollen Geschäftsfähigkeit ab. Nach § 112 BGB kann ein Minderjähriger durch Ermächtigung seines gesetzlichen Vertreters oder mit Genehmigung des Vormundschaftsgerichtes selbständig ein Erwerbsgeschäft betreiben. Die Genehmigung des Vormundschaftsgerichtes ist nur erforderlich, wenn der Minderjährige unter Vormundschaft steht. Er ist dann für Rechtsgeschäfte, welche der Betrieb des Erwerbsgeschäftes mit sich bringt, unbeschränkt geschäftsfähig. Er kann also auch Arbeitsverträge abschließen. Ein minderjähriger, also beschränkt geschäftsfähiger Arbeitnehmer kann nach § 113 BGB Dienst- oder Arbeitsverhältnisse eingehen oder aufheben, wenn er dazu von seinem gesetzlichen Vertreter ermächtigt ist. Die Ermächtigung ist nicht an eine bestimmte Form gebunden. Die Ermächtigung gilt im Zweifel nicht nur für den Einzelfall, sondern für Arbeitsverträge gleicher Art. Kriterium der Gleichartigkeit ist im wesentlichen die Art der Tätigkeit, der Beruf und die Art der Arbeitsleistung.

Die Formlosigkeit der Ermächtigung birgt für den Arbeitgeber die Notwendigkeit, im Zweifel zu klären, ob die Ermächtigung des minderjährigen Arbeitnehmers durch seinen gesetzlichen Vertreter tatsächlich vorliegt und das einzugehende Arbeitsverhältnis deckt. Die Einforderung einer schriftlichen Ermächtigung vom gesetzlichen Vertreter ist zur Beweissicherung zu empfehlen. Nach herrschender Meinung gilt die Ermächtigung nach § 113 BGB nicht für den Berufsausbildungsvertrag, da bei dem Ausbildungsverhältnis der Erziehungscharakter den Charakter des Arbeitsverhältnisses überwiegt. In Betrieben mit in der Regel mehr als zwanzig wahlberechtigten Arbeitnehmern hat der Arbeitgeber nach § 99 BetrVG vor jeder Einstellung, also vor Abschluß jedes Arbeitsvertrages, den Betriebsrat zu unterrichten und seine Zustimmung einzuholen. Verweigert der Betriebsrat die Zustimmung, so hat er dies unter Angabe von Gründen innerhalb einer Woche nach Unterrichtung durch den Arbeitgeber diesem schriftlich mitzuteilen. Teilt der Betriebsrat dem Arbeitgeber die Verweigerung seiner Zustimmung nicht innerhalb der Frist schriftlich mit, so gilt die Zustimmung als erteilt.

Arbeitsverträge, die an einem Mangel leiden, sind entweder nichtig oder anfechtbar.

Nichtigkeitsgründe sind der Formmangel des Arbeitsvertrages gemäß § 125 BGB, wenn diese Formvorschrift konstitutive Bedeutung haben sollte, das Verstoßen gegen ein gesetzliches Verbot nach § 134 BGB und der Verstoß gegen die guten Sitten gemäß § 138 BGB. Die Nichtigkeit von Arbeitsverträgen ist häufiger gegeben, als dies beklagt wird, da gerade Arbeitsschutzgesetze oft leichtfertig übertreten werden. Arbeitszeitordnung, Fahrverbote, Ladebeschränkungen für Lkw, Sicherheitsvorschriften können z.B. für den leichtfertigen Arbeitgeber Klippen darstellen, die zur Nichtigkeit von Arbeitsverträgen führen. Wird zu Lasten des Arbeitnehmers gegen ein Arbeitsschutzgesetz verstoßen, so wird nicht der ganze Arbeitsvertrag nichtig, sondern nur die verstoßende Vorschrift, da sich sonst die Nichtigkeit zu Lasten des in wirtschaftlicher Abhängigkeit stehenden Arbeitnehmers auswirken würde. In diesem Zusammenhang ist § 139 BGB zu beachten. Ein anfechtbarer Vertrag ist gültig. Er wird erst dann nichtig, wenn er fristgemäß und wirksam angefochten worden ist. Die Anfechtungsgründe finden sich in den §§ 119 BGB, Irrtum, 120 BGB, falsche Übermittlung, 123 BGB, arglistige Täuschung oder widerrechtliche Drohung.

Hat das auf einem nichtigen Arbeitsvertrag oder einem rechtswirksam angefochtenen Arbeitsvertrag beruhende Arbeitsverhältnis noch nicht begonnen, dann kommt eine gegenseitige Bindung von Arbeitgeber und Arbeitnehmer nicht zustande. Arbeitgeber und Arbeitnehmer sind frei. Beide können sich auf die Nichtigkeit berufen.

Hat das Arbeitsverhältnis bereits begonnen, so wirkt die Nichtigkeit oder die Anfechtung nicht rückwirkend. Für die Zukunft jedoch wird das Arbeitsverhältnis ohne Kündigung gelöst. Für den Zeitraum, der zwischen dem Beginn des Arbeitsverhältnisses und der Nichtigkeitserklärung bzw. der rechtswirksamen Anfechtung liegt, gilt das „faktische" Arbeitsverhältnis, soweit es nicht sittenwidrig ist oder einen Verstoß gegen Strafgesetze darstellt, als wäre es fehlerfrei zustandegekommen. Daraus ergibt sich die Pflicht zur Entgeltzahlung für diesen Zeitraum und die Wahrung der Treue- und Fürsorgepflicht. Auch die in diesem Zeitraum begründeten Schutzrechte, z.B. das Mutterschutzgesetz und die damit verbundenen Rechte, können wirksam werden.

1.7.11 Verlauf des Arbeitsverhältnisses

Pflichten des Arbeitnehmers
Der Arbeitsvertrag ist ein gegenseitiger schuldrechtlicher *Austauschvertrag*. Die Pflichten der einen Partei stellen die Rechte der anderen Partei dar. Die Hauptpflicht des Arbeitnehmers ist die Pflicht zur Arbeitsleistung. Nach § 611 BGB wird derjenige, welcher Dienste verspricht, zur Leistung der Dienste verpflichtet. Die Pflicht zur Dienstleistung wird dann fehlerfrei erfüllt, wenn der Arbeitnehmer seinem Arbeitgeber die versprochene Arbeit am richtigen Ort zur richtigen Zeit leistet. Schuldner der Arbeit ist der Arbeitnehmer. Im Zweifel hat er gemäß § 613 BGB die ,,Dienste in Person'' zu leisten. Die persönliche Dienstleistungspflicht wird vor allem bei höchstpersönlichen Dienstleistungen zu bejahen sein. Höchstpersönliche Dienstleistungen sind solche Dienste, deren Erfüllung und Erfolg in besonders hohem Maße von Kenntnissen und Fähigkeiten einer bestimmten Person abhängt. Grundsätzlich braucht der Arbeitgeber die Erfüllung der Dienstleistungpflicht durch eine Ersatzperson des eigentlich Verpflichteten nicht anzunehmen. Durch Verweigerung der Annahme dieser Ersatzdienste kommt er nicht in Annahmeverzug. Aus der Verpflichtung, die Arbeitsleistung selbst zu erbringen, verneint sich auch die Verpflichtung, im Falle der Unmöglichkeit der eigenen Leistungserfüllung eine Ersatzkraft zu stellen. Den Parteien ist es freigestellt, Abweichungen von den Vorschriften des § 613 BGB zu vereinbaren. Die Verpflichtung zur Dienst- oder Arbeitsleistung geht im Todesfalle des Arbeitnehmers nicht auf dessen Erben über. Es gibt auch keinen Arbeitsplatzerwerb durch Erbfall.

Das Recht, eine Arbeitsleistung zu erhalten, ist an die Person des Arbeitgebers gebunden. Der Arbeitnehmer braucht sie gegen seinen Willen nicht an eine andere Person zu leisten. Das gilt im Prinzip auch dann, wenn ein Betrieb oder Betriebsteil auf einen anderen Inhaber übergeht (§ 613a BGB). Trotzdem stellt § 613a BGB eine Schutzvorschrift für den Arbeitnehmer dar; denn sie setzt den neuen Inhaber in die Rechte und Pflichten des bestehenden Arbeitsverhältnisses ein.

Die Art der geschuldeten Arbeitsleistung wird durch den Arbeitsvertrag und die Verkehrssitte bestimmt. Die *Verkehrssitte* bestimmt vor allem Art und Umfang der Nebendienste. *Nebendienste* sind solche Dienste, die im engen, ergänzenden Verhältnis zur Haupttätigkeit stehen und nach der Verkehrssitte oder auch aufgrund einer besonderen Vereinbarung zu leisten sind. Das Waschen des Autos durch einen Chauffeur, das Auszeichnen von Waren durch eine Verkäuferin, das Bereiten von Kaffee durch eine Sekretärin können als Beispiele für einen Nebendienst gelten. Dienste, die zur Abwendung einer akuten und nicht regelmäßig wiederkehrenden Notsituation dienen, heißen Notdienste. Auch die Leistung von Notdiensten obliegt dem Arbeitnehmer. Sie zu leisten, ist er aufgrund von Treu und Glauben, der Treue- und Obhutspflicht, gehalten.

Der Arbeitsort wird durch den Arbeitsvertrag bestimmt. Fehlt im Arbeitsvertrag eine ausdrückliche Bestimmung des Arbeitsortes, so ist der Sitz des Betriebes oder der Betriebsabteilung des Arbeitgebers der Arbeitsort. Der Arbeitsort braucht nicht ein fester Arbeitsplatz zu sein. Innerhalb eines Betriebes weist der Arbeitgeber aufgrund seiner Weisungsbefugnis dem Arbeitnehmer den jeweiligen innerbetrieblichen Arbeitsplatz zu; von einem Betrieb zu einem anderen kann der Arbeitnehmer nur versetzt werden, wenn der neue Arbeitsplatz die gleichen oder bessere Tätigkeitsmerkmale aufweist und die Veränderung keine erheblichen Belastungen für den Arbeitnehmer (z.B. in bezug auf den Arbeitsweg) zur Folge hat. Die Versetzung in einen anderen Betrieb ist, soweit im Arbeitsvertrag nichts anderes vereinbart ist, nur mit Zustimmung des Arbeitnehmers oder durch eine nach §§ 1, 2 KSchG wirksame Änderungskündigung möglich. Zudem ist in jedem Fall das Mitbestimmungsrecht des Betriebsrats zu beachten.

Der Arbeitspflicht hat der Arbeitnehmer während der Arbeitszeit nachzukommen. In der Arbeitszeit hat der Arbeitnehmer seine Arbeitskraft uneingeschränkt dem Arbeitgeber zur Verfügung zu stellen. Die Arbeitszeit schließt nicht nur den Zeitraum ein, in dem aktives Handeln erfolgt, sondern umfaßt auch die Zeitspannen passiven Wartens auf den konkreten Arbeitseinsatz. Die Zeit der Arbeitsbereitschaft gehört zur Arbeitszeit. Als Arbeitszeit gilt die Zeit vom Beginn bis zum Ende der Arbeit, ohne Ruhepausen (§ 2 AZO). Die freie individuelle Regelung der Arbeitszeit zwischen Arbeitgeber und Arbeitnehmer ist relativ selten. Zum einen ist der Arbeitnehmer meist in das organisatorische Gefüge eines Betriebes eingebunden, so daß die betriebsübliche, die durch die Betriebsübung sich ergebende Arbeitszeit für ihn gilt, zum anderen haben gerade auf dem Gebiet der Arbeitszeit gesetzliche und tarifvertragliche Regelungen und auch die öffentlich-rechtlichen Bestimmungen über die Arbeitszeiten eine beherrschende Bedeutung. Die Arbeitszeitordnung (AZO) legt die Obergrenzen der zulässigen Arbeitszeiten fest. Sie bestimmt in § 3 die werktägliche Arbeitszeit mit höchstens 8 Stunden. Werktag ist dabei kein Kalendertag, sondern eine nicht unterbrochene Zeitspanne von 24 Stunden. Eine Reihe von Rechtsverordnungen und Gesetzen regeln die Durchführung der Arbeitszeitordnung oder enthalten spezifische Anweisungen für einzelne Wirtschaftsbereiche, Branchen oder Berufe. Genannt seien hier die ,,Ausführungsverordnung zur Arbeitszeitordnung'', die ,,Verordnung über Sonntagsruhe im Handelsgewerbe und in Apotheken'', die ,,Verordnung über Ausnahmen vom Verbot der Beschäftigung von Arbeitnehmern an Sonn- und Feiertagen in der Eisen- und Stahlindustrie'', die ,,Verordnung über Ausnahmen vom Verbot der Beschäftigung von Arbeitnehmern an Sonn- und Feiertagen in der Papierindustrie'', die ,,Verordnung über die Arbeitszeit in Krankenpflegeanstalten'', das ,,Gesetz über den Ladenschluß'', die ,,Verordnung über den Verkauf bestimmter Waren an Sonn- und Feiertagen'', die ,,Gewerbeordnung'', das ,,Jugendarbeitsschutzgesetz'' und das ,,Mutterschutzgesetz''. Der gesetzliche Rahmen wurde gefüllt mit einer Fülle von tarifvertraglichen Regelungen, die für die von ihnen betroffenen Arbeitnehmer günstigere Arbeitszeitregelungen bedeuten. Die weit überwiegende Mehrheit der Arbeitnehmer in der Bundesrepublik Deutschland hat 1993 eine tariflich vereinbarte Arbeitszeit von 38,5 Stunden pro Woche. Die zwischen dem Arbeitgeber und dem Arbeitnehmer jeweils geltende Arbeitszeitregelung kann durch Mehrarbeit und Überstunden überschritten werden. Mehrarbeit ist die Arbeitszeit, die über die in der AZO festgelegte Arbeitszeit hinaus geleistet wird. Liegt die kollektiv- oder einzelvertraglich vereinbarte Arbeitszeit unter der gesetzlich zulässigen Arbeitszeit, so sind die Arbeitszeiten, welche die vereinbarte Zeit überschreiten, Überstunden.

Unter bestimmten Voraussetzungen ist der Arbeitnehmer von der Arbeitspflicht suspendiert. Nach dem Bundesurlaubsgesetz hat jeder Arbeitnehmer Anspruch auf einen bezahlten Erholungsurlaub von mindestens 18 Werktagen im Jahr. Die Urlaubsansprüche der meisten Arbeitnehmer sind durch Tarifverträge geregelt. Diese gehen regelmäßig über den Mindestanspruch nach dem BUrlG hinaus; denn sie dürfen den gesetzlichen Anspruch nicht unterschreiten. Während des Urlaubs ruht die Arbeitspflicht. Die Arbeitspflicht besteht nicht bei unverschuldeter Unmöglichkeit, nach § 275 BGB z.B. Krankheit des Arbeitnehmers, bei besonderen Familienereignissen, bei Betriebsstörungen. Nimmt der Arbeitnehmer öffentliche Ämter wahr, ist er von der Arbeitspflicht frei; ebenso ruht die Arbeitspflicht während der Ableistung des Grundwehrdienstes oder der Teilnahme an einer Wehrübung (§ 1 des Arbeitsplatzschutzgesetzes). An gesetzlichen Feiertagen besteht keine Arbeitspflicht. Werdende Mütter dürfen 6 Wochen vor und Mütter 8 Wochen nach der Entbindung nicht beschäftigt werden (§§ 3, 6 MuSchG). Weitere Anlässe, die zu einer Befreiung von der Arbeitspflicht führen, sind: Wahrnehmung betriebsverfassungsrechtlicher Funktionen (§ 37 BetrVG), vereinbarte Arbeitsaussetzung, Stellungssuche durch den Arbeitnehmer nach einer Kündigung (§ 629 BGB), Teilnahme an einem rechtmäßigen Arbeitskampf. Nach herrschender Meinung wird dadurch in der Regel ein Arbeitsverhältnis nicht beendet, und es erwächst kein Schadensersatzanspruch. Der Annahmeverzug des Arbeitgebers nach § 615 BGB entbindet von der Arbeitspflicht ebenso wie das Bestehen eines Zurückbehaltungsrechts nach § 273 BGB.

Kommt der Arbeitnehmer seiner Arbeitspflicht nicht nach, ohne daß ein Befreiungstatbestand vorliegt, so verletzt er seine Arbeitspflicht und hat die Rechtsfolgen seines Handelns zu tragen. Als Rechtsfolgen können sich ergeben: Eine Abmahnung, die Verweigerung der Entgeltzahlung nach § 320 BGB, die ordentliche Kündigung nach § 621 BGB, die außerordentliche Kündigung gemäß § 626 BGB und Schadensersatzforderung nach §§ 280, 325 BGB. Der Arbeitsvertrag verpflichtet den Arbeitnehmer, die vereinbarte Arbeit nicht nur überhaupt zu leisten, sondern sie auch gut, so, wie sie nach der Verkehrssitte von ihm zu erwarten ist, zu erbringen. Für durch schuldhafte Schlechtleistungen entstandenen Schaden ist der Arbeitnehmer ersatzpflichtig. Von Schlechtleistungen spricht man, wenn der Arbeitnehmer fehlerhafte Arbeitsleistungen erbringt, mangelhafte Produkte herstellt, durch langsames oder geringes Arbeiten Minderleistungen erbringt, wenn er Arbeitsgerät oder fremde Sachen beschädigt. Durch Dummheit oder Unvermögen verursachte, hinter den Erwartungen zurückbleibende Arbeitsergebnisse stellen keine schuldhaften Schlechtleistungen dar. Die Schadensersatzfrage bei Schlechtleistungen wird von der Rechtsprechung nach den Grundsätzen behandelt, die für die verschuldete Unmöglichkeit der Leistung und den Schuldnervertrag zu den §§ 280 und 325 BGB entwickelt worden sind. Schlechtleistungen können zur ordentlichen, selten zur außerordentlichen Kündigung führen.

Um dem Arbeitnehmer nicht die gesamte Last der Verantwortung auch in den Fällen aufzubürden, bei denen durch die Eigenart der Tätigkeit oder der Betriebsmittel das Begehen von Fehlern nicht unwahrscheinlich ist, haben sich für die Haftung bei schadensgeneigter Arbeit eigene Grundsätze entwickelt. Sie stufen die Haftung ab nach Vorsatz und grober Fahrlässigkeit – hier haftet der Arbeitnehmer in der Regel allein – und nach mittlerer und leichter Fahrlässigkeit, für die der Arbeitnehmer in der Regel nicht haftet. Der Arbeitnehmer unterliegt nicht nur der Arbeitspflicht. Entsprechend dem besonderen Vertrauensverhältnis, das zwischen Arbeitgeber und Arbeitnehmer herrscht, und dem Gebot von Treu und Glauben unterliegt der Arbeitnehmer auch der Treuepflicht. Die Treuepflicht kennt zwei Arten von Verpflichtungen, solche, die ein aktives Verhalten, ein Tun, verlangen, und solche, die ein passives Verhalten, ein ,,Nichttun'', fordern.

Der Arbeitnehmer muß die Interessen des Arbeitgebers wahren und sie nach bestem Vermögen fördern. Er hat die Rechtsgüter des Arbeitgebers zu schützen und zu schonen. Daraus leitet sich auch die Pflicht zu einem sorgsamen Umgang mit den Gütern des Arbeitgebers ab und die Verpflichtung, durch sein Tun den Arbeitgeber, sein Unternehmen und seinen Betrieb vor Schaden zu bewahren oder doch einen drohenden Schaden zu mindern. Diese Handlungsmaxime kann sich sowohl auf eine akute als auch auf eine zukünftige Gefahr beziehen. So kann es geboten sein, den Arbeitgeber von Informationen zu unterrichten, die dem Arbeitnehmer zur Kenntnis gekommen sind. Zur Wahrung der Interessen des Arbeitgebers gehört es, daß der Arbeitnehmer Notdienste erledigt und im Falle eines rechtmäßigen Streiks auch Notarbeiten leistet. Notarbeiten sind Verrichtungen, die während eines Streiks zur Aufrechterhaltung der Produktionsfähigkeit eines Betriebes erforderlich sind. Der Arbeitnehmer ist zur Verschwiegenheit in allen geschäftlichen und privaten Angelegenheiten des Arbeitgebers verpflichtet. Er verletzt die Verschwiegenheitspflicht nicht nur, wenn er über Betriebs- und Geschäftsgeheimnisse Informationen weitergibt (§§ 17 ff. Gesetz gegen den unlauteren Wettbewerb), sondern auch, wenn er über Geschehnisse, Verhaltensweisen und Eigenheiten informiert, die – ohne Betriebs- oder Geschäftsgeheimnisse zu sein – geeignet sind, Interessen oder Geschäfte des Arbeitgebers zu beeinträchtigen, weil sie zur Privatsphäre des Arbeitgebers gehören.

Dem Arbeitnehmer ist es untersagt, in Verbindung mit seinem Arbeitsverhältnis für sich oder ihm nahe stehende Personen einen Vorteil als Gegenleistung dafür zu fordern, sich versprechen zu lassen oder anzunehmen, daß er dem anderen einen Wettbewerbsvorteil in unlauterer Weise verschafft (§ 12 UWG). Mit anderen Worten: Der Arbeitnehmer unterliegt dem Schmiergeldverbot. Kleine, übliche Vorteilsgewährungen (Kalender, Kugelschreiber zu Weihnachten oder Jahreswechsel) fallen nicht unter das Schmiergeldverbot.

Bei Verletzung der Verschwiegenheitspflicht und des Schmiergeldverbots kann Schadensersatz verlangt und eine Kündigung darauf gestützt werden. Im Falle des Schmiergeldes kann auch Herausgabe des erhaltenen Vorteils an den Arbeitgeber verlangt werden.

Ein Wettbewerbsverbot gibt es speziell für kaufmännische Angestellte. Ihnen ist nach § 60 HGB untersagt, ohne Einwilligung ihres Arbeitgebers ein Handelsgewerbe zu betreiben oder im Handelszweig des Arbeitgebers für eigene oder fremde Rechnung Geschäfte zu machen. Ein Verstoß gegen diese Vorschrift zieht nach § 61 HGB eine Schadensersatzpflicht nach sich. Für nichtkaufmännische Arbeitnehmer gilt im Prinzip das gleiche; wenn es hierfür auch an einer ausdrücklichen gesetzlichen Regelung mangelt, so würde eine wettbewerbliche Tätigkeit des Arbeitnehmers gegen das Gebot, im Verhältnis zu seinem Arbeitgeber nach Treu und Glauben zu handeln, verstoßen.

Auch die Unterlassung von Nebenbeschäftigungen kann zu den Nebenpflichten des Arbeitnehmers gehören. Obwohl Nebenbeschäftigungen grundsätzlich nicht verboten sind, können sie bei exzessiver Ausübung die Interessen des Arbeitgebers durch Leistungsminderung des Arbeitnehmers beeinträchtigen. Die Vereinbarung einer Mitteilungspflicht ist zulässig, ein absolutes Verbot dagegen nicht.

Pflichten des Arbeitgebers
Nach § 611 BGB hat der Dienstberechtigte oder Arbeitgeber dem Dienstverpflichteten oder Arbeitnehmer die vereinbarte Vergütung, das ist bei einem Arbeitsverhältnis in der

Regel der Lohn oder das Gehalt, zu gewähren. Die Verpflichtung zur Lohn- bzw. Gehaltszahlung entsteht aus dem Dienst- oder Arbeitsvertrag. Deshalb ist es nicht unbedingt erforderlich, daß der Arbeitnehmer die Arbeit auch geleistet hat. Fälle, in denen die Lohnzahlungspflicht besteht, ohne daß Arbeitspflicht bestand, wurden bereits aufgeführt.

Die Höhe und die Art der Vergütung richten sich grundsätzlich nach dem Arbeitsvertrag. Gilt für das Arbeitsverhältnis ein Tarifvertrag oder eine günstigere Betriebsvereinbarung, dann wird die Vergütung durch ihn bzw. sie bestimmt. Die Tarifverträge haben für die Festsetzung der Vergütung eine weite wirtschaftliche Bedeutung. Eine gesetzliche Regelung der Vergütung nach Art und Höhe ist für die private Wirtschaft ob ihres Formenreichtums wenig sinnvoll und realistisch. Sie würde auch in das grundgesetzlich verbriefte Recht der Tariffreiheit der Sozialpartner eingreifen (Art. 9 GG). Vereinbart wird in der Regel ein Bruttolohn. Der Bruttolohn beinhaltet die vom Arbeitnehmer zu zahlenden Steuern und Sozialbeiträge. Wird – was selten vorkommt – Nettolohn vereinbart, so ist der Arbeitgeber verpflichtet, die Steuern und Sozialbeiträge aus eigener Tasche zu bezahlen. Ist die Höhe einer Vergütung nicht ausdrücklich vereinbart, so gilt sie als stillschweigend in der Höhe einer bestehenden Taxe oder der üblichen Vergütung festgelegt.

Nach § 614 BGB hat der Arbeitnehmer mit der Erfüllung seiner Arbeitspflicht eine Vorleistung zu erbringen. Nachdem die vereinbarten Dienste geleistet sind, oder der vereinbarte zeitliche Zahlungsabschnitt abgelaufen ist, hat der Arbeitgeber zu leisten. Nach § 115 GewO ist die Vergütungspflicht grundsätzlich in Deutschen Mark und in bar zu erfüllen. Es können aber auch Naturallöhne vereinbart werden. Die Barzahlungspflicht ist durch Tarifverträge und Betriebsvereinbarungen für die meisten Arbeitgeber entfallen und durch bargeldlose Lohn- und Gehaltszahlungen ersetzt worden. Damit ist auch die Verpflichtung, die Vergütung im Betrieb zu leisten, weitgehend gegenstandslos geworden (§ 269 BGB). Die Gebühren, die unmittelbar mit der bargeldlosen Lohn- und Gehaltszahlung verbunden sind, trägt in der Regel der Arbeitgeber.

Die Art der Lohn- und Gehaltsabrechnung ist in Gesetz oder Rechtsverordnung nicht vorgeschrieben. Sie richtet sich nach den betrieblichen Gegebenheiten und Notwendigkeiten; allerdings hat der Betriebsrat nach § 87/I, 10 BetrVG dabei ein Mitbestimmungsrecht. Die Hauptberechnungsformen für die Vergütung von Arbeitnehmern sind der Zeitlohn, der Mengenlohn oder Akkordlohn und der Prämienlohn.

Beim *Zeitlohn* wird die am Arbeitsplatz bzw. im Betrieb verbrachte Zeit der Berechnung der Vergütung zugrunde gelegt. Es kommt dabei nicht unmittelbar auf die in der Zeit erbrachte Leistung an. Nach dem Berechnungs- und Zahlungszeitraum wird in Stunden-, Tages-, Wochen- und Monatslohn bzw. Monatsgehalt unterschieden.

Beim *Mengen- oder Akkordlohn* ist die Bezugsbasis für Berechnung der Vergütung ein quantitativ erfaßbares und qualitativ nachprüfbares Arbeitsergebnis. Je stärker das quantitative Moment im Vordergrund steht und sich das qualitative objektiv nachprüfen läßt, desto größer ist die Neigung, diese Lohnberechnungsform zu verwenden. Voraussetzung für einen sinnvollen Einsatz des Akkordlohns ist es, daß das Arbeitsergebnis unmittelbar von dem einzelnen Arbeitnehmer oder einer Arbeitnehmergruppe beeinflußt werden kann. Mit der Einflußmöglichkeit auf das Arbeitsergebnis ergibt sich dann auch die Möglichkeit, die Höhe des Arbeitsentgeltes zu beeinflussen. Davon geht die stimulierende und motivierende Wirkung aus. Die Anreize des Akkordsystems können allerdings so groß sein, daß die Unfallgefahr steigt, die physische und psychische Leistungsfähigkeit überschätzt, Gesundheitsrisiken in Kauf genommen und qualitative Momente der Arbeitsleistung vernachlässigt werden. Diese systemimmanenten Wirkungsmöglichkeiten des Akkords sind der Grund, warum Akkordarbeit für Jugendliche (§ 23 JArbSchG) und werdende Mütter (§ 3 MuSchG) nur nach der Erfüllung bestimmter Bedingungen zulässig, grundsätzlich aber verboten ist. Es wird unterschieden in Einzelakkord und Gruppenakkord. Beim *Einzelakkord* wird die Leistung eines einzelnen Arbeitnehmers bewertet, beim *Gruppenakkord* die Leistung einer Arbeitsgruppe und der einzelne wird daran anteilig beteiligt.

Prämienlohnsysteme kombinieren die Form des Zeitlohns mit der des Mengenlohns. Es wird ein zeitabhängiger Grundlohn bezahlt und für besondere Leistungen als Ansporn zur Leistungssteigerung eine mengen- oder ergebnisabhängige Vergütung gewährt. Die Ausgestaltungen des Prämienlohns lassen sich besonders eng an betriebliche und verkaufspolitische Zielsetzungen angleichen. Darin liegt der Hauptvorteil der Prämienlöhne für den Arbeitgeber; für den Arbeitnehmer ist es die individuelle Leistungshonorierung bei gleichzeitiger Sicherung eines Grundeinkommens. Sonderformen des Arbeitsentgeltes sind:

Altersfürsorge
Gewinnbeteiligung
Provision
Sonderzuwendungen
Vermögenswirksame Leistungen.

Pflichten, die der Arbeitgeber neben der Vergütungspflicht zu erfüllen hat, werden oft unter der Bezeichnung ,,Fürsorgepflichten'' zusammengefaßt. Die Fürsorgepflichten verlangen vom Arbeitgeber, daß er sich für die Belange seines Arbeitnehmers einzusetzen und ihm Schutz und Hilfe zu gewähren sowie seine Interessen zu vertreten und ihnen nicht entgegenzuhandeln hat. Die Verpflichtung zur Fürsorge leitet sich aus dem besonderen Vertrauensverhältnis ab, das bei einem Arbeitsverhältnis unterstellt wird, und folgt dem Grundsatz von Treu und Glauben. Die Fürsorgepflicht erfährt die Verstärkung ihrer wirtschaftlichen und sozialen Bedeutung dadurch, daß der Arbeitnehmer in der Regel in seiner materiellen, ideellen und sozialen Existenz vom Arbeitgeber abhängig ist, und durch die Tatsache, daß in der Verfügbarkeit über sein Eigentum für den Unternehmer auch eine Verpflichtung gegenüber dem wirtschaftlich Schwächeren liegt.

Nebenpflichten des Arbeitgebers entstehen aus den besonderen Bedingungen des einzelnen Arbeitsverhältnisses; sie lassen sich nicht in allen betriebsspezifischen Einzelheiten darstellen; deshalb seien hier nur die wichtigsten erwähnt.

Die *Abführungspflicht:* Der Arbeitgeber ist vom Gesetzgeber beauftragt, die vom Arbeitnehmer zu zahlende Lohn- und Kirchensteuer (§ 38, Abs. 3, EStG) einzubehalten. Er ist verpflichtet, diese Steuern an das Finanzamt der Betriebsstätte abzuführen. Das gleiche gilt für die Beiträge zu den Sozialversicherungen. Auch diese Beiträge ordnungsgemäß und rechtzeitig abzuführen, ist der Arbeitgeber verpflichtet. Erfüllt der Arbeitgeber seine Abführungspflicht nicht, macht er sich einer positiven Vertragsverletzung schuldig und wird damit gegenüber dem Arbeitnehmer schadensersatzpflichtig.

Der Arbeitgeber ist verpflichtet, für *Leben und Gesundheit* des *Arbeitnehmers zu sorgen*. Das kann ihm in vielfacher Hinsicht ein Handeln oder Unterlassen auferlegen. Die Einhaltung der Unfallschutzmaßnahmen sei nur beispielhaft herangezogen; denn die Fürsorgepflicht für Leben und Gesundheit geht weiter; sie schließt die gesamte Hygiene des Arbeitsplatzes und des Arbeitsumfeldes mit ein. Verstöße gegen die Fürsorgepflicht können zu einem Arbeitsverweigerungsrecht führen. Der Arbeitgeber ist gegenüber dem Arbeitnehmer zur *Aufklärung* aller für ihn bedeutenden Angelegenheiten verpflichtet. Er muß den Arbeitnehmer über Arbeitsverfahren, Arbeitsrisiken und Gefahrenquellen informieren und ihm so unnötige Erschwernisse des Arbeitslebens abbauen.

Der *Schutz des Arbeitnehmereigentums* obliegt dem Arbeitgeber. Daher hat dieser für geeignete, sichere Aufbewahrungsmöglichkeiten zu sorgen. Das gilt unter Umständen auch für einen ,,Aufbewahrungsraum" für Kraftfahrzeuge, einen Parkplatz. Verletzungen dieser Fürsorgepflicht können zu Schadensersatzansprüchen führen.

Die Fürsorgepflicht des Arbeitgebers darf nicht als Möglichkeit zur Einschränkung der freien Entfaltung der Persönlichkeit mißbraucht werden. Doch sie richtet sich auch auf die geistige, ideelle, sittliche Unversehrtheit des Arbeitnehmers. § 76 HBG und § 6, Abs. 1, Ziff. 5 BBiG weisen den Lehrherrn bzw. den Ausbildenden ausdrücklich auf diese Dimension seiner Fürsorgepflicht hin. Sie ist sicherlich nicht nur auf Auszubildende oder Jugendliche (§ 28 JArbSchG) zu beschränken, sondern auch auf die Gestaltung des Arbeitsumfeldes aller Mitarbeiter auszudehnen. Der Wahrung und Achtung der Intimsphäre aller männlichen und weiblichen Mitarbeiter gebührt in diesem Zusammenhang besondere Aufmerksamkeit.

1.7.12 Die Betriebsverfassung

Der Regelung der Zusammenarbeit der vordergründig von einem Interessengegensatz geprägten Parteien, Arbeitgeber und Arbeitnehmer, dient die Betriebsverfassung. In der Betriebsverfassung wirken die Arbeitnehmer durch die Betriebsverfassungsorgane. Die Betriebsverfassung soll dem Gedanken der Sozialpartnerschaft in der Realität des betrieblichen Geschehens Wirklichkeit verschaffen und die Anlässe und Formen aufzeigen, bei denen und mit denen der Gedanke einer gemeinsamen Verantwortung von Kapital und Arbeit für das Wohlergehen einer Gemeinschaft und deren Glieder praktiziert werden soll. Die Betriebsverfassung gibt der Arbeitnehmerschaft die Möglichkeit, die wirtschaftliche Überlegenheit des Arbeitgebers durch Formen der gemeinschaftlichen Willensbildung und Willensäußerung zu beeinflussen. Sie schafft aber auch dem sozial ambitionierten und betriebsstrategisch denkenden Arbeitgeber das Werkzeug, eine bewußte, auf Konfliktvermeidung gezielte Personal- und Unternehmenspolitik zu realisieren. Mit der Institutionalisierung von Anlässen und Formen des Zusammenwirkens von Arbeitgeber und Arbeitnehmer verankert das Betriebsverfassungsrecht die Wahrung der Würde des Menschen (Art. 1 GG) fest für den Lebensbereich Wirtschaft. Die Betriebsverfassung ist geregelt im Betriebsverfassungsgesetz (BetrVG) von 1972. Das Betriebsverfassungsrecht ist nicht deckungsgleich mit dem Mitbestimmungsrecht; dies umfaßt auch die Unternehmungsverfassung. Zur Unternehmungsverfassung gehören das Mitbestimmungsgesetz (MitbestG) und das Montan-Mitbestimmungsgesetz (Montan-MitbestG). In diesen beiden Gesetzen ist die Beteiligung und Mitwirkung der Arbeitnehmer in den Organen (Aufsichtsrat, Vorstand) von Kapitalgesellschaften geregelt.

Das Betriebsverfassungsrecht gilt nicht automatisch in jedem Betrieb. Die Entscheidung über die Etablierung der Betriebsverfassung und damit der Anwendung des Betriebsverfassungsrechts treffen die Arbeitnehmer. Ihren Willen hierzu bringen sie zum Ausdruck durch die Wahl eines Betriebsrates und der Schaffung der übrigen Organe der Betriebsverfassung, der Jugendvertretung, der Betriebsversammlung und des Wirtschaftsausschusses.

Betriebsrat, Jugendvertretung, Betriebsversammlung und Wirtschaftsausschuß sind die Organe der Betriebsverfassung auf der Arbeitnehmerseite. Das betriebsverfassungsrechtliche Organ der Arbeitgeberseite ist der Arbeitgeber selbst oder für ihn handelnde Personen.

Betriebsräte können gewählt werden in Betrieben, die ständig mehr als fünf wahlberechtigte und drei wählbare Personen beschäftigen (§ 1 BetrVG). Ein Betrieb ist eine wirtschaftlich, in der Regel auch räumlich selbständige Einheit, die durch eine Leitung mit einer gewissen unternehmerischen Funktion geführt wird. Arbeitnehmer ist derjenige, der aufgrund eines Arbeitsvertrages abhängige, überwiegend fremdbestimmte Arbeit zum Zwecke des Erwerbs leistet. Nach § 5 BetrVG gehören hierzu auch die zu ihrer Berufsbildung beschäftigten Personen. Zu den Arbeitnehmern im Sinne des BetrVG zählen nach § 5 BetrVG nicht die Mitglieder des Organs, das eine juristische Person gesetzlich vertritt, die Gesellschafter von Personengesellschaften oder deren Geschäftsführer, soweit sie diese Gesellschaften vertreten, die Personen, die vorwiegend aus karitativen, religiösen, gesundheitlichen oder erzieherischen Gründen arbeiten und beschäftigt sind, der Ehegatte, Verwandte und Verschwägerte ersten Grades, soweit sie mit dem Arbeitgeber in häuslicher Gemeinschaft leben, und leitende Angestellte. Das Betriebsverfassungsgesetz gilt nicht in Betrieben und Verwaltungen des Öffentlichen Rechts, in Kleinbetrieben mit ständig weniger als fünf wahlberechtigten Personen, für Religionsgemeinschaften und die von ihnen geführten karitativen, medizinischen und erzieherischen Einrichtungen und nur mit Einschränkungen für Tendenzbetriebe.

Wahlberechtigt zum Betriebsrat sind alle Arbeitnehmer über 18 Jahren, soweit für sie nicht vorstehende Ausnahmen gelten. Wählbar zum Betriebsrat sind nach § 8 BetrVG alle wahlberechtigten Arbeitnehmer, die mindestens 6 Monate dem Unternehmen des Arbeitgebers angehören.

Der Betriebsrat wird auf die Dauer von 4 Jahren gewählt. Die Wahl findet zwischen dem 1. März und dem 31. Mai statt (§ 13 BetrVG) und wird in geheimer und unmittelbarer Wahl (§ 14 BetrVG) durchgeführt.

Die Zahl der Betriebsratsmitglieder ist abhängig von der Anzahl der wahlberechtigten – nicht der wählenden – Mitarbeiter. Sie reicht von einer Person bei 5 bis 20 Mitarbeitern bis zu einunddreißig Mitgliedern bei 9 000 Arbeitnehmern und steigt weiter um jeweils 2 Mitglieder für je angefangene 3 000 Mitarbeiter (§ 9 BetrVG). In Unternehmen, die über mehrere betriebsratsfähige Betriebe verfügen, in denen Betriebsräte gewählt worden sind, ist ein Gesamtbetriebsrat zu bilden (§ 47 BetrVG). Der Betriebsrat wählt aus seiner Mitte den Vorsitzenden und den stellvertretenden Vorsitzenden, die, wenn beide Gruppen, Angestellte und Arbeiter, im Betrieb vertreten sind, nicht beide der gleichen Gruppe angehören sollen (§ 26 I/II BetrVG): Der Vorsitzende, bei seiner Verhinderung der stellvertretende Vorsitzende, vertritt den Betriebsrat und nimmt an den Betriebsrat gerichtete Erklärungen entgegen (§ 26 III BetrVG). Die Arbeit aller Mitglieder des Betriebsrates erfolgt ehrenamtlich und unentgeltlich soweit sie außerhalb der normalen Arbeitszeit geleistet wird (§ 37 BetrVG).

Für Arbeitnehmer, die im Wahlvorstand zur Wahl des Betriebsrates oder einer Jugendvertretung tätig sind oder waren, für die Bewerber um das Amt eines Betriebsrates oder eines Jugendvertreters und für Mitglieder des Betriebsrates und der Jugendvertretung besteht Kündigungsschutz nach § 15 des Kündigungsschutzgesetzes (KSchG) und nach § 103 BetrVG. Der Kündigungsschutz nach dem KSchG reicht auch noch in die Zeit nach der aktiven Betätigung im Rahmen der Betriebsverfassung hinein. Der Kündigungsschutz soll die Arbeitnehmer vor Sanktionen der Arbeitgeber schützen und dadurch die Bereitschaft der Arbeitnehmer fördern, sich in Organen der Betriebsverfassung zu engagieren, und sie in ihren Stellungnahmen freier, objektiver urteilen lassen. Die Betriebsratsmitglieder sind von ihrer Arbeitspflicht insoweit zu befreien, als es die ordnungsgemäße Erfüllung der Aufgaben eines Betriebsrates verlangt (§ 37 II BetrVG). Die §§ 79, 99 BetrVG erlegen den Mitgliedern und den Ersatzmitgliedern des Betriebsrates eine besondere Geheimhaltungspflicht auf, die sich auf alle Betriebs- und Geschäftsgeheimnisse erstreckt, die ihnen durch die Betriebsratstätigkeit bekannt geworden sind und vom Arbeitgeber auch auf andere Tatbestände ausgedehnt werden kann, indem er sie ausdrücklich als geheimhaltungspflichtig erklärt. Die Geheimhaltungspflicht erstreckt sich auch auf alle Informationen über persönliche Verhältnisse und Angelegenheiten von Mitarbeitern, die ein Betriebsrat im Rahmen seiner Tätigkeit erfährt. Die Betriebsratssitzungen sind nicht öffentlich; sie finden in der Regel während der Arbeitszeit statt (§ 30 BetrVG). Vom Zeitpunkt der Sitzung ist der Arbeitgeber vorher zu verständigen. Die Entscheidungen des Betriebsrates erfolgen durch Mehrheitsbeschluß der anwesenden Betriebsratsmitglieder: Stimmengleichheit bedeutet Ablehnung eines Antrages (§ 33 BetrVG). Über die Verhandlungen des Betriebsrates ist eine Niederschrift zu fertigen (§ 34 BetrVG). Die durch die Tätigkeit des Betriebsrates entstehenden Kosten trägt der Arbeitgeber (§ 40 BetrVG); er hat auch die für die Tätigkeit des Betriebsrates notwendigen Räume, personelle Unterstützung und Sachmittel zur Verfügung zu stellen.

Die Mitwirkungsrechte des Betriebsrates sind verschieden stark ausgeprägt. Sie können sich beziehen auf

– Unterrichtung
– Anhörung
– Beratung
– Widerspruch
– Mitbestimmung

Eine sinnvolle Mitwirkung setzt immer den Besitz ausreichender Informationen voraus; deshalb gesteht das Betriebsverfassungsgesetz dem Betriebsrat ein weit angelegtes Unterrichtungsrecht zu. Im § 80 BetrVG ist festgelegt, daß der Arbeitgeber den Betriebsrat rechtzeitig und umfassend zu unterrichten hat, damit dieser seine Aufgaben wahrnehmen kann.

In einer Reihe von Paragraphen werden besondere Anlässe oder Bereiche, für die Unterrichtungspflicht besteht, aufgeführt, so z.B. in den §§ 89 Arbeitsschutz, 90 Bauplanung, Arbeitsverfahren, Arbeitsplätze, 92 Personalplanung, 99 I personelle Einzelmaßnahmen, 100 II vorläufige personelle Maßnahmen, 105 beabsichtigte Einstellung von leitenden Angestellten, 110 I wirtschaftliche Lage und Entwicklung des Unternehmens, 111 Betriebsänderungen.

Das Recht auf Anhörung ist stärker als das Recht auf Unterrichtung. Durch die Anhörung ist der Betriebsrat aufgefordert, selbst aktiv zu werden. Er kann seine Meinung äußern, eine Stellungnahme abgeben. Die Anhörung des Betriebsrates ist nach § 102 I BetrVG vor jeder Kündigung vorgeschrieben. Erfolgt eine Kündigung ohne Anhörung des Betriebsrates, so ist sie nichtig. Das Beratungsrecht des Betriebsrates auferlegt dem Arbeitgeber, über gewisse von ihm beabsichtigte Maßnahmen rechtzeitig mit dem Betriebsrat zu beraten. Das gilt nach §§ 92, 96, 97 BetrVG z.B. für Maßnahmen der Personalplanung und der Berufsbildung und nach § 111 BetrVG für Betriebsänderungen.

In manchen Fällen (§§ 98 II, 99 II, IV, 100 BetrVG) hat der Betriebsrat ein Widerspruchsrecht. Einen Widerspruch des Betriebsrates kann der Arbeitgeber nur mit Hilfe einer seiner Auffassung beitretenden Entscheidung des Arbeitsgerichts überwinden. Das weiteste Mitwirkungsrecht hat der Betriebsrat in den Fällen der Mitbestimmung im engeren Sinne. In diesen Fällen sind Arbeitgeber und Betriebsrat gleichberechtigt. Können sie sich nicht einigen, entscheidet verbindlich die Einigungsstelle. Sie agiert gewissermaßen als Schiedsrichter. Ein *Mitbestimmungsrecht im engeren Sinne* hat der Betriebsrat nach § 87 BetrVG in Fragen der Ordnung des Betriebes und des Verhaltens der Arbeitnehmer im Betrieb, in Fragen der Arbeitszeit- und Pausenregelung, in Fragen der Verlängerung oder Verkürzung der betriebsüblichen Arbeitszeit, bei der Regelung der Zahlungsweise der Arbeitsentgelte, in bezug auf die Aufstellung von Urlaubsgrundsätzen oder eines Urlaubsplanes, bei der Einführung von Geräten zur Überwachung der Mitarbeiter, bei Maßnahmen zum Zwecke der Arbeitssicherheit, bei der Gestaltung und Verwaltung von betrieblichen Sozialeinrichtungen, bei der Verteilung und Kündigung von Werkswohnungen, bei Fragen der betrieblichen Lohngestaltung, bei der Festsetzung von Akkord- und Prämiensätzen und bei der Erstellung von Grundsätzen für das Betriebliche Vorschlagswesen. Spezielle Mitbestimmungsrechte im engeren Sinne finden sich in den §§ 91, 94, 95 II, 98 I, IV und 112 IV BetrVG.

Über die mit dem Arbeitgeber aufgrund der Mitbestimmungsrechte getroffenen Vereinbarungen können Betriebsvereinbarungen geschlossen werden. Betriebsvereinbarungen haben unmittelbare und zwingende Wirkung für alle Arbeitnehmer eines Betriebes (§ 77 BetrVG). Nach § 60 BetrVG werden in Betrieben, die in der Regel mindestens fünf jugendliche Arbeitnehmer beschäftigen, *Jugendvertretungen* von den jugendlichen Arbeitnehmern gewählt. Als Jugendvertreter gewählt werden können alle Arbeitnehmer, die das 24. Lebensjahr noch nicht vollendet haben. Aufgabe der Jugendvertretung ist es, die besonderen Interessen der jugendlichen Arbeitnehmer gegenüber dem Betriebsrat und den übrigen Arbeitnehmern zu vertreten. Sie agiert gewissermaßen als Einigungsstelle. Die Jugendvertretung ist in der Regel nicht unmittelbarer Gesprächspartner des Arbeitgebers; sie wirkt über den Betriebsrat. Ihre Hauptaufgaben bestehen darin, Maßnahmen anzuregen, die den jugendlichen Arbeitnehmern dienen, die Einhaltung der zum Schutze der

118

Jugend geltenden Bestimmungen zu überwachen und die Berufsbildung ihres Wählerkreises zu fördern. Die Rechte und Pflichten der Jugendvertreter sind weitgehend denen der Betriebsräte angelehnt; auch für sie besteht der Kündigungsschutz nach § 15 I KschG. Nach § 78a BetrVG kann ein Auszubildender, der Jugendvertreter ist, innerhalb der letzten drei Monate der Ausbildung die Weiterbeschäftigung nach Beendigung der Ausbildung verlangen.

Die *Betriebsversammlung* dient der Information der Mitarbeiter. Sie ist ein Organ der Betriebsverfassung, das aus allen Arbeitnehmern des Betriebes (§ 42 BetrVG) gebildet wird. Einberufen wird die Betriebsversammlung vom Betriebsrat (§ 41 BetrVG) grundsätzlich einmal im Kalendervierteljahr. Bei Bedarf kann der Betriebsrat auch noch eine zweite Betriebsversammlung im Kalendervierteljahr einberufen. Er ist verpflichtet, sie einzuberufen, wenn der Arbeitgeber oder ein Viertel der Belegschaft sie verlangen. Die Betriebsversammlung findet während der Arbeitszeit statt. Ein Verdienstausfall für den an ihr teilnehmenden Arbeitnehmer entsteht nicht. Auf der Betriebsversammlung hat der Betriebsrat einen Tätigkeitsbericht zu erstatten (§ 43 I 1 BetrVG), und der Arbeitgeber hat über das Personal- und Sozialwesen, die wirtschaftliche Lage des Unternehmens und seine Entwicklungsaussichten zu informieren. Nach § 45,2 BetrVG kann die Betriebsversammlung dem Betriebsrat Anträge unterbreiten und zu seinen Beschlüssen Stellung nehmen. Sie kann ihn jedoch nicht bindend beauftragen oder entlasten. Die Betriebsversammlung ist dem Betriebsrat nicht übergeordnet. Durch die in der Betriebsversammlung institutionalisierte Information der Mitarbeiterschaft über sie betreffende Probleme wirkt sie bei emotionsfreier Durchführung im Sinne der Verbesserung des Betriebsklimas.

Unternehmen mit in der Regel mehr als einhundert ständig beschäftigten Arbeitnehmern ist die Bildung eines *Wirtschaftsausschusses* vorgeschrieben (§ 106 BetrVG). Aufgabe des Wirtschaftsausschusses ist es, wirtschaftliche Angelegenheiten mit dem Arbeitgeber bzw. der Geschäftsleitung zu beraten und den Betriebsrat über die wirtschaftliche und finanzielle Lage des Unternehmens, über Wirtschaftsvorhaben und Entwicklungstendenzen zu unterrichten. Im § 106, Abs. 3, BetrVG findet sich eine beispielhafte Aufzählung der Angelegenheiten, die das Gesetz mit ,,wirtschaftlichen Angelegenheiten'' meint.

Die Mitglieder des Wirtschaftsausschusses werden vom Betriebsrat gewählt. Der Wirtschaftsausschuß besteht aus mindestens drei, höchstens sieben Unternehmensangehörigen. Auch leitende Angestellte können dem Wirtschaftsausschuß angehören. Mindestens ein Mitglied des Wirtschaftsausschusses muß Betriebsratsmitglied sein (§ 107 BetrVG). Der Wirtschaftsausschuß soll monatlich einmal zusammentreten und mit dem Unternehmer oder dessen Stellvertreter beraten (§ 108 BetrVG).

Das Betriebsverfassungsrecht räumt auch den Gewerkschaften und den Arbeitgeberverbänden, den Koalitionen nach Art. 9 III GG, Rechte im Rahmen der Betriebsverfassung ein. Herrschender Grundgedanke ist dabei, daß durch eine vertrauensvolle Zusammenarbeit den Belangen sowohl der Arbeitnehmer als auch des Arbeitgebers Rechnung getragen wird. Das Betriebsverfassungsgesetz spricht mehr Rechte der Gewerkschaften an als der Arbeitgeberverbände. Während den Arbeitgeberverbänden nur Teilnahmerechte an Sitzungen von Organen der Betriebsverfassung zustehen, können Gewerkschaften auch selbst initiativ werden, so z.B. bei der Bestellung eines Wahlvorstandes (§ 16 II BetrVG), bei der Zusammensetzung des Wahlvorstandes (§ 17 II BetrVG), bei der Anfechtung der Betriebsratswahl (§ 19 II BetrVG), bei der Erzwingung einer Betriebsversammlung (§ 43 IV BetrVG), beim Antrag auf Ausschluß eines Betriebsratsmitgliedes aus dem Betriebsrat oder beim Antrag auf Auflösung des Betriebsrates (§ 23 BetrVG).

Das Betriebsverfassungsgesetz kann seine den Arbeitnehmer schützende, dem Unternehmen dienliche und die Wirtschaft in ihrer Gesamtheit fördernde Wirkung nur entfalten, wenn zwischen Arbeitnehmer und Arbeitgeber die Bereitschaft vorhanden ist, anstehende Probleme und Aufgaben im gemeinsamen Bemühen miteinander zu bewältigen. Nicht im Kampf gegeneinander, sondern in der Vereinigung der Energien und Fähigkeiten von Arbeitgeber und Arbeitnehmer zu einem Miteinander liegt der Sinn des Betriebsverfassungsrechts.

1.7.13 Beendigung des Arbeitsverhältnisses

Das Arbeitsverhältnis ist ein *Dauerschuldverhältnis*. Es ist nicht auf den einmaligen Austausch von Leistung und Gegenleistung gerichtet, sondern regelmäßig auf einen über eine längere Zeit gehenden Leistungsaustausch. Das Arbeitverhältnis ist aber auflösbar. Dazu bedarf es eines besonderen Ereignisses. Grundsätzlich kann sowohl der Arbeitgeber als auch der Arbeitnehmer durch seine Initiative das Arbeitsverhältnis beenden. Um den in der Regel wirtschaftlich schwächeren Arbeitnehmer vor einer möglichen Willkür des Arbeitgebers zu schützen, kennt das Arbeitsrecht mehrere Schutzgesetze, die den Entscheidungsfreiraum des Arbeitgebers bei einer durch ihn erfolgenden Beendigung des Arbeitsverhältnisses einschränken.

Die Beendigung des Arbeitsverhältnisses kann bewirkt werden durch

a) Fristablauf oder Eintritt eines bestimmten Ereignisses
b) Aufhebungsvertrag
c) Tod des Arbeitnehmers
d) Kündigung
e) Erreichung des Pensionsalters
f) Urteil des Arbeitsgerichts
g) lösende Aussperrung.

Zu a) *Fristablauf oder Eintritt eines bestimmten Ereignisses*
Arbeitsverträge können auf eine bestimmte Zeit oder bis zum Eintritt eines bestimmten Ereignisses geschlossen werden. Ist zum Beispiel im Arbeitsvertrag vereinbart, daß das Arbeitsverhältnis nur 2 Monate (Aushilfsbeschäftigung) dauern soll oder am 1. 11. beginnt und mit dem 24. 12. beendet werden soll, dann bedarf es keiner weiteren Willenserklärung mehr, um das Arbeitsverhältnis zu dem bestimmten Datum zu beenden. Das gleiche gilt, wenn im Arbeitsvertrag nicht die Zeit, sondern ein Ereignis fixiert ist. So könnte beispielsweise ein Arbeitnehmer für die Dauer der Erkrankung eines anderen Mitarbeiters eingestellt sein oder für die Dauer eines Forschungsvorhabens. Nimmt der erkrankt gewesene Mitarbeiter die Arbeit wieder auf, ist das Forschungsvorhaben beendet, so endet auch das Arbeitsverhältnis mit dem Eintritt dieses Ereignisses. Da die befristeten Arbeitsverhältnisse keiner

Kündigung bedürfen, gilt für sie das Kündigungsschutzgesetz nicht. Die Möglichkeiten der Kündigung eines Arbeitsverhältnisses aus wichtigem Grund nach § 626 BGB gilt auch für ein befristetes Arbeitsverhältnis.

Zu b) *Aufhebungsvertrag*

Arbeitgeber und Arbeitnehmer ist es unbenommen, sich über die Beendigung eines Arbeitsverhältnisses zu einigen. Sie schließen dann einen Vertrag, in dem sie sich einigen, daß das Arbeitsverhältnis sofort oder zu einem bestimmten Termin beendet werden soll (Aufhebungsvertrag, § 305 BGB). Sehen Tarifverträge, Betriebsvereinbarungen oder Einzelarbeitsverträge keine bestimmte Form für den Aufhebungsvertrag vor, dann ist seine Gültigkeit nicht an eine bestimmte Form gebunden. Für den Aufhebungsvertrag brauchen keine Fristen eingehalten zu werden; die Vorschriften über den Kündigungsschutz finden keine Anwendung; der Betriebsrat braucht nicht gehört zu werden. Der Aufhebungsvertrag als Mittel zur Beendigung eines Arbeitsverhältnisses kann sowohl für den Arbeitgeber als auch für den Arbeitnehmer Vorteile gegenüber einer Kündigung bieten.

Zu c) *Tod des Arbeitnehmers*

Nach § 613 BGB hat der Arbeitnehmer seine Dienste persönlich zu leisten. Nach § 673 BGB erlischt im Zweifel der Auftrag durch den Tod des Beauftragten. Mit dem Tode des Arbeitnehmers wird das Arbeitsverhältnis beendet. Anders verhält es sich beim Tode des Arbeitgebers. Durch den Tod des Arbeitgebers endet das Arbeitsverhältnis in der Regel nicht. Ausnahmen sind bei besonders gelagerten Arbeitsverhältnissen möglich.

Zu d) *Kündigung*

Die Kündigung ist eine einseitige, empfangsbedürftige, eindeutige Willenserklärung, die entweder vom Arbeitgeber oder vom Arbeitnehmer ausgehen kann. Die Kündigung ist grundsätzlich nicht an eine Form gebunden, doch empfiehlt die Lebenserfahrung die Schriftform zum Zwecke der Beweissicherung. Ist durch Tarifvertrag, durch Betriebsvereinbarung oder Einzelvertrag eine bestimmte Form vereinbart, dann muß diese Form eingehalten werden, wenn die Kündigung nicht nichtig sein soll. Gesetzliche Formvorschriften für die Kündigung bestehen nur für Berufsausbildungsverhältnisse (§ 15 BerufsbildG) und für Arbeitsverhältnisse von Seeleuten (§ 62 SeemannsG). Einseitige Willenserklärung bedeutet, daß nur eine Partei, der Arbeitgeber oder der Arbeitnehmer, eindeutig erklären muß, daß er das Arbeitsverhältnis beenden will. Da die Kündigung keinen Vertrag darstellt, kommt es nicht darauf an, ob derjenige, dem gekündigt wird, mit der Kündigung einverstanden ist. Empfangsbedürftig meint, daß derjenige, demgegenüber gekündigt wird, unter normalen Umständen Gelegenheit gehabt hat, von der Kündigung Kenntnis zu nehmen. Es kommt auf den Zugang, das ist das Gelangen der Willenserklärung in den Machtbereich des beabsichtigten Empfängers, an, nicht auf die tatsächliche Kenntnisnahme durch den Empfänger. Unter Machtbereich ist der Lebens- und Arbeitsbereich zu verstehen, in dem nach allgemein menschlichen Erwartungen ein Adressat anzutreffen ist. Es kann geboten sein, eine Kündigung in mehrere Machtbereiche zu schicken, wenn ein Machtbereich nicht eindeutig bestimmbar ist. Mit dem Zugang wird die Kündigung wirksam. Die Kündigung muß so gestaltet sein, daß aus ihr eindeutig und zweifelsfrei der Wille hervorgeht, daß das Arbeitsverhältnis beendet wird. Aufforderungen, sich einen anderen Arbeitgeber oder einen anderen Arbeitnehmer zu suchen, sind keine Erklärungen, aus denen eindeutig die Absicht der Beendigung des Arbeitsverhältnisses zu schließen ist, sie sind deshalb nicht als Kündigung auszulegen. Zur Beendigung eines Arbeitsverhältnisses kennt das Arbeitsrecht die ordentliche und die außerordentliche Kündigung. Die Änderungskündigung dagegen zielt auf die Fortsetzung des Arbeitsverhältnisses unter veränderten Bedingungen.

Die ordentliche Kündigung liegt dann vor, wenn die gesetzlich bestimmte, tarifvertraglich vereinbarte oder einzelvertraglich geregelte Kündigungsfrist eingehalten wird. Eine außerordentliche Kündigung erfolgt ohne Einhaltung der gesetzlich, tarifvertraglich oder einzelvertraglich geregelten Kündigungsfrist. Die außerordentliche Kündigung erfolgt in der Regel fristlos (§ 626 BGB); sie kann aber auch mit einer Auslauffrist erklärt werden, wenn soziale, betriebliche oder sonstige Gründe berücksichtigt werden sollen. Die außerordentliche Kündigung stellt einen höchst auswirkungsreichen Eingriff in die Interessensphäre des Arbeitnehmers oder des Arbeitgebers dar. Für sie muß daher ein wichtiger Grund vorliegen (§ 626 BGB). Ein wichtiger Grund ist ein Umstand, nach dem es dem Kündigenden nicht zugemutet werden kann, das Arbeitsverhältnis bis zu dem Zeitpunkt fortzusetzen, zu dem eine ordentliche Kündigung das Arbeitsverhältnis beenden würde. Ein wichtiger Grund, der die außerordentliche Kündigung rechtfertigt, kann sich sowohl aus Verletzungen der Haupt- als auch der Nebenpflichten seitens des Arbeitgebers oder des Arbeitnehmers ergeben. Nach § 626 II BGB kann die außerordentliche Kündigung nur innerhalb einer Frist von zwei Wochen erfolgen. Die Frist beginnt mit dem Zeitpunkt zu laufen, in dem der Kündigungsberechtigte feste Kenntnis von dem wichtigen Grund erlangt hat. Der Grund für die außerordentliche Kündigung ist dem Gekündigten auf Verlangen schriftlich mitzuteilen (§ 626 II BGB). Für die ordentliche Kündigung gibt es keine gesetzliche Vorschrift, nach der die Kündigungsgründe mitzuteilen sind; aber die Verpflichtung dazu kann sich aus den Nebenpflichten des Arbeitsverhältnisses ergeben. Kündigung eines Berufsbildungsverhältnisses ist nur wirksam, wenn die Kündigungsgründe mitgeteilt werden.

Gegen die ordentliche und die außerordentliche Kündigung und die Änderungskündigung kann der Arbeitnehmer innerhalb von drei Wochen Kündigungsschutzklage nach § 4 des KSchG beim zuständigen Arbeitsgericht erheben.

Bei einer Kündigung hat in einem Betrieb, in dem ein Betriebsrat besteht, der Betriebsrat ein Mitwirkungsrecht. Der Betriebsrat ist vor jeder Kündigung zu hören. Gemeint ist der Betriebsrat als Institution. Die Information über die beabsichtigte Kündigung und die dafür maßgebenden Gründe müssen dem Betriebsrat über seinen Vorsitzenden oder dessen Stellvertreter zugehen. Die Anhörung muß vor der Kündigung erfolgen. Eine nach der Kündigung durchgeführte Anhörung, auch wenn sie zu einer Genehmigung der Kündigung führt, macht die Kündigung unwirksam. Hat der Betriebsrat gegen eine Kündigung Bedenken, so hat er dem Arbeitgeber bei einer ordentlichen Kündigung innerhalb einer Woche nach seiner Benachrichtigung, bei einer außerordentlichen Kündigung innerhalb von drei Tagen schriftlich Mitteilung zu machen. Unterbleibt innerhalb dieser

Fristen eine Benachrichtigung des Arbeitgebers, so gilt seine Zustimmung als erteilt. Erhebt der Betriebsrat aus den Gründen des § 102 III BetrVG gegen eine beabsichtigte Kündigung den formal vorgeschriebenen schriftlichen Widerspruch, dann muß der Arbeitgeber, falls er bei der Kündigungsabsicht bleibt, dem Arbeitnehmer mit der Kündigung auch eine Abschrift des Widerspruchs zur Verfügung stellen (§ 102 IV BetrVG). Der Arbeitnehmer kann dann eine eventuelle Kündigungsschutzklage nach § 1 II KSchG unter anderem auf diesen Widerspruch stützen.

Die ordentliche Kündigung setzt die Einhaltung der gesetzlichen, tariflichen oder einzelvertraglich vereinbarten Kündigungsfrist voraus und ist, wenn das KSchG Anwendung findet, nur wirksam, wenn ein Kündigungsgrund im Sinne des § 1 KSchG vorliegt. Die Kündigungsfrist hat zwei Wirkungen. Zum einen muß eine ordentliche Kündigung vor Beginn der Kündigungsfrist ausgesprochen werden; zum anderen treten die wesentlichen Rechtsfolgen der Kündigung erst nach Ablauf der Kündigungsfrist ein. Folgen der Kündigung können aber auch schon während der Kündigungsfrist entstehen, so zum Beispiel der Anspruch des gekündigten Arbeitnehmers auf Freizeitgewährung zum Zwecke der Vorstellung an einem neuen Arbeitsplatz oder der Fortfall des Anspruchs auf Sonderzuwendungen. Seit dem 15. 10. 1993 gilt das Gesetz zur Vereinheitlichung der Kündigungsfristen von Arbeitern und Angestellten (Kündigungsfristengesetz (KündFG)). Bis zu diesem Zeitpunkt sah der § 622 BGB verschiedene Kündigungsfristen für Arbeiter und Angestellte vor, und in den alten und neuen Bundesländern galten voneinander abweichende Fristen. Diese Rechtslage war nicht verfassungskonform; sie bedurfte deshalb einer neuen gesetzlichen Regelung.

Art. I des Kündigungsfristengesetzes ändert den § 622 BGB und legt eine einheitliche Grundfrist von vier Wochen für die Kündigung von Arbeitsverhältnissen fest. Als Kündigungstermine sind nunmehr der Fünfzehnte oder das Ende eines Kalendermonats bestimmt. Von der vierwöchigen Grundkündigungsfrist und den Grundkündigungsterminen kann unter bestimmten Voraussetzungen bei arbeitgeberseitiger Kündigung in beiden Richtungen abgewichen werden.

Besteht ein Arbeitsverhältnis über zwei Jahre, so ist die Kündigung nur noch zum Monatsende möglich. Die Kündigungsfrist verlängert sich nach fünfjährigem Bestehen des Arbeitsverhältnisses auf zwei Monate zum Ende eines Kalendermonats. Hat das Arbeitsverhältnis in einem Unternehmen acht Jahre bestanden, beträgt die Kündigungsfrist drei Monate zum Monatsende, nach einem Arbeitsverhältnis von zehn Jahren vier Monate zum Monatsende, nach zwölfjähriger Dauer fünf Monate zum Monatsende, nach fünfzehn Jahren sechs Monate zum Monatsende und nach zwanzig Jahren sieben Monate zum Monatsende. Der § 622 II 2 BGB bestimmt, daß bei der Berechnung der Beschäftigungsdauer Zeiten, die vor der Vollendung des 25. Lebensjahres erbracht wurden, nicht berücksichtigt werden.

Nach § 622 III BGB kann die Kündigungsfrist während einer vereinbarten Probezeit, längstens aber auf die Dauer von sechs Monaten, auf zwei Wochen festgesetzt werden.

§ 622 V 1 Nr. 1 ermöglicht die einzelvertragliche Regelung der Kündigungsfrist für zur vorübergehenden Aushilfe eingestellte Arbeitnehmer, soweit das Aushilfsverhältnis nicht über drei Monate hinausgeht. Einzelvertraglich kann damit die Verkürzung der vierwöchigen Grundkündigungsfrist bis zur nicht mehr fristgebundenen, entfristeten ordentlichen Kündigung vereinbart werden.

Über die gesetzlich vorgesehenen Möglichkeiten hinaus, ist eine Verkürzung der Kündigungsfristen durch die Arbeitsvertragsparteien über die Regelung des § 622 I, II, III nicht möglich; dagegen ist eine Verlängerung der Kündigungsfrist nach § 622 V 2 zulässig.

Aus dem § 622 IV ergibt sich die Tarifdispositivität über die in § 622 I – III enthaltenen Kündigungstermine und Kündigungsfristen. Die Kündigungsfristen für die Kündigung durch den Arbeitnehmer dürfen nicht länger vereinbart werden, als die Fristen für eine arbeitgeberseitige Kündigung.

Erfolgt eine Kündigung nicht fristgerecht – gleichgültig, ob die Frist gesetzlich, tarifvertraglich oder durch Einzelvertrag vereinbart worden ist –, so ist sie unwirksam. Das Arbeitsverhältnis kann durch Urteil des Arbeitsgerichts gemäß § 9 KSchG aufgelöst werden, wenn der Arbeitnehmer oder der Arbeitgeber dies beantragt und das Arbeitsgericht zustimmt.

Die Beendigung des Arbeitsverhältnisses durch eine sogenannte lösende Aussperrung kommt nur in Ausnahmefällen vor. Im allgemeinen hat die Aussperrung nur suspendierende Wirkung; das Arbeitsverhältnis wird dadurch nicht beendet.

Mit der Beendigung des Arbeitsverhältnisses wächst dem Arbeitnehmer das Recht auf ein schriftliches Zeugnis und die Aushändigung der Arbeitspapiere zu.

Arbeitsverhältnisse können durch Kündigung nicht oder nicht allein durch den Arbeitgeber beendet werden, wenn Kündigungsverbote oder Mitwirkungsvorschriften bestehen. Zur Kündigung von Schwerbehinderten und ihnen gleichgestellten Personen bedarf es der Zustimmung der Hauptfürsorgestelle; Massenentlassungen bedürfen der Zustimmung des Landesarbeitsamtes.

Für bestimmte Arbeitnehmer oder Arbeitsverhältnisse besteht ein Kündigungsverbot, so für befristete Arbeitsverhältnisse nach § 620 BGB, für Berufsausbildungsverhältnisse nach Ablauf der Probezeit für eine ordentliche Kündigung gemäß § 15 II BBiG; es sei denn, der Auszubildende will die Berufsausbildung aufgeben oder sich für eine andere Berufsausbildung ausbilden lassen, für Arbeitsverhältnisse mit Wehrpflichtigen (§ 2 ArbPlSchG) und anerkannten Kriegsdienstverweigerern (§ 782 DG), für Arbeitsverhältnisse mit Arbeitnehmern, die Funktionen im Rahmen der Betriebsverfassung wahrnehmen (§ 15 I KSchG), nach § 9 MuSchG für die Zeit der Schwangerschaft und für 4 Monate nach der Entbindung, für unkündbare Arbeitsverhältnisse. Kündigungen, die trotz eines Kündigungsverbotes ausgesprochen werden, sind gemäß § 134 BGB nichtig.

1.8 Mensch, Betrieb und Zielsetzung — ganzheitliche Überlegungen zu einer umfassenden Personalwirtschaft

1.8.1 Zur Idee ganzheitlichen Denkens und Handelns

Wertewandel, Strukturveränderung und Strategiebewußtsein sind wahrscheinlich die gewichtigsten Vokabeln in der gesellschaftspolitischen Diskussion seit Anfang der 70er Jahre. Sie scheinen darauf hinzuweisen, daß eine Gesellschaft im Umbruch ist und sich dessen auch zunehmend bewußt wird. Statische Begriffe werden zunehmend zugunsten dynamischer Wortbildungen aufgegeben, und ein Wiederbesinnen auf alte Kräfte, die verschüttet schienen, bricht sich Bahn. Daneben entwickeln sich aber auch neue Vorstellungen und Ideen, die der gesellschaftlichen und wirtschaftlichen Stagnation entgegenwirken sollen.

In den 50er und 60er Jahren sind in der Euphorie des wirtschaftlichen Wiederaufstiegs eine Fülle

- politischer,
- gesellschaftlicher,
- wirtschaftlicher,
- technologischer und
- rechtlicher

Probleme verdrängt oder zumindest zugunsten pragmatischer Ad-hoc-Lösungen zurückgestellt worden. Dies bedeutete, daß die bestehenden Systeme vorrangig auszubauen waren, weniger aber auf ihre grundsätzlichen Konsequenzen hin untersucht wurden. So entwickelten gerade die Wissenschaften, die mehr oder weniger den Betrieb als ihr Erfahrungsobjekt ansahen, eine Fülle theoretischer Konzeptionen und pragmatischer Instrumente, um dem Bedarf der Praxis nach mehr Wissen oder gar nach „Patentrezepten" zu genügen. Die Betriebswirtschaftslehre baute die Gutenbergsche Faktorentheorie weiter aus, um die Kombinationsidee der Produktionsfaktoren durch den dipositiven Faktor weiter zu vertiefen. Sie beschäftigte sich wieder mit den zentralen betrieblichen Fragen der Produktion, des Absatzes, der Finanzierung sowie auch marktorientierter Kostenrechnungssysteme. Die Entscheidungstheorie von Heinen stellte Fragen von Information und Entscheidung in den Vordergrund ihrer Überlegungen und bereicherte die unternehmerische Praxis mit einer Fülle rechenbarer Modelle und statistisch-mathematischer Verfahren. Faktische Unternehmensführung konnte die dahinterstehende Philosophie genannt werden. Der im Betrieb Beschäftigte blieb — so oder so — der betriebliche Produktionsfaktor, der nach Effizienzgesichtspunkten betrachtet werden mußte und mit dem Produktionsfaktor Betriebsmittel — sprich Investitionsgüter — konkurrierte. Die Beteiligten und Betroffenen focht das nicht an, da diese Wirksamkeit mit entsprechenden Entlohnungsformen korrelierte.

Der von Amerika übernommene und in Deutschland weiterentwickelte Marketing-Begriff tat ein übriges, marktliche Erfolgschancen zu konkretisieren. Das dafür geeignete Instrumentarium differenzierte sich zunehmend und fand breite Anwendung in Handel und Industrie. Die Wirtschaftsordnung unterstützte diese Wettbewerbs- und Marktorientierung. So geriet in diesem Konzept der Kunde oder Abnehmer in den Mittelpunkt der betrieblichen Überlegungen, und dessen offene oder verdeckte Bedürfnisse bildeten das Orientierungskriterium betrieblichen Denkens und Handelns. Die konkrete personelle Umsetzung dieser Ideen in betriebliche Organisation und Produktion verblieb wenigen Experten vorbehalten, die zwar manchmal sogar von Personalmarketing sprachen, aber die klassische Rolle der Beschäftigten weitgehend unberührt ließen. Die Betriebswirtschaftslehre behauptete also insgesamt ihr ureigenes Terrain der wirtschaftlichen Seite des Betriebes und des Betriebsgeschehens und gestaltete dies in Ursache-Wirkungs- und Ziel-Mittel-Zusammenhängen aus. Dieses Verhalten wird heute als sektoral bezeichnet und kennzeichnet die Abgeschlossenheit der Wissenschaft und ihre Distanz zu anderen Forschungsgebieten, die sich auch dem Betrieb − freilich unter anderem Blickwinkel − widmeten.

So befaßte sich die Betriebspsychologie mit dem Menschen im Unternehmen und machte zunehmend deutlicher, daß sich der Arbeitsprozeß gar nicht ausschließlich in der entfremdeten Welt quantitativer Bezüge (Zahl, Menge, Leistung, Entlohnung) abspielt und daß der Umgang mit Maschinen den Menschen nicht notwendigerweise in die Entwürdigung zwingt. Deshalb bearbeitete sie im wesentlichen Fragen

− der Anpassung der Geräte und der Arbeitsbedingungen an die sensorischen, motorischen und sozialen Eigenheiten des Menschen,
− der Anpassung der geübten Arbeitsfunktionen an die Bedingungen der Geräte,
− der zweckmäßigen Gestaltung des Anlernprozesses,
− der Begabungsauslese und
− der sozialpsychologischen Strukturierung der Betriebsgemeinschaft.

Arbeitszeit, Arbeitspause, Arbeitsmenge und Tagesablauf, Ermüdung und Leistungskurven waren die häufigsten Vokabeln der Betriebspsychologen; Auslesen, Auswahl und Prüfreihen sowie Testverfahren waren geeignete Methoden optimaler ,,Plazierung''.

Die Verdienste der Betriebspsychologie sind genauso unbestritten wie die der Betriebswirtschaftslehre in ihrem betrieblichen Segment. Beide mußten sich mit der durch die erste industrielle Revolution ausgelösten Entwertung der menschlichen Körperkraft, der Entwertung gewerblicher Fähigkeiten und der Umkonstruktion des Bildes vom Menschen unter dem Gesichtspunkt der Zweckmäßigkeit stellen. Der Homo oeconomicus prägte die wissenschaftlichen Vorstellungen, wenn auch in unterschiedlichen Dimensionen. Die BWL nutzte die Idee dieser Zweckmäßigkeit in der Vorstellung vom Produktionsfaktor, die Betriebspsychologie zeigte die Entwicklungsmöglichkeiten und Grenzen auf.

Ähnlich erging es der Betriebssoziologie, die sich als sog. Bindestrichsoziologie etablierte und das Bild vom Menschen erweiterte. Sie befaßte sich mit dem Mesokosmos Betrieb und entwickelte und beschrieb Fragen der Rolle, der Position (Status), der Situation, der Orientierung, der Interaktion als sozialem Handeln und der Gruppenbildung und der dort ablaufenden Prozesse. Konformes wie abweichendes Verhalten, positive und negative Sanktionen, Autorität und betriebliche Konflikte waren weiterhelfende Vokabeln und Erklärungen, die die Situation der Beschäftigten beleuchteten und auch in den Kontext von Kultur und Gesellschaft stellten. Allerdings verschloß sich auch die Betriebssoziologie nicht der Idee der Zwanghaftigkeit des Systems Betrieb, wenn sie dies auch mit der Vorstellung vom Sozialsystem verband. Damit wurden weiterführende Ideen, wie die von Be-

126

triebsklima, Arbeitszufriedenheit und Leistungsanreizen, bedeutsam, die auch heute noch die betriebliche Diskussion beherrschen.

Andere Wissenschaften, wie die Umweltwissenschaften als Ökologie, blieben weitgehend unberücksichtigt und entwickelten sich in ähnlicher sektoraler Selbstgenügsamkeit. Selbst wenn auch übergreifende Wissenschaftsansätze im Einzelfall beobachtbar waren, so wurden im großen und ganzen jedoch die jeweiligen Problemansätze ausschließlich aus der Sicht der jeweiligen Wissenschaft behandelt und abgehandelt.

Mit den vor allem Anfang der 70er Jahre erfahrenen Limitationalitäten änderte sich der Blickwinkel allmählich. Das Bewußtsein der Begrenztheiten

- im Energiebereich,
- im Rohstoffbereich,
- im Nahrungsmittelbereich und
- im Umweltbereich

öffnete neue Betrachtungsmöglichkeiten. Politische und wirtschaftspolitische Limitationalitäten wie Protektionsphänomene, Inflation, Staatsverschuldung und Arbeitslosigkeit zwangen zu umfassenderen Ansätzen und Einbeziehungen und Kooperationen mit Nachbardisziplinen. Durch die Limitationalitätserfahrungen im psychosozialen Bereich (Aggressions- und Fluchtphänomene, Angst und Monotonien) rückte der Mensch zunehmend in das Beziehungsgeflecht von Wirtschaft, Gesellschaft und Wissenschaft. Ganzheitliche Betrachtungsweisen wurden angeregt und als problematisch zurückgewiesen – Interdisziplinarität lautete die Forderung, und die Idee des Holismus trat ins wissenschaftliche Bewußtsein. Einen Betrieb ganzheitlich zu betrachten, hieß die Forderung.

Was läßt sich nun unter Holismus oder Ganzheitlichkeit grundsätzlich verstehen, und was bedeutet dies für Unternehmen, Mitarbeiter und Personalwirtschaft?

Der große Brockhaus definiert Holismus als philosophische Denkrichtung, nach der alle Daseinsformen der Welt danach streben, ein Ganzes zu sein. Dieses Prinzip liege der Evolution im Bereich des Physikalischen und Biologischen, aber auch des Psychologischen, Ethischen etc. zugrunde. Es gebe damit nur eine allumfassende, organisch sich in einer Stufenfolge aufbauende Wirklichkeit. Der Duden spricht von einer Ganzheitslehre und erwähnt die Begriffsprägung durch J. C. Smuts (1870 – 1950). Außerdem wird auf andere holistische Lehren in der Philosophiegeschichte (Aristoteles, Leibniz, Hegel und neuerdings Haldane und Meyer-Abich) hingewiesen.

Mit dieser knappen Definition ist eine Idee gekennzeichnet, die, im Gegensatz zu Ausschnittsbetrachtungen der Wirklichkeit, die volle Wirklichkeit erfassen will. Damit wird eine Alternative zu den sektoralen Betrachtungsweisen früherer und auch momentaner Wissenschaftsansätze angeboten. Diese orientieren sich entweder nach dem Kriterium Raum oder Zeit und gehen einer solchen Betrachtungsart eindimensional nach. So befaßt sich eine raumgerichtete Wirklichkeitserfassung aufsteigend mit den Kriterien

- Mensch,
- Institution (Organisation),
- Wirtschaft,

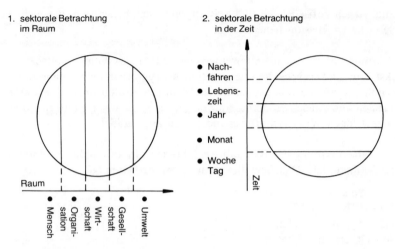

Abb. 1.8 – 1: Sektorale Betrachtungsweisen im Hier und Jetzt (= eindimensionale Wahrnehmung der Wirklichkeit in Raum oder Zeit)

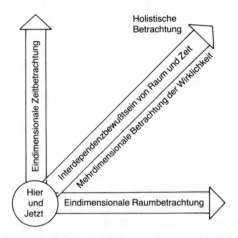

Abb. 1.8 – 2: Interdependenzbewußtsein von Raum und Zeit = ganzheitliche Betrachtungsweise

– Gesellschaft und
– Umwelt

und erforscht diese „Räume" in ihren aktuellen Dimensionen. Der Faktor Zeit spielt dabei nur eine untergeordnete Rolle. Bei einer zeitgerichteten Betrachtung wird aufsteigend nach den Kriterien

– Tag/Woche,
– Monat,
– Jahr,
– Lebenszeit und
– Nachfahren

gefragt und ein Raumprinzip (Mensch, Institution etc.) daran in seiner Entwicklung erfaßt.

128

Eine solche, jeweils zeit- oder raumgerichtete, eindimensionale Betrachtungsweise droht in das Dilemma zu geraten, jeweils nur die Ad-hoc-Problematik von Raum und Zeit zu erfassen oder − anders formuliert − sich vorrangig mit Fragen des Tagesgeschehens und aktueller Problematik zu befassen. Taktik und Operationalität geraten in den Vordergrund aller Überlegungen, und Sinnzusammenhänge zwischen Raum und Zeit − vor allem in the long run − drohen verloren zu gehen.

Holistisches Denken ist demgegenüber das Bewußtsein der Abhängigkeit von Raum und Zeit im Sinne einer zweidimensionalen Betrachtung der Wirklichkeit. Zwar wächst mit einer solchen Realitätserfassung die Komplexität, aber der umfassende Ansatz bietet dafür die Gewähr für eine Berücksichtigung der vielfältigen Interdependenzen. Der Mensch z.B. wird dann im größeren Kontext seiner Raumzuordnung (s. Umwelt) und seiner Zeitgrenzen als Individuum, aber auch seiner darüber hinaus erkennbaren Gestaltungswirkungen gesehen.

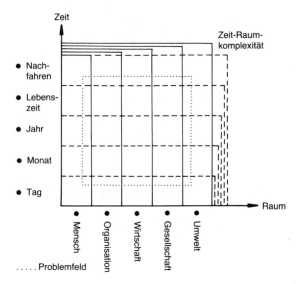

Abb. 1.8 − 3: Dimensionen einer ganzheitlichen Betrachtung

Bei dem Versuch einer graphischen Darstellung des Holismus-Phänomens wird der Umfang ganzheitlichen Erfassens der Wirklichkeit optisch deutlich. Das ganzheitliche Problemfeld (gepunktetes Viereck) ist weit gesteckt. Es ermöglicht Langfristüberlegungen im umfassenden Sinn und macht strategische Überlegungen möglich. Gerade die Limitationserfahrungen haben die Notwendigkeit ganzheitlichen Erfassens verdeutlicht.

Strategien sind Konzeptionen in die überschaubare Zukunft. Sie beinhalten für das Hier und Jetzt Taktiken zur aktuellen Daseinsbewältigung. Gleichzeitig und vor allem aber sind sie Überlegungen und Konkretisierungen für die Lebensspanne der jetzigen und folgenden Generation. Dabei wird bei ganzheitlicher Betrachtung auch deutlich, daß Vergangenheit, Gegenwart und Zukunft nicht klar voneinander abgrenzbare Größen sind, sondern daß sie ineinander verwachsen sind und sich ineinanderfolgend beeinflussen. So wirkt Vergangenheit nicht nur in die Gegenwart hinein, sondern ist in dieser vielmehr vielfältig in den unterschiedlichsten Erscheinungsformen präsent. Dies gilt selbst für die Zukunft, die sich in der Vergangenheit begründet sieht und selbst neben dieser zugleich erkennbar ist; Vergangenheit und Zukunft sind gleichermaßen aktuell, wie dies in vielen Gestaltungsformen in der Betriebswirtschaftslehre, in der Personalwirtschaftslehre und in der betrieblichen Praxis von Unternehmens- und Mitarbeiterführung deutlich wird. Tradierte Konzepte werden genauso vertreten wie modernste Utopien, die in manchen Fällen schon praxisrelevant geworden sind. Allerdings muß auch verdeutlicht werden, daß sich zukünftige Tatbestände letztlich in ihrer Dimension erst durch die Entscheidungen in der Gegenwart herauskristallisieren. Wir haben zwar in der Vergangenheit Zukunft vorprogrammiert, können aber die Optionen dafür in der Gegenwart einlösen oder Neuentscheidungen treffen.

Holismus kann damit als ein kohärentes Wirklichkeitserfassen in Raum *und* Zeit angesehen werden. Beide Dimensionen bedingen sich gegenseitig und entwickeln sich aneinander. Auch in sich ist sowohl die Zeit als auch der Raum kohärent. Raumkategorien werden ebenso in ihrem Wirkzusammenhang betrachtet und beleuchten die Abhängigkeiten von Mensch, Organisation, Wirtschaft, Gesellschaft und Umwelt. Makro-, Meso- und Mikrokosmos sind dabei ineinander verwobene Elemente einer Raumwirklichkeit, die in die Zeit hineinwirkt.

Von besonderem Interesse sind bei holistischer Betrachtung für unser Thema die Phänomene Betrieb (Organisation) und Mensch, deren Komplementaritätsmöglichkeiten hier ja besonders aufgezeigt werden sollen.

Der Mensch wird dabei in seinen Dimensionen Körper, Seele und Geist erlebt. Der Körper ist der Ort der physischen Organe, die dem Menschen eine praktische Auseinandersetzung mit seiner Umwelt ermöglichen. Über seine Wahrnehmungsorgane nimmt er Dinge auf und/oder agiert oder reagiert er in direkter Begegnung. Sein Geist befähigt ihn zu einem Verständnis der Wahrnehmungen und zu einer Einordnung in Sinnzusammenhänge.

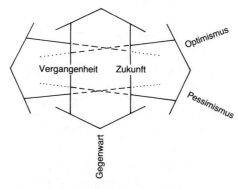

Entwicklungsrichtungen im Gestern,
Heute und Morgen in Optimismus-
und Pessimismus-Dimensionen

Abb. 1.8 – 4: Ganzheitliche Betrachtung des Phänomens Zeit

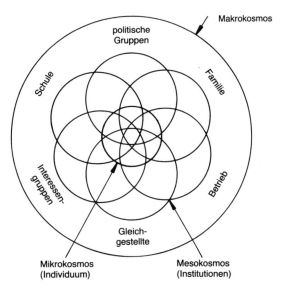

Abb. 1.8 – 5: Ganzheitliche Betrachtung des Raumes bei Differenzierung des Mesokosmos (Institutionen)

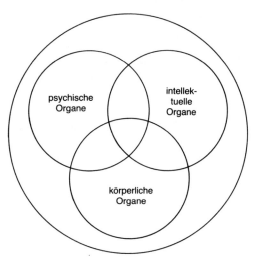

Abb. 1.8 – 6: Ganzheitliche Betrachtung des Menschen

Dieses intellektuelle Organ ermöglicht Differenzierungen und Realitätsbezogenheit. Mit seinen psychischen Organen schließlich setzt er seine Wahrnehmungen in Empfindungen, Anmutungen und Gefühle um und ergänzt so in einer weiteren Dimension den Zusammenklang seiner Existenz in einer konkreten Umwelt.

Wird dieses Verständnis vom Menschen als Erfahrung der Anthropologie angesehen, so ist diese in der Vorstellung vom Homo sapiens konkretisiert. Diese Idee erfährt dann im unterschiedlichen Denkansatz der verschiedenen Wissenschaften eine Pointierung auf eine spezielle Eigenschaft, die die Grundlage für das jeweilige Wissenschaftsgebäude darstellt.

Der Mensch als

Homo oeconomicus,
Homo psychologicus,
Homo ludens,
Ens sociale,
Zoon politikon,
Homo oecologicus,
Homo tentatus und
Homo faber

ist dabei die partielle Ausprägung, die den Grundstock für das konkrete Denken in einer Wissenschaft bildet. Wenn eine solche Vereinfachung der menschlichen Existenz in ihrer Vielgestaltigkeit aus methodischen Gründen auch verständlich erscheint, so ist dennoch unverkennbar, daß damit die Realität nur bruchstückhaft erfaßt wird und gewichtige Teile außer Betracht bleiben.

Unter ganzheitlichem Aspekt ist deshalb eine Integration unabdingbar und eine Reflexion über die Einzelaspekte vonnöten. Der Mensch ist dabei freilich mehr als die Summe der verschiedenen Wissenschaftserfahrungen. Für das Tun in einem Unternehmen bedeutet dies, daß der Mensch niemals nur Verrichter von Arbeit ist, sondern vor allem Gestalter seiner Existenz in einer vielgestaltigen Wirklichkeit.

Besondere Chancen auf Artikulation dieser Vielgestaltigkeit bietet der Betrieb als wesentlicher Teil menschlicher Existenz. Allerdings ist dabei vonnöten, daß dieses Gebilde auch in seiner gesamten umfassenden Wirklichkeit betrachtet wird. Dann ist ein solcher Betrieb nicht nur

— Stätte arbeitsteilig rationalisierter Fertigungsverfahren oder Sortimentsbildung und
— Stätte wirtschaftlicher Werterzeugung und individueller Gewinnmaximierung, sondern zusätzlich auch immer
— Stätte persönlicher Zufriedenheits- und Leistungsmotivation,
— Stätte komplexer Status- und Positionsstrukturen,
— Stätte kommunizierender und interagierender Gruppenwesen,
— Stätte mündiger, wirkender Kulturmenschen und gesellschaftlicher Zusammenkünfte und
— Stätte umfassender Umweltnutzung und -beeinflussung.

Ein solcherart definierter Betrieb ermöglicht dem Menschen die Realisation seiner Gestaltungskräfte und benötigt selbst die davon ausgehenden Impulse zur Verwirklichung der ihm immanenten Werke und ausformulierten Ziele. Dadurch ist er aber auch imstande, die Anforderungen und Herausforderungen der Umwelt anzunehmen und in Leistungsgrößen quantitativer und qualitativer Art umzusetzen. Unternehmerisches Tun stellt sich als Integration von Betrieb, Mensch und Umwelt dar und berücksichtigt sowohl die konkurrierenden wie auch die komplementären Beziehungen. Aus Gegensätzen Bedingungen zu formulieren ist die Grundidee ganzheitlichen betrieblichen Denkens und Handelns.

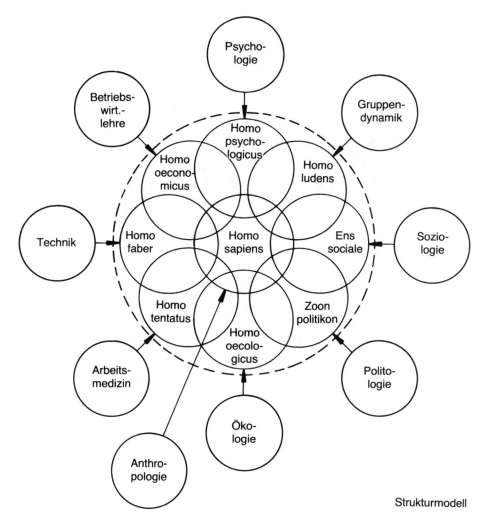

Strukturmodell

Abb. 1.8 – 7: Ganzheitliche Betrachtung des Menschen (Integration der Wissenschaftsvorstellungen vom Menschen)

Bei einer Zusammenfassung der Idee des Holismus wird deutlich, daß diese Erkenntnis und Erfahrung letztlich eine Integration unterschiedlicher Wertsysteme darstellt. Gesellschaft, Politik, Wirtschaft, Wissenschaft und Individuum entwickeln für sich Wertbegriffe, die Grundlagen ihrer jeweiligen Dynamik sind und sich aneinander entwickeln. Diese Wertvorstellungen bilden gleichzeitig die Anforderungen an die Institutionen Familie, Schule, Betrieb etc. Sie sind die Grundlagen, die Denken und Handeln prägen und strukturbildend sind. Betriebliches Tun konkretisiert sich damit im Kraftfeld von heute diskutierten

– gesellschaftlichen Begriffen und Vorstellungen wie
  ● Wertewandel
  ● Strukturveränderung

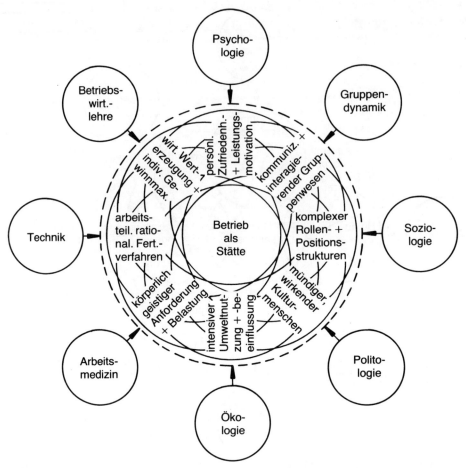

Psycho-
logie

Betriebs-
wirt.-
lehre

Gruppen-
dynamik

Technik

SoZio-
logie

Betrieb
als
Stätte

wirt. Wert-
erzeugung +
indiv. Ge-
winnmax.

persönl.
Zufriedenh.-
+ Leistungs-
motivation

kommuniz.-
interagie-
render Grup-
penwesen

arbeits-
teil. ratio-
nal. Fert.-
verfahren

komplexer
Rollen- +
Positions-
strukturen

körperlich
geistiger
Anforderung
+ Belastung

mündiger,
wirkender
Kultur-
menschen

intensiver
Umweltnut-
zung + -be-
einflussung

Arbeits-
medizin

Polito-
logie

Öko-
logie

Abb. 1.8 – 8: Ganzheitliche Betrachtung des Betriebes (Integration der Wissenschaftsvorstellungen vom Betrieb)

- ● Zukunfstbewußtsein
- politischen Begriffen und Vorstellungen wie
  - ● Gestaltungswille
  - ● Konfliktfähigkeit
  - ● Konsensfähigkeit
- Wirtschaftsbegriffen und Vorstellungen wie
  - ● Leistungsvermögen
  - ● Humanisierung
  - ● Umweltorientierung
- Wissenschaftsbegriffen und Vorstellungen wie
  - ● Interdisziplinarität
  - ● Verantwortlichkeit
  - ● Realitätsbewußtsein
- Technikbegriffen und Vorstellungen wie

134

- Materialbewußtsein
- Moralität (Ethos)
- Entwicklungsdynamik (Fortschritts-) und Vorstellungen wie
- Begriffen des Individuums
  - Lernbereitschaft
  - Synergiebewußtsein
  - Kreativität.

Holismus ist somit der Versuch einer Annäherung an die komplexe Wirklichkeit von Zeit und Raum. In diese Erscheinungsformen sind Mensch und Betrieb gestellt. Auf der Grundlage von Werten entwickeln sie – eingebunden in und einwirkend auf

- historische Systeme
- Ordnungssysteme (Gesellschaft, Wirtschaft, Recht, Politik)
- Wissenschaftssysteme (Wirtschaftswissenschaften, Verhaltenswissenschaften, Umweltwissenschaften etc.) –

ihre Gestaltungsmöglichkeiten im Hier und Jetzt und vor allem im Morgen. Der Betrieb ist das Kraftfeld, das unter Berücksichtigung dieser Vielfältigkeit seine Ziele auszuformulieren hat. Menschen sind dabei die Subjekte dieser Zielbestimmung, wenn sie dann auch in ein solches Zielsystem eingebunden sind.

1.8.2 Überlegungen zu einem komplexen betrieblichen Zielsystem

Wenn Holismus ein Denksystem darstellt, das in Systemzusammenhängen statt Abhängigkeiten gegenseitige Einwirkungen beschreibt und sog. Prioritäten zugunsten gegenseitiger Einflußnahmen verschiebt, ist es unumgänglich, daß damit die Komplexität wächst. Realität bedarf dieses Bewußtseins von Vielgestaltigkeit und Differenziertheit, um annähernd erfaßt und entsprechend wirksam gestaltet werden zu können. Demzufolge findet sich eine solche Komplexität auch in der betrieblichen Zielbestimmung als Grundlage betriebswirtschaftlichen Handelns und personalwirtschaftlicher Aktivitäten wieder. Dabei ist darauf zu achten, daß das Zielsystem im Kraftfeld von Werten, Unternehmenszielen und Mitarbeitermotivationen entwickelt wird. Gleichzeitig ist aber auch in derselben Weise der gesellschaftliche und politische Sinngrund des Unternehmens in seiner Umwelt und seiner Marktorientierung einzubeziehen.

Die klassische Betriebswirtschaftslehre geht davon aus, daß alles menschliche Handeln auf Ziele ausgerichtet ist. Als praktische Wissenschaft muß sie deshalb ihre Probleme an den Zielen ausrichten, die die Menschen, die die unternehmerischen Entscheidungen zu treffen haben, selbst verfolgen. Diese Ziele müssen empirisch festgestellt werden und dürfen nicht aus Normen oder ideologischen Vorstellungen abgeleitet werden, nach denen nach subjektiver Vorstellung einzelner oder gesellschaftlicher Gruppen die Entscheidungen im Betrieb orientiert werden sollten. Empirisches Erfassen von Zielen bedeutet dabei nur, daß diese tatsächlich die Basis unternehmerischen Denkens und Handelns sind.

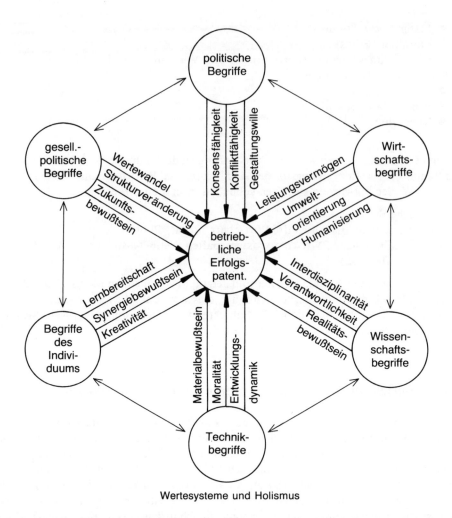

Wertesysteme und Holismus

Abb. 1.8 – 9: Integration unterschiedlicher Begriffs- und Vorstellungssysteme, die auf die Entwicklung betrieblicher Erfolgspotentiale einwirken

Gleichzeitig wird aber auch betont, daß die von Unternehmen verfolgten Ziele durch das jeweilige Wirtschaftssystem mitbestimmt werden. Im System einer Marktwirtschaft gelten als Orientierungsgrößen die Preise auf den Beschaffungs- und Absatzmärkten. Diese bilden sich durch Angebot und Nachfrage und lenken die Produktionsfaktoren und die produzierten Güter in die Verwendungen, in denen die Differenzerwartungen zwischen dem Wert des Faktoreinsatzes und dem des Faktorertrages die größten sind. Folglich steuern Gewinnerwartungen betriebliches Entscheiden und Handeln. Die Unternehmung ist damit eine Veranstaltung zur Erzielung von Gewinn durch Betätigung im Wirtschaftsleben.

Für das Wissenschaftssystem der Betriebswirtschaftslehre wird damit festgehalten, daß ihr Auswahlprinzip die aus der Erfahrung abgeleitete oberste Zielsetzung der Unternehmer, d.h. die langfristige Maximierung des Gewinns ist. Gleichzeitig wird auch festge-

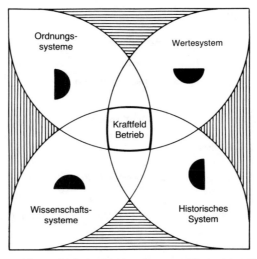

Kennzeichnung der Systeminterdependenzen und Systemintegration

Abb. 1.8 – 10: Holistische Betrachtung des Betriebes im Kraftfeld der Systeme

stellt, daß dieses Identitätsprinzip nicht eine auf sozialethischen Vorstellungen einer Gruppe oder auf bestimmten Verteilungsidealen basierende Zielsetzung sein kann (Heinen, Wöhe). Gegen diese Auffassung wurden in den vergangenen Jahren kritische Einwände erhoben. Zum einen wurde eine mögliche Hinwegsetzung über ethische und soziale Vorstellungen diskutiert, die sicher eine konkrete Kritik an der Wirtschaftsordnung und ihren aktuellen Auswirkungen darstellte. Zum anderen wurde argumentiert, daß unternehmerische Entscheidungen meist das Ergebnis verschiedener Ziele seien. Der ,,Homo oeconomicus'' allein sei eine Fiktion, also ein Idealunternehmer, der in der Realität nicht vorkomme.

Aus diesen Kritiken ist eine breite Zieldiskussion im Rahmen der neueren Betriebswirtschaftslehre entstanden. Die verschiedenen Forschungsansätze, wie die Entscheidungstheorie, der Marketing-Ansatz, das Human Concept, das Systemdenken und die strategische Unternehmensplanung haben Beiträge geleistet, die eine Differenzierung der absoluten Gewinnmaximierungsaussage ermöglichen und einen Weg im Zusammenwirken von objektiven Bedingungen (Marktsituation) und subjektiven Bedingungen (Mitarbeiter und Umwelt) aufweisen. Die Unterschiedlichkeit der subjektiven Faktoren beeinflußt dabei die Gewinnhöhe genauso wie die Erkennbarkeit von Marktchancen und die Reaktionsfähigkeit auf Marktveränderungen. Beide beeinflussen sich gegenseitig und können sowohl einander ausschließenden als auch einander ergänzenden Charakter haben. So können Mitarbeiter und Umwelt sowohl als Kosten – wie auch als Gewinnfaktor betrachtet werden. Eine ganzheitliche Auffassung zieht diese Wechselwirkungen in beide Richtungen in ihre Überlegungen ein und sucht nach Wegen zu einer umfassenden Risiko-Chancen-Betrachtung. Dies scheint nur durch eine Zieldifferenzierung und Zielkonkretisierung möglich. Allerdings sind dabei folgende drei grundsätzliche Reihenfolgealternativen möglich:

1. Möglichkeit

2. Möglichkeit

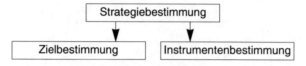

3. Möglichkeit

Alle drei Konzeptionsmuster erfüllen die ganzheitliche Geschlossenheitsbedingung. Ideen müssen also nicht zwangsläufig zuerst an Zielvorstellungen anknüpfen, sondern können sich auch an strategischen Überlegungen oder praktischen instrumentalen Maßnahmen entzünden. Jedoch ist eine Zielplanung grundsätzlich unverzichtbar.

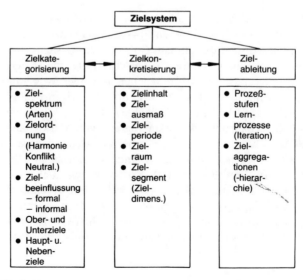

Abb. 1.8 – 11: Zielsystem

Insgesamt sind damit statt eines monovariablen multivariable Zielsysteme möglich, die folgende Punkte beantworten müssen:

- Grundfragen der Zielstrukturierung und die
- Gestaltung des Zielsystems.

Bei der ersten Frage stellt sich zunächst das Problem der Bestimmung unternehmerischer Zielsetzungen überhaupt, ihrer anschließenden Ordnung sowie ihrer Konkretisierung.

Aus der Vielfalt möglicher unternehmerischer Antriebskräfte lassen sich nach Ulrich und Fluri bestimmte Basiskategorien herausarbeiten:

- Ziele auf den Beschaffungs- und Absatzmärkten
  - Marktanteile
  - Einkaufsvolumina und Produktumsätze
  - Marktgeltungen
  - Marktausweitungen
- Rentabilitätsziele
  - Gewinn
  - Umsatzrentabilität
  - Rentabilität des Gesamtkapitals
  - Rentabilität des Einzelkapitals
- Finanzziele
  - Kreditwürdigkeit
  - Liquidität
  - Selbstfinanzierungsgrad
  - Kapitalstruktur
- Mitarbeiterbezogene Ziele
  - Einkommen und soziale Sicherheit
  - Arbeitszufriedenheit
  - soziale Integration
  - persönliche Entwicklung
- Unternehmerbezogene Ziele
  - Unabhängigkeit
  - Sicherheit
  - Image und Prestige
  - politischer Einfluß
  - gesellschaftlicher Einfluß

Diese Zielkategorien liegen auf unterschiedlichen Ebenen und sind in unterschiedlichen Ebenen und in unterschiedlichen Systemen des Betriebes begründet. Marktziele sind Voraussetzung für Rentabilitätsziele. Finanzziele stecken die Bedingungen zur Realisierung der anderen Ziele ab. Soziale Ziele sind gewichtige Grundlagenziele, die einen erheblichen Faktor zur Erreichung ökonomischer Ziele überhaupt darstellen. Unternehmerbezogene Ziele schließlich begrenzen oder verstärken die anderen betrieblichen Antriebskräfte. Sie haben häufig katalytische Wirkung.

Wenn unter diesen Aspekten das Verfolgen komplexer Zielsetzungen typisch für unternehmerisches Handeln ist, dann ist eine Klärung der Zielbeziehungen um so notwendiger. Dabei lassen sich im Rahmen einer Zielordnung folgende Typen unterscheiden:

- komplementäre Beziehungen (= Zielharmonie)
- konkurrierende Beziehungen (= Zielkonflikt)
- indifferente Beziehungen (= Zielneutralität)

Unter diesen Aspekten ist es wichtig herauszufinden, in welchen Bereichen eines Zielsystems zwischen den einzelnen Größen harmonische oder konfliktäre Beziehungen bestehen. So ist jedenfalls bedeutungsvoll, daß mitarbeiterbezogene Ziele und Marktziele bei mangelnder Kompetenz und Leistungsbezogenheit der Mitarbeiter konkurrierend und bei hoher Qualifikation komplementär sein können.

Im Rahmen dieser Zielbeziehungsstrukturen sind auch die damit verknüpften Fragen nach

- Ober- und Unterzielen sowie
- Haupt- und Nebenzielen

zu stellen. Während Ober- und Unterziele in einer Mittel-Zweck-Beziehung zueinander stehen und dadurch eine Komplementarität zum Ausdruck bringen (= Zielhierarchie), müssen bei konfliktären Beziehungen Haupt- und Nebenziele aneinander aufgemessen werden (= Zielgewichtung). Dabei wird ein Ziel dem anderen vorgezogen. So kann in dem einen Fall das Gewinnziel, in einem anderen das Marktanteilsziel etc. präferiert werden. Werden in diesem Sinne gewinn- und mitarbeiterbezogene Ziele als konfliktär angesehen, so muß ein Bewertungsvorgang durch den Entscheidungsträger vorgenommen werden. Das Gewinnziel kann dabei ebenso dominant sein wie ein anderes Ziel.

Nach der Zielstrukturierung ist nun eine Zielkonkretisierung erforderlich. Im Sinne operationaler Ziele können drei Dimensionen unterschieden werden:

- Zielinhalt (was?)
- Zielausmaß (wieviel?)
- Zielperiode (wann?).

Eine inhaltliche Zielaussage muß klare Erfolgsstrategien formulieren, damit sog. Leerformeln vermieden werden können. Nur dadurch läßt sich auch die beobachtbare „Immunität" von Organisationsmitgliedern gegenüber Zielüberprüfungen vermeiden. Das gilt besonders beim Erfordernis der Festlegung eines Zielerreichungsgrades. Hierbei ist entweder eine klare Konkretisierung oder zumindest eine unzweideutige Überprüfbarkeit vonnöten. Erst eine solche Klärung kann einen Einfluß auf Verhaltensweisen im Unternehmen ausüben. Zielpunkte oder Zielzonen sind hier die nachweisbaren Zielausmaße.

Schließlich ist noch die Zeitperiode festzulegen, die einen adäquaten Soll-Ist-Vergleich erst möglich macht und einen günstigen Einfluß auf Strategie und Instrumentarium ausüben kann. Hier kann sowohl ein Zeitpunkt als auch ein Zeitraum fixiert werden. In diesem Zusammenhang ist auch die Differenzierung nach

- kurzfristigen Zielen,
- mittelfristigen Zielen und
- langfristigen Zielen

von Bedeutung.

Nach der Differenzierung in vielfältige Zieldimensionen ist zu guter Letzt die Ableitung eines Zielsystems des Unternehmens erforderlich, das sehr unterschiedliche Zielkombinationen möglich macht. Hier wird deutlich, daß eine Betriebswirtschaftslehre zwar ideal-objektive Ziele formulieren kann, die ideal-objektiven Ziele allerdings Ausdruck unternehmerischen Willens sind. Gleichzeitig wird offenkundig, daß Ziele nicht reaktiv aus Bedingungen und Wünschen abgeleitet werden können, sondern proaktiv als ein schöpferischer Vorgang im Sinne einer Gestaltung der Zukunft angesehen werden müssen. D.h., daß das Zielsystem stark entscheidungsträgerbedingt ist, Management- und Organisationsmitglieder beeinflussen es mit ihren subjektiven Wertungen; erst in zweiter Linie ist es entscheidungsfeldbedingt, d.h. abhängig von Markt- und Umweltkonstellationen.

Der Prozeß der Zielbildung ist mehrstufig und in einer Periode mehrfach wiederholbar, wenn

- interne und
- externe Datenänderungen

dies erforderlich machen. Er wird deshalb auch häufig als Lernprozeß verstanden. Folgende Stufen werden dabei durchlaufen:

- Zielsuche
- Ziele-Operationalisierung
- Zielordnung
- Prüfung der Realisierbarkeit
- Zielentscheidung (-vereinbarung)
- Zieldurchsetzung
- Zielüberprüfung und -revision.

Eine solche Zielplanung gilt heute als ,,conditio sine qua non'' für eine funktionsfähige Unternehmensplanung überhaupt.

Konkrete Zielsysteme lassen sich aus vielerlei Gründen (Überschaubarkeit, Systematik etc.) als eine Art Pyramide darstellen.

Der Sinngrund oder die allgemeinen Wertvorstellungen können als ,,Verfassung'' oder ,,Grundgesetz'' des Unternehmens angesehen werden. Hierbei wird deutlich, daß das Unternehmen nicht nur ein einzelwirtschaftlich orientiertes Gebilde ist, sondern auch eine darüber hinausgehende Aufgabe sieht. Dabei muß sich das Unternehmen dem Ganzen der Umwelt stellen, wenn es langfristig operieren will. Der Sinngrund hat zu tun mit

- Engagement in bezug auf
  - Gesellschaftssystem
  - politisches System
  - Rechtssystem
  - Wirtschaftssystem
  - natürliche Umwelt
- Verhaltensweisen gegenüber
  - Mitarbeitern
  - Kunden

Abb. 1.8 – 12: Bestandteile einer Zielpyramide

- Lieferanten
- Konkurrenten
- Kapitalgebern
- Öffentlichkeit (Soziales System).

Hierdurch wird der kulturelle Hintergrund des Unternehmens markiert.

Der Unternehmenszweck stellt die Mission des Unternehmens dar. So werden Grundrichtungen im Sinne eines Existenzgrundes fixiert:

- Unternehmensrolle
  - auf dem Beschaffungsmarkt
  - auf dem Absatzmarkt
  - in der Wirtschaftsbranche
  - in der Region
- Unternehmenspotentiale in bezug auf
  - Materialien
  - Mitarbeiter
  - Management
  - technisches Know-how
  - Produkte
- Unternehmenseckpunkte
  - Unabhängigkeit
  - Sicherheit
  - Marktposition
  - Qualitätsansprüche
  - Innovationsbereitschaft.

Diese Grundsatzregelungen stellen Vorwegnahmen dar und kennzeichnen die Existenzbegründung. Als Rahmenbedingungen strukturieren sie die Unternehmensziele vor.

Bei der Festlegung der Unternehmensziele wird auf der Grundlage der Unternehmenssicherheit und -stabilität häufig das Dupont-System

$$\text{Gewinn in Prozent des investierten Kapitals} = \text{Kapitalumschlag} \times \text{Gewinn in Prozent des Umsatzes}$$

verwendet. Aufgrund seiner Konsistenz gilt es als verwendbar unabhängig von der Vorstellung vom theoretischen Gewinnmaximum oder vom befriedigenden Gewinn als konkretem Anspruchsniveau. Es basiert auf dem Return-on-Investment (ROI)

$$\frac{\text{Gewinn}}{\text{Umsatz}} \times 100 \times \frac{\text{Umsatz}}{\text{Kapital}}$$

der klassischen Rentabilitätsformel. Diese verdeutlicht bei ihrer Auflösung in die Komponenten ,,Umsatzgewinnrate'' und ,,Kapitalumschlag'' die vielfältigen Möglichkeiten unternehmerischen Engagements und die Beeinflussungsmöglichkeit durch die Mitarbeiter. Diesem Oberziel lassen sich dann Unterziele zuordnen. Diese sind als nichtmonetäre Bereichsziele für die Erfüllung der monetären Ziele im Sinne einer Zielhierarchie wesentlich und gewichtig. Das verdeutlicht, daß die Untersysteme

- Beschaffungswirtschaft,
- Produktionswirtschaft,
- Finanzwirtschaft,
- Absatzwirtschaft und
- Personalwirtschaft

über zielgerichtete Beiträge das globale Unternehmensziel zu realisieren helfen. Inwieweit zwischen diesen Untersystemen Zielharmonien oder Zielkonflikte bestehen, muß im einzelnen geprüft werden. Erst dann lassen sich speziellere Aktionsfeldziele und Instrumentalziele formulieren.

Bei einer Zusammenfassung der Überlegungen zu einem komplexen Zielsystem wird deutlich, daß ein betriebliches Zielsystem vom Anspruchsniveau eines Unternehmens und seiner Mitarbeiter wesentlich bestimmt ist und erst in zweiter Linie von Markt- und Umweltkonstellationen. Welche Bedeutung die Gewinnhöhe dabei hat, liegt im Sinn- und Existenzgrund des Unternehmens determiniert. Gewinn als solcher ist als Wahrscheinlichkeitsgröße darzustellen und für eine Periode quantifizierbar zu machen. Er bildet dann mittelfristig die Meßlatte für zielgerichtete Aktivitäten der einzelnen Unternehmensbereiche. Er muß kurzfristig von Liquiditätszielen unterstützt und langfristig durch Ausgestaltung bestehender Erfolgspotentiale und Entwicklung künftiger Erfolgspotentiale möglich gemacht werden. Diese Steuerungsgrößen bilden letztlich die Elemente von Unternehmenssicherung und Unternehmensentwicklung.

Ein solcherart differenziertes und konkretisiertes Zielsystem bildet dann die Grundlage für ein ganzheitliches Betriebssystem, das im folgenden OSTOM-System genannt werden soll.

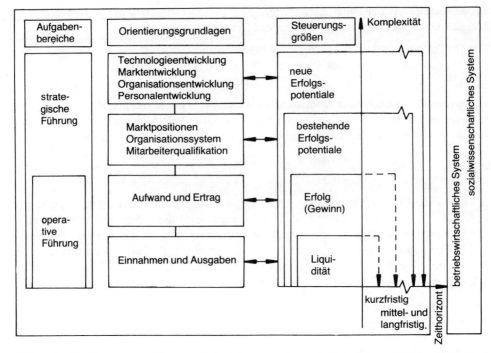

Abb. 1.8 – 13: Steuerungsgrößen des Unternehmens bei ganzheitlicher Betrachtungsweise (Liquidität, Gewinn und Erfolgspotentiale bei strategischer und operativer Führung) (nach Gälweiler vgl. Abb. 2.2 – 2, S. 201)

1.8.3 Elemente eines ganzheitlichen Betriebssystems (OSTOM-System) und seine Übertragung auf das Personalwirtschaftssystem

Nach der Bestimmung des Zielsystems durch die Entscheidungsträger in ihren subjektiven Wertungen sind in zweiter Linie die generellen Entscheidungsfelder im Sinne allgemeiner Umweltkonstellationen zu bestimmen. Sie schaffen einmal die Basis für den bereits erläuterten Sinn- und Existenzgrund eines Unternehmens sowie die Rahmenbedingungen für betriebliche Entscheidungen.

Nimmt man die globalen Szenarien des vergangenen Jahrzehntes als Grundlage, so ist die prinzipielle Existenz eines Unternehmens in den

– materiellen Potentialen,
– immateriellen Potentialen,
– Bevölkerungspotentialen und
– Wirtschaftspotentialen

letztlich begründet. Erfahren diese Potentiale ihre Endlichkeit, so gerät menschliches Wirtschaften an seine voraussichtlichen Grenzen. Deshalb müssen Unternehmen diesen weitgefaßten Datenkranz als Erfahrungshorizont ihrer nach außen und innen gerichteten Aktivitäten grundsätzlich berücksichtigen.

144

Das magische Viereck versinnbildlicht in seinen Dimensionen materielle und immaterielle Grundlagen die Art und Weise, wie sich ein Unternehmen in seinem Denken und Handeln den prinzipiellen Bedingungen seiner Umwelt stellen will. Welchen Stellenwert mißt es dem Ökosystem bei, welche Einstellung dokumentiert es zu Fragen der langfristigen Energie- und Vorratssicherung; auch, welche Beiträge zu den Themen Erziehung (Ausbildung) und Bildung (Fach-, Führungs- und Persönlichkeitsautoriät) das Unternehmen zu leisten bereit ist. Schließlich entscheidet der Sinn- und Existenzgrund auch über die Bereitschaft, im Rahmen der Beteiligung am technischen Fortschritt Beiträge zur Entwicklung der materiellen Grundlagen zu leisten.

Materialsituation, Energieeinsparung und Recycling sind hier entsprechende Aktionsparameter.

Zu den Überlegungen über die allgemeinen Wertvorstellungen und zum Unternehmenszweck gehören auch Stellungnahmen zum Bevölkerungs- und Wirtschaftspotential. Dabei stellt sich als Vorbereitung zur konkreten Unternehmenszielbestimmung die Frage, welches Menschenbild den unternehmerischen Aktivitäten zugrunde gelegt werden soll. Stehen Menschen als quantitative Arbeitskräfte, als qualifizierte Aufgabenerfüller und/oder als gestaltungsbereite Mitarbeiter zur Disposition, d.h., inwieweit soll der Beschäftigte mit Zielsetzung und Unternehmensaufgabe konfrontiert und zur Einflußnahme aufgefordert werden. Schließlich ist auch noch die Frage prinzipiell zu beantworten, wie das Unternehmen die bestehenden und künftigen Wirtschaftspotentiale nutzen will. In-

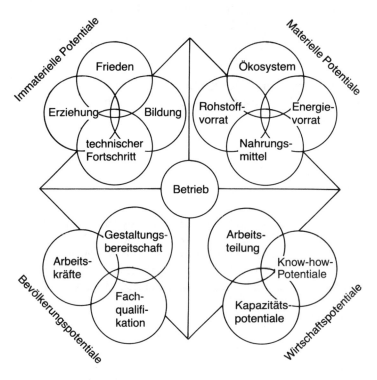

Abb. 1.8 – 14: Magisches Viereck des Betriebes – Grundlagen betrieblicher Entwicklungspotentiale

145

wieweit will es seine technischen Kapazitäten nutzen und ausbauen, in welche Dimensionen will es die Arbeitsteilung führen und inwieweit will es das Know-how dieser Wirtschaft nützen und weiterentwickeln.

Das magische Viereck als Systembild soll aber auch die gegenseitigen Bedingtheiten verdeutlichen und auf die Chancen der einzelnen Potentiale hinweisen. Unternehmerische Dynamik ist damit wesentlich begründet in einer Öffnung zu ihrer Umwelt, einer reflektierten Aufnahme der möglichen Inputs, einer aktiven Umformung dessen in gestalterischem und schöpferischem Tun und einer Verwertung der Ergebnisse durch die Befriedigung der Umwelt, um neuen Input zu sichern und die Entwicklung des Organismus „Betrieb" in seinen einzelnen Facetten und seiner Komplexität weiterzuführen.

Für ein holistisches Unternehmenskonzept bedeutet dies unter Wissenschaftsaspekten, daß vorrangig die betriebsrelevanten und betriebsgestaltenden Forschungskonzepte genauerer Untersuchung unterzogen werden — wie dies in den vorhergehenden Kapiteln getan wurde —, um ihr Ideen- und Gestaltungspotential einbringbar machen zu können.

Unter diesen Aspekten sind vor allem die

— integrativen und strategieorientierten Betriebswirtschaftslehren,
— die persönlichkeits- und gestaltungsorientierten Psychologien,
— die gruppen- und situationsorientierten Soziologien sowie
— die arbeits- und recyclingorientierten Umweltwissenschaften

in das Gesamtkonzept einzubeziehen. Sie bilden die Einwirkungsparameter und die betriebsüberlappenden theoretischen Denksysteme. Ihre Integration ist eine für das komplexe System „Betrieb" unabdingbare Forderung, um daraus Entwicklungen begründen zu können.

Für die Ausgestaltung eines umfassenden Betriebssystems bietet sich ein kybernetischer Ansatz an, der die Idee der Selbststeuerung eines Unternehmens durch Anpassung und Einwirkung auf die gesamte Umwelt einbringt.

Als Systemfaktoren werden

— Betrieb,
— Mensch und
— Umwelt

angesehen, die in ihren Beziehungen zueinander darzustellen sind und an ihrem Einbringungspotential für das jeweilige andere System gemessen werden. Mensch und Betrieb sind die inneren Systemfaktoren, die im Rahmen der grundsätzlichen holistischen Denkweise (s. Kap. 1.8.1) ihrerseits auch als komplexe Systeme angesehen werden, die aus dieser Sicht besondere Gestaltungs- und Entwicklungschancen bieten.

Als Wirkfaktoren im ganzheitlichen System gelten

— Werte,
— Ziele,
— Strategien und
— (Mix-)Instrumente.

146

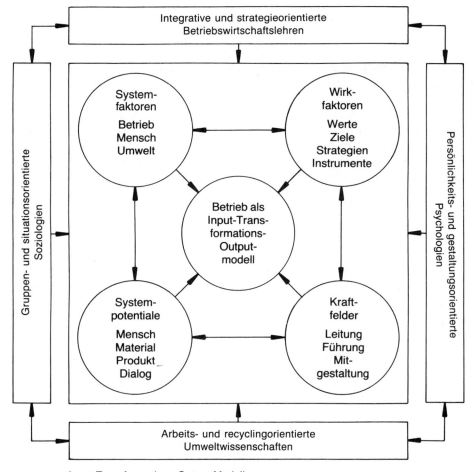

Input-Transformations-Output-Modell
(= Stimulus-Organisations-Reaktions-Modell
= offenes soziotechnisch-ökonomisches Modell)

Abb. 1.8 – 15: Überlegungen zu einer ganzheitlichen BWL – Holistisches Unternehmenskonzept

Sie bilden in ihrer Aggregierung das umfassende, in die Umwelt hineinwirkende Konzept eines Unternehmens, das zu seiner Konkretisierung freilich bestimmter Potentiale bedarf, die in ihrer jeweiligen Dimensionierung die Basis für die Wirkfaktoren bilden.

Solche Systempotentiale sind

– Mensch,
– Material,
– Produkt und
– Dialog.

In diesem Zusammenhang wird deutlich, daß der Mensch in einem Holismus-Konzept eine doppelte Funktion hat. Zum einen ist er selbst Systemfaktor mit komplexer Struktur und als solcher mit dem Betriebssystem verflochten. Zum anderen ist er aber auch ein Garant für die Funktionsfähigkeit der Wirkfaktoren dadurch, daß er diese konzeptionell bearbeitet und miteinander harmonisiert. Er ist zugleich Gestalter und Instrument, Subjekt des Betriebsgeschehens und Objekt im Sinne von Potential. Seine menschlichen Fähigkeiten und Fertigkeiten einzubringen und seine Möglichkeiten zu entwickeln und einzubringen, ist Zielsetzung des Systemfaktors und Systempotentials Mensch.

Material und Produkt sind die materiellen Systempotentiale, die den realen Transformationsprozeß in eine Betriebs- und Marktgängigkeit übertragen und als solche in ihrer quantitativen und qualitativen Ausprägung und Überlebensfähigkeit des Organismus „Betrieb" mit beeinflussen. Entsprechen sie durch ihre vom Mitarbeiter im Betrieb vorbestimmten Dimensionen den Möglichkeiten, Notwendigkeiten und Bedürfnissen der Umwelt, so bilden sie das Erfolgspotential im Hier und Jetzt und die Grundlage für das Morgen.

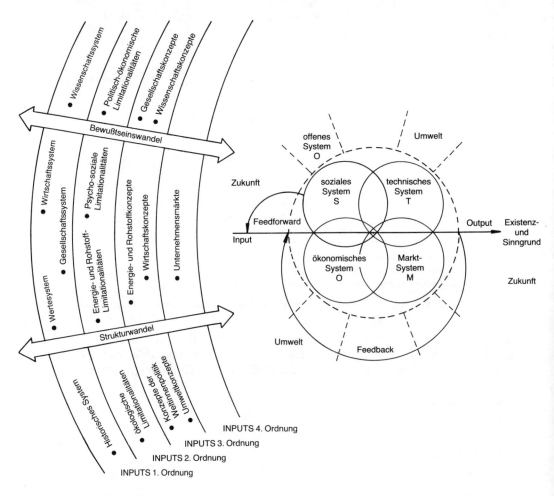

Abb. 1.8 – 16: Der Betrieb bei ganzheitlicher Betrachtung – OSTOM-System (s.a. H. Rieckmann Offene Systemplanung in O. E. 3/82, S. 1 f.)

Dialog schließlich versteht sich als Kombinationsmittel zwischen Material, Mensch und Produkt. Es bedeutet

- Integration,
- Information,
- Kommunikation und
- Interaktion

und begründet die speziellen Kraftfelder im Betriebssystem.

Leitung, Führung und Mitgestaltung sind die konkreten Kräfte, die auf der Grundlage der Systemfaktoren die Systempotentiale und Wirkfaktoren miteinander verbinden. Leitung ist Management und konkretisiert sich in der Kompetenz der Bewältigung und dynamischen Nutzung des Managementzyklus (s. Kap. 2.1).

Führung regelt die Zusammenarbeit im Betriebssystem und bildet die Grundlage für Art, Inhalt und Umfang der Mitgestaltung durch die Mitarbeiter. Hier ist die Frage nach der Persönlichkeit der am Betriebsgeschehen Beteiligten gestellt. Erst dadurch erfährt das Betriebssystem seine substantielle Wirksamkeit nach innen und nach außen. Dadurch wird es das Input-Transformations-Output-System, das in die gesamte Umweltwirklichkeit integriert ist und in dieser wirkt. Es ist ein Modell, das die Anreize (Stimuli) der Umwelt aufnimmt, sie in seiner komplexen Vielfalt (Organismus) umwandelt und als Antwort (Reaktion) der Umwelt anbietet. Dieses Modell nennen wir das OSTOM-System.

Das OSTOM-System geht von der Alltagserfahrung der überwiegenden Zahl von Unternehmen aus, die in einer zunehmend komplexeren Umwelt existieren und sich weiterentwickeln müssen. In diese Erkenntnis ist auch eingebettet, daß ein bloßes reaktives Verhalten in Richtung auf Umwelt und Zukunft für eine Existenzsicherung unzureichend ist.

Heute ist proaktives, die Zukunft antizipierendes Handeln und Denken erforderlich, das eine Kooperation mit der Umwelt und der Zukunft gleichermaßen möglich macht. Gleichzeitig ist auch eine vielfältige Sensibilität in der Weise gewachsen, daß das Bedürfnis vieler Menschen zunehmend in Richtung auf Arbeit als Chance zur Weiterentwicklung der eigenen Persönlichkeit deutlich wird. Arbeit soll weniger als Mittel zum Zweck, sondern als Selbstzweck dienen.

Das OSTOM-System ermöglicht eine solche Ganzheitsbetrachtung und Integration der unterschiedlichen, komplexen und vielfältigen Realitätsvorstellungen. Unternehmungen lassen sich dabei als

- offene (im Austausch mit der Umwelt stehende),
- soziale (Menschen als kommunizierende und interagierende Persönlichkeiten betrachtende),
- ökonomische (Kosten und Erlöse planende und steuernde) und
- Marktsysteme

kennzeichnen. Diese Subsysteme stehen in vielfältigen Austauschbeziehungen zueinander, zu ihrer Umwelt und zur unternehmerischen Zukunft. Wenn sie als Organismen überleben oder sich fortentwickeln wollen, müssen sie zu Veränderungsprozessen bereit sein und sich mit der Umwelt und mit sich selbst proaktiv und prosozial auseinandersetzen.

Alle betrieblichen Probleme und Prozesse lassen sich dabei nur noch ganzheitlich erfassen und verstehen. Isoliertes Optimieren, wie noch fast überall prinzipiell erkennbar, ermöglicht deshalb heute nicht mehr die benötigten Ergebnisse und Leistungen.

Die vier Subsysteme haben den gesamten Input in Form von Materialien, Energien und Informationen zu transformieren (Güterströme, Geldströme, Informationsströme, menschliches Verhalten) und als Output in die Umwelt einzubringen. Werden damit Umweltbedürfnisse befriedigt, so kann neuer Input erhalten werden. Inwieweit dies der Fall ist, muß ein funktionstüchtiges Feedback- und Feedforward-System erkennen und sichern können. Unternehmen agieren zwar in der Gegenwart, bestimmen aber dabei zugleich ihre Entwicklungschancen in der Zukunft.

Aus diesen allgemeinen Überlegungen lassen sich dann im nächsten Schritt die Problemfelder und Prozeßdimensionen herauskristallisieren, die gleichzeitig im Auge behalten und in Entscheidungen berücksichtigt werden müssen.

Abb. 1.8 – 17: Wechselseitige Abhängigkeiten der Problemfelder beim OSTOM-System (s.a. H. Rieckmann)

150

Dazu gehören im einzelnen

- Materialmärkte, auf denen die Materialien gesichert, ihre Endnutzung verfolgt und ihre Entsorgung und Wiederverwertung organisiert werden müssen,
- Produktionstechnologien, die auf ihren technischen, ökonomischen und sozialen Fortschritt hin überprüft werden müssen,
- gesellschaftliche und politische Umwelt, deren Ordnungssysteme in aktueller und potentieller Hinsicht beachtet werden müssen,
- Organisation, die komplexe Struktursysteme und Prozesse begleiten und informationstechnologisch verbinden kann,
- Unternehmensführung, die Liquidität, Gewinn sowie bestehende und künftige Erfolgspotentiale planen, steuern und überwachen kann,
- Produktmärkte, denen Produktwerte angeboten und für die Strategien und Instrumente entwickelt werden müssen,
- Zukunftspotentiale, die als Markt-, Organisations- und Persönlichkeitsentwicklung ihre konkrete Ausprägung erfahren,
- Mitarbeiter, deren Fähigkeit zum Mitgestalten, Miterleben und Mitfühlen sowie zum Mitverantworten vor ihrer operativen Kompetenz zu stehen hat, und der
- Unternehmensexistenz- und Sinngrund, der Leitbilder und komplexe Zielsysteme verdeutlicht, Richtungsaussagen macht und Zukunftswege in einem umfassenden integrativen Sinne eröffnet.

In dieses komplexe System ist die betriebliche Personalwirtschaft gestellt. Ihr konkreter Beitrag wird darin liegen, daß sie als Mittel zum Zweck einerseits und als Zweck selbst eine Synthese dahingehend schafft, daß sie Arbeit weniger unter dem Aspekt operativer Tätigkeit als vielmehr als schöpferisch-kreatives Potential betrachtet und den Menschen weniger als Bestandteil einer bestimmten Arbeitsordnung, sondern vielmehr als Träger einer umfassenden Lebensordnung ansieht.

Der Sinngrund personalwirtschaftlichen Bemühens liegt damit in der Einbindung der Phänomene Mensch und Arbeit in

- das historische System,
- das Wertesystem,
- die Ordnungssysteme und
- die Wissenschaftssysteme.

Der Mensch ist dabei Gestalter heutiger Makro- und Mesosysteme (Schule, Familie, Betrieb etc.) und Schöpfer künftiger Institutionen und Organisationen. Damit erhält die Personalwirtschaft auch ihre Basis für ihren Beitrag zum unternehmerischen Existenzgrund. Ihre Mission liegt darin, die Unternehmensrolle in der konkreten Umwelt mitzugestalten, das Unternehmenspotential Mensch als aktiven dynamischen Gestalter transparent zu machen und die Unternehmensunabhängigkeit- und Sicherheit durch hohe Mitarbeiterqualifikation und Innovationsbereitschaft direkt zu beeinflussen.

Auf dieser Basis kann die Personalwirtschaft dann auch die ökonomischen und marktlichen Ziele einerseits und die mitarbeiterbezogenen Ziele andererseits als Ober- und Unterziele in einer Zielhierarchie als ihren Beitrag integrieren. Sie stehen dann nicht in Zielkonflikt zueinander, sondern ergänzen sich gegenseitig dahingehend, daß Gewinnziele erst durch Mitarbeiteraktivitäten erreichbar sind und mitarbeiterbezogene Ziele in ihrem Umfang von der Erwirtschaftung von Gewinn abhängig sind.

Das freilich setzt voraus, daß eine so verstandene Personalwirtschaft ein eigenständiges Bereichsziel aus der komplexen Unternehmenszielsetzung ableitet. Es hat sowohl eine ökonomische wie auch eine soziale Komponente, die vielfach als im Zielkonflikt zueinanderstehend angesehen werden. Ihr Ziel muß es nun sein,

- Konzeptionen zu einer grundsätzlichen Zielharmonisierung zu erarbeiten,
- der Unternehmensleitung die potentielle Komplementarität zwischen unternehmens- und mitarbeiterbezogenen Zielen zu verdeutlichen,
- den Mitarbeitern die mögliche Harmonie zwischen den individuellen Zielen und denen des Unternehmens zu erläutern,
- Maßnahmen und Instrumente zu einer aktuellen Realisierung zu entwickeln und einzusetzen und
- langfristige Mitarbeiterentwicklungskonzepte im Sinne künftiger Erfolgspotentiale aufzubauen.

Ihr Erfolgsrahmen wird durch

- die Weckung eines Bewußtseins des long-life-learning,
- die Entwicklung eines Kreativitätsbewußtseins und
- die Schaffung eines Gruppenbewußtseins

auf und zwischen allen betrieblichen Ebenen bestimmt. Er definiert auch inhaltlich die Aktionsfeldziele und Instrumentalziele, die die praktischen Maßnahmen in der Tagesarbeit einer betrieblichen Personalwirtschaft darstellen. Ganzheitliche Personalwirtschaft ist damit aktives Element des Feedback- und Feedforward-Systems. Es ist die Instanz, die Menschen fördert, entwickelt und gestaltungsfähig macht, damit sie als Vorgesetzte und Mitarbeiter durch ihr

- Mitwissen,
- Mitdenken,
- Mitfühlen,
- Mitgestalten und
- Mitverantworten

das offene, soziale, technische und ökonomische Marktsystem mit der Fähigkeit zur Gestaltung und Entwicklung der Umwelt und Zukunft auf dem Wege über eine eigene Organisations- und Personalentwicklung sichern und überlebensfähig machen.

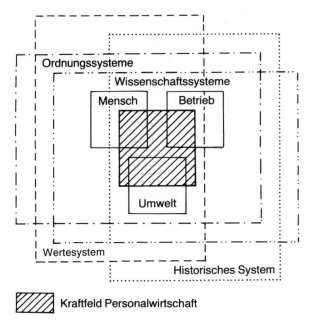

Abb. 1.8 – 18: Ganzheitliche Personalwirtschaft

1.8.4 Zusammenfassung

- Das Bewußtsein, daß die Realität eine hohe Komplexität aufweist, hat neben den sektoralen, ausschnittweisen Betrachtungen ganzheitliche integrative Überlegungen treten lassen.
- Initialzündungsfaktoren dieses Denk- und Handlungssystems sind die Limitationalitätserfahrungen der 70er Jahre.
- Die einzelnen Wissenschaften waren dadurch zunehmend gehalten, ihre spezifische Umwelt, Institutionen und Mensch betrachtende Sichtweise aufzugeben.
- Holismus als integrative Betrachtungsweise geht von der Vorstellung aus, daß alle Daseinsformen der Welt danach streben, ein Ganzes zu sein.
- Holismus ist damit eine ganzheitliche Idee, die eine allumfassende, organisch sich in einer Stufenfolge aufbauende Wirklichkeit erfassen und gestalten will.
- Ganzheitlich Denken und Handeln heißt, ein Bewußtsein von Raum, Zeit und den darin wirkenden Kräften zu haben, die das Bedürfnis zum Miteinander entwickeln.
- Zeit stellt sich bei holistischer Betrachtungsweise als integratives System von Vergangenheit, Gegenwart und Zukunft dar, das aus dem Gestern zwar Entwicklungslinien ins Morgen andeutet, aber im Jetzt entschieden wird.
- Raum ist eine Verschränkung von Makrokosmos, Meso- (Institutionen) und Mikrokosmen (Individuen).
- Der Mensch als raum- und zeitgerichtetes Wesen ist in seiner Ganzheit als Verknüpfung körperlicher, intellektueller und psychischer Organe zu verstehen, die insgesamt das Bedürfnis zum Gleichklang und zur Homöostase aufweisen.
- Unter Wissenschaftsaspekten ist der Mensch mehr als die Summe der Einzelvorstellungen der BWL, Soziologie, Psychologie etc.

- Eine ganzheitliche Betrachtung des Betriebes führt zu dem Ergebnis, daß die Beiträge der Einzelwissenschaften nur Ausschnittskategorien beleuchten.
- Unter Werteaspekten schließlich wirken auf den Betrieb und seine Potentiale gesellschaftspolitische, politische, wirtschaftliche, technologische, wissenschaftliche und individuelle Zielvorstellungen ein, die für ihn Inputrahmen darstellen.
- Im zusammenfassenden Sinne ist damit der Betrieb als Kraftfeld von historischem Werte-, Ordnungs- und Wissenschaftssystem zu verstehen.
- Ähnlich wie die Einzelwissenschaften Mensch und Betrieb nur ausschnittsmäßig betrachten, bestimmen sie auch dessen Zielfunktion nur sektoral.
- Zielsysteme sind heute multivariabel zu sehen. Erst komplexe Zielkategorisierungen und -konkretisierungen führen zu differenzierten Zielableitungen.
- Zu den Bestandteilen einer umfassenden betrieblichen Zielpyramide gehören unabdingbar auch der Sinngrund als allgemeine Wertvorstellungen und der Existenzgrund als betriebliche Mission. Sie bilden den tieferen Grund für die Unternehmensziele und die nachgeordneten Zielbeiträge.
- Unter Zeitaspekten gelten als Ziel- oder Steuerungsgrößen des Unternehmens bei verlängerter Fristigkeit Liquidität, Gewinn, bestehende und künftige Erfolgspotentiale.
- Das magische Viereck des Betriebes mit den materiellen und immateriellen sowie dem Bevölkerungs- und Wissenschaftspotential bildet mit seinen Interdependenzen die grundsätzliche Grundlage für betriebliche Entwicklungschancen.
- Wissenschaftlich gesehen liegen die betrieblichen Erfolgspotentiale in bestimmten integrativen Betriebswirtschaftslehren, Psychologien, Soziologien und Umweltwissenschaften begründet.
- Die Systembetrachtung eines Betriebes unterscheidet zwischen Systemfaktoren, Systempotentialen, Wirkfaktoren und Kraftfeldern.
- Das OSTOM-Modell(-System) sieht den Betrieb als offenes, soziales, technisches, ökonomisches Marktsystem, das Input in Output transformiert, um sich mit der Umwelt und für die Zukunft entwickeln zu können.
- Die konkreten Problemfelder eines Betriebes liegen unter diesen Aspekten in den Materialmärkten, Produktionstechnologien, in der gesellschaftlichen und politischen Umwelt, in der Organisation, der Unternehmensführung, den Produktmärkten, den Zukunftspotentialen, den Mitarbeitern und dem Unternehmenssinn- und existenzgrund.
- In diesem System ist die betriebliche Personalwirtschaft das Subsystem, das den Menschen wieder an sein schöpferisch-kreatives Potential heranführen muß, um die Zukunft insgesamt individuell und kollektiv entwickeln zu können.
- Die Personalwirtschaft liefert dabei wesentliche Beiträge zum betrieblichen Sinn- und Existenzgrund durch die Verknüpfung von Wertvorstellungen und aggregiert Mensch und Betrieb in einem harmonischen Zielsystem dadurch, daß die jeweiligen Potentiale entwickelt werden.
- Insgesamt läßt sich betriebliche Personalwirtschaft als das System fassen, das Menschen fördert, entwickelt und gestaltungsfähig macht, damit sie als Vorgesetzte und Mitarbeiter durch ihr
  - Mitwissen,
  - Mitdenken,
  - Mitfühlen,
  - Mitgestalten und
  - Mitverantworten

  das offene, soziale, technische, ökonomische Marktsystem mit der Umwelt versöhnen und in die Zukunft entwickeln.

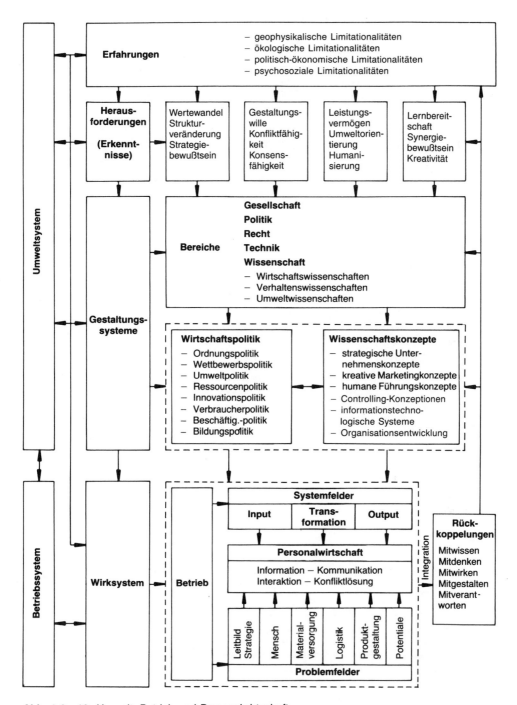

Abb. 1.8 – 19: Umwelt, Betrieb und Personalwirtschaft

155

2. Gestaltung und Grenzen — betriebliche Personalwirtschaft als Entwicklungsaufgabe des Heute und Morgen

2.1 Mitarbeiter und Führung — Wirklichkeiten und Möglichkeiten

Ideen verändern bestehende Strukturen nur dann, wenn sie in die Praxis umgesetzt werden können. Erst dann erweist sich, wie tragfähig das neue Konzept ist, und wie wirksam sich das Instrumentarium nutzen läßt. Berühren solche neuen betrieblichen Vorstellungen dabei lediglich die instrumental-organisatorische Ebene, so sind Zielvorstellungen und Informationen wesentlich und das Einüben des neuen Tuns wichtig. Die Handhabung der neuen Instrumente wird dann im Laufe der Zeit sicherer und souveräner, und die alten Verfahrensweisen sind eines Tages Reminiszenz oder sogar Betriebsgeschichte. Tangieren die neuen Ideen allerdings das Verhalten der beteiligten Vorgesetzten und Mitarbeiter sowohl auf rationaler als auch auf emotionaler persönlicher Ebene, wird die Prozedur komplexer und die Realisierung ungemein schwieriger. Dann ist Problembewußtsein einerseits und Selbsterfahrung andererseits gefordert. Erst im Zusammenwirken der

- instrumental-organisatorischen,
- rationalen und
- emotionalen Verhaltensebenen

lassen sich Verhaltensänderungen wirklich bewerkstelligen und echte Lernergebnisse erzielen. Denn erst wenn das Anwenden von Verhaltensregeln auch mit dem Verhaltensmuster und den Verhaltenswünschen korrespondiert, sind echte Lernergebnisse überhaupt erst denkbar. Dies gilt für das Unternehmen insgesamt wie auch für die einzelnen Funktionen. Für die betriebliche Personalwirtschaft heißt dies, die Wünsche der Unternehmensleitung auf ihre Wirklichkeit hin zu überprüfen und die Steuerung der Verhaltensprozesse im Sinne eines Leitens, Führens und Lernens zu bewirken. Ökonomisierung ist die eine Seite der betrieblichen Wirklichkeit, Humanisierung die andere. Beides sind interdependente Größen, die es aneinander zu entwickeln gilt.

Deshalb ist im Bewußtsein der hohen Komplexität eines Betriebes sowohl „fachliches" wie „soziales" Know-how zu entwickeln und miteinander zu verknüpfen.

Ganzheitlichkeit bedarf der Fähigkeit zur Differenzierung und zur Klärung dessen, was „Managen" eigentlich ist, welche Vorstellungen dazu in der Vergangenheit entwickelt und gelegt wurden und welche Möglichkeiten es im Hier und Jetzt gibt.

Vergangenheit strahlt zwar in die Gegenwart hinein und ist auch bereit, die Zukunft zu gestalten; die Gegenwart muß aber im Heute über die Zukunft entscheiden.

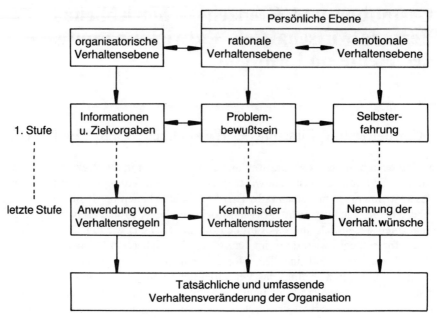

Abb. 2.1 – 1: Betriebliche Verhaltensebenen und Bedingungen von Verhaltensänderungen (vgl. Heidack, 1989, S. 174 und Abb. 2.5 – 2)

2.1.1 Notwendige Klärungen – Leiten und Führen

Leistungsbereitschaft scheint heute zwei Kompetenzen zu haben, die sachbezogene und die mitarbeiterbezogene. So weisen Untersuchungen, selbst wenn diese nicht unproblematisch sind, darauf hin, daß 2/3 der Leistungsbereitschaft von Mitarbeitern auf sachliche Aktivitäten des Managements und gut 1/3 auf personenbezogene zurückgeführt werden können. Damit drängen Führungsfragen vom Trend her stärker in den Vordergrund, fordern Klarstellungen und Richtungsweisungen. Was ist Vorgesetztenfunktion heute eigentlich?

Bei einer Entscheidung zugunsten des Begriffs „Management" ist folgendes zu unterscheiden:

– *Management ist eine Institution, die den Personenkreis kennzeichnet, der mit der Geschäftsleitung betraut ist.*
– *Management ist auch eine Funktion, die von Vorgesetzten wahrgenommen wird, wenn es um Verhaltenssteuerung im Rahmen der Unternehmensziele geht.*

Leitung sind damit alle diese Dispositionen, die eine Anpassung des Unternehmens an Märkte oder eine Beeinflussung dieser direkt zum Ziele haben. Beschreibt der Vorgesetzte Leistungsziele, plant er mögliche Alternativen zur Zielerreichung, disponiert er nach der Entscheidung die erforderlichen Mittel und organisiert ihren Einsatz, überprüft und be-

158

wertet er schließlich die erreichten Ergebnisse, so übt er Leitungsfunktion als Institution aus. Dies wird im Managementzyklus im einzelnen dargelegt.

Zielsetzung im Leitungssinne konzentriert ihr Tun auf die Formulierung ökonomischer Ziele wie (siehe bes. Kap. 1.8):

- Ziele auf den Absatz- und Beschaffungsmärkten
- Rentabilitätsziele
- Controlling-Ziele.

Diese unterschiedlichen Ziele gilt es untereinander in Beziehung zu bringen und als komplementär oder konfliktär zu ermitteln. Koordination ist dann das Ergebnis, das in einem Zielsystem formal wiedergegeben wird.

Planung im Leitungssinne ist die gedankliche Vorwegnahme künftigen Handelns. Der Planungsprozeß beginnt deshalb mit der *Informationssammlung.* Hier gilt es, sowohl das verfügbare Wissen aus Vergangenheit und Gegenwart zu bewältigen und zu systematisieren, als auch die Erwartungen in die Zukunft abzuschätzen und zu wägen. Je unvollkommener die Informationen sind, die zur Verfügung stehen, desto größer sind die Unsicherheiten und die Risiken, die in die Erwartungen eingewebt sind. Aus dieser Situation ergibt sich die unabdingbare Flexibilität aller Planungen. In der zweiten Stufe der Planung gilt es, *verschiedene Alternativen* auszuarbeiten, von denen jede grundsätzlich das gesteckte Ziel erreichen können muß. Dies gilt sowohl für den unternehmerischen Rahmenplan wie auch für alle anderen Detailpläne. Erst dann kann im dritten Schritt eine *Entscheidung* gefällt werden.

Wirkliche Entscheidungen sind ohne Planungsalternativen nicht möglich. Allerdings ist die Entscheidungsqualität selbst stark vom Vollkommenheitsgrad oder der Unsicherheit

Abb. 2.1 – 2: Der Managementzyklus

der Informationen abhängig. Da sie in die Zukunft gerichtet ist, würden quantitative Entscheidungsregeln die Leitungsfunktion erleichtern. Die Alternative dazu ist dann Intuition auf der Basis von Erfahrungen.

Der vierte Schritt im Managementzyklus ist die *Verwirklichung* durch Zuordnung von Aufgaben und Klärung von Arbeitsabläufen. Aufbau- und Ablauforganisation sind hier die technischen Hilfsmittel, die miteinander koordiniert werden müssen. Durch diese organisatorischen Regelungen schafft die Leitung die Möglichkeit der Zusammenarbeit. Das Arbeitsverhalten des einzelnen wird administriert. Die Vorgesetzten-Weisungsfunktion beruht dabei deutlich auf der Vorstellung von Management als Institution.

Max Weber hat 1921 ein idealtypisches Bürokratiemodell entwickelt, das sich am optimalen, rationalen Handeln orientiert. Regelprinzipien, Amtshierarchie, Aktenmäßigkeit und Laufbahnregelung perfektionieren die Realisation zur Technokratie.

Die zielbezogene Kontrolle muß als Leitungsaufgabe schließlich überprüfen und verwerten können, inwieweit die vorgesetzten Ziele als konkrete Leistungen erreicht worden sind. Diese Kontrolle bedeutet eine Überwachung der ausführenden Mitarbeiter durch Personen oder automatische Kontrolleinrichtungen. Darüber hinaus sind auch betriebsinterne oder externe Sachverständige in den Kontrollprozeß als Prüfer oder Revisoren oder Berater einbezogen. Überwachungshilfsmittel sind dabei Kostenrechnung, Bilanz, Budgets und Statistik.

Koordination ist letztendlich dann der Zusammenschluß der Einzelaufgaben zu logischen und zwangsläufigen Schritten.

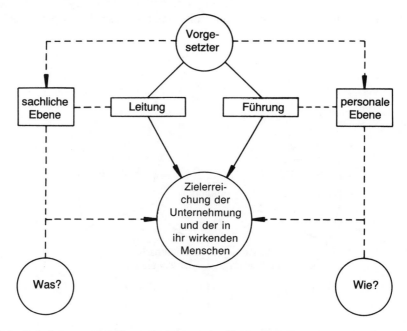

Abb. 2.1 – 3: Leitungs- und Führungsfunktionen des Vorgesetzten

Leitung ist damit Strukturierung von Handlungsabläufen, und das menschliche Verhalten ist dabei stets in Abhängigkeit von diesen Strukturen zu sehen. Leitung ist die sachbezogene Komponente des Managements.

Führung dagegen stellt die personale Komponente dar. Hier geht es nicht um Dauerregelungen, sondern um flexible Anpassungen an veränderte Situationen, an unterschiedliche Mitarbeitermotivationen und -qualifikationen. Deshalb bedürfen die Mitarbeiter einer Führung.

Der Vorgesetzte hat damit auf der sachlich-organisatorischen Ebene zu führen. Diese Führung vollzieht sich dadurch, daß er mit Menschen zusammenarbeitet, wobei er sowohl für den Erfolg als auch die Form der Zusammenarbeit die Verantwortung trägt. Seine Tätigkeit lautet, Ziele zu verwirklichen. Dazu benötigt er in einer arbeitsteiligen Wirtschaft unabdingbar die Mitarbeiter. Erfolgreich ist er als Vorgesetzter dann, wenn er das Verhalten der Mitarbeiter so steuern kann, daß er sowohl den Unternehmenszielen als auch den Mitarbeiterbedürfnissen am Arbeitsplatz gerecht wird.

Nach Heidack bedeutet Führung unmittelbare zielorientierte Verhaltenssteuerung von Mitarbeitern und soziale Einflußnahme mit der Absicht, sowohl die Ziele des Betriebes wie auch der in ihm wirkenden Menschen möglichst weitgehend zu erfüllen.

Führungsautorität, Führungstechniken und Führungspsychologie sind Merkmale dieser Führungsidee. Autorität kann dabei durch Macht, Kompetenz oder Persönlichkeit begründet sein. Führungstechniken sind die Hilfsmittel, die wirksam helfen, Probleme zu lösen; Führungspsychologie schließlich bezieht sich auf Kenntnisse und Fähigkeiten im Verhaltensbereich. Hier geht es letztlich um Fragen der Motivation, Kommunikation und Konfliktlösung.

Persönlichkeit, führungstechnische Fertigkeiten und führungspsychologische Fähigkeiten sind die Parameter, die den Führungsstil des Vorgesetzten prägen. Die Art der Auf-

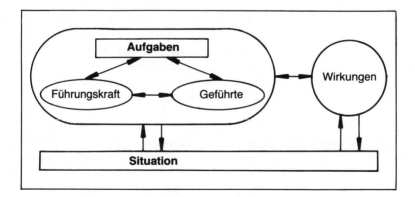

Abb. 2.1 – 4: Rahmenkonzept für betriebliche Führung

Quelle: Heidack, 1983, S. 283

gabe und die Persönlichkeit der Geführten sind die übrigen Aspekte der Personalführung. Schließlich ist auch das soziale Umfeld zu berücksichtigen, das sich in der organisatorischen Situation des Unternehmens manifestiert.

Mitarbeiterführung ist damit berufliche Menschenführung. Leistung und Zufriedenheit werden von dieser Führungskompetenz nachhaltig beeinflußt. Autoritäre oder kooperative Vorgesetztenverhaltensweisen sind mit ihren Mischformen dabei klassische Einteilungsmöglichkeiten, die nicht nur theoretische Bedeutung haben. Fremd- und Selbststeuerung sind gewichtige Vokabeln.

2.1.2 Wirklichkeiten und klassische Konzepte der Führerpersönlichkeit

Wie die historische Entwicklung zeigt, sind alte Strukturen und klassische Vorstellungen nicht so einfach auf die ihnen zugewiesene Zeit und den zugewiesenen Kulturraum zu begrenzen, sondern wirken vielmehr in andere Zeiten und Räume hinüber. Mit der Weiterentwicklung der industrialisierten Arbeitswelt in einem demokratischen System ist damit noch nichts über das Verhältnis zwischen denen, die in einer Wirtschaftseinheit die Führung innehaben und denen, die von diesen zu den Zielen der Unternehmung geführt werden sollen, gesagt.

In der Frühzeit der industriellen Entwicklung wurden vom Fabrikherrn und den von ihm bestimmten „Unterführern" die tradierten Verhaltensweisen innerhalb der gesellschaftlichen Gruppen selbstverständlich auch auf die betriebliche Arbeitsorganisation übertragen. Im 19. Jh. war der absolute Staat mit seinen Befehlsstrukturen in Heer und Verwaltung das Leitbild, das die Formen der Menschenführung begründete. Die Staatsauffassung war dabei gekennzeichnet durch ein umfassendes Befehls- und Gehorsamsverhältnis, das seinen Ausgangspunkt in der souveränen Persönlichkeit des jeweiligen Fürsten fand. Dabei wurden die gegenseitigen Treueverhältnisse im Lehensstaat zugunsten des Gehorsams des Untertans gegenüber dem Befehlsgeber abgelöst. Diese absolutistische Führung wurde durch ein Fürsorgeprinzip ergänzt, das Schutz gewährte und Zukunftssorge beinhaltete. Dieses Staatsleitbild durchzog die Gesellschaft und alle Lebensbereiche in ihr. So nahm der Gutsherr für sich in Anspruch, mit seinem Eigentum nach eigenem Gutdünken zu verfahren und seinen Untergebenen dann seine Fürsorge angedeihen zu lassen, wenn diese auch absolut gehorchten. Ähnliches gilt für den Handwerksmeister, der in der Identität von Arbeitswelt und Familienbereich wie ein souveräner Patriarch agierte. Seine hohe fachliche Kompetenz stärkte dabei noch seine Überlegenheit.

Im gleichen Sinne führten selbstverständlich auch die Besitzer der jungen industriellen Unternehmen. Als Fabrikherren waren sie in ihrem Bereich Abbilder ihrer gesellschaftlichen Wirklichkeit. Ihr Eigentum sicherte ihre Stellung ebenso wie das der Handelsherren, die ihre Angestellten nach dem Befehls- und Gehorsamsprinzip führten. In diesem Zusammenhang darf aber auch nicht übersehen werden, daß die Einstellung gerade der vom Land kommenden Arbeitskräfte dem entgegen kam, da diese gewohnt waren, ihrem Herrn persönlich zu gehorchen. Diese Befehls- und Gehorsamsvorstellung beinhaltete weiterhin auch klare Ideen einer Rang- und Ordnungssystematik. Der Ranghöhere war damit eigentlich automatisch befähigt, die Kategorien zu bestimmen, nach denen Arbeitsaufbau und vor allem Arbeitsablauf zu bewerkstelligen waren.

Ordnung war schlechthin das Maß, an dem die Qualität eines Menschen gemessen wurde. Nur wer den Befehlen spontan folgte und die geforderte Ordentlichkeit an den Tag legte, hatte eine Chance auf Schulterklopfen oder andere Zustimmungsakklamationen. Es muß deutlich werden, daß dies alles ausschließende Direktionsrecht, gepaart mit umfassender Systematik, Menschen deutlich formte. Als subalterne Beschäftigte erwarteten sie von ihrem Vorgesetzten auch klare Anweisungen und Anleitung zur Auftragserfüllung, selbst wenn sie häufig unter der Art und dem Stil des Befehlsgebers litten. Doch waren sie bei spontaner Erfüllung der exakt vorgeschriebenen Aufgabe von Mißbilligung weitestgehend ausgenommen.

Welchen Ausdruck findet nun eine solche klassische Amtsautorität im betrieblichen Alltag?

- Die im Betrieb Beschäftigten werden häufig als unmündige oder unselbständige Kinder betrachtet, denen Mores beigebracht werden muß und denen sich der Chef auch verpflichtet fühlt. Der heute noch gebräuchliche Begriff ,,Untergebener" sagt eigentlich alles.
- Autorität wird immer noch zu häufig aus dem Amt abgeleitet. Weil jemand Chef oder Vorgesetzter ist, ist das so richtig und darf damit auch nicht mehr hinterfragt werden. ,,Du sollst nicht denken" lautet die Anweisung, ,,sondern das tun, was ich dir gesagt habe." Befehlshaber kraft Organisationsmacht sozusagen.
- Im Betrieb werden immer noch die sogenannten einsamen Entscheidungen getroffen, ohne die Betroffenen in irgendeiner Weise zu hören. Direktionsrecht ist selbstverständliches Recht. Sein Gebrauch ist so legitim, daß Kritik daran praktisch ungesetzlich erscheint. Dahinter steht die Idee des einsamen Alten, der Fehlerloses gebietet.
- Im Betrieb werden häufig nur die informiert, denen die besondere Zuneigung des Vorgesetzten gilt. Sie sind die Säulen des Unternehmens, mit denen eine vertrauensvolle Zusammenarbeit möglich ist. Sie sind der Personenkreis, mit dem Informationen und damit Macht geteilt wird.
- Es wird vorwiegend nach Vertrauens- oder Mißtrauenskategorien kontrolliert. Die Mitarbeiter werden dabei nach Guten und Schlechten eingeteilt. Während die ersteren unbehelligt bleiben, werden Letztere mit mehr oder weniger Argwohn verfolgt. Mißbrauchen die sogenannten Guten dieses Vertrauen, ist die Enttäuschung oft grenzenlos.
- Die Bewertung der Beschäftigten erfolgt nach dem Grad ihrer Befehlserfüllung. Derjenige gilt als Leistungsträger, der den Anweisungen unverzüglich und exakt folgt und der über sein Bemühen ständig informiert.
- Die Untergebenen werden vor allem durch Drohungen, Druck oder Angst motiviert. Es werden ihnen deutlich die Konsequenzen vor Augen geführt, die Dummheit, Faulheit, Leistungsmangel nach sich ziehen. In düsteren Farben werden die gesellschaftlichen Folgen gemalt, die mit Freistellungen unabdingbar verbunden sind. Es wird vor versammelter Mannschaft kritisiert und auf Trotzreaktion im Leistungssinne gehofft.

Bei selbstkritischer Einstellung werden diese Verhaltensweisen im täglichen Umgang zwischen Vorgesetzten und Mitarbeitern immer wieder zu beobachten sein. Sie sind das Ergebnis der eigenen Erziehung und Beeinflussung durch Eltern, Lehrer, Ausbilder und

Chefs. Sie haben sich zudem sicherlich in einer Vielfalt von Fällen, wie ja der ökonomische Erfolg zu beweisen scheint, bewährt. Viele Unternehmen sind wohl deshalb so weit gekommen, weil Härte nun mal zum Geschäft gehört.

,,Im ökonomischen Wettbewerb ist eben Weichheit nicht gerade der Schlüssel zum Überleben'', lautet die häufig gehörte Begründung für diese Form der Führung.

Dieser Realtypologie der Führungsmuster steht eine idealtypische Darstellung entgegen, die nach Max Weber zwischen traditionalen, charismatischen und bürokratischen Herrschaftsformen unterscheidet und im patriarchalischen und autokratischen Führungsstil weiter konkretisiert wird.

– Autokratischer Führungsstil
Der Einsatz der vom Unternehmen verliehenen Macht kennzeichnet den autokratischen Führungsstil. Typisch ist dabei der umfangreiche Führungsapparat, der hierarchisch gesteuert wird. Nachgeordnete Instanzen setzen den Willen der Unternehmensleitung durch, ohne daß ein persönlicher Kontakt entsteht. Einzelinitiative ist letztlich unerwünscht.

– Patriarchalischer Führungsstil
Der Patriarch in seiner Vaterrolle findet sich auch heute noch in vielen kleineren Unternehmen. Es wird in dem Bewußtsein geführt, daß die Unternehmenskinder hinsichtlich Wissen und Erfahrung weit unterlegen sind. Deshalb müssen sie beschützt, umhegt und umsorgt werden und können auch nicht an der Führung des Unternehmens beteiligt werden. Da den Geführten eigentlich kein geistiges Potential zugerechnet wird, läßt sich auch leicht gegen die Mitwirkung im Unternehmen argumentieren. Treue und Fürsorge einerseits und unbedingte Loyalität und Dankbarkeit andererseits sind die Wesenskerne dieses Führungsstils.

– Charismatischer Führungsstil
Beim charismatischen Führungsstil wird der jeweilige Führer als absolute und uneingeschränkte Autorität gesehen und akzeptiert, die immer, wenn auch möglicherweise intuitiv, die richtige Entscheidung trifft. Diese Führereinmaligkeit macht Aufbau- und Ablauforganisation in Unternehmen außerordentlich schwierig und fordert von den einzelnen Funktionen besondere Beweglichkeit und Improvisationsvermögen.

Vor allem die Not- und Krisenzeiten erfahren besondere charakteristische Persönlichkeitszüge umfassende Aufwertung.

– Bürokratischer Führungsstil
Unpersönlichkeit ist hier in besonderer Weise hoch gefragt. Formalien und Reglementierungen bestimmen das ,,Vorgesetzten-Mitarbeiter-Verhältnis''. Während der autokratische Führer allerdings mit Willkür operiert, bedient sich der bürokratische Führer seiner Sach- und Fachkompetenz. Die Rechts- oder Organisationsgrundlage läßt seine Herrschaft als akzeptabel erscheinen.

Kurt Lewin hat auf der Grundlage von Laborexperimenten demokratische und Laissez-faire-Führungsstile zusätzlich herausgearbeitet.

– Demokratischer Führungsstil
Hierbei agiert ein Gruppenleiter, der die Aktivitäten der Gruppenmitglieder so ermutigt und unterstützt, daß Ziele zum Objekt von Gruppenauseinandersetzungen und -entscheidungen werden. Er selbst ist in die Gruppe integriert.

– Laissez-faire-Führungsstil
Diese Führungsform läßt den Gruppenmitgliedern volle Freiheit. Der Leiter hält sich passiv und vermeidet sowohl positive wie negative Bewertungen. Der Informationsaustausch erfolgt über Fragen des interessierten Gruppenmitglieds. Vorschläge werden nicht gemacht und auch nicht diskutiert.

Heute wird diese Diskussion vor allem auf mögliche Verhaltensmuster im Unternehmen hin konkretisiert und ein Kontinuum mit vier Klassifikationen dargestellt. Die Art der Entscheidungsfindung ist dabei das bestimmende Merkmal. Als Extrempole werden autokratische bzw. autoritäre und kooperative Verhaltensweisen gekennzeichnet. Autoritäre Muster werden als vorgesetztenorientiert und kooperative bzw. partizipative als mitarbeiterorientiert angesehen.

– Kooperativer Führungsstil
Kooperative Führungsformen sind die Verhaltensweisen von Vorgesetzten, die die Leistungsidee genauso bejahen wie die Mitarbeiterorientierung. Wenn ökonomisches Handeln mit dem Zweck menschlicher Bedürfnisbefriedigung erfolgt, dann müssen auch die Mitarbeiter in den betrieblichen Managementzyklus miteinbezogen werden.

Nicht nur die Arbeitsteilung macht dies unerläßlich. Kooperation ist Ausdruck gegenseitiger Akzeptanz in pluralistischen Systemen. Sie ist aber auch Ausdruck dafür, daß die möglichen Konflikte zwischen Unternehmenszielen einerseits und Beschäftigtenzielen andererseits erkannt werden und in bestimmten Grenzen aufeinander abstimmbar sind.

Im konkreten Fall des Betriebsgeschehens stellt sich eine kooperative Führung auch als Erwartungsgeflecht der Mitarbeiter dar:

- Der Beschäftigte erwartet, daß er von seinem Chef und Vorgesetzten als selbständiger Mitarbeiter akzeptiert wird, der auch in einem demokratischen Staatswesen bereit ist, Verantwortung zu übernehmen, der zwar häufig Positives bewirkt, aber auch Negatives erreicht, der Leistung erbringt, aber auch Fehler vollführt.
- Er erwartet den Chef als Persönlichkeitsautorität, der durch Fachwissen und Überzeugungskraft glänzt, der seine Handlungen und Anforderungen begründen kann, der den Mitarbeiter allmählich selbständig macht und für seine Sache einnehmen kann. Er ist der Chef mit Ausstrahlung und Führungspersönlichkeit.
- Es wird ein Chef erwartet, der seine Entscheidungen mit dem Mitarbeiter bespricht und dessen Ideen und Vorstellungen mit in das Kalkül einbezieht. Es wird zwar nicht erwartet, daß die Wünsche unbedingt erfüllt werden, aber daß sie akzeptiert und gehört werden.
- Es wird erwartet, daß die Mitarbeiter über die im Betrieb wichtigen Angelegenheiten informiert werden und alle die Dinge erfahren, die sie zur Erledigung ihrer Aufgaben benötigen. Sie wollen in das Informationsgefüge des Betriebes einbezogen werden, ohne ständig die Gerüchtebörse bemühen zu müssen.

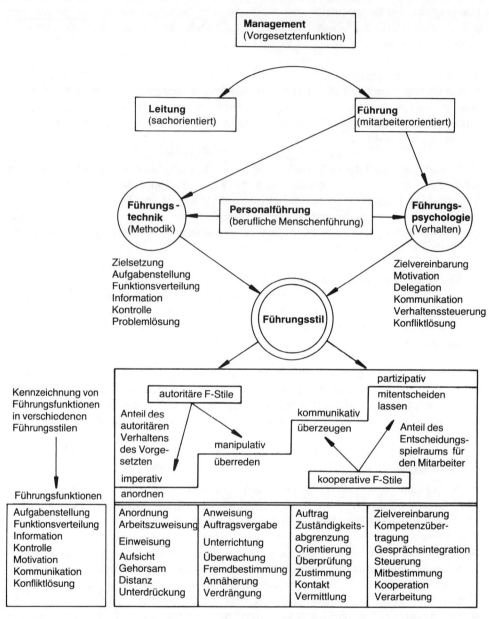

Abb. 2.1 – 5: Abgrenzung von Leitung und Führung – autoritäre und kooperative Führungsstile im Übergang

Quelle: Entnommen aus: Heidack, 1983, S. 280 vgl. auch Sahm, A., Humanisierung im Führungsstil, Frankfurt 1977, S. 25

- Kontrollen sollen der Arbeit und dem Mitarbeiterverhalten gelten und nicht dem Äußeren und der Ausdrucksweise. Es wird erwartet, daß diese Kontrolle frei von Mißtrauen ist. Objektivität und Gerechtigkeit sind gewünscht. Erst wenn der Auftrag eindeutig und konkret ist, kann auch die Kontrolle nachvollzogen werden. Auch ist erst dann eine Selbstkontrolle möglich.
- Leistung soll an den konkreten Anforderungen des Aufgabengebietes gemessen werden und nicht an den Leistungsvorstellungen des jeweiligen Vorgesetzten. Es ist auch wichtig, die Selbständigkeitsversuche zu bewerten, vor allem dann, wenn sie geglückt sind. Gerade hier tut Lob und Anerkennung besonders wohl.
- Schließlich erwartet der Mitarbeiter von seinem Vorgesetzten, daß er zu motivieren imstande ist. Mäkeleien und Nörgeleien sind vielleicht hin und wieder berechtigt, doch ermutigen sie nicht und fördern weder Selbständigkeit noch Selbstsicherheit. Nur kooperative Chefs ahnen überhaupt, welche Wirkung eine Bestätigung haben kann und wie das Übersehen eines Fehlers zur nächsten Vermeidung führt.

Insgesamt gesehen muß festgestellt werden, daß die Personalführungsstile nur auf die Person des Führers und der von ihm geforderten Eigenschaften abheben. Deshalb wird hier auch von sog. eigenschaftstheoretischen Ansätzen gesprochen. Wenngleich die Führungsforschung – vor allem mit der Darstellung der kooperativen Führungsform – gewichtige Beiträge zur Humanisierung der Arbeitswelt geleistet hat, darf doch nicht vergessen werden, daß das Gruppenverhalten einerseits und die speziellen Arbeitssituationen unberücksichtigt blieben. Verhaltens- wie situationstheoretische Ansätze waren deshalb eine konsequente Ergänzung der vorhandenen Führungsansätze.

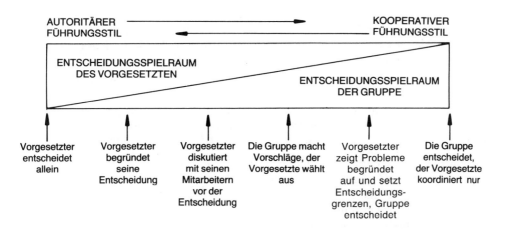

Abb. 2.1 – 6: Entscheidungsspielraum bei autoritärer und kooperativer Führung

Quelle: In Anlehnung an Tannenbaum, R. u. Schmidt, W. H.: How to Choose a Leadership pattern, Havard Business Review 2 (1958), S. 96

2.1.3 Verhaltens- und Situationsaspekte der Mitarbeiterführung

Mit der Entwicklung der Verhaltensforschung auf den Grundlagen der Darwinschen Evolutionstheorie schob sich die Frage der Klärung der Gesetzmäßigkeiten des Verhaltens in den Vordergrund wissenschaftlichen Interesses. Auch begann damit wieder die Auseinandersetzung um die Rolle des Lernens in der Verhaltensentwicklung unter Berücksichtigung der Umwelt respektive der jeweiligen Situation. Die Anpassung des Individuums an seine Umwelt wird damit zum Thema. In bezug auf menschliches Verhalten in Unternehmen wurden in der Zwischenzeit eine Fülle von Feldstudien durchgeführt, um die Komplexität des Führungsverhaltens zu begreifen.

Folgende Führungskonzepte sind dabei besonders bekannt geworden:

1. die gruppendynamischen Ansätze der Ohio- und Michigan-Studien
2. das Verhaltensgitter nach Blake/Mouton
3. das 3-D-Führungskonzept
4. das Führungskonzept des situativen Reifegrades von Hersey/Blanchard
5. das Kontingenzmodell von Fiedler
6. der motivationstheoretische Ansatz

In den Ohio-Studien wurde in großangelegten Feldstudien auf der Grundlage von Fragebögen eine Vielzahl von Daten über das Führungsverhalten in Organisationen gesammelt, faktorenanalytisch aufbereitet und meßbar gemacht. Dabei wurden die beiden Führungsdimensionen

- Mitarbeiterorientierung und
- Aufgabenorientierung

ermittelt. Beide Dimensionen werden als unabhängig voneinander angesehen und stehen damit im Gegensatz zu den bisherigen Annahmen, daß sich die klassischen Führungsdimensionen gegenseitig ausschließen. Der Wert dieser Studien liegt heute darin, daß die Erkenntnisse in die Entwicklung vieler praxisnaher Führungskonzepte einflossen.

Likert u.a. gingen in ihren Michigan-Studien von der Unterscheidung erfolgreicher und weniger erfolgreicher Vorgesetzter aus. Arbeitsleistung und Arbeitsgruppeneffizienz waren die entscheidenden Untersuchungsmerkmale. Als Effizienzkriterien wurden angesehen:

- die Motivation von Führern und Geführten
- die Arbeitszufriedenheit der Gruppenmitglieder
- Fehlzeiten und Fluktuation
- produzierter Ausschuß und Abfall
- Produktionsleistung pro Mitarbeiter und Zeit
- die anfallenden Kosten

Ihr Ergebnis war das sog. Michigan-Stil-Kontinuum. Mitarbeiterorientierung war dabei das Führungsverhalten, bei dem die zwischenmenschlichen Beziehungen bei der Aufgabenerfüllung besonders beachtet werden. Der Mitarbeiter wird in diesem Sinne deshalb als Person mit eigenen Zielen, Interessen und Bedürfnissen akzeptiert und kann eine Förderung in seiner Entwicklung erwarten. Leistungsorientierung kennzeichnet dagegen das

Verhalten, das technische und Leistungsaspekte der Aufgabe in den Vordergrund stellt und den Mitarbeiter lediglich als Mittel zur Erreichung von Zielen ansieht.

Auf dieser Basis entwickelte Likert (s. Kap. 1.6) dann ein vierfach unterteiltes Führungssystem. Um eine umfassende Kooperation im Sinne eines partizipativen, gruppenbezogenen Führungssystems aufbauen zu können, stellt er drei Hauptprinzipien auf:

- *Das Prinzip der unterstützenden Beziehungen.* Dadurch sollen die Mitarbeiter Selbstwertgefühl entwickeln und zur Selbstverwirklichung gelangen.
- *Das Prinzip der überlappenden Gruppen.* Hierbei wird in einem hierarchischen System von einer Gruppenführung ausgegangen, in der jede Arbeitsgruppe durch Personen, die mehr als einer Gruppe angehören, mit der übrigen Organisation verbunden ist.
- *Das Prinzip der hohen Leistungsziele.* Durch die Entscheidung in Gruppen sowie durch die Gruppenüberlappungen soll bei den Mitarbeitern das Bedürfnis nach hoher Leistung geweckt werden.

In diesem Führungskonzept sollen Interessenkonflikte abgebaut, Identifikation mit übergeordneten Aufgaben ermöglicht und durch Teilhabe und Koordination Leistung gesteigert werden. Diese Idee findet sich heute in vielen Unternehmen in der Team- oder Projektarbeit wieder.

Das Verhaltensgitter nach Blake/Mouton lehnt sich deutlich an die vorhergehenden Studien an. Vor allem im seminaristischen Bereich gilt es heute als ausgezeichnetes didaktisches Mittel, um Führungsprobleme zu verdeutlichen. Ausgangspunkt ist die Vorstellung vom Gegensatz von ökonomischen und humanen Zielen in Unternehmen. Diese beiden Denkweisen versuchen Blake und Mouton in einem Verhaltensgitter zu integrieren. Dabei wird der Wechselbezug zwischen der Betonung des Menschen (human concern) und der Betonung der produktiven Leistung (productive concern) in einem Ordinatensystem dargestellt. Obwohl rein ,,rechnerisch'' 81 unterschiedliche Führungsstile denkbar sind, werden nur fünf kritische Führungsstile beschrieben, da diese ein sog. Schlüsselverhalten charakterisieren.

Da Blake/Mouton auch noch andere Einflußgrößen wie Organisationsstruktur, Werthaltungen und Persönlichkeitsmerkmale von Führenden und Geführten als bedeutsam ansahen, wurde deutlich, daß Verhaltensänderung nur mit begleitendem organisatorischem Wandel sinnvoll ist. Sie sahen deshalb ein spezielles ,,Zweistufenentwicklungs- und Trainingsprogramm'' vor; Persönlichkeitsentwicklung und Organisationsentwicklung sind dabei die Stufen dieses Grid-Modells. Die Stärke des Konzepts liegt darin, daß es sich leicht zur Verbesserung der Effizienz der Führungsaufgaben einsetzen läßt.

Interessant ist auch das 3-D-Führungskonzept von Reddin, in dem er zur Aufgaben- und Beziehungsorientierung als dritte Dimension noch die Effektivität einführt. Dabei bildet er in vier Quadranten (entsprechend dem Grid-System) den

- Verfahrensstil,
- Beziehungsstil,
- Aufgabenstil,
- Integrationsstil

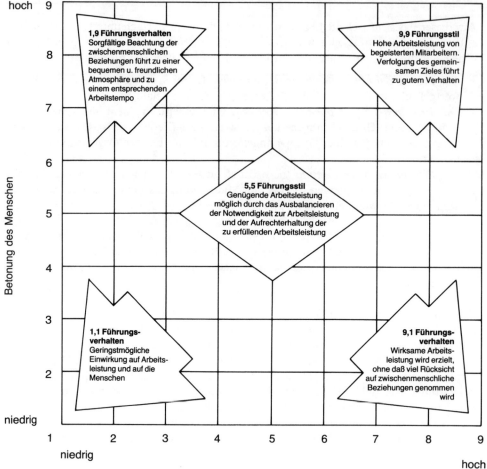

Abb. 2.1 – 7: Verhaltensgitter (Managerial Grid) von Blake/Mouton

Quelle: Bleicher/Meyer, 1976, S. 168 f.

ab. Reddin bestreitet im Gegensatz zum Grid-System die Existenz eines „besten" Führungsstils. Effizient können alle vier Stile sein; er hängt von der jeweiligen Situation ab. Deshalb sind für ihn

– Fähigkeit zur Situationsdiagnose,
– Vorgesetztenflexibilität und
– Fähigkeit zur Situationsveränderung

zentrale Führungseigenschaften. Diese spricht er allerdings sog. Kneifern, Autokraten, Gefälligkeitsaposteln und Kompromißlern ab. Ihre Effektivität setzt er als gering an.

Führungsform-kennziffer	9.1	1.9	1.1	5.5	9.9
Allgemeine Darstellung	Starkes sachliches Interesse an der Aufgabenerfüllung. Humane Ziele werden bei der Führung nicht berücksichtigt (sollen außerhalb der Unternehmung erfüllt werden – »Freizeitproblem«). Unterstellungen: Mitarbeiter sind unselbständig, haben Abneigung gegen Arbeit; Ordnung ergibt sich aus Uniformität. Andere Führungsformen schaffen Zweifel an der Autorität.	Starkes Interesse der Führung an humanen Elementen. Werden als leistungsbestimmend angesehen. Unterstellungen: Mitarbeiter finden Erfüllung in der Arbeit bei entsprechenden Arbeitsbedingungen. Sie können selbständig arbeiten. Ordnung und Leistungsstreben sind natürliches Resultat des Vertrauens, das dieser Führungsform zugrunde liegt.	Geringes Interesse an persönlichen Belangen und sachlichen Aufgabenerfüllungsaspekten (fraglich, ob »Führung«). Ziel des Führenden: Überleben, Meiden von Kritik, da potentielle Schwächung der eigenen Position, Ursache oft: Resignation.	Ausgeglichene, mittlere Berücksichtigung humaner und sachlicher Elemente. Kein Maximum angestrebt (»das wäre zu ideal«). Unterstellungen: Beide Ziele allein nur im Idealfall erreichbar, daher Kompromiß. Regelgerichtetes Funktionieren garantiert automatisch Erreichen von Sach- und Formalzielen.	Gleichmäßige Betonung der persönlichen Probleme und der Aufgabenerfüllungsnotwendigkeiten ergibt Maximum an formalem Ergebnis. Arbeitsbedingungen müssen den Anforderungen geistig reifer Menschen entsprechen. Unterstellungen: Mitdenken und Einfluß wirken positiv auf Ergebnis. Fehler nur durch Mißverständnisse (durch Lernprozesse vermeidbar).
Sachzielbezug Organisationsgrad	hochgradige Konkretisierung der Aufgaben	geringe Konkretisierung der Aufgaben (management by objectives)	tendenziell gering	mittelmäßig	gering
Aufgabenverteilung	starke Entscheidungszentralisation	starke Entscheidungszentralisation	starke Entscheidungszentralisation	mittlere Entscheidungszentralisation	Entscheidungen weitgehend dezentral, Gruppen- und Einzelentscheidung
Leitungsbeziehungen Rolle des Vorgesetzten	Autoritätsperson, Zwang zur Subordination	er sorgt für Arbeitsbedingungen, die Leistungswillen anregen	»Chamäleon«	Funktionär, Repräsentant der Organisation	helfender Lehrer
Unterstellungsverhältnisse	streng hierarchisch, klare Kompetenzen	formale Organisation durch informale Beziehungen ergänzt oder gar substituiert	zumeist hierarchisch (Organisationsplan)	hierarchische Züge (Organisationsplan)	Vorgesetzter steht Gruppe der Untergebenen gegenüber

Personalpolitische Konsequenzen

171

Führungsform-kennziffer	9.1	1.9	1.1	5.5	9.9
Art der Anordnung	verbindliche Anordnung, keine Begründung (diszipl. Drohung)	gemeinsame Lösung, Überzeugung, fachliche Autorität, zusätzliche Informationen	unverbindliche Weiterleitung	verbindliche Anordnung mit Backgroundinformationen	gemeinsame Lösung und Überzeugung
Arbeitsbeziehungen	Kommunikation folgt Instanzenentzug; keine kollegialen Arbeitsbeziehungen	informale Kanäle erlaubt. Direktverkehr; kollegiale Arbeitsbeziehungen	wenig frequentiert: Tendenz: Isolation, keine kollegialen Formen	formale und informale Kommunikation. Kollegien betont	kollegiale Formen stark betont; auch Entscheidungskonferenzen
Formalzielbezug	unmittelbar (Mengen-, Zeit-, Geldstandards)	kaum Standards; menschliche Erfüllung zählt	persönlichkeitsbezogen: Überleben	Funktionieren der Organisation	leistungsbezogen; Blick auf Gruppenerlebnis
Förderung	effizientester Mitarbeiter wird gefördert	Teamarbeiter bevorzugt	keine Förderung	Förderung organisationsgerechten Verhaltens	menschliche Qualifikation und Problemlösungsfähigkeiten sind als Beförderungskriterien gleichbedeutend
Konflikt	persönliche Einordnung oder Wechsel	geleugnet oder geglättet	vermieden	Verletzung der Organisationsregeln	direkte Konfrontation, rationale Lösung
Innovation	Ideen nur von »oben« (Führung)	gering, da Spannung und Widerspruch	dient Erhaltung des »status quo«	sachliche Innovation	große Bereitschaft
Motivation	fast ausschließlich materielle Anreize, Zwang, Folgemotiv: Erhaltung der ökonomischen Existenz	hohe persönliche Motivation über Möglichkeit der Selbstverwirklichung	reines Erhaltungsstreben. Keine besondere Leistungsmotivation	Kompromiß zwischen Zielen des einzelnen und der Organisation. Materielle und immaterielle Anreize	sozialbezogene Leistung, hohe Motivation über Gruppe. Materielle und immaterielle Anreize harmonisch abgestimmt
Entwicklung von Führungsfähigkeiten	gering, sachliche Leistung dominiert	gering, sachliche Förderung fehlt	fehlt (mangelnde Führung)	organisierte Verfahren	starke Förderung

(linke Spalte vertikal: Organisatorische Konsequenzen)

Abb. 2.1 – 8: Verhaltensgitter – konkrete Führungsformen

Quelle: Reddin, W. J., Das Drei-D-Programm zur Leistungssteigerung des Managements, München 1977

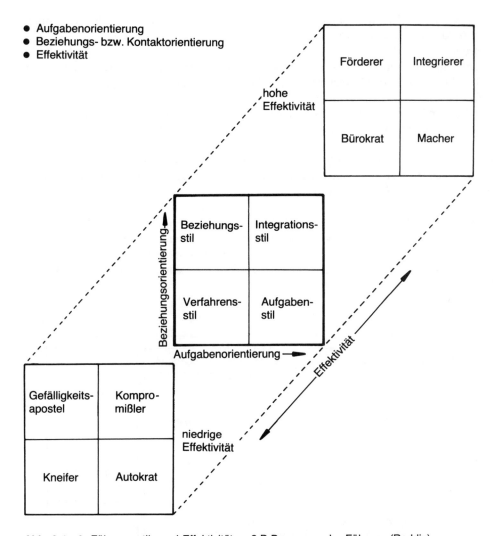

- Aufgabenorientierung
- Beziehungs- bzw. Kontaktorientierung
- Effektivität

Förderer | Integrierer

hohe Effektivität

Bürokrat | Macher

Beziehungsorientierung

Beziehungs-stil | Integrations-stil

Verfahrens-stil | Aufgaben-stil

Aufgabenorientierung →

Effektivität

Gefälligkeits-apostel | Kompro-mißler

niedrige Effektivität

Kneifer | Autokrat

Abb. 2.1 – 9: Führungsstile und Effektivität – 3-D-Programm der Führung (Reddin)

Quellen: Bisani, F., Personalführung, Wiesbaden, 2. Aufl. 1981; Heidack, 1983, S. 302

Insgesamt handelt es sich beim 3-D-Modell um ein System konkreter Rollenbezeichnungen, die in der betrieblichen Praxis sicherlich als solche konkrete Gestaltung annehmen oder zumindest als solche vorstellbar sind.

Im Führungskonzept von Hersey und Blanchard wird von einem aufgabenrelevanten Reifegrad des Mitarbeiters ausgegangen, der bestimmte Führungsstile bedingt:

- Unterweisungen
  Bei geringer Reife muß der Vorgesetzte seinem Mitarbeiter sagen, was er zu tun und zu lassen hat.

173

– Verkaufen
Bei mäßiger Reife (mangelnde Fähigkeit, aber stärkere Motivation) führt der Vorgesetzte durch rationale Argumentation und emotionale Unterstützung.
– Beteiligen
Ist Fachkompetenz vorhanden, aber die Motivation gering (höherer Reifegrad), führt der Vorgesetzte mit Hilfe spezifischer Motivationsanreize erfolgreich.
– Delegieren
Fähige und wirklich reife Mitarbeiter läßt der Vorgesetzte selbständig arbeiten und beschränkt sich auf gelegentliche Überprüfungen.

Bei diesem Konzept ist jeder Führungsstil wählbar, da er mit dem jeweiligen Reifegrad des Mitarbeiters begründet werden kann. Darin wird deshalb auch das Dilemma dieses an sich transparenten Konzepts gesehen.

Zu den augenblicklich sehr diskutierten Führungsmodellen gehört vor allem das von F. E. Fiedler. In seiner Bedingtheits- oder Kontingenztheorie stellt er die Abhängigkeit der Führung von bestimmten Situationen dar. Neben den Führungsstil des Vorgesetzten (aufgaben- oder mitarbeiterorientiert) als Kernfunktion stellt er die Gruppensituation, die in ihrer Günstigkeit eine besondere Rolle spielt.

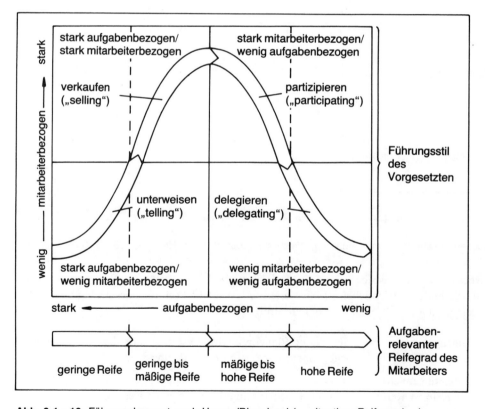

Abb. 2.1 – 10: Führungskonzept nach Hersey/Blanchard (– situativer Reifegrad –)

174

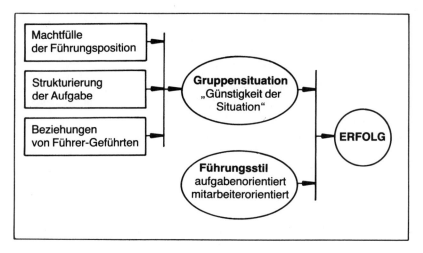

Abb. 2.1 – 11: Komponenten des Führungserfolges nach Fiedler (entnommen Heidack, 1983, S. 304)

Quellen: Heidack, 1983, S. 305; Panse-Müller-Schulz, S. 140

Sie hängt ab von der

- Positionsmacht des Führers und seiner damit verbundenen Machtfülle,
- Strukturierung der Aufgabe (Zielklarheit, Lösungsalternativen, Genauigkeit der Arbeitsanforderungen und qualifizierte Leistungsbeurteilung) sowie den
- Vorgesetzten-Mitarbeiter-Beziehungen (Arbeitsklima, Solidarität, Vertrauen etc.).

Insgesamt zeigt sich, daß in sehr günstigen Führungssituationen Vorgesetzte mit starker Aufgabenorientierung, in mäßig günstigen Situationen Vorgesetzte mit starker Mitarbeiterorientierung die besten Erfolge aufzuweisen haben. Fiedler hat damit auf die situativen Bedingungen im Führungsprozeß aufmerksam gemacht. Für die Unternehmenspraxis ergibt sich dabei das Problem, daß vom Vorgesetzten nicht nur Führungspersönlichkeit in einer bestimmten, möglicherweise vorgegebenen Richtung gefordert wird, sondern eine hohe Variabilität und Flexibilität in bezug auf die Gruppensituation. Inwieweit Mitarbeiter solche Anpassungsfähigkeiten nachvollziehen können und inwieweit dadurch wiederum die Vorgesetzten-Mitarbeiter-Beziehungen beeinflußt werden, sei dahingestellt. Immerhin ist allerdings festzustellen, daß in Unternehmen wohl in den meisten Fällen der täglichen Routinearbeiten Situationen mittlerer Günstigkeit anzutreffen sein dürften. Damit dürfte im Durchschnitt der personenorientierte Vorgesetzte wohl auch der effektivste sein. Daraus läßt sich einerseits die Notwendigkeit der besonderen Berücksichtigung exemplarischer Situationen und andererseits die Möglichkeit des erfolgreichen *und* personenorientierten Managers ableiten.

Der motivationstheoretische Ansatz schließlich stellt die Mitarbeiter, die die Arbeitsergebnisse zu erbringen haben, in den Vordergrund der Überlegungen. Insbesondere durch die Vorstellung vom „complex man" wird der Mensch als allgemein motiviertes und weniger als Gruppenwesen verstanden. So herrscht heute vielfach Übereinstimmung darüber, daß eine positive Einstellung zum Unternehmen vor allem durch gezielte Motivation erreicht werden kann und daß Motivation dabei bedeutsamer als bloße Zufriedenheit ist.

Wichtige Motivationskomponenten sind

- das Wecken von Bedürfnissen nach Aufgaben, die Belohnung versprechen,
- die Unterstützung des Mitarbeiters durch Bestärkung seines Zielengagements,
- die Gelegenheiten zu befriedigenden Erfolgserlebnissen,
- der Abbau von Rollenunsicherheiten,
- die Hilfe in der Fach- und Arbeitsmethodik und
- die Beseitigung von Hindernissen auf dem Weg zum Ziel.

Um daraus allerdings wirksame Motivationsinstrumente ableiten zu können, muß der Vorgesetzte

- die Ziele der Mitarbeiter und ihre Veränderbarkeit erkennen,
- die Wege kennen, die der Mitarbeiter einschlagen wird und
- sich laufend über die Bemühungen des Mitarbeiters informieren und sie durch Zeichen der Belohnung erkenntlich machen.

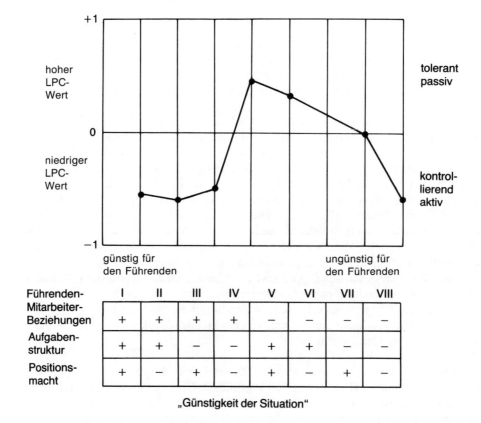

Abb. 2.1 – 12: Kontingenzmodell der Führung nach Fiedler

Aufgabenorientierte Führer, d.h. Führer mit einem niedrigen LPC-(ASO-)Wert sind in sehr günstigen oder sehr ungünstigen Situationen am effektivsten; daher ist in diesen Fällen eine negative Korrelation zwischen LPC-(ASO-)Wert und der Gruppenleistung festzustellen (Einheiten I/II/III/VIII), während personenorientierte Führer in Situationen mit mittlerer Günstigkeit effektiver sind (Einheiten IV/V/VI/VII). Es besteht daher eine positive Korrelation zwischen dem LPC-(ASO-)Wert und der Gruppenleistung. Dieses Ergebnis erklärt die Widersprüche, die sich bei anderen Untersuchungen ergeben haben, bei denen die Situationsvariablen nicht berücksichtigt worden sind.

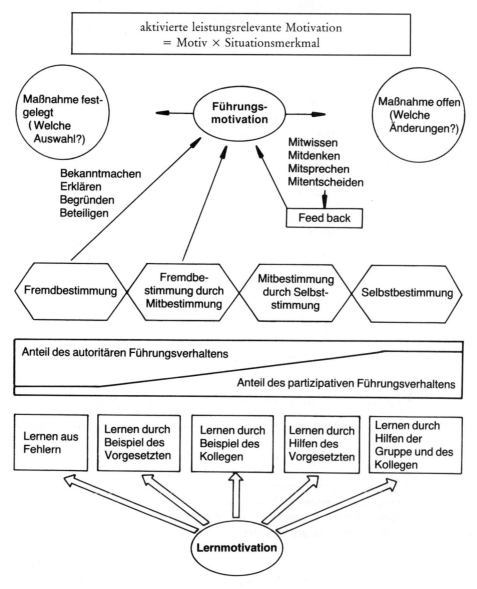

Abb. 2.1 – 13: Führungs- und Lernmotivation in Abhängigkeit vom Führungsstil(-verhalten) (Heidack 1983, S. 292)

177

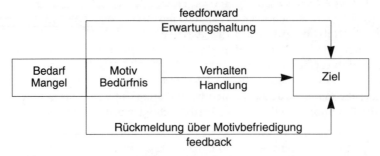

Abb. 2.1 – 14: Motivationsprozeß

Quelle: Rosenstiel L. v., Leistungsmotivation und Arbeitsmotivation, a.a.O., S. 126

Damit sind spezielle Kenntnisse des Motivationsprozesses für eine Führungspersönlichkeit und die Fähigkeit ihrer praktischen Übertragbarkeit auf den Mitarbeiter unerläßlich. Anreize aus den Nebenbedingungen der Arbeit sind dabei ebenso einzubringen wie Anreize aus der Arbeit selbst. In folgendem Beispiel läßt sich dies in der Unterschiedlichkeit der Leistung verdeutlichen. Die Ausgangsannahme lautet dabei:

Motiv	Ausprägung bei Person			Situationsmerkmal	Ausprägung (Expertenurteil)	Aktivierte leistungsrelevante Motivation bei Person		
	1	2	3			1	2	3
Wunsch nach Geld	3	1	1	Hoher Verdienst bei guter Leistung	3	9	3	3
Wunsch nach Sicherheit	2	3	2	Sichere Stellung bei hoher Leistung	2	4	6	4
Wunsch nach Selbständigkeit	1	2	3	Viel Selbständigkeit bei hoher Leistung	1	1	2	3
	$\sum$ 6	$\sum$ 6	$\sum$ 6		$\sum$ 6	$\sum$ 14	$\sum$ 11	$\sum$ 10

Unterschiedliche Aktivierung von drei Arbeitnehmern in einer gleichen Situation

Abb. 2.1 – 15: Unterschiedlichkeit der Aktivierung von 3 Arbeitnehmern in einer gleichen Situation

Quelle: Rosenstiel L. v., Leistungsmotivation und Arbeitsmotivation, a.a.O., S. 126

In diesem Beispiel ist von einem Unternehmen ausgegangen worden, das nach Expertenurteil (Ausprägung des Situationsmerkmals) hohen Verdienst bei mittlerer Sicherheit und gering eingeschätzter Selbständigkeit anbietet. Person 1 wird dadurch am meisten, Person 3 am geringsten zur Leistung motiviert.

Damit wird deutlich, daß die motivationstheoretischen Ansätze von der Individualität des Mitarbeiters ausgehen und deswegen vom Vorgesetzten auch mitarbeiterspezifische Anreize (Situationsmerkmale) erfordern. Da dies in der Praxis außerordentlich schwierig zu realisieren sein dürfte, müßten wiederum zur Vereinfachung Mitarbeitertypolo-

178

gien gebildet werden. Andererseits aber weisen die motivationstheoretischen Ansätze zu Recht auch auf den einzelnen Mitarbeiter hin, dessen Persönlichkeitsstruktur im Führungsprozeß ebenfalls nicht unberücksichtigt bleiben darf. Schließlich ist durch diese Ansätze das Zusammenwirken von Motivation und Fähigkeiten und Fertigkeiten im multiplikatorischen Sinne verdeutlicht worden.

Bei einer Wägung der einzelnen theoretischen Führungskonzepte wird schnell deutlich, daß die Vorgesetztenfunktion als Leitungs- und Führungsfunktion überaus komplex und differenziert ist und Anforderungen im sachlich-fachlichen wie im psychosozialen Bereich stellt, die zudem Aussicht auf Erfolg nur bei entsprechender Berücksichtigung der jeweiligen inner- oder außerbetrieblichen Situation verspricht. Mitarbeiterführung hat damit etwas zu tun mit

- Persönlichkeit des Vorgesetzten,
- Motivationskompetenz,
- Gruppensensibilität und
- Situationsbezogenheit.

Führungserfolg wäre somit nur individuell „meßbar", wenngleich einer mitarbeiterorientierten Führung im kooperativ-partizipativen Sinne doch wohl Vorbildcharakter beikommen dürfte.

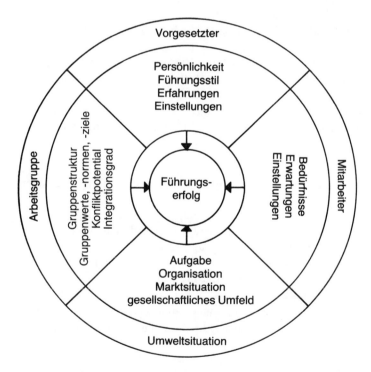

Abb. 2.1 – 16: Komponenten des Führungserfolges

Quelle: Bleicher, K., Meyer, E., Führung in der Unternehmung, Hamburg 1976, S. 242

2.1.4 Kooperative Mitarbeiterführung und ihre praktischen Möglichkeiten

Zu den im deutschsprachigen Raum angebotenen Führungs- und Managementmodellen, die von der betriebswirtschaftlichen Managementlehre entwickelt wurden und von Managementinstitutionen für die Praxis propagiert werden, gehören vor allem

- das DIB/MAM – Management-System vom Deutschen Institut für Betriebswirtschaft in Frankfurt und der Managementakademie in München,
- das Harzburger Modell und
- das St. Galler Management-Modell.

Schließlich sind vielleicht auch noch die sog. Erfolgsmethoden von Grossmann und Hirt zu erwähnen, die zwar mehr der Persönlichkeitsentwicklung dienen sollen, aber auch konkrete Verhaltensweisen für die betriebliche Führungsaufgabe bereithalten.

Das Harzburger Modell ist von allen wohl am bekanntesten geworden und hat in seiner Form der *Führung im Mitarbeiterverhältnis* folgende unbestreitbare Vorteile:

- die Delegation von Aufgaben, Befugnissen und Verantwortung statt permanenter Einzelaufträge,
- die Dezentralisierung der Kompetenzen statt zentraler Entscheidungsgewalt,
- die Förderung des selbständig handelnden Spezialisten,
- die Stellenbeschreibung als Klärung und Sicherung des Aufgaben- und Kompetenzbereiches,
- die Verhaltensregeln als Wertvorstellungen für Vorgesetzte und Mitarbeiter und
- die Techniken der Gesprächsführung in den unterschiedlichsten Gesprächstypen.

Darüber hinaus hat das Harzburger Modell mit Sicherheit die Diskussion um ,,zeitgemäße'' Führungsformen nachhaltig beeinflußt und auch gefördert.

Als Kritikpunkte werden häufig genannt

- die geringe Berücksichtigung individuell-psychologischer und gruppendynamischer Gesichtspunkte,
- die Gefahr von ,,Kästchendenken'' durch die Delegationsbereiche,
- die Schwierigkeiten mit klar beschriebenen Stellenbeschreibungen,
- die versteckten Formalismen und Zwangsformen,
- die problematische Unterscheidung mancher Gesprächstypen, die dynamische Kommunikationsprozesse unberücksichtigt läßt, und
- der dogmatische Charakter.

Dem ist allerdings auch damit zu begegnen, daß das Modell seit seiner Entwicklung in den 50er Jahren selbst einen gewichtigen Ausbau erfahren hat. Für Unternehmen jedenfalls, die immer noch mehr oder weniger autokratisch oder patriarchalisch geführt werden, stellt das Konzept einen bedeutsamen Fortschritt dar. Mit seiner Führungsanweisung und dem System von Stellenbeschreibungen kann es wirksam und auch flexibel sein, ohne die klassischen Grundstrukturen des Unternehmens zu hinterfragen.

Zusätzlich dazu sind in Deutschland zahllose pragmatische Management-by-Techniken bekanntgeworden, die sich mehr oder weniger großer Verbreitung erfreuen:

- Management by Direction and Control
  (Führung durch Vorgaben und Kontrollen)
- Management by Objectives
  (Führung durch Zielsetzung)
- Managment by Exception
  (Führen durch Ausnahmeregelungen)
- Management by Delegation
  (Führen durch Verantwortungsübertragung)
- Management by Information
  (Führen durch Informationspolitik)
- Management by Teaching
  (Führen durch Mitarbeiterförderung)
- Management by Breakthrough
  (Innovation = Führen durch Kreativitätsförderung)
- Management by Motivation
  (Führen durch Leistungsanreize).

Sie alle enthalten schwerpunktmäßig Verhaltensempfehlungen oder zumindest Prinzipien, nach denen die Führungskräfte ihre Handlungen ausrichten sollen. Sie stellen sich als selbständige Systeme dar, deren Erfolg auch meßbar sein soll.

— Management by Direction and Control
Fayoll und Taylor konnten sich als Wirtschaftspraktiker im Rahmen ihrer unternehmerischen Tätigkeit noch auf empirisch erworbenes Können, d.h. auf Erfahrung im Sinne von Übung und Gewohnheit stützen. Erst später wagten sie den Versuch, diesen aus der Praxis heraus entwickelten Grundsätzen allgemeingültige Gedankengänge zu unterlegen. Sie gingen — genauso wie andere — im Ansatz von den klassischen Organisationstypen des Einlinien-, Mehrlinien- sowie des Stabliniensystems aus.

Bei einer Untersuchung der prägenden Merkmale dieser Organisationsformen läßt sich feststellen, daß

- der Organisationsgrad groß war, d.h. der Entscheidungsspielraum der Mitarbeiter auf ein Minimum reduziert wurde,
- der Formalisierungsgrad ebenfalls groß war, womit zum Ausdruck gebracht wurde, wie gering humane Aspekte berücksichtigt wurden,
- die Verteilung von Entscheidungsaufgaben auf wenige Führungskräfte zentralisiert war,
- die Willensbildung individuell ohne Rückgriff auf das Wissen anderer Mitarbeiter geschah,
- die Willensdurchsetzung isoliert zwischen Vorgesetzten und Mitarbeitern erfolgte und dadurch kollegiale Arbeitsformen sich nur schwerlich herausbilden konnten,
- die Informationsbeziehungen vorwiegend von den unteren hierarchischen Rängen nach oben griffen,
- und von oben nur arbeitsnotwendige Details kamen.

Der jeweils gewählte Organisationstyp wird durch Führungsprinzipien ergänzt. Die Funktionstüchtigkeit der Unternehmen soll dadurch gestärkt werden, um die Unternehmensziele schneller und sicherer erreichen zu können. Die Führungsprinzipien erstrecken sich meist auf technisch-ökonomische, weniger auf humane Gesichtspunkte.

Im einzelnen werden

– Grundsätze der Leitung,
– Grundsätze der Organisation und Koordination und
– Grundsätze des Befehls und der Kontrolle unterschieden.

Gerade bei den letzteren finden sich Begriffe wie Zentralisation, Corpsgeist, Belohnung, Bestrafung, Disziplin und Stabilität. Auch wird hier von Befehlsgewalt, Untergebenen und der Notwendigkeit der Überwachung gesprochen. Mit Hilfe von Führungsrichtlinien soll der Variation des Führungsverhaltens Grenzen gezogen werden, um eine gewisse Einheitlichkeit bei der Führung zu sichern. Insgesamt läßt sich das Management by Direction and Control als ein stark autokratisches System erkennen, das militärisch-organisatorisch aufgebaut erscheint und den Leistungsgehorsam zur Grundlage hat.

– Management by Objectives

Das Management by Objectives ist wohl die bekannteste Führungstechnik nach dem Management by Control. Sie hat ihren Ursprung in den USA in den 30er Jahren dieses Jahrhunderts und wird häufig als „Führen durch Zielvorgaben" übersetzt. Das Prinzip dieses Systems besteht darin, durch quantitative Leistungsvorgabe die Selbstkontrolle der Mitarbeiter zu erhöhen. Dadurch, daß jeder Mitarbeiter konkret weiß, was von ihm verlangt wird, besteht eine große Chance, von der reinen Verfahrensorientierung und der häufig damit verbundenen geringen Arbeitselastizität abzukommen. Ziel ist es, sich durch eine bewußte Ausrichtung auf das Unternehmensziel von der bloßen Aufgabenerfüllung der Arbeitskräfte zu lösen. Damit besteht für den Mitarbeiter auch die Chance, sich mit der unternehmerischen Zielsetzung zu identifizieren. Erst eine Kenntnis des Ziels eröffnet die Möglichkeit des Weges. Diese Zielorientierung wird durch folgende Techniken erreicht:

– Ziele werden den Mitarbeitern nicht in allgemeiner Form vorgegeben, sondern aus dem unternehmerischen Gewinnziel über die Bereichs- oder Abteilungsziele zu Einzelzielen abgeleitet. Sie werden inhaltlich, mengenmäßig und zeitmäßig formuliert. Sie sollen anspruchsvoll, müssen aber auch grundsätzlich erreichbar sein.
– Die einmal formulierten Einzelziele sind veränderliche Größen. Sie unterliegen der Möglichkeit der Anpassung an sich verändernde Situationen auf den Absatz- und Beschaffungsmärkten oder an politische Entscheidungen. Somit sind Zielüberprüfungen regelmäßig Führungsaufgaben.
– Ein neuer Gedanke des MbO liegt in der Forderung nach gemeinsamen Zielformulierungen von Vorgesetzten und Mitarbeitern. Dabei werden Einzelziele nicht von oben vorgegeben, sondern gemeinsam erarbeitet und festgelegt.

– Management by Exception

Diese ebenso schon fast klassische Führungskonzeption arbeitet nach dem Prinzip der Führung durch Ausnahmeregelungen. Die Idee dieses Managementsystems beruht auf

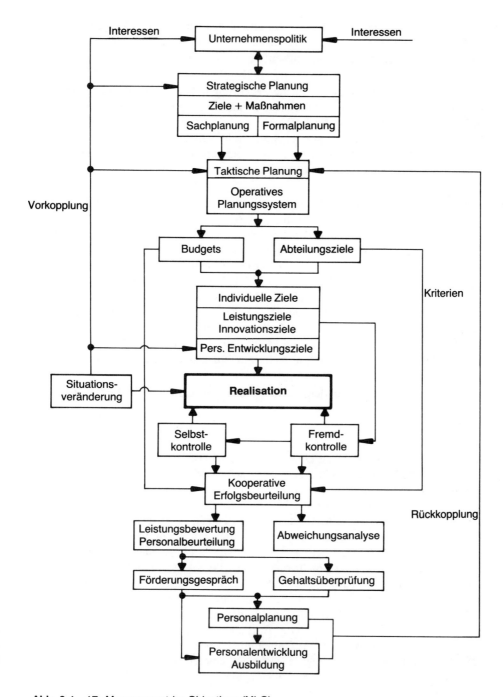

Abb. 2.1 – 17: Management by Objectives (MbO)

der Festlegung von Routineaufgaben im Mitarbeiterbereich. Als Prinzip geht es davon aus, daß Vorgesetzte mehr Zeit für eigentliche Führungsaufgaben aufbringen müßten, aber häufig durch eigene Durchführungsaufgaben daran gehindert sind.

Da Aufgaben zudem auch unterschiedliche Bedeutung haben, sind nur besonders wichtige Entscheidungen der Führungskraft vorbehalten. Damit liegt das Ziel des MbE in der Zeitentlastung des Vorgesetzten. Er darf nur dann in die Aufgabenstellung seiner Mitarbeiter eingreifen, wenn Ausnahmen oder Sonderfälle auftreten, die den Entscheidungsspielraum des Mitarbeiters überschreiten. In einem solchen Fall ist der Vorgesetzte zu unterrichten und zur Entscheidung aufgerufen.

Voraussetzung für die Funktionstüchtigkeit dieses Systems ist es, daß Aufgabengebiete mit ihrem Entscheidungsspielraum klar umrissen sind, damit der Mitarbeiter die von ihm geforderten Arbeiten auf eigene Verantwortung wahrnehmen kann. Diese Technik erfordert darüber hinaus auch die klare Abgrenzung zwischen Normal- und Sonderfällen. Dadurch müssen Meßgrößen bereitgestellt werden, anhand derer der Mitarbeiter erkennen kann, ob er in dieser Angelegenheit noch selbst entscheiden kann oder die Abweichung seinem Vorgesetzten melden muß. Das MbE stellt sich insgesamt als eine Konzeption dar, die für die Führungskräfte eine Konzentration auf ihre Leistungsfähigkeiten ermöglicht und für den Mitarbeiter eine Entlastung von Verantwortung bei Ausnahmefällen mit sich bringt. Allerdings steht und fällt dieses System mit der Fähigkeit des Unternehmens, Sollgrößen als Beurteilungskriterium für Entscheidungen bereitzustellen.

Deshalb ist eine Kopplung mit dem ,,Management by Objectives'' durchaus überlegenswert.

– Management by Delegation
Dieses Prinzip der Führung durch Übertragung von Verantwortung ist in Deutschland sehr bekannt geworden und wird häufig mit dem sog. Harzburger Modell und seiner Vorstellung der Führung im Mitarbeiterverhältnis gleichgestellt. In diesem System wird von der obersten Ebene in die nachfolgenden nicht nur Handlungs-, sondern auch Führungsverantwortung delegiert. Ziel dieser Methode ist es dabei auch, individuelles Verantwortungsbewußtsein der Mitarbeiter zu entwickeln. Es ist hier vor allem an den Spezialisten in einer fortschreitend arbeitsteilig ausgerichteten Organisation gedacht, der aufgrund seines Spezialwissens und -könnens nicht mehr durch Befehle zu führen ist. Er soll in die Verantwortung dadurch miteingebunden werden, daß er sein bestimmtes Aufgabengebiet selbständig und eigenverantwortlich, d.h. ohne direkte Eingriffe von oben übernimmt. Diese Technik erfordert eine klare Abgrenzung der Arbeitsgebiete der Mitarbeiter voneinander und eine deutliche Definition der Aufgaben und der zu übertragenden Kompetenzen. Erst aus der Kopplung der Aufgaben mit korrespondierenden Befugnissen läßt sich der Umfang der Verantwortung des einzelnen ablesen. Hat er neben seinen Handlungsaufgaben auch Führungsaufgaben wahrzunehmen, so ist er auch für deren Realisierung verantwortlich. Auf der Grundlage dieses Verantwortungssplittings entstehen im Unternehmen selbständige Arbeitsbereiche, in denen nach dem Umfang der Kompetenzen selbständig entschieden und gehandelt wird. Dies setzt einen Vorgesetzten voraus, der diese Mitarbeiterselbständigkeit aktivieren kann, und einen Mitarbeiter, der auch den Willen zur Initiative besitzt.

– *Management by Information*

Dieses Managementsystem stellt das betriebliche Miteinander in den Vordergrund der Überlegungen. Sein Prinzip beruht auf einer umfassenden betrieblichen Informationspolitik auf und zwischen allen Ebenen. So werden Informationskanäle nicht nur von oben nach unten und umgekehrt und auf gleichen Ebenen, sondern auch diagonal zwischen Stab und Linie aufgebaut. Dadurch läßt sich das Ziel einer Arbeitsverbesserung sowohl in quantitativer als auch qualitativer Richtung erreichen, zumal vielfältige betriebliche Erfahrungen bestätigen können, daß gerade unzulängliche oder verspätete Informationen häufige Ursachen für Fehlleistungen darstellen. Erreicht werden soll diese Sicherheit im Informationssystem durch die umfassende Verwendung von Informationsplänen und -katalogen, aus denen Art, Umfang, Adressat und Zeitpunkt der Information zu entnehmen sind und die Bedeutung der jeweiligen Information auch klar hervorgeht. Diese Informationstechnik, die vor allem in Verbindung mit Datenverarbeitungssystemen umfassend gestaltet werden kann, läßt sich zudem durch eine bewußte Einbeziehung auch der informellen Kommunikationswege ergänzen, die die Funktionsfähigkeit vieler Betriebe nachgerade sichern und auch den persönlichen Bedarf der Mitarbeiter nach Austausch berücksichtigen.

– *Management by Teaching*

Bei dieser Konzeption handelt es sich wohl mehr um eine Führungstaktik. Als Methode einer Führung durch Mitarbeiterförderung beruht sie auf dem Prinzip einer konsequenten Weiterentwicklung der Mitarbeiterqualifikation durch Weiterbildung. Sie versucht dabei, sowohl den fachlichen als auch den führungsmäßigen Leistungsstandard der Mitarbeiter so zu beeinflussen, daß diese ständig den Anforderungen entsprechen können und darüber hinaus auch auf die Übernahme einer ranghöheren Stellung im Unternehmen eingestellt sind. Dieses Ziel des Leistungsaufbaus in Handlung und Führung wird vor allem durch eine systematische und regelmäßige Individualförderung erreicht. Diese Weiterbildungstechnik erweist sich vor allem in dynamischen Unternehmen, die sich am Markt durchsetzen oder behaupten wollen, als außerordentlich erfolgreich, da im Wettbewerb der Organisationen letztlich die personale Qualifikation wesentlich mitentscheidet.

– *Management by Innovation*

Innovation bedeutet hier Führen durch Kreativitätsförderung. Das Prinzip, das dahinter steht, geht von einem dynamischen beschaffungs- und absatzorientierten Denken aus. Es rückt die Unternehmensmärkte in den Mittelpunkt betrieblicher Überlegungen und Handlungen und fordert von den Mitarbeitern eine besonders schöpferische Ausprägung, um der Einkaufs- und Verkaufskonkurrenz das Nachsehen geben zu können. Ziel des häufig auch Mb Breakthrough = Marktdurchbruch genannten Systems ist die Nutzung der individuellen schöpferischen Phantasie der Mitarbeiter. Dabei gilt Kreativität als Bereitschaft zum Sprung über die Tagesroutine. Sie ist lehr- und auch erlernbar. Deshalb besteht auch die Technik dieses Führungssystems im Einsatz besonderer Kreativitätsverfahren. Die Mitarbeiter werden systematisch in diesen Techniken unterwiesen und lernen u.a. Funktionsanalysen, morphologische Kästen und die Nutzung des collective Notebooks ebenso wie die Anwendung von Brainwriting- und Brainstorming-Verfahren in der Gruppe. Auch die betriebliche Ablauforganisation ist auf diese besondere Form der Ideenentwicklung und Arbeitsverbesserung ausgerichtet und manchmal an der Art des lockeren Zusammenarbeitens der Mitarbeiter jenseits jeglicher Zwänge zu erkennen.

– Management by Motivation

Seit sich neben den Wirtschaftswissenschaften zunehmend auch die Verhaltenswissenschaften mit dem Phänomen „Betrieb" auseinandersetzen, tritt neben die Überlegungen zur Erfüllung der ökonomischen Aufgabe auch die Erkenntis, daß der Betrieb ein soziales Gebilde ist, in dem Menschen einen gewichtigen Teil ihres Lebens verbringen. Das ist der Ansatz des MbM oder der Führung durch Leistungsanreize. Ihr Prinzip besteht in der Orientierung an der menschlichen Individualität und deren Einbeziehung in betriebliches Handeln.

Damit versucht sie den Erkenntnissen der Motivationspsychologie Rechnung zu tragen, die die persönlichen Antriebskräfte zur Leistungssteigerung nutzen will. Hierin wird heute vielfach die einzig nennenswerte Leistungsreserve in hochentwickelten Wirtschaftssystemen gesehen. Diese Führungskonzeption soll die Unternehmensführung auf die menschlichen Bedürfnisse der Mitarbeiter ausrichten, um auf diese Art und Weise unternehmerische Zielerreichung und Vorstellung von individueller Motivation miteinander zu koppeln. Dieses Ziel kann vor allem nur dann erreicht werden, wenn es den Vorgesetzten gelingt, die überdauernden Bedürfnisse ihrer Mitarbeiter herauszufinden und gleichzeitig Überlegungen anzustellen, wie gut sich diese durch die Arbeit, die erledigt werden muß, befriedigen lassen. Dabei muß der Vorgesetzte Mittel und Wege suchen, Organisationsziel und Mitarbeiterziele einander anzunähern. Eine solche Technik stellt ganz andere Anforderungen an einen Vorgesetzten. Es geht hier nicht mehr vorrangig um einen schematischen Einsatz von Führungstechniken und Hilfsmitteln, sondern um ein wirkliches Engagement des Vorgesetzten. Er muß künftig aus der Kenntnis der Wünsche der einzelnen Mitarbeiter die betrieblichen Anreize aus der Arbeit selbst und ihrer Nebenbedingungen so einsetzen, daß er sowohl Leistung wie auch Arbeitszufriedenheit erreicht.

Diese nach Idee, Ziel und Inhalt vorgestellten Managementsysteme stellen praktische kooperative Mitarbeiterführung dar. Da sie jedoch alle unterschiedliche Schwerpunkte setzen, sind Überlegungen zu ihrer Integration ohne weiteres angebracht.

– Integrationsüberlegungen

Bei der Beurteilung der Chancen eines MbO für die heutigen Anforderungen hat letztlich nur die besondere Form des Führens mit Zielvereinbarung eine Zukunft. Durch die Einbeziehung des Mitarbeiters in den Zielentscheidungs- und Festlegungsprozeß wird nicht nur eine außerordentliche Aktivierung des Mitarbeiters erreicht, sondern auch die Möglichkeit der persönlichen Selbstkontrolle. Jeder Mitarbeiter kann, wenn er verantwortlich an den Zielüberlegungen beteiligt war, nicht nur die Zielnotwendigkeit besser verstehen, sondern auch mehr seinen eigenen Leistungsstand kontrollieren. Er fühlt sich nicht mehr so sehr dem Wohlwollen seiner Vorgesetzten ausgesetzt. Dieser selbst kann sich mehr strategischen Überlegungen, konkreten Marktfragen und Ergebnisverbesserungen widmen. Um allerdings diese positiven Ergebnisse auch erzielen zu können, sind bestimmte Voraussetzungen zu beachten:

1. Eine erste Zielformulierung wird von Vorgesetzten und Mitarbeiter unabhängig voneinander erarbeitet,
2. sie enthält jeweils drei Ziele; in Ausnahmefällen sind maximal fünf zulässig,
3. die endgültige Zielformulierung wird in verschiedenen Gesprächen auf den Punkt wahrscheinlicher Erreichbarkeit gebracht,

4. die Ziele müssen – wenn möglch – in Zahlen angegeben sein,
5. der Umfang der Zielerreichung muß vom Mitarbeiter kontrollierbar sein und
6. der Zeitraum für die Zielerreichung ist bekannt.

Trotz dieser klaren Vorgaben zeigt die betriebliche Praxis, daß Zielfestlegungen nur bei einem geschlossenen betrieblichen Zielsystem Realisationschancen haben, da erst dann Konkurrenzbeziehungen zwischen Einzelzielen deutlich werden können. Darüber hinaus sind Quantifizierungen häufig auch deshalb problematisch, weil sie eine Beurteilung der Zukunft erfordern, deren Variablen häufig als unsicher oder ungewiß gelten können. Schließlich ist auch die Richtigkeit der Zielformulierung durch die MbO-Konzeption nicht überprüfbar. Zusätzlich zu diesen Schwierigkeiten wird heute angeführt, daß das MbO zuwenig den Menschen, der letztlich nur nach den Kriterien Belohnung und Bestrafung geführt wird, berücksichtigt und daß nur der Erfolg des einzelnen ohne Rücksicht darauf zählt, ob er den Erfolg anderer behindert oder gar unmöglich macht. Auch ist wenig an Gruppenleistungen gedacht.

Insgesamt kann das MbO aber dann als erfolgversprechende Methode gelten, wenn Unternehmensziele zu Einzelzielen ausformuliert werden können und diese die Identifikation der Mitarbeiter fördern. Das läuft dann letztlich auf eine Annäherung des MbO an das Management by Motivation hinaus. Es sei denn, daß das MbE und MbD nicht auch Integrationsversuche ermöglichten.

Routineaufgaben von Ausnahmesituationen abzugrenzen, ist hier die erste Aufgabe des MbE. Das bedeutet, daß dem Mitarbeiter der Ermessensspielraum genau bekannt ist und er die Abweichung genau einschätzen kann. Um dies sicherstellen zu können, bedarf es folgender Voraussetzungen:

- Der Mitarbeiter benötigt einen Soll-Wert; er muß wissen, was er erreichen soll, damit er seine Entscheidung treffen kann.
- Er benötigt ein klar umrissenes Aufgabengebiet, in dem er die anfallenden Aufgaben selbständig bearbeiten kann.
- Er bedarf der Zuweisung klarer Entscheidungsbefugnisse, die zur Erledigung der Normfälle vonnöten sind.
- Er muß alle die Kriterien kennen, nach denen zwischen Normal- und Ausnahmefall unterschieden wird.
- Er muß Sonderfälle dem Vorgesetzten anzeigen und zur Bearbeitung übergeben.

Management by Exception schützt damit den Mitarbeiter vor übertriebenen Anforderungen und einer ausufernden Totalverantwortung und entlastet gleichzeitig den Vorgesetzten von sog. Kleinkram und Zeitvergeudung. Trotz dieser Vorteile ist die Problematik des erforderlichen Informationssystems nicht zu übersehen. Zum einen sind regelmäßig Soll-Ist-Verschiebungen zu referieren oder zu kontrollieren, zum anderen sind letztlich nur Mißerfolge oder Gefahren zu melden, die nicht gerade Anerkennung mit sich bringen. Damit fehlt dieser Methode auch die Chance auf erfolgreiche Mitarbeitermotivation. Zudem steht und fällt dieses System mit der klaren Fixierung von Verantwortung. Damit klingt hier das System der Delegation von Verantwortung an. Gleichzeitig wird aber auch deutlich, daß das MbE und das MbO gegenseitig ergänzungsfähig sind, d.h. sich wechselseitig bedingen. Vor allem die Entlastung von der Verantwortung in Ausnahmefällen ist eine Idee, die dem MbO gut zu Gesicht steht.

Das Managementsystem Mb Delegation kann seine auf Erfahrung begründete Methodik nicht verleugnen. Es versucht, autoritäre Führungskonzeptionen zu überwinden und den grundlegenden Vorstellungen unserer Gesellschaft vom mündigen Bürger gerecht zu werden. Dazu bedarf es der Erfüllung bestimmter Voraussetzungen:

- Der Mitarbeiter erhält einen klar abgegrenzten Delegationsbereich.
- Dieser Bereich ist gekennzeichnet durch Aufgabe, Befugnis und Verantwortung.
- Diese drei Faktoren müssen kongruent, d.h. deckungsgleich sein. Die Befugnis muß der Aufgabe entsprechen, wie sie auch den Umfang der Verantwortung kennzeichnet.
- Die Vorgesetzten müssen für sich die Vorstellung der Persönlichkeitsautorität akzeptieren und zur Delegation von Verantwortung auch bereit sein.
- Die Mitarbeiter müssen fähig sein, sich auch von klassischen Befehls- und Gehorsamskategorien zu lösen und Eigenverantwortlichkeit für ihre Aufgaben übernehmen wollen.

Mit diesen Aufgaben versucht das Management by Delegation eindeutig die Idee des mündigen Bürgers in die des mündigen Mitarbeiters zu übertragen. Von dieser Dezentralisierung profitieren dann sowohl Vorgesetzte als auch Mitarbeiter, wenn sie die an sie gestellten Anforderungen zu erfüllen bereit sind. Doch erscheinen dafür noch klar gegliederte hierarchische Organisationsformen erforderlich, die Über- und Unterordnungen klar regeln und in Organigrammen und Stellenbeschreibung abgesichert sind. Damit sind wegen der Vergangenheitsorientierung dieser Organisationsmittel zwar statische Elemente eingebaut. Allerdings lassen sich dynamische Entwicklungen durch regelmäßige Anpassungen in der Organisationsform durchaus sicherstellen. Darüber hinaus wird auch bei diesem Delegationssystem deutlich, daß es durch seine spezifische Schwerpunktbildung mit der Idee des MbO und des MbE koppelbar ist. Das MbO spricht die Vereinbarung von Zielen an, das MbD stellt die klar umrissenen Aufgabengebiete mit ihren Befugnissen heraus, und das MbE begrenzt die Verantwortlichkeit des Mitarbeiters auf seine Normalaufgaben. Schließlich läßt sich auch das Management by Information einbringen, da es nicht nur das notwendige Informationssystem bereithält, sondern auch dem informellen Kommunikationsbedürfnis der Mitarbeiter Rechnung trägt. Aus der Vorstellung des Managements by Teaching läßt sich vor allem die Idee der systematischen und langfristigen Qualifikationsverbesserung übernehmen. Sie stellt sicher, daß der Mitarbeiter ständig den Anforderungen genügen kann und dadurch jene Souveränität erreicht, die er zur Bewältigung seiner schwierigen Aufgaben benötigt. Wird er endlich auch in den Techniken gefördert, die ihn der ausschließlichen täglichen Routine entreißen und zur kreativen Problemlösung führen, dann hat auch das Management by Innovation seine Möglichkeiten bewiesen. Damit muß die häufige Frage nach dem besten Managementsystem so beantwortet werden, daß erst ihre Integration ein Optimum darstellt.

Insgesamt sind sicherlich folgende Feststellungen akzeptabel:

- Die Managementsysteme MbO, MbE und MbD sind deutlich auf die Unternehmenszielsetzung und die damit verbundenen Aufgaben ausgerichtet und geben nur indirekt Hinweise auf die Art des Umgangs des Vorgesetzten mit seinen Mitarbeitern.

188

- MbC, MbT und MbI sind Führungstaktiken, die die Arbeit miteinander erleichtern wollen.
- Das Mb Motivation ist die einzige Systematik, die neben den Organisationszielen auch die Mitarbeiterziele im Auge hat.
- Je besser es künftig Unternehmen gelingt, ihre Ziele mit denen ihrer Mitarbeiter in Einklang zu bringen, desto größer ist künftig das Leistungspotential, da sich Produktivität und Arbeitszufriedenheit gegenseitig beeinflussen.
- Für Chefs und Führungskräfte werden damit auch psychologische Kenntnisse und Fähigkeiten ebenso bedeutsam wie ökonomische Befähigungen. Die Ausbildung von Managern ist damit auch Aufgabe der Personalwirtschaft geworden.
- Gruppenprozesse in den Arbeitsteams sind bei den Managementtechniken nicht integriert, wenn von kargen Ansätzen beim Management by Innovation einmal abgesehen wird. Die Arbeit in und mit solchen Gruppen wird zunehmende Bedeutung erhalten, da ihr Leistungspotential unter bestimmten Bedingungen das der Summe der einzelnen Mitglieder übertreffen kann. Kommunikation, Interaktion und Konfliktsteuerung wird künftig Bestandteil des Anforderungsprofils eines Vorgesetzten werden.
- Situative Elemente finden in den Managementtechniken nur in führungstaktischer Hinsicht Berücksichtigung. Vielmehr versuchen Vorgesetzte in Form von Rezepturen oder methodischen Vorgehensweisen Zugang zu Situationsveränderungen zu finden. Hier wird die anpassungsfähige und flexible Führungspersönlichkeit gefordert, die situatives Führen beherrscht, ohne gleich in ihrer Berechenbarkeit und Einschätzbarkeit unglaubwürdig zu werden.

2.1.5 Perspektiven kooperativ-partizipativer Mitarbeiterführung

Bei einer Zusammenfassung aller dieser Führungselemente und -prinzipien wird deutlich, welches Spektrum die Idee einer *kooperativ-partizipativen Mitarbeiterführung* insgesamt abdecken muß. Da auch das gesamte Umfeld eines Unternehmens in seinen historischen, gesellschaftlichen und ökonomischen Kontext mit einbezogen werden muß, ist es notwendig, die bisher gemachten Erfahrungen und Erkenntnisse Revue passieren zu lassen. Richtungen in die Zukunft werden erst dann markierbar, wenn das Gestern und Heute ausgeleuchtet ist und sich aus dieser Position eine Entscheidung für das Morgen treffen läßt. Mitarbeiter sind nicht Schicksal, sondern Chance, wenn auch in einem bestimmten Rahmen.

Welche Markpunkte lassen sich nun als Anhaltspunkte zur Ausgestaltung der Zukunft für das Zusammenwirken von Vorgesetzten und Mitarbeitern in Unternehmen bestimmen:

2.1.5.1 Exogene Faktoren kooperativ-partizipativer Führung

1. Die Einstellung des Menschen zur Arbeit hat sich in der Industriegesellschaft deutlich gewandelt. Arbeit wird als *eine* Möglichkeit der individuellen Selbstverwirklichung – unter bestimmten Bedingungen allerdings – angesehen. Damit kommt auch mehr und mehr der Aspekt der Selbstbestimmung zu Lasten der Fremdbestimmung zum Tragen.

2. Der Mensch ist vor allem in den hoch industrialisierten Gesellschaften in ein komplexes Ordnungssystem mit einer Fülle von Möglichkeiten, aber auch bestimmten Grenzen eingebunden. Er hat vielfältigste Alternativen zum Ausleben verschiedenster Meinungen, Interessen und Rollen. Diesem Bewußtsein der Freiheit ist allerdings auch das der Bindung und Verantwortung entgegenzusetzen. Gestaltungsmöglichkeiten und Gestaltungsverpflichtungen sind die zwei Seiten einer Medaille.

   Für den ökonomischen Bereich stehen Chancen Risiken gegenüber. Der einzelne kann für sich den Bereich wählen, der seiner Wagnisbereitschaft und seinen Sicherheitsbedürfnissen entspricht, weil in vielen Fällen Hilfe der Gemeinschaft unabdingbar ist.

3. Im Wertesystem einer demokratischen Gesellschaft gilt die Personenwürde als relativ oberster Grundwert.

   Diese Würde zu respektieren und ihr Erleben zu fördern ist dem gesamten Gemeinwesen anheim gegeben. In diesem Zusammenhang wird auch deutlich, daß Sachzwangargumentationen nur dann ihre Berechtigung haben, wenn sie dem Menschen direkt oder indirekt dienlich sind. Freilich gehört zu dieser Personenwürde auch die Verpflichtung des einzelnen zu Solidarität, Subsidiarität und zur Ausgestaltung des Gemeinwohls im Rahmen seiner Möglichkeiten.

   Werte sind Richtungsweiser, die konkrete Handlungsalternativen begründen.

4. Die Entwicklung der Psychologie als der Wissenschaft vom menschlichen Verhalten hat dieses Menschenbild weiter präzisiert und die Grenzen, Bedingtheiten und Möglichkeiten des Menschen verdeutlicht. Sie hat ihn als Persönlichkeit mit all seinen Verletzlichkeiten, aber auch seinem machtvollen Gestaltungsdrang entdeckt. Als Wirtschaftspsychologie sieht sie ihn als Gestalter der Überwindung der Güterknappheit an, wenn Arbeit Mitgestaltungsmöglichkeiten zuläßt. Als Gemeinschaftswesen ist er von der Soziologie in seiner Gruppenorientierung dargestellt worden und zwischen Rolle, Position und Status gestellt worden. Die daraus erwachsene Dynamik in Verbindung mit seinen Erwartungen verdeutlicht die Vorstellungen von den Möglichkeiten und Klüften zwischen Individuum und Gruppe. Die Erkenntnis solcher Gruppenprozesse hat auch die Vorstellung von der Art der Zusammenarbeit in Unternehmen beeinflußt. Information, Kommunikation und Interaktion heißt Mitwissen, Mitreden und Mitwirken. Es verhindert Verunsicherung, schafft Vertrauen und ermöglicht Mitverantwortung. Wenn auch das Gruppengeschehen Konflikte als reale Wirklichkeit akzeptiert, lassen sich Konfliktregelungen im Sinne einer Ausgestaltung und Verbesserung der Arbeitssituation und -leistung finden.

5. Lange Zeit stand die Betriebswirtschaftslehre als relativ junge Wissenschaft einer mechanistischen Betrachtungsweise des Menschen nahe. Produktionsfaktormentalität und ausschließliche Effizienzvorstellungen beherrschten die Diskussion. Es galt dabei den technisch-organisatorischen Rahmen so zu gestalten, daß Optimales auch möglich wurde. Mit der ausschließlichen Orientierung auf den Gewinn wurde zudem der Vorrang des Kapitals vor der Arbeit betont. Wenn heute andere Betrachtungsweisen in den Blickpunkt betriebswirtschaftlicher Auseinandersetzungen geraten sind und Vorstellungen von ganzheitlicher Betrachtung die Runde machen, so bedeutet dies die Einbeziehung des Faktors Arbeit als gleichberechtigte Größe zum Kapital. Beide bedingen sich gegenseitig und bilden die Voraussetzung für beiderseitigen ökonomischen Erfolg.

6. Diese Vorstellungen der Wissenschaften und der Menschen selbst von den Möglichkeiten und Grenzen in Unternehmen finden sich auch z.T. in den Bestimmungen des

Arbeitsrechts. Wenn auch häufig vorrangig auf die zu regelnden Konfliktfälle abgestellt ist, so darf doch nicht vergessen werden, daß dieses Recht grundsätzlich beide Seiten verpflichtet. Dies kommt besonders in der stetigen Weiterentwicklung dieses „Sonderrechtsgebiets" zum Ausdruck, selbst wenn beide Seiten im Einzelfall auch andere Entscheidungen gewünscht hatten. Der Mitarbeiter erfährt eine arbeitsrechtliche Emanzipation und bleibt doch in den von ihm eingegangenen Verpflichtungen arbeitsrechtlich immanent.

Diese exogenen Faktoren bilden den äußeren Rahmen für eine praktische kooperativ-partizipative Mitarbeiterführung im Unternehmen. Inwieweit Unternehmenspolitik dies für sich transparent macht und dem folgt, hängt letztlich auch von der Aktualität des Menschenbildes der Verantwortlichen ab.

2.1.5.2 Endogene Faktoren kooperativ-partizipativer Führung

Ist dieses Menschenbild durch die Vorstellung von der Einheit und Ganzheitlichkeit von Körper, Seele und Geist und ihrer gegenseitigen Abhängigkeit geprägt, läßt sich auch der innere Rahmen für eine praktische kooperativ-partizipative Führung stecken. Folgende Elemente beinhaltet diese Idee:

1. Unternehmensziele sind heute vor allem strategisch auszurichten, um durch Kenntnis der Erfolgspotentiale Sicherungen des Unternehmens und seiner Mitarbeiter als Gesamtheit aktiv vornehmen zu können. Eine Einbindung der Mitarbeitergesamtheit – in welcher Form auch immer – in diese langfristigen Zielüberlegungen ist nicht nur aus Gründen der vorhandenen Sachkompetenz, sondern auch vor allem wegen ihrer prinzipiellen Gleichheit und Motivationskraft unabdingbar. Schließlich ist der Mitarbeiter nicht nur Gestaltungskraft, sondern auch Gestaltungsfaktor. In dieser Doppelrolle ist er in besonderer Weise an der langfristigen Ausgestaltung seiner betrieblichen Selbstverwirklichungsmöglichkeiten interessiert.
Unternehmensziele und -strategien bedürfen damit eines grundsätzlichen Wertekonsenses zwischen den Beteiligten. Hieraus erwächst auch die Möglichkeit der Harmonisierung von Unternehmenszielen und Mitarbeiterzielen.
2. Grundlage für Zielvereinbarungen muß eine unausgesprochene oder ausgesprochene Übereinstimmung in den Wertevorstellungen sein. Wenn es eine Konsensmöglichkeit über die Vorstellung vom mündigen Mitarbeiter – abgeleitet vom mündigen Bürger – gibt, lassen sich daraus auch Vorstellungen vom Freiheitsspielraum und von der Verantwortlichkeit des einzelnen für das Gemeinwohl „Unternehmen" ableiten. Dann sind auch Solidarität und Subsidiarität Handlungsmaximen, die in der täglichen Arbeit und im Miteinander spürbar sein müßten. Jedenfalls bilden sie die Grundlage für individuelles Selbstwertgefühl und Zugehörigkeitsgefühl.
Im sozialen Wandel sind diese Werte jederzeit inhaltlich und in ihrer Rangfolge zu überprüfen und gegebenenfalls zu bestimmen. Unternehmensziele und -strukturen lassen sich dann auch konkreter und gemeinsamer bestimmen.
3. Erfolgspotentiale eines Unternehmens sind

   – Vorgesetztenpersönlichkeiten,
   – Mitarbeiterpersönlichkeiten,
   – Gruppengestaltungskräfte und
   – Situationsempathie.

Für den Vorgesetzten wird damit die Herausforderung im Leitungs-und Führungssinne deutlich. Führung ist dabei die Fähigkeit, Persönlichkeit in ihren mitarbeiterbezogenen Anteilen in die gemeinsame Zielerreichung einzubringen. Für den Mitarbeiter als Geführten ist die Einbringung seines Leistungs- und Gestaltungspotentials zugunsten des Unternehmens – und seines Individualziels am Arbeitsplatz Möglichkeit und Notwendigkeit. Die Arbeitsgruppen schließlich lassen sich als die synergetischen Kräfte kennzeichnen, die in Mitwissen, Mitdenken und Mitsprechen zusätzliche Leistungen und Zufriedenheiten bewirken. Ihr Ideenfindungs-, Problemlösungs-, Entscheidungsfindungs- und Konfliktlösungspotential gilt es zu aktivieren, zu steuern, mitzugestalten und zu entwickeln.

Die sensible Erfolgsgröße ist das Element Situation. Die richtige Einschätzung sowohl einer bestimmten betrieblichen Konstellation wie auch einer marktlichen Gegebenheit macht mechanistische Konzeptionen und Strukturen ja so problematisch. Auf der Höhe der Situation sein heißt, aktuelle und sich spontan ergebende Chancen nutzen zu können. Diese Zugriffsfähigkeit läßt sich vielleicht als Situationsempathie beschreiben. Sie ist das Vermögen, das erst bei Flexibilität wirksam werden kann. Sie widerspricht der Dominanz von Strukturen im Betriebsgeschehen und fordert Bewußtsein für betriebliche Prozesse. Sie ist Bestandteil selbstbewußter Vorgesetzter und Mitarbeiter, die Systeme akzeptieren, wenn sie Gestaltungsprozesse fördern.

4. Die konkreten Anforderungen oder Aufgaben im Rahmen einer kooperativ-partizipativen Mitarbeiterführung lassen sich unter die Begriffe
   - leiten,
   - führen und
   - lernen

subsumieren.

Leiten ist das, ,,was zu tun ist''. Es ist die Aufgabenorientierung des Vorgesetzten mit der Kompetenz zur Zielsetzung, Planung, Entscheidung, Realisation, Kontrolle und Analyse. Führen ist das ,,wie es zu tun ist''. Wie heißt damit, seinen Führungsstil entwickeln und anpassen zu können, seine Beziehungen zu den Mitarbeitern gestalten zu können, seine Machtfülle situativ gebrauchen und die notwendigen Aufgaben strukturieren zu können.

Vollständig wird die Vorgesetztenfunktion als Leitungs- und Führungsfunktion aber erst durch die Fähigkeit zum Lernen. Dies betrifft den Mitarbeiter wie auch die Arbeitsgruppen, die in besonderen Trainingsformen, wie Planspielen, Fallstudien, Rollenspielen und Selbsterfahrungsgruppen, ihre eigene Motivation und die anderer entwickeln können – kooperative Selbstqualifikation ist dabei der Begriff, der diese Lernaktivitäten in sich vereinigt. Ohne Fähigkeit zum Lernen sind Veränderungsprozesse unwahrscheinlich.

5. Kooperativ-partizipative Führung spielt sich in den Wirkkreisen von
   - Delegation,
   - Kommunikation und Konfliktlösung

ab. Delegation ist dabei die Aufforderung zur Selbständigkeit. Wissen, Denken, Sprechen und Einwirken schaffen Vertrauen, Bejahung, Sicherheit und Mitverantwortung. Delegation und Kommunikation bedingen sich gegenseitig und bereiten die Fähigkeit zur Konfliktlösung vor. Erst damit erhalten auch Delegation und Kommunikation ihren übergreifenden Sinn und entwickeln das Instrumentarium, das Ziele erreichen und Motive befriedigen läßt.

6. Damit ist das Spektrum der Führungsmittel abgesteckt. Auf der organisatorisch-instrumentalen Ebene geht es um Ziele, Informationen, Risiken, Koordinationen, Beratungen, Entscheidungen und Überprüfungen. Sie ist der fachlich-technischen Ebene zugeordnet, die das Fachinstrumentarium der jeweiligen Aufgabe beinhaltet. Ergänzung finden müssen diese Ebenen in individualpsychologischen Führungsmitteln, die mit Bedürfnissen, Einstellungen, Erwartungen und Qualifikationen umgehen können und Veränderungen und/oder Verstärkungen bewirken können. Schließlich und endlich gilt es auch ein organisationssoziologisches Instrumentarium zu entwickeln, das Gruppensituationen erkennen und gestalten und Gruppenprozesse steuern und in ihnen wirken kann. Situationsspezifische Führungsmittel haben mit Fragen der Wahrnehmung, des Gedächtnisses, der Kreativität und der Lernfähigkeit zu tun. Sie arrondieren das methodische Instrumentarium zur Ausgestaltung von Werten, Zielen und Motivationen in Unternehmen.

2.1.6 Zusammenfassung

- Ökonomisierung ist die eine Seite personalwirtschaftlicher Arbeit, Humanisierung die andere. Beides sind interdependente Größen, die es aneinander zu entwickeln gilt.
- Leitung ist die sachbezogene Komponente des Managements. Sie findet ihren Ausdruck im betriebswirtschaftlichen Managementzyklus von der Zielsetzung bis zur Kontrolle und Analyse.
- Führung ist die personale Komponente der Vorgesetztenfunktion. Sie wirkt ebenso auf Leistung und Zufriedenheit ein.
- Klassische Vorstellungen des Fabrik- und Handelsherrn fanden im Befehls- und Gehorsamsprinzip analog dem Staatsleitbild ihre konkreten Ausprägungen und Verhaltensweisen. Je besser der Untergebene diesen Anforderungen entsprach, um so größer wurde seine Befähigung angesehen.
- Die ersten wissenschaftlichen Arbeiten zu diesem Thema unterschieden zwischen
  - autokratischem
  - patriarchalischem,
  - charismatischem,
  - bürokratischem,
  - demokratischem und
  - Laissez-faire-Führungsstil.
  Später wurde die Idee einer kooperativen Führung entwickelt, die die Selbständigkeit des Mitarbeiters betont und ihm eine konkrete Rolle im Betriebsgeschehen zuordnet.
- Praktische Erfahrungen in Unternehmen deuten darauf hin, daß heute vielfach Übergangsformen vom autoritären zum demokratischen Führungsstil vorzufinden sind, die sich im Verhältnis von Vorgesetzten- und Mitarbeiterentscheidungsspielraum manifestieren.
- Neuere Forschungen haben verdeutlicht, daß im Führungsprozeß die Verhaltenssteuerung und die Situationsberücksichtigung weitere gewichtige Merkmale oder Elemente sind. Eine Fülle von Feldstudien hat zu Theoriekonzepten geführt, die letztlich auf eine aufgaben- und mitarbeiterbezogene Führung hinauslaufen. Besonders bekannt wurden die Überlegungen zum Verhaltensgitter, zum 3-D-Führungskonzept sowie das Kontingenzmodell und die motivationstheoretischen Ansätze.

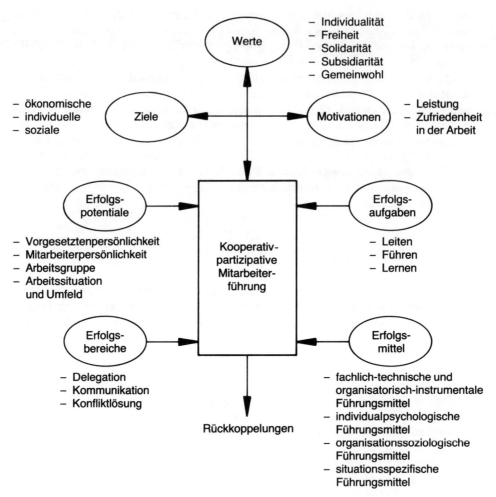

Werte
– Individualität
– Freiheit
– Solidarität
– Subsidiarität
– Gemeinwohl

– ökonomische
– individuelle
– soziale

Ziele

Motivationen
– Leistung
– Zufriedenheit
in der Arbeit

Erfolgs-potentiale
– Vorgesetztenpersönlichkeit
– Mitarbeiterpersönlichkeit
– Arbeitsgruppe
– Arbeitssituation
und Umfeld

Kooperativ-partizipative Mitarbeiter-führung

Erfolgs-aufgaben
– Leiten
– Führen
– Lernen

Erfolgs-bereiche
– Delegation
– Kommunikation
– Konfliktlösung

Rückkoppelungen

Erfolgs-mittel
– fachlich-technische und
organisatorisch-instrumentale
Führungsmittel
– individualpsychologische
Führungsmittel
– organisationssoziologische
Führungsmittel
– situationsspezifische
Führungsmittel

Abb. 2.1 – 18: Elemente kooperativ-partizipativer Mitarbeiterführung

Diese Erkenntnisse erweiterten die Anforderungen an die Vorgesetztenfunktion wesentlich und wiesen auf Gestaltungselemente wie Motivation, Arbeitsgruppe, Arbeitssituation und Umwelt als Grundlage für den Führungserfolg zusätzlich hin.

● Umgesetzt wurden diese Theoriekonzepte in eine Fülle praktischer Führungsmodelle, die von Managementinstitutionen entwickelt und propagiert wurden. In Deutschland wurden vor allem das DIB-Modell und das Harzburger Modell bekannt. Daneben finden die sog. Management-by-Techniken praktische Anwendung. Sie werden nach Idee, Ziel und Inhalt unterschieden und betonen einen Schwerpunkt der Zusammenarbeit zwischen Vorgesetzten und Mitarbeitern.

● Bei einer Wertung dieser Methoden wird deutlich, daß sie im wesentlichen auf Unternehmenszielsetzung und betriebliche Aufgaben ausgerichtet sind (MbO, MbE und MbD) oder Führungstaktiken sind, die die Zusammenarbeit erleichtern sollen (MbI, MbInn und MbT). Lediglich das Management by Motivation ist ein Führungsmodell, das neben den Organisationszielen auch die Mitarbeiterziele im Auge hat.

Alle Modelle sind miteinander koppelbar und machen in ihrer Gesamtheit gewichtige Aspekte einer kooperativ-partizipativen Mitarbeiterführung aus, wenn sie bestimmte Voraussetzungen erfüllen.

- Gruppenprozesse und situative Elemente sind in den Managementtechniken weitgehend unberücksichtigt. Dies würde auch ihre relativ transparente Struktur verkomplizieren und stärker prozessuale Hinweise bedingen.

- Alle diese verschiedenen praktischen Erfahrungen und theoretischen Überlegungen verdeutlichen die Komplexität des Führungsprozesses und die heutigen Anforderungen an eine konkrete kooperativ-partizipative Führung. Vorgesetzte sind damit nicht mehr allein fachlich gefordert, sondern auch auf personaler Verhaltensebene.

- Exogene Elemente kooperativ-partizipativer Mitarbeiterführung sind
  - die heutige Einstellung des Menschen zu seiner Arbeit,
  - das Bewußtsein, in komplexe Ordnungsgefüge als Freiheits- und Bindungsrahmen hineingestellt zu sein,
  - die Vorstellung von individuellen Werten als Richtungsweisern,
  - die Erkenntnis der Möglichkeiten, als Individuum auch in Gruppen besonders produktiv arbeiten zu können,
  - die Einbeziehung des Faktors Arbeit in ein gleichberechtigtes System von Wirtschaften zusammen mit dem Faktor ,,Kapital'' und
  - die Berücksichtigung des Menschen als Rechtssubjekt im Arbeitsrecht.

- Endogene Elemente kooperativ-partizipativer Mitarbeiterführung sind
  - Zielvereinbarungen und Motivation als unternehmerische Gestaltungskräfte,
  - Wertkonsens als Grundlage gemeinsamen Handelns, individuellen Selbstwertgefühls und Zugehörigkeitsgefühl,
  - Vorgesetzten-Mitarbeiterpersönlichkeiten, Gruppengestaltungkräfte und Situationsempathie als unternehmerische Erfolgspotentiale,
  - Leiten, Führen und Lernen als konkrete Vorgesetztenaufgaben,
  - Delegation, Kommunikation und Konfliktlösung als Wirkkreise des Vorgesetzten und
  - organisatorisch-instrumentale, individualpsychologische, organisationssoziologische und situationsspezifische Führungsmittel.

Sie sind die Kräfte, die in der kooperativ-partizipativen Mitarbeiterführung wirken und Leistung und Arbeitszufriedenheit zugunsten des Organisations- wie der Mitarbeiterziele bewirken können.

- Mitarbeiterführung insgesamt ist das personalwirtschaftliche Instrumentarium, das den Menschen als Individuum und als Gruppenmitglied in den verschiedensten Situationen erfährt und konkrete Gestaltungsakzente der mitmenschlichen Beziehungen auf allen Verhaltensebenen setzt. Leistung und Zufriedenheit sind die Parameter. Nach ihnen sind auch die übrigen personalwirtschaftlichen Instrumente zu entwickeln und einzusetzen. Der organisatorisch-instrumentale Bereich ist dabei die eine Ebene, der rational-emotionale Bereich die andere Ebene. Beide sind unabdingbar miteinander verbunden.

2.2 Mitarbeiter und Planung – unter Berücksichtigung strategischer Unternehmensführung

2.2.1 Notwendigkeit und Bedeutung der Personalplanung

2.2.1.1 Wirtschaftspolitische Notwendigkeit

Durch die dramatische Entwicklung in der ehemaligen DDR und den Ostblockländern und insbesondere durch die Wiedervereinigung Deuschlands sind einige Bemerkungen wirtschaftspolitischer Art zur Notwendigkeit der Planung angebracht.

Im Prinzip scheint Planung als Funktion zur sinnvollen Erledigung einer Aufgabe oder zur Handlungsorientierung im Alltag plausibel und unbestritten. Weniger einhellig ist dagegen die Meinung zur Art der Planung im Bereich von volkswirtschaftlichen (national-ökonomischen) Überlegungen hinsichtlich der Marktwirtschaft und der zentralen staatlichen Planwirtschaft. Häufig stand bisher auch das Engagement für die betriebliche Planung, insbesondere im Bereich des Personalmanagements, im Schatten der Meinung über Planung und Lenkung in planwirtschaftlichen Zentralverwaltungen.

Bis sich das Fiasko der zentralen Planwirtschaft im Osten 1989 deutlich zeigte, hegte man viele Vorbehalte gegenüber dem Begriff Planung, und viele Wirtschaftler engagierten sich im Westen im Sinne der neoklassischen liberalen Wirtschaftslehre, die dem freien Spiel der Kräfte den Vorrang einräumt, was im Osten als ,,kapitalistisch und dekadent'' gebrandmarkt wurde.

Mittlerweile ist diese ,,kämpferische'' Denkungsart eher einem differenzierten Problembewußtsein gewichen.

Allgemein wird akzeptiert, daß zur geistigen Beherrschung der Wirklichkeit vorausschauende Überlegungen über die Vorgänge wie Vorgaben für zweckrationales Handeln auch für makroökonomische Zusammenhänge notwendig sind. Sie dürfen jedoch nicht einseitig Werte fördern, sondern ganzheitlich Wertschöpfung aller Wirkungskräfte anstreben. (vgl. Abb. 2.2 – 1).

Planung ist hier zukunftsorientiertes zweckrationales Handeln. Ohne planende Vorüberlegungen ist eine Verwirklichung wirtschaftlicher Ziele und Vorgaben nicht möglich.

2.2.1.2 Notwendigkeit integrierter Personalplanung und Einbeziehen der Mitarbeiter

Spezielle Probleme bleiben dennoch insbesondere für die Personalplanung bestehen.

Es sind einmal die im betrieblichen Alltag sich ständig in neuer Form stellenden Probleme, die im *Bereich der Personalwirtschaft* eine weitsichtige Planung erschweren, diese jedoch nicht überflüssig machen und auch nicht zur Oberflächlichkeit verleiten dürfen, da es sich hier zum anderen auch immer um die Hoffnungen von Menschen und ihre Ängste vor der Zukunft handelt.

196

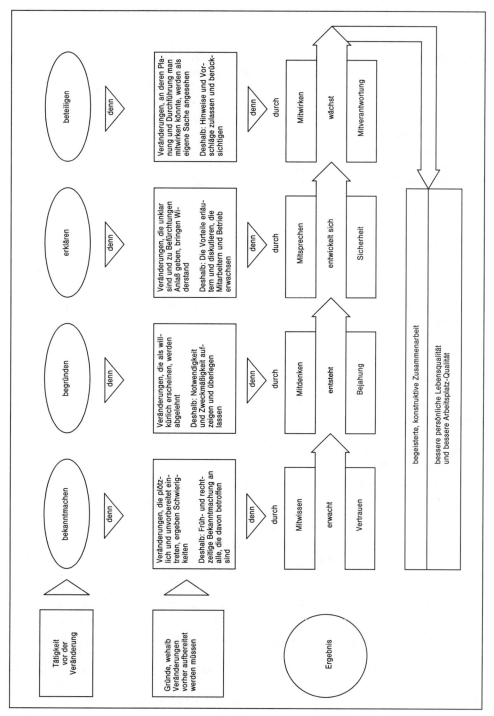

Abb. 2.2 – 1: Voraussetzungen für eine konstruktive Zusammenarbeit beim Planen und Entscheiden bei Veränderungen (Heidack 1983, S. 315)

Die Einsicht in die betriebliche Notwendigkeit einer integrierten Personalplanung (vgl. Abb. 2.2 – 7) ist seit Mitte der 70er Jahre zunehmend gestiegen und ist mit besonderem Blick auf die Qualifikation der Mitarbeiter heute unbestritten. Erstmals wurde sie auf breiter Basis erkannt, als eine zunehmende Personalverknappung und Umstrukturierung am Arbeitsmarkt die Geschäftsleitungen dazu zwangen. Trotz dieses Problemdrucks bestehen noch erhebliche Defizite und größere Mängel an methodischem Know-how als z.B. in der Investitions-, Finanz- und Absatzplanung. In der Regel fehlt ein geschlossenes strategisches Konzept, so daß eine die Bearbeitung von Einzelproblemen, wie die Bearbeitung von Feuerwehr-Beschaffungsplanung, Erstellen von Bestandsübersichten, kurzfristige Personalbedarfsrechnungen vorherrscht. *Personalplanung ist weitgehend noch nachklappende Folgeplanung geblieben, im Gegensatz zur Vision oder dem Szenario eines Wertschöpfungscenters zur Gestaltung der Human-Resources.*

Selbst die Notwendigkeit, die Mitarbeiter dort, wo es sie direkt betrifft, in die Planung einzubeziehen, ist längst nicht Selbstverständlichkeit geworden. Die Abb. 3.2 macht die Ergebnisse erfolgreichen *„Mit"-arbeitens* deutlich. Qualifizierte Mitarbeiter werden in Zukunft immer mehr auf diese „Erlebnis-Qualität" am Arbeitsplatz achten. Planen wird zwar vordergründig als zukunftsorientiertes, zweckrationales Handeln betrachtet, aber gerade der letztlich doch verwehrte *Blick* in die *Zukunft* ist es, der Planen auch zur emotional höchst belasteten Handlung macht. Denn nichts interessiert und ängstigt den Menschen mehr, als seine Erwartung an die Zukunft.

2.2.1.3 Notwendigkeit von fundierter Planung

Planung verlangt eine tiefere Einsicht in die Natur der Dinge, die analytisch so weit wie möglich gehen und konkret fundiert werden muß. Dabei müssen die Wirkungsgefüge und die ihnen zugrunde liegenden Ursachenzusammenhänge beachtet und so weit wie möglich überschaubar gemacht werden.

Planung verlangt Einsicht in Ursachenzusammenhänge und einen möglichst weit überschaubaren Horizont (vgl. hierzu auch Abb. 1.8 – 13; 2.2 – 2).

Dies vollzieht sich nicht im luftleeren Raum, sondern muß sich an unternehmenspolitischen Zielen und geschäftspolitischen Grundsätzen orientieren können. Denn zum Wesen der Planung gehört, daß sie ein zielgerichtetes Vorbereiten von Entscheidungen ist und eine vorausschauende systematische Konzeption künftiger Maßnahmen bereitstellt. Mit Blick auf die Mitarbeiter ist es Aufgabe der Planung, *zukunftsbezogen in ausreichendem quantitativen und qualitativen Maß ein innovatives Qualifikationspotential sicherzustellen,* d.h., daß *nach logistischen Prinzipien* die erforderlichen Personen zum richtigen Zeitpunkt am richtigen Ort und unter Berücksichtigung der zu erwartenden Kosten eingesetzt werden können. Ein solches Personalplanungskonzept soll die sachbezogene Leitung und Personalführung im Unternehmen erleichtern und ermöglichen. Die Personalplanung ist eine übergreifende Funktion. Sie überlagert andere Teilbereiche der Personalwirtschaft, wie z.B. Personalbeschaffung, Personalentwicklung etc.

2.2.1.4 Schwierigkeiten und Besonderheiten der Personalplanung

Schwierigkeiten und Besonderheiten für die Aufgabe der Personalplanung ergeben sich daraus, daß vielfach die grundsätzliche Meinung besteht, daß Planung, insbesondere von Menschen, systemwidrig ist. Ferner erhebt sich hiermit verbunden die Frage, ob der Mensch als Arbeitskraft überhaupt planbar ist. So kann er nicht als einfacher Produktionsfaktor wie alle anderen betrachtet werden und lediglich Mittel zum Zweck sein. Die Menschenwürde gebietet, daß das Ziel einer menschengerechten Arbeitsgestaltung gleichgewichtig neben die sachlichen Ziele tritt. Es ergibt sich damit ein gewisses Konkurrenzverhältnis zwischen ökonomischen und humanen Aspekten. Bei den anderen sachlichen Teilplanungen sind vor allem betriebliche Gegebenheiten zu berücksichtigen. Für den Menschen, d.h. für die humanen Aspekte, müssen auch soziale und darüber hinaus gesamtwirtschaftliche Dinge in Betracht gezogen werden.

Aus psychologischer Sicht ist ferner einzuwenden, daß das menschliche Verhalten schwer voraussehbar und auch nicht vorher bestimmbar ist. So können Sympathien in einer Gruppe oder Fehler bei der Einführung zu nicht kalkulierbaren Reaktionen bei den Menschen führen.

Besonderheiten müssen auch zwischen kleineren, mittleren und größeren Betrieben festgestellt werden. So sind vor allem kleinere und mittlere Unternehmer stärker von konjunkturellen Schwankungen abhängig, aber auch von Planungen anderer Unternehmen, z.B. wenn es sich um einen Zulieferbetrieb handelt, wie es das Lean-Management der Autoindustrie vor Augen führt.

2.2.1.5 Das öffentliche Interesse

Insgesamt gesehen sind die Erwartungen der Öffentlichkeit durch die Wiedervereinigung Deutschlands an die Aufgaben der Personalarbeit, insbesondere der Personalplanung, sehr hoch gesteckt. Sie beruhen z.T. auf arbeitsmarkt- und beschäftigungspolitischen Hintergründen. Allerdings müssen hier die Möglichkeiten und Grenzen der Personalplanung deutlich abgesteckt werden. Personalplanung vermag die Entscheidungen in der Personalpolitik zu versachlichen. Sie hilft auch, im betrieblichen wie im sozialen Raum der Tarifpartner Konflikte zu lösen und kann einseitige Interesseneinflüsse weitgehend ausschalten. Richtige Personalplanung vermag auch, Entwicklungen in ihrer Stetigkeit zu beeinflussen und bei Beschäftigungseinbrüchen Härten zu mildern. Jedoch vermag sie nicht, das Arbeitsplatzrisiko für den einzelnen Arbeitnehmer zu beseitigen.

Was das öffentliche Interesse betrifft, so haben in der sozialpolitischen Gesprächsrunde des Bundesministers für Arbeit und Sozialordnung 1971 alle Spitzenverbände, insbesondere die Arbeitgeber- und Arbeitnehmerverbände sowie die Bundesregierung, vier Thesen zur Zielsetzung von Personalplanung einvernehmlich aufgestellt. Sie betreffen:

- den Ausgleich der Interessen im betrieblichen wie überbetrieblichen Bereich
- die Integration der Personalplanung in die unternehmerische Gesamtplanung
- die Verknüpfung von betrieblicher Personal- und Bildungsplanung
- die Einflußnahme der Personalplanung auf die Gestaltung menschengerechter Arbeitsplätze und einer humanen Arbeitsumwelt.

2.2.2 Begriffliche Abgrenzungen

2.2.2.1 Aufgabe und Bedeutung von Planung

Begrifflich lassen sich Aufgabe und Bedeutung von Planung insgesamt sehr anschaulich von der ursprünglichen Wortbedeutung herleiten, die aus dem Lateinischen kommt: „Planum" heißt dort glatte, ebene Fläche. In einer übertragenen Wortbedeutung kann man „planum" auch als „überschaubare Ebene" bezeichnen. Hieraus läßt sich einmal ableiten, daß es bei Planung um etwas „überschaubares" geht, zum anderen, daß es glatt und flach in der Funktion sein muß, was man auch mit „reibungslos" übersetzen kann.

Legt man diese Bedeutungsinhalte zugrunde und bedenkt, daß Planung wesentlich auf die Zukunft gerichtet ist, so kann man bei Gälweiler die Aufgabe der Planung wie folgt kennzeichnen:

Es sollen vor Beginn jedes Vorhabens (z.B. bevor ein Projekt angenommen, ein Abschluß getätigt oder ein Geschäftsjahr als Planungszeitraum angefangen hat) *alle* dafür *notwendigen* und für die Ausführung *wesentlichen, jetzigen* und *künftigen* Bedingungen wie auch Wirkungen und Folgen − sei es, daß sie von der Aktion selbst oder von der Realisierung des Vorhabens ausgehen − *so weit wie möglich überschaubar* gemacht werden.

Hierzu ist es erstens notwendig, daß man die konkreten Ziele kennt oder herausfindet, wie man ihnen am ehesten nahe kommt. Danach muß man herausfinden, welche Wege möglichst einfach und am sichersten zu diesen Zielen führen. *Das Bedeutsamste und Wesentlichste für die Zielrealisierung ist,* daß die Wege und Ausführungsschritte beherrschbar gemacht werden. Unerwünschte Überraschungen müssen in Grenzen gehalten und unerwünschte Abweichungen gleich von Anfang an durch eine weitgehende und weitsichtige Beherrschung der Abläufe vermieden werden können.

2.2.2.2 Die Diagnose

Vom Begriff Planung zu trennen sind die Begriffe Diagnose und Prognose. Planung ist ein Festlegen dessen, was sein soll. Diagnosen und Prognosen stellen lediglich fest, was ist und was wahrscheinlich sein wird.

Diagnose ist eine zielorientierte Beschreibung und Erklärung der gegenwärtigen Situation und Lage.

Die wichtigsten Fragen einer Diagnose zielen darauf ab: Wie ist die gegenwärtige Situation zu beschreiben? Wie weichen die tatsächlichen Gegebenheiten von unseren gesetzten Zielen ab? (Beschreibung)

● Warum gibt es Abweichungen? Warum haben wir unsere Ziele nicht erreicht bzw. erreicht? (Erklärung)
● Was hätten wir tun oder unterlassen können bzw. müssen, um die Soll-Ist-Abweichungen geringer zu halten oder gar zu vermeiden? Wie ersichtlich verlangt eine Diagnose Kenntnisse der Ziele?

Eine reine Beschreibung der Lage ist keine Diagnose. Hinzu kommen muß: Welche Erklärungen bringt die Frage nach dem Warum. Z.B. Beschreibung: Unsere Qualitätsfehler sind um 5 % gestiegen. Erklärung: Die Qualitätsfehler sind um 5 % gestiegen, weil unser neuer Lieferant nicht die entsprechende Qualität, wie versprochen, leisten kann. So einleuchtend wie in diesem Beispiel ist die Ursache-Wirkungs-Beziehung, die von einer Diagnose verlangt wird, in der Praxis häufig nicht aufzustellen.

Schwierigkeiten von Diagnosen und Prognosen liegen vor allem in ihrer Komplexität. Die Prognose unterscheidet sich von der Diagnose im wesentlichen durch die zeitliche Perspektive. Die Prognose soll Aussagen über die künftige Lage machen, während sich die Diagnose mit der vergangenen und gegenwärtigen Situation beschäftigt.

2.2.2.3 Prognosen

Prognosen sind Aussagen über voraussichtliche Entwicklungen, die in absehbarer Zeit mit einer gewissen Wahrscheinlichkeit zu erwarten sind. Prognosen können der Planung behilflich sein. Man muß jedoch bedenken, sie können sie nicht ersetzen. Eigenes analytisches, vorausschauendes Denken und die persönliche Entschlußkraft bei der Entscheidung sind hier erforderlich. Auf der anderen Seite läßt sich ohne eine implizite oder explizite Prognose keine Entscheidung treffen, vor allem dann nicht, wenn sie langfristig wirksam sein soll. Prognosen helfen der Planung dann, wenn sie auf präzisen Vorstellungen über den eigentlichen Zweck beruhen und über die Möglichkeiten der Planungsziele Auskunft geben können. Man muß die entsprechenden Problembereiche durch Diagnose aufgliedern und strukturieren können, um die Probleme in ihren qualitativen Ursachen und ihrem Wirkungsgefüge überschaubar und lösbar zu machen. Erst dann kann man die eigentlichen Kausalfaktoren überblicken. Die Unzuverlässigkeit der Prognose, vor allem bei langfristiger Planung, kann man dadurch nicht ausschalten. Man kann aber erkennen, was völlig außerhalb des prinzipiell Vorsehbaren liegt. Bei den ernstzunehmenden Prognosen geht es letztlich stets um Grenzen, Tendenzen und Entwicklungen, die neben ihrer fundamentalen Bedeutung auch einen relativ hohen Grad der Eintrittswahrscheinlichkeit haben. Zwei Arten von Prognosen haben eine erhebliche Bedeutung. Man kann unterscheiden zwischen

- Status-quo-Prognosen und
- Wirkungsprognosen.

Status-quo-Prognosen sind Vorhersagen künftiger Entwicklungen, bei denen sich die Bedingungen nicht oder kaum verändern. Gemäß dem Wort Status quo gehen diese Prognosen davon aus, daß wahrscheinlich alles beim alten bleibt, daß sich zumindest keine größeren Veränderungen zeigen werden. Typische Formen, wie sich Status-quo-Probleme lösen: Demnächst ,,von selbst", wir können sowieso nichts ändern, vielleicht verschärft sich die Lage sogar, etc. Erst dann entsteht ein Handlungs- und Planungsbedarf.

Wirkungsprognosen dagegen sollen Auskunft über wahrscheinliche Folgen von getroffenen Maßnahmen geben. Erst derartige Informationen erlauben eine rationale Entscheidung und mit ihr die Auswahl der besten Maßnahmen.

Wirkungsprognosen sollen Auskunft darüber geben, welche Ergebnisse (= Wirkungen) eintreten werden, wenn bestimmte Maßnahmen (= Aktionen) durchgeführt werden. Es braucht wohl nicht näher ausgeführt zu werden, daß sämtliche Prognosen mit Risiken und Unsicherheiten behaftet sind. Diese hängen davon ab:

- je weiter der Planungshorizont ist und umgekehrt
- je präziser die Aussagen sind.

Die Prognosetechniken haben eine Spannweite von der einfachen visionären bzw. intuitiven Vorhersage ohne umfangreiche Analysen bis hin zu komplexen Simulationsmodellen mit groß angelegten Untersuchungen. Wir können in diesem Rahmen hierauf nicht näher eingehen.

2.2.2.4 Planungshorizont und Fristigkeit

Der Planungshorizont ist eng mit der Fristigkeit verbunden. Hinsichtlich der Fristigkeit unterscheidet man

- *kurzfristige Planungen,* die über 1 Jahr nicht hinausreichen,
- *mittelfristige Planungen,* die im allgemeinen *zwischen 2 und 5 Jahren* liegen, jedoch bei der Personalplanung erheblich kürzer sind und *nur ein bis zwei Jahre* umfassen,
- *länger- bzw. langfristige Planungen,* die *über 5 Jahre* hinausreichen.

Die zeitliche Dynamik mit dem Übergang zur kürzeren Fristigkeit wird als *,,rollende Planung"* bezeichnet. Mit Ablauf der Zeit bedeutet die rollende Planung eine korrigierende Weitergestaltung der Mittel und Wege auf die gesetzten und geplanten Ziele hin, um sie weiterhin realistisch zu verfolgen.

2.2.3 Strategische Personalplanung im Rahmen der Geschäftspolitik

2.2.3.1 Charakteristik der Strategie

Wenn Strategie auch heute nahezu als Modewort für fast jede Art der Vorgehensweise gebraucht wird, sind strategisches Denken und Handeln dennoch nicht häufig anzutreffen und im Personalbereich weitgehend innovativ. Neben der Langfristigkeit weist jede Strategie weitere wesentliche Charakteristiken auf. Ganzheitliche Betrachtungsweise und Denken in Zusammenhängen verlangt die *Lehre vom Gesamtplan* (von Clausewitz). Hierzu gilt es im vorhinein herauszufinden, wie man sich gleich zu Anfang verhalten muß, um diesen Plan erfolgreich zu beenden. Ganzheitlich heißt hier *durchgängiges und zusammenhängendes Verhalten vom anfänglichen Handeln bis zum Enderfolg,* und zwar im Hinblick auf *übergeordnete Ziele (Grundsätze und Richtlinien)* oder ein System, das den Betrieb und seine soziale und technische Umwelt darstellt.

Die eigentliche *Strategie im herkömmlichen Sinne* befaßt sich damit, erfolgreiche Wege zu bestimmten übergeordneten Zielen zu finden, sowie mit der Bereitstellung der dazugehörigen Potentiale und Instrumente. Sie hat gemäß den geschäftspolitischen Grundsätzen Richtlinien, die aus den Unternehmenszielen abgeleitet sind, insbesondere strategische und die Leistungsstruktur gestaltende Entscheidungen zum Gegenstand, wie es die Abb. 2.2 – 2 im Wirkungsgefüge unternehmerischer Entscheidungen zeigt.

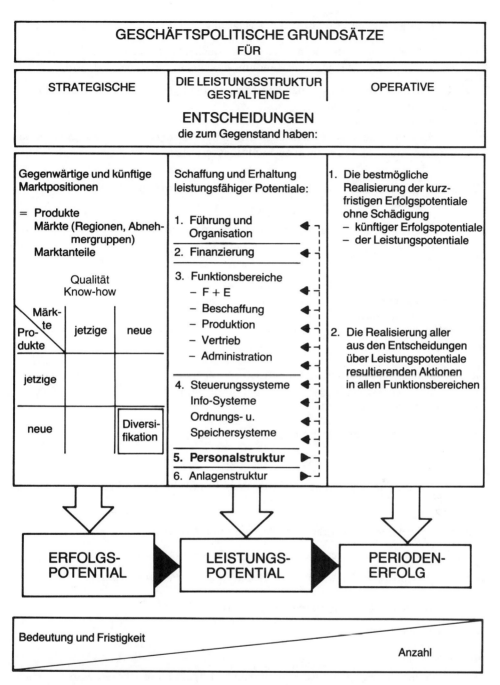

GESCHÄFTSPOLITISCHE GRUNDSÄTZE
FÜR

| STRATEGISCHE | DIE LEISTUNGSSTRUKTUR GESTALTENDE | OPERATIVE |

ENTSCHEIDUNGEN
die zum Gegenstand haben:

Gegenwärtige und künftige Marktpositionen

= Produkte
  Märkte (Regionen, Abnehmergruppen)
  Marktanteile

Qualität
Know-how

Märkte / Produkte	jetzige	neue
jetzige		
neue		Diversifikation

Schaffung und Erhaltung leistungsfähiger Potentiale:

1. Führung und Organisation ◀┐
2. Finanzierung ◀┐
3. Funktionsbereiche
   – F + E ◀┐
   – Beschaffung ◀┘
   – Produktion ◀┐
   – Vertrieb ◀┘
   – Administration ◀┐
4. Steuerungssysteme ◀┐
   Info-Systeme ◀┘
   Ordnungs- u. ◀┐
   Speichersysteme ◀┘
5. **Personalstruktur** ▶┐
6. Anlagenstruktur ▶┘

1. Die bestmögliche Realisierung der kurzfristigen Erfolgspotentiale ohne Schädigung
   – künftiger Erfolgspotentiale
   – der Leistungspotentiale

2. Die Realisierung aller aus den Entscheidungen über Leistungspotentiale resultierenden Aktionen in allen Funktionsbereichen

ERFOLGS-POTENTIAL ▶ **LEISTUNGS-POTENTIAL** ▶ **PERIODEN-ERFOLG**

Bedeutung und Fristigkeit

Anzahl

Abb. 2.2 – 2: Das Wirkungsgefüge unternehmerischer Entscheidungen und der ihnen zugeordneten geschäftspolitischen Grundsätze (nach Gälweiler) Vgl. Abb. 1.8 – 13, S. 144

2.2.3.2 Handlungsmaxime für operative Gestaltung

Die operative Gestaltung umfaßt in ihrer ganzheitlichen Gestaltung auch die operativen Entscheidungen und Vorgänge. Ihre Handlungsmaximen sind dabei (vgl. Abb. 2.2 – 2)

1. die bestmögliche Realisierung der kurzfristigen Erfolgspotentiale ohne Schädigung
   - künftiger Erfolgspotentiale,
   - der Leistungspotentiale,
2. die Realisierung aller aus den Entscheidungen über Erfolgs- und Leistungspotentiale sich herleitenden Aktionen in allen Funktionsbereichen.

2.2.3.3 Erfolgs- und Leistungspotentiale: Grundlage der sozioökomonischen Wertschöpfung

Als *Erfolgspotentiale* sind zunächst gegenwärtige und zukünftige Marktpositionen anzusehen, d.h.

- Produkte/Service
- Märkte nach
  - Regionen und
  - Abnehmergruppen
- Marktanteile
- Qualität.

Eine Möglichkeit, sie systemgerecht und rasch zu erkennen, gibt das Diversifikationsportfolio in seiner Matrixeinteilung von Märkten und Produkten je nach ihrer jetzigen und zukünftigen Lage zu erkennen.

Darüber hinaus gehört zu den Erfolgspotentialen das

- Know-how

für die Qualitätssicherung und bei größeren Betrieben für die Entwicklung der Produkte, ferner der Qualifikationsstand des Personals.

Zum *Leistungspotential* gehören zunächst die *grundlegenden Strukturen:*

mit der Wirkung in traditioneller Weise die *Anlagenstruktur* und

auch, mit zukünftig weiter wachsender Bedeutung, die *Personalstruktur.*

Zu den dispositiven Leistungspotentialen gehören:

1. Führung und Organisation
2. Finanzierung.

Zu den Funktionsbereichen der Aufbau- und Ablauforganisation gehören: Forschung und Entwicklung, Beschaffung, Produktion, Vertrieb, die kaufmännische Administration und die Personalabteilung im ausgebauten Industriebetrieb.

Die Abb. 2.2 – 2 (vgl. auch Abb. 1.8 – 13) macht ferner deutlich, daß bei strategischer Planung und Entscheidung die *Bedeutung und Fristigkeit* zunehmen, hingegen die Zahl der betrachteten Dinge relativ gering ist – im Gegensatz zur kurzfristigeren operativen Planung und Entscheidung, in der die Anzahl der Vorgänge und Maßnahmen größer wird und in ihrer Bedeutung auch relativ abnimmt. Entsprechend kommt man im operativen Bereich viel schneller durch eigene Erfahrung zur erfolgreichen Gestaltung von Planungen und Entscheidungen. Gute geschäftspolitische Grundsätze sind aufgrund des besseren strategischen Wissens über wichtige Gesetzmäßigkeiten und Zusammenhänge erst seit Mitte der 60er Jahre in zunehmendem Maße relevant und seit Mitte der 70er Jahre erst deutlich in den Vordergrund gerückt.

2.2.3.4 Die Bedeutung der Taktik

Es scheint wichtig, auf eine weitere bedeutsame begriffliche Unterscheidung hinzuweisen, die häufig nicht präzise zutreffend dargestellt wird. Es ist die Unterscheidung zwischen Strategie und Taktik. Taktik ist für den Ausführungsablauf wichtig. Sie betrifft sowohl die kurzfristige wie auch die mittelfristige Planung. Da sie häufig bei der mittelfristigen Planung bereits einsetzen muß, wird sie in der Abgrenzung der Fristigkeit als mittelfristige Planung gekennzeichnet. Im Sinne der alten militärstrategischen Vorstellung von Clausewitz wie auch unter dem Gesichtspunkt der Verhaltenssteuerung im Managementprozeß sollte ihr eigentlicher begrifflicher Hintergrund mehr beachtet werden. Taktik bedeutet eigentlich das *Instrumentarium von Verhaltensweisen und Verhaltensregeln im strategischen wie operativen Geschehen.* Taktisches Vorgehen wird unter den Bedingungen des ,,Wenn. . ., dann. . .'' für Abweichungen vom geplanten Weg vorher bestimmt, indem man die Verhaltensregeln festlegt.

2.2.3.5 Grundelemente strategischen Vorgehens

Abschließend sollen die vier Grundelemente bei strategischem Planen und Vorgehen für die strategische Unternehmensführung dargestellt werden. Erkennbar sind:

1. Die im Gesamtplan jeweils zusammengehörige Entscheidungs- und Verhaltensfolge (*ganzheitliche Gestaltung*).
2. Die zusammengehörige Schrittfolge erhält vom Endziel her eine spezifische Wirkung (*ziel- und systembezogene Gestaltung*).
3. Das übergeordnete Ziel ist stets vorgegeben und nicht Gegenstand der jeweils sachbereichseigenen Strategien (*Vorsteuerung durch übergeordnete Ziele*).
4. *Das erfolgreiche Ende* (Zusammenfassung sämtlicher Kräfte zu einer synergetischen Leistungsgestaltung nach dem Prinzip: Das Ganze ist mehr als die Summe seiner Teile).

2.2.3.6 Die Gestaltung und Aufgaben der strategischen Unternehmensführung

Die Aufgaben der strategischen Unternehmensführung leiten sich aus den Grund- und Gestaltungsfunktionen des Managementprozesses ab.

Das *Top-Management* bestimmt die obersten Ziele *der Unternehmenspolitik und der Unternehmensphilosophie,* die sich letztlich in einer Unternehmenskultur niederschlagen sollten. Daraus werden die Planungsgrundlagen für die strategische Unternehmensführung aus der Unternehmenspolitik und ihren Zielen abgeleitet. Die Ableitung der Planungsgrundlagen aus der Unternehmenspolitik sieht wie folgt aus: *Aus den allgemeinen unternehmenspolitischen Zielen werden Bereichs- oder Ressortziele abgeleitet.*

Diese *Ressorts oder Geschäftsbereiche* (vgl. Abb. 2.3 – 12) der klassischen Abfolge eines Industriebetriebes Forschung und Entwicklung, Fertigung, Vertrieb, kaufmännische Verwaltung als klassische Geschäftsbereiche oder Ressorts sowie die Service-Geschäftsbereiche neuerer Prägung: Qualität, Organisation und EDV sowie Personal legen gemeinsam möglichst einvernehmlich die *Geschäftspolitik* des Unternehmens fest, die darin besteht, daß für diese Geschäftsbereiche, die *geschäftspolitischen Ziele und ihre ressortspezifischen geschäftspolitischen Richtlinien und Grundsätze* festgelegt werden, z.B. für die Personalpolitik die personalpolitischen, für die Qualitätspolitik die qualitätspolitischen, für die Fertigung die produktionspolitischen, für die Organisation die organisationspolitischen oder im kaufmännischen Bereich auch aufgeteilt nach finanzpolitischen Richtlinien. Diese allgemeinen Richtlinien folgen in der Zielführung ihrer weiteren Verästelung der Gliederungssystematik der Aufbauorganisation. Ihre Zielfolge kann aber als eine *Zielkaskade* angesehen werden.

Die Zielkaskade gliedert sich jeweils von den übergreifenden Zielen nach unten weiter in:

1. Unternehmenspolitische Ziele und Prinzipien
2. Geschäftspolitische Ziele der Ressorts, z.B. Personalpolitik und personalpolitische Richtlinien
3. Strategische Ziele
4. Operative Ziele
5. Evtl. dispositive Ziele
   (vgl. insbesondere zu 3. – 5. die Abb. 2.1 – 17)

Im *gesamten Planungsprozeß* muß der *funktionale Ablauf* – Planen (im engeren Sinn), Durchführen, Kontrollieren – berücksichtig werden. Er wird in Abb. 2.2 – 3 in einem einfachen Feedback-Modell (Regelkreis) dargestellt. Hier geht die *Planung im engeren Sinne* von der Zielvorgabe (SOLL) aus, ihre Durchführung (IST) wird dann funktional durch die Rückkopplung (Feedback) kontrolliert. Im Gesamtplanungsprozeß bilden Planung und Kontrolle eine funktionale Einheit.

Planung hat in der Unternehmungsführung eine *übergreifende gestalterische Funktion*. Dabei kennzeichnet der Begriff „*Gestaltung*" in der betriebswirtschaftlichen Literatur (Kosiol, Grochla, Kieser, Kubicek u.a.) gewissermaßen als Oberbegriff alles zweckgerich-

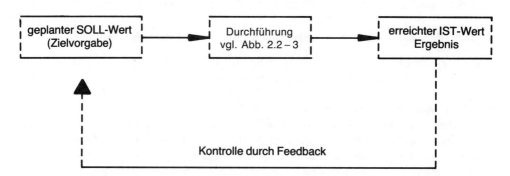

Abb. 2.2 – 3: Einfaches Modell des Gesamtvorgangs des Planungsprozesses (vgl. auch Abb. 2.1 – 14)

206

tete (zielstrebige) Handeln im Betrieb. Nicht zu übersehen ist allerdings, daß der sachlo-
gische Planungs- und Problemlösungsprozeß auch immer Macht-, Konflikt- und Akzep-
tanzprobleme umfaßt, die die Personalplanung besonders in den Vordergrund rückt.

Abb. 2.2 – 4 zeigt im einzelnen den *Gestaltungsprozeß* bei klarer Planungsvorgabe nach
dem *„klassischen Phasentheorem des Führungsprozesses"*. Im Mittelpunkt steht die *Entscheidung und ihre Durchsetzung*. Die Planung muß hieraufhin angelegt sein und diese

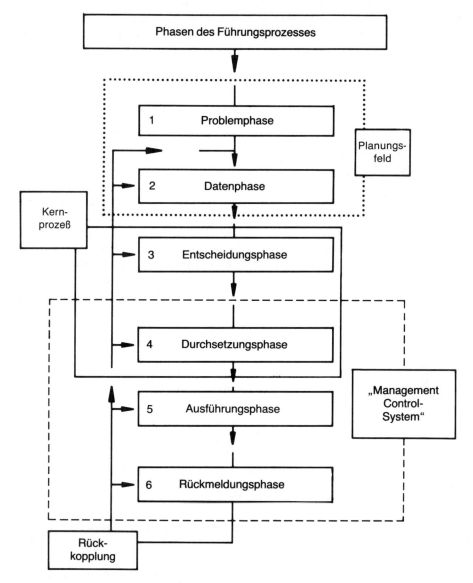

Abb. 2.2 – 4: Phasen des betrieblichen Planungs-Problemlösungsprozesses nach dem klassischen
Phasentheorem (Quelle: Heidack 1983, S. 273)

auf ihren Erfolg hin ständig kontrollieren. Die Feedback-Eingaben in jeder Phase kennzeichnen die *vernetzte Kontrolle,* die Erfolgs- bzw. Abweichungsdaten zur Korrektur in den einzelnen Phasen und darüber hinaus bis zur Planung rückkoppelt. Durch diese vorausschauenden und rückkoppelnden Vorgänge erweist sich die Gesamtplanung als dynamischer Prozeß, *als kybernetisches System.*

In diesem System überlagern sich stets sachorientierte und mitarbeiterorientierte Probleme. Die sachorientierten Probleme berühren jeweils *Leitungsaufgaben.* Die mitarbeiterbezogenen Aufgaben berühren *Führungsaufgaben.* Die Personalplanung bezieht sich auf sachorientierte Probleme sowie auf Aufgaben, zu denen in besonderer Weise die Führungsaufgaben gehören. (Vgl. hierzu Abb. 2.1 – 5)

2.2.4 Personalplanung als integrierter Teil der Unternehmensplanung

In zunehmendem Maße haben die Unternehmen erkannt, daß zwischen der Personalplanung und anderen Bereichen der Unternehmensplanung (Investition, Beschaffung, Produktion, Absatz, Finanzierung) enge Wechselbeziehungen bestehen. Die Gründe für die gegenseitige Abhängigkeit sind darin zu sehen, daß sich die Personalplanung mit den im Unternehmen tätigen Menschen befaßt und somit personalwirtschaftlich gesehen übergreifend alle Unternehmensbereiche und ihre Funktionen berührt.

Die Personalarbeit im Unternehmen hat sich entsprechend ihrer Bedeutung seit ca. 1950 zu einem integrierenden Faktor in der Unternehmenspolitik entwickelt. Mit dem Human-Resources Management (vgl. Kap. 3 Abb. 3. – 3 und Abb. 3. – 4) wird die Unternehmerrolle der Personalabteilung in den Vordergrund gerückt.

In einer ersten *Verwaltungsphase* bis ca. 1950 wurden die eigentlichen Probleme der Personalwirtschaft kaum erkannt und schlugen sich entsprechend wenig in der Personalarbeit nieder. Sie wurden sozusagen als Nebentätigkeit irgendeiner anderen Abteilung erledigt. Der Meister z.B. war zuständig für die Personalauswahl, die Vertragsabschlüsse machte die Rechtsabteilung, und für die Lohnabrechnung war die Buchhaltung zuständig.

In einer zweiten Phase seit 1950 – 1970 wurde mit Veränderung der Arbeitsmarktlage und der stärkeren Differenzierung der Anforderungen am Arbeitsplatz die funktionale Bedeutung des Personalwesens anerkannt. In dieser *Anerkennungsphase* bildeten sich neben den Grundaufgaben von Beschaffung, Einstellung, Verwaltung und sozialer Betreuung des Personals auch bereits Funktionen heraus, die Probleme der Planung im Bereich der Personalentwicklung und der Aus- und Weiterbildung berührten bzw. berücksichtigten.

Seit 1970 kann man von einer *Integrationsphase* des Personalwesens sprechen, wobei durch die zunehmenden Informations- und Auskunftsrechte des Betriebsrats aufgrund des Betriebsverfassungsgesetzes von 1972 (und noch intensiver durch die Mitbestimmungsgesetze) eine einheitliche Planung und Durchführung der Personalaufgaben, insbesondere der Personalführung, notwendig sind. Äußerlich zeigt sich dies an der Tendenz, den institutionalisierten Personalbereich in der Unternehmenshierarchie höher anzusiedeln und die Personalarbeit stärker in die Gesamtunternehmensführung zu integrieren.

Die Notwendigkeit der Integration wird vor allem darin deutlich, daß Maßnahmen, die in anderen Bereichen der Unternehmensplanung festgelegt werden, nur dann realisiert werden können, wenn von dem notwendigen Bedarf her, d.h. nach Anzahl und Qualifikation, das entsprechende Personal zur Verfügung steht. Dies wird offensichtlich, wenn sich ein Engpaß im Personalsektor zeigt. Die anderen Bereiche der Unternehmensführung müssen ihre Pläne der Personalplanung anpassen, umgekehrt wirken aber auch diese Pläne auf die Personalplanung ein. Personalplanung ist damit keine Folgeplanung, die sich an andere Planungen wie Marketing- oder Produktionsplanung anhängt, sondern integrativ gleichberechtigter Bestandteil in der Unternehmensplanung. Es werden nicht nur Maßnahmenpläne erstellt, die höchstens in besonderen Fällen der Unternehmensleitung vorgelegt werden, sondern Personalplanung geht in die Zielplanung der Kernbereiche der Unternehmensplanung gestalterisch ein. Sicherlich wird die Eigendynamik begrenzt bleiben und sich nur in Abhängigkeit und Integration anderer Planungsteilbereiche vollziehen. Um eine solche Integration zu erreichen, ist es notwendig, daß die entsprechenden Zielvorgaben und personalpolitischen Grundsätze aus der Unternehmenspolitik abgeleitet und in den geschäftspolitischen Grundsätzen zum Ausdruck kommen. Die weiter vorne dargestellte Abbildung 2.2 – 1 zeigt im Überblick Entscheidungen im Rahmen der strategischen Unternehmensführung, die von geschäftspolitischen Grundsätzen her abgeleitet sind. Die mittlere Spalte zeigt die Strukturgegebenheiten, die das *Leistungspotential* darstellen. Die beiden letzten Faktoren sind die Anlagenstruktur und die *Personalstruktur,* die letztlich (in Abhängigkeit von der Finanzstruktur) alle anderen Faktoren beeinflussen und bedingen. Den personalwirtschaftlichen Aspekten zuzurechnen sind die Unternehmensführung und dispositiven Faktoren.

2.2.5 Aufgaben der Personalpolitik und Ableitung von personalpolitischen Richtlinien und Grundsätzen

Die Personalpolitik der Betriebe ist herkömmlich mehr auf die Aufgaben der Personalbeschaffung (Planen des Mitarbeiterbedarfs, Anwerben und Einstellen von Mitarbeitern) und der Personalverwaltung (Einsatz, Betreuung und Entlohnung der Mitarbeiter) orientiert. Jedoch haben viele Betriebe die Gestaltung des Personals durch Personalentwicklung als neue Aufgabe bereits erkannt und zum Schwerpunkt der Personalarbeit gemacht.

Folgende Hauptaufgaben hat die Personalpolitik (vgl. Abb. 2.2 – 5):

- Gestalten der Personalstruktur
- Entfalten des Personalniveaus
- Erhalten des Personalstandes.

Diese Aufgaben müssen geplant werden. Dazu erfordern sie ganz bestimmte Grundsatzentscheidungen, die die Personalorganisation letztlich bestimmen. Festzulegen ist grundsätzlich:

- Wer für die Personalplanung im Betrieb zuständig und verantwortlich ist.
- In welcher strategischen Zielführung (Fristigkeit) und operativer (strukturell bezogen auf die Teilgebiete; funktional hinsichtlich des Ablaufs und der Genauigkeit) Form Personalplanung durchgeführt werden soll. – Je nach Betriebsgröße, Produktionsprogramm etc. wird diese Festlegung verschieden sein.

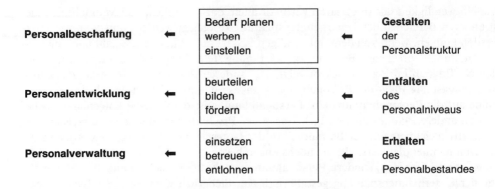

Personalbeschaffung	←	Bedarf planen werben einstellen	←	**Gestalten** der Personalstruktur
Personalentwicklung	←	beurteilen bilden fördern	←	**Entfalten** des Personalniveaus
Personalverwaltung	←	einsetzen betreuen entlohnen	←	**Erhalten** des Personalbestandes

Abb. 2.2 – 5: Traditionelles Schema der Aufgaben der Personalpolitik (nach Sahm)

– Welche Informationen und Daten gemäß der Personalstruktur übersichtlich und aussagefähig der Personalplanung vorliegen müssen.

Diese Grundsatzentscheidungen sollen bewirken, daß sich zwischen den personalpolitischen Vorstellungen, die auf einem personalpolitischen Führungssystem beruhen, Beziehungen ergeben, die über die Personalplanung das personalpolitische Führungssystem und die Personalorganisation entsprechend integrieren.

Abbildung 2.2 – 6 versucht, eine *integrierte Bezogenheit von personalpolitischem Führungssystem und der Personalorganisation* zu verdeutlichen, und zwar für die wichtigsten Gestaltungsbereiche der Personalarbeit im Betrieb.

Die Strategie des personalpolitischen Führungssystems wird geprägt von *den elementaren Aufgabengebieten der Personalarbeit* Arbeitsbewertung, Leistungsbewertung, Mitarbeiterbeurteilung und Mitarbeiterförderung, Führungsgrundsätze und in jüngster Zeit die Unternehmenskultur. Sie sind *Gestaltungsbereiche qualitativer Natur*. Ihnen werden jeweils zwei elementare Instrumente zugeordnet, die insbesondere in den *Profilen* eine operative Hilfe zur Darstellung mit ihren Bewertungs- und Wertdarstellungen einem differenzierten *Systemansatz der Wertschöpfung* (evtl. einem Wertschöpfungscenter) dienen. Als Sandwich-Modell werden die Gestaltungsbereiche der strategischen Personalführung und die *funktionalen Personalstrategien:* Personalmarketing, Personalentwicklung, Personallogistik und Personalcontrolling integriert. Dabei wird klar, daß alle strategischen Personalfunktionen als Planungsbereiche auf das personalpolitische Führungssystem bezogen und in die Personalorganisation integriert sind, wobei das Personalcontrolling eine übergreifende besondere Gestaltungsfunktion hat. Die operativen Aufgaben, Verhaltensweisen und Funktionen der Personalorganisation bringt die Abb. 2.2 – 3 zum Ausdruck.

In der folgenden Ausführung soll durch die Ableitung der Personalpolitik aus der Unternehmenspolitik auf die Grundlagen der Planungszielrichtung und der entsprechenden Planungsvorgänge und -schritte näher eingegangen werden.

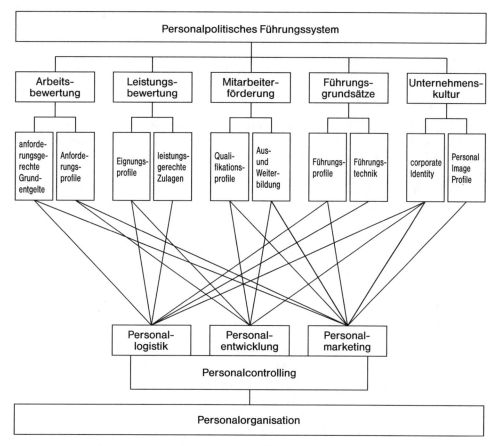

Abb. 2.2 – 6: Integrierte Bezogenheit von personalpolitischem Führungssystem, strategischer Personalfunktionen und Personalorganisation

2.2.6 Ableitung der Planungsgrundlagen aus der Unternehmenspolitik

Leider sind die *unternehmenspolitischen Zielsetzungen* in der Regel recht allgemein verfaßt und geben wenig Hinweise auf ihre Ausgestaltung. Etwas konkreter und deutlicher kennzeichnen *Führungsrichtlinien* bzw. *Führungsgrundsätze* unternehmenspolitische Zielvorstellungen. Allerdings sind diese selbst in Großunternehmen noch wenig verbreitet.

Die *Ableitung* der Planungsgrundlagen aus der Unternehmenspolitik sieht wie folgt aus: *Aus allgemeinen unternehmenspolitischen Zielen* werden die Bereichs- oder Ressortziele abgeleitet, d.h. die *unternehmenspolitischen* Ziele z.B. für Absatz, Produktion, Finanzen und in ähnlicher Form auch für Personal festgelegt. Diese werden durch bestimmte Grundsätze ergänzt, die für das Unternehmen gelten; so z.B., daß die Personalbeschaffung zunächst die eigenen Mitarbeiter berücksichtigen muß. Wird also ein Mitarbeiter gesucht, so muß eine interne Stellenausschreibung stattfinden. Ganz allgemein verbreitet ist weiterhin der Grundsatz: „Der richtige Mann bzw. die richtige Frau am richtigen Platz."

Dort wo diese Forderung in den Personalgrundsätzen erscheint, wird nicht ein für die Firma typischer Personalgrundsatz offenbart, sondern eine organisatorische Binsenweisheit dargelegt. Als *personalwirtschaftliches Handlungsprinzip* ist dieser Grundsatz so allgemein, daß er allein keine konkreten Anhaltspunkte für die Planung ergibt.

Wie bereits gesagt, sind unternehmenspolitische Richtlinien, wenn sie überhaupt schriftlich fixiert werden, sehr abstrakt und personalpolitische Grundsätze sehr allgemein. Um sie zu konkretisieren, müssen systemgeleitete Aussagen über

- Prinzipien bzw. Grundsätze für das Corporate Identity des Unternehmens
- Prinzipien bzw. Grundsätze der Organisationsstruktur und der Stellenplanung
- Richtlinien bzw. Grundsätze über die Lohn- und Gehaltsstruktur
- Führungsrichtlinien
- Richtlinien bzw. Grundsätze über Personalförderung und Personalbeurteilung
- Richtlinien bzw. Grundsätze zur Aus- und Weiterbildung
- Richlinien bzw. Grundsätze zur Arbeits- und Sozialordnung

formuliert werden.

Verdeutlicht sei dies am *Beispiel des Personalförderungssystems,* das die Richtlinien für Personalförderung und Beurteilungswesen enthält. Vorweg ist dabei zu bemerken, daß die Ausgestaltung eines Personalförderungssystems gleichzeitig ein Instrument zur Verwirklichung der Grundsätze über Führung und Zusammenarbeit im Unternehmen ist.

Von der Zielplanung her muß *vorweg strategisch* überlegt werden, ob das Unternehmen das Beurteilungssystem schriftlich als Motivations- und Kontrollinstrument gestalten will oder − wozu heute bereits eine Reihe von Unternehmen übergehen − im Mittelpunkt nicht die Beurteilung, sondern das Mitarbeitergespräch ohne formularmäßig festgeschriebenen Beurteilungsbogen steht. Das *Netzwerk der Planung* zeigt sich auch darin, daß ein solches Personalförderungssystem nur dann funktioniert, wenn entsprechende Stellenbeschreibungen, Stellenumfeldbeschreibungen bzw. wenigstens Funktionskataloge für die einzelnen Stellen vorliegen.

Planmäßige Gestaltungsschritte für ein Personalförderungssystem
Gehen wir davon aus, daß das Unternehmen sich entschieden hat, ein Personalförderungssystem mit schriftlicher Beurteilung und entsprechender Förderkartei bzw. Personaldatenbank auf- oder auszubauen, so sind folgende gestalterischen Planungsschritte notwendig. Die Geschäftsleitung wird zunächst ihre *Zielvorstellung für eine klar umrissene, aktive Personalpolitik* darlegen und ihre Bedeutung für die unternehmenspolitischen Ziele herausstellen müssen. Dann muß sie gewissermaßen in einer Grundsatzerklärung vorab deutlich machen, daß mit dem Förderungssystem vorrangig leistungsfähige Mitarbeiter und Führungsnachwuchs aus den eigenen Reihen gewonnen werden sollen − gemäß den Grundsätzen der Personalpolitik durch systematische Auswahl und geeignete Fördermaßnahmen.

Darauf aufbauend werden den Führungskräften und Mitarbeitern folgende Grundsätze und Richtlinien sowie Ausführungs- und Kontrollhinweise inhaltlich an die Hand gegeben:

1. Eine mit dem Betriebsrat einvernehmlich abgeschlossene *Betriebsvereinbarung über die Einführung eines Personalförderungssystems.*

2. Hinweise auf *einschlägige Punkte in den Führungsgrundsätzen und Führungsrichtlinien.* Sie können inhaltlicher Bestandteil der schriftlichen Aussagen zum Personalförderungssystem sein.

3. *Kern* ist die *Darstellung* des Personalförderungssystems:
   - Zielsetzung
   - Geltungsbereich
   - Beurteilungsaufgabe und Beurteilungsziel
   - Beurteilungsbogen, Formular und Hinweise hierzu
   - Personalentwicklungsblatt, Formular und Hinweise hierzu
   - Hinweise zur Bedeutung und Gestaltung des Beurteilungs- und Fördergesprächs
   - Typische Hinweise und Beispiele zu den Beurteilungskriterien
   - Beispiele, wie man die Formulare, Beurteilungsbogen und Personalförderungsbogen ausfüllt.

4. *Ergänzende Erklärungen und Hinweise:*
   - Führungskräfteplanung, die die Personalentwicklung betrifft.
   - Die zentrale Bearbeitung und Hinweise zum Servicedienst der Personalbearbeitung.

5. *Darstellung der Fördermaßnahmen und der Weiterbildungsmöglichkeiten*

Gerade dieser letzte Punkt zeigt wiederum die Vernetzung der Planung mit den Grundsätzen und Richtlinien der Weiterbildung. Es scheint wichtig, daß im Personalförderungssystem auch klare, konkrete Angaben zu den Weiterbildungsmöglichkeiten gemacht werden bzw. wenigstens zu den Vorstellungen, die das Unternehmen hierzu hat und daß sie in das System einbezogen werden. Dies sollte nicht nur in großen Unternehmen geschehen, wo eigene Weiterbildungsabteilungen und Weiterbildungsmaßnahmen entwickelt worden sind. Auch für mittlere Betriebe scheint dies sinnvoll und zweckmäßig zu sein.

Das folgende *Schema* für erfolgsbezogen geplante Personalpolitik eignet sich bei Bedarf für jeden Betrieb:

1. *Was wollen wir erreichen?* – Ein *Teilziel* (im Rahmen des Gesamtziels Personalwesen): Systematische Förderung der Mitarbeiter.
2. *Was ist somit zu tun?* – Geeignet erscheint hierfür eine systematische Beurteilung. Die *Aufgabe:* Erstellen eines betrieblichen Förderungssystems.
3. Wie ist hierbei vorzugehen? – Nach möglichen *Grundsätzen* allgemein für die Förderung der Mitarbeiter. Hieraus werden weiterhin *Richtlinien* für die Vorgehensweisen abgeleitet.

2.2.7 Übersicht über den Gesamtbereich der Personalplanung

Der Gesamtbereich der Personalplanung umfaßt drei Gestaltungsbereiche, die Abb. 2.2 – 7 in ihrer Gliederung veranschaulicht. Diese werden unterteilt in individuelle und institutionelle Planungsbereiche. Die *institutionelle Personalplanung* wird nochmals unterteilt:

- in die *strukturbestimmende Personalplanung,* die die Personalorganisation des gesamten Betriebes betrifft und *Aufbau- und Ablauforganisation* bestimmt. Die Entscheidungen sind der Unternehmensführung vorbehalten.

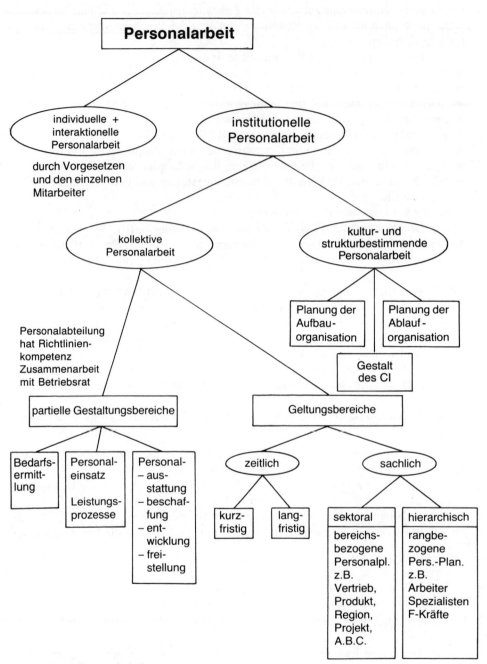

Personalarbeit

individuelle +
interaktionelle
Personalarbeit

durch Vorgesetzen
und den einzelnen
Mitarbeiter

institutionelle
Personalarbeit

kollektive
Personalarbeit

kultur- und
strukturbestimmende
Personalarbeit

Personalabteilung
hat Richtlinien-
kompetenz
Zusammenarbeit
mit Betriebsrat

Planung der
Aufbau-
organisation

Planung der
Ablauf-
organisation

Gestalt
des CI

partielle Gestaltungsbereiche

Geltungsbereiche

Bedarfs-
ermitt-
lung

Personal-
einsatz

Leistungs-
prozesse

Personal-
– aus-
stattung
– beschaf-
fung
– ent-
wicklung
– frei-
stellung

zeitlich

sachlich

kurz-
fristig

lang-
fristig

sektoral

bereichs-
bezogene
Personalpl.
z.B.
Vertrieb,
Produkt,
Region,
Projekt,
A.B.C.

hierarchisch

rangbe-
zogene
Pers.-Plan.
z.B.
Arbeiter
Spezialisten
F-Kräfte

Abb. 2.2 – 7: Personalarbeit

● in die *kollektive Personalmaßnahmenplanung,* die sich als *Personalwesen* mit partiellen Gestaltungs- und den sachlichen und zeitlichen Geltungsbereichen befaßt, wie sie in Abb. 2.2 – 7 weiterhin typisiert werden.

Die *Bedeutung der individuellen Personalplanung* darf in ihrer Wirkung auf die Effizienz der betrieblichen, also der institutionellen Gestaltung nicht unterschätzt werden. *Die individuellen Personalentscheidungen sind für die betrieblichen Personalentscheidungen in hohem Maße bedeutsam.* Dies gilt für Kündigungen, Versetzungs- und auch schon für kurzfristig wirksame Urlaubswünsche. Darüber hinaus sind Probleme der Karriereplanung, Förderungs- und Weiterbildungsinteressen mit den Möglichkeiten des Betriebs in Einklang zu bringen. Die persönlichen Ziele, die die individuelle Planung des Mitarbeiters leiten und seine möglichen Personalentscheidungen beeinflussen, sind somit in hohem Maße für die Personalplanung und -betreuung relevant. Insbesondere der Vorgesetzte ist hier in seinem Führungsvermögen und seiner Personalverantwortung gefordert. *Der Vorgesetzte* hat mittels seines Führungsstils eine Schlüsselposition zwischen individueller Personalplanung des Mitarbeiters und der institutionellen Personalplanung des Betriebs inne. Dort, wo es kein Beurteilungswesen gibt, betreibt er eigentlich auch nur individuelle Personalplanung. Aufgrund der ständigen Interaktion in diesem Bereich kann man auch von individueller und interaktioneller Personalarbeit sprechen.

2.2.8 Die besondere Bedeutung des Bedarfs für die Personalplanung

2.2.8.1 Planerische Bedeutung

Personalplanung ist wesentlich Personalbedarfs- und Personaldeckungsplanung. Die *Personalbedarfsplanung* ist *Grundlage der gesamten Personalplanung* und die *Nahtstelle zwischen den anderen Unternehmensplänen und den Personalplänen,* wie es aus der Einordnung der Personalplanung in die Unternehmensplanung aus Abb. 2.2 – 8 hervorgeht.

Eng mit dem Bedarfsbegriff hängt die *Effizienz der Personalarbeit* zusammen. Bedarf ist zu einem zentralen Begriff der gesamten Personalwirtschaft geworden. In zunehmendem Maße spitzt sich die Problematik auf *längerfristige Erfolgspotentiale* zu. Dies heißt, daß zukunftsbezogen in ausreichend quantitativem und qualitativem Maß vor allem *innovative Qualifikationspotentiale* sichergestellt werden müssen. Da diese Bedarfsdeckung vom Arbeitsmarkt her allein nicht möglich ist, bedarf es einer ebenso vielfältigen und lebendigen Weiterbildung wie Ausbildung. Neben die *Selektion,* d.h. der geeigneten Auswahl (externe Beschaffung wie interne Eignungsdiagnostik), tritt als *zweites Strategieziel* die *Motivation* der Mitarbeiter, sich entsprechend zu qualifizieren, um dem Bedarf gerecht zu werden.

2.2.8.2 Begriffliche Klärung

Allgemein versucht man mit dem Bedarf objektive oder objektivierbare Größen (*quantitativer Bedarf*) oder Tatbestände bzw. Anforderungen (*qualitativer Bedarf*) in ihren Defiziten oder Überhängen zu beschreiben. Dabei geht man vom tatsächlichen Bestand/Qualifikation (IST) aus und vergleicht ihn mit dem, was man notwendig braucht (SOLL-Wert).

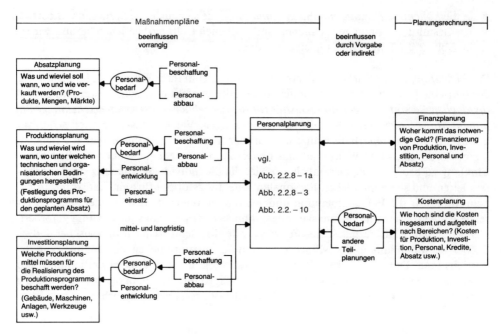

Abb. 2.2 – 8: Einordnung der Personalplanung in die Unternehmensplanung (nach RKW-Handbuch)

Neben dieser rein mechanischen Feststellung des Bedarfs durch einen SOLL-IST-*Vergleich* sollten aber auch subjektive Einflüsse bedacht werden. Individuelle Bedürfnisse und politische Vorstellungen spielen bei der Festlegung der Bedarfsdeckung eine nicht unerhebliche Rolle. Dies gilt auch für den Bedarf, der durch die *Steuerung von Angebot und Nachfrage* entsteht.

Beim Bedarf in der Personalplanung geht es, unabhängig davon, welche Verfahren zu einer Ermittlung eingesetzt werden, um folgende *Bestimmungsgrößen:*

1. *Ermittlung des Brutto-Personalbedarfs* (gesamter zukünftiger Personalbedarf) in quantitativer und qualitativer Hinsicht bezogen auf einen bestimmten Zeitraum.
2. Durch *Prognose* der Entwicklung Ermittlung *des künftigen Personalbestandes* in quantitativer und qualitativer Hinsicht.
3. *Feststellung des* Personaldefizits bzw. des Personalüberhangs als *Netto-Personalbedarf* durch den Vergleich von Brutto-Personalbedarf und der Personalbestandsentwicklung (ermittelt als Differenz aus 1. und 2.).

Der *Netto-Personalbedarf* ist die *Ausgangsgröße für die personalplanerischen Gestaltungsmaßnahmen* in der Personalbeschaffungs-, Personalentwicklungs- und der Personaleinsatzplanung (Stellenbesetzungs- und Nachfolgeplanung).

Der Brutto-Personalbedarf kann unterschieden werden in einen *Einsatzbedarf,* der im wesentlichen abhängig ist von technischen (z.B. Produktionsplan) und organisatorischen (z.B. Tarifvertrag) Faktoren; ferner in einen *Reservebedarf,* der abhängig ist von zu erwartenden Ausfällen (Urlaub, Krankenstand, Freistellungen, Einarbeitungszeit etc.).

216

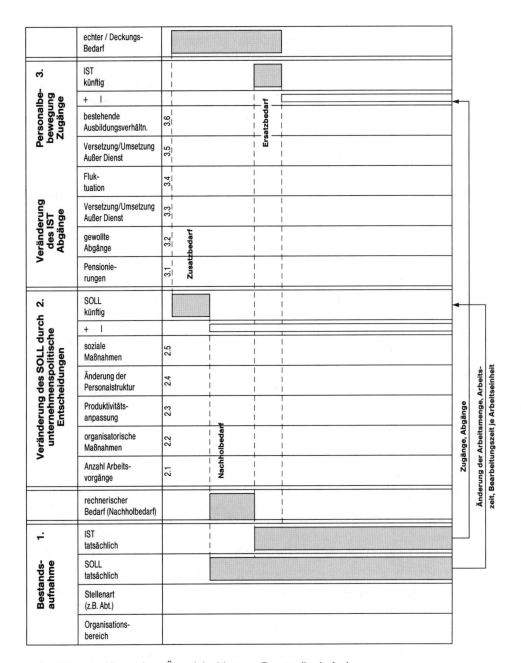

Abb. 2.2.8 – 1: Allgemeines Übersichtsblatt zur Personalbedarfsplanung

217

Ersatzbedarf wird der Personalbedarf genannt, der der Erhaltung des gegenwärtigen Personalbestandes (Ausgleich von Fluktuation) dient. Entsteht durch Investition oder wachsendes Geschäftsvolumen Zusatzbedarf, so ist dies *Neubedarf.*

Neben diesem positiven Personalbedarf kann man heute zunehmend einen negativen Personalbedarf feststellen: Der Brutto-Personalbedarf ist geringer als der Personalbestand. Hier liegt ein *Personalminderbedarf* vor.

2.2.8.3 Die quantitative Ermittlung des Personalbedarfs (quantitative Personalplanung)

Die quantitative Personalplanung *stellt in erster Linie die Zahlen bereit, die aufgrund bestimmter Planungsschemata und Formulare zusammengestellt und errechnet werden.* Die *wichtigsten Fragen* für eine quantitative Personalplanung sind:

● Wieviel Arbeitskräfte nach Zahl und Art (Anforderung) benötigt der Betrieb heute insgesamt, um seine Aufgabe zu erfüllen? Wieviel sind es voraussichtlich mittelfristig, langfristig?
● Wieviel Arbeitskräfte welcher Art sind wann ersatzweise oder zusätzlich zu beschaffen? Auf welche Weise?

Der *gedankliche Ablauf* der Planung des Personalbedarfs vollzieht sich *in einem Annäherungsprozeß* in drei Schritten (vgl. Abb. 2.2.8 – 1). Dies geschieht *unabhängig von den angewandten Verfahren* (sei es Kennzahlenmethode, die REFA-Methode, die MTM-Methode oder die Stellenplanmethode; vgl. hierzu das Kapitel ,,Personalorganisation''). Die drei zu vollziehenden Schritte sind:

1. Ermittlung des Brutto-Personalbedarfs
2. Ermittlung des zukünftigen Personalbestandes
3. Feststellung des Netto-Personalbedarfs

Das Übersichtsblatt in Abb. 2.2.8 – 1 kennzeichnet die Vorgänge, die diese Schritte ermöglichen, in einem Formular-Grobraster. Das Übersichtsblatt kann *für eine Abteilung und für höhere Organisationseinheiten*, z.B. einen Bereich oder sogar für die ganze Firma verwandt werden. Für einen Bereich verwendet man z.B. danach die aufsummierten Zahlen der Abteilung. Die quantitativen Vorgänge werden im Übersichtsblatt in Abb. 2.2.8 – 1 zahlenmäßig erfaßt.

①: *Rechnerischer Bedarf,* so wie er allgemein für die Abteilung vorgesehen und geplant ist, er wird aus dem *Soll-Ist-Vergleich* der Bestandsaufnahme genommen.
②: Kennzeichnet die Veränderungen des *Soll hinsichtlich unternehmenspolitischer Entscheidungen.* (,,Nachholbedarf'' und ,,Zusatzbedarf'').
2.1: Nennt die Abweichungen nach der Anzahl der Arbeitsvorgänge
2.2: Abweichende organisatorische Maßnahmen
2.3: Produktivitätsanpassung
2.4: Änderung der Personalstruktur
2.5: Soziale Maßnahmen

Personal	Personalplan Arbeiter/Angestellte Zeitraum 30.9. – 30.9. Bereich:																	Formular Nr.
	Stand 30.9. 30.9. 30.9.			Geschäftsjahr			Geschäftsjahr			Geschäftsjahr			Geschäftsjahr			Geschäftsjahr		
Ausbildung/ IST-Belegschaft	Personal-bestand	Personal-bestand	vorläuf. Personal-bestand	Bedarf	Deckung	Bestand 30.9.	Bedarf	Deckung	Bestand 30.9.	Bedarf	Deckung	Bestand 30.9.	Bedarf	Deckung	Bestand 30.9.	Bedarf	Deckung	Bestand 30.9.
	1	2	3	4	5	6	7	8	9	10	11	12	13	14	15	16	17	18
Arbeiter ①																		
techn. Angestellte ②																		
kfm. Angestellte ③																		

Abb. 2.2.8 – 2: Übersichtsformular für kurz- und mittelfristige Personalplanung von Arbeitern und Angestellten

Das Zusammenzählen bzw. Abziehen der Veränderungen (Nachhol- und Zusatzbedarf) ergibt das Soll, den Bruttobedarf. Er wird in Kopfzahlen ausgedrückt.

③: Ergibt die *Bewegungsbilanz* durch Veränderung des Ists (Ersatzbedarf) *aufgrund von Abgängen*:

3.1: Pensionierungen

3.2: Gewollte Abgänge, z.B. Kündigung (Eigenkündigung oder durch die Firma)

3.3: Versetzungen, Umsetzungen oder Außerdienstsetzungen durch z.B. Mutterschaftsurlaub, Wehrdienst etc.

3.4: Fluktuation;
ferner aufgrund von *Zugängen*

3.5: Wiederum aus Versetzung, Umsetzung und Außerdienstsetzung durch z.B. Mutterschaftsurlaub, Wehrdienst etc.

3.6: Durch bestehende Ausbildungsverhältnisse

Errechnet wird wiederum das *künftige* Ist. Durch den Vergleich von dem künftigen Soll und dem künftigen Ist ergibt sich der *Deckungsbedarf (echter Bedarf)* oder anders ausgedrückt: Brutto-Personalbedarf minus künftiger *Personalbestand = Netto-Personalbedarf:* „Wieviel Personal fehlt nach Zahl und Art?" Es ist die Vorgabe für die geplanten Aktivitäten des Personalwesens.

Der Formularkopf kann für jede geplante Zeitspanne verwendet werden, sei es kurzfristig, mittelfristig und soweit sinnvoll auch langfristig.

Eine *differenzierte Gestaltung der quantitativen Personalbedarfsplanung* hinsichtlich der *Fristen* und der *Zielgruppen* gestattet der Personalplan für Arbeiter und Angestellte in Abb. 2.2.8 – 2. Er ist nach Geschäftsjahren hinsichtlich des Bedarfs der Deckung und des Bestandes zu einem bestimmten Stichtag eingeteilt und je nach Ausbildung hinsichtlich der Ist-Belegschaft in den Zeilen wie folgt gegliedert:

1. *Arbeiter*
   z.B. ungelernt
   angelernt
   Grundausbildung
   Spezialausbildung

2. *Technische Angestellte*
   z.B. Vorarbeiter
   Meister
   Techniker
   Laborant
   Ingenieur
   Ing.-grad.
   Dipl.-Ing.
   Dr.-Ing./Dr.rer.nat.

3. *Kaufmännische Angestellte*
   z.B. Bürogehilfe/-gehilfin ohne Abschluß
   Bürogehilfe/-gehilfin mit Abschluß
   Bürokaufmann
   Industriekaufmann
   Fachwirt/Fachkaufmann
   Dipl.-Betriebswirt
   Dipl.-Kaufmann
   Dr. oec./Dr. rer. pol.

Auch dieses Formular ist für Abteilungen, Bereiche etc. zu verwenden.

Für die *kurzfristige Personalplanung bestimmter Zielgruppen* können auch spezielle Übersichtsformulare verwandt werden. Abb. 2.2.8 – 3 zeigt ein Formular exemplarisch für die kurzfristige Personalplanung kaufmännischer Angestellter. In den Zeilen sind die personenbezogenen Daten hinsichtlich der Qualifikation und in den Spalten die stellenbezogenen Daten hinsichtlich der Tätigkeiten aufgelistet.

Ein weiteres *Hilfsmittel zur Planung von überschaubarem Ersatzbedarf* ist das Übersichtsformular für Personalbedarfsvorschläge für Angestellte (vgl. Abb. 2.2.8 – 4). Dort werden der genaue Anforderungstermin, die Begründung des Bedarfs und das Anforderungsbild eingetragen.

Formular für kurzfristige Personalplanung von kaufmännischen Angestellten

kurzfristige Personalplanung: kfm. Angestellte	Bereich: Zeitraum 30.9. – 30.9.																									Formular Nr.

Ausbildung personenbezogen / Tätigkeit stellenbezogen	Stand 30.9. 30.9.							Ersatzbedarf			Bedarfsdeckung über											Ersatzbedarf		
	Soll-Stellenbestand	Belegschaftsbestand	Soll-Stellenbestand	voraussichtlicher Belegschaftsbestand	Über- bzw. Unterdeckung 30.9.	Neueinrichtung von Stellen (+)	Auflösung von Stellen (−)	Erreichen der Altersgrenze	übrige Abgänge	Gesamter Personalbedarf 5+6+7+8+9	Auszubildende	Fortbildung	Arbeitsamt	Inserate	intern, z.B. durch Werbung d. Mitarbeiter	Sonstige Beschaffung	Gesamte Bedarfsdeckung Summe 11−16	Soll-Stellenbestand 30.9. (3+6+7)	voraussichtl. Belegschaftsbest. 30.9. (4+17−8−9)	Über- bzw. Unterdeckung 30.9.	Neueinrichtung von Stellen (+)	Auflösung von Stellen (−)	Erreichen der Altersgrenze	übrige Abgänge	Gesamter Personalbedarf (20+21+22+23+24)
	1	2	3	4	5	6	7	8	9	10	11	12	13	14	15	16	17	18	19	20	21	22	23	24	25
Hochschulbildung — 1																									
Fachhochschulbildung — 2																									
Fachschulausbildung — 3																									
Summe 1 bis 3 — 4																									
Berufsausbildung mit Abschluß — 5																									
Berufsausbildung ohne Abschluß — 6																									
Summe 5 + 6 — 7																									
Bürogehilfinnen mit Abschluß — 8																									
Schreibkräfte ohne Abschluß — 9																									
Summe 8 + 9 — 10																									
Sonstige Angestellte — 11																									
Kfm. Angestellte gesamt — 12																									

Abb. 2.2.8 – 3: Beispiel für ein Übersichtsformular für kurzfristige Personalplanung von kaufmännischen Angestellten

221

Personalbedarfsvorschlag für Angestellte

Bereich			Zeitpunkt der not-wendigen Bedarfs-deckung	Begründung des Bedarfs	Anforderungsbild: Ausbildung und Fachrichtung des Nachfolgers,evtl. Alternativen
Stellen-Nr.	Stellenbezeichnung	Dienstrang			
1	2	3	4	5	6

Abb. 2.2.8 – 4: Beispiel für ein Übersichtsformular: Personalbedarf für Angestellte (Vorschlag für überschaubaren Ersatzbedarf)

Langfristiges Personalbudget Bereich: Zeitraum:					Formular Nr.						
Ein-stu-fung	Qualifikations-gruppe	Jetziger Personal-bedarf	Jetziger Personal-bestand	Jetziger Netto-Personalbedarf bzw. Personalreserve	Vorausplanung für Jahre						
					1	2	3	4	5	6–10	

Abb. 2.2.8 – 5: Übersichtsformular für langfristiges Personalbudget

222

Abb. 2.2.8 – 5 stellt ein Übersichtsformular für die *Planung des langfristigen Personalbudgets* dar. Es ist wie die anderen Planungsformulare ein Hilfsmittel für die Personalabteilung bei der *kostenmäßigen Erfassung* der quantitativen Personalbedarfsplanung. Es werden jeweils meist nur *kumulative Zahlen* eingetragen. Die Einzelplanungen müssen vorher planerisch und organisatorisch unter Berücksichtigung der qualitativen Personalbedarfsplanung in den Abteilungen nach den Zielvorgaben der Geschäftsleitung aufbereitet werden. Bei der Ermittlung der Einzelplanung, wobei auch die *Kosten* nach Kostenstellen (KST) gemäß Gehalts- bzw. Tarifgruppe erfaßt werden, kann das Formular der Abb. 2.2.8 – 4 helfen. Hier werden nach dem *Stellenbesetzungsplan* die einzelnen Stelleninhaber erfaßt.

Die *materiellen Teilplanungen* (wie hier für die Stellenplanung oder z.B. für Bildungs-, Lohn- und Gehaltsplanung) stellen die materielle Infrastruktur zur Verfügung. Sie werden in den entsprechenden Kapiteln dieses Buches behandelt, z.B. die Stellen- und Stellenfeldplanung im Kapitel 2.3.

2.2.8.4 Qualitative Bedarfsaspekte

Für die Bedarfsplanung werden die Arbeiter und Angestellten (gröbste qualitative Unterteilung) nach ihrer *Qualifikation* eingeteilt, so daß der qualitative Personalbedarf in der Regel für bestimmte Teilgruppen ermittelt wird.

Kriterien für die Qualifikation sind *Anforderungen.* Vor allem *Stellenbeschreibungen* geben Aufschluß über die an einzelnen Arbeitsplätzen zu leistenden Arbeiten. Daraus lassen sich die jeweiligen Anforderungen an die Arbeitskräfte ableiten. In zunehmendem Maße gewinnt die *Weiterbildungsplanung,* um den Bedarf hinreichender Qualifikation zu decken, an Bedeutung.

2.2.9 Potentialbestimmung bei der Personalbedarfsplanung

2.2.9.1 Die traditionelle Defizitanalyse

Traditionell herrschen bei der Personalbedarfsermittlung Methoden der Defizitanalyse vor. D.h., mit einem Soll-Ist-Vergleich werden fehlende Personen oder fehlende Anforderungen und Eignungen festgestellt. Mit der Personalplanung versucht man daraufhin diese Defizite abzustellen.

So wichtig es ist, Defizite zu beheben, so muß man sich doch darüber im klaren sein, daß Defizite immer im nachhinein festgestellt werden. Was man bei der Personalplanung insbesondere braucht, ist die zukunftsbezogene Feststellung, d.h., daß man Potentiale im Bereich des Personals für die Zukunft sicherstellt. Wenn man ohne strategischen Weitblick Defizite ausmerzt, so kann es vorkommen, daß man sich an der Vergangenheit orientiert, folglich am Bedarf vorbei plant.

Die sogenannten Defizitanalysen betonen den Anforderungsaspekt, der sich von der strategischen Planung herleiten lassen sollte und sind eng verbunden mit der Gestaltung der Personalentwicklung und darüber hinaus mit der Organisationsentwicklung.

2.2.9.2 Möglichkeiten der Eignungsdiagnostik mittels des Assessment-Centers

Der zweite Aspekt richtet sich auf die Instrumente der Eignungsdiagnostik in der betrieblichen Praxis, wobei festzustellen ist, daß es genauso notwendig ist, die Anforderungen vom Arbeitsplatz und der Stelle durch die Arbeitsanalyse und die Stellenbewertung genau zu kennen. So ist es wichtig, die Eignung des Menschen für diesen Arbeitsplatz festzustellen. Die Potentialanalyse bedient sich hier vor allem der Möglichkeiten, die das Assessment-Center bietet.

Mit dem Assessment-Center verbindet sich historisch gesehen in erster Linie die *Auswahl von Spezialisten und Führungskräften* (Potentiale, die durch Auswahl und Beurteilungsveranstaltungen erfahren wurden). Erst in den letzten Jahren gewinnt die *Analyse von Potentialen und individuellen Entwicklungsnotwendigkeiten der vorhandenen Nachwuchskräfte* an Bedeutung (es werden Entwicklungs- und Förderseminare veranstaltet). Die meisten der heute bestehenden Assessment-Center in Deutschland verbinden beide Aspekte miteinander, wie es bereits längere Zeit im angelsächsischen Raum der Fall ist.

Die Ziele, die mit einem Assessment-Center verbunden sind, kann man wie folgt darstellen:

● Auswahl für externe Bewerber und für interne Bewerber.
● Erkennen von Führungspotential oder Potential für Spezialisten, d.h. andere höherwertige Arbeitsplätze. Dies ist die spezielle Potentialanalyse.
● Analyse von Entwicklungs- und Trainingsnotwendigkeiten.
● Erhöhung der sozialen Kompetenz der Beobachter. (Als Beobachter werden Führungskräfte und Psychologen eingesetzt. Die Beobachter, die dort tätig sind, qualifizierten sich durch diese Beobachtung nach einem Schulungsabschnitt durch diese Tätigkeit selbst.)

2.2.9.3 Assessment-Center in der Personalentwicklung

Das Assessment-Center wird auch in der Personalentwicklung für Karrieresysteme eingesetzt, und hier bietet sich die Möglichkeit, mehrstufige Assessment-Center durchzuführen, so z.B. ein Auswahlseminar A, B und weitere Entwicklungsseminare.

Das Auswahlseminar A ist für freiwillige Meldungen oder bestimmte Teilnehmer gedacht. Das Auswahlseminar B ist für den Einsatz auf einem neuen Arbeitsplatz oder zusätzlich für Leute, die Job-Rotation machen, gedacht sowie für Beurteilungen durch Vorgesetzte. Als Teilnehmer kommen vor allem Mitarbeiter aus dem mittleren Management in Frage. Das Entwicklungsseminar hat das Ziel, daß Teilnehmer individuelles Feedback über ihre Stärken und Schwächen in bezug auf höhere Anforderungen erhalten. Die Meldung ist freiwillig und bezieht sich auf den Einsatz auf neuen Arbeitsplätzen bzw. bei zusätzlicher Job-Rotation. Es erfolgt die Beurteilung für die Teilnahme durch die Vorgesetzten.

2.2.9.4 Steigerung der Zuverlässigkeit der Diagnostik

Assessment-Center werden eingerichtet, um den Zuverlässigkeitsgrad der Diagnostik zu steigern und die Schwächen des bisher praktizierten Auswahl- und Bewerbungsprozesses zu beheben. Die Methode beruht auf einem Ansatz, der für die Bewertung des Bewerbers gleichzeitig mehrere Bewerter vorsieht, in der Regel fünf Beurteiler, davon zwei Psychologen und drei Führungskräfte. Die Bewertung bezieht sich auf eine ganze Reihe von verschiedenen Verfahren (mehrere Tests, die als Testbatterie hintereinandergeschaltet werden) mit unterschiedlichen Bewertungstechniken. Es werden Gruppen von 10–15 Kandidaten zusammengestellt, die sich allen Vorgängen und Tests im Programm des Assessment-Centers stellen müssen. Dabei wird insbesondere den *Gruppenausleseverfahren besonderes Gewicht* beigemessen. Der Vorteil des Vorgehens im Assessment-Center liegt darin, daß sie ein größeres Maß von Praxisnähe in den Auswahlprozeß einbringen, aber auch in der Tatsache, daß sie konkret gezeigtes Verhalten messen, und die Dynamik und das Interaktionsgeschehen des Arbeitsplatzes berücksichtigen.

Die *Prinzipien der Assessment-Center-Technik* sind Verhaltensorientierung, Methodenvielfalt, Mehrfachbeurteilung, Anforderungsbezogenheit. Auf der Basis dieser Prinzipien kann man den beiden an sich unterschiedlichen *Zielsetzungen von Auswahl und Entwicklung* Rechnung tragen. Man hat eine Potentialanalyse, die auf die Bewertung mehrerer Beurteiler zurückgeht.

2.2.9.5 Veranschaulichung durch Profile

Die Ergebnisse des Assessment-Centers sowie auch anderer eigener diagnostischer Verfahren kann man sehr praktisch durch ein Fähigkeitsprofil veranschaulichen (vgl. hierzu Abb. 2.4–4). In gleicher Weise wie das Anforderungsprofil die Ergebnisse der Arbeitsplatzbeschreibung oder die Stellenbewertung veranschaulicht, kann durch das *Fähigkeitsprofil* auch das Ergebnisbild eines Assessment-Centers anschaulich dargestellt werden. Ein solches Fähigkeitsprofil sollte allerdings auch durch Bewerbungsunterlagen, Personalbeurteilungen oder Mitarbeitergespräche ergänzt werden, um ein möglichst umfassendes Bild vom Potential des Mitarbeiters zu erhalten.

Durch einen Vergleich des Fähigkeitsprofils eines Mitarbeiters mit dem *Anforderungsprofil* eines bestimmten Arbeitsplatzes oder einer bestimmten Stellenbewertung ergibt sich das *Eignungsprofil* des Mitarbeiters. Dabei kann es grundsätzlich zur Deckung beider Profile kommen oder zu einer *Unter- oder Überdeckung*, die eben eine Unter- oder Überqualifizierung bedeutet.

Zusammenfassend kann man sagen, daß qualitative Aspekte bei der Personalplanung in zunehmendem Maße berücksichtigt werden. Die Bedeutung der Personalentwicklungsplanung kann mittlerweile eine überragende Stellung erreichen. Die Personalplanung hat letztlich darauf zu achten, daß eine bestmögliche Nutzung der Kapazität so gewährleistet ist, daß es weder betriebliche Über- noch Unterbeschäftigung gibt, aber auch keine Über- und Unterforderung in größerem Maße auftritt.

2.2.10 Gestaltungsbereiche der Personalplanung

Die *Personalbedarfsplanung* schafft die Grundlage für die nächsten drei Planungsstufen. Ausgangsgröße für diese Gestaltungsmaßnahmen ist der Netto-Personalbedarf, der sich aus der Ermittlung des zukünftigen Personalbedarfs ergibt.

Die *weiteren Planungsstufen* sind:

- Personalbeschaffungsplanung
- Personalentwicklungsplanung
- Personaleinsatzplanung.

Die Personalbeschaffungsplanung muß heute weitgehend ergänzt werden durch die *Personalfreisetzungsplanung,* da sich häufig ein Personalminderbedarf zeigt. Zum gesamten Gestaltungsbereich der Personalplanung gehört die *Personalkostenplanung.* Ihre Aufgabe ist die Erfassung und Steuerung personeller Aufwendungen, einschließlich ihrer geplanten Veränderungen aufgrund von Personalbestandsveränderungen.

Abb. 2.2 – 9 zeigt in einfacher übersichtlicher Darstellung die Gestaltungsbereiche der Personalplanung mit ihren Einzelplänen sowie den externen Arbeitsmarkteinflüssen und der intern notwendigen Datenbasis hinsichtlich der Unternehmensplanung und der Kosten. Der Personalbedarfsplan als Ausgangspunkt der Planung bis hin zum *Stellenbesetzungsplan* ist deutlich erkenntlich. Lediglich zu ergänzen ist zum *Stellenbesetzungsplan* der *Nachfolgeplan.*

Abb. 2.2 – 10 zeigt abschließend das gesamte Personalplanungssystem mit seinen Gestaltungsbereichen im Zusammenhang mit der Personalpolitik und in Andeutung zu anderen Planungs- und Maßnahmenbereichen. Jeder Bereich ist mit der ihn in der Praxis leitenden Fragestellung versehen.

2.2.11 Zusammenfassung

- Die stürmische Entwicklung in Wirtschaft und Verwaltung ist in zunehmendem Maße auch eine Herausforderung an die Personalplanung. Gemäß dem sog. Dominanzprinzip der Planung, wonach jeweils der Engpaßfaktor den Planungsbereich bestimmt, hatte sich die Personalplanung bisher allen anderen Bereichen anpassen müssen. Dies hat sich in den letzten drei Jahrzehnten gründlich gewandelt. Auf längere Sicht reichen Improvisationen und kurzfristige Ad-hoc-Entscheidungen nicht mehr aus, um den gestiegenen Bedarfsanforderungen insbesondere hinsichtlich der Qualifikation gerecht zu werden.
- Das erhöhte Interesse an Personalplanung in der Öffentlichkeit verringert die Schwierigkeiten, die aus der Ablehnung von Planung einmal deshalb kommen, weil sie hinsichtlich der zentralen Planwirtschaft als systemwidrig angesehen wird, zum anderen aus dem Verständnis, daß man den Menschen und seine Arbeitskraft nicht wie Sachen verplanen kann.
- Die Personalplanung hat zum Ziel, die erfolgreiche Entwicklung des Betriebes in personeller Hinsicht sicherzustellen. Sie soll eine Personal- und Qualifikationsstruktur schaffen, in der für kurz-, mittel- und langfristige Erfordernisse jeweils ausreichend qualifizierte Mitarbeiter zur Verfügung stehen. Der Aufbau langfristiger Erfolgspotentiale im Hinblick auf die Mitarbeiterqualifikation wird immer mehr zur vordringlichen Aufgabe der Personalplanung.
- Die begriffliche Unterscheidung von operativer und strategischer Planung ist auch für die Personalplanung nicht von theoretischer Natur. Sie ist vielmehr für die prak-

tische Organisation hinsichtlich der obersten Entscheidungen der Personalpolitik und für ihre langfristige Effizienz von grundlegender Bedeutung. Eine Abgrenzung der Begriffe ist wichtig; bedeutsamer sind aber die dahinter stehenden Sachverhalte. Es wurde versucht, dies am Beispiel des Fördersystems deutlich zu machen.

- Die Personalplanung ist ein integrierter Bestandteil der Unternehmungsplanung und mit den anderen Unternehmungsplänen abzustimmen. Die Notwendigkeit zeigt sich vor allem darin, daß Maßnahmen in anderen Bereichen der Unternehmungsplanung nur dann realisiert werden können, wenn vom notwendigen Bedarf her je nach Anzahl und Qualifikation das Personal zur Verfügung steht.

- Insgesamt läßt sich Personalplanung in Aufgabengebiete mit individuellem und institutionellem Charakter einteilen. Der individuelle Bereich umfaßt die Aufgaben der Personalführung und liegt beim Vorgesetzten, dem die Personalabteilung mit Serviceleistungen zur Seite steht. Den institutionellen Bereich mit der kollektivistischen Personalplanung nimmt die Personalabteilung wahr. Die Planung der Personalstruktur obliegt zunächst den personalpolitischen Entscheidungen der Unternehmungsleitung.

- Von besonderer Bedeutung ist der Bedarf als Steuergröße für die Personalplanung. Die Planung des Personalbedarfs ist die Nahtstelle zwischen den anderen Unternehmungsplänen und den Personalplänen.
  Dabei ist der Netto-Personalbedarf die Ausgangsgröße für die personalplanerischen Gestaltungsmaßnahmen, die auch als interaktionelle Personalarbeit bezeichnet werden kann.

- Qualitative Aspekte werden in zunehmendem Maße mehr berücksichtigt. Die Bedeutung der Personalentwicklungsplanung hat mittlerweile eine überragende Stellung erreicht.

- Die Potentialbestimmung durch Assessment-Center wird den unterschiedlichen Zielsetzungen von Auswahl und Personalentwicklung mit einer hohen Zuverlässigkeit gerecht.

- Personalplanung hat letztlich darauf zu achten, daß eine bestmögliche Nutzung der Kapazität so gewährleistet ist, daß es weder betriebliche Über- noch Unterbeschäftigung gibt und auch keine Über- und Unterforderung auftritt.

Personalplanung

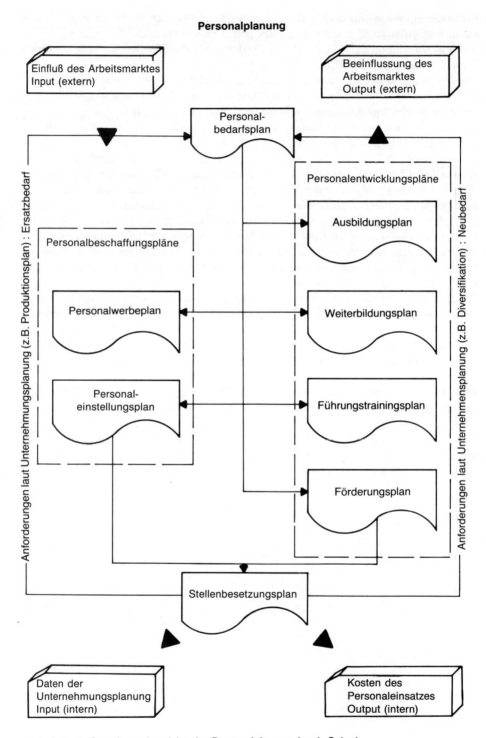

Abb. 2.2 – 9: Gestaltungsbereiche der Personalplanung (nach Sahm)

228

Teilbereiche der Personalplanung

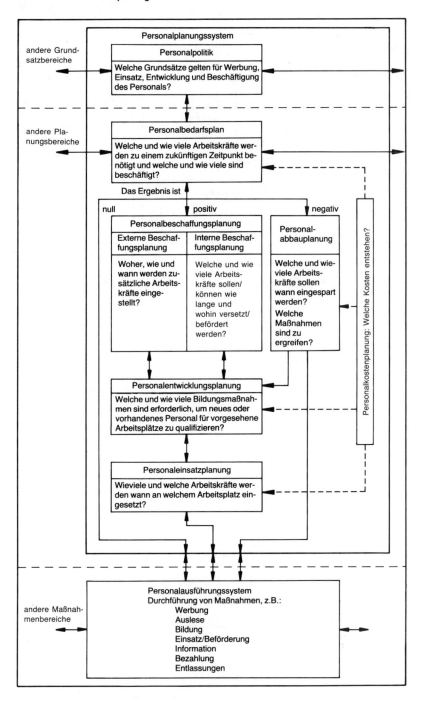

Abb. 2.2 – 10: Teilbereiche der Personalplanung (Quelle: RKW-Handbuch)

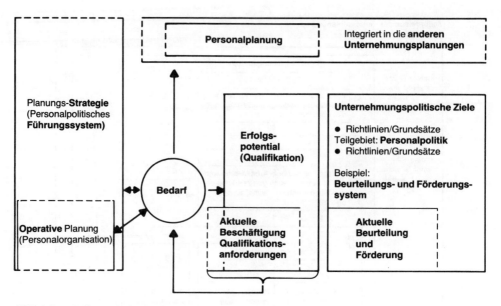

Abb. 2.2 – 11: Strategische Personalplanung mit Beispiel (vgl. Abb. 1.8 – 13; Abb. 2.2 – 2; Abb. 2.4 – 1)

2.3 Mitarbeiter und Organisation – Systemgestaltung und -verwaltung

2.3.1 Personalpolitik und Personalorganisation

Die Personalorganisation hat die Aufgabe, generell Voraussetzungen für eine effektive Personalarbeit in allen Teilbereichen der Organisation zu schaffen. Hierbei handelt es sich in erster Linie darum, daß organisatorisch der Apparat zur Verfügung gestellt wird, der für die Personalarbeit nötig ist. Von der *Zielvorgabe der Personalpolitik* durch Unternehmensrichtlinien und den personalpolitischen Richtlinien hängen weitgehend Zielsetzung und Aufgabenstellung der Personalorganisation ab. Dabei ist nicht zu übersehen, daß auch *Richtlinien der gesellschaftlichen Verfassung,* insbesondere durch das Betriebsverfassungsgesetz, und Einflüsse grundsätzlicher Art berücksichtigt werden müssen.

Die Personalpolitik entscheidet über die organisatorische Einordnung und Eingliederung des Personals und legt fest, an welcher Stelle der Organisation das Personalwesen steht. Personalpolitische Regelungen sind vor allem dort wichtig, wo es um Gestaltungsprobleme im Rahmen der *Organisation von zentralen und dezentralen Aufgabenwahrnehmungen* innerhalb der Personalarbeit geht. So sind die Aufgaben der Personalführung, wie die fachliche und soziale Eingliederung neu eingestellter bzw. versetzter Mitarbeiter sowie die Arbeitsverteilung, Aufgaben des Vorgesetzten, die nicht zentralisierungsfähig sind. Dennoch sollten sie grundsätzlich einheitlich gehandhabt werden, womit personalpolitische Richtlinien und eine entsprechende Beratung durch die Personalabteilung nötig sind. Dies gilt in gleicher Weise für Aufgaben, die in Kooperation zwischen den Vorgesetzten und einer Stelle der Personalabteilung abgewickelt werden. Solche beschränkt *zentralisierungsfähigen Aufgaben* sind z.B. Auswahlvorgänge beim Personaleinsatz sowie bei Entscheidungen bei der Lohn- und Gehaltsgestaltung.

Diese Kennzeichnung der Aufgabenwahrnehmung zeigt sehr deutlich, daß die *individuelle Gestaltung der Personalarbeit* wesentlich *in der Verantwortung des Vorgesetzten* liegt. Darüber hinaus gibt es viele Personalaufgaben, die nur zentral wahrgenommen werden können. Einmal weil sie routinemäßig zu Aufgaben der Personalbetreuung und Personalverwaltung zählen (z.B. Lohn und Gehalt, Abrechnung und Auszahlung), zum anderen sind es Aufgaben, die sich auf das Personal insgesamt oder auf größere Mitarbeitergruppen, also auf Kollektive beziehen. Solche *kollektivistischen Personalaufgaben,* die von der Bereitstellung einfacher Arbeitsmittel in der Büroorganisation bis hin zu personalpolitischen Grundsatzentscheidungen reichen, können nur zentral wahrgenommen werden. Sie sind jeweils in Zusammenarbeit mit dem Betriebsrat zu regeln.

2.3.2 Begriff, Ziele und Grundfaktoren der Personalorganisation

Begrifflich läßt sich die Organisation als Teilbereich und Subsystem der Unternehmung als ein *soziotechnisches System* begreifen. Abb. 2.3 – 1 verdeutlicht die Systemelemente Ziele/Aufgaben sowie Personen/Gruppen und Sachmittel/Arbeitstechniken als Kern der Organisation, die in die Unternehmensorganisation/Unternehmensführung sowie die soziale und technologische Umwelt integriert sind. Diese Verknüpfungen zum Umsystem und ihre Beziehungen zueinander gelten sowohl für Betriebe in der gewerblichen Wirtschaft wie in der öffentlichen Verwaltung.

Die *traditionellen Vorstellungen der Organisationslehre* stellen die *Aufgabe in den Mittelpunkt*. Die Gesamtaufgabe der Unternehmung ist demnach entsprechend bestimmter Prinzipien mehrfach zu gliedern, die sich daraus ergebenden Aufgabenkomplexe sind den Aufgabenträgern bzw. Stelleninhabern zuzuordnen. Kriterien für die Auswahl und den Einsatz des Personals sind spezifische Anforderungen, die es erfüllen soll.

Der Begriff „Personalorganisation" stellt das Element „Person/Gruppe", worauf sich die organisatorischen Gestaltungsvorgänge richten, in den Mittelpunkt. Die Differenzie-

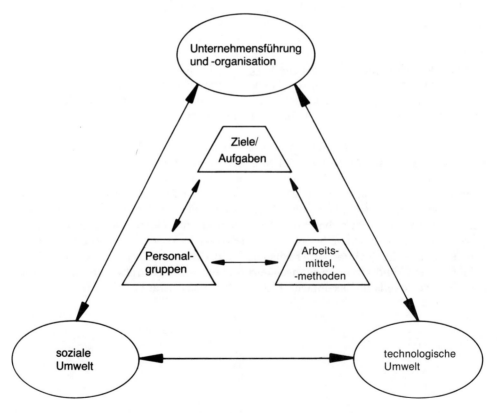

Abb. 2.3 – 1: Grundschema für eine systemorientierte Personalorganisation (nach Staehle, R., 1975, S. 1603)

rung von Zielen und Aufgaben und ihre Integration in das wirtschaftliche Gesamtgeschehen des Betriebes sind der Kern dessen, worauf sich die Lehre von der Personalorganisation in ihren Erkenntnissen, Konzepten und Empfehlungen richtet. Die Eingliederung des Mitarbeiters mit seinen persönlichen Zielen, besonderen Fähigkeiten und Fertigkeiten in das soziotechnische System der Unternehmung ist besonderer Gegenstand der Personalorganisation. *Sie umfaßt damit i.w.S. den Bereich der Gestaltung der Aufbauorganisation sowie auch spezifische Probleme der organisatorischen Gestaltung des funktionalen Ablaufs von Arbeitsprozessen an einzelnen Arbeitsplätzen sowie deren Kommunikation. Im engeren Sinne ist die Gestaltung des Personalbereiches gemeint, d.h. die funktionale Gliederung des Personalressorts sowie seine hierarchische Einordnung in die Organisationsstruktur der Unternehmungen.*

Unabhängig von der Vergrößerung der Aufgaben der Planung und Gestaltung durch die Unternehmensführung kommt es zu einem Zuwachs der Aufgaben der Personalführung und der Personalverwaltung, insbesondere aber derer der Personalentwicklung. Dies hat eine fortschreitende Institutionalisierung des Personalwesens zur Folge, die sich in einer Ausweitung der Personalarbeit insgesamt und in einer zunehmenden Professionalisierung (d.h., auch im Personalbereich werden immer mehr Spezialisten für einzelne Funktionen und Aufgaben notwendig) niederschlägt.

2.3.3 Die Gestaltung der strukturbestimmten Personalorganisation

Die *Aufgabenkomplexe*, um die es im Rahmen *der strukturbedingten Personalorganisation* geht, sind

- die Bestimmung der Arbeits-, Leistungs- und Führungsstrukturen und
- die Festlegung der Aufbauorganisation und der Kommunikationsstruktur.

2.3.3.1 Die Bestimmung der Arbeits- und Leistungsstruktur

Wie aus Abb. 2.2 – 10 ersichtlich ist, gehört die Bestimmung von Arbeit und Leistung zu den wichtigsten Grundsätzen, mit denen sich das personalpolitische Führungssystem auseinandersetzen muß.

Die *Zweckmäßigkeit dieser Grundsätze* wird offensichtlich von konkreten Voraussetzungen bestimmt. Sie hängen von der Betriebsgröße, den Eigenheiten des Wirtschaftszweiges und der Branche, der Art der Aufgabe, den Rangstufen der einzelnen Mitarbeiter, vor allem aber vom Mechanisierungs- und Automatisierungsgrad des Betriebes ab. Für die Bestimmung der Struktur von Arbeit und Leistung sind zunächst die Aufgaben wesentlich, die zu erfüllen sind, um die verschiedenen Ziele des betrieblichen Gesamtsystems zu erreichen. Sie bilden die Grundlage der Personalorganisation und bestimmen die Gestaltung des Arbeitsplatzes, seine Anforderungen und letztlich auch das Ergebnis.

Somit sind die *wichtigsten Determinanten für den Arbeits- und Leistungsvollzug*

- die Arbeitsaufgabe
- die Stelle/der Arbeitsplatz

- die Anforderungen bzw. Beanspruchung/Leistungspotential
- das Arbeitsergebnis.

Sie sind zugleich die wichtigsten organisatorischen Ansatzpunkte für die Erstellung des Leistungsergebnisses.

Zur Bestimmung der Arbeits- und Leistungsstruktur sind Aufgaben der Arbeitsanalyse, der Arbeitsgestaltung/Arbeitsstrukturierung und der Arbeits- und Leistungsbewertung vorzunehmen. Hier soll nur ein Überblick über die wichtigsten Aspekte gegeben werden, die die Arbeit und Leistung bestimmen; dabei ist jeweils zu berücksichtigen, daß darüber hinaus die Führungsstruktur und das Führungsverhalten wesentlichen Einfluß nehmen.

a) Kennzeichnung der Arbeitsanalyse

Die Arbeitsanalyse kennzeichnet Verfahren, die die Arbeitssituation erfassen. Sie befaßt sich zunächst mit dem *Arbeitsinhalt.* Dieser Arbeitsinhalt gliedert sich nach *Arbeitsobjekten* und *Arbeitsverrichtung.* Vornehmliche Aufgabe der Arbeitsanalyse ist es, zum Zwecke der Anforderungsanalyse gegebene Tätigkeiten in geeigneter Weise für die gestalterischen Maßnahmen von der Gesamtaufgabe über ihre Teilaufgaben bis hin zu den Aufgabenelementen aufzugliedern.

Als zwei total verschiedene Analyseansätze im Prozeß der Arbeitsanalyse sind zu unterscheiden:

▶ *Tätigkeitsanalyse der objektiven Bedingungen* und Anforderungen der Arbeitssituation mit ihren technologischen/organisatorischen Arbeitsinhalten.
▶ *Personenorientierte Analysen,* welche sich auf das Verhalten der arbeitenden Personen und ihr Handeln in der mittelbaren und unmittelbaren Arbeitssituation beziehen. Dabei wird versucht, motivationsfördernde Elemente der Arbeit zu ermitteln, wobei Kontaktmöglichkeiten, Abwechslungsreichtum, Dispositionsspielraum etc. bedeutsam sind.

Die Entwicklung von Verfahren, mit Hilfe derer man über die Beschreibung des rein äußerlichen Verfahrens zu den ihm zugrundeliegenden psychologischen Regulationsgrundlagen kommt, steckt noch in den Anfängen.

Allgemein läßt sich sagen, daß eine *Arbeitsanalyse* eine genaue *Studie der verschiedenen Anforderungen und Komponenten der zu verrichtenden Arbeit* ist, die sich mit den *Arbeitsbedingungen, Arbeitsmotivationen* und der entsprechenden *individuellen Qualifikation* befaßt.

Als wichtige *Formen der Arbeitsanalyse* sind zu unterscheiden:

- Arbeitsplatzanalyse
- Tätigkeitsanalyse
- Aufgabenanalyse
- Anforderungsanalyse.

Bei der *Arbeitsplatzanalyse* ist zunächst die Tätigkeit und Handlung der jeweiligen Person, sodann die Verrichtungs- und Objektorientierung des Arbeitsplatzes, die man auch im Zusammenhang mit Personen Stelle oder Position nennt, zu beachten. Die Arbeitsbedingungen eines Arbeitsplatzes sind meist nicht aufgabenspezifisch. Sie sind als Umgebungseinflüsse wie z.B. Beleuchtung, Lärm, Klima, mechanische Schwingungen etc. zu betrachten.

Ausgangspunkt der Aufgabenanalyse ist die Unterscheidung nach *Aufgabenfunktion, Aufgabeninhalt, Aufgabenbedingungen* und *Übungsgrad.* Die Methoden sind arbeitswissenschaftlicher Natur. Sie sind den organisatorischen Bemühungen der Stellenbildung zugrunde zu legen. Für die richtige Einordnung des Menschen in den Betrieb haben sie elementare Bedeutung. Dies gilt vor allem für den Inhalt der Stellenbeschreibungen. Allerdings stößt die Arbeitsanalyse hinsichtlich Kreativität, Leitungs- und Führungsaufgaben auf erhebliche *Schwierigkeiten,* wenn nicht gar an Grenzen. Dies wirkt sich auf die Planung und Festlegung der Stellen und Stellenumfelder = *Stellenbildung* aus, die nun etwas näher betrachtet werden soll.

In der Personalorganisation kennzeichnet die Stellenbildung den *Funktionsbereich, der dem einzelnen mit fest umrissenem Aufgabengebiet zukommt.* Die Stellenbildung kommt zum Ausdruck in der Stellenbeschreibung und der Einordnung in das Stellenumfeld. Allgemein ausgedrückt erwartet jeder Mitarbeiter, daß es eine Ordnung im Betrieb gibt, in der er seinen Platz, seine Stelle hat. Er möchte auch wissen, was man dort von ihm erwartet und welche Erwartungen er an die anderen, insbesondere an seine Vorgesetzten und Mitarbeiter zu hegen hat.

Die *Richtlinien und Grundsätze zur Stellenbildung und Stellenbeschreibung* zu formulieren und in die Personalpolitik zu integrieren ist eine bedeutsame *Aufgabe der Unternehmungsleitung. Aufgabe der Personalplanung* ist es, ein entsprechendes Instrumentarium für die Einordnung der Mitarbeiter im Betrieb, die *Stellengestaltung,* zu erstellen. Dies geschieht in der

▶ Stellenplanung,
▶ Stellenbeschreibung,
▶ Stellenausstattung.

Bei der Festlegung der *Stellenplanung* sollten berücksichtigt werden:

● die Arbeitsbereiche
● die Arbeitsmengen (bzw. Führungs- und Kontrollspannen)
● die Befugnisse
● die Bezeichnungen (auch Statussymbole)
● die Vergütung und die sonstige Ausstattung
● die Arbeitsabläufe.

Stellenplanung und *Stellenausstattung* müssen sich ergänzen. Dies geschieht in der entsprechenden Zuordnung von Arbeitsplätzen zu den Stellen, durch Festlegung der Ausstattung und des Arbeitsablaufs am Arbeitsplatz (mittels Arbeitsanweisungen).

Über die Stellenplanung gibt der *Stellenplan* mit den entsprechenden Stellenbeschreibungen detaillierte Auskunft. Dagegen zeigt sich die allgemeine Einordung der Stellen in Organisationsplänen mit Gliederungsschaubildern in Art von Organigrammen.

Die *Stellengestaltung* sollte nicht nur im Hinblick auf die innerbetriebliche Einordnung her verstanden werden, sondern *im Sinne eines Personalmarketing* als ein Produkt angesehen werden, das man auch nach außen „verkaufen" kann. So sollten die Stellen nicht nur inhaltlich präzise und praktikabel, sondern auch formal ansprechend beschrieben sein.

Der *Stellenbeschreibung* kommt deshalb eine besondere Bedeutung zu. Sie bei der Planung *dynamisch zu handhaben* ist notwendig, wenngleich dies auch mit erheblichen Schwierigkeiten verbunden ist. Vielfach verzichtet man auch auf ausführliche Stellenbeschreibungen und beschränkt sich auf *Anforderungsprofile* (meist sogar nur in Grobdarstellungen), die Kernstück der Aufgabenkennzeichnung der Stellenbeschreibung sind, welche ihrerseits Zentrum der Stellenbeschreibung ist.

b) Anforderungsanalyse

Die Anforderungsanalyse dient der Feststellung und Bewertung der Anforderungen, die eine Tätigkeit an einen arbeitenden Menschen stellt. Sie ist *Kern der Arbeitsbewertung* (häufig auch *Stellenbewertung* genannt). Weitere *Grundlagen* der Arbeitsbewertung sind die Arbeitsanalyse und die Stellenbeschreibung. Die Arbeitsbewertung ist wiederum *Grundlage der Leistungsbewertung.*

b1) Summarische und analytische Vorgehensweise

Die *Arbeitsbewertung* untersucht das Arbeitsobjekt (Tätigkeit, Arbeitsaufgabe, Arbeitsbereich) von seinen Anforderungen her. Die *Leistungsbewertung* hat darüber hinaus das Ziel festzustellen, wie die Arbeitsaufgabe durch das Leistungsverhalten des Menschen als Arbeitssubjekt bewältigt wird.

Für die Arbeitsbewertung gibt es grundsätzlich zwei methodische Verfahren:

▶ *die summarische Methode,* bei der alle Anforderungen global als Einheit gewertet werden
▶ *die analytische Methode,* bei der jede Anforderungsart für sich gewertet wird.

Die beiden Darstellungen a) und b) in Abb. 2.3 – 2 verdeutlichen den grundlegenden Unterschied der beiden Methoden, die man jeweils in drei Hauptkriterien, die auch die Verfahren kennzeichnen, einteilen kann:

● *summarische Methode*
  1. Eine Bewertung wird nach den Tätigkeitsmerkmalen durchgeführt oder erfolgt durch den Gesamtvergleich der Anforderungsstruktur der Stelle.
  2. Die Bewertungsmethode ist *global, ohne Höhe und Intensität der Merkmale festzustellen.*
  3. Im Bewertungsverfahren vollziehen sich Eingruppierung oder Aufstellung einer Rangfolge entsprechend der Gesamtschwierigkeit der Stelle.
● *analytische Methode*
  1. Eine Bewertung wird nach konkret definierten Anforderungsarten vorgenommen, die voneinander abgegrenzt und gestuft sind.

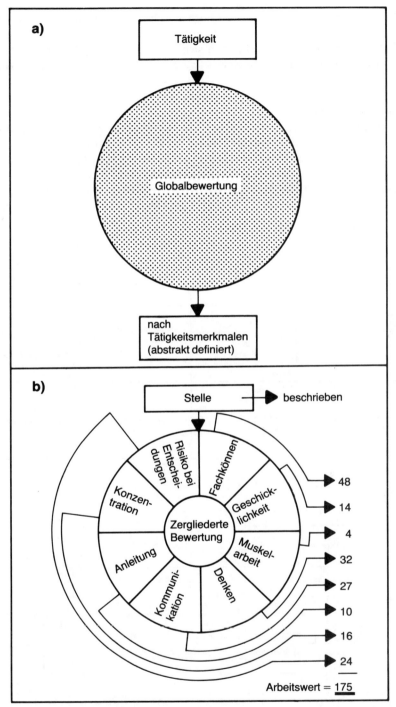

Abb. 2.3 – 2: Verdeutlichung des grundlegenden Unterschieds der summarischen und der analytischen Methode

(Quellen: Bieding 1979, 37; nach Heidack 1983, S. 162)

2. Die Bewertung wird in zergliederter Form durchgeführt, indem *jede Anforderungsart einzeln analysiert und bewertet wird.*

3. Die Bewertungsverfahren vollziehen sich durch Punktvergabe (vgl. Abb. 2.3 – 2 Bild b) oder durch Aufstellen einer Rangreihe nach der Schwierigkeit je Anforderungsart.

b2) Anforderungsarten

Bei den meisten analytischen Verfahren der Arbeitsbewertung geht man von bestimmten Anforderungsarten aus. Auf der internationalen Arbeitsbewertungskonferenz in Genf 1950 wurden im sog. ,,*Genfer Schema*'' vier Anforderungsarten vorgeschlagen: *Können, Belastung, Verantwortung und Arbeitsbedingungen,* wobei die beiden ersten *nach geistigen und körperlichen Anforderungen* unterschieden werden können. Somit lassen sich sechs Anforderungsarten ableiten. Abb. 2.3 – 3 gibt das Genfer Schema im Vergleich mit dem

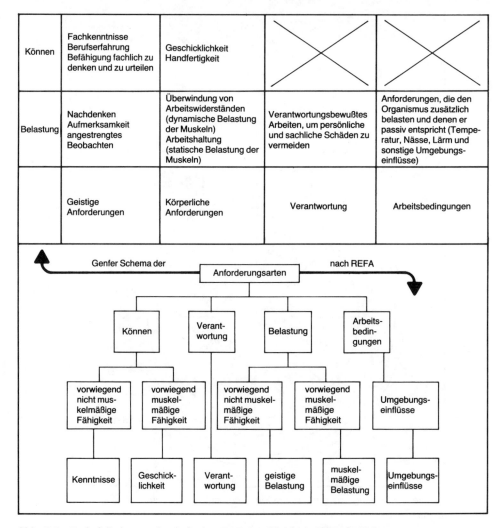

Abb. 2.3 – 3: Aufgliederung der Anforderungsarten (Heidack 1983, S. 164)

238

etwas differenzierteren REFA-*Schema* wieder (vgl. hierzu auch die Ausführungen in Kapitel 2.5).

Zur Veranschaulichung der Ergebnisse der Bewertung dienen *Anforderungsprofile*. Sie sind eine nützliche Hilfe bei der Stellenbesetzung und der Zuordnung zu bestimmten Arbeitsplätzen.

b3) Leistungsmerkmale

Die Leistungsbewertung baut auf der Arbeitsbewertung auf. Im Gegensatz zur Arbeitsbewertung gibt es *kein allgemeingültiges Merkmalsschema*. Der Leistungsbegriff hat je nach seiner physikalischen, juristischen oder wirtschaftlichen Verwendung eine andere Bedeutung. Der arbeitswissenschaftliche Begriff geht hinsichtlich der wirtschaftlichen *Leistung* davon aus, daß *sie eine Anstrengung eines oder mehrerer Menschen ist, die ein bestimmtes Ergebnis oder einen bestimmten Erfolg erreichen.*

Die beiden Hauptkriterien sind

- die Sachleistung als quantitatives oder qualitatives Arbeitsergebnis
- das Arbeitsverhalten bei der Arbeitsausführung.

Die Bestimmungsgrößen der menschlichen Leistung in ihren verschiedenen Komponenten zeigt das Schema zu den Grundlagen des Leistungsangebots in Abb. 2.3 – 4.

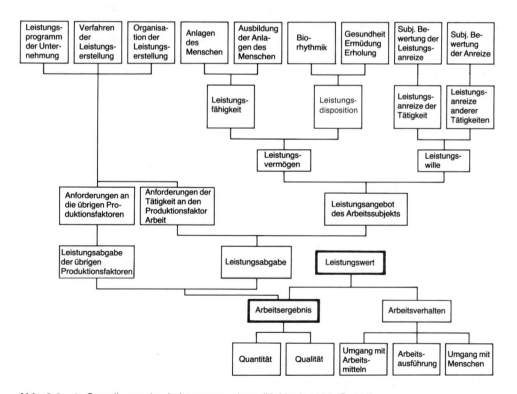

Abb. 2.3 – 4: Grundlagen des Leistungsangebots (Heidack 1983, S. 165)

Für die Bewertung können als *Bezugsgrundlagen bei der Ermittlung von Ausgangsdaten* dienen:

- Stellenbeschreibung
- Anforderungsprofile
- Zielvorgaben.

Maßstäbe der Bewertung sind Leistungsstufen, die – entsprechend dem Notensystem oder Wertskalen – nach Rangreihen gebildet werden können.

Die *Verfahren* bei der Leistungsbewertung können wie bei der Arbeitsbewertung nach summarischen und analytischen Vorgehensweisen unterschieden werden.

c) Stellenbeschreibung

c1) Kennzeichnung
Eine *Stelle* ist die kleinste betriebliche Funktionseinheit mit einem festen Aufgabenge-biet, das von einer Person wahrgenommen wird. Dagegen spricht man von einer *Position,* wenn einer Stelle als Komplex von versachlichten Aufgaben in der Betriebsorgani-sation ein bestimmter Platz zugewiesen ist. Jede Position hat eine bestimmte Wertschät-zung für den möglichen Stelleninhaber, die man *Status* nennt.

Eine *Stellenbeschreibung* ist eine in einheitlicher Form niedergelegte, verbindliche, schrift-liche Festlegung von allen mit einer Stelle verbundenen Aufgaben und Befugnissen, ih-ren Anforderungen, der Ausstattung sowie ihrer Einordnung in den Gesamtbetrieb. Der festgelegte Inhalt bezieht sich auf die Organisationseinheit Stelle und nicht auf den je-weiligen Stelleninhaber.

Weitere Bezeichnungen für Stellenbeschreibungen sind ,,Funktionsbeschreibung'', ,,Po-sitionsbeschreibung'', oder auch ,,Job-description''.

Die Stellenbeschreibungen knüpfen an die bestehenden organisatorischen *IST-Gliederungen* an. Sie beschreiben einen Zustand gemäß den Festlegungen in den Arbeitsanweisungen und Richtlinien, in denen die *SOLL-Vorstellungen* für die Stellenbeschreibung angege-ben sind. In den Erhebungen und Interviews zur Festlegung des Inhalts der Stellenbe-schreibung sollen die Stelleninhaber zu beidem befragt werden. Die entsprechenden An-weisungen und Richtlinien bleiben neben den Stellenbeschreibungen gültig. Stellenbeschrei-bungen sind ein Teil des unternehmerischen Gesamtsystems von Führungs-, Organisations- und Personalinformationsinstrumenten. Sie hängen mit anderen Teilsystemen eng zusam-men, wie z.B. Organigrammen, Arbeitsanweisungen, Beurteilungs- und Förderungswe-sen und der Bildungskonzeption.

Die Stellenbeschreibung *legt in ihren Regelungen* insbesondere *fest:*

- Aufgaben, Kompetenz (Befugnisse) und Verantwortung: *Aufgabenbild*
- die Einordnung in die Instanzen: *Instanzenbild*
- die Kommunikation, auch außerhalb der Instanzeninformationswege: *Kommunika-tionsbild*

- die Anforderungen an den Stelleninhaber und Bewertungsmerkmale für die Stelle: *Stellenbesetzungsbild (Anforderungsprofil*, vgl. Abb. 2.4 – 4).

c2) Zielsetzung

Die *Ziele,* die mit den Stellenbeschreibungen verbunden sind, ergeben sich aus der festgelegten Aufgabe. Im einzelnen zielen sie darauf ab:

▶ für die formelle Organisation die Einordnung der Stellen einschließlich der Unterstellungs- und Stellvertretungsverhältnisse erkennen zu lassen

▶ für sämtliche Mitarbeiter und Führungskräfte die ihnen übertragenen Aufgaben und dazugehörigen Befugnisse festzulegen und gegeneinander abzugrenzen

▶ die Anforderungen, die für die Erfüllung der Aufgaben notwendig sind, z.B. Ausbildung, Berufserfahrung, Kenntnisse, Fähigkeiten und Fertigkeiten, aufzuzählen

▶ den objektiven Rahmen für Gehaltsfindung, für Vollmachten und Beförderung, der mit der Stelle verbunden ist, anzugeben.

Zur *Verwirklichung weiterreichender Ziele* tragen die Stellenbeschreibungen darüber hinaus dadurch bei, daß sie

- wichtige Angaben für die betriebsorganisatorisch zweckmäßige Gliederung von Aufgaben und ihrer Zuordnung zu Stellen liefern,
- Grundinformationen für die Personalbedarfs-, Personalentwicklungs- und Personalkostenplanung bereitstellen,
- einen Rahmen für die Mitarbeiterbeurteilung bieten,
- für betriebliche Bildungsmaßnahmen und für eigene Fort- und Weiterbildungsinitiativen der Mitarbeiter Anhaltspunkte liefern,
- gemäß § 81 BetrVG über Aufgabe und Verantwortungsart der Tätigkeit der Mitarbeiter und ihre Einordnung in den Arbeitsablauf des Betriebes unterrichten.

c3) Inhaltliche Merkmale

Der *Formularkopf* der Stellenbeschreibung soll die Struktureinheit (Sammelbegriff für alle personalorganisatorischen Einheiten wie Gruppe, Abt., Hauptabt., Bereich etc.) und die Stellenart (Bezeichnung für alle Stellen, die im Prinzip gleiche oder ähnliche Aufgabenkombinationen haben) mit jeweils einer Nummer kennzeichnen. Ferner soll er eine Stellenbeschreibungsnummer als Ordnungsbegriff für jeden einzelnen Mitarbeiter enthalten.

Die „*Allgemeinen Angaben*" werden erst ab Strukturebene „Gruppe" in die Stellenbeschreibung aufgenommen. Sie beschreiben die Unter- und Überstellung (Berichtsweg) und die Stellvertretung.

Die *Unter-/Überstellung* umfaßt das disziplinarische und das fachliche Vorgesetztenverhältnis. Ergänzungen und Abweichungen von diesem Grundsatz sind besonders erwähnt.

Unter *Stellvertretung* (aktiver und passiver Stellvertretung) werden die beteiligten Stellen, nicht die Stelleninhaber benannt. Aussagen zu Art und Umfang der Stellvertretung sind zusätzlich möglich. Im übrigen gelten die hierfür bestehenden Richtlinien.

Aufgaben: Die Stellenbeschreibungen zählen *nur die charakteristischen Aufgaben,* nicht alle Einzeltätigkeiten der Stelle auf. Sie regeln nicht die Arbeitsabläufe; das geschieht verbindlich in Arbeitsanweisungen.

Die Stellenbeschreibungen enthalten nur Aufgaben, die vom Stelleninhaber *regelmäßig auszuführen* sind. Regelmäßigkeit in diesem Sinne liegt auch vor, wenn bestimmte gewichtige Aufgaben zwar nicht ständig vorkommen, bei ihrem Auftreten aber von den Stelleninhabern erledigt werden.

Die Aufgaben sind *grundsätzlich* vom Stelleninhaber *selbständig wahrzunehmen.* Ausgenommen sind vorlagepflichtige und außergewöhnliche Fälle laut interner Arbeitsanweisung. Dem Grundsatz zur selbständigen Erfüllung von Aufgaben entspricht es, daß ein Vorgesetzter nur im Rahmen seiner eigenen Aufgaben und Ziele in die Aufgaben seiner Mitarbeiter eingreift, z.B. zu Kontrollzwecken.

Ziel und Hauptaufgabe: Dieser Teil nennt den Aufgabenbereich der jeweiligen Stelle im Gesamtüberblick, wie er sich aus den Einzelaufgaben ergibt. Hierzu gehören u.U. auch Hinweise auf den Schwierigkeitsgrad der zu erledigenden Aufgaben.

Einzelaufgaben (Fachaufgaben): Die Reihenfolge der Einzelaufgaben berücksichtigt nach Möglichkeit sachliche Zusammenhänge; sie entspricht also nicht unbedingt dem Arbeitsablauf. Ebensowenig drückt sie eine Gewichtung nach dem mengenmäßigen Anfall der einzelnen Aufgaben aus.

Die Einzelaufgaben sind weitgehend nach materiellen Kriterien und nicht nach formellen Arbeitsvorgängen formuliert. Sie lassen erkennen, welchen Anteil eine Stellenart am gesamten Arbeitsprozeß hat (z.B. ,,prüft. . .‘‘, ,,bereitet. . . vor‘‘, ,,entscheidet. . ..‘‘). Soweit materielle Kriterien fehlen (z.B. ,,bearbeitet. . .‘‘, ,,führt. . durch‘‘), kann sich der Anteil am Arbeitsprozeß aus den einzelnen Arbeitsanweisungen ergeben. Ausschließlich formelle Tätigkeiten, die normalerweise zur Durchführung der Einzelaufgaben erforderlich sind, werden im Regelfall nicht genannt (z.B. Schriftwechsel, Dateneingaben, Buchungen, Fehlerkorrekturen). Eine Ausnahme von dieser Regel ist möglich, wenn die betreffende Tätigkeit einen wesentlichen Anteil an den gesamten Arbeiten der betreffenden Stelle einnimmt oder wenn ihre Erledigung spezielle Kenntisse oder Fähigkeiten von den Stelleninhabern erfordert.

Die Formulierung der Einzelaufgabe allein läßt noch keine zuverlässigen Rückschlüsse auf den Schwierigkeitsgrad zu. Hierzu sind zusätzlich ,,Ziel und Hauptaufgabe‘‘ sowie ,,Struktureinheit‘‘ der betreffenden Stellenart zu beachten, die für die jeweiligen Stellen charakteristisch sind.

Zum Aufgabenbereich eines Stelleninhabers gehören zusätzlich weitere *Aufgaben, die bei allen Stellen vorkommen.* Hierzu zählen:

- gegenseitige Unterstützung
- wechselseitige Information
- Abstimmung und Koordination mit allen Stellen, die von den Einzelaufgaben betroffen sind

- Kontrolle der eigenen Arbeitsergebnisse
- Ausführung bestimmter bürotechnischer Aufgaben, soweit sie (lt. Arbeitsanweisung z.B.) zur Einzelaufgabe gehören und nicht Aufgabe einer anderen Stelle sind.

Sonderaufgaben: Die Stellenbeschreibungen enthalten nur Aufgaben, die im Normalfall mit den Stellen verbunden sind.

In Ausnahmefällen können dem Stelleninhaber innerhalb seines Stellenziels sachlich und zeitlich begrenzte Sonderaufgaben übertragen werden. Dies gilt z.B. bei neu entstehenden Aufgaben, bei vorübergehenden Arbeitsverlagerungen und bei Aufgaben, die Mitarbeitern im Rahmen der Personalentwicklung (Entwicklung in Richtung auf eine andere Stellenart) übertragen werden. Eine Sonderaufgabe liegt auch vor, wenn ein Stelleninhaber bei der Anleitung und Einweisung neuer Mitarbeiter mitwirkt.

Häufigkeit und Abgrenzung: Welche Stellenarten in einer Strukturebene vorkommen können, ist aus den Gliederungsschaubildern zu ersehen. Die *Häufigkeit* der einzelnen Stellenarten je Struktureinheit auf der Ebene ,,Sachbearbeitung'' wird nicht vorgegeben.

Kommt die gleiche Stellenart innerhalb einer Struktureinheit mehrfach vor, so werden die Aufgabengebiete zwischen den Stelleninhabern wie bisher nach Endziffern, regional oder in ähnlicher Weise abgegrenzt.

Welche Stellenart ein Mitarbeiter erhält, richtet sich nach den Aufgaben, die er normalerweise regelmäßig und selbständig wahrnimmt. Diese *Zuordnung* ist variabel und wird von Zeit zu Zeit überprüft. Im Rahmen der Aufgabenerweiterung kann ein Mitarbeiter im Einvernehmen mit seinem Vorgesetzten die Voraussetzungen für die Zuordnung zu einer anderen Stellenart schaffen. Hierbei übernimmt er zur eigenen fachlichen Entwicklung fallweise auch Aufgaben einer anderen Stellenart.

d) Arbeitsgestaltung und Arbeitsstrukturierung
Die Arbeitsanalyse befaßt sich elementar mit der Verrichtung einer Arbeitstätigkeit. Die *Arbeitsgestaltung* und *Arbeitsstrukturierung* dagegen umfassen folgende drei Aspekte:

- *ergonomische/arbeitsphysiologische Aspekte,* um äußere Arbeitsbedingungen zu verbessern, z.B. Lärm, Sitzposition etc.
- *organisatorische Aspekte,* Aufgabengliederung und Bildung, Spezialisierung und *Rationalisierung* sowie Arbeitsstrukturierung im Rahmen der *Humanisierung* des Arbeitslebens
- *systemtheoretische Aspekte,* wobei Mensch-Maschine-Systeme der Arbeitsorganisation, Mechanisierung und Automatisierung im Mittelpunkt der systemanalytischen, kybernetischen Betrachtungsweisen stehen.

Da an vielen Stellen dieses Buches bereits auf die Gesamtproblematik eingegangen wird, beschränkt sich der Beitrag *hier lediglich* auf einen kurzen Hinweis und Überblick über die *Möglichkeiten der Arbeitsstrukturierung, soweit sie die Personalorganisation direkt betrifft.*

Sowohl bei der Arbeitsgestaltung wie bei der Arbeitsstrukturierung gibt es die beiden Ansätze der *„äußeren"* und er *„inneren" Humanisierung* (Sahm). Die „innere Humanisierung" betrifft das Führungsverhalten. Was die Arbeitsstrukturierung angeht, geht es bei der Führungs- und Leitungsstruktur um die *Delegation*. Vom Organisationsprinzip her ist dort die Frage der *Zentralisation/Dezentralisation* angesprochen, die auf der Ebene der Arbeitsorganisation der *Arbeitsfeldverkleinerung/Arbeitsfeldvergrößerung* entspricht. Der Rationalisierungstendenz kleinerer Arbeitsfelder steht die Humanisierungstendenz zur motivationsbezogenen Vergrößerung der Arbeitsfelder gegenüber, wie es das Schema in Abb. 2.3 – 5 verdeutlicht.

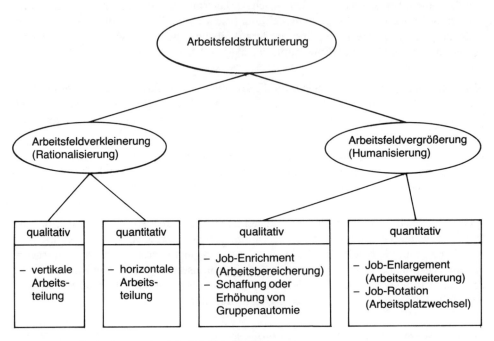

Abb. 2.3 – 5: Grundformen der Arbeitsfeldstrukturierung

2.3.3.2 Hinweise zur Gestaltung von Führungsstrukturen

Die Gestaltung von Führungsstrukturen hat wesentlich mit *Verteilung von Macht* und davon abgeleitet mit *Kompetenzen und Befugnissen* zu tun. Ausführlich wird in Kapitel 2.1 diese Problematik dargestellt, und Einzelheiten des Führungsverhaltens und der Gestaltung von Führungsstrukturen werden anhand von Konzepten und Modellen dargestellt. Insgesamt geht die Gestaltung von Führungsstrukturen vom Management als unternehmerische Gesamtfunktion aus. *Management heißt Leiten und Führen.* Management kennzeichnet die Funktion der Unternehmungsspitze institutionell, wie auch ihre Gesamtfunktion und ihre abgeleiteten Vorgesetztenfunktionen mit *„Leiten" im Hinblick auf die Sachorientierung und „Führen" im Hinblick auf die Mitarbeiterorientierung* (vgl. Abb. 2.1 – 5).

Wie bereits bei der Arbeitsgestaltung und Arbeitsstrukturierung erwähnt, ist die Delegation für die Organisationsstrukturierung sowie für die Humanisierung der Arbeitswelt von hervorragender Bedeutung.

Grundsätzlich hat die *Delegation im Stabliniensystem zwei Aspekte:* Als *Organisationsprinzip* bedeutet Delegation:

- Der Vorgesetzte bestimmt, *wer was mit welchen Mitteln* tut.
- Der Mitarbeiter bestimmt, *wie* er den Auftrag ausführt.
- Der Mitarbeiter erhält Entscheidungsbefugnisse und Handlungsverantwortung, damit er seine *Zuständigkeit* kennt, innerhalb derer er selbständig zu planen, zu entscheiden und zu handeln berechtigt und verpflichtet ist.
- Der Vorgesetzte greift nur in *Ausnahmefällen* in diesen Kompetenzbereich des Mitarbeiters ein.

Als *Führungsstil-Prinzip* bedeutet Delegation:

- Der Mitarbeiter wird bei Planungen und Führungsentscheidungen beteiligt.
- Die Bereitschaft, selbständig zu entscheiden und zu handeln, wird vergrößert.
- Verantwortungsbewußtsein und Selbstwertgefühl des Mitarbeiters werden gefördert.
- Es wird ein partnerschaftlicher Umgang mit den Mitarbeitern gepflegt.

Auch für die Personalentwicklung haben diese Prinzipien wesentliche Bedeutung.

Die *Verantwortungs- und Kompetenzabgrenzung* darf an den Schnittstellen der Delegationsbereiche keine Unsicherheiten und Schwierigkeiten ergeben. Deshalb sollten in der Gestaltung von Führungsstrukturen klare Vorstellungen vorhanden sein über die Prinzipien der Führungsverantwortung, die jeder Vorgesetzte bei jeder Delegation behält und nicht auf andere übertragen kann, und die Sachverantwortung, die delegiert wird.

Die folgenden *Aufzählungen* kennzeichnen die Führungs- und Sachverantwortung.

Die *Sachverantwortung des Mitarbeiters* umfaßt die:

- *Erfüllungspflicht:* die sorgfältige Erfüllung seines Auftrags bzw. seiner Aufgabe nach bestem Vermögen.
- *Organisationspflicht:* den methodischen Weg zur Lösung der Aufgabe, d.h., der Mitarbeiter verantwortet das ,,Wie" der Erfüllung seiner Arbeit.
- *Meldepflicht:* die Information an den Vorgesetzten über wichtige Ereignisse und Zwischenfälle.
- *Korrekturpflicht:* die Reaktion auf Abweichungen vom gesetzten Ziel.
- *Prospektionspflicht* (Vorsorgepflicht): Information über mögliche Engpässe, Defekte oder andere erkennbare mögliche Probleme im Bereich des Mitarbeiters.

Zur *Führungsverantwortung des Vorgesetzten* gehören:

- ▶ *Personalverantwortung:* die richtige Einschätzung der Qualifikation des Mitarbeiters, mit dem er die Stelle besetzen will.
- ▶ *Stellenverantwortung:* die hinreichende Ausstattung des Bereiches, den er delegiert.

▶ *Zielverantwortung:* eine hinreichende Information über die Durchführung der Aufgabe im Verantwortungs- und Kompetenzrahmen sowie über die Bedeutung der übertragenen Aufgabe mit ihrem langfristigen Ziel und den Arbeitszusammenhängen mit anderen Abteilungen.

▶ *Förderungspflicht:* die richtige Form der Einweisung, Einarbeitung und Weiterbildung.

▶ *Informationspflicht:* daß er seinen Mitarbeiter ständig weiterhin informiert.

▶ *Beratungspflicht:* daß er den Mitarbeiter berät und seine Entwicklung im Hinblick auf langfristige Entwicklung plant.

▶ *Kontrollpflicht:* daß er die abgestimmten Kontrollmaßnahmen wahrnimmt.

▶ *Interventionspflicht:* daß er nur *in* folgenden *drei Ausnahmefällen* eingreift:
1. wenn eine Fehlleistung des Mitarbeiters offensichtlich ist
2. wenn eine Entscheidungssituation eintritt, welche die Kompetenz des Mitarbeiters übersteigt
3. wenn sich die Situation und die damit übergeordneten Zielvorgaben derart geändert haben, daß auch eine Veränderung der Arbeitsinhalte erforderlich ist.

2.3.3.3 Gestaltung der Aufbauorganisation und der Kommunikationsstrukturen

a) Differenzierung und Integration

Bereits bei der Stellenbeschreibung zielen die Aufgaben und die Gestaltung einer Stelle im Gegensatz zur Arbeits- und Aufgabenanalyse in die Richtung der Einordnung in eine Aufbauorganisation. Bei der Zerlegung der Gesamtaufgabe einer Unternehmung in Teilaufgaben geht es in der Analyse darum, die *horizontale Dimension analytisch* darzustellen, wobei diese Zerlegung über die Arbeitsteilung zur Stellenbildung führt. Diese horizontale Differenzierung erfordert auf der anderen Seite eine *integrative Zusammenfassung und Koordinierung* auf ein einheitliches Zielsystem hin.

Differenzierung und Integration stehen somit im wechselseitigen Zusammenhang und bedingen sich gegenseitig. Man kann sagen, *je stärker die arbeitsteilige Differenzierung ist, um so notwendiger ist die Koordination und Integration.* Solche Integrationsstellen können in der Regel nur als übergeordnete Instanz ein koordiniertes Zusammenwirken gewährleisten.

Ergebnis solch organisatorischer Regelungen ist eine integrative Gebildestruktur, wie sie z.B. Organigramme graphisch darstellen. *Stellen* bilden dabei die *Elemente,* die durch vielfältige Beziehungen miteinander verknüpft sind, um eine koordinierte Abwicklung betrieblicher Aufgaben zu bewirken.

Erfahrungsgemäß hat dieses Erfordernis dazu geführt, daß man sich bei der Aufbauorganisation *meist hierarchischer Ordnungen* bedient (vgl. Abb. 2.3 – 6). Allerdings verlangt der immer komplexer werdende Arbeitsprozeß immer mehr nach *flexiblen Organisationsstrukturen,* wie sie *durch Teamgestaltung* ermöglicht werden. Dies gilt insbesondere dort, wo es sich um neue Entwicklungen, z.B. um Innovations- oder Qualitätsgruppen handelt. In der Lean-Production (z.B. Mercedes Rastatt) kann die Funktionale Organisation in der Montage aus drei teamorientierten Hierarchiestufen bestehen:

1. Werks- bzw. Betriebsleitung
2. Serviceabteilungen (Technik; Logistik; evtl. Qualität/Qualifikation)
3. Meister als Teamleiter

246

	Linienorganisation	Stab-Linien-Organisation	Funktionale Organisation	Matrix-Organisation
Grundsätze	– Einheit der Leitung – Einheit des Auftragsempfangs	– Einheit der Leitung – Spezialisierung von Stäben auf Leitungshilfsfunktionen ohne Kompetenzen gegenüber der Linie	– Spezialisierung der Leitung – direkter Weg – Mehrfachunterstellung	– Spezialisierung der Leitung nach Dimensionen – Gleichberechtigung der verschiedenen Dimensionen
	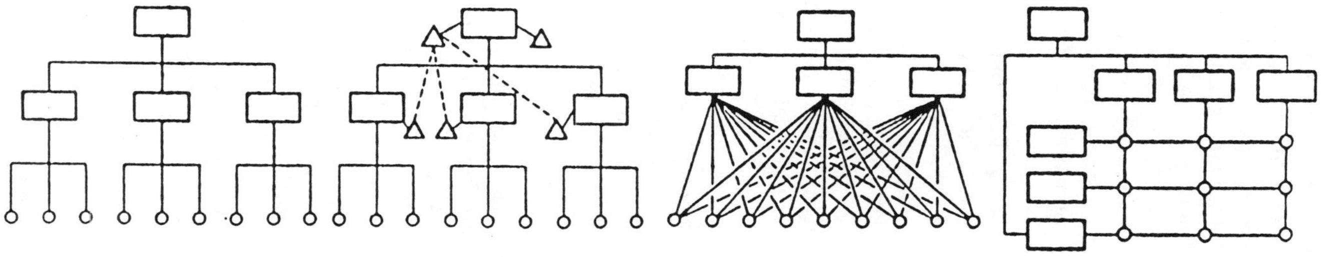			
Eigenarten	– Linie = Dienstweg für Anordnung, Anrufung, Beschwerde, Information – Linie = Delegationsweg – hierarchisches Denken – keine Spezialisierung bei der Leitungsfunktion	– Funktionsaufteilung der Leitung nach Phasen des Willensbildungsprozesses – Entscheidungskompetenz von Fachkompetenz getrennt	– Job-Spezialisierung der Leitungskräfte – Übereinstimmung von Fachkompetenz und Entscheidungskompetenz – direkte Servicefunktion für Teams (Lean-Production)	– keine hierarchische Differenzierung zwischen verschiedenen Dimensionen – systematische Regelung der Kompetenzkreuzungen – Teamarbeit der Dimensionsleiter

Abb. 2.3 – 6: Vergleichende Gegenüberstellung von Organisationsformen im Betrieb (nach Staehle)

247

b) Kommunikationsstruktur in der Organisationsgestaltung
Die *Kommunikationsstruktur* wird im Organigramm *durch die verbindenden Linien angezeigt. Damit ist die formale Kommunikationsordnung* vorgegeben. Sie stellt den Dienstweg dar und kennzeichnet formal Informations- und Kommunikationsbeziehungen gemäß bürokratischer Vorgabe und Planung.

Zwangsläufig werden diese formalen Ordnungsstrukturen durch *informale Kommunikationsstrukturen* überlagert, die sich gegenseitig beeinflussen und das Betriebsklima weithin prägen. Die Teamorientierung optimiert diese Strukturen.

Auch Qualifikationsstrukturen beeinflussen die Kommunikationsgestaltung in zunehmendem Maße. Dies gilt nicht nur für die Tatsache, daß niedrigere Qualifikationsstrukturen eines Teils der Mitarbeiter stärkere Strukturierungen der Arbeitsaufgabe erfordern. Die stark differenzierte Qualifikationsstruktur hochspezialisierter Mitarbeiter erfordert eine kommunikative Gestaltung, die kollegiale und kooperative Form voraussetzt. Solche Kommunikationsstrukturen ermöglichen den gedanklichen Austausch von verschiedenartigem Know-how und führen zur kooperativen Selbstqualifikation (vgl. hierzu das Kap. 1.5: ,,Mensch, Persönlichkeit und Gruppe − verhaltenswissenschaftliche Aspekte'').

c) Strukturgegebenheiten der Aufbauorganisation durch hierarchische Gestaltung
Die Aufbauorganisation weist die jedem Belegschaftsangehörigen im Rahmen der unternehmerischen Gesamtaufgabe zukommende Teilaufgabe zu und ordnet ihn durch Stelle und Position in die Gesamtorganisation ein. Anschaulich dargestellt wird die Aufbauorganisation im *Organigramm. Dies ist ein Organisationsplan, der die Personalorganisation in ihrem Aufbau darstellt.*

Die klassische Form einer hierarchischen Gestaltung, die *Linienorganisation* (vgl. Abb. 2.3 − 6; 2.3 − 10, 1.), herrscht in der Strukturierung der Personalorganisation weitgehend vor. Diesem Modell liegen die *Grundsätze der einheitlichen Willensgebung* und *der Einheit der Auftragserteilung* zugrunde. Grundsätzlich werden nur von einer Stelle der Organisation Ziele gesetzt, und nur von diesem Stelleninhaber (dem Vorgesetzten) empfangen andere Stelleninhaber ihre Weisung. Sie müssen aber dem Vorgesetzten direkt unterstellt sein. Das Weisungsrecht hat der Vorgesetzte kraft seiner Stellung in der Hierarchie. Es basiert auf dem *Grundsatz der institutionellen Autorität.* Die Frage der Kontroll- oder Führungsspanne, d.h., wieviele Mitarbeiter einem Vorgesetzten direkt unterstellt sind, muß in Abhängigkeit von der Qualifikation der Mitarbeiter und der Strukturierung der Arbeitsaufgabe sowie von der Betriebsgröße gesehen werden.

In Form des sog. ,,*Dienstweges*'' sind die Kommunikationskanäle für die Information festgelegt.

Die Linienorganisation kennt zwei typische Formen:

▶ das *Einlinien-System*
▶ das *Stab-Linien-System.*

Das *Stab-Linien-System* unterscheidet sich von dem Einlinien-System durch die Einbeziehung einer Staborganisation. Diese soll die Kapazität des Linienvorgesetzten dadurch

248

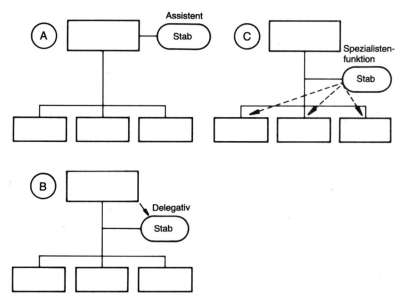

Abb. 2.3 – 7: Eingliederung von Stäben in die Betriebsorganisation

erweitern, daß die Stäbe ihm fachlich zugeordnet werden, ohne daß sie ein Weisungsrecht über die ihnen zugeordneten Fachabteilungen haben.

Im Gegensatz zu der Kästchendarstellung der Linienvorgesetzten im Organigramm werden Stäbe mit abgerundeten oder runden Formen dargestellt.

Die Institution der Stäbe beruht auf zwei *Grundgedanken:* Einmal hat die Stabsstelle *keine Weisungsbefugnis,* um das klassische Prinzip der Einheit der Auftragserteilung zu gewährleisten, damit die Führungsautorität gemäß der Gleichsetzung von institutioneller Autorität und tatsächlicher Macht bestehen bleibt. Zum anderen wird angenommen, daß die *Beratungstätigkeit* der Stäbe lediglich die Entscheidungsvorbereitung und *nicht die Entscheidung des Linienvorgesetzten selbst beeinflußt,* der ja nach wie vor die volle Verantwortung für alle Entscheidungen trägt. Die Zwiespältigkeit dieser Einrichtung ist mit dem, was man heute die sog. *,,Macht der Stäbe''* nennt, deutlich gekennzeichnet. Während die Kompetenzabgrenzung in den Linieninstanzen zwischen dem Vorgesetzten und seinen Mitarbeitern eindeutig ist, sind in der Praxis zwischen den Stabsstellen und den Linieninstanzen laufend latente Konflikte gegeben. In A dient sie der Entlastung des ,,Chefs'' durch Assistententätigkeit.

Die *hierarchische Eingliederung von Stäben* erfolgt einmal nach dem *Prinzip der Delegation* (vgl. Abb. 2.3 – 7 Bild B). (Zweck ist die Entlastung der Linieninstanz).

Zum anderen geschieht dies nach dem *Prinzip der Zentralisation* (Zweck ist die Zusammenfassung gleichartiger Stabsaufgaben aus mehreren Instanzen, vgl. Abb. 2.3 – 7 Bild C).

Ohne im einzelnen auf verschiedene Kritikpunkte des klassischen Stab-Linien-Systems einzugehen, sei hier nur auf die *schwerfällige bürokratische Form* hingewiesen, die in vielen kritischen Geschäftssituationen *nicht die nötige Flexibilität* aufweist, Innovation zu langsam und starr handhabt und ihnen vielfach sogar hinderlich ist. Durch die künstliche Aufgabenteilung im Stab-Linien-System wird darüber hinaus das Konfliktfeld verstärkt.

In Anbetracht dieser Mängel versucht man, durch neuere Organisationsformen größeren Erfolg aufgrund besserer Problemnähe und mehr Flexibilität zu erreichen. Ebenfalls hierarchisch gegliedert sind in der Regel Strukturgestaltungen

▶ *des Spartenmanagements,*
▶ des *Projektmanagements,*
▶ der *Matrixorganisation.*

Organigramm der Spartenorganisation ∗ Herma

Heinrich Hermann GmbH + Co

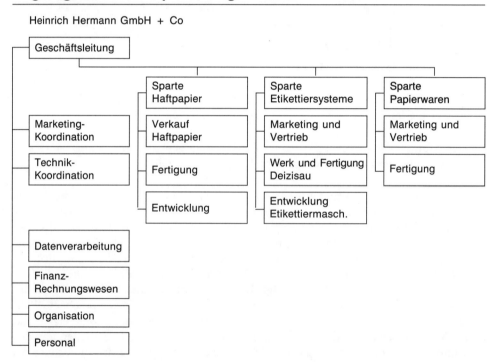

Abb. 2.3 – 8: Organigramm der Spartenorganisation bei HERMA

Die *Spartenorganisation* oder die *divisionalisierte Organisation* führt in großen Unternehmen, aber auch in Mittelbetrieben, zu einer Form der Aufgaben- und Verantwortungsverlagerung und damit zu mehr Flexibilität im Unternehmen. Die Organisation wird in verschiedene Geschäftsbereiche (Divisions) aufgespalten, was zu einer Dezentralisierung und Spezialisierung führt. Jeder dieser Geschäftsbereiche ist wirtschaftlich weitgehend unabhängig. Rechtlich bleiben sie abhängig. Die Geschäftsbereiche werden in einer Gesamtunternehmensplanung wieder integriert. Innerhalb der einzelnen Geschäftsbereiche bleibt eine mehr oder weniger starke Funktionalgliederung erhalten. Dem Leiter der Geschäftsbereiche unterliegen meistens die Bereiche der Planung, Forschung, Produktion und des Vertriebs. Die Zuordnung anderer Bereiche wie Organisation, EDV, Personalwesen, Marketing etc. ist recht unterschiedlich geregelt. Sie kann bei den Geschäftsbereichen oder bei der Unternehmensleitung an zentralen Stellen liegen. Alle Funktionen, die nicht in den Geschäftsbereichen wahrgenommen werden, sind in den übergeordneten Zentral- oder Stabsstellen zusammengefaßt, die der Unternehmensleitung direkt unterstellt werden.

Während das *Projektmanagement* für bestimmte Aufgaben, deren Ende sich zeitlich absehen läßt, jeweils neu geschaffen wird, so ist die Matrixorganisation auf Dauer angelegt. In der Strukturform des Projektmanagements wird zur Lösung einer Aufgabe eine Projektgruppe gebildet. Sie ist in der Form einer Fachstelle mit begrenzten Weisungsbefugnissen ausgestattet. Der Projektleiter hat in fachlicher Hinsicht bestimmte Weisungskompetenzen gegenüber den anderen Projektmitgliedern. Disziplinarisch bleiben sie jedoch ihrer Stammabteilung unterstellt. Diese Gestaltungsform wird vor allem bei kleineren Projekten (,,task forces'') gewählt. Bei größeren Projekten, die mehrere Jahre dauern, werden Mitarbeiter für eine Projektorganisation gezielt eingestellt.

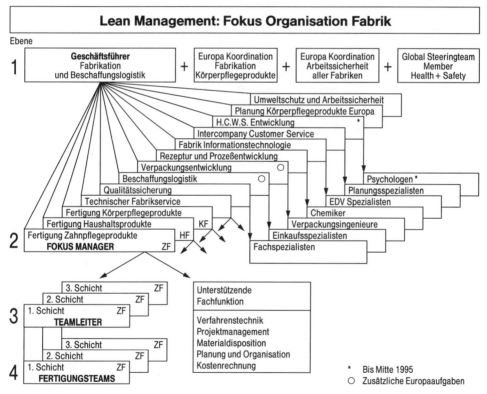

Abb. 2.3 – 9: Lean Management: Focus-Organisation einer Fabrik bei der Colgate-Palmolive GmbH

Bei der *Matrixorganisation* handelt es sich um eine Doppelorganisation, wie Abb. 2.3 – 8 verdeutlicht. Die Strukturgegebenheiten der Funktionen bleiben in der klassischen Form erhalten. Ihr hierarchischer Aufbau wird von einer weiteren Strukturgliederung nach Produktgruppen (bzw. Projekten) überlagert. Die *Aufgabenerfüllung bzw. die Problemlösung liegt in den Schnittstellen* der Matrix. Das Weisungsrecht kann in zwei Varianten geregelt werden: Es kann voll beim Funktionsvorgesetzten bleiben, das Produktmanagement hat gewissermaßen nur Stabsfunktion. Oder jeder Funktionsvorgesetzte und Produktmanager hat für seinen Bereich Weisungsrechte, so daß es sich hierbei um eine echte Mehrfachunterstellung handelt.

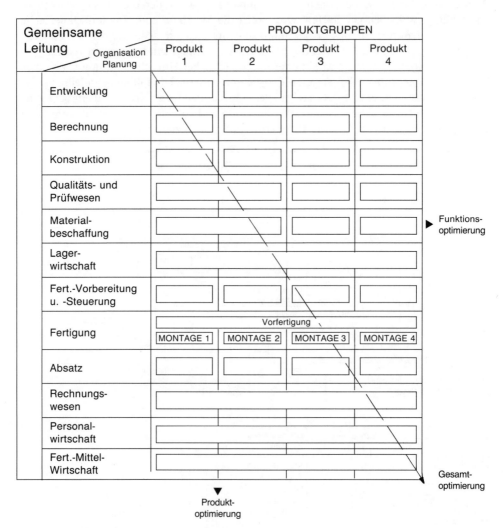

Abb. 2.3 – 10: Matrixorganisation eines Industriebetriebes

Durch die Tendenzen zu vernetzten, schlanken Strukturgegebenheiten mit flacher hierarchischer Gestaltung kommt das *Mehrlinien-System* (Funktionsmeistersystem im Sinne von Taylor) wieder zur Geltung. Der *Grundgedanke* ist der, daß man für die Analyse der *jeweiligen Verrichtung eine optimale Lösung* sucht. Dabei ist eine Person, z.B. der Meister überfordert, so daß die einzelnen Spezialaufgaben auf verschiedene Meister übertragen werden. Hiermit ergibt sich die Problematik der Mehrfachunterstellung mit den schwierigen Abstimmungsproblemen, die zur Ausweitung von Konflikten führen und das System der Einheit der Auftragserteilung von Fayol aufgeben. Im Lean-Management sind die Beziehungen nicht auf einzelne Vorgesetzte gerichtet, sondern auf Teams, die als (teil-) autonome Gruppen fungieren.

d) Strukturgegebenheiten durch Teamgestaltung
Die Teamgestaltung bezieht ihre Impulse nicht so sehr aus organisatorischen Überlegungen, sondern *aus motivationalen psychologischen Gedankengängen*. Dabei geht man davon aus, daß sowohl die Leistungsziele wie auch die persönlichen Ziele der einzelnen Mitarbeiter in höherem Maße zum Erfolg führen.

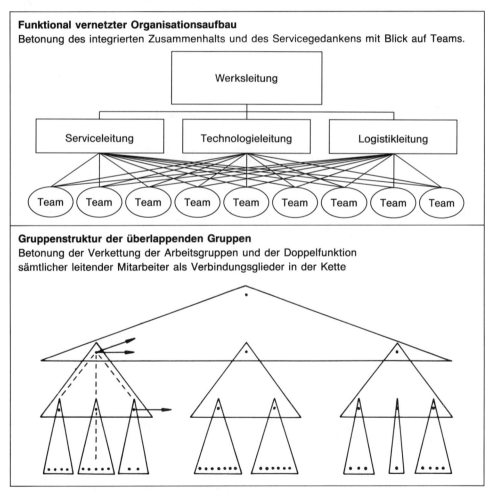

Abb. 2.3 – 11: Lean gestalteter Organisationsaufbau (z.B. Mercedes-Benz Montagewerk in Rastatt) mit Teamstruktur und Gruppenstruktur mit sich überlappenden Gruppen (nach Likert)

253

Drei *typische Formen* haben sich bisher herausgebildet. Es sind:

● Das System der *überlappenden Gruppen von Likert.*
● Die *Vermaschung von Planungsteams in Anlehnung an Schnelle.* Hierbei geht es darum, die Starrheit des reinen Liniensystems aufzulösen, indem die Hierarchie durch Planungsteams ergänzt wird. Ein Planungsteam soll aus zwei bis sechs Mitarbeitern bestehen, die sich entsprechend der Vorstellung von überlappenden Gruppen durch Teamvermaschung koordinieren, wie es Abb. 2.3 – 11 veranschaulicht. Drei verschiedenartige Gruppen verbinden die Teams mit den Instanzen der Hierarchie. Angehörige der Unternehmensführung bilden die *Entscheidungsgruppe,* die das Planungsteam zusammenstellt. Der *Planungsausschuß* vertritt die Teilbereiche, die durch die Planung betroffen werden (vgl. Abb. 2.3 – 12). Durch ihn erhalten die verschiedenen Planungsteams koordiniertes zusätzliches Fachwissen. Ferner soll eine *Informationsgruppe,* die die Meinungsführer in verschiedenen Unternehmungsbereichen umfaßt, den Informationsaustausch sicherstellen und Barrieren bei der Verwirklichung der Planungsergebnisse rechtzeitig verhindern.

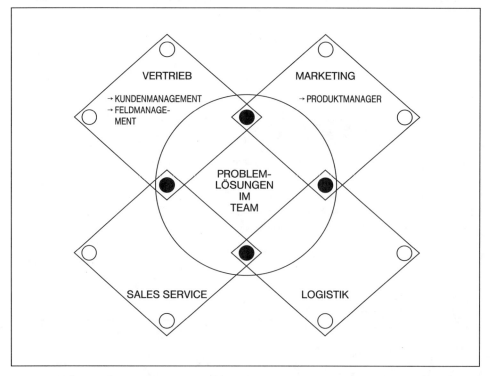

Abb. 2.3 – 12: Vermaschung zur Problemlösung im Team bzw. Teamorientierung durch Task-Force am Beispiel der John Wax GmbH

● Ein *Modell der Hierarchie von Gruppen* hat Golembiewski entwickelt. Er ersetzt die klassische Hierarchie in der Linienorganisation durch Gruppen. Ferner erfolgt die *Strukturierung des Organisationsaufbaus nicht mehr nach Verrichtung oder nach Funktionen, sondern nach geschlossenen Aufgabenkomplexen.* Die Gruppen sind bei der

254

Erfüllung ihrer Aufgaben weitgehend *autonom*. Sie sind durch Rahmenentscheidungen und Zielvorgaben der Vorgesetztengruppe gebunden, so daß bei aller eigener Entscheidungsfreiheit eine Abstimmung mit der Gesamtzielvorgabe der Unternehmung gegeben ist. Die Entscheidungen innerhalb der Gruppen, die Abb. 2.3 – 13 nach ihren jeweiligen Funktionen einteilend darstellt, trifft jedes Mitglied in eigener Verantwortung entsprechend seiner Entscheidungsbefugnis. Nur grundsätzliche Angelegenheiten werden gemeinsam beschlossen und entsprechend verantwortet, *wie* man dies auch *bei Modellen von sich selbst steuernden Gruppen* wiederfindet.

e) Neue Formen der Gestaltung durch Innovations- und Qualitätsgruppen
Seit Ende der 70er Jahre sind Bewegungen in der Personalorganisation durch verschiedenartige Gruppenstrukturierung gegeben. Ihr Vorbild liegt teilweise in der *Quality-Circle-Bewegung* aus Japan oder in der *Lernstatt*, die in hiesigen Großbetrieben (BMW, Hoechst) entwickelt wurde.

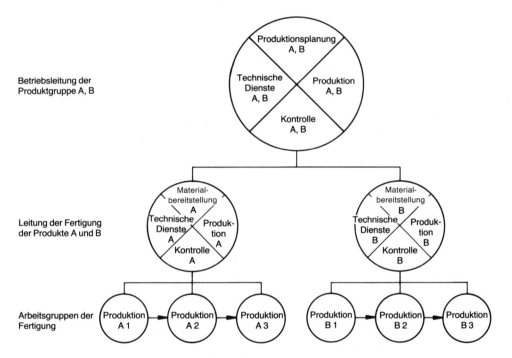

Abb. 2.3 – 13: Strukturbild der Organisationsform der Hierarchie der Gruppen für einen Produktionsbereich (Colleague Model von Golembiewski nach Zepf, 1972, S. 169)

Die Organisation solcher Zirkelarbeit in einer Unternehmung ist in Abb. 2.3 – 14 beispielsweise als kooperierendes System dargestellt, das den Zirkeln zu einer effektiven Tätigkeit verhilft. Von der Organisation her kennzeichnen folgende Merkmale und Regeln die allgemeine Grundkonzeption von Q-Zirkeln:

● Die Mitglieder eines Zirkels gehören einem gemeinsamen Arbeitsbereich an. Dem Zirkel sollen max. zehn Mitglieder angehören.

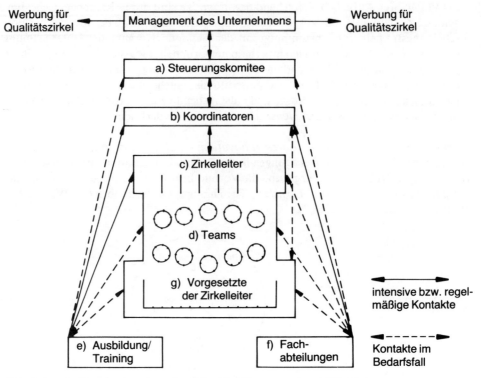

Abb. 2.3 – 14: Organisation eines Qualitätszirkel-Konzeptes (nach Küchler)

- Die Mitglieder eines Zirkels treffen sich in regelmäßigen Abständen, in der Regel mindestens einmal pro Monat für eine Stunde.
- Die Mitglieder kommen während der Arbeitszeit auf freiwilliger Basis zusammen.
- Die behandelten Probleme beziehen sich auf den Arbeitsbereich der Mitglieder und werden von ihnen benannt und ausgewählt und gemeinsam behandelt.
- Qualitätszirkel werden von direkten Vorgesetzten moderiert, die eine spezielle Ausbildung für diese Aufgabe erhalten.
- Die Probleme, die in den Qualitätszirkeln behandelt werden, sollen möglichst dem direkten Einfluß der Mitglieder unterliegen, wobei Serviceabteilungen und Stäbe unterstützend zur Seite stehen.
- Die Mitglieder stellen die Probleme nach Möglichkeit selbst ab und leiten entsprechende Lösungs- und Verbesserungsvorschläge weiter.

Gerade diese Innovations- und Qualitätsgruppen machen deutlich, daß man nach neuen Formen suchen muß, Personalorganisation zu gestalten, wobei klassische Formen nicht gleich über Bord geworfen werden sollen, sondern durch neue Strukturierungen und Gestaltungen sinnvoll ergänzt werden können.

256

2.3.4 Gestaltung des Personalbereiches und seine Einordnung in die Gesamtorganisation

2.3.4.1 Hinweise auf die Entwicklung

Noch bis vor einigen Jahrzehnten war die Funktion der Personalarbeit auf die rudimentären organisatorischen Aufgaben der Lohnbuchhaltung beschränkt. Auch als dann die Personalfunktionen wuchsen, wurden sie meist als Teilfunktionen einer anderen Hauptfunktion miterledigt. Dabei waren die Hierarchieebenen sehr verschieden. Entweder nahm sie in kleineren Unternehmen − wie heute noch − der Geschäftsführer selbst vor oder einer der Leiter der Hauptabteilungen oder Fachressorts, der sich dann aber auch nur für seinen eigenen Bereich zuständig fühlte. So gab es weder den Begriff des Personalleiters noch wurde seine Notwendigkeit erkannt. Erst in den letzten 25 Jahren setzte sich allgemein die Erkenntnis durch, daß es von Vorteil ist, eine eigene Personalabteilung zu etablieren, die auch eigene Funktionen erfüllt. Die hierarchische Einstufung des Personalleiters kletterte in der Hierarchie nach oben, so daß der Personalbereich heute eine weithin gleichberechtigte Stellung neben den anderen Ressorts und den Hauptfunktionen besitzt.

2.3.4.2 Einordnung des Personalbereiches in die Gesamtorganisation

In einem *Großbetrieb*, der selbst Produkte entwickelt, fertigt, vertreibt und alle kaufmännischen Funktionen wahrnimmt, könnte eine *Einordnung des Personalbereiches* wie in Abb. 2.3−15 vorgenommen werden.

Im oberen Bereich befinden sich die klassischen Ressorts. Darunter sind die Service-Funktionsbereiche angegeben. Alle Bereiche sind jeweils dem Vorstand direkt unterstellt. In ihrer *rangmäßigen Einstufung* sind sie von der Unternehmensphilosophie und den daraus abgeleiteten unternehmenspolitischen Vorstellungen abhängig.

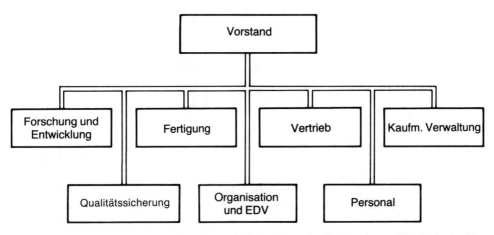

Abb. 2.3−15: Hauptressorts und Servicebereiche in einem Großunternehmen (idealtypische Darstellung)

257

Grundsätzlich kann der Personalbereich/die Personalabteilung *als Linieninstanz oder als Stabsstelle* fungieren. Abb. 2.3 – 16 macht deutlich, daß der Personalbereich jedoch nicht zersplittert werden darf. Dies geschieht dann, wenn jedes Ressort seine eigene Personalabteilung, sei es als Stab oder untergeordnete Linieninstanz, hat; oder wenn der Personalbereich einer Mehrfachunterstellung unterliegt.

In allen *Betrieben*, sei es, daß sie selbständig sind oder als Profit-Center fungieren, sollte die Personalabteilung, wie Abb. 2.3 – 16 zeigt, *als Linieninstanz* eingeordnet werden. In Konzernen mit Zentralabteilungen sollte der Personalbereich *in der Zentrale als Stabsstelle* eingerichtet werden.

2.3.4.3 Zur Funktionsgliederung der Personalabteilung

Die systematische, heute weithin akzeptierte Funktionsgliederung des Personalbereiches besteht aus

▶ Personalwesen,
▶ Bildungswesen,
▶ Sozialwesen.

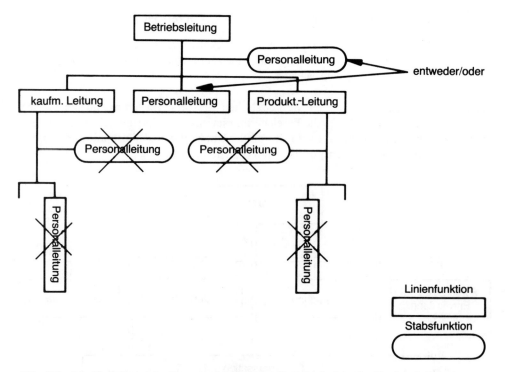

Abb. 2.3 – 16: Einordnung der Personalabteilung in die Betriebsorganisation (nach Sahm)

258

Für eine weitere Untergliederung können hier jedoch nur Anhaltspunkte gegeben werden. Denn eine vorbildliche oder gar allgemeingültige Gliederung der Funktionen des Personalbereiches ist nicht möglich, ohne die unternehmerischen und unternehmenspolitischen Einflußgrößen zu berücksichtigen.

Eine *effiziente Funktionsgliederung ist abhängig* von

- der Unternehmensgröße,
- der Bedeutung, die der Personalarbeit im Unternehmen zugemessen wird,
- der Tatsache, wieweit überregionale Organisationen als Fabriken oder Vertriebsgesellschaften existieren,
- der Einflußnahme von der Muttergesellschaft bei internationalen Konzernen und auch
- der Qualifikation und den Managementvorstellungen des Personalleiters.

Die *Funktion des Personalleiters* hängt ab von der Gliederung seines Personalbereiches in verschiedene Abteilungen und Gruppen. Je größer und je stärker gegliedert der Personalbereich ist, um so mehr wird er sich mit personalpolitischen Problemen, die in die Unternehmenspolitik hineinragen, befassen: z.B. Mitarbeit an der Unternehmensplanung, Tarifpolitik, Einflußnahme auf die Organisationskultur der Unternehmung hinsichtlich der Personalführung sowie auf Repräsentationen und auf Verbandsarbeit außerhalb der Unternehmung. Je kleiner der Betrieb ist, um so mehr Fachfunktionen wird der Personalleiter selbst wahrnehmen müssen.

Abb. 2.3 – 17 zeigt die *allgemeine Funktionsgliederung der Personalarbeit* in einem Unternehmen in folgenden Bereichen:

- *Personalwesen* mit der Untergliederung in
  - Personalbeschaffung
  - Personalverwaltung
  - Personalentwicklung;
- *Bildungswesen* mit der Untergliederung in
  - Aus- und Weiterbildung
  - Führungsschulung
  - Mitarbeiterinformation;
- *Sozialwesen* mit der Untergliederung in
  - Betriebliche Sozialarbeit
  - Betriebliche Fürsorge
  - Soziale Einrichtungen.

Diese Funktionsgliederung ist entsprechend den klassischen Organisationsvorstellungen durch Strukturierung der Aufgabe entstanden. Die Gesamtaufgabe wird in Teilaufgaben zerlegt, und diese einzelnen Teilaufgaben werden an Funktionsträger verteilt.

Die Entwicklung der letzten Jahre zeigt, daß diese Strukturierung lediglich ein Rahmen sein kann und daß es *zwischen den einzelnen Aufgaben und Funktionen* Übergänge und *notwendige Integrationsvorgänge* geben muß. Vor allem die Schaffung moderner Informationssysteme beeinflußt die Funktionsgliederung und die Anforderung an die Teilaufgaben in hohem Maße.

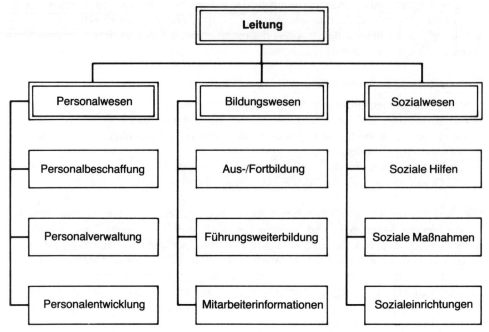

Abb. 2.3 – 17: Funktionsgliederung der Personalarbeit im Personalbereich

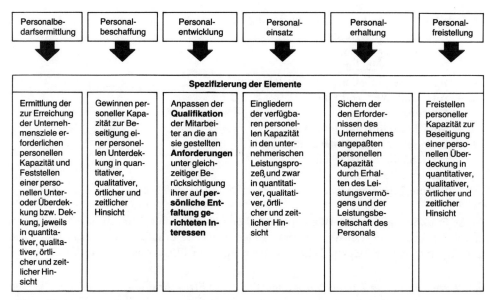

Abb. 2.3 – 18: Personalbezogene Funktionsbereiche als Elemente des Systems Personalwesen (nach Nüßgens 1975, S. 71)

260

Insbesondere *Probleme der Personalentwicklung* sind immer mehr in den Vordergrund getreten. Das bedeutet, daß die Personalentwicklung im Rahmen der Personalorganisation zu einem wichtigen Personal- und Unternehmensführungsinstrument geworden ist. Bedeutsamstes Ziel der Personalentwicklung ist die *Sicherstellung eines zukunftsbezogenen Qualifikationsspotentials.* Sie hat hierfür die

- *informationsbezogenen,*
- *bildungsbezogenen,*
- *stellenbezogenen*

Grundlagen in entsprechender Abstimmung dieser drei Faktoren zu schaffen.

Die einzelnen personalwirtschaftlichen Teilfunktionen werden in den anderen Kapiteln ausführlicher behandelt. Hier sei nur noch auf eine tiefer gehende *Gliederung der personalbezogenen Funktionsbereiche* als mögliche Systemelemente des Personalwesens in Abb. 2.3 – 18 hingewiesen. Diese Gliederung wird in fast allen personalwirtschaftlichen Lehrbüchern angeführt und hat somit einen *quasi-paradigmatischen Charakter.* Sie wird auch in den am meisten weiter untergliederten Personalabteilungen funktionsmäßig berücksichtigt.

In besonderer Weise soll nochmals auf den Bereich der *Personalentwicklung* hingewiesen werden. Ihm kommt als *Instrument der Unternehmungsführung* eine immer größer werdende Bedeutung zu. Im Zusammenhang mit der *Organisationsentwicklung* werden die Probleme im Kapitel „Von der Personalentwicklung zur Organisationsentwicklung" aufgegriffen. Entsprechend ihrer Wichtigkeit sei hier jedoch auf die *zweistufige Aufgabenanalyse,* die ein Personalentwicklungssystem in einer modernen Personalarbeit zu leisten hat, hingewiesen.

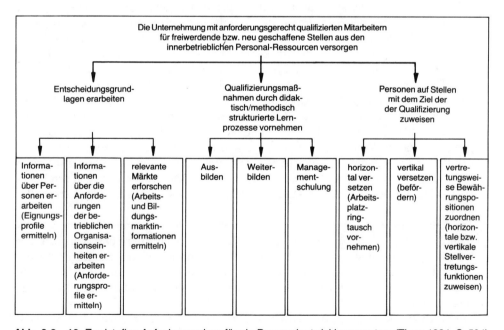

Abb. 2.3 – 19: Zweistufige Aufgabenanalyse für ein Personalentwicklungssystem (Thom 1984, S. 594)

Das Schema in Abb. 2.3 – 19 verdeutlicht, daß zunächst in der ersten Stufe Ziele und Bedarf erarbeitet werden müssen, um die Unternehmung mit anforderungsgerecht qualifizierten Mitarbeitern für freiwerdende bzw. neu geschaffene Stellen aus innerbetrieblichen Personalressourcen zu versorgen. Hierzu sind, wie bereits zu Anfang des Kapitels dargestellt, informationsbezogene, bildungsbezogene und stellenbezogene Grundlagen zu schaffen.

Diese Grundlagen dienen dazu, daß die Personalorganisation nicht nur in Verwaltungsarbeiten steckenbleibt, sondern flexibel anstehende und zukünftige Probleme zu lösen bereit und imstande ist. Die Personalabteilung sollte Innovationen unterstützen und anregen und nicht zu verhindern suchen, wie des öfteren beklagt wird.

2.3.5 Zusammenfassung

- Die Personalorganisation soll generell Voraussetzungen für eine effektive Personalarbeit in allen Teilbereichen der Unternehmungsorganisation schaffen. Durch Zielvorgabe der Personalpolitik werden die entsprechenden Voraussetzungen für die funktionale und strukturelle Gestaltung der Personalorganisation geschaffen.
- Insgesamt ist die Personalorganisation als Teilbereich und Subsystem des soziotechnischen Systems der Gesamtunternehmung zu begreifen. Während in den traditionellen Vorstellungen der Organisationslehre die Aufgabe im Mittelpunkt aller Betrachtungen stand, werden heute immer stärker sozialkybernetische Integrationsvorgänge für die Schaffung moderner Informations- und Kommunikationssysteme bedeutsam, was sich vor allem in den Problemen der Personalentwicklung zeigt.
- Bei der Gestaltung der strukturbestimmten Personalorganisation sind vor allem die Aufgabenkomplexe der Bestimmung der Arbeits- und Leistungs- sowie der Führungs- und Qualifikationsstrukturen zu beachten, soweit sie durch Arbeits- und Anforderungsanalysen möglich ist. Ferner ist die vertikale Organisationsgliederung durch Festlegung der Aufbauorganisation und ihrer Kommunikationsstruktur zu bewältigen.
- Die Festlegung der Strukturgestaltung von Arbeits- und Leistungsgegebenheiten sowie auch der Führungs- und Qualifikationsstrukturen ist personalpolitische Führungsaufgabe. Hinzugekommen ist die Gestaltung der Unternehmenskultur im Sinne der Corporate Identity und gezielter Personalimagepflege (Abb. 2.2 – 6). Die Personalorganisation hat die Verwirklichung ihrer Funktion und Effizienz insbesondere mit Hilfe der Personalabteilung zu gewährleisten. Dies vollzieht sich nicht in organisatorisch getrennten Abteilungen, sondern nach Maßgaben des Personalcontrolling in den Funktionsbereichen des Personalmarketing, der Personalentwicklung und der Personallogistik.
- Die Arbeitsanalyse – die sozusagen die Daten für die horizontale Problembewältigung beschafft – ist in zwei völlig verschiedene Analyseansätze zu unterscheiden. Die Tätigkeitsanalyse untersucht die objektiven Bedingungen und Anforderungen der Arbeitssituation mit ihren technologisch-organisatorischen Arbeitsinhalten. Die personenorientierten Analysen richten sich auf das Verhalten der arbeitenden Menschen und ihr Handeln.
- Die wichtigsten Formen der Arbeitsanalyse sind die Arbeitsplatz-, Tätigkeits-, Aufgaben- und Anforderungsanalyse.

- Als Element der Personalorganisation ist die Stelle näher zu kennzeichnen. Ihr wird mit der Stellenbeschreibung, ihrer Zielsetzung, ihren inhaltlichen Merkmalen und ihrer Ausgestaltung besonders Rechnung getragen.
- In der Gestaltung der Aufbauorganisation und der Kommunikationsstrukturen steht als Hauptproblem die Differenzierung und Integration effektiver Organisationsgestaltungen im Vordergrund. Wenngleich neuere Formen der Gestaltung, insbesondere im Leanmanagement durch Teamstrukturierungen, immer mehr in den Vordergrund treten, ist die klassische Form, die Gestaltung einer Linienorganisation, weiterhin vorherrschend.

2.3.6 Aufgaben und Aufbau von Personalinformationssystemen (PIS) unter Berücksichtigung des Personalcontrolling

Personalinformationssysteme sind sehr *umstritten*, in gleicher Weise haftet dem Personalcontrolling der Verdacht der Kontrolle an. Die Argumentation reicht – in Entsprechung der sozialpolitischen Polarisierung – von der Forderung ihrer unbedingten Notwendigkeit bis hin zur strikten Ablehnung aufgrund der Angst vor der totalen Überwachung des Menschen, dem sog. *„gläsernen Menschen"*. So ist es für die betrieblichen Partner recht schwierig, aufgrund der emotionsgeladenen Atmosphäre einen sachgerechten Ausgleich für die Einführung und den Betrieb eines Personalinformationssystems, das den gesetzlichen Vorschriften entspricht, zu finden. Dies ist auch deshalb nicht leicht, weil sich *die Schwerpunkte innerhalb des personalpolitischen Aufgabensystems* von rein abrechnerischen und verwaltungsmäßigen Aufgaben durch Datenverarbeitungssysteme in Zukunft mehr und mehr auf die Lösung schwieriger werdender sozial-, personal- und bildungspolitischer Problemstellungen verlagern. Aber gerade hieraus ergibt sich der Ansatz für die Notwendigkeit, dem erhöhten Informationsbedarf zur Vorbereitung, Hilfe und Absicherung von unternehmenspolitischen Entscheidungen durch Personalinformationssysteme zur richtigen Zeit, am richtigen Ort, in der richtigen Quantität und Qualität zu entsprechen.

2.3.6.1 Bedeutung und Ziele von Personalinformationssystemen

Neben der allgemeinen Bedeutung von Personalinformationssystemen liegt ihre *personalwirtschaftliche Tragweite* darin, daß sie *über reine Gehaltsabrechnungssysteme,* das Berichtswesen, Statistik und Verwaltungsaufgaben hinaus *zunehmend auch dispositive und planerische Aufgaben* wahrnehmen. So kommt dem Personalinformationssystem neben seiner Verwendung für die administrative Kontrolle immer mehr die Rolle eines Planungs- und Führungsinstrumentes nach o.g. logistischen Prinzipien zu.

Will man den *Standort von Personalinformationssystemen* innerhalb der Personalarbeit und des Personalwesens der Unternehmung bestimmen, um von daher ein Konzept für den tatsächlichen Bedarf eines solchen Instrumentariums zu entwickeln, muß man zunächst von den gesamtpersonalwirtschaftlichen Aufgaben und Zielen ausgehen und ihre Systematik beachten. So lautet die zentrale Frage, die sich dabei für den Kompetenzrahmen des Personalbereiches stellt: „Welche Aufgaben, Kompetenzen und Verantwortungen kommen dem Vorgesetzten zu, und wie weit muß der Personalbeauftragte ihn beraten und unterstützen?" Darüber hinaus ist das Interessenfeld, in dem sich die Aufgaben des betrieblichen Personalwesens bewegen, zu beachten. Hierzu gehören:

- Vorgesetzte
- Mitarbeiter
- Betriebsrat
- soziales Umfeld im Betrieb.

In diesem Spannungsfeld sind die Aufgaben des Personalwesens zu leisten, die sich grundsätzlich in

▶ *unternehmenspolitische Aufgaben und*
▶ *administrative Aufgaben, d.h. Abrechnungsaufgaben und Verwaltungsaufgaben*

unterteilen. Die Abb. 2.3 – 20 kennzeichnet die *drei Aufgabenbereiche, die miteinander korrespondieren* und in der Praxis nicht immer klar abgegrenzt werden können.

Unter *Personalinformationssystemen (PIS)* werden *in der Regel rechnergestützte Systeme* verstanden. Im Prinzip ist die Informationsverarbeitung im Personalwesen ohne Einsatz der Datenverarbeitung über den Computer möglich. Sie wird auch teilweise praktiziert und ist vor allem nach Branche und je nach Größe des Betriebes differenziert zu betrachten. Darüber hinaus gibt es viele Aufgaben im Personalwesen, die man weder direkt noch

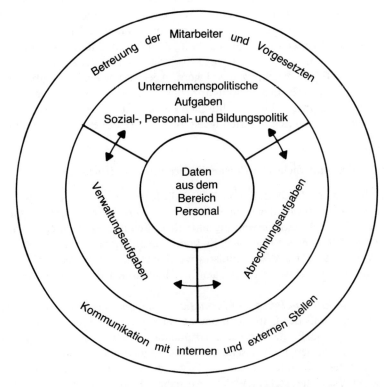

Abb. 2.3 – 20: Aufgabenblöcke des Personalwesens (Grobdarstellung nach Schuster 1984, S. 3)

264

planerisch mit Hilfe formalisierter Methoden vollziehen kann. So kann man vielfach *individuelle Entscheidungen in bestimmten Situationen,* die dem Bereich der Personalführung und -betreuung angehören, *nicht formalisieren.* Ebenso sind Entscheidungen und Festlegungen von Leitlinien im sozial-, personal- und bildungspolitischen Raum wohl kaum computerisierbar.

Abb. 2.3 – 21 verdeutlicht den *Umfang eines möglichen Datenverarbeitungseinsatzes im Personalwesen.* Es wird dabei deutlich, daß die Betreuungs- und Kommunikationsaufgaben, die insbesondere den Vorgesetzten betreffen, sowie die unternehmenspolitischen Aufgaben nur in geringem Maße mit Datenverarbeitungseinsatz erfüllt werden können.

Dennoch gewinnt der dispositive planerische Anteil von Personalinformationssystemen immer mehr an Bedeutung und Gewicht. Insbesondere langfristige Perspektiven der Personalentwicklungsplanung werden in Großbetrieben und Konzernen immer mehr beachtet. Diesem Gebiet wird auch in den folgenden Darstellungen besondere Bedeutung zugemessen.

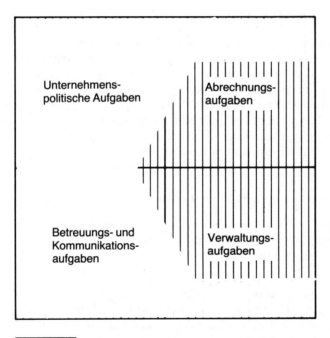

⊔⊔⊔⊔⊔⊔ Voll- bzw. teilweise DV-unterstützbare Aufgaben

Abb. 2.3 – 21: Anteile des DV-Einsatzes bei verschiedenen Aufgaben im Personalwesen (nach Schuster 1984, S. 5)

2.3.6.2 Kennzeichnung von Personalinformationssystemen

Im Laufe der Entwicklung von Personalinformationssystemen ist man *von der umfassenden Forderung* beschränkter Informationen über das Personal abgerückt. Insbesondere Domsch kennzeichnet ein Personalinformationssystem als ein

- „System der geordneten Erfassung, Speicherung, Transformation und Ausgabe
- von für die Personalarbeit relevanten Informationen über das Personal und die Tätigkeitsbereiche/Arbeitsplätze
- mit Hilfe organisatorischer und methodischer Mittel und im Hinblick auf die EDV-technische Realisierung
- unter Berücksichtigung sozialer und wirtschaftlicher Ziele sowie
- unter Berücksichtigung des Bundesdatenschutzgesetzes, des Betriebsverfassungsgesetzes sowie anderer relevanter Gesetze, Verordnungen und Vereinbarungen
- zur Versorgung der betrieblichen und überbetrieblichen Nutzer des Systems mit denjenigen Informationen,

die sie zur Wahrnehmung ihrer Führungs- und Verwaltungsaufgaben benötigen" (Domsch 1981, S. 9).

Darüber hinaus kann man sagen, daß *Personalinformationssysteme Hilfsinstrumentarien bei der betrieblichen Personalarbeit* sind. Im Sinne der Betriebsinformatik sollte man sie als *„offene Systeme"* ansehen, die man jederzeit ergänzen kann. Trotz ihres eindeutig instrumentalen Charakters sind sie *nicht als rein technokratische inhumane, modellartige Entscheidungsmittel anzusehen.* Beachtet man die Voraussetzungen der Systemgestaltung und die Anforderungen, die man an jene stellt, so kann sie sicherlich auch erheblich für eine *Verbesserung der Humanisierung in der Arbeitswelt durch Informationstransparenz* und ihrer logistischen Zusammenhänge in der Personalarbeit beitragen.

2.3.6.3 Einführung und Betrieb von Personalinformationssystemen

Der *Planungsprozeß* von Personalinformationssystemen ist recht langwierig. Die folgende Aufzählung zeigt, in welcher Weise die komplexen Aufgabenfolgen vorgeklärt und abgehandelt werden können:

1. Vorschlag des Projekts durch Vorgabe globaler Ziele.
2. Projektantrag mit dem Ziel der Genehmigung.
3. Ist-Analyse zur Untersuchung des momentan gegebenen Zustandes.
4. Problemanalyse mit Erarbeitung der personalwirtschaftlichen Aufgabenstellung.
5. Systemanalyse, in der es um die Erarbeitung von Hardware- und Softwarelösungen geht.
6. Kosten-Nutzen-Analyse zur Darlegung der Effizienz.
7. Die Programmierung, wodurch die Softwarelösung kodiert wird.
8. Test und Prüfung der erstellten Programme anhand festgelegter fachlicher und datenverarbeitungstechnischer Vorgaben.
9. Einsatz des Systems.
10. Beachten von Fragen nach Organisationsformen der Zusammenarbeit zwischen allen am Projekt Beteiligten. Dabei ist auf die personelle Besetzung, Einführungs- und Teststrategie sowie ihren Zeitrahmen, um das neue System zu entwickeln, zu achten.

Die *Systemanforderungen* sollten aus fachlicher und logistischer Sicht *in einem Pflichtenheft* festgehalten werden. Dabei sollen die Anforderungen an die Anwender bzw. Nutzer des Systems festgelegt werden. Ferner sollte erläutert werden, wie die Informationsgewinnung und -verarbeitung sich vollzieht, so daß die Anwender ohne besondere Datenverarbeitungskenntnisse selbständig und schnell ihren Informationsbedarf decken können. Zu beachten ist die *Form der Informationsdarstellung* (z.B. Graphiken, Diagramme). Auszuarbeiten ist eine detaillierte *Zugriffsregelung,* die sicherstellt, daß jeder Berechtigte nur im Rahmen seiner Aufgabenstellung Zugriff auf die Daten hat.

Kern eines integrierten Datenverarbeitungssystems im Personalwesen ist die *Personaldatenbank.* Sie wird gebildet aus drei Dateien, die

▶ Stammdaten,
▶ Bewegungsdaten der Mitarbeiter und
▶ Schlüsseldaten

enthalten.

Die *Stammdaten* bilden jene Daten, die unveränderlich sind und allgemein mit dem Arbeitsverhältnis zusammengehören. Es sind

● allgemeine persönliche Daten (Namen, Geschlecht, Geburtsdatum, Geburtsort und Wohnung),
● Eintrittsdaten (Zugangsdatum evtl. das Versetzungsdatum),
● stellenbezogene Daten (Tätigkeit, Dienststellung, Funktionsbereich, Organisationsbereich bzw. Betriebsstätte),
● Angaben für Steuern und Sozialdaten,
● Aus- und Weiterbildungsdaten, persönliche Abrechnungsdaten.

Bewegungsdaten sind solche Daten, die im Hinblick auf die Ermittlung der Bruttobezüge benötigt werden und die allgemeinen Daten ergänzen. Hierzu gehören z.B.

● Lohnscheine für Akkord-, Prämien-, Zeitlohn,
● Provisions- und Reiseabrechnungen,
● Montage, Mehrarbeits- und Schichtarbeitsmeldungen,
● Ausfallzeitmeldungen (z.B. Krankheit, Urlaub, Mutterschutz etc.).

Zu den Bewegungsdaten zählen auch die zahlreichen Angaben einschlägiger Gesetze der Tarifverträge und weiterer Bestimmungen, die als Einzelwerte bei der Lohn- und Gehaltsabrechnung die Endwerte bestimmen. Als Basis werden sie nicht jeweils neu eingegeben, es sei denn, es vollziehen sich gesetzliche oder tarifvertragliche Änderungen. Zu den Bewegungsdaten zählen auch die gesetzlich vorgeschriebenen Aufgaben wie Meldungen an die Berufsgenossenschaft und weitere regelmäßig anfallende Statistiken des Berichtswesens.

Schlüsseldaten kennzeichnen die einzelnen Aufgaben des Systems mit allgemein gültigen Kriterien, die insgesamt auch als *„Kriterien-Bank"* gekennzeichnet werden. Hier sind vor allem Tabellen und Verzeichnisse gespeichert (Lohn- und Gehaltstabellen, Kostenstellen-, Bank- und Postleitzahlenverzeichnisse etc.). *Zu den Schlüsseldaten gehören keine personenbezogenen Daten,* mit Ausnahme der Angabe über den Umfang einer Zugriffsberechtigung von Personen mit genauer Charakteristik ihrer Berechtigung.

Die Personaldatenbank mit ihren Stamm-, Bewegungs- und Schlüsseldateien stellt den *administrativen Teil* eines Personalinformationssystems dar. Dieser Teil dient, wie aus Abb. 2.3 – 22 und 2.3 – 23 deutlich wird, der Rationalisierung von Abrechnungs- und Verwaltungsaufgaben. Um darüber hinaus unternehmenspolitische Aufgaben im Sinne eines Personalinformationssystems wahrnehmen zu können, ist es notwendig, einen *dispositiven Teil* zu gestalten, der Planungsdaten enthält. Durch die Verarbeitungsergebnisse bei *integrierter Verarbeitung der Datengruppen* kann man, wie Abb. 2.3 – 24 schematisch verdeutlicht, *zu Entscheidungshilfen* gelangen. Diese Ergebnisse werden als Entscheidungshilfen umso brauchbarer, je zweckmäßiger die Einzelpläne der Personalplanung in die unternehmenspolitische Gesamtplanung integriert und mit anderen Teilbereichen (Finanzplanung, Investitionsplanung, Absatzplanung etc.) verknüpft sind und „just-in-time" verfügbar sind.

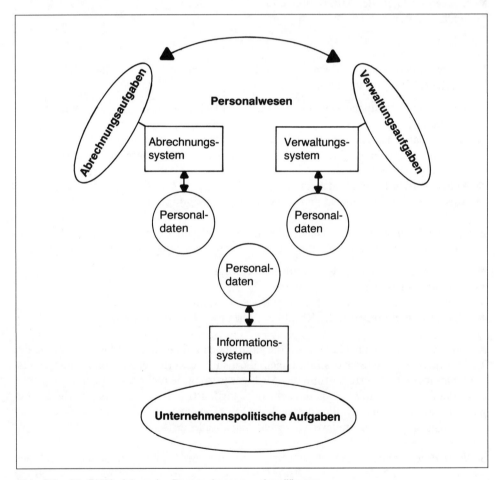

Abb. 2.3 – 22: DV-Verfahren im Personalwesen – Insellösung

268

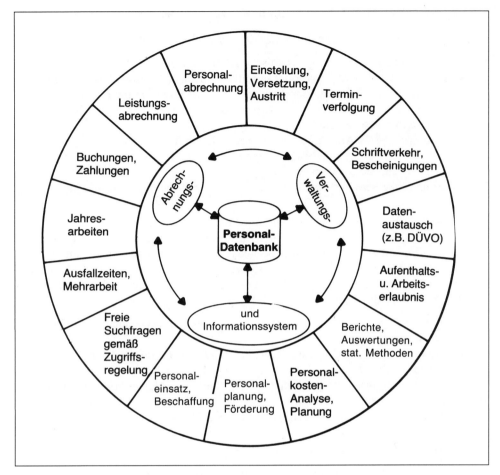

Abb. 2.3 – 23: DV-System im Personalwesen – Integrierte Lösung (nach Schuster 1984, S. 7)

Es kann hier nicht weiter auf verarbeitungs- und computertechnische Vorgänge und Zusammenhänge eingegangen werden. Dafür soll am *Beispiel* des heute immer bedeutsamer werdenden Personalentwicklungsbereiches in Grundzügen der dispositive Teil des Personalinformationssystems gekennzeichnet werden und einige Möglichkeiten der Entscheidungshilfe aufgezeigt werden. Dabei sollen auch wegen der sozialkritischen Diskussion über Personalinformationssysteme sowie der Ängste, die vor einer Transparenz des „gläsernen Menschen" bestehen, die Probleme des Datenschutzes und der Datensicherung sowie die Mitwirkungsrechte bei der Planung und Realisierung von Personalinformationssystemen näher betrachtet werden.

2.3.6.4 Kontrollprobleme bei Personalinformationssystemen

Kontrollprobleme für ein Personalinformationssystem ergeben sich in dreifacher Hinsicht:

1. Es bestehen datenverarbeitungstechnische Kontrollprobleme der *Datensicherung.*
2. Es bestehen gesetzlich mittelbar oder unmittelbar *Kontrollbefugnisse hinsichtlich des Datenschutzes.* Hierbei ist zu beachten, daß als Instanzen für die Kontrolle des Arbeitnehmerdatenschutzes neben dem Arbeitgeber selbst (vgl. § 75 Abs. 2 BetrVG) drei Institutionen vorgesehen sind:
   - Betriebsrat (§§ 75 Abs. 2,80 Abs. 1 Nr. 1 BetrVG)
   - Betrieblicher Datenschutzbeauftragter (§§ 28, 29, BDSG)
   - Aufsichtsbehörde (§ 20 BDSG).
3. Bedeutsam ist die Beachtung der *Mitwirkungs- und Informationsrechte des Betriebsrats.*

a) Übersicht über die Datenverarbeitungskontrolle
Um den Datensicherheits- und Datenschutzanforderungen zu entsprechen, müssen entsprechende Kontrollen im Datenverarbeitungssystem von vornherein eingeplant werden. Das *Kernstück* für eine solche Verfahrenssicherheit stellt ein *Kontroll- und Sicherungssystem* dar. Seine Aufgabe ist es zunächst zu gewährleisten, daß die Ergebnisse ordnungsgemäß erbracht werden, d.h.:

- *Fehlerhafte Eingabedaten* müssen erkannt und einer entsprechenden Bearbeitung unterzogen werden.
- Die Daten des Verfahrens müssen gegen *Verfälschung, Verlust* und *Fremdzugriff* gesichert und geschützt sein.
- Durch Abstimmungen muß die *Vollständigkeit* des Datenflusses kontrolliert werden.
- Der *reibungslose,* ordnungsgemäße, maschinelle *Ablauf des Verfahrens* muß sichergestellt sein und an Schnittstellen besonders beachtet werden.

Das Kontroll- und Sicherheitssystem enthält *darüber hinaus:*

- ▶ Kontrolle des eingelesenen und verarbeiteten Datenvolumens
- ▶ Kontrolle auf Vollständigkeit des Inhalts der Datensätze
- ▶ Kontrolle der Daten mit Hilfe von Abstimmungsrastern
- ▶ Kontrolle der Lückenlosigkeit von Datensätzen.
- *Plausibilitätskontrollen,* das sind:
   - Zulässigkeits- oder Gültigkeitskontrollen
   - Formatkontrollen
   - Summenkontrollen
   - Mischsummen
   - Kombinations- und Abhängigkeitskontrollen
   - Sortierungskontrollen
   - Prüfziffern, Kontrolle bei Eingabe von Zahlen.
- *Zugriffsberechtigungskontrollen:* Hiermit können einzelne Funktionen (lesen, schreiben, ändern etc.) oder alle Funktionen geregelt werden.

Neben diesen Systemkontrollen sind *aufgrund des Datenschutzgesetzes* (BDSG) § 4 Abs. 1 bei Verarbeitung personenbezogener Daten Maßnahmen zu gewährleisten, die *folgende Kontrollen* möglich machen:

270

- *Zugangskontrolle:* Unbefugten ist der Zugang zu Datenverarbeitungsanlagen entsprechend zu verwehren.
- *Abgangskontrolle:* Es ist zu gewährleisten, daß die mit der Verarbeitung personenbezogener Daten betrauten Beschäftigten nicht unbefugt Datenträger entfernen.
- *Benutzerkontrolle:* Daß Unbefugte das Datenverarbeitungssystem benutzen können, ist zu verhindern.
- *Eingabekontrolle:* Es muß nachträglich geprüft und festgestellt werden können, welche personenbezogenen Daten von wem und zu welcher Zeit in Datenverarbeitungssysteme eingegeben worden sind.
- *Zugriffskontrolle:* Die zur Benutzung eines Datenverarbeitungssystems Berechtigten dürfen ausschließlich zu den ihrer Zugriffsberechtigung unterliegenden personenbezogenen Daten Zugang haben.
- *Speicherkontrolle:* Es ist zu verhindern, daß die unbefugte Eingabe in einen Speicher sowie die unbefugte Kenntnisnahme, Veränderung oder Löschung gespeicherter Personendaten erfolgen.
- *Organisationskontrolle:* Es ist darauf zu achten, daß bei der Gestaltung innerbetrieblicher/innerbehördlicher Organisationen den besonderen Anordnungen des Datenschutzes voll entsprochen wird.
- *Auftragskontrolle:* Personenbezogene Daten, die im Auftrag verarbeitet werden, dürfen nur entsprechend den Weisungen des Auftraggebers verarbeitet werden.
- *Transportkontrolle:* Es ist zu gewährleisten, daß personenbezogene Daten bei der Übermittlung sowie beim Transport entsprechender Datenträger nicht unbefugt gelesen, verändert oder gelöscht werden können.

Aus dieser checklistenartigen Aufzählung verschiedenster Datenverarbeitungskontrollen ist ersichtlich, daß bei der Planung und Festlegung des Personalinformationssystems sehr viele Bestimmungen beachtet und viele Abstimmungen vorgenommen werden müssen. So ist es wichtig, im Planungsprozeß *rechtzeitig*

▶ den *Betriebsrat zu informieren,*
▶ den *Datenschutzbeauftragen einzuschalten,*
▶ die *Revisionsabteilung zu unterrichten.*

b) Kontrolle des Datenschutzes

Als *Instanzen* für die Kontrolle des Arbeitnehmerdatenschutzes sind bereits die drei Institutionen *Betriebsrat, betrieblicher Datenschutzbeauftragter* und *Aufsichtsbehörde* genannt worden. Die Überwachungs- und Kontrollbefugnisse des Betriebsrats gehen über die Abwehr möglicher Gefahren hinaus. Den Datenschutzbeauftragten in Betrieben fällt im Zusammenhang mit Aufbau und Nutzung von Personalinformationssystemen große Verantwortung zu. Es ist nicht nur ihre Aufgabe, die Durchführung des Systems auf ihre Datenschutzverträglichkeit zu kontrollieren, sondern sie müssen auch die Einhaltung der Datenschutzbestimmungen in entsprechenden Betriebsvereinbarungen gewährleisten. Der Datenschutzbeauftragte kann hier rechtzeitig eine beratende Funktion wahrnehmen. Gerade auch bei Streit und Spannungen zwischen Unternehmensleitung und Arbeitnehmern ist er in der Lage, gewissermaßen als *neutraler Mittler* die Spannungen auf beiden Seiten zu mindern oder zumindest durch objektive fachliche Information in Grenzen zu halten.

Aufsichtsbehörden werden nur dann angesprochen, wenn ein innerbetrieblicher Ausgleich zwischen Betriebsrat und betrieblichen Datenschutzbeauftragten nicht möglich ist. Da solche Kompetenzkonflikte und Interessenüberschneidungen in der Praxis häufig vorkommen, sollten grundsätzlich, vor allem im Hinblick auf das Klima, alle Möglichkeiten durch betriebliche Organe ausgenutzt werden, ehe die Aufsichtsbehörde eingeschaltet wird. Entsprechende Betriebsvereinbarungen könnten ja als Mittel zum Abbau des innerbetrieblichen Konfliktpotentials dazu beitragen.

c) Mitwirkungs- und Informationsrechte des Betriebsrates

Die Mitwirkung des Betriebsrats bei Einführung und Betrieb von Personalinformationssystemen sollte vom *Grundsatz der vertrauensvollen Zusammenarbeit* getragen sein. Angesichts der emotionsgeladenen Atmosphäre sollten die Arbeitgeber besonders darauf achten, ihre Pläne auf diesem Gebiet möglichst vollständig und in äußerster Offenheit darzulegen und nach Möglichkeit Betriebsvereinbarungen über dieses Gebiet anzustreben. Wie bereits erwähnt, soll der Betriebsrat *nicht nur Gefahren im Sinne des Datenschutzes abwenden, sondern auch bei der Gestaltung mitwirken.* Die *Ansatzpunkte* für eine Mitwirkung und Information des Betriebsrates bei der Einführung und beim Einsatz von Personalinformationssystemen sind:

- Es werden Bildschirmarbeitsplätze eingerichtet, an denen zu speichernde Personaldaten eingegeben und verarbeitete Personaldaten abgerufen werden können.
- Berechtigte und fähige Mitarbeiter werden mit entsprechenden Arbeitsgängen vertraut gemacht.
- Es handelt sich um einen Personaldatenbestand, der entweder aus anderen Personaldatensystemen übernommen oder originär eingegeben wurde.
- Durch Verknüpfung der gespeicherten Personaldaten besteht die Möglichkeit der Entwicklung verschiedenster Programme, die persönliche und Leistungsdaten kombinieren können.

Der folgende *Überblick* zeigt, *welche Mitwirkungsrechte neben dem allgemeinen Informationsrecht nach § 80 BetrVG* insbesondere bestehen:

- § 90 BetrVG (Gestaltung von Arbeitsplatz, Arbeitsablauf und Arbeitsumgebung)
- § 111 BetrVG (Betriebsänderungen)
- § 92 BetrVG (Personalplanung)
- § 96 BetrVG (Förderung der Berufsbildung).

Darüber hinaus kommen *bei einem Informationssystem* weiterhin *folgende Mitbestimmungsrechte* u.U. in Betracht:

- § 87 Abs. 1 Nr. 1 BetrVG (Ordnung des Betriebes und des Verhaltens der Arbeitnehmer im Betrieb)
- § 87 Abs. 1 Nr. 4 BetrVG (Zeit, Ort und Art der Auszahlung der Arbeitsentgelte)
- § 87 Abs. 1 Nr. 6 BetrVG (Einführung und Anwendung der technischen Einrichtungen zur Überwachung von Verhalten oder Leistung der Arbeitnehmer)
- § 87 Abs. 1 Nr. 7 BetrVG (Regelung über den Gesundheitsschutz im Rahmen der gesetzlichen Vorschriften oder der Unfallverhütungsvorschriften)
- § 87 Abs. 1 Nr. 10 BetrVG (Fragen der betrieblichen Lohngestaltung)
- § 94 Abs. 1 BetrVG (Personalfragebogen)

- § 94 Abs. 1 BetrVG (Aufstellung allgemeiner Beurteilungsgrundsätze)
- § 95 BetrVG (Auswahlrichtlinien)
- §§ 99, 102 BetrVG (personelle Einzelmaßnahmen, insbesondere Kündigungen)
- § 112 BetrVG (Interessenausgleich, Sozialplan).

Von besonderer Bedeutung und viel diskutiert ist der sog. *„Negativkatalog"*. Damit sind Personaldaten gemeint, die nicht gespeichert werden dürfen. Dies betrifft die Informations- und Mitwirkungsrechte des Betriebsrats. Deswegen ist es zweckmäßig, einen solchen „Negativkatalog" aufzustellen, der die personenbezogenen Merkmale umfaßt, die hinsichtlich *§ 27 Abs. 3 Satz 2 BDSG zu beachten* sind.

Nach Koffka (1984, S. 108) sind in einen *„Negativkatalog"* folgende personalbezogenen Merkmale aufzunehmen:

- „Daten über gesundheitliche Verhältnisse" wie
  - Art und Ursache einer Behinderung oder Erkrankung,
  - Drogen- oder Alkoholabhängigkeit,
  - Teilnahme an externen Kuren oder Erholungsmaßnahmen,
  - Einstellung im Rahmen der Resozialisierung.
- Daten über strafbare Handlungen und Ordnungswidrigkeiten, wie
  - laufende Strafverfahren,
  - Vorstrafen,
  - Bußgelder.
- Daten über religiöse und politische Anschauungen, wie etwa Zugehörigkeit zu Parteien, Gewerkschaften, Vereinen und Verbänden.

Von *der Speicherung sind nahezu ebenso eindeutig auszuschließen*

- *Ergebnisse medizinischer und psychologischer Tests,* da sie deutlich in die Nähe der Daten über gesundheitliche Verhältnisse rücken und ebenso wie diese weitgehend von der ärztlichen Schweigepflicht erfaßt werden. Weiterhin gehören Daten dazu, die ausschließlich die Privatsphäre der Mitarbeiter berühren. Diese Daten, die auch Angaben über frühere Beschäftigungsverhältnisse enthalten, mögen eine Rolle bei der Entscheidung über die Einstellung eines Mitarbeiters spielen. Nach erfolgter Einstellung sind sie für die rechtliche Beurteilung von Bestand und Ausgestaltung des Arbeitsverhältnisses ohne Bedeutung. Somit sind auch in den „Negativkatalog" aufzunehmen:
- *Daten über frühere Beschäftigungsverhältnisse*
  - die Häufigkeit des Berufswechsels
  - die Häufigkeit des Studienwechsels
  - Beurteilungen durch frühere Arbeitgeber
    ferner
- *Daten, die sich ausschließlich auf die Privatsphäre* des Mitarbeiters beziehen, bzw. sie berühren, wie:
  - Kriegsteilnehmer
  - militärischer Rang
  - Kfz-Besitz
  - Anzahl der Eheschließungen
  - uneheliche Kinder

- Raucher/Nichtraucher
- Hobbys
- Kredite von Dritten
- Beteiligung an nichtstrafrechtlichen Gerichtsverfahren.

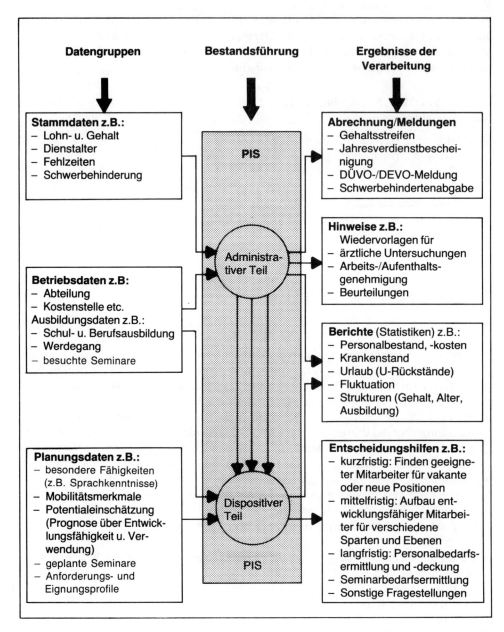

Datengruppen

Bestandsführung

Ergebnisse der Verarbeitung

Stammdaten z.B.:
- Lohn- u. Gehalt
- Dienstalter
- Fehlzeiten
- Schwerbehinderung

Betriebsdaten z.B:
- Abteilung
- Kostenstelle etc.

Ausbildungsdaten z.B.:
- Schul- u. Berufsausbildung
- Werdegang
- besuchte Seminare

Planungsdaten z.B.:
- besondere Fähigkeiten (z.B. Sprachkenntnisse)
- Mobilitätsmerkmale
- Potentialeinschätzung (Prognose über Entwicklungsfähigkeit u. Verwendung)
- geplante Seminare
- Anforderungs- und Eignungsprofile

PIS

Administrativer Teil

Dispositiver Teil

PIS

Abrechnung/Meldungen
- Gehaltsstreifen
- Jahresverdienstbescheinigung
- DÜVO-/DEVO-Meldung
- Schwerbehindertenabgabe

Hinweise z.B.:
Wiedervorlagen für
- ärztliche Untersuchungen
- Arbeits-/Aufenthaltsgenehmigung
- Beurteilungen

Berichte (Statistiken) z.B.:
- Personalbestand, -kosten
- Krankenstand
- Urlaub (U-Rückstände)
- Fluktuation
- Strukturen (Gehalt, Alter, Ausbildung)

Entscheidungshilfen z.B.:
- kurzfristig: Finden geeigneter Mitarbeiter für vakante oder neue Positionen
- mittelfristig: Aufbau entwicklungsfähiger Mitarbeiter für verschiedene Sparten und Ebenen
- langfristig: Personalbedarfsermittlung und -deckung
- Seminarbedarfsermittlung
- Sonstige Fragestellungen

Abb. 2.3 – 24: Datengruppen, Datenbestandsführung und Ergebnisse der Verarbeitung (nach Wolf-Köppen 1984, S. 56)

274

Was Beurteilungsdaten betrifft, muß differenziert werden. Zwecks Errechnung einer Leistungszulage können Leistungsbeurteilungen gemäß Tarifvertrag oder Betriebsvereinbarung in Punktwerten gespeichert werden und auch zu Informationszwecken der Statistik weiterverarbeitet werden. Subjektive Beurteilungsmerkmale hinsichtlich der Person des Mitarbeiters sollten in den Negativkatalog aufgenommen werden, also z.B.

▶ Beurteilungsmerkmale wie:
  - fachliches Können
  - geistige Fähigkeiten (Beweglichkeit, Kreativität u.ä.)
  - Arbeitsstil (Belastbarkeit, Arbeitstempo, Initiative)
  - Verhalten in der Zusammenarbeit (als Vorgesetzter oder gegenüber Außenstehenden).

Sogenannte *Prognosedaten* können auch mit geteilter Meinung gesehen werden, weil ,,Urteile'', die nicht ein Verhalten oder eine Leistung in einem bestimmten abgelaufenen Zeitraum beinhalten, auch stark auf subjektive Einschätzungen zurückzuführen sind. Ihre Speicherung ist deswegen zweifelhaft.

2.3.6.5 Personalentwicklung – Controlling mit Hilfe des Personalinformationssystems (PIS)

a) Übersicht
Es besteht die Schwierigkeit, die qualitative Bewertung und Möglichkeiten des PIS in eine effektive und effiziente Personalentwicklung durch ein funktionales Personalcontrolling umzusetzen.

Personalcontrolling kann in seiner übergreifenden Form dazu dienen (vgl. Abb. 2.2–6), Effektivität und Effizienz des Personalmanagements zu bewerten (evaluieren) und zu steuern. Organisatorische Veränderungen des Personalbereiches und entsprechende Planung können bereits in PIS-Systemen eine Datenbasis haben und für die Zielsetzung und Organisation von Personalentwicklungen für das Personalmarketing und vor allem für strategische Steuerung des PE-Konzepts durch Personalcontrolling dienlich sein.

In diesem strategisch bedeutsamen, wie auch schwierigen Bereich, ist es besonders wichtig, daß die oft beträchtlichen Aufwendungen effektiv nach ihrem Zielerreichungsgrad und ihrem Bezugsrahmen sowie effizient nach ihrer angestrebten spezifischen Qualität erreicht werden. Das Personalcontrolling soll nicht in Fremdkontrolle fungieren, sondern wesentlich dazu beitragen, daß nach bestimmten Regeln und Einsichten eine selbstgesteuerte Bewertung und Beurteilung der Vorgänge und Ergebnisse erreicht wird. Bei der Komplexität ist der Maßstab, insbesondere die Daten und Informationen, entscheidend.

b) Daten für Vergleichsmaßstäbe mit Blick auf ,,Benchmarking''
Benchmarking ist heute ein Begriff der strategischen Unternehmensführung, über den man zur Spitze aufschließen will. Die Weltklasse ist hier Maßstab. Die Methode des Messens der eigenen Leistung mit den Besten der Besten kann zu neuen Perspektiven führen, wenn man Kosten- oder Qualitäts- und vor allem Motivationsprobleme hat und schließlich erkennt, wie weit man u.U. der Konkurrenz nachhinkt.

Sicherlich besteht hier die Schwierigkeit der Vergleichsmaßstäbe, dennoch: was untersuchen wir in Marktanalysen? Die Begriffe wie Total-Quality mit Zero-Defect-Programmen z.B. signalisieren in die gleiche Richtung. Entscheidend ist, daß wir von der Einstellung her über den Service des Personalcontrolling zu Selbststeuerung und Selbstkontrolle gelangen. Denn Personalcontrolling hat mit dem deutschen Wort Kontrolle in erster Linie eigentlich nichts zu tun.

c) Bedeutung von Controlling

Wesentlich für das Controlling ist, es als ein ganzheitliches Handeln zu verstehen und als Gestaltungsvorgang, der sich in neuerer Zeit durch die immer komplexer werdenden Arbeitsbedingungen als eine *übergreifende Gestaltungsfunktion im Gesamtprozeß des Managements* (vgl. Abb. 2.2 – 6) herausbildete. Entscheidend für das Controlling sollte die Befähigung oder die Kompetenz der Selbststeuerung sein.

d) Zielsetzung und Bezugsrahmen zur Klärung von Personalentwicklungsentscheidungen und -maßnahmen

Die bereits erwähnte *globale Zielsetzung* lautet: *systematische Erfassung und Entwicklung des zukunftsbezogenen Qualifikationspotentials,* d.h. aller qualifizierten Fach-, Führungsnachwuchs- und Führungskräfte im Unternehmen sowie ihre Vorbereitung und individuelle Förderung auf einen möglichen Einsatz hin. Zunächst sind *drei Planungskomponenten* zu beachten:

- eine längerfristig angelegte Laufbahn- und Karriereplanung
- Planung von Aus- und Weiterbildung durch gezielte Maßnahmen wie z.B. Bildungsprogramme, auswärtige Seminare, Job-Rotation etc.
- Kurzfristige Einsatzplanung durch Rückgriff auf ein ausreichendes quantitatives und qualitatives Potential von Fach- und Führungskräften.

Personalentwicklung soll die

- informationsbezogenen,
- bildungsbezogenen,
- stellenbezogenen

Grundlagen für Entscheidungen über Personalentwicklungsmaßnahmen in logistisch entsprechender Abstimmung dieser drei Faktoren bereitstellen. Von daher bestimmt sich auch der Bezugsrahmen zur Erklärung von Personalentwicklungsentscheidungen und -maßnahmen im Unternehmen.

Hinsichtlich der informatorischen Grundlagen müssen personalpolitische Richtlinien und Grundsätze formuliert sein, die bei der Planung, Organisationsdurchführung und Kontrolle von Qualifikationsprozessen für unternehmerische Entscheidungen maßgeblich sind. Direkt zu den informatorischen Grundlagen und ihrer logistischen Vernetzung der Personalentwicklung gehören *Informationen über*

- Qualifikation von Personen,
- Anforderungen von Organisationseinheiten,
- Übersicht über Arbeits- und Bildungsmärkte.

Abb. 2.3 – 25 zeigt die Beziehung der informatorischen Grundlagen zu den stellenbezogenen Personalentwicklungsmaßnahmen und bildungsbezogenen Maßnahmen in ihrer Beziehung zueinander, was von der Struktur her das Personalcontrolling begünstigt.

Die Nutzung der PIS durch ein PE-Controling, das das vorstehende Konzept prozeßbegleitend bei verschiedenen Transferaktivitäten on-the-job, off-the-job, near-the-job, along-the-job oder in selbstgesteuerter Gruppenarbeit oder funktional steuert, führt nicht nur schneller zu effektiven und effizienten PE-Ergebnissen, sondern auch zur intensiveren Nutzung des Personalcontrolling, daß sich dann wiederum die Teilnehmer an Maßnahmen intensiver mit dem Transfererfolg und schließlich mit den Auswirkungen in ihrer praktischen Arbeit auseinandersetzen.

Kommen wir auf das PIS als qualitatives Datenkonzept zurück, so ist unabdingbar, daß für das gesamte PIS Konzept eine umfassende Datensicherung vorhanden ist, die den Zugang zum System schützt.

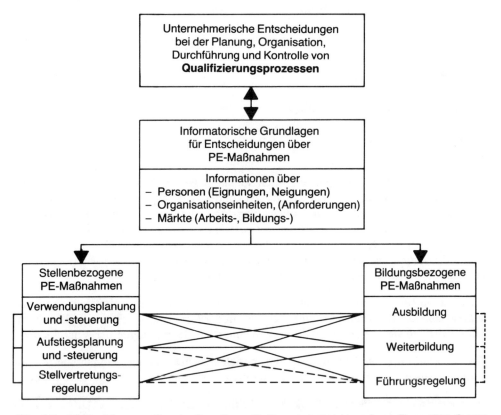

Abb. 2.3 – 25: Beziehungsgefüge der Grundlagen für Personalentwicklung (nach Thom 1984, S. 551)

e) Konzepterstellung
Um Personalentwicklungsplanung über ein Personalinformationssystem betreiben zu können, ist der administrative Teil (vgl. Abb. 2.3 – 24) durch einen dispositiven Planungsteil zu erweitern, der in der Diskussion der Sozialpartner sehr umstritten ist. *Zu beachten*

ist hierbei, daß das *Informations- und Beratungsrecht des Betriebsrats* nach § 92 und § 75 in Verbindung mit § 80 BetrVG nur die Informationen und Beratungen über Konzeption, Zielsetzung und Verfahren, generelle Erkenntnisse und in Aussicht genommene globale Maßnahmen umfaßt. Das Recht erstreckt sich nicht auf Angaben über einzelne in die Personalplanung einbezogene Mitarbeiter.

Um die Befürchtungen eines Mißbrauches der personenbezogenen Daten zu minimieren, sollte man dies direkt bei der Wahl der *Systemlösung* berücksichtigen. Aufgrund der hohen Vertraulichkeit der Daten, insbesondere der Potentialbeurteilung, bietet es sich an, eine *Insellösung* zu bevorzugen. Dies kann so geschehen, daß man einen eigenen Computer bei der Personalentwicklungsstelle einrichtet, ihn sozusagen vom Großcomputer des Unternehmens „abnabelt", jedoch auf der anderen Seite den Zugriff zum Großcomputer und dessen administrativen Teil des Personalinformationssystems hat.

Als nächster Schritt sollte, auf die Unternehmensbelange abgezielt, ein ausbaufähiges und flexibles Softwarekonzept erarbeitet werden. In praktizierten Systemen wird besonderer Wert auf optimale Systembedienung ohne spezielle EDV-Kenntnisse gelegt.

In der *Datenbank*, der *Grundlage des dispositiven Personalinformationssystems*, sind folgende Informationen gespeichert:

1. Personalien
2. Lebenslauf
3. persönliche Laufbahnvorstellungen
4. Potentialbeurteilung
5. Potentialförderung
6. Nachfolgeplanung.

Die ersten beiden Datengruppen enthalten *übliche Angaben* zum Mitarbeiter, die *ebenfalls aus dem Großcomputer* geliefert werden können. Die folgenden Datengruppen werden ausschließlich in der *Personalentwicklungstabelle* gesammelt und gepflegt. Von besonderer Bedeutung sind die *persönlichen Laufbahnvorstellungen*. Sie enthalten die vom betroffenen Mitarbeiter genannten kurz- bis langfristigen beruflichen Ziele sowie die *Mobilität/Flexibilität*, daß jemand gerne in einem anderen Bereich tätig werden möchte oder sich für einen Auslandsaufenthalt zur Verfügung stellt.

Die *Potentialbeurteilung* ergibt sich aus den Ergebnissen eines institutionalisierten *Beurteilungsseminars* für Managerfähigkeiten, das in der Firma *als Assessmentcenter* veranstaltet wird, sowie aus den laufend vorzunehmenden Beurteilungen der Vorgesetzten.

Die *Potentialförderung* kennzeichnet die speziellen Weiterbildungsmaßnahmen, die als bildungsbezogene Personalentwicklungsmaßnahmen planmäßig durchgeführt werden.

Des weiteren enthält die Datenbank die *stellenbezogenen Daten,* die die Aufbauorganisation kennzeichnen. Dadurch ist es möglich, eine Verknüpfung von Personen und Organisationsstruktur herzustellen, d.h., die *personenbezogenen Daten mit dem „Stellenplan" zu verknüpfen.* Durch künftig gewünschte differenzierte Anforderungsprofile kann man die Planung präzisieren. Hierzu sind desweiteren Leistungs-, Qualifikations-, Führungsprofile und der Abgleich mit dem eigenen Image-Profil sehr hilfreich (vgl. Abb. 2.2 – 6).

278

Unabdingbar für das gesamte Konzept ist eine *umfassende Datensicherung,* die den Zugang zum System mehrstufig schützt. Das *Datenschutzkonzept muß Beteiligten und Betroffenen in gleicher Weise bekannt sein und von ihnen auch akzeptiert werden.* Dazu gehört, daß man die Frage klärt, welche eigenen Daten die Betroffenen einsehen und auch korrigieren dürfen. Ein gut durchdachtes Konzept hilft, mit der EDV den Datenschutz im Prinzip konsequenter durchzuführen, als es mit herkömmlichen Registraturen möglich ist.

Bedeutsam ist die *Dynamisierung des Konzepts,* d.h. die zuverlässige Datpflege und Systemwartung. Hierzu bedarf es klarer Abgrenzungen der Verantwortlichkeiten für die Betreuung, regelmäßige Zuführung der neuesten Daten und einer zuverlässigen Dokumentation des Systems.

f) Zusammenhang zwischen Personalbedarfs- und Personalentwicklungsplanung
Zwischen der Personalentwicklungsplanung und der Personalbedarfsplanung gibt es enge Verbindungen, wie es auch Abb. 2.3 – 21 verdeutlicht. Eine systematische Personalbedarfsplanung bezieht zweckmäßigerweise nicht nur ihre quantitativen Meldungen von den Vorgesetzten der verschiedenen Abteilungen im Unternehmen, sondern auch qualitative Angaben geschäftspolitischer Schwerpunkte und Aktivitäten aus den hierfür zuständigen zentralen Fachressorts. Neben der Bedarfsermittlung offener und neuer Stellen wird die *Ermittlung entwicklungsfähiger Mitarbeiter* die *Schnittstelle zwischen Personalbedarfs- und Personalentwicklungsplanung* sein müssen. Die Bedarfsdeckung erfolgt aus eigenem Bestand und eigener Personalförderung durch Mitwirkung des zentralen Personalressorts bei der Personalentwicklungsplanung oder vom Markt her. Ebenso bedeutsam wie schwierig ist dabei die längerfristige Entwicklungsplanung. Insbesondere hier liegt einer der Hauptschwerpunkte der logistischen Unterstützung durch ein einheitlich vernetztes Personalinformationssystem.

g) Herausforderung von Personalentwicklungsplanung und Personalbedarfsplanung
  intern und extern durch das Personalmarketing
Intern bezieht eine systematische Personalbedarfsplanung zweckmäßigerweise nicht ihre quanitativen Meldungen von den verschiedenen Vorgesetzten verschiedener Abteilungen im Unternehmen, sondern auch qualitative Angaben geschäftspolitischer Schwerpunkte und Aktivität aus den hierfür zuständigen Fachressorts. Die Systematik dieser Angaben und die kontinuierlich qualitativ gute Information war jedoch nicht gewährleistet. Fortschritt und Entwicklung verlangen eine andere ,,Gangart‘‘, um den Bedarfsanforderungen gerecht zu werden. Für *systemgerechte Vorgänge* einer gewissen, auch *gleichbleibenden Qualität* versucht die *Zertifizierung nach ISO 9000* zu sorgen.

Die vorher genannten internen Vorgänge und die Beteiligung der Vorgesetzten muß durch ein modernes personalpolitisches Führungssystem intensiviert und intern wie extern ausgebaut werden, was z.B. Abb. 2.2 – 8 mit dem integrierten System der neuen Personalstrategien verdeutlicht. Die *frühere Schnittstelle* zwischen Ermittlung von entwicklungsfähigen Mitarbeitern im Unternehmen und der Bedarfsdeckung vom Markt her ist *heute zum Brennpunkt der Potentialentwicklung und Wertschöpfung des Human-Resources Managements* geworden, vgl. Abb. 2.3 – 26. Zu den bisher betrachteten strategischen Personalfunktionen tritt das Personalmarketing, das die notwendige Erweiterung der Bedarfsdeckungsvorstellungen zum Kunden und zu den Personal- und Absätzmärkten bringt. Kotler kennzeichnet „Marketing" allgemein als das Bewirken von Austauschprozessen materieller wie immaterieller Güter.

Bedarfsdeckung kann sich heute nicht mehr allein mit der Ermittlung und Besetzung von offenen und neuen Stellen befassen, um damit den Bedarf (vgl. die Abb. 2.4 – 2) zu decken. Im Brennpunkt steht der Potentialbedarf. Die drei Erfolgspotentiale der Zukunft, an denen er gemessen wird, sind

- Innovation
- Qualifikation
- Qualität.

Abb. 2.3 – 26: Personalmarketing, Personalentwicklung und Personalcontrolling und ihre Wirkungsbereiche im Rahmen der Wertschöpfung des Human Resources Managements (aus Heidack, C., Personalmarketing Management, in: Poth, L. (Hg.), Marketing, Bd. III, 2. Aufl., Königstein/T., 1994, S. 8)

Die notwendigen Daten und vielleicht lebenswichtigen Informationen für solche etwas längerfristigen, strategischen Überlegungen sollte in größeren Betrieben ein Personal Informations System (PIS) zur Verfügung stellen. Eine wesentliche Hilfe bietet hierbei die Vernetzung von Daten der Analysen und Ergebnisse des internen und externen Arbeitsmarktes des Personalmarketings. Sie sollten nicht nur der Aquisition, sondern auch der Motivation der eigenen Mitarbeiter und der Profilierung nach außen als Basis dienen.

280

2.3.7 Zusammenfassung

- Ziel und Schwerpunkt der unterschiedlichen Personalinformationssysteme können bisher vorwiegend in der wirtschaftlichen Abwicklung von Aufgaben der Personalverwaltung gesehen werden. Zunehmend gewinnt allerdings die logistische Nutzung der Daten für planerische und dispositive Zwecke im Personalbereich an Bedeutung.
- Der Einsatz der Datenverarbeitung für Abrechnungszwecke ist nicht umstritten. Heftige Kontroverse besteht dagegen zwischen den Sozialpartnern über die Nutzung für dispositive Zwecke, insbesondere im Hinblick auf Personalentwicklung und Organisationsentwicklung. Die Angst vor dem ,,gläsernen Menschen" im Hinblick auf eine totale Überwachung hat den Einsatz elektronischer Datenverarbeitungssysteme zunehmend in den Mittelpunkt rechtlicher Untersuchungen und kontroverser Auseinandersetzungen gerückt.
- Die Qualität des Konzepts eines Personalinformationssystems ist davon abhängig, wie weit es in ein systematisches gesamtunternehmerisches Strategiekonzept eingegliedert ist. Hierfür sind in Klein- und Mittelbetrieben andere Entscheidungen zu treffen als in Großbetrieben oder Konzernen.
- Das Personalentwicklungssystem soll einen Instrumentalcharakter haben und zur Stützung sämtlicher Aufgaben im Personalwesen herangezogen werden können. Eine allgemeingültige Definition von Personalentwicklungssystemen gibt es noch nicht. Das Personalentwicklungssystem ist nicht im Sinne eines rein technokratischen Modells zu verstehen, sondern soll in der Systemgestaltung gerade eine Hilfe und Verbesserung im Sinne der Humanisierung der Arbeitswelt sein. Es ist im Sinne der Betriebsinformatik als ,,offenes System" anzusehen, d.h., daß es erweiterungsfähig konzipiert sein soll.
- Gemäß den Aufgaben des Personalwesens lassen sich grundsätzlich administrative Aufgaben, die in Abrechnungs- und Verwaltungsaufgaben zu unterteilen sind, und unternehmenspolitische Aufgaben unterscheiden. Diesem unternehmenspolitischen Teil des Personalwesens dient der dispositive Teil im Personalinformationssystem. Er umfaßt im wesentlichen Planungsaufgaben und sollte dazu geeignet sein, auch eine langfristige strategische Personalplanung zu ermöglichen.
- Entsprechend den verschiedenen Aufgabenblöcken des Personalwesens kann eine entsprechende Zuordnung der für die Durchführung der einzelnen Aufgabe eingesetzten Instrumentarien erfolgen. Geschieht dies nur entsprechend der Zweckbestimmung für Abrechnungs- oder Verwaltungsaufgaben, so sind dies Modelle, die man Insellösungen nennt. Zunehmend zielt man jedoch aufgrund der logistischen Vernetzung darauf ab, diese Teilsysteme zu einem Gesamtsystem für das Personalwesen zu integrieren. Solche integrierten Lösungen sind nicht nur im Hinblick auf die Wirtschaftlichkeit von Datenverarbeitungssystemen her sinnvoll, sondern erhalten auch eine multifunktionale Bedeutung, die zur Lösung von unternehmenspolitischen Aufgaben wichtig ist. Dennoch können Insellösungen z.B. bei der Personalentwicklungsplanung aufgrund der hohen Vertraulichkeit der zu verarbeitenden Daten und ihrer Sicherung von Vorteil sein.

2.4 Personalbedarfsdeckung und -anpassung

2.4.1 Integration und Handhabung des kritischen Erfolgsfaktors Mensch im Unternehmen

2.4.1.1 Der strategische Doppelaspekt der Integration des Mitarbeiters in das Arbeitssystem des Betriebes: Vernetzung von interner und externer Gestaltung

Die Integration von Mitarbeitern in das Arbeitssystem eines Betriebes mit seiner sich rasch verändernden Umwelt ist die zentrale Anforderung an eine effektive Personalarbeit. Wenn man davon ausgeht, daß der Mensch zum kritischen Erfolgsfaktor der strategischen Unternehmensführung geworden ist, so ist mit *,,Integration'' die Beschaffung von außen wie auch die Pflege (,,Kultur'') von innen* gemeint.

Personalbedarfsdeckung und strategische Personalanpassung kennzeichnen die beiden Gestaltungsfaktoren dieser Anforderungen. Sie werden im strategischen Bereich durch das Personalmarketing und im operativen Bereich durch die Personallogistik geprägt bzw. gesteuert. Die Integration vollzieht sich konkret in der Praxis der Personalorganisation (vgl. den Rahmen des personalpolitischen Führungssystems in Abb. 2.3 – 8) durch *Mitarbeiterbeschaffung, Mitarbeiterauswahl, Mitarbeitereinsatz bzw. Mitarbeiterfreistellung. Dies sind die operativen Prozesse* und dispositiven Aufgaben der Personalarbeit, wie sie durch die Personalorganisation der Personalabteilung wahrgenommen werden.

2.4.1.2 Der Mensch im Mittelpunkt

Diese operativen Prozesse kennzeichnen die altbewährte funktional-pragmatische Art von Personalbedarfsdeckung und Personalanpassung, welche auch noch immer mit *Tendenz zum alten administrativen Stil* gehandhabt werden. Dort, wo man in diesem Stil die ,,schlanke'' Gestaltung als Kerngedanke des Lean-Management nur als Alibi für weiteren Personalabbau nutzt und unter dem Gesichtspunkt funktionaler Bedarfsaspekte der Kostenreduzierung und der Rationalisierung sieht, bleibt der *Mensch weitgehend Mittel zum Zweck*.

Im fortschrittlichen Arbeitssystem des Betriebs ist der Mensch als kritischer Erfolgsfaktor der strategischen Unternehmensführung in die Gestaltungsaufgaben des Human Resources Management eingebunden und wird als Humanpotential im Bewußtsein *,,allein der Mensch macht das Geschäft erfolgreich''* in die Entwicklung des Unternehmens bedarfsorientiert integriert. Von der Unternehmensstrategie her gesehen, hat die strategische Personalanpassung postlean eine Bedarfszielsetzung, die quantitativen Abbau und qualitativen Aufbau verlangt, um längerfristig effektiv und erfolgreich zu sein.

2.4.2 Bedarf und Bedarfsdeckung – Von der Defizitbeseitigung zur Potentialgestaltung

Zur Problematik des Bedarfs im Rahmen von operativer wie auch strategischer Bedarfserfassung sind bereits ausführliche Aussagen gemacht worden, insbesondere zur Bedeutung des Bedarfs in der Personalplanung (vgl. operative und dispositive Bedarfserfassung 2.3.8, die funktionale Verankerung in Abb. 2.3 – 18, und die strategischen Zusammenhänge zur Bedarfsplanung in Abb. 2.2 – 11).

Zum Abschluß des letzten Abschnitts wurde mit Blick auf die Abb. 2.3 – 26 die Bedarfsdeckung als Einordnung des Menschen in das Arbeitssystem des Betriebs als Brennpunkt der Wertschöpfung gekennzeichnet.

Die *in der Schnittstelle* zwischen Ermittlung von entwicklungsfähigen Mitarbeitern im Unternehmen und der Bedarfsdeckung vom Markt her festgestellten Defizite, reichen für die Vorstellung der Bedarfsdeckung heute allein nicht mehr aus. Ermittlung und Besetzung von offenen und neuen Stellen beseitigen den Defizitbedarf. Das Human Resources Management versucht vor allem durch Potentialanalysen den Potentialbedarf u.a. durch Assessment-Center zu erfassen (vgl. hierzu die Ausführungen in 2.2.9 *durch Potentialentwicklung und Wertschöpfung der Human-Resources* den Potentialbedarf zu gestalten (vgl. Abb. 2.3 – 26). Das Personalmarketing soll die notwendige Erweiterung der Bedarfsdeckungsvorstellungen zum Kunden und zu den Personal- und Absatzmärkten bringen. Die Schnittstelle von Personalbedarfsdeckung und Personalentwicklung verlangt eine synergetische, ganzheitliche Bedarfsgestaltung, was die Einbindung der Bedürfnisse der betroffenen Mitarbeiter und ihre Vorstellungen über die Arbeits- und Arbeitsplatzqualität (vgl. Abb. 1.5 – 2) erfordert.

Eine Übersicht über die komplexe Bedarfsgestaltung versucht die Graphik in der Abb. 2.4 – 1 zu geben. Die Komplexität läßt sich nach folgenden Dimensionen und Hauptfaktoren unterscheiden:

- Dringlichkeit der Hauptfaktoren – Notwendigkeit und Präferenz
- Zeithorizont mit den Hauptfaktoren – Gegenwart und Zukunft
- Verhaltenseinwirkungen
  Individuell-subjektive Einflüsse und interaktiv soziale Einflüsse, sowie organisatorisch-systemische Bedingungen

Die entsprechenden Erklärungsversuche insbesondere

- die Motivationslage nach Bedürfnis und Erwartung
- die organisatorische Problemlage nach IST und SOLL
- die Systemgegebenheiten nach Offenheit oder Geschlossenheit

sind in ihren Zusammenhängen aus der Abb. 2.4 – 1 verdeutlicht.

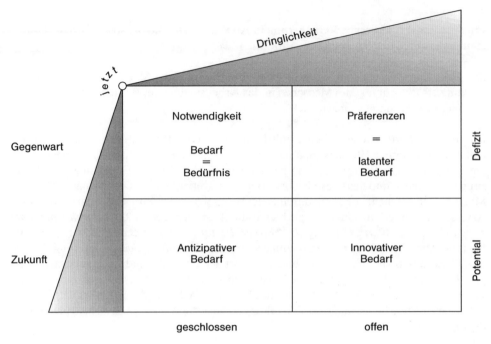

Abb. 2.4 – 1: Darstellung der Zusammenhänge der Bedarfsgestaltung nach ihren Dimensionen und Hauptfaktoren (nach Heidack, C., „Bedarf" – zur Deutung des Begriffs in Wissenschaft und Praxis, Düsseldorf 1991, S. 46)

2.4.3 Personalmarketing – mehr als strategische Bedarfsdeckung durch interne und externe Personalbeschaffung

2.4.3.1 Die Gestaltungsfunktionen und Gestaltungsbereiche des Personalmarketing

Personalmarketing kann heute nicht mehr als Schlagwort oder Modewort angesehen werden, sondern es steht für eine dynamische Personalarbeit im Betrieb und für die Optimierung derselben in Richtung des Human Resources Management sowie umfassender Wertschöpfung des Human-Kapitals.

Personalmarketing hat (nach Scholz), wie es auch die Abb. 2.3 – 26 verdeutlicht:

● eine Akquisitionsfunktion
● eine Motivationsfunktion, die speziell auf Kooperation und Partnerschaft abzielt und
● eine Profilierungsfunktion.

Die wichtigsten Gestaltungsbereiche des Personalmarketing kennzeichnet die Abb. 2.4 – 2.

Von den *strategischen Planungsbereichen* Personalmarktanalyse und Personalbedarfsplanung ist der letztgenannte Bereich in 2.2.3 und 2.2.8 ausführlich behandelt. Auf *das operativ gestaltete Personalmarketing-Mix* wird im Vergleich zum Absatzmarketing später eingegangen. Die beiden weiteren Bereiche *Corporate Identiy/Corporate Culture* und *Image-Pflege* sind von übergreifender Natur und prägen das betriebliche Arbeitssystem im Rahmen des personalpolitischen Führungssystems in besonderer Weise, wie Abb. 2.3 – 8 aufzeigt und aus den folgenden Thesen zur Charakteristik der konzeptionellen Ansätze des Personalmarketing hervorgeht.

Abb. 2.4 – 2: Die wichtigsten Gestaltungsbereiche des Personalmarketing

2.4.3.2 Die konzeptionellen Ansätze im Überblick

Personalmarketing hat zum Ziel, die Attraktivität des Unternehmens nach innen und nach außen zu erhöhen und zu sichern. Dabei sollen Mitarbeiter in der für das Unternehmen notwendigen Zahl mit der notwendigen Qualifikation zur rechten Zeit beschafft und in dem Unternehmen gehalten werden. Dies richtet sich sowohl auf das Mitarbeiterpotential sowie auf den potentiellen Mitarbeiter. Hier ist eine enge Verbindung mit der Personallogistik gegeben.

Personalmarketing schließt immer langfristige und kurzfristige, bzw. strategische und operative Überlegungen mit ein, welche die Deckung des Potential- und Defizitbedarfs betreffen. Im Vordergrund steht die Deckung des Potentialbedarfs zur Entwicklung und Sicherung der Erfolgs- und Leistungspotentiale. Personalmarketing sollte in jeder Handlung, die im Rahmen der Personalarbeit vollzogen wird, enthalten sein. Gutes Personalmarketing führt zu einer Zielangleichung zwischen den unternehmerischen Zielen und den persönlichen Zielen der Mitarbeiter durch Organisationsentwicklung und Personalentwicklung im Rahmen des Human Resources Management.

Um mit Hilfe von Personalmarketing die Wettbewerbsfähigkeit des Unternehmens zu sichern, muß die Qualität und das Know-How der Mitarbeiter und der Bedarf an innovativen Mitarbeitern gedeckt werden. Wichtige Instrumente des Personalmarketings sind das CI und das Image des Unternehmens, wobei ersteres verstärkt nach innen und das Image verstärkt nach außen wirkt. Darin äußert sich die Notwendigkeit einer ganzheitlichen Betrachtungsweise des Begriffs Personalmarketing im Rahmen der Unternehmenskultur.

Die Unternehmenskultur übernimmt in der Diskussion eine immer bedeutendere Rolle. Viele Unternehmen ersetzen Personalmarketing durch Unternehmenskultur.

2.4.3.3 Die Analogie zum Absatzmarketing und zum Marketing-Mix

Wichtig ist die Analogie zur Strategie des Absatzmarketings und zum operativen Bereich des Marketing-Mix. Nach Kotler, dem amerikanischen „Marketing-Papst" zielt das Marketing darauf ab, Austauschprozesse zu erleichtern und durchzuführen, sowohl in einmaliger Transaktion als auch durch kontinuierliche Austauschbeziehung. Der interaktive Austauschprozeß kennzeichnet demgemäß aktuell nicht nur eine wirtschaftlich materielle, sondern auch eine geistig-soziale Wertschöpfungskette.

Die soziale Wertschöpfungskette wird im Austauschprozeß speziell durch den interaktiven Gestaltungsprozeß zum Ausdruck gebracht. Der Weg führt methodisch am günstigsten über die kooperative Selbstqualifikation, wodurch interaktiv die Arbeits- und Lernvollzüge im direkten Transfer gestaltet werden.

Systematik und Vergleichbarkeit der beiden Gebiete werden im Rahmen des Marketing-Mix aufgezeigt. Die Abb. 2.4 – 3 zeigt die Systematik des Marketing-Mix im Absatzmarketing im Vergleich mit dem Personalmarketing auf.

Die Wirksamkeit der ablaufenden Kommunikationsprozesse ist wesentlich davon abhängig, ob das Unternehmen als Ganzes ein geschlossenes Konzept, Erscheinungsbild und Unternehmenskultur, vorweisen kann. Weiterhin paßt sich die Personalwerbung im Rahmen eines unternehmensweit organisierten und realisierten Corporate Identity den angrenzenden Werbebereichen an und signalisiert in der Öffentlichkeit den direkten Bezug zu dem Unternehmen.

Fünf nachfolgend dargestellte Werbearten sollen in dieser Hinsicht nebeneinander gleichermaßen ausgewogen wirksam werden ohne miteinander zu konkurrieren. Dies erscheint um so wichtiger, als es teilweise inhaltliche Überschneidungen gibt.

Die *PR-Werbung* dient zur globalen Imagepflege und regelt die Beziehungen zur Öffentlichkeit.

Die allgemeine Personalwerbung oder Personal-Image-Werbung dient dazu, dem Unternehmen ein geeignetes unverwechselbares, typisches Image als Arbeitgeber zu verschaffen.

Die gezielte Personalwerbung (Personalsuche) hat konkrete Personalbeschaffungsaktivitäten als Auslöser.

Die *allgemeine Produktwerbung* soll das Produkt und damit die generelle Unternehmensleistung zum Ausdruck bringen.

Die *gezielte Produktwerbung* orientiert sich praktisch ausschließlich an Absatzüberlegungen.

Die richtige Einschätzung, welchen Standort das Personalmarketing im Rahmen der Gesamtgestaltung der Personalarbeit und des Human Resources Management hat, wird durch Bedarfsermittlung und Bedarfsdeckung des Personalmarketing im Arbeitsplatz-Mix der Aufgabe und ihrem Umfeld im Unternehmen bestimmt. Die eigentliche Bedarfsdeckung

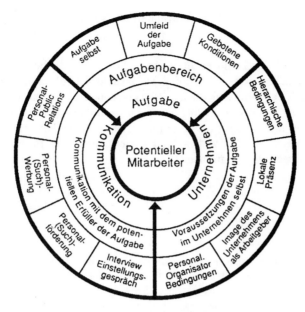

Personalmarketing

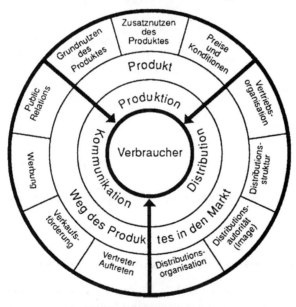

Absatzmarketing

Abb. 2.4 – 3: Vergleich der Systematik des Marketing-Mix im Absatzmarketing und Personalmarketing (frei nach Stadler)

durch den potentiellen Erfüller dieser Aufgaben ist das Gestaltungsfeld im Kommunikations-Mix.

Um die Vernetzung der einzelnen Gestaltungsbereiche noch deutlicher zu machen, sei darauf verwiesen, daß hierbei externe Einflüsse, wie sozialer und ökonomischer Wandel der Strukturen wie auch der unterschiedlichen Marktgegebenheiten eine Rolle spielen. Ein aufgrund von interner und externer *Marktforschung gestaltetes Personalmarketing* macht es somit zunehmend mehr möglich, sich von der reinen Defizitbetrachtung des Bedarfs zu lösen und den Potentialbedarf zu beachten sowie Erfahrungen für die Zukunftssicherung des Humanpotentials zu sammeln.

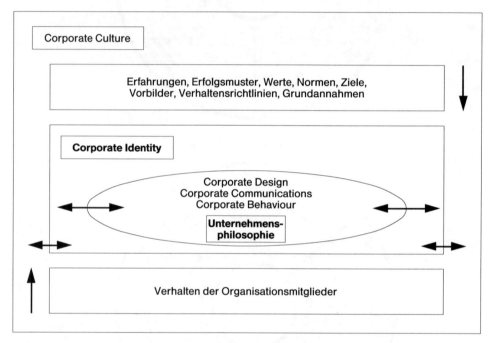

Abb. 2.4 – 4: Ein übergreifendes Modell der Unternehmenskultur im Rahmen der Corporate Identity

2.4.3.4 Der Gestaltungsbereich Corporate Identity und Unternehmenskultur

Die unternehmensinternen Faktoren sind einerseits geprägt von der Herausforderung zur Partnerschaft, die den vorhandenen wie potentiellen Mitarbeiter als „Kunde" sieht, gleichzeitig die anderen Partnergruppen wie Zulieferer, Kunden z.B. einbezieht. Andererseits sind es übergreifende Faktoren, die aus dem Paradigmawechsel durch den Wertewandel herrühren und in der CI und dem Image-Profil ihren organisatorisch-instrumentalen und unternehmenspolitischen Ausdruck finden.

In der Integration der beiden Instrumente der Unternehmenskultur CI und Image des Unternehmens äußert sich die Notwendigkeit einer ganzheitlichen Betrachtungsweise des

Begriffs Personalmarketing, was durch die Gestaltung der Unternehmenskultur über das Personmarketing-Management gelingen kann (vgl. Abb. 2.4 – 3).

Die Unternehmenskultur und die Wertehaltung spielen bei der Sicherung der Wettbewerbsfähigkeit des Unternehmens durch Schaffung eines schwer imitierbaren Know-Hows eine besondere Rolle. Wie Abb. 2.4 – 4 ausweist, muß mit Blick auf die strategischen Erfolgspotentiale Qualität und das Know-How der Mitarbeiter (vgl. Abb. 2.2 – 2) auf den Bedarf an innovativen Mitarbeitern im Bereich der Unternehmenskultur besonders beachtet werden. Diese Einsichten, die einerseits eng mit der Personalführung und Partizipation oder Persönlichkeits- und Motivationspsychologie im Zusammenhang stehen, sind andererseits nur dann möglich, wenn eine differenzierte Analyse sowohl der Beziehungen zwischen Unternehmen und Arbeitsmarkt wie der zwischen Unternehmen und Mitarbeiter im Rahmen einer Marktforschung erfolgt.

2.4.3.5 Personalwerbung im Gestaltungsbereich „Personal-Image-Pflege"

Personalwerbung ist Kommunikation zur zielgerichteten Beeinflussung festgelegter Ansprechpartner zu einer den Unternehmensvorgaben im Personalbereich entsprechenden Entscheidung.

Die Personalwerbung im Personal-Kommunikations-Mix ist somit in ein unternehmensbezogenes Umfeld eingebettet und ist unternehmensintern wie auch unternehmensextern wirksam. Die kontinuierliche Abstimmung des Instrumentariums und damit des Kommunikationskonzeptes ist absolut notwendig, um mit einem einheitlichen Erscheinungsbild in der Öffentlichkeit auftreten zu können.

Im Gegensatz zur Personalsuche orientiert sich die Personal-Image-Werbung nicht an aktuellen Bedarfssituationen, sondern bildet die Rahmenkonzeption für die Darstellung des Personal-Marketing-Ansatzes nach innen und nach außen.

2.4.4 Personallogistik – der operative Zugriff „just-in-time" aus strategisch ganzheitlicher Sicht

Insgesamt wird diese Problematik nach dem Grundsatz: „Die richtige Person am richtigen Platz" angesprochen. Neben diesem alten Franklin-Spruch ist in neuerer Zeit der logistische Grundsatz bekannt geworden „Die richtigen Dinge richtig tun!" – wobei die „richtigen Dinge" für die Strategie, das „richtig tun" für die logistisch-operative Handlungsorientierung stehen.

Die grundsätzliche Dienstleistung der Personallogistik besteht in der Bereitstellung und dem Einsatz von Mitarbeitern nach dem Grundsatz „just-in-time".

Die „just-in-time"-Prinzipien beziehen sich auf

● die richtige Anzahl
● die richtige Zeit
● den richtigen Ort (Arbeitsplatz)
● die richtige Qualifikation und
● die richtigen Mittel.

Ziel und Zweck der Personallogistik ist eng mit den Leanprinzipien verbunden: Es soll in den operativen Bereichen der Personalarbeit *Verschwendung vermieden* werden. Jeder Personalressourceneinsatz soll zur optimalen Zielerreichung beitragen.

Weiterhin soll jeder *Transfer- und Transformationsprozeß* ganzheitlich durch eine *logistische Kette* umfaßt bzw. begleitet werden, wodurch *Verluste der Wertschöpfung verhindert* werden sollen.

Die Systematik der Gestaltungsbereiche der Personallogistik, wird in der Abb. 2.4 – 6 aufgezeigt.

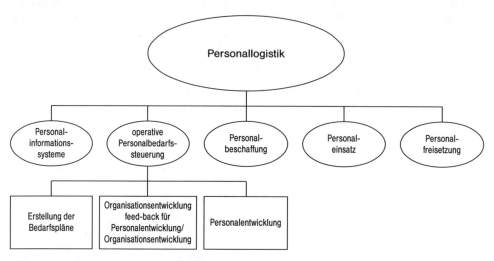

Abb. 2.4 – 5: Gestaltungsbereiche der Personallogistik

2.4.5 Freisetzungen und strategische Personalanpassung – quantitativer Personalabbau/qualitativer Personalaufbau

Während Freisetzungen operative Maßnahmen mit funktionalem Charakter sind, und den quantitativen Abbau in erster Linie im Auge haben, berühren Überlegungen zur strategischen Personalanpassung in ganzheitlich planerischer Sicht den quantitativen Personalabbau und beschäftigen sich gleichzeitig mit dem qualitativen Personalaufbau, um in wirtschaftlich rezessiven Zeiten die Leistungspotentiale durch Strukturoptimierung und Leistungsverdichtung im Sinne der Lean-Philosophie zu gestalten und nicht durch einseitige Reduktionsmaßnahmen zu schwächen. Freisetzungen sollten nicht nur nach weichen oder harten Maßnahmen eingeteilt werden, wie sie in der Übersicht der Abb. 2.4 – 12 dargestellt sind, sondern der Herausforderung organisatorischer und sozialer Flexibilität folgen. Die Lean-Gestaltung strategischer Personalanpassung erreicht ihre hochgesteckten Ziele durch synergetisches Zusammenspiel von Leistungsverdichtung, Strukturoptimierung und Sozialauswahl.

Zunächst werden die Ursachen, Maßnahmen und Vorgänge der Personalfreisetzung betrachtet.

290

2.4.5.1 Ursachen und Formen

Betriebliche Freisetzungen erfolgen grundsätzlich aus

- betriebsbedingten
- verhaltensbedingten
- personalbedingten Gründen.

Ihre Auswirkungen vollziehen sich auf individueller, materieller und psycho-sozialer Ebene.

Ursachenkomplexe für Personalabbau:

- kurz- bis mittelfristige, konjunkturelle und saisonale Schwankungen
- mittel- bis langfristig strukturelle Zusammenhänge

1) Rückläufige konjunkturelle Entwicklungen wirken sich auf Branchen bzw. auf die Betriebe einer Volkswirtschaft unterschiedlich aus und schlagen sich unter Umständen in entsprechenden Absatz- und Produktionsrückgängen nieder.

Dabei ist bei zunehmender internationaler Verflechtung einerseits eine steigende Abhängigkeit von weltwirtschaftlichen Entwicklungen festzustellen. Andererseits kann dies jedoch bei regional unterschiedlichen Konjunkturzyklen auch zur Stabilisierung der betrieblichen Beschäftigungssituation beitragen. Ist dieser Sachverhalt jedoch nicht gegeben, ist eine Anpassung des Beschäftigungsgrades erforderlich, der in unterschiedlichen Umfängen und Intensitätsgraden vorzunehmen ist. Im Extremfall ist der gesamte Betrieb betroffen. Betriebsstillegungen sind dann die Folge.

2) Saisonal bedingte Beschäftigungsschwankungen sind zunächst unabhängig von konjunkturellen Entwicklungen zu sehen. Im Extremfall können zeitweiligen Betriebsstillegungen ebenfalls befristet hohe Auslastungsgrade gegenüberstehen. Die Ursachen für derartige Schwankungen lassen sich sowohl auf Verbrauchsgewohnheiten und das Absatzprogramm (saisonabhängige Genußmittel) als auch auf das Fertigungsverfahren und das Produktionsprogramm (z.B. landwirtschaftliche Produkte: Schweinezyklus) zurückführen.

3) Veränderungen der Wirtschaftsstruktur überlagern die bereits erwähnten konjunkturellen Veränderungen und wirken oftmals in einem langfristigen Zusammenhang. Etwa aufgrund veränderter Nachfragestrukturen, anderer Produkte und Märkte erfolgen positive oder negative Beschäftigungseffekte innerhalb oder zwischen bestimmten Branchen und Regionen. Insofern sind auch hier unterschiedliche Umfangs- und Intensitätsgrade des Personalabbaus zu erwarten. Besonders drastische Veränderungen kennzeichnen dabei die Situation in den neuen Bundesländern nach dem Übergang zur Marktwirtschaft.

4) Technologische Entwicklungen und Veränderungen
Neue Technologien beeinflussen vielfach sowohl die quantitative als auch die qualitative Personalbedarfsermittlung. Dabei ist einerseits in einem gewissen Umfang die Substitution menschlicher Arbeit durch den Einsatz von Sachmitteln infolge von Mechanisierung und Automation festzustellen (z.B. durch Automaten in der Fertigung), andererseits bewirkt der Einsatz neuer Informations- und Fertigungstechnologien oftmals eine Veränderung der Qualifikationsstruktur.

5) Organisatorische Veränderungen können sich sowohl auf die Aufbau- als auch auf die Ablauforganisation beziehen und sollen eine zweckmäßigere Zuordnung von Aufgaben, Personen und Sachmitteln gewährleisten. Grundsätzlich stellen sie keinen Selbstzweck dar. Insofern stehen sie mit den anderen Ursachenkomplexen in einem derivativen Zusammenhang, der u.a. auch im Hinblick auf einen veränderten Personalbedarf unterschiedliche Gestaltungsspielräume offenläßt.

Formen des Personalabbaus

Funktionale Aspekte – Übersicht

Die funktionalen Aspekte und Maßnahmen werden in der Abb. 2.4 – 12 aufgezeigt. Sie kennzeichnen die mehr oder weniger geplante bzw. kausal abzuleitende Folge von Personalabbauüberlegungen. Sie sind in einer Abfolge von weichen zu harten Maßnahmen eingeordnet.

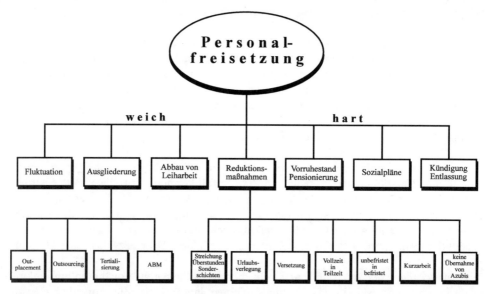

Abb. 2.4 – 6: Die Maßnahmen der Personalfreisetzung in der Abfolge von weichen zu harten Maßnahmen

Im einzelnen soll hier nur zu den weichen, noch wenig bekannten Maßnahmen der Ausgliederung durch die Unternehmen und, in einem eigenen Punkt, zum Interessenausgleich und Sozialplan, als eher harte und häufiger auftretende Maßnahme, Stellung genommen werden.

Die *Ausgliederungspläne des Unternehmens* können sich in vier Maßnahmen ausdrücken:

Outplacement
bezieht sich i.d.R. auf Führungskräfte – meist leitende Angestellte –, denen das Unternehmen die Möglichkeit gibt, mit einem Berater einen anderen Arbeitsplatz zu suchen. Das Unternehmen bezahlt den betreuenden Berater bis zur Neueingliederung gemäß Vertrag.

292

Outsourcing

liegt vor, wenn ein Unternehmen eine Abteilung oder Stelle, z.B. Reisekostenabteilung, ausgliedert und verselbständigt. Das Unternehmen unterstützt die Abteilung auf dem Weg in die Selbständigkeit durch Räumlichkeiten und/oder Verpflichtungen, in den nächsten 5 Jahren alle Reisebuchungen dort vorzunehmen.

Tertialisierung

ist eigentlich eine größere Variante des Outsourcing. Ganze Service-Abteilungen werden als GmbH z.B. selbständig gemacht. Zur Tertialisierung gehört, daß diese neuen Unternehmen statistisch in der Volkswirtschaft zum Dienstleistungssektor der Wirtschaft zählen, wie z.B. eine Bildungs- oder Kundendienst GmbH. Dagegen würde als Produktionsfirma die Faser GmbH von Bayer weiterhin im Industrie-Sektor bleiben.

ABM (Arbeits-Beschaffungs-Maßnahmen)

ABM-Gesellschaften wurden vorallem in Ostdeutschland mit Hilfe des Arbeitsamtes gegründet. Vielfach war die Kommune mitbeteiligt, weil sie der Gesellschaft Arbeitsaufträge geben konnte. Es sollten an einer ABM-Gesellschaft außer dem Arbeitsamt mehrere Träger beteiligt sein.

Maßnahmen beim Personalabbau

Zunächst ist grundsätzlich zwischen dem direkten Personalabbau und *vorbeugenden Maßnahmen* zu unterscheiden, die einem indirekten Personalabbau und evtl. seiner Vermeidung gleichkommen. In der Unternehmungspraxis unterscheidet man darüber hinaus je nach dem Ausmaß der persönlichen Betroffenheit zwischen ,,harten'' und ,,weichen'' Formen des Personalabbaus (vgl. Abb. 2.4 – 6).

Alternative Maßnahmen zum direkten Personalabbau sind insbesondere nur dann sinnvoll durchführbar, wenn die Unternehmensentwicklung auch durch expandierende Tendenzen, etwa in bestimmten Unternehmungsbereichen, gekennzeichnet ist oder eine rückläufige Beschäftigungsentwicklung nur als vorübergehend angesehen wird, wenn etwa eine hohe Fluktuationsrate einen beabsichtigten Personalwechsel begünstigt, oder, wenn die Gefahr eines drohenden Personalabbaus rechtzeitig erkannt worden ist.

Vorausgesetzt ist jeweils eine funktionierende Personalplanung, deren Planungsgrad und strategische Ausrichtung vielfach noch zu wünschen übrig läßt. Analytisch kann man zwischen *quantitativen und qualitativen Möglichkeiten des indirekten Personalabbaus* unterscheiden.

In quantitativer Hinsicht ist wiederum zwischen verschiedenen Möglichkeiten der Arbeitszeitgestaltung und unterschiedlichen personalwirtschaftlichen Reaktionsformen zu differenzieren. Zu den letztgenannten Möglichkeiten zählt insbesondere der Einstellungsstopp, der je nach der Höhe der Fluktuationsrate und der Struktur des nach wie vor vorhandenen Personalbedarfs unterschiedlich restriktiv gehandhabt werden kann. Darüber hinaus ist, sofern hinreichend vorhanden, der Abbau von Leiharbeit und die Nichtverlängerung von Zeitverträgen zu erwähnen. Große personalwirtschaftliche Bedeutung kommt nicht zuletzt möglichen Versetzungen zwischen einzelnen Abteilungen, Werken, Unternehmensbereichen u.ä. zu. Dabei ist nicht nur eine rechtzeitige und umfassende Personalplanung von großer Bedeutung, sondern auch bei der späteren Realisation viel Feinarbeit, guter Wille und sorgfältige Abstimmung zwischen den Sozialpartnern und den betroffenen Arbeitnehmern erforderlich, um die vielfach erheblichen Diskrepanzen zwischen Anforderungs- und Eignungsprofil sowie personellen Wünschen und positionellen Möglichkeiten zur Deckung zu bringen. Sofern durch Arbeitszeitgestaltung in indirekter Form Personalabbau ersetzt oder erleichtert werden kann, sind folgende Alternativen zu nennen, deren Anwendungsbedingungen und -möglichkeiten jedoch stets kritisch zu prüfen sind: Abbau von Überstunden und Sonderschichten, Einführung von Kurzarbeit, vorgezogene Abwicklung des Jahresurlaubs im Rahmen der Urlaubsplanung und -umsetzung, Veränderung der regulären Arbeitszeiten auf betrieblicher oder auf tarifvertraglicher Ebene sowie die Umwandlung von Voll- in Teilzeitarbeitsplätze. Im Hinblick auf die Anwendungsbedingungen sei nur erwähnt, daß Frauen der Arbeitszeitgestaltung der betrieblichen Mitbestimmung gemäß § 87(1) BetrVG unterliegen und darüber hinaus insbesondere die Länge der Arbeitszeit tarifvertraglich festgelegt ist.

Betrachtet man die *qualitativen, vorbeugenden Maßnahmen zum direkten Personalabbau,* so sind Aspekte des Arbeitsinhaltes und der Arbeitsintensität (Arbeitsgestaltung) sowie der Qualifikation zu erwähnen. Im ersteren Falle handelt es sich im Gegensatz zur Arbeitsverdichtung um Ansatzpunkte zur Arbeitserweiterung, indem z.B. die Möglichkeit eingeschränkt wird, mehrere Stellen in Personalunion zu besetzen (Mehrstellenbegrenzung). Besetzungsrichtlinien, in denen z.B. mit Hilfe von Produktivitätskennziffern das Verhältnis von Produktionsausstoß oder Maschinenanzahl und eingesetzem Personal festgelegt ist, gehen in eine ähnliche Richtung. Problematisch ist hierbei oft, daß ein Kurieren von Symptomen erfolgt und die eigentliche Ursache, weshalb der Personalabbau erforderlich erscheint, nicht direkt angegangen wird. Insofern handelt es sich um Entlastungsmaßnahmen von vorübergehender Natur, die bei zu langem Einsatz zur Zementierung überkommener Strukturen führen können. Hingegen wird durch das Ansetzen an der Qualifikation der Mitarbeiter im Hinblick auf Aus- und Fortbildung, Umschulung und qualifiziertes Anlcrncn ihre Flexibilität und Einsatzfähigkeit erhöht und so die Anpassung an veränderte Arbeitsstrukturen erleichtert. Sind die im einzelnen beschriebenen vorbeugenden Maßnahmen entweder nicht rechtzeitig, umfassend und intensiv genug bedacht worden oder z.B. aus strukturellen, wirtschaftlichen Gründen nicht durchführbar, verbleiben nur noch die direkten Möglichkeiten des Personalabbaus, die in der Regel dem Verlust des Arbeitsplatzes gleichkommen und somit der außerbetrieblichen Personalfreisetzung entsprechen. Dabei handelt es sich insbesondere um die Frühpensionierung von Mitarbeitern, den Abschluß von Aufhebungsverträgen sowie um Entlassungen in der Form von Einzelkündigungen, Massenentlassungen und Entlassungen nach Betriebsänderungen, die üblicherweise in Form eines Sozialplanes geregelt werden.

Überblick: Interessenausgleich und Sozialplan

Bei *Unternehmen mit guter Ertragslage* oder mit Zugangsmöglichkeit zu staatlichen Unterstützungsleistungen sind Interessenausgleich und Sozialplan der bequemere Weg, einen Personalüberhang abzubauen. Vor allem sind die Kosten hierfür relativ schnell eingeholt. Allerdings können Verhandlungen über Interessenausgleich und Sozialplan recht langwierig sein − z.B. *bei Einschaltung der Einigungsstelle* − und sind u.U. mit einem negativen Presseimage verbunden. Dies ist der Grund, weshalb viele Unternehmensleitungen bereit sind, den weiteren Zahlungsforderungen der Arbeitnehmervertreter entgegen zu kommen. Die Arbeitnehmervertretungen werden oft nicht rechtzeitig genug in die

Planung von Betriebsänderungen eingebunden. Der Wille, sie umfassend genug zu informieren, beschränkt sich auf das juristisch Notwendige; als taktisch wichtig erweisen sich Zeitpläne. In *Krisenbranchen* bewirken bzw. unterstützen Sozialpläne den notwendigen Strukturwandel nicht immer. Sie können ihn aufgrund des Abflusses von Knowhow und Finanzmitteln sowie durch zeitliche Verzögerungen durchaus auch behindern. Der *interne Arbeitsmarkt* ist bei größeren Umstrukturierungen, insbesondere bei problematischer Qualifikations- und Altersstruktur der Belegschaft, mit einer Selbstregulierung über Versetzungen überfordert. Als umso wichtiger erweist sich in diesen Fällen eine intensive Planung mit frühzeitiger Information der Arbeitnehmervertreter. Die Wirkung von *Beschäftigungsplänen* ist in der Praxis aufgrund des Scheiterns der Diversifikationsidee und vielfältiger Probleme bei der Qualifizierung bislang nicht so nachhaltig, wie sie sein könnte. Beschäftigungspläne und Qualifikationspläne können kein Ersatz für Sozialpläne sein, sie stellen jedoch eine wichtige inhaltliche Ergänzung dar, die es weiterzuentwickeln gilt.

Phasen des Personalabbaus

Die Problematik des Personalabbaus ist nur dann sinnvoll zu behandeln, wenn sie rechtzeitig erkannt wird. Dies setzt nicht nur eine funktionierende Personalplanung voraus, sondern auch ihre angemessene Integration in die anderen Teilsysteme der Unternehmungsplanung wie z.B. die Absatz- und Produktions-, die Forschungs- und Entwicklungssowie die Investitions-, Finanz- und Organisationsplanung. Dabei können folgende Phasen unterschieden werden:

1) Problemstellungsphase
Zunächst geht es insbesondere um das Planen, Erkennen und Erfassen der Personalabbauproblematik. Dabei ist neben dem spezifischen Problemhintergrund von Interesse, welche Unternehmungsbereiche tangiert sind, von wem die Problematik erkannt wurde und welche internen oder externen Stellen die Problemanalyse vorgenommen haben.

2) Phase der Alternativensuche und -bewertung
In dieser Phase werden Lösungskonzepte erarbeitet, indem unterschiedliche Problemlösungsalternativen ermittelt und auf ihren Beitrag zur Beseitigung oder Abmilderung der Personalabbauproblematik hin untersucht werden. Dabei ist bereits hier zu erwähnen, daß die Bewertung der Problemlösungsalternativen insbesondere in Abhängigkeit von Interessenlage, Zielsetzung, Expertise und Betroffenheit der aktiv Beteiligten im Bereich der Unternehmungsführung, der Betriebs- und der Unternehmungsverfassung zu unterschiedlichen Ergebnissen führen können.

3) Verhandlungsphase
Insbesondere bei komplexen, umfassenden Personalabbauproblemen ist in diesem Zusammenhang von einer Verhandlungsphase auszugehen, die wiederum in der Regel durch eine Informationsphase (Information von Aufsichtsrat, Wirtschaftsausschuß und Betriebsrat/Gesamtbetriebsrat) durch Vertreter der Unternehmensleitung begonnen wird. In der Verhandlungsphase ist insbesondere von Bedeutung die Zusammensetzung der Verhandlungskommissionen auf seiten der Arbeitgeber- und Arbeitnehmervertreter, die beabsichtigten Vertragsregelungen (tarifvertragliche Regelung, Interessenausgleich, Sozialplan),

die Ausgangskonzepte und Verhandlungsstrategien beider Seiten sowie der Weg zur Einigung, ggf. unter Einschaltung einer Einigungsstelle und das Verhandlungsergebnis.

4) Ausführungsphase

Hier ist insbesondere die Durchführung der erforderlichen organisatorischen und personellen Maßnahmen sowie die gezielte Steuerung und planmäßige Überwachung der bei der Durchführung entstehenden Wirkungen zu nennen. Dies gilt nicht zuletzt auch für eine angemessene Behandlung der Personalfreisetzungsproblematik.

Strategische Personalanpassung

Die neuen Bedingungen ,,postlean''

Zu beachten ist, daß unter den Bedingungen des immer rascher sich vollziehenden Wandels in Industrie und Dienstleistung die Bedeutung der Personalarbeit nicht nur weiter zunimmt, sondern eine andere Qualität erhält. Die Ausrichtung des Humanpotentials als die Gesamtheit menschlicher Arbeitskraft im Unternehmen auf die gegenwärtigen und zukünftigen gesamtunternehmerischen Anforderungen ist von zentraler strategischer Bedeutung und in allen Funktionsbereichen integriert. Für die erfolgreiche Anwendung dieser Entwicklung sind in der Regel organisationsstrukturelle Anpassungen nötig, sowie eine ständige Optimierung der entsprechenden Instrumente und Prozesse.

So hat sich eine Paradigmaveränderung − letztlich durch das Lean-Management − vollzogen, die aus neuen Rahmenbedingungen für Ziele, Aufgaben, Tätigkeiten und Handlungsweisen der Mitarbeiter resultiert. *Mehr unmittelbare Verantwortung für Qualität und Qualifikation*, vernetzte Beziehungen und kooperative Aufgaben-, Problem- und Konfliktbewältigung, größere dispositiv bestimmte und bedingte *Entscheidungsspielräume in der Arbeitsorganisation* kennzeichnen die Verhaltensweisen sowie die Ziele und Inhalte im *Arbeitsprozeß, der sich immer mehr auch als Lernprozeß gestaltet.*

Auf der Prozeßebene ist nicht zuletzt durch den Wertwandel der 80er Jahre eine grundlegende Veränderung des Arbeits- und Qualitätsverständnisses entstanden, weg von der funktionalpragmatischen Organisations- und Vorgehensweise, hin zu einer Verhaltensdimension im Sinne einer kooperativen Handlungs- und Führungskompetenz.

Die strategische Personalanpassung *verlangt eine differenzierte Betrachtungsweise* nach kurzfristig unabdingbarem Handeln bei Existenzbedrohung und langfristig qualitative Optimierung der Strukturen und Prozesse des Humanpotentials zur Existenzsicherung. Das *Personalmanagement muß seine Kompetenz* für das Human Resources Management in Krisenzeiten gezielt wahrnehmen, und darf sich nicht ausschließlich in die Personalabbaurolle drängen lassen. Es sollte eine Katalysatorfunktion wahrnehmen und eng mit dem Betriebsrat zusammenarbeiten. Ein Konzept der Leistungsverdichtung, das eine Strukturoptimierung und optimale Nutzung der Prozeßorientierung zum Ziel hat, ist der wirksamste Weg eine strategische Personalanpassung zu betreiben. Im Rahmen der methodischen Prozeßoptimierung kann die Leistungsverdichtung durch kooperative Selbstqualifikation wesentlich gesteigert werden. Langfristige Erfolgspotentiale aufzubauen, ist ein Schwerpunkt der strategischen Personalanpassung, die die Unternehmenskultur und Werthaltungen der Mitarbeiter berücksichtigt. Insbesondere soll Qualität und Innovation ge-

296

fördert werden, wodurch Qualifikation und schwerimitierbares Know-how aufgebaut wird, was einen leichtfertigen Abbau geradezu verbietet, wie aus dem Überblick in der Abb. 2.4 – 7 hervorgeht.

Die Schaffung von Wertschöpfungs-Centers Personal kann in Zukunft ihre Langfristwirkung für die strategische Personalanpassung in Krisenzeiten nicht verfehlen.

Schwerpunkte der strategischen Personalanpassung

Neben den sozialen Auswirkungen für die arbeitslos gewordenen Mitarbeiter geht dem Unternehmen ein kaum kurzfristig zu ersetzendes Know-how verloren (vgl. Abb. 2.4 – 7).

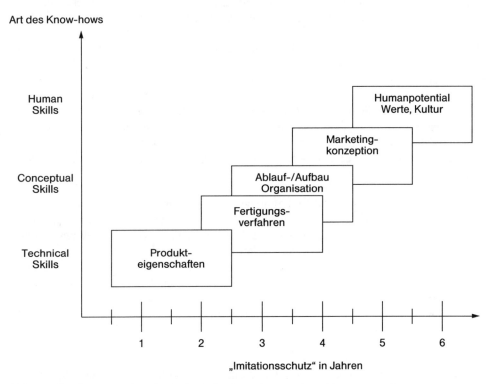

Abb. 2.4 – 7: Übersicht über den Imitationsschutz der einzelnen Konzepte im Betrieb (nach Wohlgemuth)

Für einen strategischen Personalabbau sind die *sozialen Gegebenheiten* und die sozialen Problemfelder auf der einen Seite ein besonders beachtenswerter Aspekt, der gemeinsam mit dem *Betriebsrat* zu betrachten ist. Auf der anderen Seite müssen die Leistungsträger identifiziert sein, um sie in Schlüsselpositionen zu bringen und dadurch zur Leistungsverdichtung mit dem verbleibenden Mitarbeiterstamm zu kommen.

Hierbei spielt die dynamische Entwicklung der Erfolgspotentiale *Qualität und Qualifikationspotential zu einem unternehmensspezischen Know-how* und einer schwer imitierbaren Wertschöpfung eine zentrale Rolle. Die langfristige Wirksamkeit und Bedeutung für die Kontinuität des Erfolges gegenüber anderen Erfolgspotentialen ist mit dem KVP im Rahmen der strategischen Unternehmensführung erreichbar und damit auch ein vernetztes personalpolitisches Führungssystem zur Gestaltung und optimalen Strukturierung der elementaren Aufgaben der Personalarbeit. Die Optimierung kann in Zeiten des Personalabbaus nur durch eine strategische und operative Leistungsverdichtung im Rahmen einer Strukturoptimierung des Unternehmens erfolgen (vgl. hierzu Fröhlich 1994, Fröhlich/Meyer 1993, Heidack 1994), um die Krisenzeiten erfolgreich gerüstet zu überdauern.

Wo Arbeitsfunktionen dynamisiert und flexibilisiert werden, ergeben sich auch wechselnde Leistungskonstellationen, die sich nicht vorab rein technisch abstimmen lassen. Statt dessen werden Effektivität und Wirtschaftlichkeit abhängen vom synergetischen Handeln kleiner Einheiten in dynamisierten Netzwerken, die eine klare Personallogistik erfordern.

Wer deren Arbeitsstruktur untersuchen will, muß bis in den Markt hinein einen meist informellen Informations- und Kommunikationsfluß beachten, in dem sich Eigenleistung immer weniger interpretieren läßt. Im Rahmen von Arbeitsanalysen ist also eine verstärkte Berücksichtigung der Partner im Arbeitsprozeß erforderlich. Die Angemessenheit einer Arbeitsaufgabe erschließt sich folglich erst in einer ganzheitlichen, den Leistungsverbund beachtenden Betrachtungsweise. Somit hängen Leistungspotentiale in ihrer Beurteilung und in ihrer Wirksamkeit in verstärktem Maße davon ab, daß sie in ihrer Aufgabenstellung, in den Ressourcen und der Kompetenz stimmig sind mit den übergreifenden Netzwerken.

Bei der Personalselektion und dem -abbau wird damit auch die Sozialauswahl ein immer gewichtigerer Beurteilungsfaktor, vor allem dann, wenn zwei für eine Stelle gleich geeignet sind. Besondere Bedeutung gewinnt diese Sozialauswahl im Prozeß der Strukturoptimierung für einen qualitativen Personalaufbau in Krisenzeiten (vgl. Abb. 2.4 – 16/17).

Festzustellen ist, wieweit sich eine strategische Personalanpassung mit den Prämissen und Zielvorgaben des personalpolitischen Führungssystems des quantitativen Abbaus und des qualitativen Aufbaus als Möglichkeit der Strukturoptimierung im Sinne der Leistungsverdichtung verwirklichen lassen.

Neben der Strukturoptimierung ist die entsprechende methodische Prozeßoptimierung im Rahmen der strategischen Personalanpassung durch kooperative Selbstqualifikation und partnerschaftliches Führen von wachsender Bedeutung. Die kooperative Selbstqualifikation als effektivste Form der betrieblichen Qualifikation dürfte ihre besondere Wirkung in der Diskussion in Szenarien bis hin zu Projekten im Personalanpassungsprozeß haben.

Es kann *nicht Sinn einer strategischen Personalanpassung sein,* wenn wertvolle Mitarbeiter durch undifferenzierten Personalabbau oder aufgrund eines ausschließlich unter dem Aspekt der *Sozialwahl* durchgeführten Personalabbaus später in *Schlüsselpositionen* oder zum *Durchführen innovativer Aufgaben in der Wertschöpfungskette fehlen.*

Dramatische Veränderungen von Innovationen, die im Alltag nicht weitergetragen werden, aber eine besondere Leistungsverdichtung bewirken, werden nachfolgend erörtert.

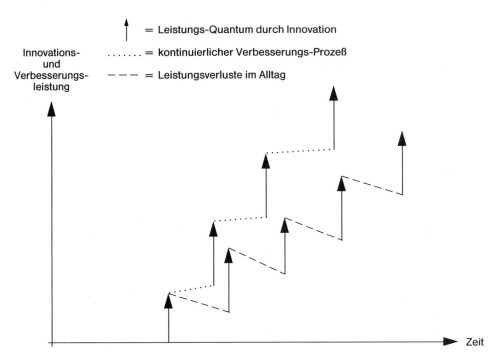

Abb. 2.4 – 8: Leistungsverdichtung durch KVP in Fortführung der Wirkung von Innovationen

Die Selbststeuerung umfaßt im optimalen Prozeß die *kontinuierliche Verbesserung und die kooperative Selbstqualifikation*, was in erster Linie nichts anderes bedeutet als permanentes Lernen im Arbeitsprozeß. In einer objekt- und prozeßorientierten Leistungsverdichtung werden beide Ansätze näher beleuchtet.

Kontinuität hat bei der sich beschleunigt wandelnden Umwelt im Sinne eines nachhaltigen Wachstums in der ökologischen Strategiediskussion als *„sustainable development"* eine besondere Bedeutung erlangt. Der Hintergrund ist aus der Forstwirtschaft zu verstehen. So wie man dort dafür sorgt, daß durch gleichmäßiges Nachwachsen von Bäumen und Hölzern ein kontinuierlicher, natürlicher Waldbestand erhalten bleibt oder nach und nach entsteht, sollte auch durch ein Personalmarketing-, bzw. spezielle Arbeitsplatz-Mix Aquisition, Partnerschaft und Profilierung des Personalmarketing im Zusammenspiel mit Personalentwicklung und Personalcontrolling, eine strategische Erfolgsposition inhaltlich gestaltet werden, durch die die Wertschöpfung des Human-Kapitals angeregt und gefördert wird. Vgl. hierzu die Darstellung in Abb. 2.3 – 26, in der im umgreifenden Ring Innovation, Qualifikation und Qualität als die Garanten der postlean Erfolge dargestellt werden.

Vom richtig verstandenen Ansatz her, kann der Lean-Gedanke nicht dazu führen, Kahlschläge zu vollführen, die in einer angemessenen Zeit irreparabel sind. Man kann ein Unternehmen nicht so abmagern, daß es nicht mehr imstande ist, gute Ideen, die man durch Analyse am Markt oder in den Köpfen der Mitarbeiter entdeckt, umzusetzen. Wichtige Wertschöpfungsträger, die auch zur Leistungsverdichtung in Krisenzeiten wesentlich beitragen können, müssen dem Unternehmen erhalten bleiben. Hier ist das Personalmanagement besonders gefordert.

In der Service-Leistung für Personalverantwortliche liegen für ein postlean-Denken Gedanken nahe, weitere Schritte hin zu einer objekt-, produkt-, und prozeßorientierten Arbeitsteilung zu unternehmen. Einfallsreichtum, sensible Vorsorge und Begehen von vorsteuernden Wegen oder auch scheinbaren Umwegen sind gefragt. Riskant sind abwartende, passive Verhaltensweisen.

Kostenreduzierung durch quantitativen Abbau allein in der bisher meist geübten funktional-pragmatischen Art ist Raubbau und verläuft nicht in die qualitative Richtung der Wertschöpfung bzw. noch nicht einmal der Werterhaltung. Einseitige Maßnahmen dieser Art zeugen von wenig Einfallsreichtum bzw. davon, daß die Pesonalarbeit wesentlich als Verwaltung verstanden wird und Personalwesen im engeren Sinne wesentlich vollstreckende Servicefunktion anstatt helfende Vorsorge ist. Ein geplanter Personalabbau durch Maßnahmen wie Kurzarbeit und zusätzliche Qualifikation, sowie Einbettung in Projekte, nicht nur qualitative Werte erhalten, sondern auch Wertschöpfung betreiben. „Lean-Konzepte" können nicht auf quantitative Kostenreduzierung fußen, die „postlean" dazu führen, daß es im Unternehmen nicht mehr möglich ist, gute, vielleicht sogar existenzgewährleistende Ideen zu verwirklichen, weil kein Personal oder gar kein Knowhow dafür verfügbar sind, sie zur Innovation auszugestalten.

Nur über den Teamgedanken vollzieht sich die Wertschöpfung, als ein im Konzept neuer bezugsgruppenorientierter Ansatz, der sich besonders für die Bewertung der qualitativen Nutzendimension zentraler Personalabteilungen einsetzen läßt.

Daraus läßt sich folgern:

Weg und Ziel der Strukturoptimierung ist die Leistungsverdichtung.
Prozeßoptimierung erfolgt durch kooperative Selbstqualifikation.
Das Stichwort heißt „Wertschöpfung".

Ansätze zur Leistungsverdichtung

Leistungsverdichtung in der Abbauphase führt sinnvollerweise nur über alle möglichen funktionalen, prozeßorientierten und strukurorientierten Ansätze zur Strukturoptimierung, indem man sie unter strategischen Gesichtspunkten zusammenführt. Der Erfolg der Strukturoptimierung im Rahmen der strategischen Personalanpassung führt über die konzeptionelle Gestaltung der Leistungsverdichtung und versucht diese zunächst nach dem Prinzip quantitativer Abbau und qualitativer Aufbau in Krisenzeiten zu realisieren. Die Realisierung der Leistungsverdichtung beruht im wesentlichen darauf, daß aufgrund kurzfristiger und dauerhafter Erhöhung der Leistungsfähigkeit eine Strukturoptimierung durch strategische Gestaltung des Personalabbaus und -aufbaus herbeigeführt wird. Leistungsverdichtung gewinnt man durch Suche nach Spitzenkräften, die sich gerade in Krisenzeiten anbieten. Wie für die Ausrichtung nach dem Besten auf anderen Gebieten, sollte man sich auch in der Denkweise instrumental nach Ergebnissen bzw. Erkenntnissen von Benchmarking richten. Die vier grundlegenden Schritte des Benchmarking sind in Abb. 2.4 – 9 aufgeführt.

Vergleich mit der Weltklasse — Vier Schritte Benchmarking

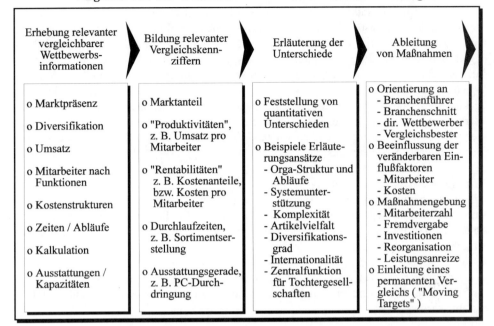

Erhebung relevanter vergleichbarer Wettbewerbs- informationen	Bildung relevanter Vergleichskenn- ziffern	Erläuterung der Unterschiede	Ableitung von Maßnahmen
o Marktpräsenz	o Marktanteil	o Feststellung von quantitativen Unterschieden	o Orientierung an - Branchenführer - Branchenschnitt - dir. Wettbewerber - Vergleichsbester
o Diversifikation	o "Produktivitäten", z. B. Umsatz pro Mitarbeiter		
o Umsatz		o Beispiele Erläute- rungsansätze	o Beeinflussung der veränderbaren Ein- flußfaktoren
o Mitarbeiter nach Funktionen	o "Rentabilitäten" z. B. Kostenanteile, bzw. Kosten pro Mitarbeiter	- Orga-Struktur und Abläufe - Systemunter- stützung	- Mitarbeiter - Kosten
o Kostenstrukturen		- Komplexität	o Maßnahmengebung - Mitarbeiterzahl
o Zeiten / Abläufe	o Durchlaufzeiten, z. B. Sortimentser- stellung	- Artikelvielfalt - Diversifikations- grad	- Fremdvergabe - Investitionen - Reorganisation
o Kalkulation		- Internationalität	- Leistungsanreize
o Ausstattungen / Kapazitäten	o Ausstattungsgerade, z. B. PC-Durch- dringung	- Zentralfunktion für Tochtergesell- schaften	o Einleitung eines permanenten Ver- gleichs ("Moving Targets")

Abb. 2.4 – 9: Die Grundsystematik der Vorgehensweise im Benchmarking

Leistungsverdichtung verfolgt eine dynamische Personallogistik und aktive Personalent- wicklung in der Abbauphase dadurch, daß Mitarbeiter vorgehalten werden und Schlüs- selpositionen mit kompetenten Mitarbeitern besetzt werden. Leistungsverdichtung ist durch gezieltes Personalmarketing intern über CI und extern durch Imageprägung erreichbar.

Konzeptionelle Vorstellung der strategischen Personalanpassung durch Leistungsverdich- tung und Strukturoptimierung

Die Leistungsverdichtung sehen Fröhlich und Meyer als Überlebensstrategie in der Per- sonalabbauphase. Die Abb. 2.4 – 10 verdeutlicht die Unterscheidung von konzeptionel- ler und realisierter Leistungsverdichtung.

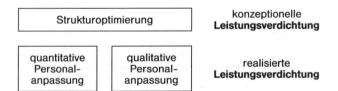

Abb. 2.4 – 10: Der konzeptionelle Zusammenhang von Leistungsverdichtung und Strukturoptimie- rung in der strategischen Personalanpassung (nach Fröhlich)

Konzeptionelle Leistungsverdichtung

Zu unterscheiden ist eine konzeptionelle Leistungsverdichtung, die letztlich die Wertschöpfungskette optimiert und die strategischen Erfolgspotentiale und, wie bereits angedeutet, die personalen Erfolgspotentiale ,,Know-how" und ,,Qualität" im erweiterten Sinn als Qualität des Arbeitsergebnisses kurzfristig und langfristig erhöht. Hierzu gehört auch die organisatorische Strukturierung der Leistungspotentiale durch Änderungen des Organisationsaufbaus – flache Hierarchie, schlanke und teamorientierte Abteilungsbildung. Welche Rolle hierbei das Know-how spielt, ist aus der Abb. 2.4 – 7 ersichtlich. Die Entwicklung von schwer nachzuahmendem Know-how bringt eindeutig Aussagen über die Werthaltungen, die in der gelebten Unternehmensphilophie liegen und in der Unternehmenskultur geprägt wurden. Die vorwiegend verhaltensgeprägten Know-how-Arten weisen die höchste Effizienz aus.

Realisierte Leistungsverdichtung

Dieser konzeptionellen Leistungsverdichtung muß eine qualitativ höhere realisierte Leistungsverdichtung gegenüberstehen, die z.B. im vorhinein Mitarbeitern, insbesondere mit höheren Qualifikationen, durch Parken auf einer vorläufigen Stelle oder in einer Projektaufgabe eine Chance gibt.

Leistungsträger müssen über die Stellenangebote hinaus identifiziert werden und ein Anforderungs-/Qualifizierungsabgleich, insbesondere für Besetzung von Schlüsselstellen, erstellt werden.

Eine Maxime muß hierbei sein, Schlüsselpositionen durch die besten internen oder externen Kandidaten, die sich in der krisenhaften Konjunkturlage anbieten, zu besetzen. Eine weitere Maxime folgt daraus: kein genereller Einstellstop auch bei Personenabbau.

Die Leistungsverdichtung kann über realisierte Maßnahmen, die Defizite im Falle der quantitativen Personalanpassung betreffen oder die Spezialisten und Managementpotentiale sicherstellen, zur Strukturoptimierung wesentlich beitragen.

Zu beachten ist, daß wir im Sinne einer strategischen Personalanpassung die ganzheitliche Bezüge dieser Bemühungen der Leistungsverdichtung nicht aus den Augen verlieren dürfen.

Überlegungen und Modell zur Strukturoptimierung im Rahmen strategischer Personalanpassung

Ohne Strukturoptimierung bringt ein undifferenzierter Personalabbau einem Unternehmen zwar kostenmäßige Entlastung, gewährleistet wird jedoch kaum ein erfolgreicher strategischer Neubeginn in Rezessionen. Der Grund für diese Vernachlässigung besteht darin, daß bei den verbleibenden Aufgaben keine klaren Schwerpunkte gesetzt und die am besten geeigneten Mitarbeiter nicht nach Prioritäten eingeordnet werden.

Diese Vorgehensweise ist falsch. Personalabbau muß vielmehr als Folge eines Stellenabbaus und einer Strukturoptimierung gesehen werden, und nicht umgekehrt wie es in der betrieblichen Praxis häufig geschieht. Über eine Sozialauswahl, die freizusetzenden Mitarbeiter zu bestimmen und die Struktur diesen Maßnahmen anzupassen, ist der falsche

Weg. Eine Strukturoptimierung soll nicht so realisiert werden, daß die zur Umsetzung benötigten Mitarbeiterqualifikationen auf Grund des Personalabbaus, der schließlich unter diesem Gesichtspunkt der Sozialauswahl durchgeführt wurde, dem Unternehmen später nicht mehr zu Verfügung stehen.

Ein konsequent auf den Unternehmenserfolg ausgerichtetes Personalmanagement kann insbesondere über Leistungsverdichtung, Strukturoptimierung und Anforderungs- bzw. Qualifikationsauswahl, wesentlich zur Verbesserung der Unternehmenssituation beitragen. Eine Optimierung der Kapazitäten durch Anpassungen an neue Erfordernisse im technischen Bereich, zählt heute zur absoluten Selbstverständlichkeit, auch in „normalen" Wirtschaftszeiten. Anpassungen im Sinne eines kontinuierlichen Verbesserungsprozesses, insbesondere in den kaufmännischen Funktionen, die organisatorische und personelle Änderungen zur Folge haben, sind wünschenswert, aber in der Praxis die Ausnahme. Um so wichtiger ist der Prozeß der Leistungsverdichtung in rezessiven Zeiten, lokalisiert er doch Leistungsreserven und bietet die Möglichkeiten durch Neustrukturierung der Abläufe zu Stellenreduzierungen zu gelangen. Die Methode der Leistungsverdichtung beruht im wesentlichen darauf, durch Strukturoptimierung die Leistungsfähigkeit kurzfristig und auch dauerhaft zu erhöhen und beinhaltet die beiden Komponenten konzeptionelle Leistungsverdichtung als Strukturoptimierung und die realisierte Leistungsverdichtung als quantitative und qualitative Personalanpassung wie Abb. 2.4 – 11 darstellt.

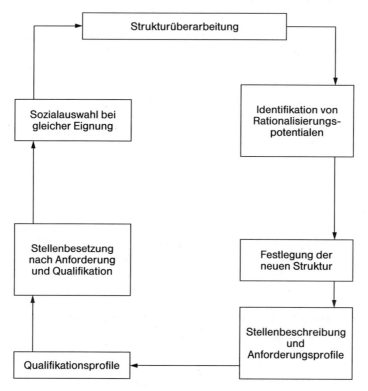

Abb. 2.4 – 11: Der Prozeß der Strukturoptimierung zur strategischen Personalanpassung (nach Fröhlich)

Entscheidend für die Durchführung der Rationalisierungsüberlegungen und für den Erfolg der daraus resultierenden Leistungsverdichtung, ist die Einbindung der Mitarbeiter auf allen Ebenen, d.h., Betroffene zu Beteiligten zu machen. Um die internen Potentiale in vollem Umfang nutzen zu können, müssen die Vorschläge der Mitarbeiter erfaßt werden und in die Planung und den Vergleich der Profile mit einbezogen werden. Wie bereits gesagt, ist die Berücksichtigung sozialer Netze und informeller Kommunikationswege im Unternehmen besonders wichtig.

So muß auch bei gleichwertigen Mitarbeitern letzlich die Sozialauswahl eingehalten werden. Wenn dazu auch alle möglichen zusätzlichen Informationsquellen berücksichtigt werden, wird damit verdeutlicht, daß trotz wirtschaftlich rezessiver Situation im Unternehmen an Zukunftsperspektiven gearbeitet wird.

Das Personalmanagement sollte als wesentlicher Partner aktiv mitgestalten und insbesondere auch seiner Betreuerrolle gerecht werden. Die Moderatoren- und Coachfunktion wird insbesondere dann gefragt sein, wenn die Mitarbeiter auf Grund von Unklarheit über die Sicherheit ihres Arbeitsplatzes blockiert sind, resignieren und dementsprechend den Leistungsverdichtungsprozeß im Extremfall boykottieren. Es kann von keinem Mitarbeiter erwartet werden, daß er seinen eigenen Arbeitsplatz wegrationalisiert. Abwehrreaktionen sind daher menschlich und verständlich. Gespräche mit Mitarbeitern und Vorgesetzten ergeben dennoch häufig Hinweise für Vereinfachungen des Ablaufs und der Optimierung der Struktur.

Die Strukturoptimierung analysiert die vorhandene Struktur zunächst anhand verfügbarer Organigramme, daher sollte möglichst systematisch jede Stelle hinsichtlich ihrer Aufgabe und Auslastung sowie der Überschneidung mit anderen Stellen überschrieben werden.

Die Ergänzung des internen Projektteams durch einen externen Berater kann hilfreich sein wenn es darum geht, bei der Strukturüberarbeitung betriebliche Abläufe unbefangen zu hinterfragen und unabhängig von den Machtstrukturen Veränderungsvorschläge zu machen. Durch die Neutralität des Beraters kann schon im Vorfeld die Akzeptanz der durchzuführenden Maßnahmen und die Kommunikation zwischen betroffenen Organisationseinheiten gefördert werden. Synergieeffekte lassen sich damit auch besser und schneller in der Praxis erzielen.

Die Ergebnisse der Organisations- und Ablaufanalyse bilden die *Grundlage* für die Erarbeitung der neuen Struktur. *Ziel* ist eine weitestgehend reduzierte Struktur, in der die Aufgaben möglichst überschneidungsfrei zugeordnet werden können. Ein reibungsloser Ablauf der Unternehmungsfunktionen und der damit verbundenen Realisierung von Leistungsbeiträgen, die als wesentlich bestätigt werden können muß weiterhin gewährleistet sein. In der Praxis wird es häufig möglich sein, nicht unmittelbar zu konkreten Unternehmensleistung/Wertschöpfung beitragende und für den Betriebsablauf nicht notwendige Aufgaben einer Stelle zu streichen. Im Einzelfall kann dies bedeuten, daß Stellen vollkommen wegfallen, eine Aufgabenkonzentration auf bestimmte Stellen, bis zur Erreichung von 100 % der personellen Auslastung stattfindet, oder auch Teilzeitstellen eingerichtet werden, wenn eine Aufgabenzusammenlegung nicht sinnvoll oder möglich ist. Auch Teilzeitwünsche der Mitarbeiter sollen berücksichtigt und realisiert werden können. Für jede verbleibende und damit im Normalfall veränderte Stelle wird eine Aufgabenbeschreibung erstellt. Es sollte hier besonderer Wert gelegt werden auf die tatsächlichen Anforderungsprofile. Die Stelle wird durch ihre Beschreibung auch im Stellenumfeld transparent gemacht. Die Beschreibung der Stellen soll wesentliche Aufgaben und Ziele beinhalten und Stellenabgrenzungen deutlich machen. Weiterhin sollen bereits heute absehbare mittelfristige Stellenveränderungen berücksichtigt werden, da diese auch Einfluß auf das Anforderungsprofil der Stelle haben.

Die dargestellte Strukturoptimierung führt dazu, daß Mitarbeiter im Normalfall veränderte, oder erweiterte Aufgabengebiete wahrnehmen. Trotz des Rationalisierungseffektes und der stellenbezogenen Neustrukturierung, wird die Leistungsverdichtung ohne größere Arbeitsintensität der Mitarbeiter, die natürlich auch nur durch weitere Qualifizierungsmaßnahmen ermöglicht werden, kaum zu realisieren sein.

2.4.5.2 Innerbetriebliche Mitarbeiterbeschaffung

In vielen Unternehmen ist auch heute noch die Ausbildung von Auszubildenen das langfristige Mittel der Mitarbeiterbeschaffung. Es werden Lehrlinge in all jenen Berufen verstärkt ausgebildet, die das Unternehmen auf Dauer besetzen muß. In einem Industriebetrieb können dies Industriekaufleute, technische Zeichner oder Fachhandwerker sein, in einem Handelsunternehmen Einzelhandels- oder Großhandelskaufleute. Das ausbildende Unternehmen hofft jeweils darauf, daß nach dem Abschluß des Lehrverhältnisses möglichst gute Mitarbeiter für eine weitere Zeit gewonnen werden können. Diese aktuelle Qualifikation kann aber auch auf alle anderen Ebenen der Unternehmenshierarchie durch berufsbezogene Weiterbildung übertragen werden. Die so weiter qualifizierten Mitarbeiter bilden dann das Reservoir derer, die für freiwerdende Stellen in Frage kommen.

Betrachten wir die Systematik der internen Personalbeschaffung in der Abb. 2.4 – 12, so steht der Gesichtspunkt der Änderung bestehender Arbeitsverhältnisse neben der Möglichkeit der Jobrotation im Vordergrund der Überlegungen. Die Gliederung – auch die der aufgezeigten externen Beschaffungsmaßnahmen – spricht für eine Flexibilisierung und Beachtung von qualitativen Möglichkeiten und Kriterien. Dieser Trend ist durch die Forderung der strategischen Personalanpassung bestimmt, die auch die Beschaffungsseite betrifft und für eine qualitative Bedarfsdeckung sensibel macht.

Will ein Unternehmen seinen innerbetrieblichen Arbeitsmarkt aktivieren, so bilden die innerbetrieblichen oder internen Stellenausschreibungen dazu eine Möglichkeit. Rundschreiben, Anschläge am Schwarzen Brett, Werkzeitschriften oder sonstige Methoden weisen im Unternehmen auf freie Stellen hin und damit auch auf interne Änderungsmöglichkeiten. Unterstützt wird diese Form der Personalbeschaffung durch das Betriebsverfassungsgesetz, nach dem der Betriebsrat nach § 93 BVG unter bestimmten Voraussetzungen vor jeder Neubesetzung einer Position eine innerbetriebliche Ausschreibung von Arbeitsplätzen verlangen kann. Hat der Betriebsrat dabei eine interne Stellenausschreibung verlangt, so kann er nach § 99,2 Ziffer 5 BVG, die Zustimmung zu einer geplanten Einstellung oder Versetzung verweigern, wenn die betreffende Stelle nicht innerbetrieblich ausgeschrieben worden ist. Die Sichtung und Beurteilung der Bewerbungen, Korrespondenz und der Verhandlung mit den Bewerbern bleiben allerdings Aufgaben der Personalabteilung. Der Betriebsrat ist aber über das Auswahlverfahren und dessen Ergebnis

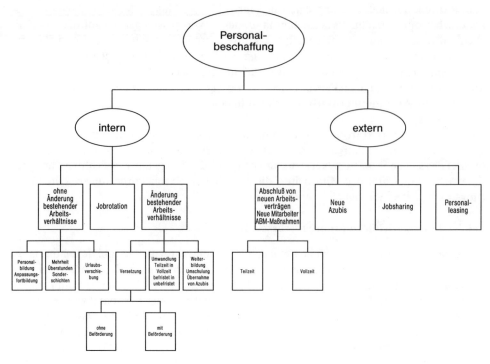

Abb. 2.4 – 12: Gliederung der Bereiche der Personalbeschaffung

zu informieren. Sicherlich ergeben sich bei dieser internen Personalbeschaffung verschiedene psychologische Schwierigkeiten, die es zu erkennen und auszugleichen gilt.

Nicht selten kommt es vor, daß sich betroffene Vorgesetzte sträuben, qualifizierte Mitarbeiter abzugeben, und deshalb zu negativen Beurteilungen neigen, um einen Erfolg der Bewerbung zu verhindern. In verschiedenen Unternehmen hat es sich auch eingebürgert, daß ein Mitarbeiter nach einer bestimmten Zeit (ein oder zwei Jahre) eine Bewerbung an die Personalabteilung schicken kann, ohne sich auf eine konkrete Stelle zu beziehen. In einem solchen Fall bietet die Personalabteilung dann diese Bewerbung interessierten Fachabteilungsleitern an.

Insgesamt läßt sich zur innerbetrieblichen Stellenausschreibung folgendes sagen:

Vorteile:
– dem Unternehmen bleiben aufstiegswillige Mitarbeiter erhalten; dadurch wird die Fluktuation geringer, und die Einarbeitung in die neue Position stellt sich als wesentlich einfacher dar;
– Möglichkeiten innerbetrieblichen Wechsels stärken die Zufriedenheit der daran interessierten Mitarbeiter und fördern das Betriebsklima;
– die Idee der Weiterbildung wird durch diese Maßnahmen innerbetrieblich gestärkt und
– die Beweglichkeit der Mitarbeiter bleibt erhalten, da sie durch verschiedene Wechsel die Zielstellung des gesamten Unternehmens aus der unterschiedlichen Sicht der Abteilungen besser einschätzen können.

Nachteile:
- psychologische Hemmnisse bei den Bewerbern, die Ablehnungen befürchten,
- Hemmnisse bei den Vorgesetzten, die qualifizierte Leute nicht abgeben wollen und
- der Personalbedarf wird lediglich auf eine andere, dann wieder freiwerdende Stelle verlagert.

2.4.5.3 Außerbetriebliche Mitarbeiterbeschaffung

Sind die innerbetrieblichen Möglichkeiten erschöpft oder nur begrenzt, so muß das Unternehmen zwecks externer Personalbeschaffung an den Arbeitsmarkt herangehen. Wie im einzelnen der Weg aussieht, hängt von der Arbeitsmarktsituation, der Bedeutung der zu besetzenden Position, der benötigten Qualifikation des neuen Mitarbeiters und weiteren Kriterien ab. Daher haben sich in der Praxis verschiedene Wege externer Personalbeschaffung herauskristallisiert, bei denen Image und Marktinformationen eine größere Rolle spielen, als in Zeiten der Bewerbungsschwemme allgemein angenommen wird.

a) Die Beschaffung über die Arbeitsämter
Arbeitsämter sind die Organisationen des institutionalisierten Arbeitsmarktes. Dazu gehören die örtlichen Arbeitsämter, die Landesstellen für Arbeitsvermittlung, zuständig für das jeweilige Bundesland, sowie die Zentralstelle für Arbeitsvermittlung, zuständig für das gesamte Bundesgebiet in Frankfurt/Main. Sie sind die wichtigste Instanz mit Maklercharakter. Ihre Leistungen sind sowohl für Bewerber als auch für Unternehmer kostenlos. Laut Arbeitsförderungsgesetz von 1969 ist die Bundesanstalt für Arbeit (BfA) allein für die Arbeitsvermittlung zuständig. Dieses Monopol wurde im April 1993 außer Kraft gesetzt. Seitdem darf die Vermittlung von Führungshilfen auch durch Personal- und Unternehmensberater erfolgen.

Die Vorteile der Arbeitsämter liegen sicherlich in einer fachgerechten Beratung und auch einer positionsbezogenen Vorauslese der Stellensuchenden. Ihr Nachteil besteht darin, daß sie mangels Vermittlungsfähiger häufig nicht in der Lage sind, vakante Stellen im Unternehmen zu besetzen. Dies gilt insbesondere für qualifizierte Arbeitnehmer. Deshalb hat es sich herausgestellt, daß intensivere Formen der Personalwerbung eingesetzt werden müssen, um Außenstehende für eine Tätigkeit in bestimmten Unternehmen zu interessieren. Für das betriebliche Personalmarketing ergibt sich die Aufgabe, die neuen Entwicklungen zu beobachten und in ihre Gestaltung miteinzubeziehen.

b) Die Beschaffung über Anzeigenwerbung
Das am häufigsten verwendete Werbemittel im Rahmen der Personalwerbung bildet heute die Stellenanzeige. Bei ihrer Anwendung bietet sich für das werbende Unternehmen die Möglichkeit, eine breite Zielgruppe anzusprechen und dieser sowohl unternehmens- wie auch stellenspezifische Daten näherzubringen.

Ausgangspunkt dieser Art von Personalbeschaffung bildet eine vorbereitete Personalanforderung durch die jeweils anfordernde Abteilung. Sie zwingt diese zu exakten Definitionen, die erst die Personalabteilung befähigen, wirklich informative Stellenanzeigen zu gestalten.

Will sich die Personalabteilung nun an den offenen Markt wenden, so sind verschiedene Überlegungen bezüglich Zeitpunkt, Art und Inhalt der Stellenanzeige anzustellen. Muß eine Stelle zu einer bestimmten Zeit besetzt werden, so sind unterschiedliche Schalttermine in Abhängigkeit von der Zielgruppe für eine Stellenanzeige zu berücksichtigen. Bei Mitarbeitern der operativen Ebenen sind hauptsächlich die Quartalstermine zu berücksichtigen. Bei Mitarbeitern höherer Führungsebenen bietet sich diese Berücksichtigung weniger an, da diese i.d.R. Verträge mit längeren Kündigungsfristen abgeschlossen haben und selten zu spontanen Kündigungen neigen.

Durchforstet man die Stellenanzeigen in überregionalen und regionalen Tageszeitungen sowie in Fachzeitschriften und Verbandsblättern, so läßt sich feststellen, daß Form und Inhalt von Stellenanzeigen eine außerordentlich große Bedeutung zukommen. Es zeigt sich, daß Stellenanzeigen in einer bestimmten Weise logisch aufgebaut sind, um so vom Bewerber leicht verstanden zu werden. Wirklich interessierte Bewerber sind nur durch umfassende und positive Informationen zu überzeugen. Ungewöhnliche Gags sind nur bei bestimmten ausgefallenen Positionen angeraten. Eine wirklich informative Stellenanzeige hat dann Erfolg, wenn folgende Voraussetzungen berücksichtigt werden:

– *Sachverstand*
  Der Verfasser einer Anzeige muß berücksichtigen, daß es darum geht, Fachleute für die Position zu überzeugen. Er muß deshalb wissen, um welche Dinge es bei der ausgeschriebenen Position in der Realität geht.
– *Flexibilität*
  Ebenso wichtig ist es, sich in die Psyche der potentiellen Bewerber hineinzuversetzten. Stil und Aufmachung der Stellenanzeige müssen mit den zu suchenden Personen korrespondieren. Es ist vorrangig, daß diese sich angesprochen fühlen und weniger, daß hier Effekthaschereien vorkommen.
  Deshalb ist es notwendig, sich auf die Individualität der potentiellen Bewerber wie auch auf die Individualität der ausgeschriebenen Position zu beziehen.
– *Sprache*
  Es hat sich herausgestellt, daß eine natürliche Sprache die meisten Bewerber am leichtesten erreicht.
– *Aufmachung*
  Zu jeder informativen Aussage gehört auch eine entsprechende Verpackung im Sinne eines reizvollen Layouts, einer bemerkenswerten Typographie oder eines bekannten Firmensignets. So haben es sich viele Firmen zu eigen gemacht, ihre Stellenanzeigen über Jahre hinweg in einer ganz bestimmten Weise aufzumachen, um sich somit ein bestimmtes Image zu schaffen.

Inhaltlich muß eine Stellenanzeige Aussagen über das Unternehmen, die freie Position, die Anforderungen, das Entgelt und die Art und den Umfang der Bewerbung enthalten.

Bei der Frage, ob Stellenanzeigen den Firmennamen beinhalten oder anonym bleiben sollten, sind folgende Überlegungen anzustellen: Wenn auch grundsätzlich offene Stellenanzeigen im Sinne der Unterrichtung der Stellungssuchenden mit dem Ziel einer optimalen Bewerberauslese nützlicher erscheinen, so gibt es doch bestimmte Gründe für die Schaltung von Chiffreanzeigen:

Aussage über	Text-Stichwort	Beschreibung von
das Unternehmen	wir sind	Branche, Standort, Größe (Umsatz, Beschäftigte, Bilanzsumme, Marktanteil), Entwicklung, Betriebsklima
die freie Position	wir suchen	Gründe der Ausschreibung, Bezeichnung der Position, künftige Bezeichnung der Position, Aufgabengebiet, Verantwortung und Kompetenzen
die Anforderungen	wir erwarten	Alter, Ausbildung, Praxis und Erfahrungen, besondere Kenntnisse, charakterliche Qualitäten
das Entgelt	wir bieten	Gehalt, Beteiligung, soziale Leistungen, Titel/Rang, Kompetenzen, Direktunterstellung, Aufstiegschancen, Selbständigkeit, Kfz., Wohnung, Weiterbildung
die Art und den Umfang der Bewerbung	wir bitten um	Lichtbild, tabellarischer Lebenslauf, Zeugnisse (Kopien), Handschriftprobe, Arbeitsprobe, Referenzen, Angabe des Gehaltswunsches, Angabe der Kündigungsfrist, Direkter Besuch, Anruf

Abb. 2.4 – 13: Aufbau einer Stellenanzeige (nach Panse-Müller-Schulz)

Quelle: Panse-Müller-Schulz, Betriebliche Personalwirtschaftslehre, Baden-Baden 1983, S. 201

- Ist der inserierte Arbeitsplatz noch besetzt, läßt sich dadurch ein Positionskonflikt vermeiden.
- Größere Personalnachfragen unterrichten die Konkurrenz über Investitionsvorhaben und Kapazitätserweiterungen.

Dem stehen allerdings auch gewichtige Nachteile entgegen:

- Viele qualifizierte Bewerber haben ein grundsätzliches Mißtrauen gegenüber Chiffreanzeigen und halten diese auch auf Grund schlechter Erfahrungen für unseriös.
- Sie befürchten, sich u.U. bei der eigenen Firma zu bewerben und möchten ihre Position nicht dadurch gefährden.
- Sie haben wenig Möglichkeiten, ihre Bewerbungsunterlagen jederzeit zurückzufordern.
- Sie sehen keine Möglichkeit, sich über die werbende Firma Informationen einzuholen und auf mögliche Gespräche direkt vorzubereiten.

Um diese Gefahren und Nachteile zu vermeiden, bedienen sich Unternehmen, die aus verschiedenen Gründen glauben, Chiffreanzeigen benützen zu müssen, der Personalberater, die angehalten sind, Sperrvermerke der Bewerber zu respektieren. Dadurch werden die Bewerbungsunterlagen an bestimmte, vom Bewerber angeführte Firmen nicht weitergeleitet. Auch fügen verschiedene Firmen ihrer chiffrierten Anzeige einen Weiterleitungsvermerk an, der dem Zeitungsverlag die Möglichkeit gibt, Bewerbungsunterlagen auch zurückzusenden, wenn der Bewerber die inserierende Firma von der Weiterleitung ausgeschlossen hat.

Schließlich ist noch die Frage nach der Größe der Anzeige zu stellen. Grundsätzlich gibt es darüber keine eindeutigen Aussagen, da bereits eine Kleinanzeige, zum richtigen Zeitpunkt und im richtigen Medium erschienen, unter bestimmten Bedingungen erfolgreicher sein kann als eine Großanzeige in einer überregionalen Tageszeitung. Trotzdem sind folgende Stichworte hilfreich:

- Bedeutung des Unternehmens
- Bedeutung der zu besetzenden Position
- Zeitpunkt der Stellenbesetzung
- Arbeitsmarktlage
- Qualität des verwendeten Werbeträgers
- Höhe des eigenen Werbeetats.

c) Die Beschaffung über Personalberater
Vielfach wird eines deutlich: der Markt für Führungskräfte, seien sie nun karrierebewußte Aufsteiger oder bereits in hochqualifizierten Positionen beschäftigt, wird zunehmend von Personalberatern beherrscht. Mindestens jede dritte Stellenanzeige, die eine Position in mittleren oder oberen Rängen der Unternehmenshierarchie anbietet, nennt als Anlaufadresse die einer Personalberatung. Dafür gibt es eine Fülle von Gründen:

- Personalberater sind Spezialisten in der Personalbeschaffung und -beurteilung, vor allem von Führungskräften der Wirtschaft.
- Viele Personalberater sind Spezialisten für eine ganz bestimmte Branche oder Berufsgruppe oder eine bestimmte Region.
- Durch Überlastung der Personalabteilung ergibt sich zwischen dieser und dem Berater eine interessante Arbeitsteilung.
- In verschiedenen Unternehmen kann der Personalberater auch die Funktion einer externen Personalabteilung übernehmen.
- Ein Personalberater ist in besonderer Weise zur Geheimhaltung verpflichtet.

310

– Das Image eines Unternehmens kann aus verschiedenen Gründen heraus im Moment nicht besonders gut sein, so daß ein Personalberater in solchen Fällen mehr Zuschriften auf seine Anzeige bekommt als die entsprechende Personalabteilung.

Insgesamt ist festzuhalten, daß Personalberater Spezialisten in der Ansprache, Beurteilung und Auswahl von Führungskräften sind. Das Risiko von Fehlbesetzungen ist durch ihren Einsatz gemindert.

Im einzelnen umfaßt die Arbeitsweise eines Personalberaters folgende Punkte:
– vollständiger Personalservice inklusive Interviews, Tests und sonstige Auswahlverfahren
– Einstellungsberatung in besonderen Fällen
– Analyse des Lebenslaufs und Beurteilung von Bewerbern aufgrund freier Befragungen
– Streßinterviews
– Analyse der schriftlich eingehenden Bewerbungen
– graphologische Gutachten
– Grobklassifizierung und Kurzbeurteilung von Bewerbern
– Erledigung der notwendigen Korrespondenz mit den Bewerbern
– Durchlaufadresse für eingehende Bewerbungen.

Zu den Aufgaben, die Personalberater übernehmen, zählen auch zunehmend die Gestaltung von Stellenbeschreibungen und Arbeitsplatzbewertungen, Fluktuationsanalysen, Personalplanungsaufgaben und die Erarbeitung von Erfolgsbeteiligungen und Leistungsanreizen.

d) Die Beschaffung durch Personalleasing
Benötigt ein Unternehmen kurzfristig Mitarbeiter für bestimmte Aufgaben, bedient es sich zunehmend der Form des Personalleasings. Im Rahmen dieser besonderen Personalbeschaffungsform überlassen Leasingfirmen zeitweilig Leiharbeitnehmer anderen Unternehmen zur Erstellung bestimmter Arbeitsleistungen gegen zu vereinbarende Entgelte. Das Unternehmen übernimmt im Normalfall sämtliche Arbeitgeberpflichten. Beim Personalleasing dagegen tritt die Verleihfirma als Arbeitgeber auf und übernimmt auch sämtliche arbeitgeberseitigen Verpflichtungen. Zwischen den drei Leasingparteien bestehen dabei bestimmte rechtliche wie auch bestimmte ökonomische Beziehungen. So fließt das Bruttoentgelt vom Arbeitgeber zur Verleihfirma und wird dort nach Abzug bestimmter Verwaltungskosten als Nettolohn an den Zeitarbeitnehmer übergeben. Grundlage dafür ist ein Dienstvertrag zwischen der Verleihfirma und dem Zeitarbeitnehmer, in dem sich die Verleihfirma zu ihrer Arbeitgeberpflicht bekennt und sich der Arbeitnehmer verpflichtet, für Auftraggeber der Verleihfirma in bestimmtem zeitlichem Umfang zu arbeiten. Gleichzeitig wird zwischen der Verleihfirma und dem künftigen Auftraggeber ein Arbeitnehmerüberlassungsvertrag abgeschlossen, in dem die Rechte und Pflichten beider Partner fixiert werden. Dies bezieht sich auf die Aufsichtspflicht des Auftraggebers, die Haftung der Verleihfirma für Auswahlverschulden und auf Abwerbungsverbote. Was den Zeitarbeitnehmer anbetrifft, so begründet der Dienstvertrag mit der Verleihfirma ein Direktionsrecht dieses Unternehmens, während dem Auftraggeber kraft des Arbeitnehmerüberlassungsvertrages ein Anleitungsrecht im Einzelfall zugesprochen werden kann.

311

Eine betriebswirtschaftliche Beurteilung des Personalleasings sieht folgendermaßen aus:

- Es überbrückt kurz- oder mittelfristig Personalengpässe, vor allem im Bereich des Operational-Managements.
- Es entlastet den Auftraggeber von Kosten für Personalbeschaffung und Personalverwaltung.
- Es verringert das Risiko einer Personalfehleinstellung durch kürzere Kündigungsfristen und -sonderklauseln, die i.d.R. in den ersten vier Stunden nach Arbeitsaufnahme eine Ablehnung eines Zeitarbeitnehmers ohne Angabe von Gründen zulassen.

e) Sonstige Möglichkeiten externer Mitarbeiterbeschaffung
In der Praxis finden sich neben den bereits erwähnten Anwerbungsmethoden weitere Möglichkeiten, durch externe Personalbeschaffung Mitarbeiter zu gewinnen.

Die billigste und effektivste Form der Anwerbung ist oft die persönliche Werbung. Sie geht davon aus, daß der Werbende – sei es nun ein Mitarbeiter, ein Kunde, ein Lieferant oder die Hausbank – von den positiven Entwicklungsmöglichkeiten eines Unternehmens überzeugt ist und sich mit ihm identifizieren kann. Hat der Werbende in seinem Unternehmen von einer offenen Stelle erfahren, so spricht er gezielt Leute an, die er für sein Unternehmen zu gewinnen trachtet. Er kann aber auch durch Gespräche im Freundeskreis persönliche Werbung betreiben, die eines Tages dazu führt, daß er von Stellensuchenden direkt angesprochen wird.

Wenn es um die Anwerbung junger Führungskräfte geht, hat sich auch die Aufnahme und Pflege von Kontakten zu Fachschulen, Hochschulen und Universitäten als geeignet herausgestellt. Da vor allem der Hochschulbereich zunehmend in seinen Lehrbetrieb Praktiker integriert, ergeben sich daraus automatisch Kontakte zwischen diesen Gastdozenten und den interessierten Studenten. Durch Verteilen von Firmenprospekten, Plakaten oder Personalfragebögen schaffen sie sich Kontakte und erleichtern durch Kenntnisse der fachlichen Kompetenz vielfach Studenten die Kontaktaufnahme mit der Personalabteilung. Andererseits bedienen sie sich auch der Schwarzen Bretter in Hochschulen, auf denen direkt Positionen angeboten werden.

Ein weiterer Weg ist der über die Ferienbeschäftigung von Studenten. Diese können dann durch die Art ihrer Arbeit und ihres Engagements in ihrem Leistungsvermögen und ihrer Persönlichkeit besser eingeschätzt werden.

In Sonderfällen sollten auch folgende Maßnahmen mit kurz- oder langfristiger Wirkung nicht unerwähnt bleiben:

- Kontakte zu Verbänden
- Verteilung von Firmenprospekten
- Plakate
- Public-Relations-Arbeit in Form von Betriebsbesichtigungen etc.

Insgesamt sind sowohl für Unternehmen wie auch für Bewerber die Möglichkeiten, auf dem Arbeitsmarkt aufzutreten, außerordentlich differenziert geworden, so daß beide Seiten grundsätzlich geeignete Partner finden können.

2.4.6 Personaleinsatz: Personalauswahl, Personaleinstellung, Personalbetreuung

2.4.6.1 Übersicht über die Einsatzmaßnahmen und generelle Überlegungen

Der Einsatz – wenn auch nur potentiell – beginnt mit dem Eingang der Bewerbung. Die Abb. 2.4 – 14 gibt einen Überblick über die gesamten Maßnahmen des Personaleinsatzes, von denen wir hier die ersten vier behandeln: Personalauswahl, -einstellung, Einweisung und Betreuung.

Zur Arbeitsstrukturierung vgl. 2.3.3.1 und die (Abb. 2.3 – 5)

Generelle Überlegungen zum Personaleinsatz:

Sollen alle Mitarbeiter ihrer Eignung entsprechend eingesetzt werden, sind dazu im Unternehmen Kenntnisse über die Anforderungen der Stelle (vgl. hierzu 2.3.3) und das Leistungsvermögen der Mitarbeiter notwendig. Auch die Vorgesetzten sollten hierfür gewisse Grundkenntnisse in der Arbeitsökonomie und der Arbeitspsychologie haben. Häufig glauben Vorgesetzte ihr gesunder Menschenverstand und ihre bisherige Erfahrung würden ausreichen, um diese Beurteilungsaufgabe bewältigen zu können. Dabei ist zu bedenken, daß sich mit dem technischen Fortschritt die Arbeitsbedingungen geändert haben und weiterhin in ständigem Wandel begriffen sind, so daß die bisherigen Formen der Führung und der Beurteilung, insbesondere Erstkontakte bei Neueinstellungen, nicht mehr ausreichen.

Insgesamt wird diese Problematik unter dem Schlagwort: ,,Die richtige Person am richtigen Platz'' angesprochen.

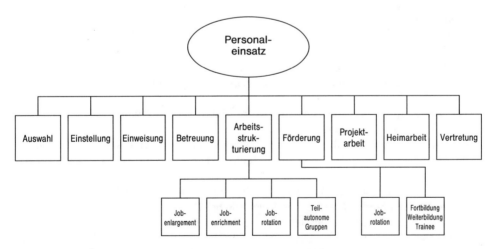

Abb. 2.4 – 14: Übersicht über die Maßnahmen des Personaleinsatzes

Kurzfristig betrachtet, steht die zeitliche und kapazitätsmäßige Eingliederung der Mitarbeiter/in in das Arbeitssystem im Vordergrund. Häufig kann dies nicht reibungslos ablaufen, weil Schwankungen des Beschäftigungsgrades, Urlaub, Fehlzeiten, Krankheiten, Mutterschaft oder Erziehungsurlaub die kontinuierliche Fortführung des Arbeitsprozessen nicht sicherstellen.

Aus mittelfristiger und langfristiger Perspektive ist es Aufgabe des Personaleinsatzes, freiwerdende und neugeschaffene Stellen optimal zu besetzen. Ferner sind Freisetzungen durch innerbetriebliche Umsetzungsmaßnahmen, sofern dies möglich ist, aufzufangen. Im Maßnahmenbereich ist der Übergang fließend von der Anpassungs- zur Aufstiegsbildung und weiter zur Personalentwicklung, um die Fähigkeiten der Mitarbeiter an die sich immer schneller wandelnden Arbeitsanforderungen anzupassen. Darüber hinaus sind Qualifizierungsmaßnahmen von Bedeutung, die Mitarbeiter in die Lage versetzen, andere oder höherwertige Aufgaben zu übernehmen.

Besondere Vorgehensweise für bestimmte Mitarbeitergruppen

Besondere Vorschriften lassen aufgrund von bestehenden Schutzgesetzen nur einen beschränkten Einsatz für bestimmte Mitarbeitergruppen zu, z.B. zeitliche Beschränkungen oder Beschäftigungsverbote. Dies gilt z.B. für

– Arbeitnehmerinnen
– Jugendliche
– ältere Mitarbeiter
– behinderte Mitarbeiter.

Zu den wichtigsten Vorschriften gehören:

● Schutzgesetze
  – Jugendschutzgesetz
  – Mutterschutzgesetz
● folgende allgemeine betriebsverfassungsrechtliche Regelungen:
  § 75 BetrVG, Abs. 2 fordert die Gleichbehandlung aller Personen nach Recht und Billigkeit und die Förderung der freien Entfaltung der Persönlichkeit.
  § 80, Abs. 1 Ziff. 4 verlangt die Förderung der Eingliederung Schwerbeschädigter und besonders schutzbedürftiger Personen.
  § 82, Abs. 2 gibt dem Mitarbeiter das Recht, daß ihm die Möglichkeiten seiner beruflichen Entwicklung aufgezeigt werden.
  § 87, Abs. 1 regelt das Mitspracherecht des BR für die Bestimmung der Arbeitszeiten, der Pausen, der Aufstellung von Urlaubsplänen sowie für die Gestaltung des Arbeitsplatzes etc.
  § 92 gibt dem Betriebsrat die Möglichkeit, eine betriebliche Stellenbeschreibung zu verlangen. Gemäß der §§ 94, 95 muß der BR bei Personalfragebogen, Beurteilungsgrundsätzen und Ausbildungsrichtlinien zustimmen.
  §§ 99, 100 legen fest, daß die Zustimmung des BR bei Einstellungen, Eingruppierungen, Umgruppierungen und Versetzungen einzuholen ist.
  §§ 111, 112 sehen eine Beratungspflicht bei Betriebsänderungen, die gleichzeitig eine Änderung der Personalorganisation beinhalten.

2.4.6.2 Personalauswahl und Vorstellungsgespräch

a) Grundsätze zum Auswahlverfahren

Bewerbungen stellen immer den Auftakt für exakte Auswahlverfahren dar. Diese Auslese hat den Sinn, auf der Grundlage bestimmter Methoden die Möglichkeiten und Fähigkeiten, aber auch die Grenzen eines Bewerbers für eine zu vergebende Position festzustellen. Dabei ist darauf zu achten, daß es nicht darauf ankommt, den besten Bewerber herauszufinden, sondern denjenigen, der für die Position am besten geeignet ist und für den die Position eine Möglichkeit der Lebensgestaltung darstellen kann.

Es ist einleuchtend, daß die anzuwendenden Auswahlverfahren sich sehr danach unterscheiden, ob es um betriebsinterne oder -externe Bewerber geht. Bei der Auswahl betriebsinterner Bewerber kann sich die Personalabteilung auf bereits vorliegende Daten stützen und die Bewährung in augenblicklichen oder früheren Positionen überprüfen.

Im Gegensatz dazu liegt der Schwerpunkt der Auslese betriebsexterner Bewerber auf der detaillierten Prüfung der Bewerbungsunterlagen, der Durchführung von Vorstellungsgesprächen und der Durchführung von Eignungstests und Gutachten. Jedoch sind für beide Gruppen bestimmte Grundsätze zu berücksichtigen:

Wenn Erfolge von Unternehmen von der Qualität ihrer Mitarbeiter abhängen, so wird die Notwendigkeit einer möglichst sorgfältigen Auswahl neuer Mitarbeiter sofort einsehbar sein. Dabei ist klar, daß einmal die Bewerberauslese den Anforderungen gerecht werden muß und zum anderen Verfahren bereitstehen müssen, die einen wirklichen Vergleich ermöglichen:

1. Grundsatz:

Voraussetzung einer wirksamen Bewerberauslese ist die Kenntnis der Anforderungen des zu besetzenden Arbeitsplatzes. Für die Personalabteilung bedeutet dies, daß sie nicht nur die fachlichen und persönlichen Anforderungen der zu besetzenden Stelle kennen muß, sondern auch die Struktur und die Arbeitsweise der jeweiligen Arbeitsgruppe oder Abteilung.

2. Grundsatz:

Die Auslese des Bewerbers hat unter dem Gesichtspunkt zu erfolgen, wie die betreffende Person und die Stellenanforderung zusammenpassen.

Das bedeutet, daß derjenige Bewerber auszusuchen ist, der möglichst nahe an die einzelnen Anforderungen herankommt und nicht derjenige, der insgesamt das beste Ergebnis vorweist.

3. Grundsatz:

Die auswählende Person muß sich bewußt sein, daß ihre Wahrnehmung von subjektiven Einflüssen überlagert werden kann. Es muß deshalb nach objektiven Merkmalen gesucht werden, um Vorurteile gegenüber Bewerbern auf ein Minimum zu reduzieren. Als Übertragungstäuschung wird der Türschwelleneffekt angesehen, der darauf beruht, daß der Beurteiler spontan dazu neigt, bei ihm selbst vorhandene Eigenarten und Vorlieben bei der Bewertung des Bewerbers überzubewerten. Die zweite Täuschung wird „als Echo der Vergangenheit" bezeichnet und entsteht dadurch, daß der Beurteiler bestimmte positive oder negative Erinnerungen an eine Person, die er sehr gut kennt, auf den Bewerber überträgt. Drittens sind auch typische Fehlmeinungen und Fehldeutungen möglich, die aufgrund bestimmter physiognomischer Merkmale als bestimmte Indizien für Fähigkeiten oder Charaktereigenschaften gelten.

Alle diese Übertragungstäuschungen beinhalten unberechtigte Sympathien oder Antipathien gegenüber dem Bewerber und gefährden eine objektive Bewerberauslese. Deshalb ist zunächst dem Bewerber selber eine entsprechende Aufmerksamkeit zu widmen.

b) Die Bearbeitung von Bewerbungen
Die in der Personalabteilung eingehenden schriftlichen Bewerbungen müssen von dieser identifiziert und auf Vollständigkeit, Form und Inhalt überprüft werden. Die Beurteilung soll dabei ergeben, welcher der Bewerber im Auswahlverfahren in die engere Wahl kommt und zum Vorstellungsgespräch eingeladen werden kann. Die Bearbeitung von Bewerbungen wird heute häufig in Form von Checklisten durchgeführt:

— *Zur Vollständigkeit der Bewerbung*
  Eine vollständige Bewerbung besteht mindestens aus Anschreiben, Lebenslauf, Foto und Zeugnissen über Ausbildung und Berufspraxis. Bei einer Vollständigkeitsprüfung ist dabei zu kontrollieren:

  — Enthält das Anschreiben des Bewerbers Adresse, Datum sowie die Bezugnahme auf die Stellenanzeige?
  — Ist die Adressierung des Unternehmens im Anschreiben richtig?
  — Geht der Bewerber auf den Text der Anzeige ein?
  — Wird als Fußnote auf Anlagen hingewiesen?
  — Ist das Foto mit der Adresse des Bewerbers versehen?
  — Sind Zeugnisoriginale beigelegt?

  Bei Kurzbewerbungen genügt ein kurzes Anschreiben mit einem knappen Lebenslauf und einem Foto.

— *Zur Form der Bewerbung*
  Das Anschreiben gilt als erste Visitenkarte, die der Bewerber zeigt. Dabei ist folgendes zu überprüfen:

  — Ist die Form der Bewerbung ordentlich und sauber?
  — Hat der Bewerber nur vervielfältigte Anschreiben beigelegt?
  — Ist die Form geschäftlich nüchtern oder hat sie mehr originellen Charakter?
  — Ist die Bewerbung geordnet (Inhaltsverzeichnis)?
  — Hält sich der Umfang der Bewerbung im Rahmen oder befinden sich viele Unwichtigkeiten dabei?

— *Zum Inhalt der Bewerbung*
  Wesentlich ist der Lebenslauf, der wie folgt gegliedert sein kann:

  — Name, Adresse, Telefon
  — Geburtstag, Geburtsort

316

- Staatsangehörigkeit
- Familienstand und Kinderzahl
- Schulbildung
- Wehrdienst
- Berufsausbildung mit Jahreszahlen
- Berufspraxis mit Jahreszahlen
- Besondere Fähigkeiten (Sprachen, etc.)
- Referenzen
- Eintrittstermin
- Gehaltsvorstellung.

Die gesamte Inhaltsanalye des Bewerbungsschreibens muß sich auf folgende Punkte erstrecken:

1. Auf die Qualität der Informationen des Bewerbungsschreibens,
2. auf mögliche Diskrepanzen zwischen den bisherigen und künftigen Positionen und
3. auf eine übersteigerte Selbstdarstellung des Bewerbers.

Unklarheiten in solchen Schreiben und besonders auffällige Ausführungen sollten dazu dienen, im Rahmen eines Vorstellungsgespräches genauer überprüft zu werden.

In bezug auf den Lebenslauf kann eine inhaltliche Prüfung in vierfacher Weise erfolgen:

1. Eine *Zeitfolgeanalyse* überprüft den Lebenslauf auf Lücken und Arbeitsplatzwechsel hin. Dabei sind Häufigkeit des Wechsels, Alter des Bewerbers, Beruf des Bewerbers, Branchen und inwieweit der Wechsel zu Auf- oder Abstieg geführt hat, zu berücksichtigen. Hierbei ist vor allem auch darauf zu achten, daß in jungen Jahren ein Arbeitsplatzwechsel eine andere Bedeutung als später hat. Bei jüngeren Bewerbern sollten deshalb häufigere Wechsel eher positiv bewertet werden, da sie Hinweise auf Orientierung, Flexibilität, Engagement erkennen lassen können. Bei älteren Bewerbern sollte Arbeitsplatzwechsel danach beurteilt werden, inwieweit sich daraus eine Stetigkeit in der Entwicklung erkennen läßt. Zudem ist noch zu berücksichtigen, daß der Wechsel in manchen Berufen dazu dient, den Erfahrungsbereich des betreffenden Bewerbers zu erhöhen. Dies gilt vor allen Dingen für kreative Berufsgruppen, für die die Gefahr von Betriebsblindheit besonders schwerwiegend sein kann.
2. Eine *Positionsanalyse* hat vor allem die Frage des Auf- und Abstiegs, eines Berufswechsels und des Wechsels eines Arbeitsgebietes zu berücksichtigen. Hierbei ist zu bedenken, daß es konjunkturelle Daten gibt, die manchmal Abstiege genauso notwendig machen wie das Ausscheiden von Firmen auf umkämpften Märkten. In solchen Fällen kommt ein Berufswechsel fast einem Neuanfang auf einer tieferen Ebene gleich.
3. Eine *Firmen- und Branchenanalyse* hat vor allem Wert darauf zu legen, ob der Bewerber nach seinem bisherigen Beschäftigungsgang geeignet erscheint. Untersucht werden dabei die bisherigen Firmen und Branchen des Bewerbers. Dabei ist es vor allem wichtig zu erkennen, um welche Art von Betrieben es sich bei dem Bewerber handelt. Bei Großunternehmen wird häufig mit relativ engen Kompetenz- und Aufgabenbereichen und einer starken hierarchischen Einengung gerechnet. Bei Bewerbern aus Kleinunternehmen ist dagegen zu befürchten, daß der Bewerber stark durch Sicherheitsmotive bestimmt ist. Auch ist zu untersuchen, inwieweit bisherige Branchenkenntnisse für die neue Tätigkeit von Nutzen sein können.

4. Eine *Kontinuitätsanalyse* schließlich versucht, den sinnvollen Aufbau der bisherigen beruflichen Entwicklung des Bewerbers zu überprüfen. Sind hier bestimmte Relationen deutlich zu erkennen, so liegt die Vermutung nahe, daß der Bewerber auch die angestrebte Position nur für eine Übergangzeit für sich nutzen will.

Schließlich ergibt sich auch noch die Möglichkeit der Zeugnisbeurteilung. Dabei ist allerdings darauf zu achten, daß Abschlußzeugnissen von Schulen oder Hochschulen ein weniger großes Gewicht beigemessen werden sollte als Arbeitszeugnissen. Dies gilt vor allem deshalb, weil Berufsanfänger im Verlaufe ihrer praktischen Tätigkeit häufig erst ihre Neigungen, Veranlagungen und wirklichen Befähigungen entdecken und sich auch ihr Leistungswille und ihre Leistungsfähigkeit erst später ausprägen kann. Eine *Arbeitszeugnisanalyse* hat sich dabei auf folgende Kritierien zu beziehen:

- Tätigkeitsdauer
- Tätigkeitsinhalte
- Fachkompetenz und Leistungsverhalten
- Ausscheidungsgrund.

Die wichtigste Position des Arbeitszeugnisses, wenn auch die kritischste, bildet die Aussage über Leistungen und Verhaltensweisen des Mitarbeiters. Dies gilt deshalb, weil der Beurteiler dem nachfolgenden Arbeitgeber wahrheitsgemäße Auskünfte über Leistung und Verhalten des Mitarbeiters mitzuteilen hat, andererseits jedoch auch die gesetzlichen Vorschriften über den Inhalt des Zeugnisses einzuhalten hat. Auf der einen Seite soll der Beurteiler zwar objektive Aussagen, d.h. berechtigte günstige wie auch berechtigte ungünstige vornehmen, andererseits sollen seine Aussagen aber ,,vom verständigen Wohlwollen zum Arbeitnehmer getragen sein und ihm ein weiteres Fortkommen nicht erschweren.'' Hieraus resultiert ein schwerwiegendes Dilemma:

- Die häufig von Unternehmen vorgenommenen Konsequenzen daraus bilden sog. indirekte Zeugnisaussagen, die sich auf eine bestimmte Formulierungsskala beziehen können, bestimmte Spezialformulierungen oder Verfahren des vielsagenden Verschweigens. (Wichtige Eigenschaften werden nicht erwähnt.)

Von verschiedenen Unternehmen werden heute auch Referenzen gefordert. Hier sind bestimmte Zweifel anzumelden, da der Verfasser einer solchen Referenz i.d.R. vom Bewerber selbst ausgewählt wird und daher nicht unbedingt unparteiisch ist.

Aus diesem und anderen Gründen gehen immer mehr Unternehmen dazu über, ihre Bewerber mit Personalfragebögen zu konfrontieren, um dadurch einen wirklichen Vergleich zwischen den Bewerbern zu ermöglichen. Bei der Erstellung eines solchen Personalfragebogens, der untergliedert werden kann nach

- Angaben zur Person,
- Angaben zu Schul- und Berufsbildung,
- bisherigen beruflichen Tätigkeiten,
- speziellen Berufskenntnissen und Erfahrungen,
- Erfindungen, Veröffentlichungen und
- Angaben für die Einstellung

ist zu beachten, daß der Betriebsrat hinsichtlich des Inhalts ein Zustimmungsrecht genießt. Damit soll die zusätzlich rechtlich geschützte Intimsphäre gewahrt und möglichen indiskreten Fragen vorgebeugt werden. Trotzdem darf das Unternehmen im Personalfragebogen nach all den Umständen fragen, die für die von ihm ausgeschriebene Position objektiv von Bedeutung sind. Es sind deshalb auch Fragen zulässig, die die Persönlichkeitssphäre berühren.

Der letzte Schritt bei der Beurteilung der Bewerbungen ist die Gegenüberstellung der Bewerber in Tabellenform. Dabei wird häufig zwischen Muß-Anforderungen und Wunsch-Anforderungen unterschieden. Auch können individuelle Stärken besonders herausgestellt und bewertet werden. Eine solche Gegenüberstellung aufgrund der schriftlichen Bewerbung bildet dann die Grundlage für ein Vorstellungsgespräch.

c) Das Vorstellungsgespräch

Im Rahmen der Personalbeschaffung dient das Vorstellungsgespräch dazu, der Imagination, die sich bei der Analyse der Bewerbungsunterlagen einstellt, durch positive Konfrontation zum Leben zu verhelfen und konkrete Sinneseindrücke aufzunehmen.

Nach Bewertung und Sichtung der Bewerbungsunterlagen erfolgt deshalb als nächster Schritt der Personalbeschaffung das Vorstellungsgespräch. Die Einladung geht dabei an die Bewerber, die aufgrund der Anforderungen und ihres Angebots in die engere Wahl gelangen konnten. Aus der Sicht des Unternehmens ist die Einladung die zweite Visitenkarte nach der Stellenanzeige. Deshalb ist neben der Angabe von Ort, Zeit und Gesprächspartner überlegenswert, inwieweit bereits Firmenprospekte zur weiteren Information beigelegt werden sollen. Bei hochqualifizierten Bewerbern ist auch die Übermittlung des Geschäftsberichts möglich. Auch sollte für den Bewerber beim Eintreffen in das einladende Unternehmen eine Vorbereitung auf das Gespräch erkennbar sein.

Begrüßung, Gesprächsort und Störfreiheit können bereits erste positive Akzente setzen und unnötige Gesprächsbelastungen vermeiden. Das Vorstellungsgespräch soll zweierlei klären: Aus der Sicht des Personalleiters soll es persönliche Eindrücke und Informationen vermitteln, eine Überprüfung der schriftlichen Unterlagen ermöglichen und etwas über die Zielvorstellungen des Bewerbers in Erfahrung bringen. Dem Bewerber selbst soll es die Chance geben, sich ein genaueres Bild über das Unternehmen und das in Frage kommende Arbeitsgebiet zu machen, Entwicklungsmöglichkeiten zu eruieren und erste konkrete Antworten auf seine eigenen Erwartungen zu bekommen.

Sind für den Personalleiter die Ziele seines Vorstellungsgespräches im einzelnen klar, so bedarf es einer sorgfältigen Gesprächsvorbereitung, zu der folgendes gehört:

— Einsicht in die Stellenbeschreibung der zu besetzenden Position
— Einsicht in das Anforderungsprofil der vakanten Stelle
— Überprüfung der schriftlichen Bewerberunterlagen auf Vollständigkeit und Klarheit
— Fixierung sich evtl. ergebender Unklarheiten
— Überlegungen zur Integration möglicher Bewerbertypen in die jeweilige Arbeitsgruppe
— Reflexion des Verantwortungsumfangs und der Entwicklungsmöglichkeit der Position

- Überdenken des finanziellen Rahmens der ausgeschriebenen Position und der möglichen Sonderleistungen
- Vorbereitung auf spezielle Bewerberfragen hinsichtlich des Unternehmens, der Arbeitsgruppe und des Aufgabenbereichs
- Information des potentiellen Fachvorgesetzten über den Bewerber und den Vorstellungstermin.

In der Vorstellungspraxis haben sich im Laufe der Jahre Besprechungspunkte herauskristallisiert, die in einer bestimmten Reihenfolge geklärt werden können. Wie umfassend die einzelnen Punkte besprochen werden, ergibt sich aus der Bedeutung der Position und der Kompetenz des Bewerbers.

Der thematische Aufbau des Gesprächs erfolgt nach Stufen; von allgemeinen Fragen der Bewerberpersönlichkeit wird dabei zu immer sachlicheren und fachlicheren Fragen übergegangen. Diesem Vorschlag unterliegen psychologische Gründe wie Nervosität und rationale wie gegenseitige Informationsbedürfnisse.

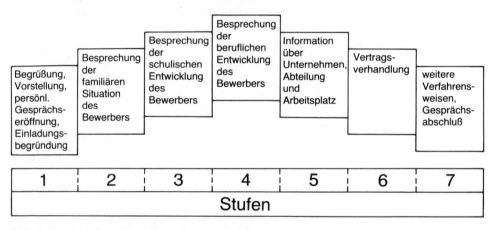

Abb. 2.4 – 15: Aufbau eines Vorstellungsgesprächs

In der ersten Gesprächsstufe kommt es vor allem darauf an, Kontakt zueinander zu finden. Deshalb ist eine möglichst freie und ungezwungene Gesprächseröffnung durch den Personalleiter oder seinen Vertreter zusammen mit dem potentiellen Fachvorgesetzten notwendig. Nach ersten Fragen zur Anreise können ohne weiteres Fragen nach dem Grund der Bewerbung und nach dem Interesse an dem Unternehmen oder dem angebotenen Arbeitsplatz angesprochen werden. Auch kann hier bereits die Form der Eigeninitiative des Bewerbers und die Art der Hilfestellung durch andere in die Diskussion kommen.

In der zweiten Stufe geht es um die persönliche, private Situation des Bewerbers. Hier kann die Frage nach seinem sozialen Umfeld deshalb von Bedeutung sein, um zu klären, inwieweit er in die ihm zugedachte Arbeitsgruppe auch hineinpaßt. Ähnliches gilt, wenn er nach seiner Familie gefragt wird, die Hinweise auf seine Gruppenzugehörigkeit und Kontaktfähigkeit ermöglicht. Dabei können sich Hinweise auf das soziale Verhalten und auf die Möglichkeiten seiner Integration ergeben. Bei der Frage nach dem Familienstand

320

des Bewerbers ist zu berücksichtigen, daß die Fluktuationsrate bei ledigen Mitarbeitern häufig höher ist als bei Verheirateten, andererseits aber bei bestimmten Positionen des Außendienstes Ledige wegen größerer Mobilität häufig bevorzugt werden. Bei Führungspositionen hat es sich darüber hinaus bewährt, den Bewerber nach der Meinung der Ehefrau über den Stellenwechsel zu befragen, da sich hieraus Hinweise auf einen positiven oder negativen Einfluß auf die Arbeitsmotivation herleiten lassen können. Schließlich ist noch die Frage nach den Hobbys und Vorlieben wichtig, da die Art der Freizeitbeschäftigung einige Aussagen über die Persönlichkeit des Bewerbers zuläßt. So ist zum Beispiel deutlich zwischen Hobbys mit gesellschaftlichem und solchen mit im wesentlichen kreativem Charakter, zu unterscheiden. Dies wiederum hat Bedeutung für die Art der angebotenen Tätigkeit.

Wenn in der dritten Stufe der Bildungsgang des Bewerbers angesprochen und erörtert wird, so kommt es hier vor allem darauf an zu erkennen, inwieweit Interessen und Neigungen bereits frühzeitig wirksam geworden sind. Geht es um die Geradlinigkeit in der schulischen Entwicklung, so ist die Antwort des Bewerbers bei Ausbildungsbrüchen interessant. So geht es mehr darum zu erfahren, inwieweit er selbst zu den Dingen steht oder inwieweit er andere für sein Versagen verantwortlich macht. Auch ist es wichtig zu erfahren, inwieweit der Bewerber neben seiner schulischen Ausbildung weitere Bildungsmaßnahmen in Angriff genommen hat (Sprachbildungskurse bei Volkshochschulen oder im Ausland). Auch sollte hier nicht unerwähnt bleiben, inwieweit der Bewerber sich finanziell an seiner Schulausbildung durch Ferientätigkeit beteiligt hat.

Die vierte Stufe fragt vor allem nach der beruflichen Entwicklung des Bewerbers. Hier steht im Vordergrund der Diskussion, wie sich die Entwicklung bis zu seiner jetzigen Position vollzogen hat. Es ist von Bedeutung zu klären, inwieweit hier Zielstrebigkeit oder mehr der Zufall ausschlaggebend waren. Selbständigkeit und Eigeninitiative sind Eigenschaften, die sich hinterfragen lassen. Läßt sich der Personalleiter einen typischen Arbeitstag schildern, so lassen sich dabei Fragen nach der Identifikation mit der Stelle und Übereinstimmungen mit dem Arbeitszeugnis überprüfen. Auch ist es interessant zu sehen, inwieweit die Schilderungen in den Bewerbungsunterlagen mit denen des Gesprächs übereinstimmen. Von großer Bedeutung ist auch die Einstellung des Bewerbers zu seinen bisherigen Vorgesetzten. Wird hierbei deutlich, daß die Verantwortung für berufliche Frustrationen im wesentlichen beim Unternehmensmanagement gesehen wird, lassen sich daraus u.U. nicht nur bei jüngeren Bewerbern Schwierigkeiten in der Persönlichkeitsentwicklung ableiten. Wenn schließlich nach den Erwartungen des Bewerbers in bezug auf die künftige Stelle gefragt wird, so ist hieran die Überlegung geknüpft, inwieweit dieser materiell und/oder immateriell motivierbar ist. Auch ist an dieser Stelle unbedingt die Frage nach der Aufstiegsmotivation zu stellen.

Bei der Gesprächsführung in den Stufen eins bis vier ist von seiten des Personalleiters oder seines Vertreters unbedingt darauf zu achten, daß hier nicht ein einseitiges Frage- und Antwortspiel durchgeführt wird. Auch besteht die Rolle des Personalleiters – gerade bei der Idee einer kooperativ-partizipativen Führung – auf keinen Fall darin, in der Form eines Detektivs quasi nur darauf zu achten, die Schwächen des Bewerbers herauszufinden. Vielmehr geht es darum zu erkennen, ob nicht gerade die eine oder andere nur durchschnittliche Fähigkeit mit den Anforderungen der angebotenen Position durchaus korrespondieren kann.

Deshalb muß der Personalleiter versuchen, den Bewerber zu freien Äußerungen zu animieren, aus denen sich auch und vor allem die Stärken des einzelnen ersehen läßt. Außerdem ist zu bedenken, daß häufig sog. Schwächen bei einer anderen Betrachtungsweise auch ohne weiteres in bestimmten Situationen Stärken darstellen können.

Umgekehrtes gilt für sog. Stärken, die bei entsprechender Rigorosität Arbeitsklima und Zusammenarbeit erheblich belasten können. Neben den geistigen Fähigkeiten kommt es also hier vor allem auch auf die Klärung der Integrationsfähigkeit des Betreffenden in Arbeitsgruppen oder Abteilungen an.

Wenn sich der Personalleiter ein Bild über die Möglichkeiten und Grenzen des Bewerbers gemacht hat, sollte er in der fünften Stufe ausführlich über das Unternehmen, die Abteilung und Arbeitsgruppe und die Stellung informieren. Was das Unternehmen anbetrifft, so sind die Darstellungen der bisherigen Entwicklung genauso wichtig wie die künftigen Perspektiven auf dem Beschaffungs- und Absatzmarkt. Hieraus kann sich der Bewerber ein Bild über die mögliche Dynamik des Unternehmens und die Chancen seiner Weiterentwicklung machen. Nach einer kurzen Darstellung der betrieblichen Aufbauorganisation kann der Personalleiter zusammen mit dem Fachvorgesetzten dann über die Abteilung und die vorgesehene Position sprechen. Hierbei ist es wichtig, daß sich der Bewerber ein Bild von seinem künftigen Vorgesetzten sowie ungefähre Vorstellungen von seinen künftigen Kollegen machen kann. Entscheidend aber ist die Information über den Arbeitsplatz selbst. Hierbei kommt es vor allem darauf an, anhand der Stellenbeschreibung die Aufgaben im einzelnen darzulegen und mit den nach der Einarbeitung möglichen Befugnissen zu verbinden. Dies ermöglicht eine Vorstellung von dem Verantwortungsumfang der Position und ihrer Bedeutung für Abteilung und Unternehmen. In dieser Gesprächsphase ist es wichtig, daß vor allem der Bewerber Fragen zu den einzelnen Positionen stellt, damit deutlich wird, inwieweit er bereits Informationen auf ihre Bedeutung für sich selbst und für seine Entwicklung nachvollziehen kann. Für den Bewerber selbst kann hier klar werden, inwieweit die angebotene Aufgabe seinen Möglichkeiten auch entspricht. Er kann dabei auch für sich die Entscheidung vorbereiten, ob er einem möglichen Angebot positiv gegenübersteht.

In der sechsten Stufe geht es um die eigentlichen Vertragsverhandlungen. Dabei ist wichtig zu betonen, daß der Personalleiter oder der Fachvorgesetzte noch keine Signale im Hinblick auf eine künftige Beschäftigung setzen darf. Dies würde sowohl die Entscheidungsmöglichkeiten des Unternehmens wie die des Bewerbers eindeutig einengen. Diese Verhandlungsphase darf deshalb als die komplizierteste innerhalb des Vorstellungsgesprächs angesehen werden. Häufig ist hier auch das Aushandeln der finanziellen Bedingungen besonders schwierig. Die Problematik besteht aus der Sicht des Unternehmens darin, den künftigen Mitarbeiter in ein Gehaltsgefüge einzubauen, das eine innerbetriebliche Transparenz möglich macht und von allen Beteiligten weitgehend akzeptiert werden kann. Im Sinne innerbetrieblicher Arbeitszufriedenheit und Leistungsbereitschaft ist es deshalb nicht sinnvoll, stark überhöhte Forderungen eines Bewerbers zu erfüllen, da diese relativen Gehaltsungerechtigkeiten unabdingbar zu Konflikten innerhalb von Arbeitsgruppen führen und bei kompetenten alten Mitarbeitern Fluktuationsanreize auslösen. Deshalb ist auch eine Überqualifizierung eines Mitarbeiters in bezug auf eine bestimmte Position außerordentlich problematisch. Ähnliches gilt für die hin und wieder praktizierte Lösung, hohe Anfangsgehälter für den neuen Mitarbeiter einzuführen. Neben den bereits angedeuteten Gefahren kommt hier noch hinzu, daß von seiten des neuen Mitarbeiters selbst frühzeitige Unzufriedenheit aufkommen kann. Auch ist es nicht empfehlenswert, ein zu niedriges Gehalt mit dem Bewerber zu vereinbaren. Auch hier sind wegen der informellen Kommunikation in der Abteilung Schwierigkeiten zu erwarten, vor allem in bezug auf Fluktuationsneigungen des neuen Mitarbeiters. Deshalb ist es notwendig, in den Gehaltsverhandlungen zu erreichen, daß etwa die Mitte der vorgesehenen Gehaltsbandbreite ausgehandelt wird. Im übrigen ist hier darauf hinzuweisen, daß die Länge der Probezeit ohne weiteres mit der Fixierung einer Gehaltshöhe verbunden werden kann und im Anschluß daran neue Gespräche über das Einkommen vereinbart werden können. Im Zusammenhang mit dem Gehalt sind auch Fragen von Erfolgsbeteiligung, Altersversorgung sowie materielle und immaterielle Nebenleistungen (Parkplatz) anzusprechen. Wichtig ist in dieser Phase, daß bei der Diskussion des Gehalts nicht bereits auf einer Seite des Verhandlungstisches Frustrationen aufkommen, die später in irgendeiner Weise ihren Niederschlag finden können. Es ist deshalb darauf zu achten, daß der Personalleiter verdeutlicht, daß eine weitgehende Offenheit von beiden Seiten her unumgänglich und diese durch Vereinbarungen der Vertraulichkeit auch unproblematisch ist.

Schließlich sollte in dieser Gesprächsphase auch geklärt werden, welche Entwicklungsvorstellungen der Bewerber für seine betriebliche Zukunft hat und welches Engagement er selbst einzubringen willens ist. Schließlich ist noch die Frage nach Nebenbeschäftigungen und Nebenämtern zu stellen, die möglicherweise eine hohe zeitliche Beanspruchung darstellen und Interessen des Unternehmens tangieren können.

Sofern sich aufgrund des bisherigen Gesprächsverlaufs keine weiteren Fragen von beiden Seiten mehr ergeben, kann der Personalleiter das Vorstellungsgespräch zum Abschluß bringen. Hierbei sollte er kurz die Reisekostenabrechnung des Bewerbers ansprechen sowie vor allem die weiteren Verfahrensweisen. Da das Vorstellungsgespräch als Dreier-Interview zwischen Personalleiter, Fachvorgesetztem und Bewerber geführt worden ist, besteht in einem solchen Gesprächsrahmen nur die Möglichkeit, das Leistungs- und Ausdrucksverhalten des Bewerbers zu prüfen. Jedoch sind Aussagen über die Einordnungsfähigkeit in eine Gruppe sowie Fragen der Persönlichkeitsentwicklung schwer einschätzbar. Deswegen kann der Bewerber entweder zu einer Gruppendiskussion eingeladen werden oder sich bestimmten Eignungstestverfahren stellen. In einer solchen Gruppendiskussion besteht dann die Möglichkeit, die Fähigkeit zur Integration und Dominanz einzuschätzen.

Wird aufgrund des Beurteilungsvermögens des Personalleiters oder des Fachvorgesetzten eine solche weitere Auswahl für nicht notwendig erachtet, muß dem Bewerber mitgeteilt werden, wann er mit einer Entscheidung zu rechnen hat. Mit einem herzlichen Dankeschön für das Gespräch endet dann die Begegnung zwischen Unternehmen und Bewerber.

Nach einem solchen Vorstellungsgespräch darf ein Bewerber erwarten, daß er auch im Falle einer Ablehnung eine schriftliche Absage bekommt. Die Personalabteilung wird dies kurzfristig unter Angabe plausibler Gründe erledigen. Darüber hinaus ist überlegenswert, inwieweit der Bewerber dazu ermuntert werden soll, sich bei einer anderen Stellenausschreibung des Unternehmens wieder zu bewerben. Außerdem müssen ihm alle Unterlagen mit Ausnahme des Anschreibens zurückgesandt werden.

Zum Schluß ist es noch notwendig, auf Fehlerquellen in einem Vorstellungsgespräch hinzuweisen:

- Gefahr von Werturteilen über den Bewerber. Hierbei müssen die Beteiligten besonders darauf achten, daß sie bei Vergleichen zu anderen Bewerbern keine persönlichen Wertungen abgeben.
- Gefahr eines autoritären Prüfungsstils durch den Personalleiter.
- Gefahr von Suggestivfragen, die bestimmte Antworten dem Bewerber bereits nahelegen.
- Gefahr einer mimischen oder verbalen Ablehnung eines Bewerbers zum Ende des Vorstellungsgesprächs.

Schwerpunkte bei der Gestaltung von Vorstellungs-, Einführungs- und Abgangsgesprächen

Diese drei Gespräche sind typisch bei Personalbestandsveränderungen und die wichtigsten formellen Gespräche.
Schwerpunkte für ihre Gestaltung mit den entsprechenden Verhaltenshinweisen werden in der Abb. schematisch aufgezeigt.

	Vorstellungsgespräch	Einführungsgespräch	Abgangsgespräch
Zweck des Gespräches	Urteil über den Bewerber	Eingliederung eines neuen Mitarbeiters	Analyse von Ausscheidungsgründen
Problem	Qualifikation	Aufgabenstellung	Leistung und Verhalten
Ziele des Gespräches	Entscheidungsbildung über die Einstellung	Sicherheit/Initiative/ Leistungsbereitschaft des neuen Mitarbeiters	Klarheit über die Motive des Arbeitsplatzwechsels
Verhalten bei Gesprächseröffnung	Offenheit	Zusammenarbeit zutrauen	Gesprächsbereitschaft
Das besondere Anliegen des Partners	Selbstdarstellung	Erwartung	Kritik
Seine emotionale Lage	Wünsche	Hoffnungen	Enttäuschungen
Methodisches Vorgehen des Vorgesetzten	Prüfung	Orientierung	Bewertung
Gesprächshaltung	Fairness	Vertrauen	Loyalität
Besondere Verhaltensregeln	Zuhören	Erklären	Verstehen

Das Problem Sicherheit bei der Bewerberauswahl

Die Einstellung eines Mitarbeiters stellt eine erhebliche Investition dar; sie schafft Bedingungen und Bindungen, die lange wirken. Von der Trefflichkeit der Auswahl und der Einstellungsentscheidung wird der Erfolg beeinflußt, kann das Schicksal des Unternehmens abhängen. Deshalb soll diese so überaus wichtige personalwirtschaftliche Entscheidung unter der Bedingung möglichst großer Sicherheit getroffen werden. Die für die Entscheidungsfindung zur Verfügung stehenden Informationen genügen dem Anspruch, ,,sicher'' zu sein, nur ungenügend. Schulzeugnisse, gleichgültig, ob sie Hauptschulleistungen attestieren oder Leistungen eines Hochschulstudiums benoten, zeichnen nur ein unvollkommenes, mitunter verzerrtes Bild von dem Leistungspotential und dem Leistungswillen der Absolventen. Aus den Noten läßt sich nicht erkennen, unter welchen Bedingungen sie zustande gekommen sind; über die angelegten Bewertungsmaßstäbe geben sie keine direkte Auskunft, und die Folgerung, daß von den schulischen Leistungen unmittelbar auf das Leistungsvermögen in der Berufspraxis geschlossen werden kann, unterliegt berechtigten Zweifeln.

Verbale Zeugnisse, meist qualifizierte Arbeitszeugnisse, hängen in ihrer Aussagekraft stark von der Beobachtungsgabe, der Wortbeherrschung und der Intention des Zeugnisgebers ab. Was und wie etwas beschrieben und bewertet wird, entscheidet sich daran, welche Prioritäten der Zeugnisgeber für sich gesetzt hat, welche Wertmaßstäbe er anlegt, und welche Sympathien oder Antipathien ihn mit dem Beurteilten verbanden. Die Zeugnisse, auch wenn sie von einer Personalabteilung ausgefertigt werden, gründen auf den Vorgaben der unmittelbaren Vorgesetzten, so daß deren subjektives Wertempfinden sich in den Zeugnissen stark niederschlägt, ohne daß dieser Hintergrund sich dem Leser des Zeugnisses erhellt.

Um Bewerberauswahl und Mitarbeitereinstellung auf eine gesicherte sowie vom Einsteller selbst zu kontrollierende Basis zu stellen, bedienen sich Unternehmen − größere seit langem und in zunehmendem Maße auch mittlere und kleine − der Hilfe der Psychologie, die mit Testen und Testbatterien dafür ein zweckmäßiges und erfolgwirksames Instrumentarium entwickelt hat.

Auf weitere eignungsdiagnostische Hinweise wird hier verzichtet. Wir verweisen auf die Ausführungen zu den wichtigen Aussagen u.a. zum Assessment-Center unter 2.2.9.

2.4.6.3 Zur Einstellung neuer Mitarbeiter

Nach Abschluß des ersten oder zweiten Vorstellungsgesprächs oder nach Beendigung der Gruppendiskussion und der psychologischen Auswahlverfahren und ihrer Auswertung wird in der Regel das erste Ja zum Bewerber vom Fachvorgesetzten kommen, der auch sein wichtigster Gesprächspartner war. Allerdings wird der Personalleiter ebenso dazu befragt, da er übergeordnete Kriterien des Unternehmens besser einschätzen kann. Er ist es auch, der den schriftlichen Vertrag auszuarbeiten und dem Bewerber zuzuschicken hat.

Nach dem Betriebsverfassungsgesetz hat auch der Betriebsrat ein Mitbestimmungsrecht bei allen Bewerbern, die nicht zu den leitenden Angestellten gerechnet werden. Deshalb muß er über Arbeitsplatz und Bewerberperson informiert werden. Die Intensität der Zusammenarbeit zwischen Personalabteilung und Betriebsrat hängt von dem jeweiligen Vertrauensgrad der beiden Parteien ab.

(Entscheidungsanalyse für die Position....)

Anforderungsarten	Erfüllungsgrad der Bewerber		
Muß-Anforderungen	*Bewerber Braun*	*Bewerber Apel*	*Bewerber Knorr*
1. Alter über 35 Jahre	*erfüllt*	*erfüllt*	*erfüllt*
2. Juristisches bzw. wirtsch. wi. Studium	*vorhanden*	*vorhanden*	*vorhanden*
3. Mind. 5-jährige leitende Tätigkeit im Personalwesen	*vorhanden*	*vorhanden*	*vorhanden*
4. Führerschein III	*vorhanden*	*vorhanden*	*vorhanden*
5. Gehaltsforderg. max. DM 4000,–	*DM 3500,–*	*DM 4500,–*	*DM 3700,–*

Wunsch-Anforderungen	AZ		QZ	AZ× QZ			QZ	AZ× QZ
1. Berufserfahrung in Personalverwaltung, Ausbildungswesen und Sozialwesen	10	*Langjähr. Erfahrung*	10	100		*Langjähr. Erfahrung*	10	100
2. Arbeits-, tarif- + sozialrechtl. Fachkenntnisse	10	*Intensive Fachkenntnisse*	10	100		*Gute Fachkenntnisse*	8	80
3. Grundkenntnisse der Lohn- und Gehaltsabrechnung	7	*Keine*	0	0		*Durchschnitt*	5	35
4. EDV-Kenntnisse	7	*Sehr gering*	1	7		*Gut*	8	56
5. REFA-Kenntnisse	3	*Sehr gering*	1	3		*Gering*	3	9
6. Ausbilderzertifikat	5	*Nein*	0	0		*vorhanden*	10	50
7. Zeugnisse, Referenzen	6	*Sehr gut*	10	60		*Gut*	8	48
8. Menschenkenntnis	10	*Durchschnitt*	5	50		*Gut*	8	80
9. Psychol. Einfühlvermögen	10	*Durchschnitt*	5	50		*Gut*	8	80
10. Kontaktfreudigkeit	8	*Groß*	8	64		*Durchschnitt*	5	40
11. Verhandlungsgeschick	9	*Gut*	8	72		*Befriedigend*	6	54
12. Initiative	8	*Gut*	8	64		*Befriedigend*	6	48
13. Belastbarkeit	8	*Normal*	6	48		*Hoch*	9	72
14. Organisationsvermögen	8	*Durchschnitt*	5	40		*Gut*	8	64
15. Äußere Erscheinung	7	*Gut*	8	56		*Gut*	8	56
				714				872

Der Bewerber Apel wird aus dem weiteren Ausleseverfahren eliminiert, da er eine Muß-Anforderung nicht erfüllt!

Abb. 2.4 – 16: Entscheidung nach Anforderungsprofil
Quelle: Stopp, 1980, S. 97

326

Nach Abschluß aller dargelegten Auswahlverfahren kann es vorkommen, daß mehrere Bewerber für die vakante Position in der engsten Wahl stehen. Hieraus ergibt sich dann die Frage, ob es zusätzliche Entscheidungshilfen für die endgültige Auswahl eines neuen Mitarbeiters gibt. Sog. Entscheidungshilfen sind heute Möglichkeiten, die auf rechnerischem Wege versuchen, den für die bestimmte Position insgesamt gesehen geeignetsten Bewerber zu ermitteln. Die Basis für eine solche Analyse bildet ein sog. Anforderungsprofil. Das ist eine Zusammenfassung der unterschiedlichsten Anforderungen an den potentiellen Stelleninhaber. Diese Anforderungen sind fachlich und persönlich gegliedert und häufig in unabdingbare Muß-Anforderungen einerseits und in zu erfüllende Wunsch-Anforderungen andererseits gegliedert. Ist das Anforderungsprofil in den einzelnen Kriterien auch quantifizierbar (hier werden häufig Zahlen von 1 – 10 benutzt), kann es dem sog. Qualifikationsprofil gegenübergestellt werden. Der Zweck einer solchen Gegenüberstellung liegt darin, herauszufinden, inwieweit sich Wunsch und Wirklichkeit decken.

Hierbei ist dann auch der Versuch erkennbar, bei einer möglichst präzisen Gegenüberstellung der einzelnen Kriterien objektivierbare Daten für die Besetzung des Arbeitsplatzes zu finden. Das Anforderungsprofil selbst soll auf der Basis analytischer Arbeitsplatzbewertung aufgebaut sein, wobei eine niedrige Zahl zum Ausdruck bringt, daß die Anforderung eine sehr geringe Bedeutung hat und eine hohe Zahl verdeutlicht, daß ihr eine entscheidende Bedeutung zugemessen wird. Gleiches gilt für die Qualitätsziffern im Qualifikationsprofil des Bewerbers. Mit Hilfe eines Formulars können dann Anforderungsziffern und Qualifikationsziffern gegeneinander gerechnet werden. Ein schönes Beispiel dafür ist die Entscheidungsanalyse von Stopp für die Position eines Personalleiters (vgl. Abb. 2.4 – 16).

Zum Inhalt des Arbeitsvertrages

Ist die Entscheidung zugunsten eines Bewerbers gefallen, so bedarf es eines schriftlichen Arbeitsvertrages. Ein normaler Arbeitsvertrag muß mindestens folgende Punkte enthalten:

- Name, Adresse, Geburtstag und -ort des neuen Mitarbeiters
- Wohnadresse
- Eintrittsdatum
- Art der Beschäftigung, Positionsbezeichnung
- Gehalt monatlich, jährlich oder Lohngruppe
- Zusatzzahlungen
- Arbeitszeit
- Urlaubsanspruch
- Kündigungsfrist
- Vertragsdatum
- Unterschrift beider Partner.

Zusätzliche Vereinbarungen können getroffen werden bezüglich:

- Überstundenregelung
- Probezeit
- Regelung für den Krankheitsfall
- Nebenbeschäftigung
- Schweigepflicht.

Für leitende Angestellte ist in der Regel der Arbeitsvertrag umfassender, da vor allem bei längerer Beschäftigungsdauer folgende Punkte schwerwiegender sind:

- Staffelung des Gehaltsfixums
- Erfolgsbeteiligung
- Arbeits- und Urlaubszeiten
- Entgeltzahlungen bei Krankheit
- Spesenregelungen
- Erfindungen und Verbesserungsvorschläge
- Wettbewerbsverbot
- Nebentätigkeit.

Neben den üblichen Vertragsverhältnissen gibt es auch noch besondere Arten:

- *Arbeitsverhältnis auf Zeit*
  Das gilt für bestimmte helfende Tätigkeiten, die zeitlich befristet sind. Bei Erntehilfen, Urlaubsvertretungen oder im Weihnachtsgeschäft werden diese abgeschlossen. Sie dürfen nicht verwechselt werden mit Arbeitsverhältnissen zur Aushilfe, die unbefristet sind, aber innerhalb von 3 Monaten eine beliebige Kündigungsfrist vorsehen.
- *Berufsausbildungsvertrag*
  Dieser wird mit den Auszubildenden abgeschlossen und zusätzlich vom gesetzlichen Vertreter des Auszubildenden unterschrieben.
- *Trainee-Vertrag für Praktikanten*
  Hierunter fällt ein Vertrag für Volontäre und Jungakademiker auf bestimmte Zeit.
- *Vertrag mit Freiberuflern*
  Für diese Gruppe gelten die Vorschriften des Werk- oder Werklieferungsvertrages oder des Handelsgesetzbuches.

Für den Abschluß eines Arbeitsvertrages ist grundsätzlich keine bestimmte Form vorgeschrieben. Rechtswirksam kann er sowohl durch schriftliche als auch durch mündliche Vereinbarung zwischen Arbeitgeber und Arbeitnehmer geschlossen werden.

Allerdings empfiehlt es sich für beide Parteien, aus Beweisgründen die getroffenen Vereinbarungen schriftlich niederzulegen und zu unterzeichnen. Dadurch werden häufig entstehende Konflikte der Vertragsparteien bzgl. bestimmter Nebenabreden vermieden.

Mit der Einstellung ist zwar die Personalbeschaffung faktisch abgeschlossen, jedoch hat sich in den vergangenen Jahren die Erkenntnis durchgesetzt, daß sorgfältige Bewerberauswahl alleine nicht genügt, die zu besetzende Stelle mit einem erfolgversprechenden Mitarbeiter zu besetzen, der sich auch langfristig engagieren will. Es ist deshalb nach der Bewerberauslese eine systematische Einführung des neuen Mitarbeiters unumgänglich. Dies gilt vor allem deshalb, um mögliche Fluktuationsbereitschaften neuer Mitarbeiter, die durch das Gefühl des Alleingelassenseins im Unternehmen in der ersten Zeit entstehen können, auf diese Art und Weise entgegenzuwirken. Andererseits sind aber auch andere Aspekte gewichtig.

2.4.6.4 Einweisung und Betreuung neuer Mitarbeiter

Für die Zusammenarbeit zwischen Vorgesetzten einerseits, dem neuen Mitarbeiter und der neuen Arbeitsgruppe andererseits ist oftmals schon der erste Tag der entscheidende. Denn die ersten Eindrücke sind, ob positiv oder negativ, häufig nicht mehr zu verwischen. Nach der Entscheidung, einen Arbeitsplatz mit einem bestimmten Bewerber zu besetzen, ist i.d.R. die Situation die, daß beide Parteien mit der getroffenen Entscheidung außerordentlich zufrieden sind. Beide Parteien haben sich ein Bild von der anderen Seite machen können und sind voller Erwartungen. Beide freuen sich auf die künftige Zusammenarbeit, die für sie Leistung und Zufriedenheit bringen soll. So erwartet der künftige Vorgesetzte, daß der neue Mitarbeiter

- für seine Aufgabe fachliches Interesse zeigt,
- sich in sein Arbeitsgebiet rasch und intensiv einarbeitet,
- seine Arbeit qualitativ und zeitlich vereinbarungsgemäß erledigt,
- Ausdauer, Belastbarkeit und Einsatzbereitschaft an den Tag legt,
- die Arbeitsmaterialien sorgfältig einsetzt und kostenbewußt denkt,
- eine akzeptable Form des Verhaltens gegenüber Vorgesetzten und Mitarbeitern wie Kollegen entwickelt,
- möglichst schnell selbständig und kreativ wird,
- auch Enttäuschungen ertragen kann,
- selbstbeherrscht und vertrauenswürdig ist,
- sein Stellenziel systematisch anstrebt und bereit ist,
- sich mit Zielen seines Unternehmens zu identifizieren.

Diese Erwartungen des Vorgesetzten beruhen auf Erfahrungen, die er mit sog. guten Mitarbeitern gemacht hat und die er für die Zukunft bestätigt sehen möchte. Diese Erwartungen bewirken Spannungen und Gefühle, die als Hoffnung auf Erfolg und Freude an der gemeinsamen Zusammenarbeit bezeichnet werden können. Damit erwartet der Vorgesetzte letztlich, daß sich der neue Mitarbeiter sowohl an die ökonomischen als auch die sozialen Normvorstellungen des Betriebes hält und in ihnen wirkt.

Auf der anderen Seite gilt es auch, sich die Erwartungen des neuen Mitarbeiters selbst vor Augen zu führen. So stellt dieser sich vor, daß der Vorgesetzte

- zuvorderst das hält, was er bei dem Einstellungsgespräch verlauten ließ,
- die Einführungszeit systematisch vorbereitet und sorgfältig organisiert,
- das Stellenziel im Auge hat und mit den betrieblichen Erfordernissen verbindet,
- die einzelnen Aufgabenbereiche mit dem neuen Mitarbeiter durchspricht und kompetent erläutert,
- die zu verrichtenden Aufgaben erklären kann,
- die Bedeutung der Aufgabe und ihre Einordnung in die gesamte betriebliche Organisation verdeutlichen kann,
- den jungen Mitarbeiter systematisch entwickeln und fördern kann,
- Geduld und Selbstbeherrschung auch bei Fehlleistungen bewahren kann,
- Gerechtigkeit gegenüber allen Mitarbeitern walten läßt,
- andere Meinungen und Auffassungen des Mitarbeiters auch akzeptieren kann,
- sich auch als Mensch zeigt und
- eine ,,5 auch mal gerade sein lassen kann''.

Eine systematische Mitarbeitereinführung wird häufig in sieben Phasen dargestellt und in einem Einführungsprogramm zusammengefaßt:

Phase 1:
Vorbereitung auf den neuen Mitarbeiter
Hierzu gehören vor allem die Einstellung aller Mitarbeiter auf den neuen Kollegen und die Vorbereitung seines Arbeitsplatzes.

Phase 2:
Begrüßung des Mitarbeiters und Einführung in seine erste Arbeitsgruppe
Dabei kommt es auf ein richtig geführtes Begrüßungsgespräch mit erster Kollegenvorstellung an. Diese Phase ist die bedeutsamste, da hier emotionale Bindungen begründet werden können.

Phase 3:
Einführung in die Ordnung und Systematik des Unternehmens
Information über die Betriebsordnung und die sog. Nebenbedingungen der Arbeit spielen hier die entscheidende Rolle. Arbeitszeitorganisation und Sicherheitsvorschriften sind besonders zu berücksichtigen. Hier muß vor allem die Notwendigkeit und Sinnhaftigkeit für den neuen Mitarbeiter persönlich verdeutlicht werden.

Phase 4:
Einführung in die Arbeitsaufgaben
Diese Phase ist besonders bedeutsam, da die Stellenbeschreibung dem neuen Mitarbeiter bei der Bewerbung kurz schon dargestellt worden war. Auf diesen Punkt kommt es i.d.R. dem neuen Mitarbeiter auch am meisten an, da diese Belange seinem akutellen Interesse am leichtesten zuzuordnen sind und einen nicht so hohen Abstraktionsgrad wie Ordnungsprinzipien und Vorschriften aufweisen.

Phase 5:
Einführung in die Organisationsstruktur des Unternehmens
Die Phase darf nicht ein allgemeines Bla-Bla enthalten. Hier müssen deutlich der organisatorische Aufbau erläutert und die innerbetrieblichen Abläufe erklärt werden. Dazu ist es erforderlich, vorhandene Unterlagen zu verwenden, um dadurch das Gesagte auch optisch verdeutlichen zu können und somit zugänglicher zu machen. Falls sich das Unternehmen für einen bestimmten Führungsstil entschieden hat, ist dieser ebenfalls mit all seinen Stärken und Schwierigkeiten anzusprechen. Dabei darf allerdings niemals die Wirksamkeit des Unternehmenskonzepts relativiert werden, da dadurch bereits erste Autorität eingebüßt wird.

Phase 6:
Anlernen am Arbeitsplatz
Für diese Aufgabe sollte sich der Vorgesetzte am ersten Tage niemals zu schade sein. Hier kann er die besondere Beherrschung dieser Arbeiten als Identifikationsziel für den Mitarbeiter demonstrieren. Allerdings muß er vormachen, erklären können und Mut zum Nachmachen auslösen. Spontane Initiationsbereitschaften sollten Vorgesetzte auf jeden Fall mit erster Anerkennung versehen.

Phase 7:

Regelmäßige Fortschrittskontrolle

Es genügt nicht, wenn der Vorgesetzte lediglich einen ,,Einmal-Auftritt'' hat. In der regelmäßigen und persönlichen Zuwendung liegt der Schlüssel zum Erfolg. Zu fest vereinbarten Terminen muß das Gespräch mit dem jungen Mitarbeiter gesucht werden, um Erfolge und Mißerfolge zu diskutieren und Ermutigungen anbringen zu können. Um diese Vorgesetztenaufgabe systematisch angeben zu können, werden häufig hierbei Checklisten benützt.

Schließlich ist noch zu erwähnen, daß auch Einführungen am Wohnort wichtig sein können. Nach der Integration in ein Arbeitsteam und das Unternehmen muß auch die Einordnung in den Wohnort folgen. Gerade in Großstädten ist die Gefahr der Isolation außerordentlich groß. Auch hier soll und kann das Unternehmen behilflich sein und das eigene Interesse mit dem des Mitarbeiters verbinden.

Die Einführungzeit endet entweder nach Vereinbarung oder zu dem Zeitpunkt, zu dem dem Mitarbeiter die Verantwortung für sein Stellenziel und die selbständige Wahrnehmung der Aufgabe und Befugnisse konkret übertragen werden.

2.4.7 Zusammenfassung

● Mitarbeiterbeschaffung ist die gewichtigste Voraussetzung dafür, daß Ziele und Motive der Unternehmenspolitik in tatsächliche Leistungen und Ergebnisse auf den Absatz- und Beschaffungsmärkten umgesetzt werden können.

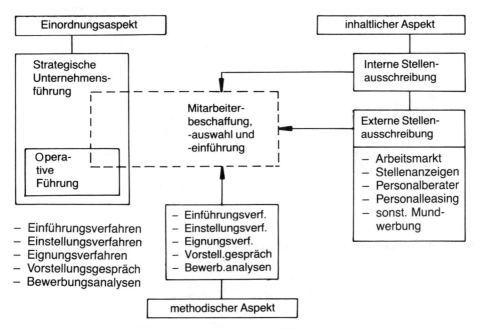

Abb. 2.4 – 17: Mitarbeiterbeschaffung, -auswahl und -einführung

- Operativ betrachtet hat diese Funktion die benötigten Mitarbeiter in der geforderten Anzahl und Qualifikation zum geeigneten Zeitpunkt für die nachgefragte Funktion zu marktgerechtem und leistungsorientiertem Einkommen zu beschaffen. Dabei bedarf sie vor allem einer qualifizierten Personalplanung.
- Kreativität und Gestaltungsbereitschaft sind die Mitarbeitermerkmale, die langfristig als gesuchte Anforderungen angesehen werden und im Umfeld des Unternehmens ausfindig gemacht werden müssen.
- Die innerbetriebliche Mitarbeiterbeschaffung beginnt mit der Weiterverpflichtung eigener erfolgversprechender Auszubildender und wird durch innerbetriebliche Stellenausschreibungen fortgeführt. Hat sich die Unternehmensleitung in ihrer Mitarbeiterpolitik grundsätzlich zu einem solchen Verfahren auch bei der Besetzung von Führungspositionen entschlossen, schafft sie damit hohe Leistungs- und Zufriedenheitsanreize.
- Außerbetriebliche Mitarbeiterbeschaffungen werden über den institutionalisierten Arbeitsmarkt, über Anzeigenwerbung, Personalberater, Personalleasing oder spezielle Kontakte vorbereitet. Die jeweils geeignete Methode hängt von der Bedeutung der Position, den Einkommensbedingungen, dem Zeitpunkt der beabsichtigten Einstellung und vor allem vom möglichen Weg des neuen Mitarbeiters im Unternehmen ab. Stellenanzeigen mit Unternehmenssignet und adäquatem Ausschreibungstext verschaffen ein erstklassiges „Arbeitsmarktimage" und damit günstige Voraussetzungen für langfristige Leistungssicherheiten.
- Für die Beschaffung höchstqualifizierter Mitarbeiter auf allen Leistungsebenen haben sich seriöse Personalberater herauskristallisiert, die umfassende Leistungspakete im Sinne eines vollständigen Personalservice anbieten können und damit auch strategische Funktionen übernehmen.
- Viele Unternehmen organisieren ihre Mitarbeiterbeschaffung über sog. Mundwerbung. Die persönliche Kenntnis der Entwicklungsmöglichkeiten des Unternehmens und des potentiellen Bewerbers durch die jeweilige Kontaktperson sind dabei ideale Voraussetzung für eine beiderseits zufriedenstellende Zusammenarbeit.
- Der Analyse von Bewerbungen als erstem Grobfilter kommt eine gewichtige Bedeutung zu, da hier bereits durch Zeitfolge-, Positions-, Firmen- und Kontinuitätsanalysen konkrete Hinweise auf vorhandene Fach- und Führungskompetenz vorbereitet werden können. Oberster Grundsatz ist dabei, Bewerbermöglichkeiten und Arbeitsplatzangebot optimal aufeinander abzustimmen.
- Das Vorstellungsgespräch ist das zweite Sieb im Rahmen der Mitarbeiterauswahl. Es ermöglicht konkrete Sinneswahrnehmungen für Bewerber und Auswahlpersonen. Rationalität und Emotionalität im Miteinander sind dabei die Parameter, die eine beiderseitig befriedigende Entscheidung ermöglichen. Leitfaden dieses gegenseitigen Sichtens ist das Vorstellungsgespräch, das beiden Seiten im Frage- und Antwortspiel Chancen zu erforderlicher Transparenz bietet.
- Lassen sich im Vorstellungsgespräch nicht für beide Seiten ausreichende Klärungen herbeiführen, eignen sich die verschiedensten psychologischen und quasi-psychologischen Eignungsverfahren und -tests als zusätzliche Hilfsmittel, Leistungs- und Verhaltenspotential des Bewerbers in seinen Dimensionen und Ausprägungsformen abzuwägen. Besonders erwähnenswert ist, daß sie lediglich eine − wenn auch besondere − Facette der Bewerberpersönlichkeit beleuchten. Die andere spiegelt sich in der Bewerbung und in der Gesprächsführung des Stellennachfragers wider.

- Abschluß der Mitarbeiterbeschaffung ist erst die erfolgreiche Einführung des „Neuen" und die selbständige Übernahme seiner Aufgaben und Befugnisse nach vereinbarter Zeit. Erst wenn der Mitarbeiter im Rahmen seines Stellenziels verantwortlich agiert und Zufriedenheit mit seinem Tun signalisiert oder rückgemeldet erhält, kann die Mitarbeiterbeschaffung auf eine erfolgreiche Durchführung ihres vor allem strategisch verstandenen Auftrags hinweisen.
- Zur Arrondierung ihres Erfolgsansatzes bedarf sie freilich der Weiterführung in den anderen personalwirtschaftlichen Instrumenten wie Persönlichkeitsentwicklung, Gehaltspolitik etc. Mitarbeiterbeschaffung schafft Möglichkeiten in aktuell wie langfristig gestaltendem Sinne.

2.5 Mitarbeiter und Entgelt – Maxime, Festlegungen und Grenzen

Das Einkommen von Arbeitern und Angestellten ist nicht nur einfach Geld, um den gewünschten Lebensstandard verwirklichen zu können. Es ist auch ein Hinweis auf den Wert des Arbeitnehmers und seinen sozialen Status im Unternehmen und in der Gesellschaft. Die Höhe der Löhne und Gehälter ist ein wichtiges Kriterium für die Wahl des Arbeitsplatzes und für die Arbeitszufriedenheit. Diese Feststellungen allein reichen aus, um behaupten zu können, daß die Entlohnung eine zentrale Rolle für die Mitarbeiter spielt. Die Entgeltpolitik des Unternehmens ist damit ebenfalls ein wesentlicher Bestandteil der Personal- und der ihr übergeordneten Unternehmenspolitik.

Die Begriffe Entlohnung, Lohn oder auch Entgelt sollen alle aus nichtselbständiger Arbeit erzielten Einkünfte umfassen, ganz gleich, unter welcher Bezeichnung sie gezahlt werden, ob sie als Geld, geldwerter Vorteil oder Sachbezug gewährt werden. Reiner Auslagenersatz zählt jedoch nicht dazu.

Die Entgeltpolitik des Unternehmens betrifft einerseits die Ziele, welche durch eine entsprechend gestaltete Entlohnung erreicht werden sollen; andererseits hat sie sich auch mit der Auswahl geeigneter Mittel, sprich unterschiedlichen Entlohnungsarten, zu beschäftigen. Wegen der oben geschilderten komplexen Zusammenhänge ist das ein mühsames und damit aufwendiges Unterfangen. Vielfach wird daher Entgeltpolitik als eine Maßnahme verstanden, die sich nur Großbetriebe leisten können. Am Arbeitsmarkt konkurrieren jedoch Klein-, Mittel- und Großbetriebe um qualifizierte Mitarbeiter. Ein Verzicht auf die Entgeltpolitik führt zu Nachteilen bei der Beschaffung und beim Verbleib von Mitarbeitern.

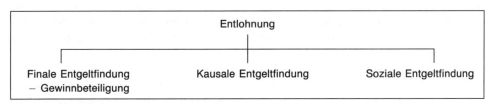

Abb. 2.5 – 1: Entgeltpolitisches Instrumentarium

Ethische, wirtschaftliche und soziale Ziele sind so vielfältig, daß auf praktische Einzelfragen in diesem Zusammenhang nicht eingegangen werden kann (dazu sei auf das Einführungskapitel verwiesen). Die Mittelentscheidung jedoch kann treffsicherer gestaltet werden, wenn alle Entgeltformen bekannt sind. Diese Betrachtung muß so durchgeführt werden, daß das Ergebnis ein klares und vollständiges System aller möglichen Entgeltformen ergibt, welches offen für neuere Entwicklungen ist. Ein solches System könnte man als entgeltpolitisches Instrumentarium bezeichnen.

2.5.1 Finale Entgeltfindung – Gewinnbeteiligung

Nur durch die vertrauensvolle Zusammenarbeit aller Menschen im Unternehmen, also der Arbeiter und Angestellten, der Unternehmer und der Kapitaleigner, läßt sich ein für alle Partner angemessenes Einkommen erarbeiten. Das Bewußtsein für die betriebliche Partnerschaft hat sich nach Beendigung des Zweiten Weltkrieges in der Bundesrepublik Deutschland verstärkt entwickelt. Es fand seinen Niederschlag im § 2 (1) BetrVG 1972: „Arbeitgeber und Betriebsrat arbeiten vertrauensvoll. . . zum Wohl der Arbeitnehmer und des Betriebes zusammen." Erst wenn diese Aufforderung von allen Menschen im Betrieb ständig geübt wird, ist die Voraussetzung für eine betriebliche Partnerschaft gegeben, um einen partnerschaftlichen Führungsstil praktizieren zu können. Über gesteigerte Arbeitszufriedenheit und Leistungsbereitschaft geht ein positiver Einfluß auf das wirtschaftliche Betriebsergebnis aus, an dem alle Menschen im Unternehmen angemessen zu beteiligen sind. Dieses ist seinerseits wieder der Ansatz für eine Erfolgsbeteiligung und betriebliche Vermögensbildung der Mitarbeiter, die, unter diesem Gesichtspunkt betrachtet, nicht nur einen finanziellen Anreiz gibt. Sie stellt vielmehr die logische Folge einer verantwortungsbewußten Zusammenarbeit aller am betrieblichen Geschehen Beteiligten dar.

2.5.1.1 Von der Ergebnisbeteiligug zur finalen Entgeltfindung

Die Ergebnisbeteiligung, wie sie in der Praxis in ihren unterschiedlichen Formen gehandhabt wird, läßt sich nicht immer eindeutig der strengen Logik des entgeltpolitischen Instrumentariums unterwerfen, da eindeutig finale und kausale Ansätze, aber auch Mischformen vorzufinden sind. Diese Aussage ist weder als kritische Anmerkung aufzufassen, noch eine akademische Gedankenspielerei. Die systematische Unterteilung hat vielmehr den Zweck, die unterschiedlichen Instrumente treffsicher einsetzen zu können.

a) Leistungsbeteiligung
Bei dieser Beteiligungsform haben die Mitarbeiter am gemeinsam erarbeiteten mengenmäßigen Produktionsergebnis teil. Da die Leistung aller Mitarbeiter des Unternehmens durch eine vertrauensvolle Zusammenarbeit größer sein sollte als die Summe der Einzelbeiträge, handelt es sich um eine Gruppenleistungsprämie und ist damit eindeutig der kausalen Entgeltfindung zuzurechnen.

Die Berechnung der Produktionsbeteiligung beruht auf dem mengenmäßigen Ausstoß, während die Produktivitätsbeteiligung zusätzlich den mengenmäßigen Einsatz an Leistungsfaktoren berücksichtigt.

334

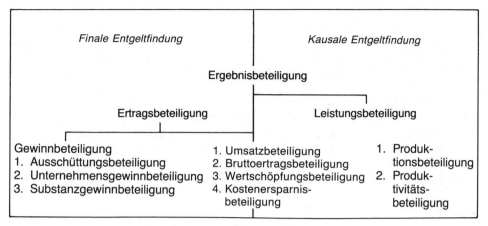

Abb. 2.5 – 2: Von der Ergebnisbeteiligung zur finalen Entgeltfindung

Beide Beteiligungsformen sind nur sinnvoll bei einem Verkäufermarkt einzusetzen. Wegen der einfacheren und schnelleren Berechnungsweise ist die Produktionsbeteiligung vorzuziehen, welche allerdings den sparsamen Umgang mit den knappen Produktionsfaktoren nicht berücksichtigt.

b) Ertragsbeteiligung
Einige Ertragsbeteiligungsformen stellen eine Mischform zwischen kausaler und finaler Entgeltfindung dar. Die unterschiedlichen Bemessungsgrößen hängen hinsichtlich ihrer Mengenkomponente sowohl von der Leistung der Menschen im Unternehmen ab und damit von der Gruppenleistung als auch im Hinblick auf ihre Preiskomponente von Markteinflüssen. Letztere sind jedoch von den Menschen im Betrieb nicht in jedem Fall zu beeinflussen. Insoweit wird die finale Entgeltfindung angesprochen.

Grundlage für die Bemessung der Beteiligung können die folgenden Größen sein:
– *Umsatzbeteiligung*
  Die Umsatzgröße ist einfach und schnell zu errechnen. Dabei spielt es keine Rolle, ob man vom betrieblichen Umsatz oder vom Gesamtumsatz unter Einschluß der neutralen Erträge ausgeht. Je nach Zielsetzung kann eine Beteiligung gezahlt werden, wenn eine Umsatzsteigerung zu verzeichnen ist oder eine vorgegebene Umsatzhöhe gehalten wurde.
– *Bruttoertragsbeteiligung*
  Die Beteiligung wird auf der Grundlage betrieblicher Umsatz, bereinigt um die Lagerbestandsveränderungen, festgesetzt.
– *Wertschöpfungsbeteiligung*
  Ihre Basisgröße geht vom Bruttoertrag aus, von dem der betriebliche Aufwand für die Leistungserstellung abgezogen wird.
– *Nettoertragsbeteiligung*
  Grundlage ist der Nettoertrag, der sich aus der Wertschöpfung ergibt, indem diese um Steuern und kalkulatorische Kosten bereinigt wird.

- *Kostenersparnisbeteiligung*
  Sie wird in der Literatur überwiegend der Gruppe der Leistungsbeteiligungen zugerechnet. Soweit die Beteiligungsgrundlage das Mengengerüst der Kosten ist und auf
  die Produktionseinheit bezogen wird, handelt es sich jedoch um die Produktivitätsbeteiligung. Sind Grundlage der Berechnung jedoch die Kosten je Zeiteinheit, entnommen der Kostenartenrechnung, dann handelt es sich begrifflich um Aufwand und ist
  den Formen der Ertragsbeteiligung unterzuordnen, was in diesem Zusammenhang sinnvollerweise geschieht. Die Kostenersparnisbeteiligung setzt eine genaue Analyse der
  Kostenarten voraus. Es werden dadurch wichtige Anhaltspunkte für Einsparungsmaß-
  nahmen gewonnen und das Kostendenken im ganzen Unternehmen gefördert. Klarheit sollte jedoch darüber herrschen, daß der einzelne Mitarbeiter und ganze Gruppen
  Markteinflüsse nicht zu vertreten haben, die aber kaum auszuklammern sind.

c) Gewinnbeteiligung
Sie stellt die am häufigsten in der Praxis angewandte Beteiligungsform dar.

Die gewinnabhängige Einkommensfindung ist nicht das Ergebnis einer leistungsorientierten
Einkommensverteilung. Es geht vielmehr um jenen Gewinnanteil, welcher nicht auf die
Leistung eines Produktionsfaktors zurückzuführen, sondern als „windfall profit" ange-
fallen ist.

Wenn z.B. die OPEC die Erdölpreise erhöht, kann auch ein kleiner Produzent, der nicht
Mitglied der OPEC ist, die Preise anheben und c.p. einen höheren Ertragsüberschuß erzielen. Dieser wurde und wird auch heute noch größtenteils von den Kapitaleignern ver-
einnahmt, obwohl sie ihn nicht verursacht haben. Da sie den zusätzlichen Gewinn ver-
ständlicherweise nicht an die OPEC auszahlen werden, stellt sich die Frage nach einem
sinnvollen Verteilungsmodus. Eine Verteilung auf alle produktiv tätigen Gruppen im Unternehmen kann man als finale oder endgültige Entgeltfindung bezeichnen.

Geht man davon aus, daß die menschliche Arbeitsleistung bereits nach ihrem Anteil an
der betrieblichen Leistung entlohnt worden ist, muß für die Leistung des Kapitals eine
entsprechende Größe festgelegt werden. Das geschieht überwiegend in Anlehnung an den
banküblichen Zinssatz für langfristige Einlagen, zuzüglich einer zu bestimmenden Risikoprämie.

Als Beteiligungsbasis werden unterschiedliche Größen herangezogen:

- *Bilanzgewinnbeteiligung*
  Grundlage ist der ausgewiesene Gewinn in der Handels- oder Steuerbilanz. Von diesen Gewinngrößen können evtl. noch die kalkulatorischen Kosten abgesetzt werden.

- *Ausschüttungsgewinnbeteiligung*
  Die Arbeitnehmer sind wie die Aktionäre an einer ausgeschütteten Dividende beteiligt. Dabei ist zu unterscheiden zwischen Dividendensatz- und Dividendensummen-
  beteiligung. Bei der ersten erhalten die Arbeitnehmer prozentual zur Lohnsumme den
  gleichen Satz, der auch an die Kapitaleigner ausgeschüttet wird. Im Rahmen der Divi-
  dendensummenbeteiligung orientiert sich der Gewinnanteil der Belegschaft an der Dividende der Anteilseigner.

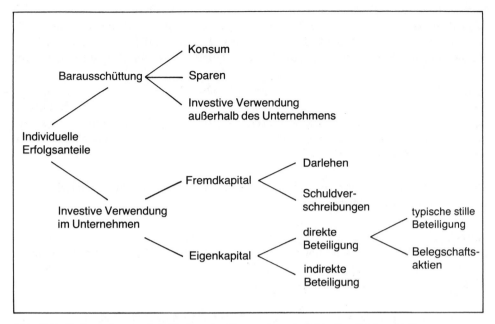

Abb. 2.5 – 3: Gestaltungsmöglichkeiten der Verwendung individueller Erfolgsanteile

Quelle: Steinmann, H.; Müller, H.; Klaus, H., Arbeitnehmer-Beteiligungsmodelle, in: Die Betriebswirtschaft 1982, 42,1, S. 122

– *Substanzgewinnbeteiligung*

Als Bemessungsgrundlage dient der ausgeschüttete Gewinn zuzüglich des einbehaltenen. Von den Kritikern der Gewinnbeteiligung wird der Einwand gebracht, daß eine Gewinnbeteiligung auch eine Beteiligung am Verlust voraussetzt. Dieses so logisch klingende Argument ist jedoch nicht stichhaltig; denn die Kapitaleigner erhalten ja für den Verlustfall einen Risikozuschlag, im Gegensatz zu den Arbeitnehmern, welche nicht einmal einen wesentlichen Einfluß auf unternehmenspolitische Entscheidungen haben, die neben den Markteinflüssen maßgeblich die Höhe des Erfolges bestimmen. Anders liegt der Fall hingegen bei den evtl. am Gewinn beteiligten Aufsichtsrats- und Vorstandsmitgliedern von Aktiengesellschaften, die ihrerseits aber auch nicht einer Verlustgefahr ausgesetzt werden.

Die Zuweisung des Beteiligungsentgelts kann kollektiv zugunsten der Gesamtbelegschaft erfolgen. Überwiegend geht es dann in einen Sozialfonds. Das Beteiligungsentgelt kann aber auch individuell zugewiesen werden. Da eine vollständige Barausschüttung die Liquidität des Unternehmens stark belasten würde, wird die Gewinnbeteiligung mit einer investiven Verwendung im Unternehmen verknüpft.

2.5.1.2 Drei Beispiele aus der Praxis für die finale Entgeltfindung

Die Gewinnbeteiligung erfolgt heute noch ohne eine gesetzliche Rahmenregelung. Ein erster Gesetzesentwurf wurde im sechsten Deutschen Bundestag von der Fraktion der CDU/CSU unter der Federführung von Elmar Pieroth (Bundestagsdrucksache VI/3613) vorgelegt.

337

Fortschrittlich handelnde Unternehmen haben daher den Spielraum voll ausgenutzt und Modelle entwickelt, die auf ihre Belange zugeschnitten sind. Es ist nicht möglich, alle Kombinationen durchzuspielen. Drei praktizierte Lösungen, die recht unterschiedliche Vorstellungen verwirklichen, sollen daher beispielhaft zur Diskussion gestellt werden.

a) Das Erfolgsbeteiligungsmodell der Firma Christof Stoll KG
1952 wurde bei der Firma Stoll eine Form der Ergebnisbeteiligung ausgearbeitet und eingeführt. Mittels einer ausdrücklichen Erklärung kann sich jeder Beschäftigte – sofern er bereits ein Jahr der Belegschaft angehört und seine Berufsausbildung abgeschlossen hat – am Erfolg beteiligen.

Das Beteiligungsstatut sieht vor, daß aus dem Bruttoergebnis ein Unternehmerlohn von maximal 0,6 % vom Umsatz gezahlt wird.

Anschließend wird aus dem Ergebnis das betriebsnotwendige Kapital verzinst zu einem Satz, der 3 % höher ist als der jeweilige am Geschäftsjahresende gültige Sparkassenzinssatz für langfristige Einlagen, mindestens jedoch 5 %. Der einmal im Jahr festgesetzte Zins gilt jeweils für ein volles Geschäftsjahr.

Der darüber hinaus erzielte Reingewinn soll je zur Hälfte dem Unternehmer sowie den Mitarbeitern zugute kommen.

Vom auf die Arbeitnehmer entfallenden Betrag wird ein Teil abgezweigt für die Fürsorgestiftung, die für besondere Notfälle gedacht ist und als zusätzliche Altersversorgung fungiert.

Die Einzelaufteilung erfolgt nach einem Punktsystem und soll anhand des folgenden Beispiels dargestellt werden:

Ein Arbeiter, fünf Jahre Betriebszugehörigkeit, keine Fehltage, verheiratet, zwei Kinder. Jahreseinkommen: 34 254,– DM

Je 10,– DM Jahreseinkommen ein Grundpunkt ergibt
3 425: Grundpunkte
Für jeden Monat ohne Fehltage zusätzlich sechs Punkte
+ 72: Zusatzpunkte
Der Zuschlag für Betriebszugehörigkeit beginnt mit 3 % für zwei Jahre und steigert sich bis 25 % für 25 Jahre
+ 86: Zusatzpunkte, 6 % für fünf Jahre Betriebszugehörigkeit
+ 20: Punktgutschrift für Verheiratete
+ 20: Punktgutschrift, zehn Punkte je Kind
_____

3 623: Punkte insgesamt
═══════════

Der Wert eines Punktes ergibt sich, indem das auf die Mitarbeiter zu verteilende Gesamtergebnis durch die Punktzahl aller Betriebsangehörigen im betreffenden Jahr geteilt wird. Im Beispiel betrage der Punktwert 3,28 DM
3 623 Punkte × 3,28 DM = 11 883,44 DM

Dieser Betrag wird aufgeteilt in einen Baranteil, der im Dezember ausgeschüttet wird, und einen Gutschriftenanteil. Die Aufteilungsquote wird so gewählt, daß die Schwankungsbreite bei schwankendem Einkommen möglichst gering ist.

$$11\ 883,44\ \text{DM} \begin{cases} \text{Baranteil} & \longrightarrow 3\ 623,-\ \text{DM} \quad 1 \\ & \qquad\qquad\qquad\qquad\qquad : \\ \text{Gutschriftenanteil} & \longrightarrow 8\ 260,44\ \text{DM} \quad 2,28 \end{cases}$$

Der Gutschriftenanteil wird festgeschrieben für jeden einzelnen und ist zunächst nicht verfügbar. Scheidet ein Mitarbeiter aus, wird der Betrag in zehn Jahresraten ausbezahlt. Die Belegschaftsanteilkonten stellen Eigenkapital dar und sind am Gewinn und Verlust beteiligt wie das übrige Eigenkapital.

Im Rahmen einer persönlichen Vermögensbildung der Mitarbeiter haben sie Wahlmöglichkeiten hinsichtlich der Verwendung ihrer Gutschriftenanteile. Eine Auszahlung kann erfolgen, wenn der Mitarbeiter ein Grundstück kauft, ein Haus baut oder sein Haus werterhöhend ausbaut. Die Mitarbeiter können aber auch als stille Gesellschafter in die Firma eintreten, sofern sie mindestens drei zusammenhängende Jahre bei der Firma Stoll KG beschäftigt waren.

Laut Vertrag mit den stillen Gesellschaftern muß die Einlage mindestens 1 000, – DM betragen und darf 100 000, – DM nicht übersteigen. Die Einzahlung der Anteile erfolgt vom Belegschaftsanteilkonto. Daneben können auch eigene Mittel eingebracht werden, etwa aus dem Baranteil der Erfolgsbeteiligung. Der Vertrag kann nicht gekündigt werden, es sei denn, daß der Arbeitsvertrag endet. In einem solchen Fall wird das Kapital im Laufe von zehn Jahren ausgezahlt.

Die stillen Gesellschafter sind im Verhältnis ihrer Kapitalanteile an einem in der Handelsbilanz ausgewiesenen Reingewinn bzw. Verlust beteiligt. Die Höhe des Gewinns ist auf 20 % Verzinsung limitiert. Der anteilige Gewinn wird dem laufenden Konto des stillen Gesellschafters gutgeschrieben. Übersteigt der Gewinnanteil 20 %, so wird der übersteigende Betrag einem Sonderkonto des Gesellschafters gutgeschrieben.

b) Das Erfolgsbeteiligungsmodell der Firma Emil Lux

Die Erfolgsbeteiligung wurde 1969 als „Erfolgsantieme" eingeführt. Alle Mitarbeiter sind hieran beteiligt, auch die Auszubildenden. Voraussetzung ist lediglich, daß der jeweilige Mitarbeiter bereits ein Jahr im Betrieb beschäftigt war und nicht schon andere umsatz- oder erfolgsbezogene Provisionen bzw. Prämien erhält.

Als Beteiligungsbasis wählte die Firma den Bilanzgewinn, und zwar den Jahresgewinn lt. Steuerbilanz. Hiervon erhalten die berechtigten Mitarbeiter insgesamt 10 %. Die Verteilung auf die einzelnen Mitarbeiter erfolgt dann nach Höhe der jeweiligen individuellen Jahreslohnsumme.

Die Erfolgsanteile werden bar ausbezahlt, also nicht investiv in der Firma angelegt. Sie werden auch nicht mit anderen Sozialleistungen verrechnet, etwa den Weihnachtsgratifikationen.

Der Jahresabschluß wird von einem Wirtschaftsprüfer geprüft und testiert. Jeder Mitarbeiter erhält eine Ausfertigung der Bilanz und der Gewinn- und Verlustrechnung. Darüber hinaus werden die kurzfristige Erfolgsrechnung und die Bilanz mit allen Mitarbeitern in Sitzungen besprochen. So ist jedem die Möglichkeit gegeben, die Entwicklung des Unternehmens zu verfolgen und eigene Verbesserungsvorschläge zu unterbreiten.

Neben der Erfolgsbeteiligung wurde seit 1972 jedem Mitarbeiter das Recht gegeben, sich bis zur Höhe von zwei Monatseinkommen pro Jahr als stiller Gesellschafter bei der Firma Lux zu beteiligen. Einzige Bedingung ist, daß eine einjährige Betriebszugehörigkeit besteht und eine eventuelle Ausbildung bereits beendet ist.

Die Einlagen für die stille Beteiligung müssen von den Mitarbeitern aus eigenen Mitteln eingebracht werden, und zwar in die Lux-Partnerschafts-GmbH, die speziell für diesen Zweck gegründet wurde und die Anteile verwaltet. Es liegt somit eine reine Kapitalbeteiligung vor, allerdings indirekt über die Lux-Partnerschafts-GmbH.

Die Firma Emil Lux hat sich verpflichtet, auf jede Einlage von Mitarbeitern in die Lux-Partnerschafts-GmbH einen Zuschuß von 15 % zu leisten.

Zu bemerken bliebe, daß sowohl die Erfolgsbeteiligung als auch die Kapitalbeteiligung von der Firma als jeweils ein Element der betrieblichen Partnerschaft verstanden wer-

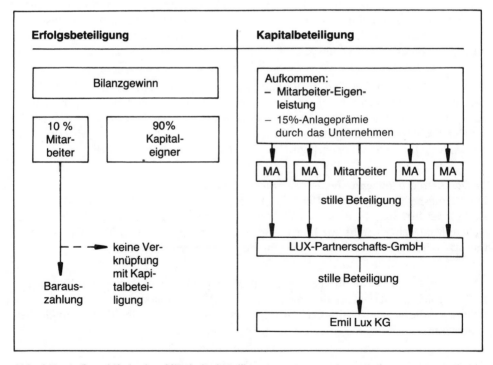

Abb. 2.5 – 4: Grundriß der Lux-Mitarbeiterbeteiligung

Quelle: Esser, K.; Faltlhauser, K.; Beteiligungsmodelle, München 1974, S. 109

den. Als Voraussetzung und Grundlage für diese beiden Elemente wird die Organisationsentwicklung gesehen, die sowohl eine stärkere Information und Kommunikation als auch eine Beteiligung der Mitarbeiter am betrieblichen Entscheidungsprozeß ermöglicht.

c) Das Erfolgsbeteiligungsmodell der Firma Weingut Ferdinand Pieroth Weinkellerei GmbH

Die Beteiligung der Mitarbeiter des Hauses Pieroth ist durch eine Betriebsvereinbarung und damit durch einen kollektiven Vertrag auf betrieblicher Ebene geregelt worden.

Ausgangspunkt der Verteilung ist der Steuerbilanzgewinn, aus dem nach Berücksichtigung der folgenden Vor-Abzüge der verteilungsfähige Gewinn ermittelt wird.

Steuerbilanzgewinn
/. Ertragsteuern
/. Verzinsung des nominalen Eigenkapitals: 8 %
/. Risikoprämie: 3 % vom minimalen Eigenkapital
+ zukünftig vereinbarte freiwillige Sozialleistungen sowie Aufwendungen für das Versorgungswerk
= Verteilungsbasis
davon 50 % als Arbeitnehmeranteil
/. zukünftig vereinbarte freiwillige Sozialleistungen sowie Aufwendungen für das Versorgungswerk
= an die Arbeitnehmer zu verteilen.

Der den Mitarbeitern aufgrund ihrer Tätigkeit im Unternehmen zustehende Gewinn wird wiederum zur Hälfte nach Köpfen und zur anderen Hälfte proportional nach den Lohnsummen auf die Mitarbeiter verteilt. Beteiligt sind alle Mitarbeiter, die ein volles Kalenderjahr dem Unternehmen angehören.

Von den Mitarbeiteranteilen wird in den ersten drei Jahren nur eine Einstiegsausschüttung vorgenommen. Sie beträgt

18 % im ersten Jahr,
12 % im zweiten Jahr und
 6 % im dritten Jahr.

Der Rest bleibt ohne Wahlmöglichkeit des Mitarbeiters als Darlehen im Unternehmen stehen. Die Darlehen werden mit 3 % über dem Diskontsatz verzinst. Die Zinsen werden an die Mitarbeiter bar ausgezahlt.

Nach fünf Jahre können die Mitarbeiter ihre Darlehensgeberfunktion aufgeben und typische stille Gesellschafter werden. Der Gesellschaftsvertrag besagt,

- daß der stille Gesellschafter sich verpflichtet, mindestens drei seiner Darlehen in nicht unterbrochener Reihenfolge in Kapitalanteile umzuwandeln,
- daß der stille Gesellschafter am Gewinn der Firma teilnimmt,
- daß der stille Gesellschafter Kontroll- und Mitspracherechte über zwei gewählte Vertreter im Partnerschaftsausschuß wahrnehmen kann.

Beteiligungs-Nr.	Jahr	Gewinn-beteiligung aller in %	Individuelle Anteile in DM	davon		Darlehensstand in DM	Zinsen für Darlehen netto in DM	Kapital-beteiligung in DM	Gewinn-anteile netto in DM	Barauszahlung insgesamt pro Jahr in DM
				Barauszahlung in % in DM	Vermögenszuwachs nach Steuern und Sozialversicherung					
1	1985	50	1 800,–	18 = 324,–	1113,–	1113,–	–	–	–	324,–
2	1986	50	1 800,–	12 = 216,–	1221,–	2334,–	112,56	–	–	328,56
3	1987	50	1 600,–	6 = 96,–	1189,40	3523,40	258,40	–	–	354,40
4	1988	50	1 700,–		1355,56	4878,96	381,67	–	–	381,67
5	1989	50	1 900,–		1511,96	6390,92	452,86	–	–	452,86
6	1990	50	2 000,–		1592,18	6870,10	516,97	1113,–	–	516,97
7	1991	50	1 500,–		1060,38	6709,51	581,87	2334,–	156,72	738,59
8	1992	50	1 395,–		953,79	6473,87	558,62	3523,40	286,54	845,16
9	1993	50	1 650,–	1355,56	1165,59	6283,90	663,64	3523,40	368,91	2388,11
Insgesamt			15 345,–	636,– +1355,56			+3526,59		+812.17	
Barauszahlung insgesamt										6330,32

Abb. 2.5 – 5: Ein Zahlenbeispiel für das Pieroth-Modell

Quelle: In Anlehnung an: Pieroth-Modell, Erläuterungen für die Mitarbeiter; Faltlhauser, K., Das Pieroth-Modell der Mitarbeiterbeteiligung der Firma Weingut Ferdinand Pieroth Weinkellerei GmbH, in: Die Beteiligung von Mitarbeitern, Herne 1973, S. 94

Ab dem neunten Beteiligungsjahr kann der Mitarbeiter entweder die jeweils fünf Jahre alten Gewinnanteile weiter in Kapitalanteile umwandeln, oder er kann die als Darlehen jeweils fünf Jahre im Betrieb stehenden Gewinnanteile bar entnehmen. Die hier geschilderten Zusammenhänge des Pieroth-Modells sind im obigen Beispiel dargestellt.

Bei einer ordentlichen Kündigung des Arbeitsverhältnisses durch die Firma wird das Mitarbeiterdarlehen bzw. die Kapitalbeteiligung in drei Jahresraten, in allen anderen Kündigungsfällen in fünf Jahresraten ausbezahlt.

2.5.1.3 Abschließende Betrachtung

Viele der Betriebe, welche Beteiligungsmodelle praktizieren, haben sich in der Arbeitsgemeinschaft zur Förderung der Partnerschaft in der Wirtschaft (AGP) zusammengeschlossen. Diese Gesellschaft bezifferte 1983 die Betriebe mit Beteiligungsmodellen mit rd. 1 000. In diesen Unternehmen sind ca. 1 Mio. Arbeitnehmer beschäftigt, welche mit etwa 2,8 Mrd. DM am Produktivkapital beteiligt sind.

Die am häufigsten vorkommende Art der Beteiligung ist die Belegschaftsaktie, die hauptsächlich von den großen Aktiengesellschaften bevorzugt wird. Sie ist recht einfach zu handhaben und in der Öffentlichkeit auch am bekanntesten. Es wurden daher ausschließlich

Beispiele für mittelständische Unternehmen gewählt, welche die Kapitalbeteiligung in Form der stillen Gesellschaft bevorzugen.

Mit der finalen Entgeltfindung und Kapitalbeteiligung am Unternehmen sind vier Fragenkreise verbunden, auf die in diesem Zusammenhang nur hingewiesen werden soll.

– *Der Steuerstundungseffekt*
Gemeint ist damit, daß eine Lohnversteuerung erst vorgenommen wird, wenn die Gewinnanteile bar ausgezahlt werden. Lohnsteuer fällt danach nicht an, wenn die Gewinnanteile zwar überschrieben, aber thesauriert werden. Zu welchem Zeitpunkt die Versteuerung vorgenommen werden muß, hängt mit der Klärung der Frage zusammen, wann nach dem Einkommensteuerrecht der Zufluß des Geldes beim Arbeitnehmer erfolgt ist.

– *Der Liquiditätseffekt*
Die Liquidität könnte durch zu hohe Barausschüttungen beeinträchtigt werden. Da Gewinnanteile der Mitarbeiter für das Unternehmen Kosten darstellen, wird die Gewinngröße vermindert und damit auch der Ausschüttungsbetrag an die Altkapitaleigner. Wird die Gewinnbeteiligung der Mitarbeiter zum größten Teil als Darlehen oder Kapitalbeteiligung im Unternehmen thesauriert, so kann sich eine erhebliche Verbesserung der Liquidität ergeben. Bei der Firma Stoll KG verbesserte sich in 10 Jahren die Liquidität 3. Grades

$$= \frac{(\text{Geldwerte} + \text{kurzfr. Forderungen} + \text{Warenbestand}) \cdot 100}{\text{kurzfristige Verbindlichkeiten}}$$

von 132 % auf 279 %.

– *Der Kapitalbildungseffekt*
Durch die Beteiligung der Mitarbeiter am Kapital wird die Eigenkapitalquote verbessert. Das hat positive Effekte für die Verschuldungskapazität des Unternehmens. Hierdurch wird das Unternehmen krisenfester, und die Arbeitsplätze werden sicherer. Bei der Firma Stoll KG hat sich in zehn Jahren das Verhältnis von Eigenkapital zu Fremdkapital von 38:62 auf 66:34 verbessert.

– *Die immaterielle Beteiligung der Arbeitnehmer*
Im Falle der Eigenkapitalbeteiligung nehmen die Arbeitnehmer auch eine Gesellschafterstellung ein. Hiermit sind unabdingbar Einflußrechte verbunden. Diese gesellschaftsrechtlich verankerten Möglichkeiten hängen von der Rechtsform der Beteiligung ab und reichen von einem Einsichtsrecht in die Bilanzen bei einer Beteiligung als stiller Gesellschafter bis zum möglichen Kapitalstimmrecht von Belegschaftsaktionären. Die Kapitaleigner brauchen jedoch eine Stimmrechtsmajorisierung im Aufsichtsrat nicht zu fürchten, da gegen ihren gestalterischen Willen die Belegschaftsaktionäre die Mehrheit des Grundkapitals nicht erhalten können.

Im Rahmen freiwillig eingeräumter Einflußrechte für die Arbeitnehmer gibt es durch Satzungsbestimmungen eine Fülle von Gestaltungsmöglichkeiten. Dadurch kann man den jeweiligen Gegebenheiten des Unternehmens, der Einstellung der Unternehmensleitung zum Partnerschaftsgedanken und der wirtschaftlichen und gesellschaftlichen Situation Rechnung tragen.

2.5.2 Kausale Entgeltfindung

2.5.2.1 Grundlagen

In vielen Arbeitsverträgen kann man die folgenden Ausführungen finden: ,,Über die getroffene Lohnvereinbarung haben Sie absolutes Stillschweigen zu bewahren. Ein Verstoß gegen diese Vereinbarung berechtigt uns zur fristlosen Kündigung." Diese so rigorose Restriktion weist auf zwei Tatbestände zwingend hin:

- Im betreffenden Unternehmen wird die Höhe der Löhne und Gehälter nicht ausschließlich nach sachlichen Gesichtspunkten systematisch festgelegt.
- Der Mensch in unserer Gesellschaft lebt zunächst vom Vergleichen und dann erst von seinen Mitteln.

Die Gleichheitstheorie hat sich die letztere Feststellung zu eigen gemacht, daß sich nach den Vorstellungen der Mitarbeiter Leistung und Entlohnung entsprechen müssen. Dies wird durch horizontale und vertikale Vergleiche betrieblicher und zwischenbetrieblicher Art überprüft. Kommt es hierbei zu Abweichungen, so sind verschiedene Reaktionen der Mitarbeiter denkbar:

- Sie fordern ohne nähere Begründung ein Zwischenzeugnis an, um auf den Tatbestand aufmerksam machen zu können, ohne gleichzeitig um eine Erhöhung der Entlohnung bitten zu müssen.
- Sie kündigen sofort, weil sie sich eine besser bezahlte Stellung in einem anderen Unternehmen gesichert haben.
- Sie reduzieren ihre Leistung und passen sie so der Bezahlung an.

Für die Bemessung der Lohnhöhe ergeben sich somit zwei sachliche Aspekte, die vom Unternehmen zu beachten sind:

- arbeitsmarktpolitische Gesichtspunkte und
- der Gesichtspunkt, daß Löhne und Gehälter im Unternehmen nach einem einheitlichen System festzulegen sind, wobei sich Leistung und Entlohnung entsprechen müssen.

Aus diesen Überlegungen leiten sich folgende kausale Lohnformen ab:

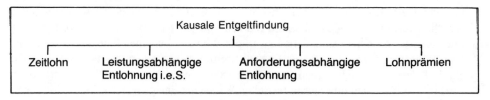

Abb. 2.5 – 6: Systematik der kausalen Entgeltfindung

2.5.2.2 Zeitlohn nach erbrachter Leistung

Als Maßstab für die Höhe des zu zahlenden Einkommens wird bei dieser Lohnform die aufgewendete Arbeitszeit genommen. Dennoch handelt es sich nicht um eine Anwesenheitsprämie, wie man vermuten könnte. Vielmehr wird, ohne es ausdrücklich zu sagen, arbeitsvertraglich die Normalleistung vereinbart.

Sie wird in der REFA-Methodenlehre wie folgt beschrieben: Unter REFA-Normalleistung wird eine Bewegungsausführung verstanden, die dem Beobachter hinsichtlich der Einzelbewegungen, der Bewegungsfolge und ihrer Koordinierung besonders harmonisch, natürlich und ausgeglichen erscheint. Sie kann erfahrungsgemäß von jedem in erforderlichem Maße geeigneten, geübten und voll eingearbeiteten Arbeiter auf die Dauer und im Mittel der Schichtzeit erbracht werden, sofern er die für die persönlichen Bedürfnisse und gegebenenfalls auch für die Erholung vorgegebenen Zeiten einhält und die freie Entfaltung seiner Fähigkeiten nicht behindert wird.

Einen schlüssigen quantitativen Beweis dafür, ob diese Erscheinung der Normalleistung tatsächlich existiert, gibt es nicht. Aus arbeitswissenschaftlichen Untersuchungen folgt für Bewegungen, bei denen größere Körpermassen bewegt werden, wie z.B. für das Gehen oder das Hinlangen sowie das Bringen über größere Entfernungen, daß es einen physiologisch optimalen Geschwindigkeitsbereich gibt.

Verändert die arbeitende Person die Geschwindigkeit der Bewegungen, so verändert sich auch die vom Menschen aufzubringende Energie. In einem bestimmten Geschwindigkeitsbereich ist diese am geringsten. Dabei fällt die Ähnlichkeit mit den Kurven von Verbrennungs- und Drehstrommotoren auf, welche ebenfalls bei 80 % der Höchstgeschwindigkeit ihren niedrigsten Energieverbrauch aufweisen. Auch in diesen Fällen verläuft die Kurve in der Nähe des Minimalverbrauchs sehr flach.

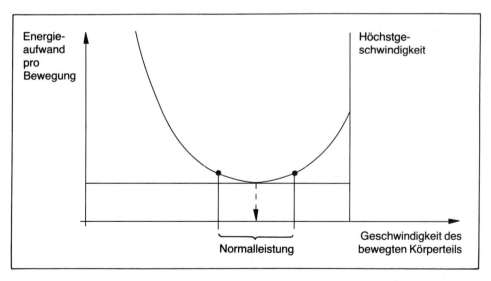

Abb. 2.5 – 7: Der physiologisch optimale Geschwindigkeitsbereich

Bei der Festlegung der Normalleistung dürfen keine überzogenen Forderungen an die Genauigkeit der Ergebnisse gestellt werden, da arbeitswissenschaftliche Meßergebnisse nur für

- statische Belastungen,
- allseitig dynamische Belastungen und
- Hitzebelastungen

vorliegen. Es fehlen Beanspruchungsmessungen bei informatorischer Arbeit, also bei Aufmerksamkeits- und Konzentrationsbelastungen. Beachtet man weiterhin, daß auch Messungen im technischen Bereich mit Meßfehlern behaftet sind, so kommt im humanen Bereich der Normalleistung eine — wenn auch eingeschränkte — Aussagefähigkeit zu. Allerdings handelt es sich dabei nicht um eine Punktgröße, sondern um einen Geschwindigkeitsbereich. Sofern man mit einiger Berechtigung annehmen kann, daß die Verbrauchsfunktion in diesem Bereich eine geringe Krümmung aufweist, wirken sich Schätzfehler nicht zu stark aus. Eine so ermittelte Größe für die Normalleistung reicht trotz aller ihrer Ungenauigkeiten aus, um eine Planungsbasis zu haben, bei der die Maschinenkapazität (bei Normalleistung) auf die Kapazität der Arbeitskräfte (bei Normalleistung) abgestimmt werden kann. Ebenso kann sie bei der Festlegung von Vorgabezeiten für zu erbringende Leistungen dienen.

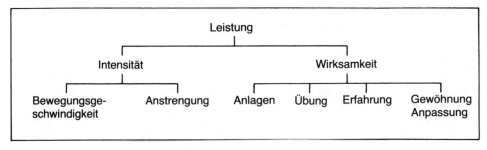

Abb. 2.5 – 8: Bestimmung der Arbeitsleistung

Quelle: In Anlehnung an: Maier, W., Arbeitsanalyse und Lohngestaltung, Stuttgart 1983, S. 85

Die Größe der Normalleistungen ist nicht nur abhängig von der Intensität, also der Verbrauchsfunktion, sondern auch von der Wirksamkeit, d.h. von den Gegebenheiten, die der einzelne Arbeitnehmer mitbringt. Werden drei Arbeitnehmer betrachtet, deren Leistungsbild im Vergleich wie folgt aussieht,

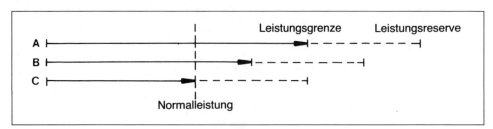

so ist A bei vorgegebener Normalleistung überqualifiziert und C unterqualifiziert, was im Rahmen der qualitativen Personalplanung (Abstimmung von Anforderungsprofil auf das Leistungsprofil) zu entsprechenden Reaktionen führen muß.

346

Sofern es zwischen Arbeitnehmern und Arbeitgebern nicht rechtzeitig zu abgestimmten Vorstellungen über die zu erbringende (normale) Arbeitsleistung kommt, wird sich das Mißtrauen bei den Arbeitgebern nicht beseitigen lassen, daß nicht genug geleistet wird. Diesem glaubt man nur mit Hilfe einer umfassenden Fremdkontrolle entgegentreten zu können. Ähnliche Vorstellungen beherrschen auch das Verhältnis der Arbeitnehmer untereinander. Jeder meint, der Kollege würde weniger leisten als er selber.

	Vorteile	Nachteile
Für den Betrieb	1. Einfache Abrechnung 2. Evtl. hoher Qualitäts- standard	1. Minderleistung 2. Kein Anreiz für Mehrleistung 3. Fremdkontrolle nötig
Für den Arbeit-nehmer	1. Festes Einkommen 2. Abrechnung leicht nachprüfbar	1. Kein steigendes Einkommen bei Mehrleistung 2. Abstrahiert vom Leistungsvermögen 3. Mißtrauen wird gefördert – Arbeitnehmer untereinander – Arbeitgeber-Arbeitnehmer

2.5.2.3 Zeitlohn nach vereinbarter Leistung – Pensumlohn

Steigende Personalkosten und die Entwicklung der Technik fördern die Mechanisierung und Automatisierung. Die immer genauer arbeitenden Maschinen können aus technischen Gründen in ihrer Intensität immer weniger verändert werden. Das führt zu einem steigenden Anteil unbeeinflußbarer Prozeßzeiten. Hierdurch verlieren Lohnformen an Bedeutung, die von der Voraussetzung einer möglichen Leistungsvariation ausgehen und auf einer Proportionalität zwischen Leistung und Lohn beruhen. Lohnformen mit und

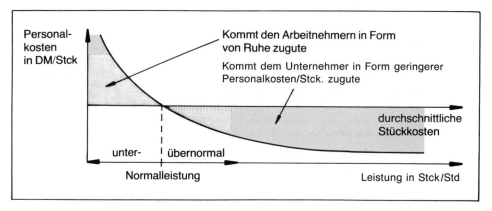

Abb. 2.5 – 9: Zusammenhang zwischen Zeitlohn, gezahlten Lohnkosten pro Stück und variierender Leistung

ohne Leistungsbewertung müßten gegenüber leistungsabhängigen Entlohnungsformen an Bedeutung gewinnen. Diese Entwicklung läßt sich in den Niederlanden und in Schweden statistisch schon nachweisen.

Da der Zeitlohn alter Prägung deutliche Schwächen aufweist, werden im Zuge des neuen Trends auch neue Entlohnungssysteme entwickelt, die in ihrer Grundtendenz nicht mehr von einer erbrachten Leistung ausgehen, sondern auf einer Entlohnung nach erwarteter Leistung beruhen. Der vom Lohnsystem erfaßte Lohnanteil wird in der Erwartung gezahlt, daß die vorgeplante (normale) Leistung auch erbracht wird.

Die neuen Entlohnungsformen setzen voraus, daß der Vorgesetzte mit dem Mitarbeiter über die Höhe der erwarteten (normalen) Leistung spricht und sie auch in Form von Planzeiten beziffert. Diese gemeinsame Vorbereitungsarbeit, der Soll-Ist-Vergleich sowie das sich anschließende Korrektur- oder Bestätigungsgespräch fordert die Führungskräfte in ganz besonderem Maße, da sie sich um unbequeme Entscheidungen durch unverbindliche Aussagen nicht herumdrücken können.

	Vorteile	Nachteile
Für den Betrieb	1. Einfache Abrechnung 2. Mitarbeiter steht Verbesserungen von Arbeitsmethoden positiv gegenüber 3. Mitarbeiter akzeptiert leichter betriebsbedingte Umsetzungen	1. Zusätzliche Fremdkontrolle zur Selbstkontrolle 2. Vorgesetzte müssen speziell geschult werden
Für den Mitarbeiter	1. Gesichertes Einkommen 2. Kann sich unbelasteter für betriebliche Ziele einsetzen	1. Kein enger Zusammenhang zwischen Leistung und Entlohnung 2. Enge Kontrolle durch den Vorgesetzten

a) Vertragslohn

Zwischen dem Vorgesetzten und dem Mitarbeiter findet ein Vertragsgespräch statt. In diesem verpflichtet sich der Arbeitnehmer, für einen Zeitraum von z.B. zwei Monaten eine bestimmte Leistung zu erbringen. Das Unternehmen verpflichtet sich, für diesen Zeitraum ein festes Entgelt zu zahlen. Wird die vereinbarte Leistung unter- oder überschritten, so werden die Ursachen in einem Vertragsgespräch gemeinsam erforscht.

Können die Mehrleistungen auf Dauer erbracht werden, so wird die Normalleistung des folgenden Vertragszeitraums und auch der feste Lohn höher angesetzt.

Bei einer Minderleistung erhält der Mitarbeiter im nächsten Vertragszeitraum eine Bewährungsmöglichkeit, bevor er mit seiner Leistung und seinem neuen Verdienst im gegenseitigen Einvernehmen niedriger eingestuft wird.

b) Festlohn mit geplanter Tagesleistung (Measured-Day-Work)

Diese aus dem US-amerikanischen Wirtschaftsbereich stammende Entlohnungsform hat große Ähnlichkeit mit dem Vertragslohn. Genau wie bei diesem erhält der Arbeitnehmer eine Entlohnung auf Zeitbasis. Daneben werden aber zur Leistungskontrolle echte Grundzeiten mit einem persönlichen Verteilzeitzuschlag von 5 % ermittelt. Diese bilden dann zusammen den 100 %igen MDW-Wert. Hierbei handelt es sich um einen Idealwert bei störungsfreiem Fertigungsablauf. Störungen im Arbeitsablauf und organisatorische Fehler, die der Arbeitnehmer nicht zu vertreten hat, werden als Fehlwerte auf den Idealwert ausgewiesen.

Die Zeitvorgabe ist kein Instrument der Entlohnung, sondern ein Führungsinstrument. Um in die Leistung seiner Mitarbeiter regelnd eingreifen zu können, muß ein Vergleich der Vorgabezeiten und der benötigten Zeiten dem Vorgesetzten vorliegen. Das Bestätigungs- bzw. Korrekturgespräch ist um so wirksamer, je schneller diese Zahlen vorliegen. Sofern mehr als eine Woche vergeht, ist ein Eingreifen praktisch nicht mehr erfolgreich möglich. Aus diesem Grunde und wegen der Fülle der Daten ist das MDW-Verfahren ohne einen computergestützten Soll-Ist-Vergleich praktisch nicht durchführbar.

Lassen sich anhaltende Minderleistungen nicht durch ein Korrekturgespräch beseitigen, so werden zunächst Schulungsmaßnahmen durchgeführt, bevor eine Umsetzung erfolgt.

Über die Feststellungen beim ,,Vertragslohn'' hinaus sind folgende Überlegungen aus der Sicht des Betriebes beim MDW-Verfahren anzustellen.

	Vorteile	Nachteile
Für den Betrieb	1. Mit den Vorgabezeiten wird keine Lohnpolitik gemacht	1. Das Leistungsniveau sinkt ab
	2. Das Ausmaß von Arbeitsauseinandersetzungen sinkt	2. Erhebliche Kosten für den Soll-Ist-Vergleich

c) Programmlohn

Einer Gruppe von Mitarbeitern wird für einen Abrechnungszeitraum, z.B. eine Woche, eine exakt bestimmbare Arbeitsaufgabe mit einer Soll-Zeit vorgegeben. Diese wird mit Hilfe von Systemen vorbestimmter Zeiten (siehe Seite 354) genau vorgeplant.

Wird das vereinbarte Programm aus Gründen nicht eingehalten, welche die Mannschaft nicht zu vertreten hat, so werden die Soll-Zeiten entsprechend korrigiert. Bei Einhaltung des Programms nach Quantität und Qualität wird der vereinbarte Lohn zu 100 % ausgezahlt. Wird die vereinbarte Menge aus Gründen nicht eingehalten, welche die Programmlohnmannschaft zu vertreten hat, so werden vom vereinbarten Lohn bis zu 14 % und bei Qualitätsmängeln bis zu 6 % abgezogen.

Dieses Entlohnungssystem ist entwickelt worden für die Einzelfertigung. Es gilt für Kleinserien und Montagearbeiten in der Fertigungsorganisation von sogenannten Fertigungsinseln. Es kann nur erfolgreich gehandhabt werden, wenn das Fertigungsprogramm, die Planung und Organisation und die Betriebsmittel mit größter Genauigkeit im voraus festgelegt werden. Schätzgrößen, die zu Vergröberungen führen, gefährden die angestrebten Zielvorstellungen und das Entlohnungssystem.

Die Zeitlohnformen nach vereinbarter Leistung berücksichtigen die Tatsache, daß immer weniger beeinflußbare Zeiten für eine Leistungsvariation vorhanden sind und die technische Entwicklung mit neuen Fertigungsmethoden augenblicklich sehr schnell voranschreitet und eine laufende Anpassung der Mitarbeiter erforderlich macht. Da über die Form der Entlohnung kein Leistungszwang mehr ausgeht, gewinnen die Mitarbeiter einen höheren Grad an Freiheit. Das in sie gesetzte Vertrauen stärkt evtl. ihr Selbstbewußtsein. Andererseits aber verlieren sie durch den Übergang von leistungsabhängigen Entlohnungsformen zum Zeitlohn nach vereinbarter Leistung einen Teil ihrer Selbstkontrolle, denn nun muß bei Leistungsabweichung wie beim Zeitlohn nach erbrachter Leistung der Vorgesetzte im Rahmen der Fremdkontrolle die Mitarbeiter zur Einhaltung der vereinbarten Normalleistung motivieren.

2.5.2.4 Leistungsabhängige Entlohnungsformen

Um eine der denkbaren leistungsabhängigen Entlohnungsformen einführen zu können, müssen die folgenden Voraussetzungen gegeben sein:

- Der Mitarbeiter muß seine quantitative Leistung verändern können.
- Die Arbeitsverrichtungen müssen nach Art und Umfang exakt bestimmt werden können.
- Die Güte des Arbeitsergebnisses darf nicht beeinträchtigt werden.
- Der Mitarbeiter darf durch die höhere Leistung nicht gefährdet werden, z.B. durch Arbeiten in Leistungsbereichen, welche nur erreicht werden können, wenn die Gefahr von Arbeitsunfällen in Kauf genommen wird oder eine gesundheitliche Schädigung durch andauernde Überbeanspruchung entsteht.

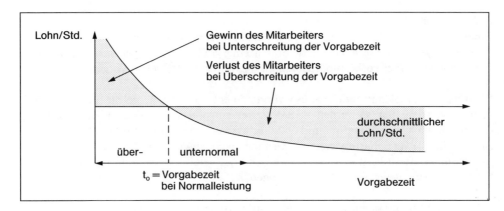

Abb. 2.5 – 10: Zusammenhang zwischen Lohn/Std. und variierender Leistung

a) Akkordlohn

Beim Akkordlohn wird die Arbeitskraft für die geleistete Arbeitsmenge entlohnt, und zwar dient das Mengenergebnis der Arbeit als Berechnungsgrundlage für die Lohnhöhe. Der Akkord weist einen unmittelbaren Leistungsbezug auf, wobei ein proportionaler Zusammenhang zwischen erbrachter Mengenleistung und Lohn besteht. Die Leistungsgüte wird nur insofern berücksichtigt, als fehlerhafte Produkte nicht in die Lohnabrechnung einbezogen werden. Besteht eine direkte Abhängigkeit zwischen der geleisteten Menge und der Höhe des Lohnes, so spricht man vom Geld- oder Stückakkord.

$$\text{Akkordlohn} = \text{produzierte Menge} \times \text{Geldeinheit/ME}$$

Die Geldeinheiten je Mengeneinheit ergeben sich aus Verhandlungen zwischen dem Unternehmer und den betroffenen Mitarbeitern, die von folgenden Vorstellungen ausgehen:

$$\frac{\text{Zeitlohn/Std.} + \text{Akkordzuschlag}}{\text{Zahl der Leistungseinheiten/Std.}} = \text{Geldeinheit/ME}$$

	Vorteile	Nachteile
Für den Betrieb	1. Minderleistung trifft den Mitarbeiter	1. Evtl. Qualitätsverschlechterung
	2. Lohnkosten pro Stück sind konstant	2. Stärkere Qualitätskontrolle
	3. Leicht zu kalkulieren	
Für den Arbeitnehmer	1. Mehrleistung kommt ihm zugute	1. Leicht überfordert
	2. Selbstkontrolle statt Fremdkontrolle	

Gegen den Stückakkord sprechen drei gravierende Nachteile:

- Tarifänderungen erfordern neue Verhandlungen, um die Höhe der Geldeinheiten/Mengeneinheit festzulegen.
- Die Häufigkeit der Tarifänderungen und der damit notwendigen Verhandlungen ist von der Höhe der Inflationsrate abhängig.
- Die Zeitvorgabe ist nicht unmittelbar zu erkennen.

Diese Einschränkungen sind beim Zeitakkord nicht vorhanden, bei dem für jedes hergestellte Stück eine im voraus festgesetzte Zeit vergütet wird. Diese wird als Vorgabezeit
bezeichnet. Sie wird nach einem Verfahren ermittelt, das bereits 1924 vom Reichsausschuß für Arbeitszeitermittlung eingeführt wurde. Hierbei handelt es sich um einen Ausschuß der Fachverbände der Industrie. Dieser verselbständigte sich später und erweiterte
sein Aufgabengebiet um das Arbeitsstudium. Heute heißt er Verband für Arbeitsstudien
– REFA e.V.

Die REFA-Zeitaufnahme erfolgt in zwei Schritten:

– Beobachtung und Messung der Ist-Auftragszeit,
– Umrechnung der beobachteten Zeit auf Normalzeit.

Die Auftragszeit wird nach REFA wie folgt unterteilt:

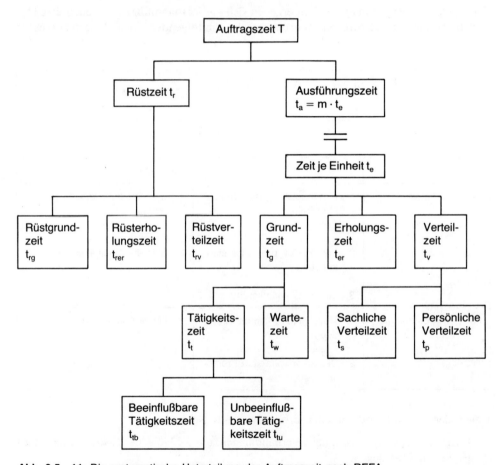

Abb. 2.5 – 11: Die systematische Unterteilung der Auftragszeit nach REFA

– *Rüstzeit*
Das ist die Zeit, während der ein Betriebsmittel für den Arbeitseinsatz vom Menschen hergerichtet wird, z.B. Zeichnung lesen, Werkzeuge beschaffen, usw.
– *Ausführungszeit:*
Es handelt sich um die Zeit, welche benötigt wird, um eine Produktionseinheit herzustellen.

Sowohl bei der Rüstzeit als auch bei der Ausführungszeit wird unterschieden zwischen der

– *Grundzeit:*
Das ist die Zeit, welche mit Hilfe von Zeitaufnahmegeräten erfaßt werden kann.
– *Erholungszeit:*
Hierbei handelt es sich um Zeiten, in denen sich der Mitarbeiter von der Arbeitsermüdung erholen kann. Die Länge der Erholungszeit basiert auf Erfahrungswerten, welche durch Tarifvertrag oder Betriebsvereinbarung festgeschrieben sein können.
– *Verteilzeit:*
Sie ist zur planmäßigen Ausführung eines Arbeitsablaufs durch den Menschen notwendig, fällt aber nicht regelmäßig an und entzieht sich daher der Zeitaufnahme im Rahmen der Messung der Ist-Auftragszeit. Ihr Inhalt und zeitlicher Umfang kann nur über einen längeren Zeitraum, im allgemeinen einen Monat bestimmt werden. Häufig bedient man sich dabei eines Stichprobenverfahrens, des Multimomentverfahrens.

Die Zeitaufnahmen werden durch besonders geschulte Fachleute durchgeführt. Sie haben bei ihrer Arbeit tarifliche oder betriebliche Bestimmungen zu beachten. z.B. die rechtzeitige Information des Mitarbeiters, bei dem eine Zeitaufnahme durchgeführt werden soll, und des Betriebsrates. Gemessen wird die Grundzeit, welche sich wie folgt zusammensetzt:

– *Beeinflußbare Tätigkeitszeit:*
Hierbei handelt es sich um Verrichtungszeiten.
– *Unbeeinflußbare Tätigkeitszeiten:*
In dieser Zeit überwacht der Mitarbeiter lediglich den Arbeitsvorgang.
– *Wartezeit:*
Es handelt sich um arbeitsbedingte Unterbrechungszeiten, die evtl. auf die Erholungszeit angerechnet werden.

Der Arbeitsablauf wird in Ablaufabschnitte unterteilt, für die Fortschrittszeiten (kumulierte Zwischenzeiten) „F" gemessen werden. Aus ihnen lassen sich die Einzelzeiten „t_i" errechnen. Über das Ergebnis wird ein Zeitmeßprotokoll erstellt.

Die Verteilzeit wird als prozentualer Zuschlag zur Grundzeit errechnet, da sie im Gegensatz zur meßbaren Grundzeit einem Auftrag nicht direkt zurechenbar ist.

Beim Verteilzeitzuschlag wird unterschieden zwischen:

– *sachlicher Verteilzeit:*
Es handelt sich um zusätzliche Tätigkeiten bzw. störungsbedingte Unterbrechungen. Als Beispiele seien genannt das Schleifen von Werkzeugen und das Abschmieren der Maschine.

– *persönlicher Verteilzeit:*
Die Arbeit wird in diesen Fällen aus Gründen unterbrochen, die in der Person des Mitarbeiters liegen, z.B. das Aufsuchen der Toilette oder ein notwendiger Gang zur Personalabteilung.

Da die Intensität der Arbeitsausführung bei der einzelnen Arbeitskraft unterschiedlich sein kann, ist es erforderlich, den Leistungsgrad der gemessenen Zeit festzustellen, um sie auf eine Bezugsleistung, die Normalleistung, umrechnen zu können. Die Schätzung des Leistungsgrades erfolgt durch den Zeitnehmer aufgrund des Erscheinungsbildes der Tätigkeit, wie es im Abschnitt 2.5.2.2 dargestellt wurde. Die Umrechnung der gemessenen Zeit erfolgt nach der Formel

$$\text{gemessene Zeit} \times \frac{\text{Leistungsgrad der Ist-Zeit}}{\text{Leistungsgrad der Bezugsleistung (100 \%)}} = \text{Soll-Zeit bei Normalleistung}$$

Beispiel:

$$8 \text{ Minuten pro Stück} \times \frac{110 \%}{100 \%} = 8,8 \text{ Minuten pro Stück}$$

Die Höhe des monatlichen Einkommens ergibt sich aus

$$L = \text{Leistungsmenge} \times \text{Vorgabezeit/Stck} \times \text{Minutenfaktor}$$

Zur Ermittlung des Geld- oder Minutenfaktors geht man vom Stundenlohn aus. Diesem wird evtl. ein Akkordzuschlag in Höhe von 15 – 20 % hinzugefügt. Die Summe heißt Akkordrichtsatz. Dieser wird durch 60 geteilt, um den Minutenfaktor zu erhalten.

Durch den Akkordzuschlag von 15 – 20 % kann ein Akkordarbeiter bei Normalleistung ein Einkommen erzielen, das um den gleichen Prozentsatz über dem Einkommen bei zeitlicher Entlohnung liegt. Der Arbeitgeber kann dieses erhöhte Einkommen zahlen, weil

– ein Übergang von der Fremdkontrolle zur Selbstkontrolle möglich ist und Kosten für die Fremdkontrolle eingespart werden können, da der Mitarbeiter seine Leistung selbst überwacht;
– durch den Akkordlohn sichergestellt wird, daß mit Normalleistung gearbeitet wird, wodurch eine bessere Abstimmung zwischen geplanter Maschinenkapazität und geplantem Arbeitskräftebedarf erfolgt, da die Planung bei beiden auf der Normalleistung basiert. Auch hierdurch werden Kosten eingespart, die an die Mitarbeiter weitergegeben werden können.

Vom System her gesehen, soll der Akkordlohn sicherstellen, daß auf Dauer mit Normalleistung gearbeitet wird. Eine kurzfristige maßvolle Überschreitung schadet weder den Maschinen noch den Menschen. Anders sieht es aus, wenn der Akkordlohn dazu mißbraucht wird, eine auf Dauer über der Normalleistung liegende Arbeitsleistung der Mitarbeiter zu erzielen. Einen entsprechend höheren Verschleiß bei den Maschinen, höhere Unfallzahlen und einen höheren Krankenstand wird nur ein Unternehmer in Kauf neh-

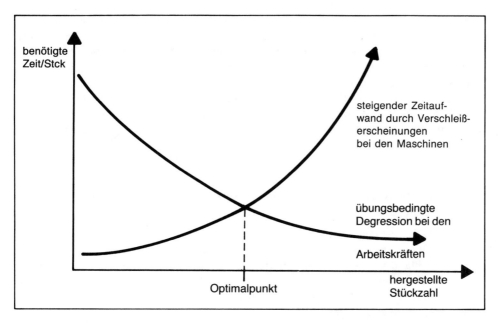

benötigte
Zeit/Stck

steigender Zeitauf-
wand durch Verschleiß-
erscheinungen
bei den Maschinen

übungsbedingte
Degression bei den

Arbeitskräften

Optimalpunkt

hergestellte
Stückzahl

Abb. 2.5 – 12: Die Auswirkung von Produktionsänderungen auf die Vorgabezeit

men, der diese Zusammenhänge nicht kennt. Unternehmer und Arbeitnehmer beurteilen das System der Akkordentlohnung unter den heutigen arbeitsrechtlichen Gegebenheiten durchaus positiv, wenn es auch einige nicht übersehbare Schwächen aufweist, die in diesem Zusammenhang unbedingt erwähnt werden müssen.

– Sachliche Schwierigkeiten:
Die Rüstzeit ist, sofern der Gesamtauftrag nicht in mehreren Losen abgewickelt wird, ein einmaliger Vorgang und kann daher nicht gemessen, sondern nur geschätzt werden. Die Bestimmung des Leistungsgrades entzieht sich in der betrieblichen Praxis aus Kostengründen jeglicher Messung. Seine Schätzung birgt deshalb stets die Gefahr einer Fehlerquelle in sich.
Die Kosten der Zeitmessung sind so hoch, daß der Akkordlohn nur bei entsprechend großen Aufträgen und eben solchen Losen eingesetzt werden kann.
Im Zuge der Herstellung eines großen Auftragsloses ändern sich die Produktionsbedingungen. Einerseits verkürzt sich die Herstellzeit durch die übungsbedingte Degression bei den Arbeitskräften. Andererseits verlängert sie sich, da die eingesetzten Maschinen mit der Zeit nicht mehr so präzise arbeiten. Optisch läßt sich das wie oben darstellen.
Da der Verlauf der Kurven jedoch nicht bekannt ist, sind die Vorgabezeiten stets mit einem Unsicherheitsfaktor belastet. In der Vergangenheit führte das häufig zum Akkordschneiden, d.h., die Vorgabezeiten wurden herabgesetzt – eine Vorgehensweise, die heute nicht mehr möglich ist.
– Schwierigkeiten im humanen Bereich:
Die Zeitnehmer befinden sich in einer wenig beneidenswerten Lage. Die Unternehmer haben stets die Befürchtung, daß sich der Zeitnehmer noch solidarisch seinen ehemaligen Arbeitskollegen gegenüber verbunden fühlt. Die Mitarbeiter befürchten, daß sich

der Zeitnehmer auf ihre Kosten profilieren möchte. Die Atmosphäre gegenseitigen Mißtrauens kann durch vertrauensbildende Maßnahmen beseitigt werden, indem ein Abgeordneter des Betriebsrates dem Zeitnehmer nach § 87 Ziff. 10 BetrVG beigegeben wird, der die ordnungsgemäße Zeitnahme überwacht und an der Entscheidung über die Akkordfähigkeit des Mitarbeiters beteiligt ist;
Bei der Auswahl von Mitarbeitern zur Ausbildung als Zeitnehmer wird ein strenger Maßstab hinsichtlich ihrer charakterlichen Eignung angelegt. Die Zeitnehmer werden spezialisiert eingesetzt, z.B. niemals in der Abteilung, in der sie vor der Ausbildung tätig waren.

b) Prämienlohn

Der Prämienlohn ist ein gespaltener Lohn. Er setzt sich zusammen aus dem Grundlohn und der Prämie. Der Prämienlohn wird vorzugsweise eingesetzt, wenn

- geschulte Zeitnehmer fehlen;
  die besondere Entwicklung des REFA-Verbandes erklärt, weshalb der Prämienlohn in Deutschland in der Bedeutung hinter dem Akkordlohn zurückgeblieben ist;
- die Vorgabezeiten geschätzt werden müssen;
  das kann der Fall sein, weil die Losgrößen zu gering sind;
- der Leistungsanreiz zu groß ist;
  eine zu hohe Ausschußquote oder eine zu schlechte Qualität zeigen auf diesen Problembereich hin.

b1) Prämienlohn auf Zeitbasis

Die Prämienlöhne auf Zeitbasis gehen auch von einer Vorgabezeit aus, die aber nach Systemen vorbestimmter Zeiten ermittelt werden. Zu diesen Zeiterfassungsmethoden werden beispielsweise gezählt:

Methods-Time-Measurement (MTM)
Work-Factor-Verfahren.

Beide Verfahren gehen von der Erkenntnis aus, daß manuelle Tätigkeiten sich auf eine begrenzte Anzahl von Bewegungselementen (maximal 16 Stück) zurückführen lassen, denen festgelegte Zeiteinheiten zugeordnet werden können.

Diese Art begründeter Schätzung von Soll-Zeiten erfolgt in zwei Schritten:

- Analyse des Bewegungsablaufs;
  es werden die in einem Arbeitsablaufabschnitt enthaltenen Bewegungselemente ermittelt und aufgelistet.
- Zuordnung der Zeit;
  sie erfolgt pro festgestelltem Bewegungselement anhand von Bewegungszeittabellen.

Die Summe der Einzelzeiten ergibt die Vorgabezeit.

Andere Schätzverfahren knüpfen bei den Einsatzzeiten von Arbeitsmitteln an und errechnen Prozeßzeiten. Sie kommen bei automatisch bzw. mechanisch ablaufenden Ablaufabschnitten an Arbeitsmitteln vor, während der Mensch nur überwachend tätig ist.

Eine weitere Methode ist das „Vergleichen und Schätzen". Auch diese Vorgehensweise erfolgt in zwei Schritten:

- Vergleichen:
  Zum vorliegenden Arbeitsauftrag, für den eine Sollzeit zu ermitteln ist, wird ein ähnlicher Auftrag gesucht, für den die Ausführungszeit vorliegt. Die Abweichungen werden ermittelt.
- Schätzen:
  Für die Abweichungen ist der Zeitmehr- oder -minderbedarf zu ermitteln.

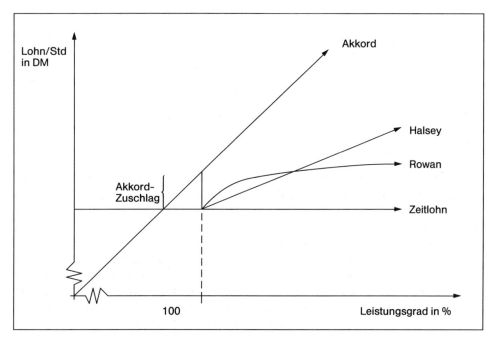

Abb. 2.5 – 13: Verlauf verschiedener Lohnkurven

● Prämienentlohnung nach F. A. Halsey

Dieses System geht von der Vorstellung aus, daß ungenaue Vorgabezeiten zu unsicheren Lohnentwicklungen führen. Diese Risiken sollen dadurch gemildert werden, daß zum Grundlohn nur ein Teil der Zeitersparnis als Prämie gezahlt wird. Der Lohn eines Zeitabschnittes ergibt sich nach folgender Formel:

$$
\text{Lohn/Monat} = \underbrace{\text{Ist-Zeit} \times \text{Std.-Lohn}}_{\text{Grundlohn}} + \underbrace{\frac{\text{Soll-Zeit} \;\dot{\cdot}/.\; \text{Ist-Zeit}}{2} \times \text{Std.-Lohn}}_{\text{Prämie}}
$$

Die über der Normalleistung liegende Mehrleistung wird auf Arbeitnehmer und Arbeitgeber aufgeteilt. Im obigen Beispiel wird von einer 50 %igen Aufteilung ausgegangen.

357

● Prämienentlohnung nach J. Rowan

Durch dieses Lohnsystem werden die Vorstellungen von Halsey aufgegriffen und um die Idee erweitert, dem Lohnempfänger in der Nähe der Normalleistung die höchsten Lohnzuwächse zu gewähren, die dann bei stärkerer Abweichung vom Optimum stark abnehmen. In der Nähe der Normalleistung liegt die Prämienlohnkurve von Rowan oberhalb der von Halsey, während sie später darunter verläuft.

Der Lohn pro Monat ergibt sich nach folgender Formel:

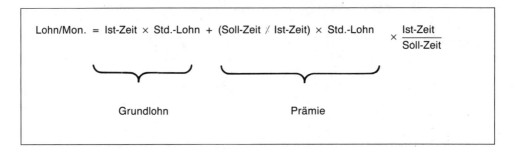

Die vergütete Zeitersparnis wird mit der relativen Zeitersparnis multipliziert, was zu einem degressiven Verlauf der Prämienlohnkurve führt.

b2) Prämienlohn auf Akkordbasis

● Prämienentlohnung nach F. W. Taylor

Bei diesem Modell handelt es sich um einen progressiven Leistungslohn, der im Gegensatz zu allen bisher vorgestellten Entlohnungsmodellen nicht die Normalleistung sicherstellen, sondern jeden Mitarbeiter an seine persönliche Leistungsgrenze heranführen will. Dieses Lohnsystem bringt einen starken Leistungsdruck mit sich und stieß in der US-amerikanischen Arbeiterschaft auf teilweise erbitterten Widerstand.

Im graphisch dargestellten Beispiel werden bis zur ersten Leistungsgrenze 3 Pfg/Stck bezahlt. Wird die Grenze von 100 Stück/Std überschritten, so werden für alle gefertigten Stücke 4 Pfg gezahlt; für 101 Stück/Std also 404 Pfg, usw.

Ist der Leistungsanreiz groß genug und liegen die Leistungsgrenzen eng genug beieinander, so kann man jeden Mitarbeiter an seine individuelle Leistungsgrenze führen, was letztlich zu einem Raubbau der Kräfte führen muß. Aus diesem Grunde ist der Differential-Piece-Rate-Plan lediglich als Kontrast zu den bisher dargestellten Systemen zu verstehen.

2.5.2.5 Lohnprämien

Unter Lohnprämien werden alle Zuschläge zum Grundlohn verstanden, die nicht für eine höhere quantitative Leistung gezahlt werden. Solche Zusatzprämien können für so viele unterschiedliche Leistungen gezahlt werden, daß eine vollständige Systematisierung nicht möglich ist. Einige typische Beispiele müssen daher zur Verdeutlichung des Begriffs genügen.

358

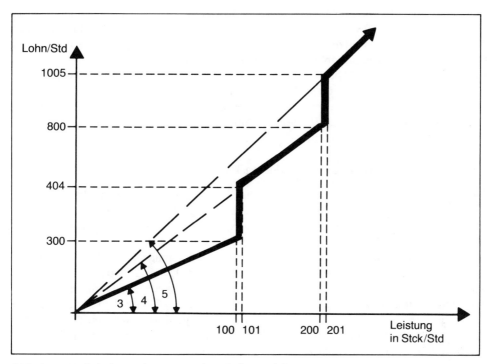

Abb. 2.5 – 14: Lohnkurve des progressiven Leistungslohns

– *Qualitätsprämien*

Diese Art von Prämie wird gezahlt, wenn die hergestellten Produkte einen bestimmten, vorher ausgelobten Gütestandard erreichen. Sie wird eingesetzt, um im Einzelfall eine überdurchschnittliche Qualität zu erzielen oder in Kombination mit dem Akkordlohn, bei dem der quantitative Aspekt zu stark im Vordergrund steht, diesem auf diese Weise entgegenzuwirken.

– *Prämien für Kosteneinsparung*

Sie werden vielfach bei material- oder energieintensiven Produktionsverfahren eingesetzt. Über die Einsparung im Mengengerüst der Kosten kann in diesen Fällen die Gesamtproduktivität besser angehoben werden als über eine Vergrößerung des Outputs.

– *Prämien für Termineinhaltung*

Liefertermine sind in bestimmten Fällen durch Konventionalstrafen abgesichert. Wenn der Termin durch den Einsatz von Überstunden nicht mehr erreicht werden kann, sondern nur noch durch einen intensiveren Arbeitseinsatz, dann drängt sich eine solche Lohngestaltung geradezu auf.

– *Prämien für besondere Umsatz- oder Marketingleistungen*

Auch in diesem Bereich wird häufig mit Prämien gearbeitet, wenn schwer verkäufliche Produkte mit ihrem Anteil am Umsatz gefördert werden sollen, wenn eine Zweit- oder Drittplazierung im Markenartikelgeschäft gelingt oder wenn neue Kunden gewonnen werden.

359

Mit fortschreitender Mechanisierung wird das Anwendungsfeld des Prämienlohns ebenso eingeengt wie das des Akkordlohns, sofern den Arbeitskräften der Einfluß auf das quantitative Arbeitsergebnis entzogen wird. Das gilt aber auch z.B. für Qualitätsprämien, weil bei selbsttätigem Fertigungsablauf auch die Qualität der Produkte von der Maschine bestimmt wird. In solchen Fällen wird es zunehmend wichtiger, daß der Arbeitnehmer für einen reibungslosen Produktionsablauf Sorge trägt. Der Lohnanreiz muß in dieser oder jener Form der Aufrechterhaltung der Betriebsbereitschaft dienen. Hierfür würden sich z.B. Prämien für eine möglichst hohe Maschinenauslastung oder Minimierung von Maschinenstillstandszeiten anbieten.

2.5.2.6 Anforderungsabhängige Entlohnungsformen

Jede Arbeitsleistung stellt an den Arbeitnehmer Anforderungen, die von der Schwierigkeit der Arbeit bestimmt werden. Seine Arbeitsleistung ist um so höher, je stärker seine individuelle Leistungsfähigkeit ausgeschöpft wird (vgl. 2.3.3.1, S. 231 ff.) Um die Schwierigkeit der verschiedenen Tätigkeiten an einem Arbeitsplatz, sprich die Anforderungen des Arbeitsplatzes, bewerten zu können, wird davon ausgegangen, daß alle Arbeitskräfte im zu bewertenden Bereich mit Normalleistung arbeiten. Damit die Konstanz der Ergebnisse sichergestellt ist, muß weiterhin davon ausgegangen werden, daß sich weder die Arbeitsorganisation ändert noch die Länge der Arbeitszeit. Auf diese Weise kann man die Anforderungen des Arbeitsplatzes bewerten, unabhängig davon, wer gerade die Arbeit ausführt. Für diese Tätigkeit wurde der Begriff „Arbeitsbewertung" geprägt. Treffender würde man von Arbeitsplatzbewertung sprechen.

Alle Belastungsgrößen eines Arbeitsplatzes wird man nicht erfassen können. Man wird sich auf die Feststellung der vermutlich wesentlichen Belastungsgrößen beschränken müssen. So kann man von den Teilbelastungen auf die Gesamtbelastung schließen. Zusammen mit der Erkenntnis, daß die Erfassung einer Vielzahl von Merkmalen nicht unbedingt zu genaueren Ergebnissen führt, stellten Wissenschaftler der ETH Zürich im Mai 1950 anläßlich einer internationalen Tagung über Arbeitsbewertung in Genf ein Schema vor, auf das die meisten in der Praxis angewandten Arbeitsbewertungsverfahren zurückgreifen (vgl. auch Kapitel 2.3).

Merkmalsgruppen	Hauptmerkmale je Anforderungsart	
	Fachkönnen	Belastung
1. Geistige Anforderungen	×	×
2. Körperliche Anforderungen	×	×
3. Verantwortung	—	×
4. Arbeitsbedingungen	—	×

Abb. 2.5 – 15: Das Genfer Schema

Das Genfer Schema (vgl. auch Abb. 2.3 – 3) geht von der Vorstellung aus, daß es genügt, je Arbeitsplatz vier Merkmale festzulegen, die allerdings jeweils auf eine der vier Merkmalsgruppen zu beziehen sind, welche in der obigen Abbildung aufgeführt werden.

Die an jedem Arbeitsplatz festzulegenden individuellen Merkmale sollen Fachkönnen und/oder körperliche bzw. geistige Belastungen berücksichtigen.

Nachdem so die wesentlichen Beurteilungskriterien je Arbeitsplatz im ersten Schritt festgelegt worden sind, muß im zweiten Schritt die Höhe der Belastung festgelegt werden, was für die Zwecke einer anforderungsabhängigen Entlohnung sinnvollerweise in Form von Punktreihen erfolgt. Es können dabei mathematische Gesetzmäßigkeiten berücksichtigt werden, z.B.

arithmetische Reihe: 1, 2, 3, 4, 5 Punkte je Anforderungsstufe,
geometrische Reihe: 1, 2, 4, 8, 16 Punkte je Anforderungsstufe.

Man kann aber auch ganz darauf verzichten,

z.B. 1, 3, 7, 10, 15 Punkte je Anforderungsstufe.

Erst im dritten Schritt erfolgt eine Verknüpfung von Arbeitsanforderung und Entlohnung. Das kann in Form von Lohngruppen geschehen, was zu einem stufenförmigen Verlauf der Lohnkurve führt. Es kann aber auch so vorgegangen werden, daß man den Mindestgrundlohn festlegt, den Lohnzuschlag bei der geringsten Punktzahl. Die Verbindungslinie ergibt dann einen linearen Lohnkurvenverlauf.

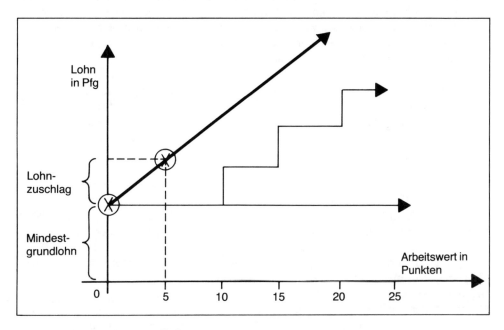

Abb. 2.5 – 16: Lohnkurvenverläufe

a) Traditionelle Arbeitsbewertung
Die älteste, nach der Anforderung vorgenommene Lohnstaffelung geht bereits in die vorindustrielle Zeit zurück. Sie unterschied bei der Lohnhöhe zwischen

- ungelernten Arbeitern,
- angelernten Arbeitern und
- gelernten Arbeitern.

Diese Lohnstaffelung geht davon aus, daß für die Ausübung der Arbeit nur Fachwissen und Können bestimmend sind. Andere Einflußfaktoren, wie z.B. die Arbeitsbedingungen, wurden nicht berücksichtigt. Weiterhin wurde unterstellt, daß Wissen und Können nur durch Ausbildung erworben werden. In dieser sehr einseitigen Betrachtung liegt auch schon die anzubringende Kritik.

b) Summarische Arbeitsbewertung

Bei dieser Methode wird die Arbeitsleistung als geschlossene Einheit betrachtet. Es erfolgt eine Gesamteinschätzung. Die summarische Arbeitsbewertung kann mit Hilfe von zwei Verfahren durchgeführt werden.

- *Rangfolgeverfahren*

  Die im Unternehmen anfallenden Arbeiten werden aufgelistet und einem paarweisen Vergleich unterzogen. Als Ergebnis ergibt sich eine bestimmte Rangfolge. Diese Vorgehensweise kann nur in kleinen Unternehmen durchgeführt werden.
- *Lohngruppenverfahren*

  Durchgesetzt hat sich in der wirtschaftlichen Praxis dieses Verfahren. Es gibt heute keinen Tarifvertrag mehr, welcher keine Lohn- oder Gehaltsgruppen enthält. Anhand bestimmter Tätigkeitsmerkmale werden Lohngruppen gebildet, denen die Tätigkeiten im Unternehmen zugewiesen werden, sofern sie die vorgegebenen Merkmale erfüllen. Um die Einordnung zu erleichtern, werden in Kommentierungen zum Lohngruppenkatalog typische Tätigkeiten je Lohngruppe aufgeführt.

Als Beispiel sei der Lohngruppenkatalog für die Eisen und Metall verarbeitende Industrie (LKEM) aufgeführt. Dies war der erste gelungene Versuch, die Stundenlöhne nach der Schwierigkeit der Arbeit zu differenzieren. Er wurde erstmals im Jahr 1942 unternommen.

Lohnschlüssel

Gruppe 1: Arbeiten, die ohne jede Ausbildung nach kurzer Einweisung ausgeführt werden können .... 75 %

Gruppe 2: Alle einfachen Arbeiten .... 80 %

Gruppe 3: Arbeiten, die nach systematischem Anlernen ausgeführt werden können .... 85 %

Gruppe 4: Arbeiten, die eine abgeschlossene Anlernausbildung erfordern .. 90 %

Gruppe 5: Normale Facharbeiten .... 100 %

Gruppe 6: Schwierige Facharbeiten .... 110 %

Gruppe 7: Sehr schwierige Facharbeiten .... 120 %

Gruppe 8: Arbeiten, die eine absolute Selbstverantwortung voraussetzen .. 133 %

Die Nachteile des Lohngruppenverfahrens liegen in der Gefahr der Schematisierung; individuelle Gegebenheiten können nicht berücksichtigt werden. Der technischen Entwicklung kann nur entsprochen werden, wenn der Lohngruppenkatalog insgesamt geändert wird. Alle diese Nachteile vermeidet die analytische Arbeitsbewertung.

c) Analytische Arbeitsbewertung

Sie analysiert die Belastung, welche von den wesentlichen Teilbelastungsgrößen ausgeht. Das Ergebnis der Arbeitsplatzbewertung ist dann der Arbeitswert. Der Punktwert oder die Punktekombination drückt die Höhe der Anforderungen aus, die eine bestimmte Arbeitsverrichtung an einem bestimmten Arbeitsplatz an eine beliebige Arbeitskraft bei Normalleistung stellt. Dieser Arbeitswert wird mit der Lohn- oder Gehaltshöhe verknüpft.

Auch bei der analytischen Arbeitsbewertung gibt es die Unterscheidung bei der Einordnung nach Reihung und Stufung. Beide Methoden sollen anhand eines Beispiels erläutert werden.

● Rangreihen- oder Einzelbewertungsverfahren

Bei diesem Verfahren erfolgt der Übergang von der Anforderungs- zur Lohnhöhe über die Einzelschwierigkeiten:

$$S_1 \quad S_2 \quad S_3 \quad S_4 \quad S_5$$
$$\downarrow \qquad \downarrow \qquad \downarrow \qquad \downarrow \qquad \downarrow$$
$$L_1 + L_2 + L_3 + L_4 + L_5 = \underline{\underline{Lohn}}$$

Die bekannteste Methode dieser Art ist mit dem Namen Lorenz verknüpft. Dieses Verfahren unterscheidet fünf Anforderungsarten:

- Verantwortung
- Fachkönnen A: Fachwissen, Erfahrung, vorwiegend in geistiger Hinsicht
- Fachkönnen B: vornehmlich Geschicklichkeit
- Belastung A: vornehmlich Nervenbelastung
- Belastung B: Muskelbelastung.

Die Höhe der Anforderung wird durch die Klasse von fünf Anforderungsstufen ausgedrückt. Diese Anforderungsstufen werden mit den Ziffern 1 bis 5 bezeichnet.

Damit ist die eigentliche Arbeitsbewertung schon erledigt, denn nach dem Lorenz-Verfahren werden die einzelnen Ziffern nicht addiert.

Beispiel:

Bewertet werden soll das Werfen von abgekippten Kalksandsteinen auf ein Maurergerüst. Das Ergebnis der Arbeitsbewertung könnte wie folgt aussehen:

$$1 \quad 1 \quad 2 \quad 2 \quad 4$$

Um das Ergebnis der Arbeitsbewertung in Geld umrechnen zu können, muß die folgende Tabelle aufgestellt werden. Der Grundlohn betrage 20, – DM/Std, der mindestens gezahlt wird. Als maximaler anforderungsabhängiger Zuschlag soll bei einem Bewertungsergebnis von 5 5 5 5 5 DM 4,80 pro Stunde gezahlt werden.

Stufen	Stufenwert in DM	Verantwortung	Fachkönnen		Belastung	
			A	B	A	B
1	0,30	0,08	0,10	0,05	0,02	0,05
2	0,60	0,15	0,20	0,10	0,05	0,10
3	1,20	0,30	0,40	0,20	0,10	0,20
4	2,40	0,60	0,80	0,40	0,20	0,40
5	4,80	1,20	1,60	0,80	0,40	0,80
Gewichtung der Anforderungsmerkmale		25%	33%	17%	8%	17%
Summe		= 100%				

Die Merkmalsgruppen werden prozentual gewichtet. Die Gewichte ergeben sich aus einer Arbeitsmarktanalyse, die regelmäßig durchgeführt werden muß und deren Ergebnisse sich dann in der Tabelle niederschlagen.

Die Abstaffelung der Geldwerte erfolgt in Form einer geometrischen Reihe.

Weiterführung des Beispiels:

Anforderungsarten	Anforderungsstufen	Grundlohn: 20,– DM/Std
Verantwortung	1	+ 0,08 DM/Std
Fachkönnen A	1	+ 0,10 DM/Std
Fachkönnen B	2	+ 0,10 DM/Std
Belastung A	2	+ 0,05 DM/Std
Belastung B	4	+ 0,40 DM/Std
Lohn insgesamt		20,73 DM/Std

● Stufenwertzahlmethode

Aus der Summe der Einzelschwierigkeiten ergibt sich die Gesamtschwierigkeit, die zum Lohn in Beziehung gesetzt wird:

$$S_1 + S_2 + S_3 + S_4 = S \rightarrow \text{Lohn}$$

Es soll von den folgenden Merkmalsgruppen ausgegangen werden, für die an jedem Arbeitsplatz ein möglichst treffendes Merkmal zur Kennzeichnung der jeweiligen Teilbelastung festgelegt werden muß.

Merkmalsgruppen	maximaler Punktwert je Stufe
– Wissen und Können	11
– Verantwortung	10
– Anforderungen an Körper und Geist	14
– Umgebungseinflüsse	15
maximale Stufenwertzahlsumme	50

Für jedes Merkmal soll es je fünf Anforderungsstufen geben, und für jedes Merkmal ist ein maximaler Punktwert festgelegt worden. Daraus ergben sich die folgenden vier Reihen:

Merkmalsgruppen	Stufen				
	1	2	3	4	5
– Wissen und Können	2,2	4,4	6,6	8,8	11,–
– Verantwortung	2,–	4,–	6,–	8,–	10,–
– Anforderungen an Körper und Geist	2,8	5,6	8,4	11,2	14,–
– Umgebungseinflüsse	3,–	6,–	9,–	12,–	15,–
Summe	10,–	20,–	30,–	40,–	50,–

Wird die Arbeitsplatzbewertung in dieser Weise vorgenomen, so handelt es sich um ein Stufenwertzahlverfahren mit gebundener Gewichtung. Die Gewichtung der vier Merkmale wird durch die Zuordnung maximaler Punkte je Merkmal erreicht. Die Gewichtung ergibt sich am Arbeitsmarkt und ist bei wesentlichen Änderungen umzugestalten. Sie wird zwar nicht ausgewiesen, ist jedoch nach folgender Formel schnell zu errechnen.

$$\frac{\text{maximale Stufenwertzahl} \times 100}{\text{maximale Stufenwertzahlsumme}} = \text{Gewichtungsfaktor in \%}$$

In dem obigen Beispiel ergibt sich dabei für

– Wissen und Können	$\dfrac{11 \times 100}{50}$ = 22 %
– Verantwortung	= 20 %
– Anforderungen an Körper und Geist	= 28 %
– Umgebungseinflüsse	= 30 %
Summe	= 100 %

Der Nachteil, die Gewichtung nicht sofort erkennen zu können, läßt sich durch eine Umwandlung der Wertetabelle leicht vermeiden. Es handelt sich dann um ein Stufenwertzahlverfahren mit getrennter Gewichtung.

Merkmalsgruppen	Gewichtungs-faktor in %	Stufen				
		1	2	3	4	5
– Wissen und Können	22	10	20	30	40	50
– Verantwortung	20	10	20	30	40	50
– Anforderungen an Körper und Geist	28	10	20	30	40	50
– Umgebungseinflüsse	30	10	20	30	40	50
Summe	100	40	80	120	160	200

Mit der Festlegung der Stufenwertzahlsumme je Arbeitsplatz ist die Arbeitsbewertung abgeschlossen. Die Lohnfindung erfolgt, indem ein funktionaler Zusammenhang zwischen Stufenwertzahlsumme und Lohnhöhe hergestellt wird. Legt man für die Abhängigkeit zwischen Lohn und Stufenwertzahlsumme die folgende Funktion fest

$$L = g + bx$$

so läßt sich der Abschnitt g auf der Ordinate und die Steigung der Geraden wie folgt berechnen:

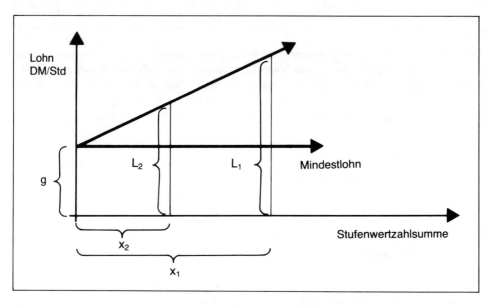

Abb. 2.5 – 17: Lohnfindung im Rahmen der Stufenwertzahlmethode

Ermittlung der Steigung b:
Gegeben sind
Lohn/Std. des Arbeitsplatzes mit der geringsten Stufenwertzahlsumme $\qquad$ $L_2 = 22{,}30$ DM/Std
Stufenwertzahl dieses Arbeitsplatzes: $\qquad$ $x_2 = 10$ Punkte
Lohn/Std. des Arbeitsplatzes mit der durchschnittlichen Stufenwertzahlsumme $\qquad$ $L_1 = 23{,}20$ DM/Std
Stufenwertzahl dieses Arbeitsplatzes: $\qquad$ $x_1 = 30$ Punkte

$$b = \frac{L_1 - L_2}{x_1 - x_2} = \frac{23{,}20 - 22{,}30}{30 - 10} = \frac{0{,}90}{20} = 0{,}045 \text{ DM/Punkt}$$

Ermittlung des Abschnitts g auf der Ordinate:

$$g = L_2 - bx_2 = 22{,}30 - 0{,}045 \cdot 10 = 21{,}85 \text{ DM/Std}$$

$$L = 21,85 + 0,045 \, x$$

Gegenüber der Rangreihenmethode ist die Stufenwertzahlmethode nur für die Zwecke der Entlohnung zu gebrauchen, da die Stufenwertzahlsumme keine Aussage über die Höhe der Teilbelastungen macht. Die Rangreihenmethode hingegen gibt ein, wenn auch recht grobes, Anforderungsprofil wieder. Dieses läßt sich z.B. im Rahmen von Stellenausschreibungen einsetzen.

2.5.3 Soziale Entgeltfindung

Nur selten wird der nach kausalen oder finalen Gesichtspunkten bemessene Lohn ein Einkommen schaffen, das einen genau bemessenen Lebensunterhalt für den Einkommensempfänger gewährleistet. Es kann durchaus sein, daß kausales und finales Einkommen hinter dem zurückbleibt, was man dem Arbeitnehmer unabhängig von seiner Arbeitsleistung als Mindesteinkommen zuerkennen müßte. In diesen Fällen sind entsprechende Lohnergänzungen vorzunehmen.

Die von der Leistung losgelöste, bedarfsgerechte Entlohnung kann das gesamte Einkommen umfassen. Es wird in den meisten Fällen aber nur Teile davon ausmachen. Diese sozialen Lohnbestandteile können gesetzlich vorgeschrieben sein, u.a. Lohnfortzahlung im Krankheitsfall, Zuschuß zum Mutterschaftsgeld, Aufstellen von Sozialplänen, bezahlter Erholungsurlaub, Arbeitgeberanteil zur Sozialversicherung, Beiträge zur Berufsgenossenschaft. Sie können gesetzlich gefördert sein, wie z.B. vermögenswirksame Leistungen durch Kleinunternehmen. Sie können aber auch vertraglich vereinbart sein, wie Betriebsrenten, Zahlungen im Rahmen von Rationalisierungsschutzabkommen oder Lohn- und Gehaltszuschläge für die Ehefrau und die Kinder des Arbeitnehmers. Es kommen aber auch Leistungen ohne Rechtsanspruch vor, Unterstützungen in Notfällen, zinsverbilligte Arbeitgeberdarlehen u.v.a.

Soziale Entgeltbestandteile werden nicht immer dem einzelnen Unternehmen angelastet, sondern durch Umlagen auf größere Unternehmensgesamtheiten (Schlechtwettergeld, Lohnfortzahlung im Krankheitsfall durch Kleinunternehmen) oder im Rahmen von Steuergesetzen und Sozialversicherungsgesetzen auf die Volkswirtschaft verteilt.

2.5.4 Die Wahl der Entgeltform im Rahmen der leistungsabhängigen Entlohnungsformen

Es gibt keine allgemeingültige Entlohnungsform, die für alle Unternehmen zweckmäßig ist. Vielmehr müssen die betriebsspezifischen Situationen berücksichtigt werden. Dabei muß das Augenmerk bei der Entscheidung auf folgende Gesichtspunkte gerichtet werden:

— *Arbeitsrechtliche Bedingungen*
Individual- bzw. tarifvertragliche oder auch gesetzliche Bestimmungen (Mutterschutzgesetz, Jugendarbeitsschutzgesetz) schränken die Zahl der Entscheidungsmöglichkeiten häu-

367

fig ein. § 87 (1) Ziff. 10 BetrVG 1972 sieht eine Mitbestimmung des Betriebsrates bei der Aufstellung von neuen Entlohnungsmethoden und die Einführung sowie Anwendung von neuen Entlohnungsmethoden oder deren Änderung vor.

– *Personalwirtschaftliche Zielsetzungen*
Die personalwirtschaftlichen Ziele ,,Förderung der Arbeitsleistung" oder ,,verstärkte Selbstkontrolle anstelle der Fremdkontrolle" können durch die richtige Wahl der Entgeltform einzeln oder gemeinsam gefördert werden. Ein weiteres Ziel kann die Steigerung der Qualität des Arbeitsergebnisses sein.

– *Objektive und subjektive Arbeitsbedingungen*
Zu den objektiven Arbeitsbedingungen gehört die Arbeitstechnik, welche das Verhältnis zwischen beeinflußbaren und unbeeinflußbaren Zeiten und damit die Entgeltform bestimmt. Das trifft ebenso auf die Organisation der Arbeit zu. Über sie werden die Zusammensetzung und die Anzahl sowie die Abfolge der Arbeitsgänge festgelegt, was Folgen für die Wahl der Entgeltform hat. Sie wirken durch physiologische, psychologische und soziologische Gesichtspunkte auf die Wahl der Entgeltformen ein.

– *Verfahrenskosten der Entgeltfeststellung und -abrechnung*
Die Entlohnungsformen verursachen mit zunehmender Exaktheit der Leistungsmessung immer höhere Einführungs- und Durchführungskosten, die somit ebenso auf die Entscheidung für die zweckmäßige Entgeltform Einfluß nehmen.

2.5.4.1 Darstellung anhand eines Beispiels für den Einzelhandel

Im Einzelhandel hat in den letzten Jahren die Prämienentlohnung für das Verkaufspersonal zunehmend an Bedeutung gewonnen. Sie wird häufig im Zusammenhang mit der Führung durch Zielvereinbarung eingesetzt. Häufig werden mehrere Lohnformen als Komponenten eines auf die Belange des Unternehmens abgestellten Entlohnungssystems kombiniert. Das monatliche Einkommen einer Schuhverkäuferin setzt sich z.B. wie folgt zusammen:

Grundlohn gemäß Gehaltsgruppe K3 des Tarifvertrages im Einzelhandel (anforderungsabhängige Entlohnungsform)	2 200, – DM
+ 0,5 % Provision vom monatlichen Umsatz (leistungsabhängige Entlohnungsform)	+ 250, – DM
+ Lohnprämien von 10, – DM je verkauftem Paar Sportschuhe, die sich als Ladenhüter herausgestellt haben	+ 100, – DM
	2 550, – DM

2.5.4.2 Darstellung anhand eines Beispiels für den Außendienst im Großhandel

Im Außendienst werden häufig über die Grundentlohnung hinaus, die dem Sicherheitsmotiv der Mitarbeiter entgegenkommt, folgende, ausschließlich von der Leistung abhängige, Entlohnungselemente einzeln oder kombiniert eingesetzt:

368

– Die Provision

Sie wird im allgemeinen als Prozentsatz vom bezahlten Umsatz ausgezahlt, und zwar können die Provisionssätze proportional, progressiv oder degressiv zur Entwicklung des Umsatzes verlaufen.

– Die Prämie

Sie kommt als Entlohnungsform für die Durchführung von Sonderaufgaben (z.B. Gewinnung neuer Kunden, Zweit- oder Drittplazierung im Markenartikelgeschäft) oder die Senkung der Reisekosten durch eine optimalere Gestaltung der Reiserouten in Betracht.

Wird durch das Grundgehalt (Fixum) die volle Normalleistung entlohnt, so kommt eine Provisionszahlung nur für das Überschreiten eines im voraus vereinbarten Soll-Umsatzes in Betracht. Umsatzsteigerungen entspringen aber nicht immer allein der Leistung des Außendienstmitarbeiters, sondern sind auch von Umwelteinflüssen abhängig. Diese können ausgeschaltet werden, indem die erzielte prozentuale Steigerung um das prozentuale Ergebnis der tatsächlichen Entwicklung des Gesamtumsatzes der Unternehmung vermindert wird.

Soll-Umsatz in DM	Ist-Umsatz in DM	Abweichung in %	Differenz der Prozentsätze
Verkäufer A	Verkäufer A	5,–	+ 5,–
11 400	12 000		– 3,–
			= 2,–
Unternehmung gesamt	Unternehmung gesamt	3,–	leistungsabhängiger Prozentsatz
8 400 000	8 654 400		

Die erzielte Provisionskennziffer kann auf den Umsatz oder auf das Grundeinkommen bezogen werden.

Die Wahl des Entlohnungssystems ist von den Umsatzzielen des Unternehmens abhängig. Sollen z.B. neue Kundengruppen gewonnen werden, so ist folgendes Beispiel denkbar:

Grundgehalt (Fixum)	Verkäufer A: = 3 500, – DM
Provision auf Umsätze	
Umsatz 12 000 davon 2 %	= 240, – DM
Zwischensumme	3 740, – DM
Prämie für Umsätze mit Kundengruppen	
I = 20 % vom Umsatz 1 000, – DM	= 200, – DM
II = 10 % vom Umsatz 1 000, – DM	= 100, – DM
III = 5 % vom Umsatz 10 000, – DM	= 500, – DM
Gesamteinkommen im Januar	= 4 540, – DM

2.5.4.3 Darstellung anhand eines Beispiels aus der Produktion eines Industriebetriebes

Es handelt sich um ein Prämienlohnmodell, das sich auf eine Arbeitsgruppe bezieht, die an der Fertigung eines Schaltschrankes beteiligt ist. Für die Herstellung dieses Schaltschrankes werden sieben Arbeitsgruppen benötigt:

Arbeitsgruppe 1 – Schlosservorfertigung
Arbeitsgruppe 2 – Schlosserfertigung
Arbeitsgruppe 3 – Anstrich
Arbeitsgruppe 4 – Gerätemontage
Arbeitsgruppe 5 – Sammelschienenmontage
Arbeitsgruppe 6 – Verdrahtung der Schienen
Arbeitsgruppe 7 – Prüfen des Schaltschrankes.

Die sieben Arbeitsgruppen umfassen alle durchschnittlich vier bis fünf Arbeitnehmer.

Die Prämienausgangsleistung soll am Beispiel der Arbeitsgruppe 4 demonstriert werden. Die Arbeitsgruppe besteht aus den Arbeitnehmern: Gruppenleiter, zwei Monteure und zwei Hilfsmonteure. Vor Beginn der Herstellung erhalten die Mitglieder der Arbeitsgruppe einen Arbeitsplan, der die Ausgangsleistung in Minuten angibt. Sie setzt sich folgendermaßen zusammen:

für Rüsttätigkeiten	50 Minuten
für Haupttätigkeiten	550 Minuten
für Verteiltätigkeiten	60 Minuten
Ausgangsleistung	**660 Minuten**

Dic Mitglieder der Arbeitsgruppe Gerätemontage erhalten einen Ausgangslohn nach verschiedenen Lohngruppen:

Der Gruppenleiter ist in der Lohngruppe 9,
die Monteure sind in der Lohngruppe 7 und
die Hilfsmonteure in der Lohngruppe 5.

Die Prämie wird in der folgenden Weise berechnet:

Unterschreitet der Arbeitnehmer die Ausgangsleistung, so erhält er eine Prämie, die die Zeit zur Basis hat. Nicht nur die Unterschreitung der Prämienausgangsleistung, sondern auch eine einwandfreie Arbeitsausführung sind Voraussetzung für eine Prämie. Für die Berechnung der Prämie hat das Unternehmen zwei Formeln entwickelt:

Bei sofortiger einwandfreier Arbeitsausführung

$$\frac{(RT + 5) \times IT \times \text{Std.-Lohn}}{100} = \text{Prämie A}$$

Sofern sich an einer Arbeit während der Durchführung oder bei der Abnahme im Prüffeld Mängel herausstellen, die auf fehlerhafte Leistungen zurückzuführen sind, werden die zur Beseitigung dieser Mängel aufgewendeten Arbeitsstunden der Ist-Zeit zugerechnet. Wird trotz der Nacharbeit die Ausgangsleistung unterschritten, so berechnet die Firma die Prämie nach der folgenden Formel:

$$\frac{BIT \times IT \times \text{Std.-Lohn}}{100} = \text{Prämie B}$$

Die Abkürzungen in den Formeln haben folgende Bedeutung:

RT   = Zeitunterschreitung in Prozenten der Richtzeit
IT   = Ist-Zeit des Werkstattarbeiters
Std.-Lohn = Stundenlohn des Werkstattarbeiters
BIT   = Zeitunterschreitung bei bereinigter Ist-Zeit in Prozenten der Richtzeit.

Beispiel:
Richtzeit bei Schaltschrank A und B jeweils 10 Stunden
Ist-Zeit B = 8 Stunden und A = 9 Stunden.
Am Schaltschrank B mußte eine Stunde nachgearbeitet werden, also beträgt die bereinigte Ist-Zeit für den Schaltschrank B = 9 Stunden.

$$\text{Prämie A} = \frac{(10 + 5) \times 9 \times 10}{100} = 13,50 \text{ DM}$$

$$\text{Prämie B} = \frac{10 \times 9 \times 10}{100} = 9,- \text{ DM}$$

Obwohl bei beiden Schaltschränken im Endeffekt die gleiche Ist-Zeit benötigt wurde, erhalten die Monteure, die Nacharbeit leisten mußten, eine niedrigere Prämie. Dies begründet das Unternehmen damit, daß ihm für die Nacharbeit zusätzliche Kosten entstehen.

2.5.5 Zusammenfassung

- Um im Rahmen der Entgeltpolitik einen zielentsprechenden Mitteleinsatz zu gewährleisten, wurde zunächst ein Überblick über die bisher bekannten entgeltpolitischen Instrumente gegeben, welche sich zunächst grob in finale, kausale und soziale Lohnfindung gliedern lassen.
- Diese Systematik wurde weiter in Einzelverfahren zerlegt, wobei die denkbaren Möglichkeiten beispielhaft dargestellt wurden.
- Bei der Wahl der Entgeltform, welche sich in der wirtschaftlichen Realität in der überwiegenden Mehrzahl als eine Kombination aus mehreren Instrumenten zusammensetzt, sind personalwirtschaftliche Zielsetzungen, arbeitsrechtliche Bedingungen, objektive und subjektive Arbeitsbedingungen sowie die Verfahrenskosten zu beachten.
- Mit der Wahl der Entgeltform muß aber auch die Entscheidung über die Wahl des Entlohnungsverfahrens getroffen werden. Dabei handelt es sich um die Entscheidung

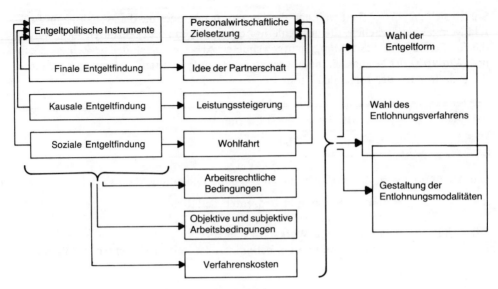

Abb. 2.5 – 18: Einwirkungsfaktoren auf das Entlohnungsystem

zwischen Einzelentlohnung und Gruppenentlohnung. Sie kann sinnvollerweise nur im Zusammenhang mit dem Einsatz einer leistungsabhängigen Entlohnung im engeren Sinne getroffen werden. Hinzu kommt, daß sich eine Gruppenentlohnung nur bei ko-agierenden Tätigkeiten anbietet.

● Die Gruppenentlohnung wird positiv beurteilt, weil die Teamleistung aufgrund des Gemeinschaftseffektes größer ist als die Summe der Einzelleistungen. Negativ wirkt sich aus, daß sich nur sclten ein Verteilungsschlüssel für die Gruppenleistung finden läßt, der der Forderung nach Leistungsadäquanz in umfassender Weise entspricht. Das kann zu einer negativen Personalauslese führen, wenn gute Arbeitskräfte zugunsten der schlechteren benachteiligt werden.

● Ob es zu dieser Erscheinung kommt, hängt von der Größe und Zusammensetzung der Gruppe ab. Überwiegen in einer Gruppe zahlenmäßig die leistungsstarken Teammitglieder, so ist mit einem Ausscheiden der leistungsschwachen Arbeitnehmer eher zu rechnen.

● Tendenziell kommt die Gruppenentlohnung dem Gesellungsstreben des arbeitenden Menschen entgegen, während die Einzelentlohnung zwar die höhere Einzelleistung fördert, aber auch die Menschen isoliert.

● Die geringste Wertigkeit hat die Gestaltung der Entlohnungsmodalitäten, da sie sich ausschließlich auf organisatorisch-technische Gesichtspunkte beziehen. Dabei handelt es sich um den Auszahlungszeitpunkt, die Abrechnungsperiode, die Art der Aushändigung des Entgelts und die Abrechnungsart.

● Hingewiesen sei zum Schluß auf die Mitbestimmung des Betriebsrates in sozialen Angelegenheiten gemäß § 87 (1) Ziff. 4, 10 und 11 BetrVG, der auch in den Fragen der betrieblichen Lohngestaltung mitbestimmen kann. Die Einführung und Anwendung neuer Entlohnungsmethoden oder die Änderung bestehender Methoden setzt eine Einigung zwischen Arbeitgeber und Betriebsrat voraus.

2.6 Mitarbeiter und Beurteilung — Langfristaspekte im quantitativen und qualitativen Sinne

2.6.1 Das Phänomen der Beurteilung

Das menschliche Nervensystem ist ausgelegt auf den Empfang und die Weiterleitung von Informationen. Über seine Sinne nimmt der Mensch ständig Informationen aus seiner Umwelt auf. Diese Informationen sind die Grundlage für alle bewußten und unbewußten Entscheidungen, die das menschliche Verhalten bestimmen. Um die Informationen zur Basis für Entscheidungen, Verhaltensweisen werden lassen zu können, müssen sie beurteilt, bewertet werden. Auf diese Aufgabe ist ein Teil des menschlichen Gehirns spezialisiert: der Thalamus. Im Thalamus, einem Teil des Zwischenhirns, werden alle Sinneseindrücke bewertet. Die aufgenommenen Informationen werden mit früheren Erfahrungen verglichen, beurteilt auf ihre Bedeutung für das Individuum und weitergeleitet an andere Regionen des Gehirns. Bei dieser Beurteilung werden die Sinneswahrnehmungen mit Gefühlen, qualitativen Kennzeichnungen, versehen. Freude und Trauer, Gefahr und Genuß, Lust und Schmerz, Zuneigung und Ablehnung, Begierde und Ekel, Sympathie und Antipathie werden im Thalamus mit den Sinneseindrücken zusammengefaßt und als neue verstärkte Wahrnehmungen gespeichert, mit früheren gleichen oder ähnlichen Erfahrungen assoziiert, in Erregungen und Hemmungen umgesetzt und in einem vielfachen, sich bedingenden und ergänzenden System von Regelkreisen zur Steuerung der Hormonproduktion und damit des unbewußten und bewußten Verhaltens eingesetzt. Die Beurteilung und affektive Einfärbung der Sinneseindrücke durch den Thalamus, der auch „das Tor des Bewußtseins" genannt wird, bestimmen Aktion und Reaktion des Menschen, ermöglichen ihm die Orientierung in seiner Umwelt und sichern die Chance auf ein Überleben in existenzbedrohender Umgebung. Der Thalamus des Zwischenhirns bewertet und färbt laufend jede Sinneswahrnehmung: Das bedeutet, daß der Mensch auch ständig beurteilt. Beurteilen ist ein Phänomen, das ursächlich mit dem Leben zusammenhängt. Der Mensch kann nicht nicht-beurteilen. Er muß es tun; sein Wahrnehmungsapparat ist so strukturiert. Denn nur durch die endlose Zahl von einzelnen Urteilen steuert er sich durch die Fährnisse, die das Leben bedrohen. Das Beurteilen und Bewerten der Umwelt und damit auch der Mitmenschen gehört zum Wesen des Menschen. Er beurteilt und bewertet, bewußt oder unbewußt, ständig, immer und in jeder Situation. Die Urteile bilden die Stimulantien für das menschliche Verhalten.

2.6.2 Beurteilung und Personalwirtschaft

Die Personalwirtschaft versucht, den Menschen im Unternehmen so einzusetzen, zu führen und zu steuern, daß ein Optimum an Leistung und individueller Zufriedenheit erreicht wird. Das bedingt einen ständigen Prozeß von Entscheidungen. Sinnvolle Entscheidungen können nur auf der Grundlage gesicherter Informationen und fundierter Situations- und Zukunftsbewertungen getroffen werden. Informationen und Bewertungen für personalwirtschaftliches Handeln zu liefern, dazu dient in hervorragendem Maße die Mitarbeiterbeurteilung. Sie bildet die Grundlage aller personalpolitischen und personellen Entscheidungen. Sie wirkt hinein in alle Bereiche der Personalwirtschaft, in die Personalplanung, in die Personalbedarfsbestimmung, in die Personalbeschaffung, die Personalentwicklung, den Personaleinsatz, die Personalkosten und den Personalabbau. Sie kann ihre Wirkung als Einzelmaßnahme für den einzelnen Mitarbeiter entfalten oder auch in der Zusammenfassung von mehreren Einzelbeurteilungen als Grundlage für Entscheidungen dienen, die einzelne Mitarbeitergruppen oder die gesamte Mitarbeiterschaft betreffen.

Die Mitarbeiterbeurteilung ist das Führungsmittel für den einzelnen Mitarbeiter. Sie wirkt als Regulativ auf das Betriebsklima. Sie hilft personelle und organisatorische Schwachstellen zu entdecken, sachliche und personelle Förderungsmaßnahmen gezielt einzusetzen, die Entgeltpolitik zu optimieren und die Leistungsmotivation zu fördern. Die Gestaltung einer von Vertrauen getragenen Mitarbeiter-Vorgesetzten-Beziehung verlangt nach einer systematischen Mitarbeiterbeurteilung und auch nach einer Beurteilung der Vorgesetzten durch die Mitarbeiter. Durch das auf die Beurteilung gestützte Beurteilungsgespräch werden Klarheit über die Aussichten des Mitarbeiters innerhalb eines Unternehmens geschaffen und Wege aufgezeigt, Schwächen zu bekämpfen und Stärken auszubauen. Die Mitarbeiterbeurteilung liefert für den einzelnen Mitarbeiter und in ihrer Summe für die Belegschaft der Unternehmensleitung die Daten, die für eine bewußt betriebene Personalwirtschaft erforderlich sind.

2.6.3 Form und Formen der Beurteilung

Die Qualität der Beurteilung, ihr Aussagewert und ihre Verwendbarkeit, hängt wesentlich von ihrer Form ab. Selbstverständlich kann und wird das Mitarbeiterverhalten ständig und ohne besonderen Anlaß beurteilt. Das geschieht meist unbewußt, gelegentlich als Nebenprodukt der permanenten Zusammenarbeit. Urteile fließen in die Äußerungen über Arbeitsausführung, Arbeitstempo, Terminvorgabe und Termineinhaltung ein und drücken sich auch aus im Umgangston, in Lob und Tadel, in Anerkennung und korrigierender Anweisung. Diese Art der Beurteilung ist bedeutsame Begleitung der Zusammenarbeit mit Kollegen, Vorgesetzten und Mitarbeitern. Auf sie aber sind diese Ausführungen über Mitarbeiterbeurteilung nicht gezielt; denn sie erfolgt weder zeitlich fixiert noch systematisch; sie verzichtet auf vorgebende Bewertungskriterien und legt keine definierten Bewertungsmaßstäbe an; sie ist flüchtig, vernachlässigt die Dokumentation und schafft keine archivierbaren Unterlagen. Um Aussagekraft zu haben und Entscheidungsgrundlage für personalwirtschaftliche und personelle Maßnahmen sein zu können, muß die Mitarbeiterbeurteilung formalen Anforderungen genügen. Sie muß

- schriftlich
- zu festgesetzten Zeiten
- für bestimmte Zeiträume
- zu definierten Anlässen
- nach festgelegten Maßstäben
- für vorgegebene Beurteilungskriterien
- nach einheitlichem Schema
- nach akzeptierten Beurteilungsgrundsätzen
- von dafür bestimmten Personen

erfolgen. Nur eine Mitarbeiterbeurteilung, die diesen Anforderungen genügt, kann ein effektiv personalwirtschaftliches Instrument darstellen und Aussagen treffen, die den Anspruch nach Objektivität, Vergleichbarkeit, Validität und Zuverlässigkeit (Reliabilität) erfüllen. Die dargestellten, grundsätzlichen formellen Anforderungen zwingen den oder die Beurteiler, sich intensiv, wägend und verantwortungsbereit mit dem zu Beurteilenden auseinanderzusetzen, die Mitarbeiterbeurteilung zu einem mit Sorgfalt auszuführenden und in seiner Tragweite für das Unternehmen und den einzelnen Mitarbeiter gewichtigen Vorgang werden zu lassen.

Die im Prinzip an die Mitarbeiterbeurteilung zu stellenden Anforderungen lassen sich durch verschiedene Gestaltungen des Beurteilungsformulars ganz oder teilweise realisieren. Die ungebundene schriftliche Beurteilung gibt dem Beurteiler lediglich vor, welche Eigenschaften oder Verhaltensweisen zu beurteilen sind. Die Formulierung bleibt dem Beurteiler überlassen; ein Bewertungsmaßstab wird nicht vorgegeben; der subjektiven Würdigung wird der Vorrang eingeräumt. Die ungebundene schriftliche Beurteilung findet sich zuweilen für Mitarbeiter mit höheren Aufgabenstellungen und bei Beurteilungen, die auf die Ansichten eines Beurteilers über das Leistungsverhalten und Leistungspotential einer Person besonderen Wert legen.

Die gebundene schriftliche Beurteilung gibt einen Katalog von Kriterien aus den Bereichen

- Leistungsverhalten
- Kenntnisse
- Persönlichkeitsmerkmale
- Verhalten

vor. Die Anzahl der Kriterien in den einzelnen Bereichen und insgesamt läßt sich nicht generell festlegen, sie schwankt nach Aufgabenstellung der Beurteilung und den Zielsetzungen, die eine Unternehmensleitung damit verbindet.

Die Beurteilung der Kriterien kann durch zahlenmäßig fixierte Benotung erfolgen. Sie kann durch die Auswahl von vorgegebenen, qualifizierenden Bezeichnungen durchgeführt werden. Die Beurteilung kann dadurch geschehen, daß der Beurteiler aufgefordert wird, aus vorgegebenen Situations- und Verhaltensbeschreibungen diejenigen auszuwählen, die für den zu Beurteilenden am zutreffendsten sind.

Die nachstehenden Beispiele stehen für die drei geschilderten Formen. Sie sind typisch, aber nicht ausschließlich. Daneben sind andere Gestaltungsformen möglich und praxisbekannt.

- Arbeitsmenge/Fleiß
    - 1 = A = hervorragend (wird ganz selten erreicht)
    - 2 = B = sehr gut (weit über Durchschnitt)
    - 3 = C = gut (erfüllt alle Anforderungen)
    - 4 = D = zufriedenstellend (Tadel ist selten notwendig)
    - 5 = E = einige Mängel (Kontrolle und Ansporn sind notwendig)
- Arbeitsmenge/Fleiß
    - außergewöhnlich
    - überdurchschnittlich
    - zufriedenstellend
    - ausreichend
    - unzureichend

- Arbeitsmenge/Fleiß
  - bedarf niemals einer Ermahnung
  - ist immer einsatzbereit
  - ist ganz bei der Sache
  - setzt sich stark ein
  - geht in der Arbeit auf   = Zutreffendes unterstreichen

  - braucht nicht angehalten zu werden
  - ist durchwegs einsatzbereit
  - interessiert
  - setzt sich ein
  - zeigt Ausdauer
  - erledigt übertragene Arbeiten zuverlässig   = Zutreffendes unterstreichen

  - zeigt stets Interesse
  - ist beteiligt
  - erledigt Arbeiten nach Anweisung
  - ist selten abgelenkt
  - arbeitet auf Aufforderung   = Zutreffendes unterstreichen

  - muß angeregt und beaufsichtigt werden
  - wird leicht abgelenkt
  - tut das Notwendige
  - pausiert bei sich bietenden Gelegenheiten
  - arbeitet nur unter Aufsicht   = Zutreffendes unterstreichen

  - versucht, der Arbeit aus dem Wege zu gehen
  - sein Interesse an der Arbeit und dem Arbeitsergebnis ist nicht entwickelt
  - wirkt insgesamt unbeteiligt   = Zutreffendes unterstreichen

Im wesentlichen sind die Beurteilungsformulare daraufhin ausgelegt, daß sie entweder eine Benotung in Buchstaben oder Ziffern verlangen, eine verbale Kennzeichnung der Beurteilungskriterien vorsehen oder eine Kennzeichnung der abgestuft beschriebenen Kriterien fordern. Zur Visualisierung des erwarteten Leistungsverhaltens des Mitarbeiters und der tatsächlichen Ausprägung der Beurteilungskriterien kann ein Mitarbeiter- oder Leistungsprofil verwendet werden.

2.6.4 Beurteilungsmaßstäbe

Mitarbeiterbeurteilungen bedürfen einer Eichung. Es genügt nicht, Skalen, Notenschlüssel oder verbale Kennzeichnungen vorzugeben. Entscheidend für die Aussagekraft und die Verwertbarkeit der Beurteilungen ist das Finden und Anwenden eines einheitlichen Beurteilungsmaßstabes. Für jede Leistungsbeurteilung, ob in der Schule oder im Beruf, lassen sich grundsätzlich drei Verfahren denken:

- die objektive Methode
- die subjektive Methode
- die relative Methode

Die objektive Methode postuliert allgemein gültige Leistungsnormen. Sie geht davon aus, daß es ein für das Mitarbeiterverhalten bestimmbares Normalmaß der Leistung und des Verhaltens gibt. Von dieser Normalleistung, der vom Durchschnitt der Mitarbeiter oder der Mehrheit der Mitarbeiter üblicherweise erbrachten Leistung, läßt sich bestimmen, welche Mitarbeiterleistung besser als der Durchschnitt und welche schlechter ist. Daraus ergäbe sich konsequenterweise eine Dreiteilung der Beurteilung:

- besser
- normal
- schlechter

im Vergleich zur üblichen oder Mehrheitsleistung. Betriebs- und personalwirtschaftliche Überlegungen und das Streben nach Gerechtigkeit führen sowohl im schulischen als auch im personalwirtschaftlichen Bereich dazu, noch weitere Unterteilungen zu treffen. Im wesentlichen wird damit dem Streben nach der Bildung von Hierarchien genüge getan. Ob eine Fünferteilung:

- sehr gut
- gut
- zufriedenstellend
- mangelhaft
- ungenügend

oder eine noch differenzierendere Unterteilung der Leistung gewählt wird, hängt davon ab, wie genau die Abstufungen der zu beurteilenden Leistungskriterien bestimmt werden können. Die Genauigkeit und Zuverlässigkeit der Beurteilungen wird nicht durch die Vermehrung der Abstufungen verbesssert, wenn nicht gleichzeitig die Trennschärfe zwischen den Abstufungen angehoben wird. Ein Beurteilungssystem mit 20 Punkten für die optimale Leistung und 1 Punkt für die schlechteste Leistung würde verlangen, daß man Leistungsunterschiede von 5 % messen könnte. Diese Annahme ist für die betriebliche Praxis im allgemeinen unrealistisch. Eine Einteilung in 5 Leistungsstufen dürfte für die Mehrheit der Beurteilungsfälle genügen. Sie ist auch am häufigsten in der deutschen Wirtschaft anzutreffen, obwohl auch Beurteilungen mit 7 und 9 Abstufungen bekannt sind.

Die subjektive Beurteilungsmethode nimmt nicht die tatsächlich erbrachte Leistung zum Beurteilungsgegenstand, sondern den Aufwand, den der Mitarbeiter betreibt oder betreiben muß, um die von ihm erbrachte Leistung zu vollbringen. Subjektive Beurteilungen honorieren Aufwand, Einsatz, Anstrengungen der Mitarbeiter, nicht ihre Resultate. Das Verfahren kann dazu führen, subjektivistische Gerechtigkeitsvorstellungen zu erfüllen; bestimmt aber führt es dazu, daß der Einfluß von nicht wägbaren Komponenten sehr groß und die Vergleichbarkeit der Beurteilungen von verschiedenen Mitarbeitern entsprechend kleiner wird. Von den Befürwortern dieser Methode für die Benotung in der Schule und der Beurteilung im Betrieb wird übersehen, daß die Beurteilung ihren Sinn nicht in der Feststellung hat, in welchem Maße und bis zu welchem Grad der einzelne Belastungen zu ertragen hat, um eine bestimmte Leistung zu erbringen, sondern daß es ihre Aufgabe ist, Aussagen über die gegenwärtige Leistung und die zukünftigen Leistungswahrscheinlichkeiten auf der Grundlage der in der Vergangenheit erbrachten Leistungen zu liefern.

Die relative Beurteilungsmethode stellt auf die Leistungsunterschiede in einer Gruppe ab. Die Mitarbeiter werden in eine Rangreihe geordnet. Das kann summarisch geschehen:

- A ist besser als B
- B ist besser als C

oder sich an einzelnen Kriterien orientieren, wobei die in den Rangreihen für die einzelnen Kriterien erreichten Plätze zusammengerechnet werden. Die relative Beurteilungsmethode ist leicht zu praktizieren; ihr Hauptnachteil liegt darin, daß sie keine absolute Aussage macht über die Leistungsfähigkeit des einzelnen Mitarbeiters, sondern diesen nur im Vergleich zu den übrigen, durch mehr oder minder großen Zufall bestimmten, Mitgliedern seiner Arbeitsgruppe oder Abteilung sieht. Die Beurteilung wird damit zu einer Funktion der Gruppenzusammensetzung. Ein mittelmäßiger Mitarbeiter in einer schwachen Gruppe wird zu gut, ein mittelmäßiger Mitarbeiter in einer leistungsstarken Gruppe zu schlecht beurteilt. Die relative Beurteilung läßt sich nur rechtfertigen, wenn bei der Zusammensetzung der Gruppen einheitliche Anforderungskriterien vorlagen. In der Beurteilungspraxis werden meist die objektive und die relative Beurteilungsmethode vermischt angewendet. Die Unternehmens- und/oder Personalleitung gibt Leistungsstandards für die einzelnen Beurteilungskriterien vor. Die Erarbeitung und Festlegung der Leistungsstandards wird sich der objektiven Beurteilungsmethode zu bedienen haben. Die Bekanntgabe der Beurteilungsmaßstäbe kann ausdrücklich durch schriftliche Informationen erfolgen oder in betrieblichen Fortbildungsmaßnahmen geschehen. Die Leistungsstandards und Beurteilungsmaßstäbe erhalten dadurch einen zu begrüßenden offiziellen Charakter.

Unternehmensspezifische Leistungsstandards können sich aber auch aus der Firmentradition entwickeln und durch informelle Kommunikation weitergegeben werden. Entscheidend ist, daß für jedes Beurteilungskriterium ein allgemein verbindlicher, stabiler und nicht der Interpretation durch den einzelnen Vorgesetzten zugänglicher Beurteilungsmaßstab vorhanden ist. Bewertungsmaßstäbe zu erarbeiten und für ihre Publikation zu sorgen, gehört zu den wichtigen Aufgaben der Personalwirtschaft. Die Beurteilung bedient sich der Beurteilungsmaßstäbe, um die Leistung und Leistungsfähigkeit des einzelnen Mitarbeiters zu kennzeichnen. Dieser ersten Zuordnung kann dann eine Feinjustierung der Beurteilung durch Berücksichtigung der Leistungs- und Verhaltensunterschiede in der Arbeitsgruppe des zu beurteilenden Mitarbeiters folgen.

Die Angemessenheit und Verläßlichkeit der Beurteilungsmaßstäbe ist durch eine permanente Zuverlässigkeitsprüfung der Beurteilungsergebnisse zu gewährleisten.

Was kann beurteilt werden? Beurteilt werden kann nur, was beobachtet und was bewertet werden kann.

Bei der Festlegung der Beurteilungskriterien ist konsequent darauf zu achten, daß nur solche Kriterien herangezogen werden, deren Vorhandensein und Ausprägung vom Beurteiler ohne Schwierigkeiten festzustellen sind. Nicht Meinungen, Vermutungen, Spekulationen über Motive und Absichten dürfen Grundlage der Beurteilung sein, sondern belegbare und nachprüfbare Fakten. So wie das Wesen der Dinge sich nur in ihrer Erscheinung erschließt, erkennen wir den Mitarbeiter nur in seinem Verhalten oder müssen das Verhalten als die getreue Spiegelung seines Wesens unterstellen.

Über das Problem des Beurteilungsmaßstabes wurde im vorstehenden schon gesprochen. Immer wenn eine Stufung verlangt wird, muß für die Beurteilung eine weitestgehend quantifizierbare Skalierung der Eigenschaften und Fähigkeiten vorgenommen und vorgegeben werden. Beobachtbare Phänomene für die Mitarbeiterbeurteilung sind:

– *Die Leistungsmenge*
   Die Leistungsmenge läßt sich ablesen in Produktionszahlen pro Zeiteinheit, in erledigten Aufgabenstellungen, in Verkaufszahlen, durchgeführten Buchungen, eingeholten Angeboten, erteilten Bestellungen, bearbeiteten Reklamationen usw.
– *Die Leistungsgüte*
   Die Leistungsgüte läßt sich messen durch die Höhe des Ausschusses, die Anzahl der gemachten Fehler, die Häufigkeit von Reklamationen, die Beeinträchtigung des Arbeitsflusses, die Beschwerden oder das Lob von Kollegen, die Verwertbarkeit von Vorschlägen, die Einhaltung von Terminen, etc.
– *Das Kostenbewußtsein*
   Das Kostenbewußtsein drückt sich aus im Einhalten oder Unterschreiten von Plankosten, im Anfall von Überstunden, in der Art der Materialverwendung, im Umgang mit Spesen, in der Relation von arbeitsplatzbezogenem Input und Output.
– *Konstruktive Ideen*
   Konstruktive Ideen finden ihren Niederschlag in unterbreiteten und verwirklichten Vorschlägen, in Anregungen zur Gestaltung der Arbeitsabläufe, in Beiträgen zu Problemlösungen, im selbständigen Bewältigen von Arbeitsaufgaben.
– *Die Arbeitsplanung*
   Die Arbeitsplanung findet ihren Ausdruck in der Gestaltung und Ordnung des Arbeitsplatzes, im Einhalten von Zeitvorgaben, im rechtzeitigen Einholen von Informationen, Materialien und Werkzeugen sowie Hilfsmitteln, in einer konsequenten Arbeitsabfolge.
– *Die Zusammenarbeit*
   Die Bereitschaft und Fähigkeit zu kooperativem Handeln drückt sich aus in der Häufigkeit der gestellten Fragen, in dem Ersuchen um Unterstützung, in dem Angebot von Unterstützungen, in der Bereitschaft, zusätzliche Arbeit zu übernehmen, im Einhalten von Zusagen, im Vorrang sachlicher vor persönlichen Argumenten, in der Konfliktfreiheit mit Kollegen, Vorgesetzten und Untergebenen.
– *Kenntnis des eigenen Arbeitsgebietes*
   Die Kenntnis des eigenen Arbeitsgebietes manifestiert sich durch den Grad an Selbständigkeit, wie die gestellten Aufgaben gelöst werden bzw. zur Aufgabenbewältigung die Unterstützung des Vorgesetzten oder erfahrener Kollegen gebraucht wird, mit welcher Sicherheit Auskünfte erteilt und Unterweisungen durchgeführt werden können.
– *Kenntnis von angrenzenden Arbeitsgebieten*
   Sie wird deutlich durch die Fähigkeit, Vertretungen durchzuführen, Abstimmungsaufgaben zu erledigen, Vorschläge zur Arbeitsoptimierung zu machen, organisatorische Zusammenhänge darzustellen und zu berücksichtigen, im eigenen Arbeitsgebiet auf die Belange anderer Rücksicht zu nehmen.
– *Die Energie bei der Erfüllung der Aufgaben*
   Man erkennt sie in der Folgerichtigkeit des Handelns, in dem Setzen von Prioritäten,

in der Schnelligkeit der Entscheidungen, in der Unterordnung persönlicher Interessen unter Sachziele.
- *Die Zuverlässigkeit*
  Sie kann beurteilt werden anhand der gehaltenen oder gebrochenen Zusagen, am angemessenen Umgang mit Informationen, am Eintreffen gemachter Voraussagen.

Für jedes Beurteilungskriterium, das in der Beurteilung angewendet wird, kann ein Katalog von beobachtbaren Ausdrucksformen des Phänomens für den Beurteiler eine wertvolle Hilfe zur Steigerung der Objektivität sein. Jedes Unternehmen wird sich dabei den nach den betrieblichen Erfordernissen ausgewählten Beurteilungskriterien anzupassen haben, um neben einem betriebsindividuellen Zuschnitt des gesamten Beurteilungssystems auch eine optimale Aussagekraft und Vergleichbarkeit der einzelnen Kriterien im interpersonellen und zwischenbetrieblichen Bereich zu ermöglichen.

2.6.5 Was wird beurteilt?

Die Art der Beurteilungskriterien richtet sich nach den Akzentsetzungen des einzelnen Unternehmens und der Eigenart der zu beurteilenden Mitarbeitergruppe. Die Anzahl der für eine Beurteilung vorgesehenen Beurteilungskriterien schwankt stark. Sie reicht von 3 bis über 50 Kriterien. Es läßt sich nicht beweisen, daß die Aussagekraft und Zuverlässigkeit einer Beurteilung proportional oder gar überproportional mit der Anzahl der Kriterien steigt. Eine stark spezifizierte Feingliederung kann zwar Selektionen zwischen Mitarbeitern erleichtern und objektivieren; sie kann aber Zusammenfassungen und bis zu einem gewissen Grad Pauschalierungen nicht überflüssig machen. Der Hauptnachteil, der mit einer Beurteilung mit mehr als zwei Dutzend Beurteilungskriterien verbunden sein dürfte, ist der große Arbeitsaufwand und die Abneigung der Vorgesetzten, den mit ihrer Erstellung und Durchsprache verbundenen großen Zeitaufwand zu investieren. Übliche Beurteilungskriterien sind:

- Abstraktionsfähigkeit	- Ausdrucksfähigkeit
- Akkuratesse	- Ausgeglichenheit
- Anpassungsfähigkeit	- Aussehen
- Arbeitsauffassung	- Belastbarkeit
- Arbeitsausdauer	- Benehmen
- Arbeitsbereitschaft	- Berechenbarkeit
- Arbeitseinstellung	- Bildung
- Arbeitsgüte	- Bildungsbereitschaft
- Arbeitsmenge	- Bildungswilligkeit
- Arbeitstempo	- Delegation
- Arbeitsverhalten	- Denkfähigkeit
- Auffassungsgabe	- Durchsetzungsvermögen
- Aufgeschlossenheit	- Dynamik
- Aufmerksamkeit	- Ehrlichkeit
- Aufrichtigkeit	- Einsatzbereitschaft
- Auftreten	- Eloquenz
- Ausdauer	- Entscheidungsbereitschaft

- Entwicklungsfähigkeit
- Fachkenntnis
- Fachkönnen
- Fachwissen
- Fleiß
- Führungseigenschaft
- Führungsfähigkeit
- Führungsverantwortung
- Führungswissen
- Geduld
- Gemeinschaftssinn
- Geradlinigkeit
- Geschicklichkeit
- Großzügigkeit
- Gründlichkeit
- Hilfsbereitschaft
- Improvisationstalent
- Informationsbereitschaft
- Initiative
- Interessiertheit
- Kenntnisse – eigenes Arbeitsgebiet
- Kenntnisse – angrenzende Arbeitsgebiete
- Kenntnisse – Fremdsprachen
- Kenntnisse – Dienstleistungen
- Kenntnisse – Organisation
- Kenntnisse – Produkte
- Kenntnisse – Waren
- Konstruktive Ideen
- Kontaktfähigkeit
- Kontrolle
- Kooperationsbereitschaft
- Kostenbewußtsein
- Kostendenken

- Kreativität
- Loyalität
- Menschenbehandlung
- Menschenbeurteilung
- Menschenführung
- Menschenkenntnis
- Organisationsfähigkeit
- Organisationsgeschick
- Organisationstalent
- Organisationstreue
- Pflichtbewußtsein
- Physische Belastbarkeit
- Psychische Stabilität
- Sachverstand
- Schnelligkeit
- Selbständigkeit
- Selbstbewußtsein
- Selbstkritik
- Sorgfalt
- Tatkraft
- Umgang mit Menschen
- Umgang mit Sachen
- Umgangsformen
- Umsicht
- Umstellungsfähigkeit
- Urteilsfähigkeit
- Verantwortungsbereitschaft
- Verantwortungsgefühl
- Verhandlungsgeschick
- Zivilcourage
- Zusammenarbeit
- Zuverlässigkeit.

2.6.6 Wer beurteilt?

Die Erstellung der Beurteilungen ist nicht Aufgabe der Personalabteilung. Sie liegt auch nicht in ihrer Kompetenz. Die Personalabteilung kann − gegebenenfalls in Zusammenarbeit mit dem Betriebsrat − Beurteilungskriterien festlegen, Beurteilungsformulare entwickeln, Beurteilungsmaßstäbe empfehlen, Zeitpunkt und Häufigkeit der Beurteilungen bestimmen; die Bearbeitung vornehmen muß in erster Verantwortung der unmittelbare Vorgesetzte. Der unmittelbare Vorgesetzte ist in der Regel mit den Leistungsanforderungen eines Arbeitsplatzes intim vertraut, und er kennt die von einem Mitarbeiter erbrachten Leistungen am genauesten. Bei Beurteilungen durch Kollegen oder durch den Betriebsrat − dieses Verfahren wird häufiger vorgeschlagen als praktiziert − wird der letzten Endes für die Unternehmensleitung entscheidende Leistungsgedanke leicht vernachlässigt. Zur Erhöhung der Objektivität und zur Befreiung des Beurteilers vom Verdacht der Subjektivität hat es sich als zweckmäßig und ohne Schwierigkeiten als praktikabel erwiesen, die Beurteilung vor ihrer Bekanntgabe noch durch den übernächsten Vorgesetzten überprüfen und abzeichnen zu lassen. Verzeichnungen durch Sympathie oder Antipathie, durch Angst vor einem Wettbewerber um die eigene Position oder das Bemühen, das eigene Leistungsverhalten zu verdecken, können so vermieden oder doch beträchtlich eingeschränkt werden. Durch dieses Verfahren wird auch ein Beitrag dazu geleistet, daß in einem Bereich oder in einer Hauptabteilung die Beurteilungsmaßstäbe aneinander angeglichen werden. Es ist üblich, daß der Vorgesetzte den Mitarbeiter beurteilt. Auf diese Verfahrensweise kann und soll auch nicht verzichtet werden. Einen vollständigen Einblick und damit die Daten für mannigfaltiges personalwirtschaftliches Handeln gewinnt die Personal- und Unternehmensleitung aber dann, wenn sie auch eine Beurteilung der Vorgesetzten durch ihre Mitarbeiter institutionalisiert. Die Beteiligung an einer Beurteilung von ,,unten nach oben'' ist zweckmäßigerweise für Vorgesetzte und Mitarbeiter freiwillig. Die Abgabe der von den Mitarbeitern ausgefüllten Beurteilungsformulare sollte anonym erfolgen. Die Auswertung kann über einen Computer oder durch einen speziell beauftragten Mitarbeiter geschehen. Der beurteilte Vorgesetzte braucht ebensowenig wie die Personalabteilung die einzelnen Beurteilungen kennenzulernen. Es dient in diesem Falle dem Beurteilungszweck besser, wenn der Beurteilte nur das Durchschnittsresultat für jedes Beurteilungskriterium erfährt und die Extremwerte zur Kenntnis bekommt und auch nur diese Daten in die Personalakte aufgenommen werden. Für das zwischen den Mitarbeitern und dem Vorgesetzten zu führende Beurteilungsgespräch ist das Beurteilungsergebnis auch den Mitarbeitern so zeitig bekanntzugeben, daß das Gespräch gründlich vorbereitet werden kann und die Mitarbeiter in der Lage sind, einen Sprecher als Interpreten ihrer Auffassung vom Verhalten des Vorgesetzten zu bestimmen. Für die Beurteilung der Vorgesetzten durch ihre Mitarbeiter ist ein Beurteilungsformular opportun, das speziell für diesen Zweck entwickelt wurde und speziell das Führungsverhalten, die Menschenbehandlung und die Einsteuerung auf den betrieblichen Leistungsprozeß zum Gegenstand hat. Mitarbeiter und Vorgesetzte − genauso wie die Leitungen von Unternehmen, bei denen ein derartiges Verfahren der Beurteilung von unten nach oben betrieben wird − berichten von erfreulich positiven Auswirkungen auf den Kommunikationsprozeß, auf das Betriebsklima und die Motivation von Vorgesetzten und Mitarbeitern. Gezielte Personalwirtschaft im Sinne von Personal- und Organisationsentwicklung wird in der Zukunft nicht auf diesen Beurteilungsansatz verzichten können.

2.6.7 Beurteilungsanlässe

Mitarbeiterbeurteilungen können aus besonderem, persönlichem oder organisatorischem Anlaß vorgenommen werden oder als periodisch wiederkehrende, in das personalwirtschaftliche Geschehen integrierte Maßnahmen stattfinden. Werden Mitarbeiterbeurteilungen aus besonderem Anlaß vorgenommen, erfassen sie meist nur einen einzelnen Mitarbeiter oder eine ausgewählte Mitarbeitergruppe. Periodisch wiederkehrende Mitarbeiterbeurteilungen sollten bei allen Mitarbeitern durchgeführt werden. Nur wenn alle Mitarbeiter eines Betriebes oder eines Unternehmens beurteilt werden, lassen sich Spannungen, die durch eine Wertung der Beurteilung als Privileg oder als Sanktion durch die beteiligten Mitarbeiter entstehen können, vermeiden.

Die Anlässe für eine Beurteilung sind entsprechend den mit ihr verfolgten Zielen und Zwecken verschieden. Unabhängig von dem Anlaß aber sollte das Verfahren nach gleichbleibenden, bekannten und akzeptierten Kriterien erfolgen, da Änderungen der Kriterien leicht Ursache von Unruhe und Spekulationen in der Mitarbeiterschaft sein können und auch die Beurteiler vor methodische und interpretative Schwierigkeiten gestellt werden. Die Wahrheit, Klarheit und Kontinuität der Mitarbeiterbeurteilungen werden durch eine rasche zeitliche oder situative Änderung der Beurteilungskriterien nur allzu leicht beeinträchtigt.

Ziele von Mitarbeiterbeurteilungen können u.a. sein:

- *Motivation der Mitarbeiter*
  Durch die Beurteilung und die nachfolgende Beurteilungsbesprechung erhält der Mitarbeiter Kenntnis über die Bewertung seines Leistungsstandes, seiner Fähigkeiten und seines Verhaltens und erfährt Stimulation, seine Stärken zu entwickeln, seine Schwächen abzubauen.
- *Auswahl von Mitarbeitern*
  Die permanente Aufgabe der Personalwirtschaft, den bestgeeigneten Mitarbeiter für jeden Arbeitsplatz zur Verfügung zu haben, erfordert eine dauernde Überprüfung der erbrachten Leistungen und des Leistungspotentials. Die Mitarbeiterbeurteilungen machen den Vorgesetzten und der Personalabteilung bewußt, ob für jeden Arbeitsplatz die optimale Besetzung erreicht wurde oder wo und durch wen Umbesetzungen vorzunehmen sind. Über- und Unterforderungen der Mitarbeiter werden durch die Mitarbeiterbeurteilung offenkundig, Steuerungsmaßnahmen angezeigt.
- *Schulungs- und Förderungsmaßnahmen*
  Die personalwirtschaftliche Effizienz von Schulungs- und Förderungsmaßnahmen hängt davon ab, daß rechtzeitig erkannt wird, welcher Mitarbeiter wann für welche Aufgaben zu schulen ist und welcher Förderungsmaßnahmen er bedarf. Mitarbeiterbeurteilungen geben darauf wichtige Hinweise und ermöglichen auch die verstärkte Einbeziehung des Eigeninteresses der Mitarbeiter in die Schulungs- und Förderungsaktivitäten.
- *Personalplanung*
  Die Basis der Personalplanung, sowohl in ihrer quantitativen als auch in ihrer qualitativen Ausprägung, bildet der Ist-Bestand. Durch die Mitarbeiterbeurteilung lassen sich verläßliche Ist-Analysen zur Frage der mengenmäßigen und gütemäßigen Personalausstattung eines Unternehmens erstellen, auf denen – in Verbindung mit den

Unternehmens- und wirtschaftspolitischen Zielen – die personalwirtschaftliche Planung aufgebaut werden kann.

– *Management-Development*
Eine gezielte Laufbahnplanung für Führungskräfte erfordert sowohl die frühzeitige Erkennung des Führungspotentials als auch die konsequente Beobachtung der Entwicklung fachlicher Leistungen und des führungsmäßigen Verhaltens. Beiden Aufgabenstellungen kann die Mitarbeiterbeurteilung gerecht werden. Sie wird damit auch zur organisatorischen Voraussetzung und Unterlage für Beförderungen.

– *Entgeltbestimmung*
Für Mitarbeiter, deren Bezahlung nicht nach Tarif erfolgt, stellt die Mitarbeiterbeurteilung in Verbindung mit Vorstellungen über den Wert eines speziellen Arbeitsplatzes oder einer Position das bedeutendste Instrument für eine am Leistungsverhalten orientierte Entgeltfestsetzung und Entgeltveränderung dar. Die Mitarbeiterbeurteilung steuert die individuelle Gehaltsentwicklung der außertariflichen Mitarbeiter und nimmt auch Einfluß auf die Personalkostenplanung und die Gehaltsbudgetierung.

– *Personalführung und Kommunikation*
Personalführung in einem kooperativen Verhältnis verlangt, daß der Mitarbeiter weiß, wie sein Vorgesetzter über ihn denkt, wie er eingeschätzt wird und welche Erwartungen er berechtigterweise in bezug auf die Entwicklung seines Arbeitsverhältnisses hegen darf. Aus der Mitarbeiterbeurteilung lassen sich substantiierte Hinweise für Personalführungsmaßnahmen gewinnen und auch die Informationen ableiten, die bevorzugterweise durch das Beurteilungsgespräch an den Mitarbeiter weiterzugeben sind. Die Kommunikation mit dem Mitarbeiter auf der Grundlage der Beurteilung, die Leistungsanerkennung wie auch die partnerschaftlich konstruktive Kritik verbessern das Verhältnis zwischen Vorgesetzten und Mitarbeitern und heben das Betriebsklima. Über die Beurteilungskriterien, die Beurteilungsmaßstäbe und die Beurteilungsgespräche lassen sich personalpolitische Zielsetzungen realisieren und variieren.

– *Personalabbau*
Müssen Maßnahmen zum Abbau von Mitarbeitern getroffen werden, so sollten die dafür erforderlichen Entscheidungen nicht gefällt werden, ohne die Mitarbeiterbeurteilungen zu Rate zu ziehen. Die Mitarbeiterbeurteilungen tragen in dieser Situation dazu bei, dem Betrieb oder Unternehmen die wertvollsten Mitarbeiter zu erhalten. In der personalwirtschaftlichen Praxis treten die aufgezeigten Beurteilungsanlässe und -ziele meist nicht isoliert auf. Beurteilungen dienen oft mehreren oder allen Zielen gleichzeitig. Sie liefern die Daten für viele Entscheidungen und Maßnahmen; deshalb bedürfen sie einer ständigen Aktualisierung.

2.6.8 Mitarbeiterbeurteilung und Interdependenzen

Die Mitarbeiterbeurteilung nimmt im Instrumentarium der Personalwirtschaft eine Sonderstellung ein. Sie kann wie kein anderes Instrument eine zentrale Position sein und wirkt auf die Gestaltung der Mehrheit personalwirtschaftlicher Funktionen ein. Die Mitarbeiterbeurteilung löst personalwirtschaftliche Maßnahmen aus, wirkt als Katalysator personalwirtschaftlichen Geschehens und prägt die Ausgestaltung von Aktionen im Personalbereich.

2.6.9 Methode der Mitarbeiterbeurteilung

Die Aussagekraft und Zuverlässigkeit der Mitarbeiterbeurteilung hängt im wesentlichen davon ab,

– wie gut der Beurteiler beobachten kann,
– wie wirklichkeitsgetreu Beobachtungen interpretiert und bewertet werden können.

Beobachten ist das bewußte Registrieren, Sammeln und Speichern von Informationen. Informationsquellen für die Mitarbeiterbeurteilung sind sowohl der zu beurteilende Mitarbeiter als auch die von ihm verursachten Wirkungen. Das Beobachten richtet sich deshalb auf den Mitarbeiter selbst und auch auf die Resultate der von ihm ausgeführten oder unterlassenen Handlungen.

Die zu beurteilende Eigenschaft bestimmt den Beobachtungsbereich. Der Beobachtungsbereich kann zu unmittelbaren oder mittelbaren Aussagen über die zu beurteilenden und zu bewertenden Eigenschaften führen. Das Erscheinungsbild eines Mitarbeiters läßt sich aus der Beobachtung unmittelbar beurteilen, das Kommunikationsverhalten aus der Kontakthäufigkeit direkt ablesen; die Intelligenz läßt sich nur anhand von Problemlösungen, die Arbeitsgüte nur an der Verwertbarkeit der Arbeitsergebnisse, der Fehlermenge in einer bestimmten Zeit, erkennen. Wesentlich für die Zuverlässigkeit der Beurteilung ist, daß zwischen dem Beobachtungsgegenstand und der zu beurteilenden Eigenschaft eine enge Korrelation besteht. Für die Praxis der Beurteilung empfiehlt es sich deshalb, immer wieder diesen Zusammenhang zu überprüfen und von seiten der Personalabteilung Hinweise zu geben, welche Beobachtungen anzustellen sind, um gesicherte Aussagen über ein bestimmtes Beurteilungskriterium machen zu können. Die Beobachtung des Mitarbeiters sollte nicht auf einen Zeitpunkt reduziert werden, sondern sich über eine Zeitspanne erstrecken. Nur so kann die eventuelle Zufälligkeit einer Beobachtung und ihre

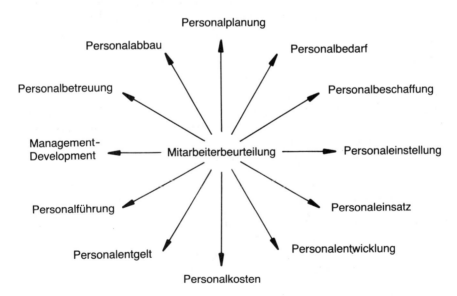

Abb. 2.6 – 1: Dimensionen der Mitarbeiterbeurteilung

untypische Aussage vermieden werden. Die Beobachtung über einen Zeitraum hinweg läßt es auch geboten erscheinen, die Beobachtungsergebnisse schriftlich festzuhalten, d.h. ein Verlaufsprotokoll anzulegen. Das Verlaufsprotokoll soll eine reine Datensammlung sein und auf Wertungen und Deutungen ganz verzichten. Es kann nicht nur für die Erstellung der Beurteilung, sondern auch für die Führung des Beurteilungsgespräches wertvolle Dienste leisten.

Ziel der Beobachtung muß es sein, das übliche, unbeeinflußte Verhalten des Mitarbeiters zu registrieren. Da die Kenntnis von dem Umstand „jetzt werde ich beobachtet" sofort das Verhalten verändert, muß der Mitarbeiter entweder damit vertraut gemacht werden, daß die Beobachtung seines Verhaltens keinen Ausnahmetatbestand darstellt, oder die Beobachtung darf nicht zu seiner Kenntnis kommen. Es wäre mit Sicherheit aber falsch und würde allen Prinzipien partnerschaftlichen, personalwirtschaftlichen Verhaltens widerspechen, wollte der Beurteiler aus der Tatsache der Beobachtung seiner Mitarbeiter zum Zwecke der Beurteilung eine Geheimaktion machen.

Die Beobachtungen des Mitarbeiters spielen sich in der Regel am Arbeitsplatz und in der Arbeitsumwelt ab. Nur in ganz wenigen Ausnahmefällen kann es gerechtfertigt und zulässig sein, das Verhalten des Mitarbeiters auch in anderen Lebensbereichen zu registrieren. Die Mitarbeiterbeurteilung hat ihren Zweck und ihre Rechtfertigung in ihrem unmittelbaren Bezug zum Arbeitsverhältnis; deshalb entspricht es der Billigkeit, sie auch darauf zu konzentrieren. Die beurteilungsrelevanten Beobachtungen sollten − wenn sie nicht zu Aussagen über das Verhalten in Ausnahmesituationen, z.B. das Verhalten in Streßsituationen, führen sollen − während der normalen Arbeitszeit und unter normalen, üblichen Arbeitsbedingungen erfolgen. Auch unter dem Gesichtspunkt des „Wann" der Beobachtung dient es der Festigung der Beurteilungsbasis, wenn Beobachtungsergebnisse aus verschiedenen Zeitpunkten zusammengetragen werden, da Verhalten und Leistung durch tages-, wochen- und monatsrhythmische Veränderungen bei allen Mitarbeitern nicht unwesentlich beeinflußt werden. Für die Objektivität der Beobachtungsergebnisse ist es zweckmäßig, wenn die Zeitpunkte, zu denen sie gewonnen werden, vorher festgelegt werden. Die Verzerrungen durch zufällig in das Bewußtsein tretende Ereignisse können so minimiert werden. Verbunden mit der Festlegung der Beobachtungszeitpunkte ergibt sich auch die planende Bestimmung der Beobachtungshäufigkeiten. Es sollte nicht dem Zufall oder den verschiedenen Auffassungen der Beurteiler überlassen bleiben, auf wieviele Beobachtungen sich die Bewertung eines Beurteilungskriteriums stützt. Eine zu starke Reglementierung des Beurteilungsverfahrens könnte negative Reaktionen bei den Beurteilern auslösen; deshalb sollten, wenn Anweisungen als nicht angemessen erscheinen mögen, doch Empfehlungen ausgesprochen werden, auf wieviele Beobachtungen die Urteile über die einzelnen Mitarbeiter mindestens aufzubauen sind.

Für die Beobachtung zum Zwecke der Mitarbeiterbeurteilung lassen sich folgende ergebnisverbessernde Hinweise geben:

− Beobachtungsgegenstand genau bestimmen
− bewußt beobachten
− Wertungen in der Beobachtungsphase vermeiden
− über einen Zeitraum beobachten
− Beobachtungszeiten festlegen
− Ergebnisse festhalten.

Die Mitarbeiterbeurteilung bedeutet nicht die Feststellung des Wertes oder des Unwertes eines Menschen. Sie hat lediglich – und das ist keine Abwertung – den Eignungsgrad und die Leistungsfähigkeit eines Mitarbeiters auf einem bestimmten Arbeitsplatz unter bestimmten Arbeitsbedingungen in einem bestimmten Arbeitsumfeld festzustellen. Diese Aufgabenstellung muß im Bewußtsein des Beurteilers fest verankert sein oder werden. Die mit der Beurteilung der beruflich-wirtschaftlichen Eignung am Arbeitsplatz und der Qualifikation für zukünftige Einsätze übernommene Verantwortung wiegt ohnehin so schwer, daß sie nicht durch eine moralische Intention belastet werden darf. Das Beurteilen verlangt, daß sich der Beurteiler bedacht mit den erhobenen Daten beschäftigt, sie wägt und sie überlegt den Beurteilungskriterien zuordnet, für die sie symptomatisch sind. Der eigentliche Beurteilungsvorgang geht da vonstatten, wo die zugeordneten Daten mit einer Norm, einem Beurteilungsmaßstab verglichen und entsprechend bewertet werden.

Die mit der Mitarbeiterbeurteilung verbundene Aufgabenstellung der Bewertung läßt sich als Soll-Ist-Vergleich verstehen. Sie verlangt nicht so sehr ein Ausleuchten und Ausdeuten der Wesensgründe, die zu einem bestimmten Verhalten geführt haben, sondern die getreue Gegenüberstellung von dem erhobenen Ist mit dem angenommenen Soll und die exakte Formulierung der so gefundenen Verhaltens- oder Leistungsbezeichnungen.

Für eine gerechte Beurteilung ist die genaue Kenntnis des Beurteilungsmaßstabes und seine strikte Anwendung unerläßlich. Deshalb sind die Mitarbeiter, die mit Beurteilungsaufgaben betraut sind, eingehend über die betrieblichen Normen und Maßstäbe zu informieren und wiederholt durch praktische Übungen in deren Anwendung zu schulen. Die Notwendigkeit der intensiven Schulung der Beurteilenden ergibt sich aus der Tatsache, daß ihre weit überwiegende Mehrheit nie außerhalb des Betriebes Gelegenheit hatte, sich mit Fragen der systematischen Menschenbeurteilung auseinanderzusetzen. Auch außerhalb der Schulung empfiehlt es sich, die Einhaltung der Beurteilungsnormen zu kontrollieren. Unternehmen, die ihre Mitarbeiterbeurteilungen nicht nur vom unmittelbaren Vorgesetzten erstellen, sondern auch vom nächsthöheren Vorgesetzten gegenzeichnen lassen, haben diese Kontrolle institutionalisiert.

Die Bewertung der Beobachtungen verändert sich mit dem Zweck der Beurteilung. Deshalb sollte auch dieser dem Beurteilenden bekannt sein und von ihm nicht aus dem Auge verloren werden.

Bei der Behandlung der Beurteilungsanlässe wurde bereits über die mit der Beurteilung verfolgten Ziele gesprochen, so daß hier eine Zusammenfassung genügt. Die Beurteilung kann folgenden Zwecken dienen:

– *Personalwirtschaftlichen Aufgaben*
  (Optimierung des Arbeitseinsatzes, Personalbeschaffung, Entgeltbestimmung etc.)
– *Andragogischen Aufgaben*
  (Personalentwicklung, Fortbildungsmaßnahmen, Management-Development etc.)
– *Unternehmensstrategischen Aufgaben*
  (Personalplanung, Kostenplanung, Investitionsplanung etc.).

Das Beurteilen von Mitarbeitern führt dann zu für die verschiedenen Zwecke brauchbaren Ergebnissen, wenn die Beurteiler

- sich eines einheitlichen Beurteilungsformulars bedienen,
- die Leistungsnormen und Beurteilungsmaßstäbe kennen und akzeptieren,
- den Soll-Ist-Vergleich bedacht durchführen,
- die Beschreibung der ermittelten Meßergebnisse exakt und einheitlich ausführen.

Der Soll-Ist-Vergleich erbringt um so aussagekräftigere Resultate, je genauer, differenzierter und trennschärfer die Beurteilungskriterien beschrieben sind. Pünktlichkeit läßt sich zum Beispiel treffender beurteilen als Zuverlässigkeit, Termineinhaltung besser als (zeitliche) Arbeitsplanung. Vielfach wird vom Beurteiler verlangt, die Summe seiner Urteile für die einzelnen Beurteilungskriterien auf ein durch einen Buchstaben oder eine Ziffer ausgedrücktes Gesamturteil zu verdichten. Diese Note stellt nicht das arithmetische Mittel der gesamten Einzelurteile dar, sondern ergibt sich, wenn man die Einzelurteile entsprechend ihrer betriebsrelevanten Bedeutung gewichtet und dann zusammenfaßt. Eine Verbesserung der Aussagekraft des Gesamturteils läßt sich erreichen, wenn von der Personalabteilung die Gewichtung nicht dem einzelnen Beurteiler überlassen wird, sondern die Gewichtungsfaktoren einheitlich und verbindlich von ihr vorgegeben werden. Will der Beurteiler von der numerischen Ermittlung des Gesamturteils abweichen, dann sollte ihm dazu die Möglichkeit mit der schriftlichen Begründung seiner Auffassung gegeben werden.

Die Gesamturteile dienen in manchen Unternehmen zur Kennzeichnung der Leistungsfähigkeit und der Karriereerwartung der Mitarbeiter. Man spricht dann von einem ,,A''- oder ,,C''-Mitarbeiter, einer 2er- oder 4er-Qualifikation. Nur bei einer statistisch ausreichend großen Zahl von Mitarbeitern werden sich die Gesamturteile gemäß der Gaußschen Normalkurve verteilen. Die in der Praxis anzutreffende Vorstellung, die Gesamturteile innerhalb einer Organisationseinheit, einer Gruppe oder einer Abteilung müßten der Gaußschen Glockenform entsprechen oder gar mit ihr identisch sein, ist irrig. Wird diese Annahme als Beurteilungsrichtlinie vorgegeben − und das kommt vor allem bei Unternehmen vor, bei denen zwischen Gesamtbeurteilung und Entgelthöhe ein unmittelbarer Zusammenhang besteht −, so führt diese Vorgabe zu einer Verzeichnung der einzelnen Beurteilungen. Die damit geschaffene Entfernung von den wirklichen Gegebenheiten kann den Wert eines Beurteilungssystems in Frage stellen. Die Normalverteilung stellt sich nur bei statistisch angemessen großen Zahlen ein.

2.6.10 Beurteilungsfehler

Ziel jeder Beurteilung − gleichgültig, ob über Sachen, Situationen, Vorgänge oder Personen eine Wertung vorgenommen wird − muß es sein, die aufgenommenen Informationen so zu deuten, daß zwischen der Information, ihrer Entschlüsselung, dem Verstehen ihres Informationsinhaltes und der Ausdeutung des Informationsgehaltes möglichst kein Unterschied besteht. Dieses Ziel zu erreichen ist nicht einfach. Störfaktoren beeinträchtigen den fehlerfreien Ablauf von Informationsvorgängen und somit auch von Beurteilungen. Die Störfaktoren können wirksam werden

- beim Informanten,
- bei der Fassung der Information,
- bei der Verschlüsselung der Information,

- der Übermittlung der Information,
- der Entschlüsselung der Information,
- der Person des Informanten,
- der Bewertung und Auslegung der Information.

Je komplexer und von subjektiven Wertvorstellungen bestimmt die Informationen sind, desto größer wird die Gefahr des Abweichens von Informationswahrheit und Informationsbewertung. Es tritt dann das Phänomen vermehrt auf, daß durch falsche Informationsinterpretation auch neue Wirklichkeiten geschaffen werden, denen handlungs- und schicksalsbestimmende Bedeutung zuwachsen kann. Um den Sinn für Verantwortung im Umgang mit Mitarbeiterbeurteilungen zu schärfen und das Auftreten von Beurteilungsfehlern zu mindern, wird auf Beurteilungsfehler eingegangen, die vor allem den in Beurteilungen Ungeübten immer wieder bedrohen. Der perfekte Mitarbeiter dient häufig als Maßstab für die Beurteilung. Fehlerfreies Verhalten, optimale Leistung, absolute Loyalität, unbegrenzte Leistungsfähigkeit und Leistungswilligkeit werden zum zentralen Maßstab. Ein homo perfectus, ein idealer Mitarbeiter wird konstruiert, ein in der Wirklichkeit nicht anzutreffender Typ geschaffen. Für den Beurteiler folgert daraus, daß sein Beurteilen darauf eingeschränkt wird, nach Fehlern, Schwächen und Unzulänglichkeiten Ausschau zu halten und jede Abweichung vom hypothetischen Idealverhalten dem zu Beurteilenden anzulasten. Dieses Verfahren führt dazu, daß eigentlich nicht die Eigenschaften und positiven Fähigkeiten beurteilt und bewertet werden, sondern die Schwächen, Unzulänglichkeiten und begangenen Fehler. Eine solche Einstellung zur Beurteilung und damit gezwungenermaßen auch zu den beurteilten Mitarbeitern muß hemmende Wirkung auf das Betriebsklima haben und Frustration innerhalb der Mitarbeiterschaft auslösen. Der Vorgesetzte verliert seine Partnerrolle und degeneriert zum Aufseher. Wird anstelle des „perfekten" Mitarbeiters der in der Betriebswirklichkeit anzutreffende „normale" Mitarbeiter als Orientierungsgröße genommen, ergeben sich nicht nur mehr das Betriebsklima fördernde Anlässe zu anerkennendem Lob, sondern den Beurteilungen und den Beurteilern wird auch das Flair genommen, sie seien überwiegend oder ausschließlich dazu bestimmt, Kritik und Tadel zum Ausdruck zu bringen.

Was „wirklich und wahr" ist, ist keine Frage der subjektiven Auslegung, sondern statistisch-rechnerischer Regeln, die an den Ergebnissen jedes einzelnen Unternehmens überprüft und geeicht werden sollten. Wird eine Skala mit fünf Unterteilungen – sehr gut – gut – befriedigend – ausreichend – unzureichend – verwendet, dann kann als Faustregel dienen, daß 5 % der Urteile bei sehr gut, 20 % bei gut, 50 % bei befriedigend, 20 % bei ausreichend und 5 % bei unzureichend anzusiedeln sind. Unternehmensindividuell als normal kann dann das Leistungsverhalten der Mitarbeiter angesehen werden, das von 50 % der Mitarbeiter eines Unternehmens oder – falls diese Mitarbeiterzahl absolut zu klein ist für eine relevante Aussage – von 50 % der Mitarbeiter von 10 branchentypischen Unternehmen gezeigt wird. Der „Maßstab" für das, was als normal gelten soll, ist allen Beurteilenden und zu beurteilenden Mitarbeitern durch wiederholte Schulung und permanente Informationsbemühungen zu verdeutlichen.

Mit der Wahl des perfekten Mitarbeiters zum Bezugspunkt für die Bewertung ist in der betrieblichen Praxis in aller Regel auch die Tendenz verbunden, die Normalverteilung nach links – also in Richtung sehr gut/gut – zu verschieben. Das liegt nicht daran, daß sich ein überproportionaler Anteil der Mitarbeiter in dieser Qualifikationszone befindet, sondern daran, daß es den Beurteilenden außerordentlich schwer fällt, eine befriedigende Leistung als die übliche, die Mehrheit der Mitarbeiter treffend charakterisierende Qualifikation im Beurteilungsgespräch dem Mitarbeiter akzeptabel zu machen, wenn vorher eine Fiktion als realistische Basis ausgegeben wurde.

Die Subjektivität des Beurteilers drückt sich in manchen Beurteilungen sehr stark aus. Gemeint sind nicht die Beurteilungen, in die der Beurteiler bewußt oder auch unbewußt persönliche Gründe, seine Sympathie oder Antipathie, seine egoistischen Absichten, in die Beurteilung einarbeitet, sondern das Phänomen, daß sich individuelle Wertvorstellungen, Werthierarchien und Wertausprägungen in den Beurteilungen niederschlagen. Die jedem Menschen eigene Einstellung zur Welt, die daraus bedingte subjektive Rangordnung der Werte und Anforderungen an sich selbst und auch an seine Mitmenschen drückt sich in der Art und Weise seines Urteils aus, das er über seine Umwelt und die Menschen in seiner Umwelt fällt.

Mit aller gebotenen Vorsicht sei es erlaubt, von Beurteiler-Typen zu sprechen und deren häufigste Erscheinungsformen vorzustellen.

- *Der Menschenfreund*
  Seine Beurteilung will auf keinen Fall verletzen. Er tendiert zur Verniedlichung und Verharmlosung auch offensichtlicher Schwächen. Seine Anforderungen sind niedrig, so daß die Bewertung deutlich in positiver Richtung eingefärbt wird. Mangelnde Leistung wird den Umständen angelastet und selten mit den Eigenheiten des Beurteilten begründet. Die Bereitschaft zu Kritik, auch zu konstruktiver, soweit sie personenbezogen sein müßte, ist nur mäßig entwickelt.
- *Der Menschenfeind*
  hält den Mitarbeiter grundsätzlich für leistungsunwillig, für träge und faul. Das Mitarbeiterverhalten wird bestimmt durch Desinteresse, soweit nicht unmittelbarer materieller Egoismus es leitet, und fachliche Inkompetenz. Zwischen dem Beurteiler und dem Beurteilten tun sich prinzipielle Unterschiede auf, so daß eine Annäherung des Leistungsverhaltens des Beurteilten an die Leistungserwartungen des Beurteilers fast ausgeschlossen erscheint. Die Bereitschaft zu Kritik ist ausgeprägt; sie wird oft scharf, zuweilen ätzend formuliert. Der Menschenfeind verzeichnet die Wirklichkeit so, daß ein ,,sehr gut'' in seinem Urteil über andere praktisch nicht existiert und ein ,,gut'' in der Bewertung eines einzelnen Kriteriums selten, in der zusammenfassenden Gesamtbeurteilung sehr selten ist.
- *Der Kompromißbereite*
  vermeidet eine eindeutige Fixierung seines Urteils. Er sagt nicht ja oder nein, sondern vielleicht oder sowohl als auch. Vorsicht und Unsicherheit bestimmen sein Urteil. Mögliche Ansätze zu Konflikten mit dem Beurteilten, aber auch dem eigenen Vorgesetzten, der Personalabteilung oder dem Betriebsrat werden dadurch ausgeräumt, daß Formulierungen bevorzugt oder gewählt werden, die Umdeutungen und Auslegungen zulassen. Die Tendenz zu allgemeinen, unverbindlichen Aussagen ist deshalb stark ausgeprägt. Die Beurteilungen des Kompromißbereiten zeigen eine überproportionale Häufung der Urteile in der Mitte der Beurteilungsskala.
- *Der Pedant*
  Kleinigkeiten bekommen in seinen Urteilen unangemessene Bedeutung; negative Einzelvorkommen werden zu typischen Verhaltensweisen stilisiert, gute Dauerleistungen durch punktuelle Vorkommnisse relativiert.

– Der Objektive

scheint der erklärte Favorit der die Mitarbeiterbeurteilung befürwortenden Autoren zu sein. Der Praktiker aber weiß, daß in den Beurteilungen derjenigen, die ihrer Absicht und Aussage gemäß nur die Sache, nicht aber den Menschen sehen, ausschließlich die Leistung, nicht jedoch die Art und Weise in Betracht gezogen wird, wie sie zustande gekommen ist. Es ergeben sich Beurteilungen, denen der Charakter einer kühlen, manchmal überheblichen Distanz anhaftet. Es wird versucht, menschliches Verhalten rechnerisch faßbar zu machen und deshalb auf Wärme und Emotionalität, aber auch auf zurücksetzende Äußerungen verzichtet. Gelingt es dem Objektiven, auch den irrationalen Teil des zu Beurteilenden zu erfassen, liefert er in Verbindung mit konstruktiven Elementen für die Bewährung in der Zukunft die den personalwirtschaftlichen Zielsetzungen am besten dienenden Beurteilungen. Seine Beurteilungen können dann als Anstoß für Motivation, Erhöhung der Leistung und bewußte Selbstentwicklung des Beurteilten optimal eingesetzt werden.

Egoismus führt zu Fehlurteilen. Wo die Ursachen für den Egoismus liegen, in der Absicht der Selbst- oder Fremdbegünstigung, in der Schädigungsabsicht anderer, als Folge von Rachegefühlen oder Vergeltungssucht, in dem Streben, sich selbst zu schützen und den Wettbewerbsdruck zu mindern, indem unbequeme oder zu gute Mitarbeiter weggelobt werden, kann ganz verschieden sein. Er führt zu Fehlurteilen, die die Erreichung der unternehmerischen Zielsetzungen gefährden und die positiven Wirkungen eines Beurteilungssystems in Frage stellen. Die konsequente Auswertung und Kontrolle der Beurteilungen durch die Personalabteilungen und die systematische Einschaltung des Vorgesetzten des Beurteilers in den Beurteilungsvorgang sind die bewährtesten Maßnahmen, diesem Beurteilungsfehler zu begegnen.

Vorurteile entstehen ganz allgemein aus der ungeprüften und unbedachten Übernahme von Meinungen anderer über Sachen oder Personen. Sie sind der Ausdruck geistiger Trägheit. Der Beurteiler begnügt sich dann damit, die Meinungen anderer über eine bestimmte Person oder ganze Personengruppen unreflektiert zu übernehmen. So werden früher gehörte oder gelesene Urteile kopiert oder die Meinungen, oft die von Mehrheiten über Minderheiten, von ganzen Personengruppen, die nach Nationalitäten, Landsmannschaften, Berufsgruppen, politischen oder gewerkschaftlichen Sympathisanten, Betriebsabteilungen geordnet sein können, in die Beurteilungen übernommen. Die durch Vorurteile bewirkten Verallgemeinerungen kennzeichnen mehr den Beurteiler als den Beurteilten. Der klischeehaften Verödung der Beurteilungen durch Vorurteile entgegenzuwirken, bedarf es einer aufmerksamen Kontrolle durch die Personalabteilung und einer ständigen Aufklärungsarbeit durch die Informations- und Schulungsmaßnahmen des Unternehmens und des Betriebsrates. Vorurteile zu bekämpfen ist dann besonders schwer, wenn auch die Unternehmensleitung ihnen anhängt, auf sie vielleicht sogar ein Teil der Unternehmensphilosophie gestützt ist.

Halo-Effekt, dieser aus der astronomischen Optik stammende Begriff taucht in der Psychologie seit 1920 regelmäßig auf. Gemeint ist damit die Tendenz, bestimmte, nachhaltig erlebte, von dem Beurteiler stark positiv oder negativ empfundene Verhaltensweisen des zu Beurteilenden zum Orientierungspunkt für die gesamte Beurteilung zu machen. Eine Eigenschaft oder Fähigkeit kann damit alle anderen Beurteilungskriterien überstrahlen und die Aussage der gesamten Beurteilung unzutreffend in eine bestimmte Richtung verschieben. Spezielle Merkmale oder Einzelereignisse des Leistungsverhaltens werden so leicht zum Richtmaß für Eigenschaften, vor allem Ausprägungen des Charakters, obwohl sie miteinander in keinerlei ursächlichem und psychologischem Zusammenhang stehen. Leistungsbezogene Beurteilungskriterien können stark die Aussagen über das Verhalten, den Charakter des Beurteilten verfärben, weil die Beurteiler nur allzu leicht der Versuchung anheimfallen, gute oder schlechte Leistungen, auch Einzelleistungen, als Indikatoren für in gleiche Richtung zielende Verhaltensweisen und Charaktereigenschaften zu verwenden.

Der Wirkungsmechanismus der Überstrahlung, wie sie der Halo-Effekt beschreibt, kann dazu führen, daß dem Beurteilten Charaktereigenschaften attestiert werden, die er gar nicht besitzt. Wegen der Häufigkeit, mit der sie zu Überstrahlungen führen, seien drei Phänomene besonders genannt: Die Intelligenz, der erste Eindruck und das Erweisen eines persönlichen Gefallens für den Beurteiler.

Die *Intelligenz*, überdurchschnittlich hoch oder niedrig, bestimmt oft auch die Einschätzung von Eigenschaften und Fähigkeiten, die mit ihr in keinem ersichtlichen Zusammenhang stehen.

Der *erste Eindruck* ist von so vielen Einflüssen bestimmt, die nicht in der Person oder Persönlichkeit begründet sind, daß sein prognostischer Wert kaum zu gering eingeschätzt werden kann, obwohl er für die Urteilsbildung vieler Beurteiler eine bedeutende Rolle spielt.

Dem Beurteiler *erwiesene persönliche Gefälligkeiten* oder Zurücksetzungen können trotz ihrer Einmaligkeit und fehlendem Zusammenhang mit dem eigentlichen betrieblichen Leistungsverhalten dazu führen, daß sie der gesamten Beurteilung ihren Stempel aufdrücken.

Einzelbeobachtungen werden oft vorschnell und unzulässig verallgemeinert. Jeder Autofahrer weiß, daß jemand, der eine Beule in seinen Wagen fährt, kein schlechter Autofahrer zu sein braucht. Trotzdem neigen wir immer wieder dazu, eine solche Beobachtung zur Grundlage unseres Urteils über die Fahrqualitäten eines anderen zu machen oder sogar Urteile über Charaktereigenschaften darauf zu stützen. Einzelbeobachtungen dürfen nicht Grundlage eines Urteils in der Mitarbeiterbeurteilung sein; denn sie spiegeln nicht das durchgehende Verhalten einer Person.

Mehrfach- oder Vielfachbeobachtungen müssen deshalb in all den Fällen gefordert werden, bei denen nicht schon ein einziges Fehlverhalten einen so wichtigen Grund darstellt, daß eine weitere Zusammenarbeit als unzumutbar erscheint.

Sympathie und Antipathie lassen sich bei allem Bemühen um Objektivität dort, wo Menschen zusammenleben und zusammenarbeiten, nie ganz ausschließen. Auch bewußtes Bemühen um Distanz und Neutralität führt nicht zu einem ,,lupenreinen'' Ergebnis. Vom Beurteiler muß jedoch gefordert werden, daß er sich stets der verfälschenden und entwertenden Wirkung bewußt ist, wenn er Sympathie oder Antipathie ungefiltert in die Beurteilung einfließen läßt. Eine kritische Selbstbeobachtung ist deshalb vom Beurteiler zu verlangen, um die entstellenden Wirkungen von Sympathie und Antipathie zu minimieren. Stimmungseinflüsse können den Beurteilungsvorgang und damit die Urteile über einen Mitarbeiter stark beeinflussen. Verärgerung, Enttäuschungen, Depressionen des Beurteilers schlagen ebenso in die Beurteilungen durch wie Erfolgserlebnisse, große Freude, euphorische Stimmungslagen. Um diese situativen Einflüsse auszuschalten, sollten Beurteilungen nur im Zustand seelischer Ausgeglichenheit und frei von Zeitdruck geschrieben werden. Ihre Überprüfung und eventuelle Überarbeitung nach einigen Tagen des Abstands kann ihre Realitätsbezogenheit erhöhen.

2.6.11 Das Beurteilungsgespräch

Eine Beurteilung, die dem Beurteilten nicht bekanntgemacht wird, büßt einen großen Teil ihres Wertes ein. Vorwiegend durch das Beurteilungsgespräch werden die aus den Erkenntnissen der Beurteilung gewonnenen Einsichten betriebsrelevant, soziologisch und psychologisch zum Zwecke der Menschenführung innerhalb einer motivierenden und steuernden Personalwirtschaft aktiviert. Zu jeder Beurteilung gehört somit auch das Beurteilungsgespräch. Dem Beurteilungsgespräch kommt die Aufgabe zu,

1) den Mitarbeiter über seinen Leistungsstand aus der Sicht des Vorgesetzten und der Unternehmensleitung zu informieren,
2) dem Mitarbeiter Möglichkeiten aufzuzeigen, die in seiner Person liegenden Anlagen und Stärken auszubauen,
3) dem Mitarbeiter zu helfen, die Schwachstellen zu erkennen, die ihn in seiner beruflichen Entwicklung behindern, und Wege zu ihrer Beseitigung zu finden,
4) den Mitarbeiter zu motivieren,
5) organisatorische Veränderungen in ihrer personalwirtschaftlichen Auswirkung zu erläutern,
6) den Zusammenhang der Beurteilungsergebnisse und der Lohn- und Gehaltspolitik fundiert darzustellen,
7) dem Beurteiler, dem Vorgesetzten über die Ursachen, Motive und Möglichkeiten des Mitarbeiters neue und ergänzende Einsichten zu verschaffen,
8) Mißverständnisse zwischen dem Beurteiler und dem Beurteilten zu klären,
9) Konfliktmöglichkeiten vorbeugend zu beseitigen,
10) die Angemessenheit der Beurteilung zu überprüfen und gegebenenfalls Widerspruch einzulegen.

Das Beurteilungsgespräch darf weder von seiten des Beurteilers zu einer Verurteilung entarten, noch darf es von seiten des Beurteilten zur Urteilsschelte mißbraucht werden.

Die Bedeutung des Beurteilungsgespräches verlangt es, daß es gründlich vorbereitet und mit Bedacht in störungsfreier Umgebung ohne Zeitdruck in menschlich-konstruktiver Atmosphäre geführt wird. Ein zielorientiert geführtes Beurteilungsgespräch läuft immer in mehreren, deutlich voneinander zu unterscheidenden Phasen ab. Folgende Phasen des Beurteilungsgespräches lassen sich unterscheiden:

1) Gesprächseröffnung
Durch die Gesprächseröffnung soll die konstruktiv-kritische, wohlwollend-sachliche Grundstimmung geschaffen werden. Sie soll Verkrampfungen lösen und Ressentiments

abbauen. Ton, Mimik und Gestik sollen dem Anlaß und dem Grundtenor der zu vermittelnden Botschaft angemessen sein; Übertreibungen sind zu vermeiden.

Nach der freundlichen Begrüßung ist der Anlaß des Gesprächs zur Einstimmung zu wiederholen, der bei der Information über den Gesprächstermin dem Mitarbeiter bereits vor mehreren Tagen bekanntgegeben worden ist.

2) Überleitung

Von der Begrüßung zur Durchsprache der Beurteilungsergebnisse läßt es sich am leichtesten überleiten, wenn es gelingt, einige Worte über persönliche Angelegenheiten, gemeinsame Erfahrungen oder heraushebenswerte, angenehme Ereignisse der letzten Zeit zu wechseln. Vollmundiges Lob wäre in dieser Phase auch dann verfehlt, wenn die Beurteilung überwiegend positive Resultate gezeigt hätte; dadurch würden die nachfolgenden Bemerkungen abgewertet werden. Ganz bestimmt aber würde der Gesprächsverlauf gestört werden, wenn dem Lob in der Überleitungsphase dann gravierende Vorhaltungen über die Leistungen und Verhaltensweisen des Beurteilten folgen müßten. Provokatorische Bemerkungen und aggressive Töne sollten vermieden werden.

3) Besprechung positiv beurteilter Kriterien

Die gut und überdurchschnittlich beurteilten Kriterien sind zuerst zu besprechen. Auf die positiven Entwicklungen seit der letzten Beurteilung ist unbedingt einzugehen. Es wird als zweckmäßig erachtet, mit Punkten zu beginnen, zu denen ein Lob erteilt werden kann, ohne daß sie schon die stärksten Eigenschaften des Beurteilten darstellen. Das Gespräch ist hier darauf angelegt, Einsicht und Zustimmung zu der Beurteilung und zum Beurteiler zu erzielen. Eine Diskussion über die Angemessenheit von Noten- oder Bewertungsbruchteilen erweist sich selten als zweckmäßig und sachdienlich; vielmehr besteht die Gefahr, daß sie zu einer rechthaberischen Auseinandersetzung führt. Am Ende dieser Phase sollten die Kriterien behandelt werden, bei denen die lobende Würdigung überwiegt, aber Verbesserungen im beiderseitigen Interesse wünschenswert erscheinen. Dem Gesprächsführer muß es dabei Anliegen sein, das Verständnis und die Einsicht des Beurteilten zu erreichen, daß eine Stärkung und Verbesserung in diesen Kriterien nicht nur im Interesse des Unternehmens liegt, sondern vor allem auch ihm selbst zum Vorteil gereicht. Maßnahmen und Wege, wie dieses Ziel erreicht werden kann, sind mit der Bereitschaft der gegenseitigen Unterstützung zu besprechen.

4) Besprechung negativ beurteilter Kriterien

Ziel der Besprechung negativ beurteilter Kriterien ist es, dem Beurteilten seine Schwachstellen bewußt zu machen, ihm die Auswirkungen dieser Mängel auf seine persönliche Entwicklung zu verdeutlichen, in ihm den ernsthaften Willen zu entfachen, um ihre Beseitigung bemüht zu sein, und gemeinsam Maßnahmen und Wege zu beschließen, die zu ihrer Abstellung führen können. Fehler dürfen nicht als unausmerzbar dargestellt, Mängel nicht als unheilbar erklärt werden. Bei aller Kritik muß der Wille erkennbar bleiben, daß Unternehmer und Beurteiler bemüht sind, dem Mitarbeiter Unterstützung zu gewären, daß sie ihm eine Chance geben wollen, wenn er selbst seinen angemessenen und vertretbaren Beitrag leistet. Die Kritik sollte belegbar sein, sich auf Fakten, nicht Meinungen stützen. Der Beurteilte muß einsehen, daß die Kritik berechtigt und in Intensität und Dosierung angebracht ist. Übertreibungen sind deshalb zu vermeiden; Präzision der Aussagen ist gefordert; Sachlichkeit wird verlangt, personenbezogene Wertung und Verurteilung abgelehnt. Sind die aus der Sicht des Unternehmers oder des Vorgesetzten zu beanstandenden Leistungen und Verhaltensweisen offengelegt, so darf nicht versäumt oder vernachlässigt werden, mit dem Beurteilten zusammen nach Mitteln und Wegen zu suchen, die festgestellten und vom Beurteilten auch eingesehenen Mängel abzustellen. Schulungsmaßnahmen interner und externer Art, Beratungstermine bei Fachleuten, Überprüfungen der Verhaltensänderungen sollten abgesprochen und festgelegt werden.

Ist eine Übereinstimmung zwischen dem Beurteiler und dem Beurteilten nicht zu erreichen, so sollte dem Beurteilten Zeit für eine Stellungnahme eingeräumt, der Widerspruch schriftlich formuliert und in die Personalakten aufgenommen werden. Manche Beurteilungsformulare sehen eine eigene Rubrik für Widersprüche durch den Beurteilten vor.

Der Beurteilte hat die Tatsache des mit ihm auf der Grundlage der Beurteilung geführten Beurteilungsgespräches auf dem Beurteilungsformular schriftlich zu bestätigen. Das geschieht zu seiner Absicherung. Durch die Forderung der Unterschrift des Beurteilten auf dem Beurteilungsformular wird der Vorgesetzte gezwungen, das Beurteilungsgespräch tatsächlich zu führen.

Gesprächsschluß

Der Abschluß des Beurteilungsgespräches soll positiv sein. Die Einigkeit über die Erfolgsaussichten der vereinbarten Maßnahmen und Verhaltensweisen sollten den Hauptinhalt dieser Phase bestimmen. Terminabsprachen sind durch Wiederholungen zu sichern, gemachte Zusagen nochmals zu bestätigen. Der Abschluß des Gespräches muß die Zuversicht zum Ausdruck bringen, daß es gelingen wird, die Beanstandungsbedürftigkeit von Kriterien zu beseitigen, die Beurteilung zu revidieren und das Verhältnis zwischen Leistungserwartung und Leistungsverhalten zu verbessern. Der Ausklang des Gespräches kann ein motivierender Appell sein, der den Beurteilten zu einem ausgesprochenen oder unausgesprochenen Versprechen einer Besserung einlädt. Nicht Zwietracht, sondern die feste Absicht gemeinsamen Wollens sollte das Gespräch beenden.

Beurteilungsgespräche werden in der Mehrzahl der Fälle als Einzelgespräche geführt. Diese Praxis betont den intimen und vertraulichen Charakter des Beurteilungsgespräches. Fühlt der Mitarbeiter sich aber überfordert oder der Gefahr ausgesetzt, daß er seine Interessen erschöpfend allein auszuüben nicht in der Lage ist, kann er ein Mitglied des Betriebsrates hinzuziehen.

Vereinzelt werden die Beurteilungsgespräche auch als Gruppengespräche arrangiert. Dabei steht der Gedanke Pate, daß die Leistungen des einzelnen in der extrem arbeitsteilig organisierten modernen Betriebswirtschaft das Resultat des Zusammenwirkens von Mitarbeitern in Arbeitsgruppen sind. Über die Durchsprache der Beurteilungen in den Arbeitsgruppen soll die Abhängigkeit der Leistung des einzelnen von der Gruppe und den einzelnen Gruppenmitgliedern aufgezeigt werden. Beurteilungen in Arbeitsgruppen durchzusprechen, setzt gruppendynamische Prozesse in Bewegung. Ihr sinnvoller Einsatz setzt deshalb voraus, daß die Mitarbeiterschaft die Grundlagen der Gruppendynamik kennt und über genügend Wissen von den Arbeitszielen und Arbeitsvorgängen verfügt, um die Zusammenhänge und Abhängigkeiten zu verstehen. Sind diese Voraussetzungen gegeben, kann die gemeinsame Behandlung der Leistungsbeurteilungen in einer Arbeitsgruppe dazu beitragen,

— die soziale Verbundenheit der Mitarbeiter zu stärken,
— organisatorische Mängel aufzuzeigen,

- Ursachen zwischenmenschlicher Konflikte frühzeitig zu erkennen, ihren Ausbruch zu vermeiden oder Lösungen für bestehende Konflikte zu erarbeiten,
- das Wir-Gefühl zu intensivieren,
- die Entscheidungsprozesse zu optimieren und
- mehr Verständnis für Maßnahmen der Unternehmensleitung zu schaffen.

Diese Vorteile zu erreichen bedingt aber unverzichtbar, daß die Mitarbeiterschaft umfassend und rechtzeitig auf die Methode und die Wirkungen eines Beurteilungsgespräches in Gruppen eingestellt wird.

2.6.12 Rechtsvorschriften zur Beurteilung

Artikel 1 des Grundgesetzes verlangt die Achtung vor der Würde des Menschen. Dazu gehört auch der Respekt vor der Privat- und Intimsphäre des Mitarbeiters. Die Beurteilung darf sich deshalb nur auf das tatsächlich beobachtbare und für die Ausübung einer Tätigkeit und die Erfüllung einer beruflichen Aufgabe relevante Leistungsverhalten beziehen.

Die herrschende Meinung verlangt, daß

- Beurteilungen die speziellen Gegebenheiten eines Arbeitsverhältnisses, der ausgeübten Tätigkeit und des Arbeitsplatzes berücksichtigen,
- für die Beurteilung ein begründbares unternehmerisches Interesse vorhanden ist,
- die Beurteilungsergebnisse nur zu betriebsinternen Zwecken dienen und vertraulich behandelt werden.

Das Bundesdatenschutzgesetz – BDSG – schreibt in § 5 vor, daß Personen, die mit personenbezogenen Daten umgehen, besonders darauf zu verpflichten sind, daß es untersagt ist, geschützte personenbezogene Daten unbefugt zu einem anderen als dem zur rechtmäßigen Aufgabenerfüllung gehörenden Zweck zu verarbeiten, bekanntzugeben, zugänglich zu machen oder sonst zu nutzen.

In § 6 BDSG wird dem Arbeitgeber vorgeschrieben, technische und organisatorische Maßnahmen zu treffen, um den Mißbrauch von personenbezogenen Daten zu verhindern.

Nach § 82 Betriebsverfassungsgesetz – BetrVG – ist mit dem Mitarbeiter die Beurteilung seiner Leistungen zu erörtern und ihm die Berechnung seines Arbeitsentgeltes zu erläutern.

§ 82, Abs. 2, BetrVG sieht vor, daß der Mitarbeiter zur Durchsprache der Beurteilung ein Mitglied des Betriebsrates zuziehen kann.

Das in § 84 BetrVG niedergelegte Beschwerderecht bezieht sich auch auf die Beurteilung; der Beurteilte kann sich also bei der Geschäftsleitung über eine Beurteilung, durch die er sich benachteiligt, ungerecht behandelt oder in sonstiger Weise beeinträchtigt fühlt, beschweren.

Nach § 85 BetrVG kann die Beschwerde über eine Beurteilung über den Betriebsrat geleitet werden, der sie dann, falls sie berechtigt ist, gegen den Arbeitgeber zu vertreten hat. Hat die Leistungsbeurteilung unmittelbare Auswirkung auf die Festsetzung leistungsbezogener Entgelte, steht dem Betriebsrat nach § 87, Ziff. 11, BetrVG ein Mitbestimmungsrecht bei der Bestimmung des Verfahrens zur Leistungsbeurteilung zu.

§ 94, Abs. 2, BetrVG fordert die Zustimmung des Betriebsrates für die in einem Unternehmen angewandten allgemeinen Beurteilungsgrundsätze.

2.6.13 Zusammenfassung

● Das Phänomen ,,Beurteilung'' kennzeichnet das Verhalten aller, zumindest aller höheren Lebewesen. Die Lebensbewältigung erfordert, daß ein Lebewesen oder eine Gruppe von Lebewesen, auch jedwedes soziologische System alle eingehenden Informationen daraufhin beurteilt, ob sie Hinweise enthalten, die von Gefahren für die eigene Existenz künden oder Chancen erkennen lassen, die für eine Förderung des eigenen individuellen oder Gruppendaseins sprechen.

Mit Hilfe von Beurteilungen, gleichgültig, ob sie sich auf Sachen, Situationen oder Personen beziehen, wird die Umwelt daraufhin geprüft, von woher Gefahren drohen, und von wem, wann und wo eine Förderung der eigenen bewußten oder unbewußten Zielsetzungen erfolgt. Im Tierreich laufen die Beurteilungen instinktmäßig ab; beim Menschen sind wir geneigt anzunehmen, es würde sich beim Beurteilen überwiegend um rationale Vorgänge handeln. Das stimmt nicht. Auch der Mensch beurteilt Sachen, Menschen und Situationen in der weit überwiegenden Zahl unbewußt. Die Beurteilungsfunktion des Zwischenhirns geschieht meist ohne vorherige Einschaltung des Großhirns, so daß für die Ratio nur die Ausgestaltung und Rechtfertigung der aufgrund der vom Zwischenhirn durchgeführten Beurteilung getroffenen Maßnahmen bleibt. Durch eine ,,bewußte'' Beurteilung kann die Beurteilung verbessert, das Urteil sicherer gemacht werden. Fehlinterpretationen von Informationen − hier gemeint im weitesten Wortsinne als Gesamtheit der Sinneseindrücke − können durch eine ,,bewußte'' Beurteilung eingeschränkt oder vermieden werden. Die Beurteilung stellt sich als ein lebensbewahrendes, existenz- und arterhaltendes Moment dar, wenn sie Gefahren aufzeigt. Die Beurteilung erweist sich als die Voraussetzung und Triebfeder der Entwicklung des Individuums, der Gruppe und der Art, wenn sie Chancen aufzeigt für eine Optimierung der Lebensbedingungen.

● Die Personalbeurteilung bildet die unabdingbare Voraussetzung für alle personalwirtschaftlichen Planungen, Entscheidungen und Maßnahmen. Die Personalbeurteilung stellt sich als personalwirtschaftliche ,,Ist''-Rechnung dar, ohne die die Mehrheit personalwirtschaftlicher Verhaltensweisen den Charakter utopischen, zufallsbestimmten Tuns annähme.

Die Absicht der fortschreitenden Humanisierung der Arbeitswelt ließe sich nicht verfolgen, würde nicht durch die Personalbeurteilung die Kongruenz von Leistungsanforderung und Leistungsmöglichkeit immer wieder eingesteuert.

Personalbeurteilungen, vor allem die bewußten und formalisierten Personalbeurteilungen, dienen sowohl human-individuellen Zielsetzungen als auch betriebswirtschaftlich-objektiven Aufgaben. Sie zeigen dem Arbeitnehmer seinen „Stand" in der Leistungsgemeinschaft eines Unternehmens, klären ihn auf über Bewertung seiner Leistung durch seinen Vorgesetzten und weisen ihn auf Möglichkeiten hin, den Grad seiner Zufriedenheit mit seiner Leistung im Spiegel des Urteils seines Vorgesetzten zu erhöhen. Für viele Mitarbeiter stellt die Personalbeurteilung eine wichtige Stütze auf dem Weg zur beruflichen Selbstverwirklichung dar. Für den Arbeitgeber läßt sich aus den Personalbeurteilungen ein der Realität angenähertes Bild des personellen Potentials in seinem Unternehmen gewinnen.

Die Fixierung von ökonomisch-handlungsrelevanten Unternehmenszielen – seien sie lang- oder kurzfristigen Charakters – läßt sich ohne Klarheit über den qualitativen und auch quantitativen Stand des Produktionsfaktors Mensch im Unternehmen nicht sinnvoll und erfolgsichernd verwirklichen. Für „tragende" Managemententscheidungen sind auf den neuesten Stand fortgeschriebene Personalbeurteilungen unerläßliche Voraussetzung.

● Personalbeurteilungen sind für das Unternehmen, die Managemententscheidungen und die für den Mitarbeiter sich ergebenden Folgerungen von derart gravierender Tragweite, daß sie nicht dem Zufall, weder in Form noch Inhalt, überlassen bleiben dürfen. Mit der Bevorzugung eines Beurteilungsschemas, eines Beurteilungsformulars, einer Vorgabe des Bewertungsrahmens, einer Festlegung der zu beurteilenden Kriterien wird nicht der Bürokratie im Wirtschaftsleben Vorschub geleistet, sondern der Forderung nach mehr Gerechtigkeit, Gleichbehandlung und Vergleichbarkeit genüge getan.

Die formgebundene und zeitlich festgelegte Beurteilung kann, soll und muß für Arbeitgeber und Arbeitnehmer ein den beiderseitigen Interessenlagen dienendes Instrument zur Förderung sowohl human-soziologischer Anliegen als auch betriebswirtschaftlichkapitalstärkender Interessen sein.

Die Personalbeurteilung darf nicht zu einem Disziplinierungsmittel entarten, sondern muß von Arbeitgeber und Arbeitnehmer als eine Informationsquelle zur Sicherung und Förderung individueller und gemeinsamer Interessen am Fortkommen des einzelnen Mitarbeiters, der Unternehmungsgemeinschaft und der Erreichung der Unternehmensziele verstanden und gepflegt werden.

● Gegenstand der Personalbeurteilung sollen nur Kriterien sein, die für die betrieblichen Aufgaben des Mitarbeiters und die betrieblichen Interessen von Belang sind. Verhaltensweisen, die dem persönlichen Bereich des Mitarbeiters zuzuordnen sind, gehören nicht zum Beurteilungsspektrum der Personalbeurteilung. Im allgemeinen erstreckt sich die Beurteilung auf folgende Bereiche:

– Leistungen
– Kenntnisse
– Persönlichkeit/Charakter
– Sozialverhalten/Führungsqualitäten

- Einsatzbreite
- Entwicklungsmöglichkeiten.

Das Kriterium „Entwicklungsmöglichkeiten" nimmt hierbei eine Sonderstellung ein. Alle anderen Kriterien basieren auf beobachtbaren Ist-Zuständen; die Entwicklungsmöglichkeiten wagen eine Voraussage einer vermuteten Entwicklung in der Zukunft. Als Basis für die Prognose zukünftiger Leistungen und zukünftigen Verhaltens dienen die registrierten Leistungen und Verhaltensweisen der Vergangenheit, das gegenwärtige Leistungsbild und Verhalten und ihre Extrapolation in die Zukunft. Dabei kommt es darauf an, möglichst konstante Kriterien der Prognose zugrunde zu legen. Aktivität, Aufgeschlossenheit, Wißbegierde, Überlegenheitsanspruch, die sich manifestierten und manifestieren in der Bereitschaft zur Mitarbeit, Übernahme neuer Aufgaben, Interesse an Zusammenhängen, am betrieblichen Vorschlagswesen, erkennbares Bemühen um Selbstqualifikation und Bereitschaft zur Kooperation im sozialen Bereich können verläßliche Hinweise auf die Entwicklung und Einsatzmöglichkeit in und für die Zukunft geben. Den übrigen zu beurteilenden Kriterien sollte nur das beobachtbare und beobachtete, faktengestützte Verhalten des Mitarbeiters als Basis dienen. Nur was der Beurteiler selbst mit oder von dem Beurteilten erfahren hat, sollte in die Beurteilung eingehen. Von der Aufnahme von Dritten übermittelter Berichte oder Wertungen ist dringend abzuraten. Beurteiler, also Ersteller einer Personalbeurteilung, sollte immer der direkte Vorgesetzte sein. Nur er hat genug intime Kenntnis des Arbeitsplatzes, der Arbeitsaufgaben und des Leistungsverhaltens seiner Mitarbeiter, um eine ernsthafte und seriöse Beurteilung durchführen zu können.

Es mag in nicht wenigen Unternehmen und auch nicht nur für eine kleine Zahl von Vorgesetzten dienlich sein, wenn das Beurteilen systematisch geschult wird. Die Überprüfung einer Beurteilung und ihre Gegenzeichnung durch den nächsthöheren, dem Vorgesetzten des unmittelbaren Vorgesetzten, kann die Objektivierung der abgegebenen Urteile fördern, die Wirkungen von Sympathien und Antipathien einschränken, Beurteilungstendenzen und Beurteilungsabsichten offenlegen.

● Das Beurteilungsgespräch ist unabdingbarer Bestandteil des Beurteilungssystems. Die positiven Wirkungen eines Systems der betrieblichen Mitarbeiterbeurteilung können sich nur entfalten, wenn nicht nur der Beurteiler den Inhalt und die Folgen der von ihm erstellten Beurteilung sich voll vergegenwärtigt, sondern auch der Beurteilte über den Inhalt und die daraus sich ergebenden Folgerungen vorbehaltlos informiert wird. Offenheit, Ehrlichkeit und das Bestreben, sowohl mitarbeiter- als auch unternehmensdienliche Konsequenzen aus der Beurteilung abzuleiten, müssen das Beurteilungsgespräch bestimmen.

Das Beurteilungsgespräch bedarf zur Sicherung seines konstruktiven Charakters einer gründlichen Vorbereitung. Es sollte von beiden Seiten in Ruhe, vorurteilsfrei und ohne Zeitnot geführt werden, um daraus von den Gesprächspartnern getragene personelle Entscheidungen ableiten zu können. Eine schriftliche Fixierung der im Beurteilungsgespräch getroffenen Entscheidungen kann für die Kontrolle des zukünftigen Verhaltens beider Seiten dienlich sein.

● Die Personalbeurteilung liefert die Basisdaten, die für den Aufbau und das Funktionieren einer Personalwirtschaft notwendig sind. Die Personalwirtschaft ist ein Kernstück aller betriebswirtschaftlicher Überlegungen des Managements. Der Personalbeurteilung gebührt deshalb die konzentrierte und konstante Aufmerksamkeit aller Entscheidungsträger in einem Unternehmen.

2.7 Mitarbeiter und betriebliche Bildung – Aus- und Weiterbildung als beiderseitige strategische Aktivitäten

2.7.1 Der Wettbewerbscharakter der Wirtschaft

Jedes Wirtschaftssystem, vor allem aber das kapitalistische, folgt dem Prinzip des Wettbewerbs der Leistungen. Das Prinzip, nach dem Leistungen miteinander konkurrieren und die bessere Leistung auf Dauer die Vormacht gewinnt oder behält, gilt im internationalen, dem nationalen und regionalen, dem zwischenbetrieblichen und innerbetrieblichen Sektor. Vor allem gilt diese Grundregel im Zusammenleben und Zusammenwirken von Individuen und Gruppen. Wie sollte ein Wirtschaftsteilnehmer, sei er Unternehmer oder Verbraucher, sei er Nachfrager oder Anbieter von Arbeit, auswählen, welche Maßstäbe sollte er anlegen, um Entscheidungen, die für seine Sache – und damit letzten Endes auch für seine Person – von Nutzen, von Vorteil sind, zu treffen? Der eigene Vorteil wird dabei, mag er sich auch noch so direkt oder argumentationsgewandt hinter ,,rein sachlichen Faktoren'' verbergen, eine mitbestimmende, ja entscheidende Rolle spielen.

Jeder Wirtschaftsteilnehmer, jeder Anbieter und Nachfrager von Waren oder Dienstleistungen, von Produkten oder Arbeit muß sich an der Leistung orientieren, auf dem Beitrag seine Entscheidung gründen, der die Erfüllung seines Planes am besten fördert, die Unternehmensziele am schnellsten und sichersten erreichen läßt oder den stärksten Anteil zur Erfüllung seiner persönlichen Lebenserwartungen leistet. Immer wird die Entscheidung dem Diktat des ökonomischen Gesetzes, sei es als Maximalprinzip – mit einem bestimmten Einsatz das bestmögliche Ziel zu erreichen – oder als Minimalprinzip – ein bestimmtes Ziel mit dem geringstmöglichen Einsatz zu erreichen – ausgeprägt, folgen.

Für die volkswirtschaftliche genauso wie für die betriebswirtschaftliche Praxis macht es allerdings einen erheblichen Unterschied, ob die Mehrheit der Arbeitnehmer, auf welchen Ebenen der Unternehmenshierarchie auch immer, dem Maximal- oder Minimalprinzip folgt.

Arbeitnehmer, die jahrelang innerhalb der Fesseln einer Planwirtschaft erzogen wurden und gelebt haben und denen das Erbringen einer überlegenen Leistung nicht honoriert wurde, scheinen dazu zu tendieren, dem Minimalprinzip zu folgen. Die Folgen dieser Geistes- und Arbeitshaltung sind für das Wirtschaftsgeschehen, die nationale und betriebliche Wettbewerbsfähigkeit und auch für die Humanisierung der Lebensbedingungen, wie man sie in der westlichen und in zunehmendem Maße auch in der sogenannten östlichen Hemisphäre anstrebt, katastrophal. Menschen mit dieser ,,planwirtschaftlichen Prägung'' sehen oftmals ihren angestrebten persönlichen Vorteil darin, daß sie das honorierte, nivellierte und garantierte Ergebnis ihres Produktionsbeitrages dadurch zu erreichen suchen, daß sie ihren geistigen und körperlichen Leistungseinsatz gegen Null tendieren lassen, in einer Wirtschaft, die in Qualität und Quantität erbrachte überdurchschnittliche Leistungen nicht überdurchschnittlich honoriert und unterdurchschnittliche Leistungen nicht sanktioniert, wird der persönliche Vorteil von nicht wenigen Beschäftigten darin gesehen, daß sie das gleichmäßig gewährte Entgelt mit einem geringeren Arbeitsaufwand zu erreichen versuchen, als ihre Kollegen. Diese verinnerlichte Mentalität prägt dann nicht nur das eigentliche Arbeitsverhalten, sondern kennzeichnet auch die Einstellung zum berufsbezogenen Lernen, ja zum Lernen und zur Fortentwicklung überhaupt. Für den Wirtschaftsführer oder Unternehmer, der einsieht, daß die Wettbewerbsfähigkeit der von ihm geleiteten Wirtschaftseinheiten entscheidend von der Lernbereitschaft und Lernfähigkeit der Mitarbeiterschaft abhängt, mag die Erkenntnis schmerzlich sein, daß es einer jahrelangen, schwierigen Umerziehungsarbeit bedarf, um die Motivation zu einem permanenten, lebenslangen Lernen zu schaffen. Solange die Vorstellung Bestand hat, der Sinn des Lebens erfülle sich in der Bewältigung von Aufgaben, lassen sich leistungsbegründete Entscheidungen nicht umgehen; sie sind integraler Bestandteil der in unserem Kulturkreis vorherrschenden Denk- und Wirkungssysteme. Werden Entscheidungen aber leistungsbezogen getroffen, gehört zu ihrem Wesen der Vergleich. Der Vergleich aber mit dem Ziel, das Bessere herauszufinden, bedeutet Wettbewerb, Konkurrenz. Dies ist ein Prinzip des Lebens. Ohne Wettbewerb erschließt sich nicht die Wirkungsweise der Evolution; ohne Wettbewerb läßt sich im jüdisch-christlichen Denkkreis weder das Streben nach Gottgefälligkeit noch das Jüngste Gericht einordnen. Der Leistungswettbewerb ist ein Urphänomen des Lebens. Er herrscht in der unbelebten und in der belebten Natur. Er selektiert bei Pflanzen, bei Tieren und bei Menschen. In ganz besonders bedeutsamer und empfindlicher Weise bestimmt er das Geschehen der Wirtschaft. Die Wirtschaft, die Wirtschaftssysteme, unabhängig von ihrer ideologischen Fundierung, sind Systeme zur Vorteilnahme. Man mag das bedauern, von Streß, Leistungsdruck, ja Unwürdigkeit sprechen; es bleibt die Tatsache, daß uns gegenwärtig kein geeigneteres und vielleicht auch kein gerechteres Auswahlkriterium zur Verfügung steht. Sicherlich, die Auswüchse eines chancenungleichen Wettbewerbs gilt es zu beseitigen oder doch zu nivellieren. Wettbewerber mit gänzlich unterschiedlichen Ausgangspositionen und stark divergenten Begleitumständen lassen sich nicht vergleichen. Chancengleichheit ist eine Bedingung für einen gerechten Wettbewerb. Aber kennen wir denn einen praktikableren Maßstab als die Leistung, der leichter anzulegen, dessen Resultate transparenter sind und dessen Ergebnisse leichter vergleichbar wären? Bis jetzt und unter den obwaltenden Umständen nicht. Deshalb heißt es, dafür Sorge zu tragen, daß möglichst jeder Teilnehmer am Leistungswettbewerb mit den gleichen Chancen in die Konkurrenz eintritt. Im Bereich des Berufslebens erhebt sich daraus die Forderung nach Vertiefung und Permanentisierung der Berufsbildung. Das Bildungsgeschehen soll dabei so gestaltet werden, daß es sensibel auf Schulungsanforderungen reagiert. Es müssen Sensoren geschaffen oder aktiviert werden, die Entwicklungstendenzen so frühzeitig aufzeigen, daß die Mitarbeiterschaft auf sich abzeichnende Veränderungen so rechtzeitig vorbereitet werden kann, daß das von ihr verlangte Wissen und Können zum optimalen Zeitpunkt, d.h. just-in-time, zur Anwendung verfügbar ist. Durch die Berufsbildung wird mehr als durch die von Stand und Vorstellungswelt des Elternhauses bestimmte Schulbildung dem selbstverantwortlichen Menschen, dem auf kooperative Selbstqualifikation hin orientierten, im Berufsleben Stehenden die

401

Chance eröffnet, sich die Kenntnisse und Fähigkeiten und die Verhaltensweisen anzueignen, die ihn im permanenten Wettbewerb des Arbeitsmarktes bestehen lassen.

2.7.2 Nimmt die Bedeutung der Berufsbildung zu?

Der Wettbewerb zwischen und innerhalb der Industrienationen verschärft sich zunehmend. Die Kapitalausstattung der Unternehmen gleicht sich an; die Tendenz, die Betriebsgrößen unter dem Gesichtspunkt der Ausnutzung und Auslastung der Betriebsmittel zu erweitern, ist unverkennbar. Produktionsmittel, Maschinen, elektronische Steuerungsanlagen, Roboter stehen auf einem weitgehend transparenten Produktionsmittelmarkt im Prinzip jedem Nachfrager mit ausreichender Kapitalausstattung zur Verfügung. Das Kapital läßt sich durch Konzentrationsvorgänge verfügbar machen. Die Folge: Arbeitsplätze für Menschen werden − jedenfalls teilweise − zu Arbeitsplätzen für Maschinen, für sich selbst steuernde Maschinen, für Roboter. Rationalisierung, Ersatz einer teureren Leistungsform durch eine billigere, ist geschehen, geschieht und wird geschehen. Unausweichlich, dem Prinzip der leistungsbezogenen Wettbewerbsgesellschaft folgend, muß das Angebot an von Menschen zu besetzenden Arbeitsplätzen sich verändern. Das Angebot wird mengenmäßig kleiner und qualitätsmäßig anspruchsvoller werden. Produktionsmittel können immer perfekter sich ständig wiederholende, die körperliche Energie überfordernde Arbeiten des Menschen verrichten. Das gilt im Bereich der Produktion, des Vertriebs, der Verwaltung und Organisation. Ganze Tätigkeitsbereiche werden in der Zukunft − und sie hat schon begonnen − durch Produktionsmittel besser als von Menschen ausgefüllt werden können. Das zwingt den Menschen, seine Bestätigung dort zu suchen, wo ihn die Maschine, der Automat oder der Roboter noch nicht bedrängen können. Das sind Betätigungsfelder, in denen eigene Initiativen gefordert, selbständige Entscheidungen getroffen werden müssen, Routinearbeiten nicht die Regel, sondern die Ausnahme sind. Das sind Tätigkeitsbereiche, die ein deutliches Mehr an Wissen und Fertigkeiten verlangen − gleichgültig, ob als Arbeiter oder als Angestellter −, wobei diese Unterscheidung sich im Laufe dieser und der nächsten Generation sowieso überlebt haben dürfte.

Um diesen Anforderungen zu genügen, wird es auch notwendig sein, die Art des Lernens zu verändern. Lernen, auch das berufsbezogene Lernen, geschah bis in die jüngste Zeit als institutionalisierter, zeitlich begrenzter Vorgang. Allgemeinbildende Schule, berufsbezogene Schule, Hochschule hießen die Instanzen. Kindheit, Jugend und frühes Erwachsenenalter waren die dominierenden Lernzeiten. Das wird sich ändern, ja es muß sich ändern. Das Tempo, in dem wirtschaftliche, technische, organisatorische Veränderungen und Neuerungen Eingang in die Berufswelt finden, beschleunigt sich ständig. Anpassung der Leistungsfähigkeit verlangt nach immerwährender Schulung. Die Zielprojektion zukünftiger Schulung und Berufsbildungsmaßnahmen muß noch weiter reichen. Nicht retrograd soll der Mitarbeiter für die neuen Anforderungen ,,angepaßt" werden, sondern progressiv, gewissermaßen in einem dem aktuellen Bedarf vorauseilenden Geschehen für zukünftige Aufgaben, Einsatzmöglichkeiten und Bedürfnisse gerüstet werden. Dabei wird die Verantwortung für die Effektivität des Lernvorganges sich schwergewichtig von den Institutionen auf das Individuum umschichten. Lernen wird von einem zeitlich mehr oder weniger begrenzten Vorgang zu einem Dauervorgang, einem lebenslangen Prozeß werden. Ein andauerndes Lernen wird dann auch der logistischen Forderung nach einer zeitlich und sachlich bedarfsgerechten Verfügbarkeit von Wissen, Fähigkeiten und Fertigkeiten besser gerecht werden – just-in-time.

Planung und Kontrolle, Kreativität, Kommunikation innerhalb der Betriebe und zwischen den Wirtschaftspartnern werden die bedeutungträchtigen Aufgaben des Menschen im Bereich der Wirtschaft sein. Sie aber verlangen ein höheres Bildungsniveau. Berufsbildung ist erforderlich; ihre Bedeutung für das Wohlergehen des Einzelnen und ganzer Sozialsysteme wird zunehmen. Je gesicherter und breiter das Bildungsniveau des einzelnen Anbieters auf dem Arbeitsmarkt ist, desto größer ist seine Chance, sich in einer sich verändernden Arbeitswelt zu behaupten.

Die Angleichung der Ausstattung mit Produktionsmitteln unter den Anbietern von Gütern und Dienstleistungen verschiebt die Wettbewerbsakzente. Die durch unterschiedliche Produktiosmittel und Produktionsverfahren bedingten qualitativen und kostenmäßigen Wettbewerbsunterschiede ebnen sich ein. Wo aber kann, wenn der Standort, der Boden durch die Entwicklung des Verkehrs- und Kommunikationswesens an Bedeutung als Produktionsfaktor reduziert und der Einfluß des Kapitals durch Kapitalakkumulation einerseits und durch Verbilligung und damit weite Verbreitung der leistungsfähigsten Produktionsmittel andererseits zunehmend nivelliert wurde, der Wettbewerb noch ausgetragen werden? Im Bereich des Produktionsfaktors Arbeit!

Die führenden, konkurrenzstärksten und wirtschaftlich stabilsten Unternehmen in den Vereinigten Staaten und in Westeuropa waren in der Zeit nach dem 2. Weltkrieg durch ihre bewußte mitarbeitergestützte Unternehmenspolitik gekennzeichnet. Nur der dadurch sich ergebende Wettbewerbsvorteil war durch die Einflüsse von Boden und Kapital als den klassischen Produktionsfaktoren verschattet. Neu ist nicht die Tatsache des starken Einflusses, sondern die Klarheit der Sicht, mit der sich die individuelle und soziale Komponente menschlicher Arbeitsleistung als bestimmender Wettbewerbsfaktor herausschält. Das existentielle Interesse der Arbeitgeber und der Arbeitnehmer an der Berufsbildung und ihrer Verstärkung fließt zusammen. Gestalt gewinnt dieses Interesse in einer Vermehrung und Intensivierung der Geschehnisse, die unter der Überschrift „kooperative Selbstqualifikation" zusammengefaßt werden können. Die Berufsbildung in den bisher entwickelten Formen, wie in Gestalt der kooperativen Selbstqualifikation, ist zur Stärkung der unternehmerischen und der individuellen Wettbewerbsfähigkeit erforderlich.

Neben die prinzipiellen Gründe für die zunehmende Bedeutung der Berufsbildung treten Faktoren minderer Gewichtigkeit. So verlangt das Selbstverständnis der Arbeitnehmer von sich und ihrer Arbeit immer mehr nach qualitativ fordernder und verantwortungsbefrachteter Tätigkeit. Zu dem Verlangen nach einem praktizierten kooperativen Führungsstil tritt der Wunsch, Arbeitsabläufe und Inhalte selbststeuernd mitzugestalten. Arbeit wird zunehmend nicht mehr als Zweck zum Leben, sondern als Ausprägung des Lebens verstanden. Leben soll und kann nicht nur im Urlaub und in der Freizeit stattfinden und durch die Arbeit erst ermöglicht werden. Die Arbeitsumgebung und die Arbeitsinhalte verlangen aus der Sicht des Mitarbeiters nach einer Ausgestaltung, welche der beruflichen Tätigkeit das Odeum des Zwangsweisen nimmt und Gelegenheit gibt, in der Arbeitsumwelt ein akzeptiertes Forum der Lebensgestaltung zu sehen.

Der sich beschleunigende technische und wirtschaftliche Wandel zwingt den Arbeitnehmer, sich in immer kürzer werdenden Zeitabständen auf Veränderungen einzustellen und die dafür notwendigen motivationalen und geistigen Fähigkeiten permanent zu aktivieren und sie just-in-time, d.h. nicht zu früh und nicht zu spät, zur Verfügung zu haben.

Der Rechtsrahmen des Lebensbereichs Arbeit hat sich vor allem durch das Betriebsverfassungsgesetz, aber auch durch andere Gesetzesmaßnahmen aus dem Bereich des Arbeitsrechts (z.B. Berufsbildungsgesetz) verändert, d.h. erweitert und gestärkt. Berufsbildung wird zunehmend mit der Fürsorgepflicht des Arbeitgebers, der Anstöße und Möglichkeiten zur Berufsbildung geben soll, aber auch mit der Treuepflicht des Arbeitnehmers in Beziehung gebracht. Vom Arbeitnehmer kann und muß verlangt werden, daß er gebotene Chancen, für die Erhaltung seiner Leistungsfähigkeit etwas zu tun, auch wahrnimmt; Angebot und Annahme von Berufsbildungsmaßnahmen erhalten somit zunehmend den Charakter einer sozialen Aufgabe.

Die Fortschreibung von kostenrelevanten Zusagen aus der Zeit einer steigenden oder hochkonjunkturellen Phase in Perioden mit abschwingender Konjunktur bewirkt, daß dem Personalaufwand verstärktes Augenmerk gewidmet wird und das Streben nach optimaler Nutzung des Produktionsfaktors Arbeit sich verstärkt. Gesellschaftliche Tendenzen, wie zum Beispiel die diskutierte und zu diskutierende Arbeitszeitverkürzung, lassen eine Besserung des Nutzungsgrades durch mengenmäßige Arbeitssteigerung unrealistisch erscheinen. Qualitative Optimierung aber erfordert mehr und besser gebildetes Personal, in Schlüsselfunktionen leistungsfähige und leistungswillige Mitarbeiter. Dieses Ziel zu erreichen erfordert eine Intensivierung der Berufsbildung, auch und gerade in Perioden eines konjunkturellen Stillstandes oder Rückgangs.

2.7.3 Qualifizierte Mitarbeiter: Vom Arbeitsmarkt oder aus den eigenen Reihen?

Die Homozentrierung des Wettbewerbs schärft die Bedeutung der zwischenbetrieblichen Unterschiede der Mitarbeiterqualifikation. Grundsätzlich ließe sich eine hohe Mitarbeiterqualifikation auf zwei Wegen verwirklichen: durch Kauf der jeweils bestgeeigneten Mitarbeiter vom Arbeitsmarkt oder durch Heranbildung der bestqualifizierten in eigener Schulung. In jüngster Zeit wird noch ein dritter Weg diskutiert und auch vereinzelt in meinungsbildenden Unternehmen schon praktiziert: die kooperative Selbstqualifikation. Die Chance, auf dem freien Arbeitsmarkt den bestgeeigneten, sofort einsatzfähigen Mitarbeiter kostengünstig zu finden, ist relativ gering. Die Tendenz, gute Mitarbeiter an das Unternehmen zu binden, spricht ebenso dagegen wie die Eigenart betriebs- und arbeitsplatzindividueller Anforderungen bei Vorgesetzten und Mitarbeitern aller Ebenen. Bei gut geschulten Kandidaten vom Arbeitsmarkt muß in der Regel die von anderen durchgeführte Schulung über das Entgelt nachentrichtet werden. Die Wirkung auf das Betriebsklima kann demotivierend, ja frustrierend, jedenfalls die Arbeitsbereitschaft hemmend, sein, wenn Mitarbeiter für Positionen mit höherem oder hohem Anforderungsniveau vom Arbeitsmarkt geholt werden. Die eigenen Mitarbeiter empfinden sich um ihre Chance gebracht, und dem Argument, daß neue Mitarbeiter die beste Medizin gegen die Betriebsblindheit seien, mangelt es nach kurzer Zeit — wenn der erste Schwung verebbt ist — an Überzeugungskraft. Die Beschaffung von Mitarbeitern über den Arbeitsmarkt kann zeitliche Vorteile bieten. Sie erfordert aber in jedem Fall eine sorgfältige, auf gesicherten Methoden und auch praktischer Erfahrung beruhende Mitarbeiterbeschaffung und -auswahl. Sie kann dann zu einem guten Mitarbeiterpotential verhelfen. Irgendwann werden alle Mitarbeiter vom Arbeitsmarkt beschafft. Das ist richtig. Nur soll der „fertige" Mitarbeiter schon von dort kommen? Das ist die Frage. Durch die betriebliche Schulung, gleichgültig, ob sie im eigenen Unternehmen durchgeführt oder vom Unternehmen extern oder überbetrieblich veranlaßt wird, kann die bedürfnisgenaue und potentialgerechte Anpassung an die betrieblichen Zielsetzungen ungleich passender erfolgen, als das in der Regel durch die Beschaffung vom Arbeitsmarkt möglich sein kann. Bei Unternehmen, Klein- und Mittelbetrieben, mit zahlenmäßig geringem Bedarf an gleich oder ähnlich qualifizierten Mitarbeitern ist eigene Mitarbeiterschulung häufig eine Kostenfrage. Sie kann sich betriebswirtschaftlich vernünftig nur lösen, wenn der erforderliche Aufwand für die Schulung sich mit der Wirkung der Schulung in ein angemessenes Verhältnis bringen läßt. Wird das quantitative Schwergewicht der Schulungsmaßnahmen in Richtung von mehr oder vielleicht bedarfsdeckender kooperativer Selbstqualifizierung verlagert, so wird sich auch eine Verschiebung der Kosten − Allgemeinkosten − Schulungskosten − zu projekt- oder auftragsbezogenen Einzelkosten ergeben. Die Auslagerung der Schulung an externe Institute oder überbetriebliche Einrichtungen, die Hereinnahme externer Lehrkräfte in die innerbetriebliche Schulung kann den Kostendruck mindern. Ob die eigene Aus- und Weiterbildung sich unter Kostengesichtspunkten rechtfertigen läßt, bedarf der unternehmerischen Abwägung. Stehen Lernadäquanz, der Wettbewerbsgedanke, die auf das Betriebsklima bezogenen Überlegungen im Vordergrund, dann wird der eigenen Heranbildung von qualifizierten Mitarbeitern und/oder Methoden der kooperativen Selbstqualifikation der Vorrang zu geben sein.

2.7.4 Die unternehmerische Aufgabe der Berufsbildung: Unternehmenssicherung und Unternehmensentwicklung

Für Unternehmer und Mitarbeiter soll sich durch die Unternehmen der Anspruch auf existentielle Sicherheit verwirklichen. Sicherheit verlangt nach Beständigkeit, nach dem Erhalt der Lebensfähigkeit in einer sich verändernden Umwelt. Daher stellt sich die unternehmerische Aufgabe, Gedanken, Energie und Mittel darauf zu verwenden, die Sicherheit des Betriebes und der Arbeitsplätze durch Schaffung der Möglichkeiten für die erforderliche Anpassung zu gewährleisten. Die Fähigkeit zur Anpassung ist ohne Lernen nicht denkbar. Obwohl Lernen ein individueller Vorgang ist und bleibt − lernen muß immer der einzelne, keiner kann für den anderen lernen −, kann Lernen in formellen und informellen Gruppen, in Teams, Arbeitsgemeinschaften, Projektgruppen, Studienkreisen, Kommissionen, Bewertungsausschüssen beflügelt, synergetisch stimuliert werden. Die Chance zum Lernen zu bieten ist nicht altruistische Zielsetzung, sondern konsequentes unternehmerisches Handeln, um das Ziel der Unternehmenssicherung zu erreichen. Unternehmenssicherung darf sich nicht in der Festigung des Status quo erschöpfen. Sie muß ausgreifen auf zukünftige Entwicklungen, muß Konzepte und Strategien für zukünftiges Handeln erfassen, um den Ausbau, die Entwicklung eines Unternehmens zu ermöglichen. Unternehmensentwicklung, Bildung und Schulung in kreativen Denkweisen, in motivierendem Führungsverhalten, in der Verwirklichung neuer Technologien und der Erschließung neuer Märkte sind gefragt. Aus- und Weiterbildung dienen der Unternehmenssicherheit und der Unternehmensentwicklung. Darum bemüht zu sein ist unternehmerisches Anliegen. Dieses Anliegen zu verwirklichen, hilft dem Unternehmer die Aus- und Weiterbildung, die Berufsbildung seiner Mitarbeiter und seiner selbst. Sie muß in einem ständigen Prozeß erfolgen. Personalentwicklung sollte weder für den Arbeitgeber noch für den Arbeitnehmer ein temporäres Ereignis sein, noch sollte sie sich mit einer retrograden Auslösung begnügen. Nicht bereits erfolgte Ereignisse sollten Entwicklungsmaßnahmen initiieren, sondern zukünftige, zu erwartende Bedürfnisse sollten die Initialzündung für Schulungs- und Entwicklungsmaßnahmen auslösen.

2.7.5 Der soziale Aspekt der Berufsbildung

Immer noch übt die Vorbildung der Eltern, ihr finanzieller und sozialer Stand den bestimmenden Einfluß auf die Art und den Abschluß der Schulbildung aus. Berufsentscheidungen werden in einem frühen Lebensabschnitt getroffen. Eignung und Neigung des von der Entscheidung Betroffenen sind zu diesem Zeitpunkt noch nicht ausgeformt, werden nicht oder nur teilweise erfaßt und berücksichtigt. Ohne die Möglichkeit der Berufsbildung ließen sich diese Entscheidungen kaum noch korrigieren. Ungenutzte Chancen, verkümmerndes Potential, Resignation wären die Folgen. Die in der Arbeitswelt integrierte Berufsbildung erlaubt es nach Eintritt in das Berufsleben, den Fähigkeiten des Mitarbeiters entsprechend und seinen Interessen folgend die bildungsmäßigen Voraussetzungen zu schaffen, um den Wettbewerb am Arbeitsplatz erfolgreicher zu bestehen und dem Bedürfnis nach Selbstverwirklichung zu genügen. Berufsbildung eröffnet einen Weg, die Schranken der Herkunft und die Limitation frühjugendlicher Schulentscheidungen zu überwinden. Sie wirkt im Sinne von mehr Chancengleichheit nach sozialem Stand und nach Geschlechtern und läßt die Hoffnung wachsen, im Arbeitsleben auch die der eigenen Leistungsfähigkeit gemäße Position finden zu können. So tritt zu dem finanziellen Aspekt der Berufsbildung aus der Sicht des Mitarbeiters auch der ideelle. Wirtschaftliche Sicherheit und mehr Sinnerfüllung unterstreichen die soziale Komponente der Berufsbildung. Formen der kooperativen Selbstqualifikation tragen zudem dazu bei, das berufliche Dasein zu dynamisieren und von der Fessel einer in einem früheren Lebensabschnitt getroffenen Entscheidung aus eigenem Antrieb und mit eigenen Mitteln zu befreien.

2.7.6 Welcher Mitarbeiter soll geschult werden?

Der Weg zur betrieblichen Aus- und Weiterbildung sollte prinzipiell für jeden Mitarbeiter offen sein. Ob der Mitarbeiter ihn geht, ob es für ihn und das Unternehmen sinnvoll ist, ihn zu beschreiten, hängt von mehreren Faktoren ab.

— Die Berufsbildung baut mehr als die formale Schulbildung auf die *Eigeninitiative* des Mitarbeiters. Er muß die Bereitschaft signalisieren, sein Fachwissen zu erweitern, seine Urteilsfähigkeit zu entwickeln und seine Persönlichkeit formen zu lassen. Berufsbildung kann nicht verordnet – oktroyiert – werden. Jedem Mitarbeiter, der sich dieser Herausforderung und Belastung aber ehrlich stellt, sollte sich ihre Möglichkeit öffnen.
— Die Selbsteinschätzung allein stellt nicht immer und bei jedem eine tragfähige Entscheidungsgrundlage dar. Sie bedarf der Ergänzung und der Absicherung, oftmals auch

des Anstoßes durch einen urteilssicheren Dritten, den Vorgesetzten. Die intime Kenntnis beruflicher und betrieblicher Entwicklungstrends, ebenso wie der erbrachten Leistungen des Mitarbeiters und seines Leistungspotentials, lassen den Vorgesetzten als die geeignetste Person erscheinen, um Berufsbildung am Arbeitsplatz selbst zu vermitteln, die Teilnahme an internen und externen Schulungsveranstaltungen vorzuschlagen oder Versetzungen zum Zwecke der Weiterbildung anzuregen. Berufsbildungsmaßnahmen ohne die uneingeschränkte Zustimmung oder gegen den Willen des Vorgesetzten können ihre Wirkung nicht voll entfalten, sie bleiben im Ansatz stecken, da ihnen die Chance der Umsetzung in die Praxis beschnitten ist.

- Das Unternehmensinteresse bestimmt entscheidend das Weiterbildungsangebot. Bei aller Würdigung sozialer Aspekte, das Unternehmen ist und bleibt an der Verfolgung seiner Geschäftsabsichten, seiner Gewinnmaximierung interessiert.
- Die Frage, welche Maßnahmen der beruflichen Aus- und Weiterbildung angeboten werden und wer daran teilnimmt, richtet sich nicht zuletzt nach dem Geschäftsinteresse. Für kein Unternehmen ist Berufsbildung Selbstzweck, sondern Mittel, um der Unternehmenssicherung und der Unternehmensentwicklung zu dienen.
- Berufsbildung verursacht Aufwendungen; derjenige, der den Aufwand trägt, muß bestimmen oder doch mitbestimmen, für wen er ihn tätigen will.

Die in jüngster Zeit diskutierte und teilweise auch praktizierte Methode der kooperativen Selbstqualifikation weist einen Weg der Aus- und vor allem der Weiterbildung auf, der eine Alternative zu den tradierten Formen und Wegen darstellt. Bei der kooperativen Selbstqualifikation ist es weitgehend der Entscheidung des einzelnen Mitarbeiters anheimgestellt, ob er die aus organisatorischen, prozessualen oder sozialen Anlässen im Unternehmen sich ergebenden Qualifikationsmöglichkeiten ergreift, sie nutzt und ausbaut. Kooperative Selbstqualifikation ist ein offenes System; jeder kann sie betreiben; jeder kann sie für sich und damit – und das ist das Frappierende daran – sein soziales Umfeld und zugunsten des Unternehmens nutzen. Kooperative Selbstqualifikation geschieht nicht neben der Arbeit, sondern in und während der Arbeit. Sie gewinnt ihren stimulierenden Reiz aus der Tatsache, daß der Transfer vom Lehren und Lernen in die berufliche Tätigkeit viel schneller und unmittelbarer erfolgt und damit die stimulierenden oder korrekturheischenden Rückmeldungen sich viel intensiver ergeben.

Aufgabe des Unternehmens bleibt es, auch bei der kooperativen Selbstqualifikation Stimuli zu setzen und organisatorische Hilfen für ihre Realisierung zu geben.

Die konkrete Entscheidung über die Teilnahme an Maßnahmen der Berufsbildung ergibt sich nach Abgleichung der Interessen des Mitarbeiters, der Empfehlungen des oder der Vorgesetzten und der Absichten der Geschäftsleitung.

2.7.7 Ein System der Berufsbildung

Personalplanung, Personalbeschaffung, Personalauslese, Personalentwicklung, Aus- und Weiterbildung sind selbständige, nicht isolierte Bereiche der Personalwirtschaft. Ihre zuweilen sinnvolle organisatorische Trennung darf nicht ihren inneren Zusammenhang lösen.

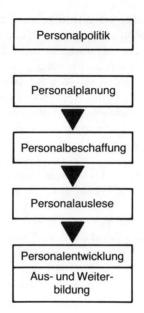

Abb. 2.7 – 1: System der Berufsbildung

Die Personalplanung hat den qualitativen, quantitativen, zeitlichen und örtlichen Rahmen der Personalwirtschaft abzustecken, die Personalbeschaffung zu klären, von welchen Personalmärkten zu welchen Zeitpunkten welche zukünftigen Mitarbeiter der Beschäftigungsentscheidung zuzuführen sind; die Personalauslese bereitet unter Berücksichtigung des Firmen- und des Mitarbeiterinteresses die Einsatzentscheidung vor; die für die Personalentwicklung, die Berufsbildung, die Aus- und Weiterbildung zuständige Instanz sorgt dafür, daß zu jeder Zeit für jede Position die für die Erfüllung ihrer Aufgaben optimal geeigneten Mitarbeiter nach kognitiven – vom Verstehen her – und nach psychomotorischen – vom Tunkönnen her – Gesichtspunkten zur Verfügung stehen.

Der Mitarbeiter kann und soll nicht aus der Verpflichtung, an seiner Weiterbildung zu arbeiten, dafür einzutreten und dafür aktiv zu werden, entlassen werden.

Das Unternehmen kann methodische und sachliche Unterstützung gewähren, den institutionellen Rahmen schaffen; ohne das verantwortliche Engagement des Mitarbeiters kommt die Personalentwicklung nicht zu ihrem vollen Erfolg. Vor allem die kooperative Selbstentwicklung als neuerdings favorisierte Variante der Aus- und Weiterbildung ist in ihrem Erfolg unabdingbar mit der Eigeninitiative und dem Selbstengagement der Mitarbeiter verbunden. Die private Weiterbildung, der Wunsch, sich in Wissen und Fertigkeiten zu vervollkommnen, ist somit Grundlage für ein Gelingen der Personalentwicklungsbestrebungen im Bereich der Ausbildung und im Bereich der Weiterbildung. Die Initiative zur privaten Weiterbildung kann durch betriebliche Maßnahmen angeregt und gefördert werden. Die Bildung von Interessengemeinschaften, Zirkeln, Arbeitsgemeinschaften hat sich hier ebenso bewährt wie die Förderung durch Gewährung von finanziellen Weiterbildungsbeihilfen seitens der Unternehmen. Werden Weiterbildungsbeihilfen gewährt, erfüllen sie ihre Aufgabe, stimulierend und anregend zu wirken nur, wenn die Vor-

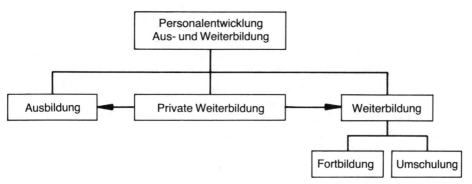

Abb. 2.7 – 2: Personalentwicklung

aussetzungen ihrer Gewährung nicht zu eng an ein unmittelbares betriebliches Interesse gebunden sind. Werden Aktivitäten der privaten Weiterbildung durch betriebliche Maßnahmen, z.B. finanzielle Förderung, unterstützt, so wirkt sich eine Beteiligung an den entstehenden Kosten motivierender aus als deren vollständige Übernahme. Wird der Mitarbeiter nicht an den Kosten der privaten Weiterbildung beteiligt, so erlahmt häufig allzu schnell auch das Interesse an dem Weiterbildungsvorhaben selbst. Es hat sich bewährt, die betriebliche Unterstützung an den Erfolg der Weiterbildungsmaßnahme zu binden. Zu den Möglichkeiten der Förderung privater Weiterbildungsinitiativen gehört auch der auf Landesgesetzen beruhende Bildungsurlaub. Beim Bildungsurlaub trägt der Arbeitgeber die durch die Freistellung entstehenden Kosten.

Die Bereitschaft zur privaten Weiterbildung und die dabei erzielten Erfolge können ihren Niederschlag auch in den Beurteilungen der Mitarbeiter finden, bei denen Einsatzbereitschaft und Initiative bedeutsame Beurteilungskriterien sind. Die Beteiligung an Aktivitäten, die als Basis für die kooperative Selbstqualifikation dienen, sollte ebenfalls in den Beurteilungen Berücksichtigung finden, kann sie doch ein maßgebender Hinweis auf vorhandenes Potential und die Bereitschaft, an sich selbst zu arbeiten und den Status quo zu überwinden, sein.

2.7.8 Ausbildung

Seit der Einführung des Berufsbildungsgesetzes wird anstelle von Lehre von Ausbildung gesprochen. Die Überlegungen zur Personalplanung haben die Frage geklärt, ob ein Unternehmen sich der Aufgabe und Verantwortung der Ausbildung von Auszubildenden stellt. Nicht das Ob, sondern das Wie ist also die Frage, die sich dann für den Ausbildenden, das Unternehmen oder den Unternehmer stellt.

,,Die Berufsausbildung hat eine breitgelegte berufliche Grundbildung und die für die Ausübung einer qualifizierten beruflichen Tätigkeit notwendigen fachlichen Fertigkeiten und Kenntnisse in einem geordneten Ausbildungsgang zu vermitteln.'' So der Inhalt von § 1, Abs. 2, Berufsbildungsgesetz. Für die Gestaltung des Ausbildungsgangs aber gibt das Gesetz nur allgemeine Hinweise im § 4 des BBiG. Es genügt nicht, für eine gezielte und effektive Ausbildung einen Ausbildungsrahmenplan zu erstellen. Rahmenpläne sind in aller Regel oberflächlich und unverbindlich. Sie lassen eine zu weitgehende und unterschiedliche Auslegung zu. Wenn in einem Rahmenplan für auszubildende Industriekaufleute steht: „Kenntnisse der allgemeinen Büroarbeiten", dann kann das sehr viel, leider aber auch nichts besagen. Der Aufwand an Mühe und Zeit ist nicht groß, der Erfolg aber erstaunlich, wenn anstelle dehnbarer Formulierungen genau festgelegt wird, was der Auszubildende an Kenntnissen erlernen, welche Tätigkeiten er ausüben soll, welche Hilfsmittel ihm für diese Lernphasen zur Verfügung stehen und wer sein für diese Lernphase verantwortlicher Ausbilder ist. Als Beispiel, denn in jedem Unternehmen wird für jede Ausbildungsstelle ein spezifischer Ausbildungsplan zu erstellen sein, sei ein Plan aus der Ausbildung von Industriekaufleuten in einem großen Mineralölunternehmen angeführt (Abb. 2.7 – 3).

Für die Verbesserung, die Steigerung der Effektivität des Ausbildungsgeschehens seien einige wesentliche Hinweise gegeben:

1. Die Ausbildungszeit – meist 3 Jahre – ist in sachlich homogene, zeitliche Abschnitte zu unterteilen.
2. Die Zeitabschnitte sollten von ausbildungsfremden Tätigkeiten bereinigt werden.
3. Ein Zeitabschnitt sollte in der Regel nicht länger sein als 6 Wochen.
4. Für jeden Zeitabschnitt der Ausbildung ist ein Lernziel genau zu definieren.
5. Das Lernziel eines Zeitabschnittes ist in Teillernziele zu zerlegen. Jedes (Teil-)Lernziel ist operational zu definieren.
6. Die Reihenfolge, in der die Lernziele erreicht werden sollen, ist festzulegen, ein Ausbildungsplan zu erstellen, der methodischen Grundsätzen, wie z.B. vom Einfachen zum Schwierigen, vom Konkreten zum Abstrakten, vom Bekannten zum Unbekannten, folgt.
7. Der für die Vermittlung der Lerninhalte verantwortliche Ausbilder und die dazu benötigten Sachmittel sind zu bestimmen.
8. Der für die Erreichung des einzelnen Lernziels vorgesehene Zeitaufwand ist vorzugeben, wobei sowohl für den Erwerb neuer Kenntnisse und Fertigkeiten ausreichend Zeit vorzusehen ist als auch für deren Festigung durch Übung und Anwendung und die Ausprägung von Verhaltensmustern.
9. Die Bedingungen und die Zeitpunkte der Lernzielkontrollen sind festzulegen und bekanntzumachen.
10. Der für die qualifizierte Durchführung der Ausbildung von seiten des oder der Ausbilder(s) benötigte Zeitbedarf ist zu bestimmen und für den Ausbilder von anderen Arbeitsbelastungen freizuhalten. Dabei ist zu berücksichtigen, daß die Ausbildungsaufgabe nur zum geringsten Teil von damit hauptamtlich betrauten Personen wahrgenommen wird. Überwiegend wird die Ausbildung von Mitarbeitern durchgeführt, deren Hauptaufgabengebiet nicht die Ausbildung ist.
11. Die Lernzielkontrolle ist beständig zu den festgelegten Inhalten und Terminen durchzuführen; methodische und motivationale Hilfen müssen gewährt werden.
12. Die Durchführung der Ausbildung ist bei Vorgesetzten und Ausbildern als Führungsaufgabe zu etablieren, an deren Erfüllung auch das Leistungsverhalten von Vorgesetzten und Ausbildern gemessen wird.

Die während der Ausbildungszeit gelegten Spuren bestimmen nicht nur das fachbezogene Verhalten, sondern auch die Bindungen des Auszubildenden an die Erlebniswelt der Ar-

410

Zeit	Nr.	Kennenlernen	Mitarbeiten	Hilfsmittel	Vermittelt
	321	Bearbeitung von *Vertragsangelegenheiten* Abschließen neuer oder Ergänzen vorhandener Verträge, Behördenbesuche, Partnersuche, Partnerwechsel, Tätigkeitsabgrenzung	Besuche bei Kunden, Besuche bei Behörden, Einsatz von Budgetmitteln, Vorbereiten von Vertragsabschlüssen, Gespräche zur Partnersuche, Durchführung von Kostenberechnungen für Vermieter	Vertr.-Handbuch + Rechtsleitfaden + Endabrechnungsformular xx Kostenberechnung für Vermieter (Formular yy)	durch:
	322	Unterweisung in der *Verkaufstätigkeit* Was sind Verkaufsziele? Wann und wie erfolgt Ölvorverkauf? Glysantin-Geschäft (an Tankstellen u. Großhändler) Kraftstoff-Bestandsmeldung, Besonderheiten des Motorenöl-Geschäftes, Besonderheiten des DK-Geschäftes, Überblick über das Zusatzartikel-Geschäft, Kommissionsbestände an Reifen und Zubehör, Ertragsverbesserungen durch Zusatzverkäufe, Bearbeitung von Schlepperpflegestationen und Wiederverk., Tätigkeitsbegrenzung gegen BLX, Zusammenarbeit mit Kfz-Handel (Großhändler, neue Filialen)	Ölverkauf, DK-Nachlaßabrechnung, Nachlaßabrechn., Besuche bei Partnern Schlepperpflegestationen, Wiederverkäufern, Errechnen und Ausfüllen von Verkaufsziele-Bogen, Besuche von Kfz-Händlern	Verkaufsziele-Bogen + Preisbuch + Bestandsmeldekarte widerrufl. Sonderverg. Öl Widerrufl. Sonderverg. Schmierstoff Soll-Bestandsübers. Glysantin-Revers DK-Kunden	.... (Unterschrift/ Ausbilder) .... (Unterschrift/ Ausbilder)

Abb. 2.7 – 3: Ausbildungsplan für Industriekaufleute in einem Mineralölunternehmen

beit, die Zuordnung zum Menschen und die Verinnerlichung von Wertmaßstäben. Die Fähigkeit und der Wille, sich bietende Gelegenheiten zielstrebig zur Weiterbildung auch für eine kooperative Selbstqualifikation zu nutzen, wird hier verankert und entwickelt. Die Synchronisationsmöglichkeit von Arbeitserleben und den eigenen Lebenswerten wird in der Ausbildungszeit vorbereitet; deshalb reicht die Bedeutung der Ausbildung weit über das unmittelbare betriebliche Geschehen hinaus. Sie stellt einen der wesentlichen Sozialisierungsprozesse überhaupt dar.

2.7.9 Das duale System

In der Bundesrepublik Deutschland wird für die Ausbildung ein duales System verwendet: Die Ausbildung wird getragen von der Teilzeitpflichtschule, der Berufsschule und dem Ausbildungsbetrieb. Der Konzeption des dualen Systems entsprechend, soll die Berufsschule den kognitiven Teil der Berufsanforderungen vermitteln, der Betrieb den praktischen. Im Idealfall sollte das Lehr- und Lerngeschehen in Schule und Betrieb vom Inhalt her zeitlich synchronisiert sein. Die faktischen Gegebenheiten lassen diesen Gleichklang kaum zu, da schon allein die unterschiedliche Abfolge der Lernziele im Betrieb für verschiedene Auszubildende die genaue zeitliche und sachliche Abstimmung unmöglich macht. Läßt sich auch eine Feinabstimmung zwischen Schule und Betrieb, Betrieb und Schule nicht bewerkstelligen, so ist doch der Gedanke der Abstimmung der Ziele verfolgenswert. Zum Wohle des Auszubildenden und zur Erreichung einer höheren Effektivität des pädagogischen Bemühens von Schule und Betrieb dürfen die Ausbildungsziele nicht divergieren.

2.7.10 Ausbildende, Ausbilder, Berufsschule, Elternhaus

Unerheblich von wem die Initiative ausgeht, Betrieb und Schule müssen in der und zur Berufsausbildung zusammenarbeiten. Lerninhalte sind festzulegen, Lernziele zu definieren, Berufstugenden gemeinsam zu verinnerlichen, Berufsschulbesuch und die Lernerfolge sind gemeinsam zu kontrollieren.

Die Bewältigung dieser Aufgaben verlangt nicht eine formalisierte Kommunikationsstruktur, sondern eine vom Respekt für den mitverantwortlichen Bildungsträger geprägte Bereitschaft zur Zusammenarbeit. Schule wie Ausbildungsbereich können ihre Bildungseffizienz stärken, wenn sie sich bemühen, das Elternhaus des Auszubildenden für das Ausbildungsgeschehen zu interessieren und seine Unterstützung zu gewinnen. Konflikte zwischen dem Umfeld und dem jugendlichen Menschen lassen sich auf diese Weise leichter als bei getrenntem oder gegensätzlichem Vorgehen vermeiden oder lösen. Wenn möglich, sollte zu einer konzertierten Aktion zwischen Schule, Betrieb und Elternhaus auch das Verständnis des Jugendlichen erlangt werden. Das duale System könnte damit faktisch zu einem trialen System erweitert werden, dessen Bedeutung nicht dadurch gemindert würde, daß die Zielgruppe die juristische Volljährigkeitsgrenze teilweise schon überschritten hat. Wissen durch die Berufsschule, Können durch den Betrieb, Verhalten durch das Elternhaus wäre eine zu einfache Struktur der Ausbildung. Die drei Bereiche wirken ineinander und miteinander; sie durchdringen und ergänzen sich und verstärken sich gegenseitig. Der Verantwortungsträger für die Ausbildung sollte sich dieser Wirkungsweise bewußt sein und die Impulse geben und die Maßnahmen durchführen, die auf ihre Optimierung abzielen.

2.7.11 Anreizsysteme für Auszubildende

Die Wirkungsweise extrinsischer und intrinsischer Motivation soll hier nicht erörtert werden. Unter dem Gesichtspunkt der Ausbildung kommt es lediglich darauf an, welche der Methoden oder welche Kombination der beiden Verfahren die schnellste und nachhaltigste Wirkung erzielt. Damit ist nicht einer Amoralität innerhalb der Ausbildung das Wort geredet. Wünschenswert wäre es sicherlich, würde die Haupttriebfeder für die Beteiligung an der Ausbildung die Einsicht des Auszubildenden sein, daß eine abgerundete Berufsbildung einen eigenständigen menschlichen Wert an sich darstellt. Aber sollte dagegen der Nützlichkeitsgedanke zurückstehen? Gewährt nicht ein gutes Ausbildungsergebnis Vorteile? Mit Sicherheit. Deshalb erscheint es auch erlaubt zu sein, den Leistungswillen und die Leistungsausdauer der Auszubildenden während der Ausbildungszeit durch extrinsische Motive zu verstärken. Als Motivatoren während der Ausbildungszeit können unter anderen wirken:

− Erwähnung der Lernerfolge in den Firmenmedien
− Auszeichnung überdurchschnittlicher Leistungen
− Sachprämien für besondere Leistungen
− Leistungswettbewerbe
− rückwirkende Bezahlung des Gesellen- oder Kaufmannsgehilfenentgelts bei gutem oder besserem Abschlußergebnis auf die Zeit, für welche die Ausbildungszeit nicht verkürzt wurde
− Zusicherung der Übernahme in ein Gesellen- oder Angestelltenverhältnis bei Erreichung eines bestimmten Abschlußergebnisses

Der Gedanke, den ungehemmten Leistungswettbewerb zu dämpfen und Maßnahmen der Honorierung von Verhaltensweisen, die der Zwischenmenschlichkeit dienlich sind, zu fördern, sollte schon im Rahmen der Ausbildung seinen praktischen Niederschlag finden. Die Würdigung eines fairen Verhaltens gegenüber Kollegen und Vorgesetzten − und später auch gegenüber nachgeordneten Mitarbeitern − darf dem verantwortlichen Vorgesetzten nicht entgehen. Die Humanorientierung steht in ihrer Wertigkeit gleichberechtigt neben der sachbezogenen Leistungsorientierung; diese Werthaltung gilt es schon während der Ausbildungszeit zu verankern und zum Orientierungspunkt zukünftigen Verhaltens zu machen.

2.7.12 Lernzielbestimmung − Lernzielkontrolle

Die Lernziele innerhalb der Ausbildung, dasselbe gilt für Weiterbildung, sind operational zu definieren. Ein operationales Lernziel legt genau fest, was der Auszubildende nach einer Lernstrecke mit welchen Hilfsmitteln in welcher Zeit und mit welcher Fehlerquote tun kann. Operational definiert heißt ein Lernziel nicht, der Lernende kann Bruchrechnen, sondern er kann 10 Paare von ungleichnamigen Brüchen innerhalb von fünf Minuten unter Zuhilfenahme von Papier und Bleistift mit nicht mehr als einem Fehler zusammenzählen.

Jedes Lernziel läßt sich operational definieren. Das Wesentliche liegt dabei darin, daß nicht von einer Absichtserklärung gesprochen, sondern genau angegeben wird, was wie in welcher Zeit und unter welchen Bedingungen getan werden muß, wenn das Lernziel als erreicht gelten soll.

Lernziele sind genaue Zielvorgaben. Sie motivieren stark. Sie konkretisieren die Lernanstrengungen. Sie zeigen dem Lernenden die Realisierung der Lernanstrengungen auf, und sie lassen sich objektiv kontrollieren.

Die Lernzielkontrolle ist wesentlicher Bestandteil des Lehr- und Lerngeschehens. Nach jedem Lernabschnitt hat eine Lernzielkontrolle zu erfolgen. Sie dient in erster Linie der Selbstkontrolle des Lernenden und sagt ihm, ob sein Lernbemühen erfolgreich oder korrekturbedürftig ist. Eine permanente und strikte Durchführung der Lernzielkontrollen nimmt ihnen das Flair desavouierender Fremdkontrollen und macht sie zu einem integrierten Selbststeuerungsbestandteil des Lerngeschehens. Die Führung eines Berichtsheftes (Ausbildungsnachweises) ersetzt in keiner Weise operationalisierte Lernzielkontrollen. Man kann die in vielen Ausbildungsordnungen der Kammern vorgesehenen Ausbildungsnachweise überhaupt nur als administrative Mindestanforderungen ansehen, die unbedingt einer pädagogisch relevanten Ergänzung bedürfen.

Lernzielkontrollen und Ausbildungsnachweise prüfen den sachlichen Fortgang der Ausbildung. Der während der Ausbildung sich vollziehende menschliche Reifungsprozeß wird aber der Aufmerksamkeit des verantwortungsvollen Ausbildungsleiters nicht entgehen. Ein die Besonderheit der Auszubildenden berücksichtigendes Beurteilungssystem kann dazu dienen. Arbeitstugenden, wie methodisches Arbeiten, Konzentration, Schnelligkeit, Genauigkeit, Ausdauer, sind ebenso Beobachtungskriterien wie soziales Verhalten, Bereitschaft zur Zusammenarbeit, Konfliktneigung, Initiative und das Streben nach Selbstentwicklung. Die Beurteilung sollte regelmäßig erfolgen und mindestens dann durchgeführt werden, wenn der Auszubildende von einem Ausbilder zu einem anderen wechselt oder den Ausbildungsplatz verläßt. Auch für die Beurteilung von Auszubildenden gilt, daß sie nur dann einen Sinn hat, wenn sie zur Grundlage eines konstruktiven Beurteilungsgespräches gemacht wird.

2.7.13 Anforderungen an den Ausbilder

§ 20 BBiG schreibt vor, daß nur ausbilden darf, wer dafür persönlich und fachlich geeignet ist. Voraussetzung, um Ausbilder sein zu können, ist also nicht nur ein fundiertes Beherrschen der zu einem Beruf gehörenden Kenntnisse und Fertigkeiten, sondern auch die persönliche Eignung. Der Gesetzgeber hebt damit auf die Funktion des Ausbilders als Erzieher ab und regelt, daß nicht Ausbilder sein darf, wer Kinder und Jugendliche nicht beschäftigen darf oder wer wiederholt oder schwer gegen das Berufsbildungsgesetz oder die damit im Zusammenhang stehenden Vorschriften und Bestimmungen verstoßen hat. Nach § 21 BBiG wurde die „Verordnung über die berufs- und arbeitspädagogische Eignung für die Berufsausbildung in der gewerblichen Wirtschaft" erlassen. Aufgrund dieser kurz „Ausbilder-Eignungsverordnung" genannten Rechtsgrundlage hat der Ausbilder nachzuweisen, daß er berufs- und arbeitspädagogische Kenntnisse in ausreichendem Maße besitzt, um als Ausbilder tätig sein zu können. Die berufs- und arbeitspädagogischen Kenntnisse erstrecken sich nach § 2 der Ausbilder-Eignungsverordnung auf folgende Fachgebiete und Inhalte:

1. *Grundfragen der Berufsbildung*
   a) Aufgaben und Ziele der Berufsbildung im Bildungssystem, individueller und gesellschaftlicher Anspruch auf Chancengleichheit, Mobilität und Aufstieg, individuelle und soziale Bedeutung von Arbeitskraft und Arbeitsleistung, Zusammenhänge zwischen Berufsbildungs- und Arbeitsmarkt
   b) Betriebe, überbetriebliche Einrichtungen und berufliche Schulen als Ausbildungsstätten im System der beruflichen Bildung
   c) Aufgabe, Stellung und Verantwortung des Ausbildenden und des Ausbilders.

2. *Planung und Durchführung der Ausbildung*
   a) Ausbildungsinhalte, Ausbildungsberufsbild, Ausbildungsrahmenplan, Prüfungsanforderungen
   b) didaktische Aufbereitung der Ausbildungsinhalte:
      aa) Festlegen von Lernzielen, Gliederung der Ausbildung
      bb) Festlegen der Lehrgangs- und produktionsgebundenen Ausbildungsabschnitte, Auswahl der betrieblichen und überbetrieblichen Ausbildungsplätze, Erstellen des betrieblichen Ausbildungsplanes
   c) Zusammenarbeit mit der Berufsschule, der Berufsberatung und dem Ausbildungsberater
   d) Lehrverfahren und Lernprozesse in der Ausbildung:
      aa) Lehrformen, insbesondere Unterweisen und Üben am Ausbildungs- und Arbeitsplatz, Lehrgespräch, Demonstration von Ausbildungsvorgängen
      bb) Ausbildungsmittel
      cc) Lern- und Führungshilfen
      dd) Beurteilen und Bewerten.

3. *Der Jugendliche in der Ausbildung*
   a) Notwendigkeit und Bedeutung einer jugendgemäßen Berufsausbildung
   b) Leistungsprofil, Fähigkeiten und Eignung
   c) typische Entwicklungserscheinungen und Verhaltensweisen im Jugendalter, Motivation und Verhalten, gruppenpsychologische Verhaltensweisen
   d) betriebliche und außerbetriebliche Umwelteinflüsse, soziales und politisches Verhalten Jugendlicher
   e) Verhalten bei besonderen Erziehungsschwierigkeiten des Jugendlichen
   f) gesundheitliche Betreuung des Jugendlichen, einschließlich der Vorbeugung gegen Berufskrankheiten, Beachtung der Leistungskurve, Unfallverhütung.

4. *Rechtsgrundlagen*
   a) Die wesentlichen Bestimmungen des Grundgesetzes, der jeweiligen Landesverfassung und des Berufsbildungsgesetzes
   b) die wesentlichen Bestimmungen des Arbeits- und Sozialrechts sowie des Arbeitsschutz- und Jugendschutzrechts, insbesondere des Arbeitsvertragsrechts, des Be-

triebsverfassungsrechts, des Tarifrechts, des Arbeitsförderungs- und Ausbildungs-
förderungsrechts, des Jugendarbeitsschutzrechts und des Unfallschutzrechts

c) die rechtlichen Beziehungen zwischen dem Ausbildenden, dem Ausbilder und dem
Auszubildenden.

So begrüßenswert dieser umfangreiche Anforderungskatalog an die Eignung eines Ausbilders ist, macht er doch eine Ergänzung notwendig. Um Ausbilder sein zu können, bedarf es nicht nur der gekonnten Beherrschung des Instrumentariums, sondern auch und
vor allem einer ehrlichen und verantwortungsbewußten Zuneigung zum jungen, Rat und
Orientierung suchenden Menschen. Die Sicherheit des Helfenkönnens muß durchdrungen sein von der Absicht des Helfenwollens und der Bereitschaft, die Verantwortung zu
tragen, die mit der Erwartung, Vorbild zu sein, in persönlicher und fachlicher Hinsicht
verbunden ist.

Die Bereitschaft zur kooperativen Selbstqualifikation als der Fähigkeit, sich in eigener
Verantwortung und weitgehend autonomer Steuerung weiterzubilden, muß spätestens im
Heranwachsenden geweckt werden.

Mehr als von einem anderen Mitarbeiter muß von Ausbildern, von mit Ausbildung haupt-
beruflich oder neben der eigentlichen Arbeitsaufgabe auch mit Ausbildungsaufgaben betrauten Mitarbeitern erwartet werden dürfen, daß sie die Gelegenheiten zu einer kooperativen Selbstqualifikation nutzen. Der Ausbilder soll ja nicht nur sein Arbeitsgebiet optimal beherrschen, sondern darüber hinaus auch in der Lage sein, Wissen und Können
so zu vermitteln, daß andere es ihm gleichtun können. Dieses Ziel erfordert eine ständige
Arbeit des Ausbilders an und für sich selbst. Für den Ausbilder ist das Bemühen um Selbstqualifikation eine Präsenz- und Existenzfrage.

Die Bereitschaft des Ausbildenden, die sachlichen Mittel und den organisatorischen Rahmen zur Verfügung zu stellen, das fachliche Können und die charakterliche Haltung der
Ausbilder im Verbund mit den Anstrengungen der berufsbildenden Schulen bilden in sym-
biotischer Verbindung mit den Auszubildenden die Mitarbeiter heran, die notwendig sind,
um den betriebs- und volkswirtschaftlichen Anspruch auf Leistungsfähigkeit zu erfüllen
und auch die Basis für eine individuelle und soziale Ausgeglichenheit zu legen.

2.7.14 Weiterbildung

Der Berufsausbildung stehen die berufliche Fortbildung und die berufliche Umschulung
im System gleichrangig, in der praktischen Bedeutung aber mit unterschiedlichem Gewicht gegenüber. Berufliche Fortbildung und berufliche Umschulung werden häufig in
dem Begriff Weiterbildung zusammengefaßt (s.a. Abb. 2.7−4).

Der Fortbildung sind die nachstehenden Überlegungen gewidmet. Auf eine Erörterung
der Umschulung wird in diesem Zusammenhang verzichtet, weil für die Umschulung, soweit sie in betrieblichem Rahmen geschieht und nicht in Rehabilitationszentren stattfindet, in den Grundzügen das gleiche gilt wie für die Berufsausbildung.

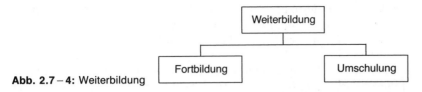

Abb. 2.7 – 4: Weiterbildung

Gleichwohl wird man von den in der Umschulung tätigen Personen ein besonders hohes Maß an menschlicher Zuwendungsbereitschaft und psychologischer Aufgeschlossenheit erwarten müssen.

Die Fortbildung wird mit der Entwicklung und immer schnelleren Folge neuer Produktions-, Verwaltungs- und Vertriebsverfahren, neuer Werkstoffe und veränderter sozialer Konstellationen und Ansprüche mehr und mehr zu einem Produktionsfaktor. Der Produktionsfaktor Bildung, speziell in der Ausformung Fortbildung, wird nach seiner Bedeutung für die Existenz- und Wettbewerbsfähigkeit eines Unternehmens und seinen Investitionsbedarf gleichgewichtig an die Seite der anderen (dispositiven) Produktionsfaktoren treten.

2.7.15 Fortbildungsziele

Die Zielsetzung der arbeitsbezogenen Fortbildung ist mehrdimensional. Sie richtet sich auf die Optimierung der gegenwärtigen Leistungsfähigkeit und die Schaffung der bildungsmäßigen Voraussetzungen zur Gestaltung der betrieblichen und damit auch der sozialen Zukunft. In ihrem didaktischen Gehalt beschäftigt sich die Fortbildung mit der fachli-

Berufliche Fortbildung			
Bereiche Zielsetzung	Fachliche Fortbildung	Personale Fortbildung	Soziale Fortbildung
Optimierung der Leistung in der gegenwärtigen Position	Wissen und Können zur optimalen Erfüllung der mit dem gegenwärtigen Arbeitsplatz verbundenen Aufgaben	Förderung der Identifikation von Person und Arbeitsgebiet, Erkenntnis der Wechselwirkung des Ichs zur Umwelt, der Umwelt zum Ich. Kreativität	Konfliktmeidung Konfliktlösung Rollenverständnis Gruppe als Lebensraum
Qualifikation für zukünftige Anforderungen und Positionen	Wissen und Können zur Erfüllung zukünftiger Aufgaben und der mit der nächsthöheren Position verbundenen fachlichen Anforderungen	Persönlichkeitsentwicklung, Führungsmethoden und Führungstechniken zur Gestaltung einer betriebswirtschaftlich optimalen und sozial befriedigenden Zusammenarbeit	Kommunikationsmethoden, Motivation und Leistung, Organisationspsychologie, Organisationsentwicklung

Abb. 2.7 – 5: Berufliche Fortbildung

chen Wissens- und Könnensvermittlung, mit der Formung der individuellen Mitarbeiterpersönlichkeit und mit der Gestaltung und Beeinflussung der kommunikativen Bedingungen und Prozesse im leistungsbestimmten Lebensraum Betrieb.

Für das Unternehmen soll die Fortbildung das Verbleiben am Markt und die Stärkung der Expansionsfähigkeit bewirken, für den Mitarbeiter die Selbstentfaltung fördern und einen Beitrag leisten, persönliche Würde im Umfeld Arbeit zu sichern.

2.7.16 Themen der Fortbildung

Wenn hier versucht wird, einen Einblick in die Vielfalt der von der beruflichen Fortbildung angesprochenen oder anzusprechenden Themen zu geben, dann geschieht das in voller Kenntnis der Tatsache, daß eine Vollständigkeit nicht erreicht und eine Allgemeinverbindlichkeit nicht abgeleitet werden kann. Die durch die betriebliche Aufgabenstellung, die Betriebsgröße, die maschinelle Ausstattung, den Führungsstil, die Mitarbeiterqualifikation bedingten Unterschiede und die Erfordernisse der verschiedenen Branchen divergieren so sehr, daß ein auch nur annähernd vollständiges Bild nicht gegeben werden kann. Die nachstehenden Fortbildungsthemen und -maßnahmen haben daher nur beispielhaften Charakter. Sicherlich werden dabei auch unterschiedliche Auffassungen über die Zuordnung auftreten.

Sie sind hier nach Kompetenzen geordnet, wie sie von Münch, J. in die *Diskussion* gebracht worden sind.

Fachkompetenz	Methodenkompetenz	Sozialkompetenz
Berichtswesen	Arbeitskontrolle	Kostenbewußtsein
Beschaffungsmarketing	Arbeitsplanung	Aggressionssteuerung
Beschaffungsrichtlinien	Arbeitstechniken	Aggressionsursachen
Beschaffungsstandards	Arbeitsverfahren	Arbeitsstile
Betriebsordnung	Arbeitsvorbereitung	Auftreten
Betriebsvorschriften	Beschaffungsverfahren	Ausdrucksweise
Buchführung	Einsatz von Diktiergeräten	Beobachten
Frachttarife	Datenbeschaffung	Beurteilen
Gesetzl. Vorschriften	Erste Hilfe	Entscheiden
Gesundheitsmaßnahmen	Feuerbekämpfung	Fremdsprachen
Lieferbedingungen	Formularwesen	Führung
Maschineneinsatz	Inbetriebnahme neuer	Führungsgespräche
Neue Technologien	Einrichtungen	Führungsverhalten
Organisationsgrundsätze	Kalkulation	Gesprächsführung
Organisationspläne	Kostenrechnung	Gruppendynamik
Produktenkunde	Lagerhaltung	Konferenzleitung
Produktionsverfahren	Maschinenbedienung	Kreativitätsmethoden
Programmiersprachen	Maschinenwartung	Menschenkenntnis
Qualitätsstandards	Programmgestaltung	Motivation
Sicherheitsvorschriften	Schriftverkehr	Motivationstheorien
Steuervorschriften	Umweltschutz	Problemanalyse
Verkaufsbedingungen	Unfallhandhabung	Psychologische Grundsätze
Verkaufspreise	Unfallverhütung	Rhetorik
Versandarten		Selbstbeurteilung
Vertriebsformen		Testverfahren
		Unterweisung
		Verhandlungsführung
		Verhalten in Gruppen

Die Themen der beruflichen Aus- und Weiterbildung ändern sich schnell. Sie sind abhängig von der betrieblichen und volkswirtschaftlichen Situation, der zeitlichen Aktualität, den Einflüssen der herrschenden Geistes- und Modeströmungen. Es läßt sich kein abgeschlossener Katalog dafür erstellen, sondern höchstens eine beispielhafte Aufzählung, die aber einer ständigen Erweiterung oder auch Reduzierung zugänglich sein muß.

2.7.17 Institutionalisierung der Berufsbildung

In Kleinbetrieben wird in aller Regel die Aufgabe, sich mit Fragen der Berufsbildung der Mitarbeiter zu beschäftigen, vom Eigentümer bzw. Unternehmer wahrgenommen. Das Schwergewicht der Berufsbildung liegt bei Kleinunternehmen meist bei der Berufs*aus*bildung; die organisierte und systematische Fortbildung und Umschulung nimmt keinen großen Raum ein; sie beschränkt sich meist auf die gelegentliche Teilnahme an von Lieferanten durchgeführten Schulungsveranstaltungen oder den Besuch von überbetrieblich organisierten Kursen.

In Mittelbetrieben erweist es sich als notwendig, den Unternehmer von seiner Aufgabenfülle zu entlasten. Funktionen werden auf Spezialisten übertragen. So auch die mit der betrieblichen Personalwirtschaft zusammenhängenden Aufgaben. Eine Personalstelle, eine Personalabteilung wird gebildet. Die Aufgaben der Berufsbildung, sie zu initiieren, zu organisieren und teilweise oder ganz durchzuführen, werden von ihr übernommen. Ob dafür innerhalb des Bereiches Personalwirtschaft wieder eine Spezialistenstelle geschaffen wird, hängt von der Anzahl der Auszubildenden und den sich ergebenden Fortbildungs- und Umschulungsaufgaben ab.

Bei Großbetrieben wird die Menge und Bedeutung der betrieblichen Berufsbildungsaufgaben dazu führen, daß sich meist innerhalb der Personalabteilung eine weitere, überwiegend funktionale Spezialisierung als zweckmäßig erweist. Im Vollzug dieser funktionalen Spezialisierung wird ein Berufsbildungsbeauftragter etabliert. Der Ausbau der Stelle des Berufsbildungsbeauftragten zu einer Abteilung, die die Aufgaben der Berufsbildung wahrnimmt, hängt von den betrieblichen Gegebenheiten und Zielsetzungen ab. Die Schulungs-, Bildungs-, Personalentwicklungsabteilung kann dann je nach Aufgaben- und Arbeitsanfall untergliedert werden in Stellen oder Funktionsbereiche für Berufsausbildung, Fortbildung und Umschulung. Auch weitere Auffächerungen sind denkbar und werden praktiziert.

Die Entwicklung innerhalb der Berufsausbildung in den letzten Jahren zeigt Tendenzen auf, die auf eine Rückverlagerung der Kompetenz und Verantwortung für das berufsbezogene Bildungsgeschehen weg von einer Institution auf das Individuum hindeuten. Rückverlagerung deshalb, weil auch schon die Gesellen- und Meisterausbildung früherer Jahrhunderte den in Eigenverantwortung handelnden Lernenden verlangten. Das Geschehen der kooperativen Selbstqualifikation weist das Anliegen der Berufsbildung mehr dem Individuum als einer Institution zu. Trotzdem kommt auch die kooperative Selbstqualifikation in der Regel nicht ohne eine Koordinierungsinstanz aus.

Die hierarchische Einordnung der Stelle oder Abteilung für Berufsbildung sollte zur Sicherung ihrer Funktion, zur Stärkung ihres innerbetrieblichen Durchsetzungsvermögens und zur Hebung ihres außerbetrieblichen Ansehens so hoch wie möglich in der Aufbauorganisation des Unternehmens erfolgen. Die besten Arbeitsmöglichkeiten ergeben sich dann, wenn der oder die für die Bildungsarbeit Verantwortliche(n) unmittelbar an die Unternehmensleitung berichtet, also der zweiten Führungsebene zugeordnet ist oder dem Leiter der Personalabteilung unterstellt wird und damit der dritten Führungsebene angehört.

Zu den Aufgaben der für die Bildungsarbeit verantwortlichen Person, Stelle oder Abteilung gehört es, den qualitativ und quantitativ gegenwärtigen und zukünftigen beruflichen Bildungsbedarf festzustellen, Bildungsmaßnahmen zu initiieren, die Berufsbildung zu strukturieren, Ausbildungs-, Schulungs- und Personalentwicklungsmaßnahmen zu planen, zu organisieren, sie, jedenfalls teilweise, durchzuführen und in ihrem Erfolg zu kontrollieren. Ihre Aufgaben erstrecken sich auch auf die Auswahl und Schulung der Mitarbeiter, die für Bildungsmaßnahmen eingesetzt werden. Für Bildungsaufgaben können Mitarbeiter aus dem innerbetrieblichen oder außerbetrieblichen Bereich ständig oder vorübergehend herangezogen werden. Die Auswahl externer Schulungsinstitute, zu denen Mitarbeiter zu Schulungszwecken entsandt werden, fällt, ebenso wie deren permanente Bewertung, in ihren Zuständigkeitsbereich.

Mit dieser kurzen Skizzierung der Aufgaben wird deutlich, daß die Benennung dieser Funktion zu Schwierigkeiten führt. Schulungsabteilung − eine Bezeichnung, die den Aufgabenkreis nicht abdeckt, da nicht nur Schulungsaufgaben zu erledigen sind − , Weiterbildungsabteilung − läßt den Ausbildungsbereich ausgeklammert − , Personalentwicklungsabteilung − klingt sehr mechanistisch − ; vielleicht umreißt Personalförderung Ziel und Aufgaben am deutlichsten.

2.7.18 Mitarbeiter für die berufliche Bildungsarbeit

Die berufliche Bildungsarbeit wird nicht allein von den Personen geleistet, die in der Abteilung Personalförderung ihre Planstelle haben. Soweit die Bildungsarbeit am Arbeitsplatz geschieht, wird sie von dem Arbeitsplatzinhaber z.B. für Auszubildende, Volontäre, Trainees geleistet. Darauf muß er vorbereitet und geschult werden. Erfolgt die Personalförderung durch Übertragung von Stellvertreterpositionen, so ist der Hauptträger der Personalförderung der Vorgesetzte.

Jeder Ausbilder bedarf zur optimalen Erfüllung seiner Ausbildungsaufgabe einer fachlichen und menschlichen Überqualifikation. Er muß souveräner Fachmann in seinem eigentlichen Aufgabengebiet sein, muß aber auch die sein Arbeitsgebiet tangierenden Tätigkeiten beherrschen und in der Lage sein, die Zusammehänge mit seiner Funktion zu erklären.

In seinem Verhalten wird von ihm zu verlangen sein, daß er sich vorbildhaft benimmt; seine Wißbegierde soll eine so starke Ausprägung haben, daß ihm permanente Fortbil-

420

dung ein intrinsisches Anliegen ist und er sich die kooperative Selbstqualifiktaion zu einem festen Bestandteil seines Lebens- und Arbeitsplanes macht.

Schulungsveranstaltungen können und werden in der Regel nicht von Angehörigen der Personalförderungsabteilung allein bestritten. Dazu wäre ein zu großer Personalbestand und ein zu detailliertes Fachwissen vonnöten. Deshalb wird man auf Fachleute aus den Fachabteilungen zurückgreifen, bei denen es allerdings häufig zur Aufgabe für die Personalförderungsabteilung werden kann, sie pädagogisch einzuweisen oder zu schulen. Die Freistellung von qualifizierten Referenten aus Fachabteilungen für die Teilnahme an Personalförderungs- und Schulungsmaßnahmen zu erreichen verlangt eine angesehene, einflußreiche Personalförderungsabteilung. Für manche interne Personalförderungsmaßnahmen kann es didaktisch und methodisch sinnvoll und kostengünstiger sein, externe Fachkräfte in die Schulungs- und Personalförderungsarbeit einzubeziehen. Diese Verfahrensweise erlaubt es, die Effizienz hochzuhalten und die Dauerbelastung durch Personalkosten zu verringern. In manchen Unternehmen hat es sich als pädagogisch und kostenmäßig opportun erwiesen, für bestimmte Teile der Personalförderungsmaßnahmen, z.B. für die Bedarfsermittlung, die Planung, die inhaltliche Ausarbeitung oder auch die Durchführung und Kontrolle, externe Institute in das innerbetriebliche Geschehen einzuschalten. Mitarbeiter, die in den Genuß von Personalförderungsmaßnahmen kommen sollen, können auch zu externen oder überbetrieblichen Bildungseinrichtungen entsandt werden.

2.7.19 Interne, externe Fortbildung, Mischformen

In der Theorie wird die Diskussion häufig so geführt, als ob eine Entscheidung, entweder interne oder externe Fortbildung, in jedem Unternehmen getroffen werden müßte. Für eine solche Entscheidungsfindung lassen sich Kataloge der Vor- und Nachteile interner und externer Fortbildung aufstellen.

Vorteile interner Fortbildung können sein:
- Fortbildungsmaßnahmen sind auf die Unternehmensbelange ,,maßgeschneidert''
- Die Identifikation der Unternehmensleitung mit den Fortbildungsmaßnahmen ist überzeugender
- Taktische und strategische Maßnahmen zur Erreichung der Unternehmensziele lassen sich wirkungsvoller in die Fortbildungsmaßnahmen einbauen
- Die zeitliche Abfolge der Fortbildungsmaßnahmen richtet sich nach den betrieblichen Möglichkeiten und Absichten und nicht nach externen Einflüssen
- Bei größeren zu schulenden Mitarbeiterzahlen können die Kosten niedriger sein
- Das Wir-Gefühl unter den Teilnehmern an Fortbildungsmaßnahmen wird gestärkt und die Identifikation mit dem Unternehmen verbessert
- Die Lernerfolgskontrolle ist effizienter

Nachteile interner Fortbildung können sein:
- Fehlender Gedankenaustausch mit Mitarbeitern anderer Unternehmen
- Verharren in den eingefahrenen Gleisen betriebsüblicher Praktiken
- Furcht der Teilnehmer, daß das Verhalten bei den Fortbildungsmaßnahmen zur Grundlage von Beurteilungen genommen wird
- hohe Kosten- und Personalbelastung

Vorteile externer Fortbildung können sein:
- Die Atmosphäre unterscheidet sich deutlich vom Betriebsalltag
- Die pädagogische Erfahrung der Schulungskräfte ist größer
- Erfahrungsaustausch mit Angehörigen anderer Unternehmen findet statt und bringt neue Ideen
- Die Kosten lassen sich leichter und genauer erfassen

Nachteile externer Fortbildung können sein:
- Betriebsspezifische Aussagen werden nicht gemacht
- anstatt von „maßgeschneiderten" Programmen tritt „Konfektionsware" in den Vordergrund
- fehlende Kontinuität der Maßnahmen
- keine Gewähr für die Umsetzung des Erlernten in die betriebliche Arbeit
- Verwechslung der Fortbildungsmaßnahmen mit irgendeiner Art von zusätzlichem Urlaub

Die Praxis verlangt jedoch in der Regel nicht die Entscheidung zwischen Entweder/Oder, sondern eine Abwägung, was im Einzelfalle die zu bevorzugende Alternative sei. Dabei sind vor allem zeitliche, personelle, pädagogische, motivatorische und kostenmäßige Gesichtspunkte zu berücksichtigen. Bei aller Präferenz für interne Fortbildung ist es doch nicht zu vertreten, sie doktrinär zu fordern. Die Entscheidung für interne oder externe Fortbildung bedarf des sachkundigen und verantwortlichen Rates der Personalförderungsabteilung.

Die Programmierte Unterweisung und die kooperative Selbstqualifikation können nicht eindeutig der internen oder externen Aus- und Fortbildung zugeordnet werden. Sie können sowohl am Arbeitsplatz, in den Räumlichkeiten des Unternehmens oder Betriebes, in einem Schulungsheim, in der Privatsphäre der Mitarbeiter, als auch als begleitende Lehr- und Lernaktivität bei externen Veranstaltungen, z.B. Kurs- und/oder Seminarteilnahme, eingesetzt werden. Beide Einsatzvarianten mindern in keiner Weise ihre pädagogische Relevanz, im Gegenteil, durch ihre Einsatzflexibilität wird eine lernzielsynchrone Anwendung ermöglicht.

2.7.20 Fortbildungsmethoden

Die Fortbildungsmethode stellt ein Element in dem Wirkungssystem berufliche Bildung dar. Betont wird, daß die Fortbildung nicht ein Geschehen sein darf, das der Kunst der Improvisation gehorcht, sondern nach Regeln und genau geplanten Sach- und Zeitplänen ablaufen muß, wenn sie ihre betriebswirtschaftlich und sozial optimale Wirkung entfalten soll.

Die Fortbildungsmethoden sind gleichzeitig Lehr- und Lernmethoden. Die Methode ist einer Münze mit zwei Seiten vergleichbar. Betrachtet man sie vom Standpunkt des Lehrenden, desjenigen, der Lernen macht, dann spricht man von Lehrmethode. Betrachtet man sie mit den Augen desjenigen, der durch sie zur einer Änderung seines Verhaltens bestimmt wird, des Lernenden, dann benennen wir sie Lernmethode. Es handelt sich aber immer um ein Phänomen, das nur aus der Intention des Senders und Empfängers anders empfunden wird.

Die Fortbildungsmethode wird bestimmt oder doch beeinflußt von

- dem Lernziel
- dem Lernstoff
- der Lehr- und Lernmethode
- dem oder den Lehrenden
- dem oder den Lernenden
- dem Lernort bzw. der Lernumwelt
- den Lehr- und Lernmitteln
- der Lernerfolgskontrolle.

Diese Elemente unterrichtlichen Geschehens wirken aufeinander ein, bedingen sich gegenseitig und stellen so die Entscheidungsgrundlage für die Gestaltung des jeweiligen pädagogischen Optimums dar. Die Entscheidungsfindung wird auch davon auszugehen haben, daß nicht alle Elemente gleich starr sind. Einige können mehr als andere bestimmt, beeinflußt, variiert werden; andere sind unter den gegebenen Umständen als fixiert anzusehen; sie können nicht beeinflußt werden, müssen so, wie sie angetroffen werden, in das unterrichtliche Geschehen der Fortbildung hineingenommen werden. Es obliegt dem für die Mitarbeiterfortbildung Verantwortlichen zu prüfen, welche der vorliegenden oder angetroffenen Bedingungen fix und welche variabel sind. Ein Beispiel soll das Gesagte verdeutlichen. Auf die Art und Zahl der Fortzubildenden hat der für die Fortbildung Verantwortliche meist keinen unmittelbaren Einfluß. Kurzfristig muß er diese Bedingung akzeptieren. Langfristig kann er vielleicht anregen, Mitarbeiter mit anderen Qualifikationsvoraussetzungen einzustellen oder heranzubilden. Im konkreten Fall aber wird er von den Gegebenheiten auszugehen haben.

Der Lernort ist meist nicht so fest vorgegeben. Es kann der Arbeitplatz, eine Schulungswerkstatt, ein Unterrichtsraum, ein vom Lernenden frei zu wählender Ort sein. Er kann im Betrieb liegen, am Sitz des Betriebes, sich in einem Fortbildungszentrum befinden oder in einer landschaftlich reizvollen, die Lernkonzentration fördernden Gegend liegen. Die Entscheidung wird hier stark von Kostenüberlegungen bestimmt werden; sie ist aber nicht an eine starre Bedingung gebunden.

Weiter oben wurde bereits darauf hingewiesen, daß sich in bezug auf den Lehr- und Lernort die programmierte Unterweisung und die kooperative Selbstqualifikation als besonders variabel und anpassungsfähig erweisen. Das gleiche gilt für den Lernzeitpunkt und die Lerndauer.

So wie hier für die Lernenden und den Lernort gezeigt, wird jedes der acht Elemente des unterrichtlichen Systems Fortbildung zu untersuchen sein. Das Untersuchungsergebnis entscheidet dann darüber, welches einzelne Element jeweils in Richtung auf eine Optimierung des Lehr- und Lernprozesses auszugestalten ist.

Jedes Lehren und Lernen zielt auf eine Verhaltensänderung. Die Verhaltensänderung kann erreicht werden durch eine Änderung

- des Wissens
- des Könnens
- des Verhaltens.

Daraus ergeben sich auch die grundsätzlichen Inhalte der Fortbildung.

Die *Wissensvermittlung* ist gerichtet auf die Beherrschung der geistigen und erfahrungsmäßigen Voraussetzungen, die zur Erfüllung einer Aufgabe notwendig sind. Wissensvermittlung transportiert Kenntnisse von einem Sender, der Lehrperson, mit Hilfe von Medien und Methoden zum Lernenden und will sie in ihm so verankern, daß sie jederzeit abrufbar zur Verfügung stehen. Wissen ist auf das Verständnis von Zusammenhängen ausgerichtet. Es werden zwar Kenntnisse von Einzeltatsachen vermittelt, aber durch das Verständnis einander so zugeordnet, daß es auf größere Zusammenhänge übergreift und zu selbständigem, folgerndem Denken führt. Wissen ist somit eine Voraussetzung für das Erkennen und Analysieren von Zusammenhängen und Problemen, der Entscheidungsfindung und der Problemlösung.

Die Fortbildung hat hauptsächlich die Vermittlung von Leistungswissen zum Anliegen, d.h., sie vermittelt das Wissen, das zur Erbringung einer bestimmten Leistung für die Erfüllung einer betrieblichen Aufgabe unmittelbar erforderlich ist. Bildungswissen, im Gegensatz zum Leistungswissen, formt die Persönlichkeit, zeigt Perspektiven auf und gibt Einsichten auch in Bereiche, die nicht unmittelbar mit der Erledigung einer konkret gestellten Aufgabe zu tun haben. Bildungswissen stellt eine wichtige Voraussetzung für die Flexibilität von Mitarbeitern und ihre potentielle Eignung für Führungspositionen dar.

Erweiterung und Verbesserung des *Könnens* ist ein weiterer Bereich der Fortbildung. Kenntnisse allein reichen nicht aus. Betriebswirtschaftliches Geschehen verlangt Handlung. Das bedeutet, daß Wissen in Taten umgesetzt werden muß. Die Fähigkeit, Wissen in einer praktischen oder geistigen Tätigkeit zielorientiert und ökonomisch einzusetzen, ist Können. Können verlangt zu seiner Entwicklung Unterweisung, Anleitung, Vorbild und Übung. Die Voraussetzungen zu schaffen und Hilfestellung bei der Entwicklung des Könnens von Mitarbeitern zu geben ist Aufgabe der Fortbildung. Die Erweiterung und Verbesserung des Könnens verlangen mehr Zeit als die Vermittlung von Wissen, und sie erfordern einen größeren personalen Einsatz.

Die Beeinflussung des *Verhaltens* von Mitarbeitern, der Einstellung gegenüber Personen, Vorgängen und Sachen, stellt deshalb eine Fortbildungsaufgabe dar, weil Einstellung und Verhalten die Art und Weise beeinflussen, wie eine Aufgabe erfüllt wird. Das Verhalten ist von Wertvorstellungen bestimmt. Die meisten Wertvorstellungen werden von der Umwelt geprägt, sind durch Honorierung und Sanktionen, aber auch durch Einsicht zu beeinflussen. Fehlhaltungen sollen abgebaut, Positivhaltungen verstärkt werden. Ansatzpunkt für die Veränderung des Verhaltens ist meist die Motivation der Mitarbeiter und die Offenlegung der Wirkungen des eigenen Verhaltens, z.B. im Führungsstil, der Informationsbereitschaft, der Delegation von Aufgaben und Verantwortung, der Anerkennung von Leistungen und der Verwendung von Leistungsmaßstäben und Beurteilungen, auf die Umgebung und die Mitarbeiter im engeren Sinne.

Die Veränderung der Einstellung und des Verhaltens ist ein langwieriger Prozeß, der nur gelingen kann, wenn er, durch betriebsnahe Vorbilder gestützt, mit Geduld und Einfühlungsvermögen betrieben wird.

Wissen, Können, Verhalten lassen sich nur in der Theorie fein säuberlich voneinander trennen. In der Praxis wird es immer zum Vermischen und gegenseitigen Durchdringen dieser Inhalte der Fortbildung kommen. Bei den meisen Fortbildungsmaßnahmen sind Wissen, Können, Verhalten gleichzeitig oder nacheinander angesprochen. Diese Überlagerung darf aber keinesfalls zu einem Verlust der Schärfe der Lernziele und der Lernerfolgskontrolle führen. Die Fortbildungsmethoden lassen sich ordnen in

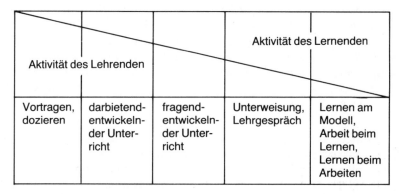

Abb. 2.7 – 6: Passive und aktive Lehr- und Lernmethoden

- passive und aktive Lehr- und Lernmethoden
- individuelle und gruppenorientierte Lehr- und Lernmethoden
- arbeitplatzgebundene und nichtarbeitsplatzgebundene Lehr- und Lernmethoden.

Passive und aktive Lehr- und Lernmethoden werden unterschieden nach der Ausprägung der Aktivität, die der Lernende dabei zeigt. Bei einem Vortrag nimmt der Lernende weitgehend passiv auf; beim Gruppenunterricht oder der Programmierten Unterweisung bestimmt er überwiegend das unterrichtliche Geschehen.

Betrachtet aus dem Gesichtswinkel der Lerneffizienz, läßt sich sagen, daß der Lernerfolg mit einer Verschiebung von passiven zu aktiven Lehr- und Lernmethoden steigt. Je größer der Anteil des learning by doing ist, desto wirkungsvoller die Methode und desto sicherer die Verankerung im Langzeitgedächtnis. Rein rezeptive Methoden, wie z.B. ein Vortrag, schaffen oft kaum den Übergang vom Ultrakurzzeitgedächtnis ins Kurzzeitgedächtnis. Trotzdem haben auch sie ihre pädagogischen Vorzüge. Diese liegen meist auf der Seite der Lehrpersonen.

Individuelle und gruppenorientierte Lehr- und Lernmethoden richten sich nach der Zahl der zu schulenden Lernenden, dem zu vermittelnden Lerninhalt, dem Lernziel. Der Einzelunterricht hat den Vorteil, daß die Lehrperson sich ganz auf die Voraussetzungen des Lernenden nach Wissen, Können und Haltung einstellen kann. Er hat den Nachteil, daß der Ansporn zum Lernen und Durchhalten, wie er sich aus einer Gruppensituation normalerweise ergibt, fehlt. Synergieeffekte kommen nicht zum Tragen, soziale Einflüsse kommen als Stimulatoren des Lehr- und Lerngeschehens nicht zur Wirkung.

Gruppenorientierte Lehrmethoden sind in der Regel kostengünstiger und zeitsparender. Sie bieten auch Vorteile in pädagogischer Sicht, weil die soziale Phase des Lernens hier schon systemimmanent ist und der Lernende durch sie Bestätigung erfährt, Sicherheit und Ansporn gewinnt. Gleichgültig, ob Lernen auf einen einzelnen oder eine Gruppe ausgerichtet ist, der Lehrende sollte nicht aus dem Auge verlieren, daß Lernen immer in zwei Phasen – einer Individualphase und einer Sozialphase – abläuft. In der Individualphase mehren wir unser Wissen, entwickeln wir Fähigkeiten und verändern oder stabilisieren wir unsere Einstellungen; in der Sozialphase, im Vergleich mit anderen, gewinnen wir Sicherheit und stärken unsere Motivation. Wird in der Struktur- oder Ablaufplanung des Lerngeschehens eine der Phasen nicht oder unangemessen berücksichtigt, führt das mit Sicherheit zu Beeinträchtigungen des Lernerfolgs. Die Unterscheidung in arbeitsplatzgebundene und nichtarbeitsplatzgebundene Methoden hat für die Fortbildung ganz besondere Bedeutung. Diese Klassifizierung orientiert sich am Ort, an dem die Fortbildung stattfindet.

Die arbeitsplatzgebundenen Methoden integrieren den Fortbildungsablauf in den Arbeitsprozeß oder den Arbeitsprozeß in das Fortbildungsgeschehen. Wo der Schwerpunkt liegt, mag von Fall zu Fall verschieden sein; immer ist aber eine unmittelbare Verbindung zwischen produktiver Tätigkeit und Lernen gegeben. Lernen läuft nicht als ein isolierter Prozeß ab, sondern verbindet sich sofort mit der Anschauung und der Anwendung, der späteren Anforderung entsprechenden Aufgabenstellung. Die Gefahr, daß die arbeitsplatzgebundene Fortbildung zu wenig Struktur und pädagogische Systematik enthält, hat die für die Fortbildung verantwortliche Person oder Instanz zu steuern. Auch hier ist es möglich und ratsam, mit operationalen Lernzielen, festen Inhalts-, Methoden- und Zeitvorgaben zu arbeiten. Für den Lernenden hat die arbeitsplatzgebundene Fortbildung den Vorzug, daß er unter wirklichkeitsnahen Bedingungen lernt, Wissen und Einsicht in praxisgleicher Situation sofort anwenden kann und die Kontrolle des Lernerfolgs durch eine sofortige, systemimmanente Rückmeldung erfolgt. Die arbeitsplatzgebundenen Lehr- und Lernmethoden haben durch ihren großen Realitätsbezug eine stimulierende Wirkung auf die Fortzubildenden und sichern in hervorragender Weise den Transfer des Lernstoffes in die Praxis.

Die *Anweisung, Beratung und Kontrolle* durch den Vorgesetzten oder die Lehrperson erfolgt immer dann, wenn einer in der Fortbildung befindlichen Person eine neue Aufgabe übertragen wird. Anweisung, Beratung und Kontrolle begleiten den Arbeitsalltag. Sie sollen immer stattfinden, wenn ein Erfahrener einem Unerfahrenen Aufgaben überträgt. Bei der Anweisung ist auf Vollständigkeit und logischen Aufbau zu achten. Anweisungen und die Bedingungen, unter denen die Aufgabe zu lösen ist, z.B. in bezug auf Zeit, Hilfsmittel, Materialaufwand, dürfen nicht fehlen. Die Beratung sollte in angemessener Form und adäquaten Zeitabständen die Arbeit des Lernenden begleiten. Die Kontrolle muß sachgemäß erfolgen und von dem Willen, den Lernerfolg zu sichern, getragen sein. Anweisung, Beratung und Kontrolle erfordern manchmal viel Zeit. Der Lehrende bedarf der erforderlichen Zeit und der auf Förderung bedachten inneren Einstellung zum lernenden Mitarbeiter.

Die *Zuteilung von wechselnden Aufgaben an wechselnden Arbeitsplätzen* ermöglicht es, sich nach der Methode learning by doing die Vielfalt der betrieblichen Aufgabenstellungen zu erarbeiten. Dieses Konzept findet nicht nur in der Berufsausbildung Anwendung; es hat sich auch bei der Einführung neuer Mitarbeiter, z.B. von Hochschulabsolventen, in die betriebliche Arbeitswelt bewährt, und bei der Fortbildung von Führungskräften, ihrem Vertrautmachen mit neuen Arbeits- und Aufgabenbereichen, ist es die bevorzugte Methode. Es soll nicht versäumt werden, darauf hinzuweisen, daß das Job-Rotation, wie diese Methode auch genannt wird, nach festen Zeit- und Sachplänen erfolgen soll und für die einzelnen Lernabschnitte und Aufgabenbereiche detaillierte Lerninhaltsbeschreibungen, Angaben der zur Verfügung stehenden Hilfsmittel und operationale Lernzielbestimmungen vorliegen sollten.

Der Einsatz von in der Fortbildung befindlichen Personen als *Assistenten oder Stellvertreter* für Führungskräfte führt ohne die Last der vollen Verantwortung und mit der Kontrolle durch einen erfahrenen Vorgesetzten direkt an die Arbeitsanforderungen heran, gibt die Chance des Lernens der Arbeit durch Arbeit. Dieses System läßt sich auf allen Führungsebenen der Unternehmenshierarchie mit Erfolg praktizieren und verspricht eine kostengünstige, realitätsbezogene, Wissen, Können und Verhalten einschließende Fortbildung.

Kooperative Selbstqualifikation findet immer dann statt, wenn ein Mitarbeiter die ihm von seinem Arbeitgeber, Vorgesetzten, Kollegen oder auch Mitarbeiter bewußt oder unbewußt gebotenen Chancen, sein Wissens-, Könnens- und Verhaltensrepertoire zu erweitern oder zu festigen, intentional nutzt. Die Individualität des Lerngeschehens macht sie unabhängig; ihr Geschehen im sozialen Raum verstärkt die Lehrwirkung und sichert den Lernerfolg.

Die *nichtarbeitsplatzgebundenen Lehr- und Lernmethoden* finden dann Anwendung, wenn das Ziel die Vermittlung neuen Wissens, theoretischer Fundierungen oder das Aufzeigen von kognitiven Zusammenhängen ist. Die nichtarbeitsplatzgebundenen Methoden betonen mehr den Charakter der reinen Lehr- und Unterrichtsveranstaltungen und sind strenger nach didaktischen und methodischen Gesichtspunkten aufgebaut. Die Erkenntnisse der Unterrichtswissenschaft werden hier genutzt, die Kostendegression bei der Schulung größerer Mitarbeitergruppen führt zu wachsender Anwendung.

Bei den arbeitsplatzgebundenen Methoden sind zu unterscheiden

- die planmäßige Unterweisung
- das Lehrgespräch
- die Anweisung, Beratung, Kontrolle durch den Vorgesetzten oder die Lehrperson
- die Zuteilung von wechselnden Aufgaben an wechselnden Arbeitsplätzen (Trainee-Programme)
- die Übertragung von Assistenten- und Stellvertreterpositionen
- die Arbeit in einer Übungsfirma.

Die *Unterweisung* sollte immer nach einem Plan erfolgen. Dies zu betonen, ist deshalb wichtig, weil die Häufigkeit der Verwendung dieser Methode ihre Systematik in Vergessenheit geraten läßt. Die Mindeststruktur der planmäßigen Unterweisung besteht aus

a) Einstimmung des Lernpartners auf das Lernziel und
den Lernvorgang   L
b) dem Erklären des Lerninhaltes   L
c) dem Vormachen des Lerninhaltes   L
d) dem Nachmachen des Lerninhaltes   S
e) der anleitenden Korrektur von Fehlern   L/S
f) dem Üben des Lerninhaltes.   S

Bei der planmäßigen Unterweisung wechselt die Aktivität zwischen dem Unterweisenden und dem Unterwiesenen. Die Buchstaben „L" = Lehrer, „S" = Schüler sollen die Schwerpunkte der Aktivitäten deutlich machen.

Beim *Lehrgespräch* erläutert der Lehrende den Lerninhalt in kleinen, systematisch aufgebauten Lernschritten. Dabei gibt er dem Lernenden spätestens nach jedem Lernschritt Gelegenheit, Fragen zu stellen, Erklärungen zu erbitten, seine Vorstellungen zu äußern. Ein Lehrgespräch darf kein Monolog werden, sondern muß den Charakter eines Dialogs wahren. Der Lehrende muß deshalb bei mangelnder Spontaneität des Lernenden diesen immer wieder durch Fragen zur Aktivität anregen. Vor einem neuen Lernschritt muß das sichere Verständnis des vorhergehenden durch Kontrollfragen abgesichert sein.

Übungsfirmen simulieren perfekt die betriebliche, vor allem die kaufmännische Arbeit. In Übungsfirmen kann learning by doing ausgezeichnet praktiziert werden, ohne die Fortbildung mit der Risikomehrung durch Fehlentscheidungen oder Fehlverhalten zu belasten. Es können alle Arbeits- und Entscheidungsvorgänge mit originalgetreuem Material und wirklichkeitsgetreuen Bedingungen simuliert werden, und permanente Übungen führen zur Vertiefung von Wissen und Können. Übungsfirmen sind vergleichbar dem Flugsimulator in der Aus- und Fortbildung von Flugzeugführern oder dem Phantom in der Ausbildung von Medizinern. Sie sind meist auf überbetrieblicher Basis organisiert. Die Fortbildung in Übungsfirmen bietet viele Vorteile der arbeitsplatzgebundenen Fortbildung. Sie hat zusätzlich den Vorzug, daß sie das wirkliche Betriebsgeschehen nicht belastet. Das Prinzip des Lernens mit Hilfe eines Simulators, wie es in der Übungsfirma für kaufmännische Anforderungen geschieht, läßt sich ohne Schwierigkeiten auf jede rechnerische Aufgabenstellung übertragen. Übungsfirmen haben gegenüber der auch anzutreffenden mehrgleisigen Unternehmensführung, bei der Nachwuchsführungskräfte die Aufgaben der tatsächlichen Führungskräfte bearbeiten und Entscheidungen vorbereiten oder treffen, die dann von den eigentlichen Führungskräften und -gremien akzeptiert oder verworfen werden, Vorteile. Die mehrgleisige Unternehmensführung eignet sich besser zur Entwicklung von Entscheidungsalternativen als zu Fortbildungszwecken.

Bei den nichtarbeitsplatzgebundenen Methoden sind zu unterscheiden:

– Vorlesung
– Vortrag
– darbietend-entwickelnde Lehrform
– fragend-entwickelnde Lehrform
– Gruppenarbeit
– Fallstudien

428

- Rollenspiel
- Planspiel
- Programmierte Unterweisung.

Die *Vorlesung* findet zu recht in der betriebsgesteuerten beruflichen Fortbildung nur dann Anwendung, wenn das Lern-, oder besser Informationsziel die Mitteilung neuer Erkenntnisse und Entwicklungen ist, auf die aufmerksam gemacht und zu weiterer Beschäftigung damit ein größerer Zuhörerkreis angeregt werden soll. Bei der klassischen Vorlesung ist der ,,Vorleser" streng an ein Manuskript gebunden. Bestimmend für die Vorlesung ist der Wunsch, einen Lehrstoff abzusetzen; ob der Transfer vom Sender zum Empfänger gelingt, unterliegt keiner Kontrolle und Rückkopplung. Die Vorlesung stützt sich überwiegend auf das Ohr als Sinnes- und Empfangsorgan. Die Einbeziehung des Lernenden in den Lehr- und Lernprozeß ist gering. Die Lehrperson ist allein aktiver Teilnehmer des Lehr- und Lernprozesses; der Lernende verhält sich weitgehend passiv. Der Wirkungsgrad der Vorlesung als Lehr- und Lernmethode ist schwach. Ihr Vorteil liegt darin, daß mit ihrer Hilfe ein großer Lehr- bzw. Informationsinhalt in kurzer Zeit an eine beliebig große Adressatenzahl transportiert werden kann.

Der *Vortrag* lockert die starre Gebundenheit der Lehrperson an das Manuskript etwas auf. Die Lehrperson, der Vortragende, kann Reaktionen aus seinem Zuhörerkreis in der methodischen Gestaltung und Variation seiner Ausführungen verwerten; im Prinzip aber ist der Vortrag ein manuskriptgestützter Monolog, der Zwischenfragen nicht kennt und bestenfalls durch eine anschließende Diskussion ergänzt wird. Vorteile des Vortrages: Große Mitarbeiterzahlen können gleichzeitig angesprochen werden. Kurze Vorbereitungszeit, eindeutige Aussage. Nachteile des Vortrages: Geringe Aktivierung der Lernpartner, schnelle Ermüdung, geringe Verankerung der Lerninhalte im Langzeitgedächtnis.

Bei der *darbietend-entwickelnden* Lehrform versucht die Lehrperson den Lernpartner in das Lehrgeschehen miteinzubeziehen. Es wird von dem sicher Gewußten und Gekonnten der Lernpartner ausgegangen. In kleinen Lernschritten wird der Lernstoff dargeboten, der Lernpartner durch Fragen meist rhetorischen Charakters zur geistigen Mitarbeit angeregt und sein Einverständnissignal zur Darbietung des nächsten Lernschrittes eingeholt. Vorteile der darbietend-entwickelnden Lehrform: Verknüpfung mit vorhandenem Wissen, strenge Systematik, geringer Zeitaufwand. Nachteile: geringe Aktivität der Lernpartner, schwache Kontrolle des Lernerfolgs.

Die *fragend-entwickelnde* Lehrform bezieht den Lernpartner aktiv in den Lehrprozeß ein, so daß sichergestellt wird, daß gleichzeitig ein Lernprozeß abläuft. Die Lehrperson stellt Fragen, gibt Denk-und Arbeitsanreize, setzt Denkanstöße und stellt Aufgaben. Die aktive Beteiligung des Lernpartners wird gefordert. Diese Lehrform verlangt die Aktivität des Lehrenden wie des Lernenden. Vorteile der fragend-entwickelnden Lehrform: hoher Aktivitätsgrad, Erlebnischarakter, starke Gedächtniswirkung, soziale Interaktion. Nachteile: Zeitaufwand, Gefahr von Abschweifungen.

Gruppenarbeit nennt man die Lehrform, die Gruppen von drei bis sieben Personen Aufgaben überträgt, die diese gemeinsam zu lösen haben. Die Resultate der gemeinsamen Arbeit werden vorgetragen, diskutiert und analysiert, Folgerungen gezogen. Vorteile der

Gruppenarbeit: starke Aktivierung des Gruppenmitgliedes, soziale Prozesse, hoher Gedächtniswert. Nachteile: Zeitaufwand für Vorbereitung und Durchführung.

Fallstudien sind Schilderungen einer komplexen Situation, in der ein oder mehrere Probleme enthalten sind. Die Aufgabe besteht in der Analyse des Problems und der Erarbeitung eines Lösungskonzepts. Die Art des Falles bestimmt, welche Wissens- und Könnensbereiche angesprochen werden. Die Methode ist vom Lehrstoff her sehr flexibel und kann auch im Schwierigkeitsgrad vielfältig variiert werden. Es werden offene Fälle und geschlossene Fälle (open-cases, closed-cases) unterschieden. Bei offenen Fällen sind mehrere Lösungen möglich. Es ist eine Güteabwägung erforderlich. Bei geschlossenen Fällen gibt es nur eine richtige Lösung. Fallstudien eignen sich sowohl für die Schulung von Einzelpersonen als auch von Gruppen. Wird die Fallmethode in Gruppen angewandt, führt sie zu einem Wissens- und Erfahrungsaustausch unter den Gruppenmitgliedern und läßt neben der sach- und fachbezogenen Schulung auch die Beachtung und Einübung von sozialen Verhaltensweisen zu. Die Lösungen, Lösungsmethoden und Lösungswege werden mit allen Teilnehmern diskutiert. Vorteile der Fallstudien sind ihr Variationsreichtum, ihre aktivierende Wirkung, ihre Praxisbezogenheit. Nachteile können sich aus dem großen Aufwand für ihre Erstellung und dem Zeitbedarf für ihre Durchführung ergeben.

Rollenspiele eignen sich für Fortbildungsaufgaben, bei denen soziale Interaktion und soziales Verhalten geschult und deutlich gemacht werden sollen: Vorgesetzten-Mitarbeiter-Beziehung, Beurteilungsgespräch, Verkaufsgespräche, Konferenzführung, Konfliktbereinigung. Das Rollenspiel erfordert gründliche Einweisung und Situationsbeschreibung. Es verlangt von allen Teilnehmern das ernsthafte Bemühen, den Realitätsbezug nicht zu verlieren. Ein geübter Regisseur, Spielleiter, ist erforderlich.

Das Rollenspiel schult nicht nur die aktiven Teilnehmer, sondern auch die Betrachter. Es sollte mit einer konstruktiven Aussprache, Selbstkritik und Fremdkritik verbunden werden. Vorteile des Rollenspiels: Realitätsnähe, Erlebnischarakter, soziale Interaktion, Abbau von Schwellenängsten. Nachteil: Zeitaufwand.

Planspiele sind Simulationen von Geschäfts- und Entscheidungsvorgängen. Sie ermöglichen es, Sachkenntnisse zu vermitteln, Arbeitstechniken zu schulen, Sozial- und Führungsverhalten zu üben, Verhaltensstrategien zu praktizieren und zu prüfen.

Das Planspiel im wirtschaftlichen Bereich ist dem Manöver auf militärischem Gebiet eng verwandt. Es lebt von seiner Wirklichkeitsnähe. Planspiele haben den Vorzug, daß sie nicht auf statischen Gegebenheiten, sondern auf dynamischen Prozessen aufbauen und so die Teilnehmer zwingen, die Reaktionen ihrer Wettbewerber in ihr eigenes Verhalten miteinzubeziehen. Es gibt computergestützte und nicht computergestützte Planspiele. Computergestützte Planspiele haben den Vorteil schneller Rückmeldung der Auswirkungen getroffener Entscheidungen und Maßnahmen, so daß in relativ kurzer Zeit mehrere Entscheidungsperioden simuliert werden können; nicht computergestützte Planspiele sind oft transparenter. Vorteile des Planspiels: motivierende Konkurrenzsituation, Realitätsbezogenheit, Darstellungsmöglichkeit komplexer Vorgänge. Nachteil: hohe Entwicklungskosten.

Die *Programmierte Unterweisung* ist eine von einer Lehrperson unabhängige Lehr- und Lernmethode. Sie ist ganz auf die Aktivität des Lernenden abgestellt. Der Lernende bestimmt die Lerndauer und damit den Umfang des aufzunehmenden Lernstoffes, das Lerntempo, bei Buchprogrammen auch den Lernort. Mit Buchprogrammen ist es möglich, große Zahlen von Mitarbeitern gleichzeitig in den Fortbildungsprozeß einzubeziehen. Das Programm besteht aus einem System von aufeinander aufbauenden Lernelementen. Jedes Lernelement ist in sich nach dem Prinzip des Regelkreises gestaltet. Es enthält

1. eine Information,
2. eine Frage oder Aufgabe,
3. eine Antwort oder Lösung,
4. eine Kontrolle der Antwort.

Die Kontrolle wird von dem Lernenden selbst durchgeführt. Nur wenn die Kontrolle die Richtigkeit der Antwort oder Lösung bestätigt, wird das nächste Lernelement bearbeitet. So wird vermieden, daß der Lernende Informationen falsch interpretiert oder sich unrichtige Auffassungen festsetzen. Die Programme für die Unterweisung sind meist linear oder verzweigt gestaltet. Lineare Programme stellen streng logische Informationssequenzen dar, von denen Abweichungen nicht vorgesehen sind. Verzweigte Programme erlauben es dem Lernenden, entsprechend seinem Wissensstand Lernelemente auszulassen oder zu wiederholen. Die Lösungen programmimmanenter Aufgaben stellen die Weichen für den Fortgang und den Weg des Lernprozesses. Die Mehrheit der Programme verwendet als Hardware das Lernheft oder das Lernbuch; es gibt auch computergestützte Lernprogramme, die Datensichtgeräte benutzen.

Die Programmierte Unterweisung eignet sich sehr gut für die Vermittlung von Wissen; auch Fertigkeiten können damit geschult werden. Ergebnisse des Lernens nach Programmen lassen sich verbessern, wenn nach einer angemessenen Strecke des Individuallernens eine Sozialphase geschaltet wird, in der sich die Lernenden austauschen. Vorteile der Programmierten Unterweisung: Unabhängigkeit von Lehrpersonen ermöglicht große Teilnehmerzahlen, Individualisierung des Lerntempos, leichter Nachweis der durchgeführten Unterweisung. Nachteil: hoher Entwicklungsaufwand bei kleinen Teilnehmergruppen.

Es läßt sich nicht verbindlich sagen, welche der nicht arbeitsplatzgebundenen Lehr- und Lernmethoden die besten Ergebnisse zeitigt. Es wird immer darauf ankommen, die Methode auszuwählen, die unter Berücksichtigung des Lernzieles, der zur Verfügung stehenden Lehrpersonen, der Adressaten, des Lernstoffes, der Lehr- und Lernmittel, der Umwelteinflüsse und der Lernzielkontrolle optimale Resultate erwarten läßt. Diese Auswahl bedarf einer gründlichen und fachkundigen andragogischen Prüfung. Sie entscheidet mit über den Fortbildungserfolg.

2.7.21 Intrinsische, extrinsische Motivation

Es wäre wünschenswert, wenn alle Mitarbeiter aus Interesse an der Sache, aus dem Wunsche, ihr Arbeitsgebiet und ihre Arbeitsumwelt kennen- und beherrschen zu lernen, sich der Fortbildung aufgeschlossen zeigten. Das Lernenmüssen würde dann von einem Lernenwollen abgelöst; die Last des Lernens wäre von den Lernenden genommen. Es besteht aber kein Zweifel: Intrinsisch motivierte Mitarbeiter in bezug auf die Fortbildung sind relativ selten. Das Konzept der kooperativen Selbstqualifikation bietet hier eine Chance. Die Motivation zur Fortbildung kann auf verschiedene Weise extrinsisch angeregt werden. Von der Erwähnung in der Hauszeitschrift, der Anerkennung durch den Vorgesetzten, der Aushändigung eines Teilnahmediploms, der Gewährung von Sach- oder Geldprämien bei erfolgreicher Teilnahme bis zur Beförderungsvoraussetzung spannt sich der Bogen der Möglichkeiten extrinsischer Motivation. Wenn extrinsische Motivation den Lernerfolg fördert und damit dem Unternehmen und dem Mitarbeiter dient, bestehen keine Bedenken, sich ihrer Möglichkeiten zu bedienen.

2.7.22 Bewertung der Weiterbildungserfolge

Ausbildung und Fortbildung ist von einer ständigen Kontrolle der Lernziele begleitet. Die Lernzielkontrollen sollten nicht punktuell am Ende eines Ausbildungs- oder Fortbildungszeitraumes geschehen, sondern, in die Bildungsmaßnahmen integriert, diese begleiten. Die Feststellung der Weiterbildungserfolge und ihre Rückmeldung an die Lernenden stimuliert die Lernbereitschaft, die Lernintensität und Lernausdauer. Weiterbildungserfolge sind keine Garantie für ihre Fortsetzung bei der Erfüllung der Arbeitsaufgaben. Mancher gute Schüler hat die praktische Bewährung nicht bestanden. Auch das Gegenteil kommt vor. Deshalb läßt sich aus dem Verhalten und den Erfolgen während der Aus- und Weiterbildung noch kein gesicherter Schluß auf das Arbeitsverhalten ziehen. Daher ist es nicht zu empfehlen, Aus- und Weiterbildungserfolge zum Maßstab für Lohn- und Gehaltsverbesserungen zu machen. Hierzu dient die Leistungsbeurteilung; sie ist von der Bewertung der Aus- und Weiterbildungserfolge konsequent zu unterscheiden. Würde die Trennung aufgehoben werden, bestünde die Gefahr, daß unter Umständen einmal erzielte Bildungserfolge sich lebenslang auf das Entgelt auswirkten, ohne ihre Rechtfertigung in der tatsächlich erbrachten Leistung zu haben.

2.7.23 Fortbildung – eine lebenslange Aufgabe

Die Zunahme des Wissens, die Schnelligkeit der Änderungen auf technischem und wirtschaftlichem Gebiet, die soziale Dynamik erfordern eine fortwährende Anpassung an neue Gegebenheiten. Lernen kann deshalb nicht mehr auf einen Lebensabschnitt beschränkt werden. Nicht allein das Kind und der Jugendliche haben lernend die Voraussetzungen zur Bewältigung der Lebensanforderungen zu schaffen, auch der Erwachsene wird immer wieder dazu gefordert. Die Ruhe einer in Lebensspannen gemessenen statischen Welt ist spätestens seit dem Beginn der industriellen Revolution zu Anfang des 19. Jahrhunderts einer Dynamik gewichen, die von allen aktiv im Arbeitsleben stehenden Personen verlangt, sich die Voraussetzungen für die Bewältigung des Existenzkampfes lernend neu zu schaffen. Der schnelle, sich selbst beschleunigende Wandel ist zum ständigen Begleiter unseres Lebens geworden. Mit ihm Schritt zu halten verlangt Lernen, lebenslang, intensiv. Fortbildung ist lebenssichernde Notwendigkeit geworden. Das Bemühen um Aufbau und Erhalt einer wettbewerbsfähigen Qualifikation stellt sich als eine lebenssichernde, aber auch lebensinnerfüllende Aufgabe.

2.7.24 Zusammenfassung

● Die Schulung von Mitarbeitern unmittelbar oder mittelbar durch das sie beschäftigende Unternehmen ist keine altruistische Leistung. Die Schulung von Mitarbeitern, gleichgültig, ob sie darauf zielt, das gegenwärtige Leistungsniveau zu halten oder einen höheren Qualifikationsstandard zu erreichen, stellt für das Unternehmen eine existenzerhaltende betriebswirtschaftliche Aufgabe dar. Es weckt Erstaunen, daß die unternehmerische Pflege des Produktionsfaktors Kapital zur geübten Praxis gehört, die Erhaltung und der Ausbau des Leistungsvermögens des Produktionsfaktors Arbeit – unter anderem durch eine permanente und institutionalisierte Mitarbeiterschulung – aber nicht für jeden Unternehmer zu seinen unabdingbaren Aufgaben zählt.

● Der technische und wirtschaftliche Fortschritt, der Ersatz oder die Ergänzung von altem Wissen durch neue Erkenntnisse, die Entwicklung der elektronischen Steuerungs- und Kommunikationsmittel haben ein Tempo angenommen, das in immer kürzer werdenden Zeitabständen es notwendig macht, das Wissen und Können aller in einem Unternehmen Tätigen dem neuesten Entwicklungsstand anzupassen. Von dieser Aufgabe, durch Hinzulernen die Ansprüche der Gegenwart zu erfüllen und den Forderungen der Zukunft gerecht zu werden, ist kein Mitarbeiter und keine Mitarbeiterin ausgenommen. Der Aufgabe, Wissen und Können ständig zu aktualisieren, sind alle Mitarbeiterschichten unterworfen; sie ist dem Mitarbeiter mit Sonderschulabschluß und dem Akademiker gestellt; sie gilt für den ungelernten Mitarbeiter und für das Mitglied der Geschäftsleitung.

● Der Fortschritt mit den ihn begleitenden wissens- und könnensmäßigen Veränderungen ereignet sich selten sprunghaft; meist verläuft er auf kontinuierliche Weise. Will die Schulung ihr Ziel erreichen, für eine permanent optimierte Erhaltung des Leistungsstandes der Mitarbeiterschaft zu sorgen, dann darf Mitarbeiterschulung nicht sporadisches, aus Notsituationen initiiertes Geschehen sein. Die Erhaltung und der Ausbau der Leistungsfähigkeit eines Unternehmens verlangen nach ständiger und systematischer Mitarbeiterschulung für alle Mitarbeitergruppen; denn die Entwicklung erfaßt prinzipiell alle Tätigkeitsbereiche in einem Unternehmen und erlaubt nur graduelle Unterscheidungen nach der Dringlichkeit ihrer Neuanpassung oder Umorientierung.

● Die betriebliche Mitarbeiterschulung bedarf zur Sicherung ihrer Effektivität des Einsatzes des gesamten pädagogischen Instrumentariums. Konkret muß verlangt werden, daß für die Mitarbeiterschulung die Lerninhalte (didaktischer Aspekt) effektivitätsbezogen ausgewählt werden, daß die erfolgswirksamsten Lehrmethoden (methodischer Aspekt) eingesetzt werden, daß optimale Lehr- und Lernmittel zur Verfügung stehen (Medienaspekt) und daß die Schulung an einem lernoptimalen Ort (Umweltaspekt) durchgeführt wird. Die erstrebte Optimierung der Mitarbeiterschulung läßt sich auch unter der Voraussetzung der Präsenz aller sachlichen Erfordernisse nur realisieren, wenn der fachlichen Kompetenz, dem pädagogischen bzw. andragogischen Können, dem organisatorischen Talent des Schulungsleiters und seiner Mitarbeiter ein hoher Stellenwert beigemessen wird. Schulungsleiter in einem größeren oder großen Unternehmen zu sein verlangt ein hohes Maß an persönlicher Qualifikation und erfordert eine organisatorische Einordnung auf oder nahe bei der obersten Führungsebene. In kleineren und mittleren Unternehmen ist die Unternehmensleitung gut beraten, die selbst die Verantwortung für die Mitarbeiterschulung übernimmt.

- Die Frage, ob für die Schulung der Mitarbeiter eigenes Personal eingesetzt wird, ob Schulungskräfte von außerhalb des Unternehmens beigezogen werden oder ob die Mitarbeiter die Schulung an externen Instituten durchlaufen, sollte ausschließlich unter dem Gesichtspunkt des Kosten-Leistungs-Verhältnisses beantwortet werden. Die rasche und möglichst weitgehende Umsetzbarkeit der Lerninhalte in die Wirklichkeit der betrieblichen Anforderungen stellt ein wichtiges Entscheidungskriterium dar. Die Entscheidung über Inhalt, Art und Weise einer Schulungsveranstaltung, ihren Teilnehmerkreis, den Ort und den Zeitpunkt der Schulung und das einzusetzende Schulungspersonal gelingt um so leichter und um so erfolgwirksamer, je genauer die Lernziele/Schulungsziele operational definiert sind. Je genauer der Zustand definiert werden kann, der nach erfolgter Schulung eingetreten sein muß, desto erfolgwirksamer läßt sich Mitarbeiterschulung zur Sicherung der Verwirklichung der Unternehmensziele betreiben.

- Auf dem Arbeitsmarkt – dem innerbetrieblichen und dem zwischenbetrieblichen – findet ein ständiger Wettbewerb statt. Das Streben nach der Befriedigung der in der Maslowschen Pyramide dargestellten Bedürfnisse ist – vielleicht mit unterschiedlicher Intensität, der Sache nach aber gleich – bei allen Mitarbeitern vorhanden. Die Aussicht, die Bedürfnisse zu befriedigen, ist am größten für denjenigen, der in der Leistungsskala ganz oben steht. Der Stand innerhalb einer rankinglist leitet sich überwiegend ab von dem verfügbaren Wissen und Können. Berufliches Wissen und Können sind nicht nur Folgen berufsbegleitend erworbener Erfahrung, sondern auch der bewußt auf sich genommenen und mit Ernst- und Standhaftigkeit absolvierten Mitarbeiterschulung. Die Mitarbeiterschulung eröffnet für die Mitarbeiterschaft die Möglichkeit, die eigenen Image- und Statusvorstellungen zu realisieren und die individuell empfundenen Bedürfnisse besser zu befriedigen. Die konsequente Teilnahme an unternehmensorganisierter Mitarbeiterschulung kann dazu beitragen, vorbildungsbedingte Chancenunterschiede in der Verwirklichung der Lebensziele abzubauen und das Maß an individueller Zufriedenheit zu fördern.

- Der Trend der Anforderungen an den arbeitenden Menschen um das Ende des 20. Jahrhunderts weist darauf hin, daß die Entlastung von körperlicher Arbeit weiter voranschreitet, gleichzeitig aber der zur Beherrschung der Automation notwendige Fachverstand zunimmt. Die Schulen – von den Sonderschulen bis zu den Hochschulen – vermitteln ihre Lehrinhalte organisationsbedingt mit einer Zeitlücke. Während die Wirtschaft heute das Wissen von morgen fordert, vermittelt die Schule heute das Wissen von gestern. Nur die teilweise Übernahme der Schulungsarbeit durch die unternehmerische Initiative in die betriebliche Realität läßt für die Zukunft die Synchronisation von vorhandenem Wissen und aktuellem Können mit der betrieblichen Anwendung erwarten. Vorausgesetzt wird dabei eine Mitarbeiterschaft, die insgesamt und jeder einzelne für sich aus Einsicht und Akzeptanz des motivierenden Charakters des Wissens- und Könnenswettbewerbs in unserer Hochleistungswirtschaft, die die Grundlage unseres Wohlstandes und Wohlergehens ist, die Notwendigkeit einer permanenten Selbstqualifikation erkennt, danach handelt und lebt.

- So darf die Prognose gewagt werden, daß die Bedeutung der Schulung von Mitarbeitern durch unternehmensinitiierte Aktivitäten in der Zukunft immer mehr zunimmt und dabei der heute gemachte Unterschied zwischen betrieblicher Aus- und Weiterbildung allmählich verschwindet. Lebenslanges Lernen heißt heute und morgen die Maxime.

2.8 Mitarbeiter und betriebliche Sozialpolitik – betriebliche Sicherungen und Selbsthilfen

2.8.1 Grundlagen der Sozialpolitik im Betrieb

Betriebliche Sozialleistungen sind so alt, wie Menschen zusammenarbeiten und über die reine Arbeitsgemeinschaft hinaus sich für einander verantwortlich fühlen. Mit der Aufgabe der Identität von Arbeitsgemeinschaft und Lebensgemeinschaft im Zuge der Industrialisierung verloren die Arbeiter ihre soziale Sicherheit, was u.a. zu ihrer Verelendung führte.

Da niemand ohne Schutz und Fürsorge leben kann, übernahmen die Arbeitgeber im Rahmen der Welfare-Bewegung die soziale Verantwortung ihren Arbeitnehmern gegenüber. Diese dem Wirtschaftsliberalismus entgegengesetzte Auffassung entstand Ende des 19. Jahrhunderts in den USA und fand auch in Europa Anhänger. In Deutschland erbrachte z.B. die Firma Krupp in Essen eine Fülle freiwilliger Sozialleistungen. Diese Entwicklung wurde von der Idee der wissenschaftlichen Betriebsführung, dem scientific management Taylors, unterbrochen. Sie wurde jedoch dann in der Human-Relations-Bewegung weitergeführt.

Ein Teil der Sozialaufwendungen verlor den Charakter der Freiwilligkeit, als eine umfassende Sozialversicherung (1881 – 1889) eingeführt wurde. Sie sieht in allen Zweigen der Sozialversicherung für fast alle Arbeitnehmer im kaufmännischen Unternehmen eine Pflichtversicherung vor, um sicherzustellen, daß sie in Notfällen nicht die staatliche Sozialhilfe belasten. Die Beitragsbelastung glaubt man den Arbeitnehmern zumuten zu können, da der Lebensstandard erheblich gestiegen ist, die Höhe der Beiträge von der Höhe des Einkommens abhängt und der Arbeitgeber den überwiegenden Anteil der Versicherungsbeiträge zu zahlen hat.

Diese Sozialgesetzgebung macht die freiwilligen Sozialaufwendungen keineswegs überflüssig. Die Zwangsversicherung deckt vielmehr nur das Existenzminimum im Ernstfall ab.

Wurden die betrieblichen Sozialaufwendungen anfänglich unter sozialethischem Aspekt gesehen, so wird heute der Arbeitnehmer als ein in seiner menschlichen Würde gleichberechtigter Mitarbeiter aufgefaßt und die wechselseitige Verantwortlichkeit im füreinander Einstehen, wie es Höffner ausdrückt, in den Mittelpunkt der Betrachtung gerückt.

Diese Einsicht führte in der Gesellschaft zur Idee der Partnerschaft, welche im Arbeitsrecht (BetrVG und Mitbestimmungsgesetze), in der Entlohnung (finale Entgeltfindung) und in der Beteiligung am Betriebsvermögen ihren Niederschlag fand. Alle diese Gesichtspunkte wurden bereits in vorhergehenden Abschnitten umfassend behandelt. Daneben gibt es eine Fülle von betrieblichen Leistungen, die freiwilligen oder gesetzlichen Sozialaufwand darstellen.

Die von den Arbeitgebern erbrachten sozialen Leistungen sind so unterschiedlich und auch in ihrer Bedeutung sowie ihrer finanziellen Belastung für die Betriebe so verschieden zu bewerten, daß Ansätze zu einer Systematisierung scheitern müssen. Dies gilt ebenso für eine Systematisierung nach der Wertschätzung der Begünstigten. Sie führen nicht weiter, da zu viele Einflüsse, z.B.

- landsmannschaftliche,
- konjunkturelle und
- gesellschaftspolitische,

das Ergebnis beeinflussen und allgemeingültige Aussagen nicht zulassen. Vorliegende Untersuchungen sind zu alt, und ihre Aussagekraft ist durch fehlende qualitative und quantitative Definitionen der einzelnen Maßnahmen eingeschränkt.[1] Als Gliederungsgesichtspunkt wird daher ein formaler Gesichtspunkt gewählt, und es werden diejenigen Maßnahmen angesprochen, welche in der Literatur und der Personalarbeit eine überragende Bedeutung haben.

2.8.2 Ziele und Motive der betrieblichen Sozialpolitik

Mit der Gewährung von Sozialleistungen werden bestimmte Ziele verfolgt, welche miteinander konkurrieren, aber sich auch gegenseitig fördern können. Als hauptsächliche Gründe für die Gewährung von Sozialleistungen sind im allgemeinen anzusehen:

- ● Traditionelle Ziele und Motive
  - – Ethisch-normative Motive
  - – Disziplinierung
  - – Abwehr gewerkschaftlicher und politischer Einflüsse
- ● Ökonomische Ziele und Motive
  - – Leistungssteigerung
  - – Kostensenkung
  - – Verbesserung der Wettbewerbssituation am Arbeitsmarkt
  - – Wahrnehmung steuerlicher Vergünstigungen

Abb. 2.8 – 1: Ziele und Motive betrieblicher Sozialpolitik

In der vorindustriellen Zeit beruhten Krankenfürsorge, Kleidungsbeschaffung und Essenausgabe wie selbstverständlich und ausschließlich auf der religiösen und fürsorgerischen Einstellung der Betriebsinhaber, welche zugleich Haushaltsvorstände waren.

Die gleichen Ziele wurden auch noch nach dem Übergang zur Industrialisierung verfolgt, in der sich selbständige Arbeitsgemeinschaften, die Unternehmen, bildeten. Die ersten Ansätze betrieblicher Sozialleistungen dienten der Linderung des schlimmsten Elends und bezogen sich auf Hilfen bei individuellen Notfällen (Krankheit, Invalidität), Hilfen bei der Ernährung, Kleidung und Wohnraumbeschaffung für die am Rande des Existenzminimums lebenden Arbeiterfamilien.

---

[1] Siehe Bornschein, Kurt; Die freiwilligen Sozialleistungen privater Klein-, Mittel- und Großbetriebe in den Regierungsbezirken Koblenz und Trier, Köln 1957, S. 179

Heute werden die betrieblichen Sozialleistungen überwiegend von dieser Zielsetzung nicht mehr getragen, wenn auch einzelnen Unternehmern eine solche Motivation nicht abgesprochen werden kann. Die Gründe liegen darin, daß existenzsichernde Maßnahmen als überflüssig angesehen werden, weil die staatliche Sozialgesetzgebung eine Sicherung der individuellen Existenz geschaffen hat und der Lebensstandard stark gestiegen ist. Hierdurch sind die Arbeitnehmer nur in außergewöhnlichen Notfällen auf die Hilfe ihres Unternehmers angewiesen. Für diese Zwecke bestehen dann u.a. betriebliche Unterstützungskassen. Im Rahmen der gesamten betrieblichen Sozialleistungen haben solche sozialen Maßnahmen kaum noch Bedeutung.

Auch die Arbeitnehmer sehen solche Sozialleistungen, die von religiösen oder fürsorgerischen Motiven getragen werden, nicht mehr als zeitgemäß an. Sie fühlen sich gegängelt oder bevormundet und möchten nicht auf Almosen angewiesen sein, weil sie dadurch ihre Selbständigkeit und Unabhängigkeit gefährdet sehen.

In den Anfängen der Industrialisierung mußte unter unmenschlichen Bedingungen gearbeitet werden. Dementsprechend schlecht war das Engagement in der Arbeit. Die Arbeitgeber hatten deshalb immer wieder Schwierigkeiten, die Ordnung im Betrieb sicherzustellen. Durch Zuteilung und Entzug von freiwilligen Sozialleistungen konnte das Verhalten der Mitarbeiter beeinflußt werden. Auf diese Art konnte man die Arbeitsdisziplin der Mitarbeiter verbessern. Die heute sehr viel selbstbewußteren Arbeitnehmer und auch der arbeitsrechtliche Gleichbehandlungsgrundsatz sprechen dagegen, daß gegenwärtig sozialpolitische Instrumente mit dem Ziel der Disziplinierung genutzt werden können. An ihre Stelle sind die Instrumente der Personalführung getreten. Eine weitere Entwicklung führt von der Disziplinierung weg hin zur Erziehung der Mitarbeiter. Über die Bekämpfung von Suchtgefahren, eine sinnvolle Freizeitgestaltung, wie kulturelle und sportliche Aktivitäten, bis zur Sparförderung und den Eigenheimbau reicht heute die Palette des Versuchs der betrieblichen Einflußnahme über freiwillige soziale Maßnahmen.

In der Zeit des Wirtschaftsliberalismus lehnten die Arbeitgeber überwiegend eine soziale Verantwortung ab. Da jedoch niemand ohne sozialen Schutz leben kann, traten in das Vakuum die Selbsthilforganisationen der Arbeitnehmer, anfänglich Arbeitervereine, später Gewerkschaften genannt. Sie versuchten, über eine Anhebung des Lebensstandards die soziale Frage zu lösen. Gegen den Wirtschaftsliberalismus wandten sich auch der Kommunismus und der Sozialismus, welche die herrschende Wirtschaftsordnung durch neue Normen ersetzen wollten, um auf diese Weise der Verelendung der Arbeiterfamilien entgegenzuwirken. Durch die Gewährung von zusätzlichen Sozialleistungen hofften die Arbeitgeber, gewerkschaftliche und ungeliebte politische Einflüsse auf die Arbeitnehmer abwehren zu können. Das erklärt auch, warum freiwillig soziale Leistungen als ,,vorenthaltener" Lohn von den Gewerkschaften abgelehnt wurden. Heute hingegen, nachdem ein hoher Lebensstandard erreicht worden ist, versuchen die Gewerkschaften, freiwillige soziale Leistungen tarifvertraglich abzusichern. Zusammen mit der staatlichen Sozialgesetzgebung ist eine Entideologisierung der Arbeitnehmer eingetreten. Dies wurde insbesondere nach dem ersten Weltkrieg eingeleitet, als sich das kollektive Arbeitsrecht als Kompromiß zwischen liberalen Gedanken und marxistischen Ideen entwickelte. Der § 87 des Betriebsverfassungsgesetzes von 1972 regelt heute bei den hier abschließend aufgezählten sozialen Angelegenheiten über das Mitbestimmungsrecht eine intensive partnerschaftliche Zusammenarbeit anstelle einer Konfrontation.

Fürsorgerische und ökonomische Motive sind nicht voneinander zu trennen, da beide ihre Basis in der Zusammenarbeit von Arbeitnehmern und Arbeitgebern haben. Daher ist auch kaum zu klären, welchen Zielen gerade die Priorität von den Arbeitgebern zugewiesen wird. Bereits in der Welfare-Bewegung wurde erkannt, daß patriarchalisches Fürsorgeverhalten einen positiven Einfluß auf die Arbeitsfreude und den Leistungswillen der Beschäftigten ausübte. Von den gleichen Vorstellungen geht auch die Human-Relations-Bewegung aus, welche man unter das Motto stellen kann: ,,Leistung dank Zufriedenheit.'' Während diese Zielvorstellung die Leistungsbereitschaft zu beeinflussen sucht, können freiwillige Sozialleistungen sich auch auf die Leistungsfähigkeit auswirken. Es sei in diesem Zusammenhang insbesondere auf vorbeugende oder rehabilitierende Gesundheitsmaßnahmen hingewiesen.

Der unternehmerische Erfolg wird nicht nur durch eine Leistungssteigerung, sondern auch durch eine Kostensenkung positiv beeinflußt. Sofern die Kosten für zusätzliche Sozialleistungen nicht höher sind als die eingesparten Kosten in anderen Bereichen, stellt sich die gewünschte positive Entwicklung des Gesamterfolges ein. Die Unternehmen sind daran interessiert, bestimmte Schlüsselpositionen in der betrieblichen Hierarchie möglichst langfristig zu besetzen. Aus diesem Grunde werden z.B. betriebliche Altersversorgungsmaßnahmen an die Dauer der Betriebszugehörigkeit gebunden. Aber auch Hilfen beim Erwerb von Wohnungs- oder Hauseigentum sind an das Bestehen des Arbeitsverhältnisses geknüpft. Art und Umfang der Gesamtheit aller sozialen Leistungen können über ein Gefühl der Dankbarkeit zu einer Bindung an den Betrieb führen. Es sei in diesem Zusammenhang darauf hingewiesen, daß auch andere personalwirtschaftliche Instrumente, wie z.B. berufliche Bildungsmaßnahmen oder der berufliche Aufstieg, eine gefühlsmäßige Bindung an den Betrieb hervorrufen. Alle diese Instrumente sollen eine Senkung der Fluktuationskosten bewirken. Das gleiche gilt aber auch für Kosten, die durch Fehlzeiten verursacht werden, welche auf Arbeitsunzufriedenheit zurückzuführen sind.

Der Erfolg eines Unternehmens hängt weitgehend von der Qualifikation seiner Mitarbeiter ab. Um geeignete Mitarbeiter wird zu allen Zeiten am Arbeitsmarkt geworben. Sozialleistungen sind eine Möglichkeit, die Wettbewerbsposition am Arbeitsmarkt zu verbessern. Dies kann in der Weise geschehen, daß man betriebliche Sozialleistungen als Public-Relations-Maßnahme bei der Personalwerbung einsetzt. Auf diese Art und Weise kann das Ansehen des Unternehmens in der Öffentlichkeit günstig beeinflußt werden. Betriebliche Sozialleistungen beeinflussen qualifizierte Bewerber aber auch direkt. Es ist dabei allerdings zu beachten, daß diejenigen Bewerber, welche auf Sicherheit bedacht sind, stärker auf Sozialleistungen ansprechen als Berufsanfänger, welche sich ihren Lebensstandard durch ein möglichst hohes Einkommen erst noch schaffen müssen. Für sie haben die betrieblichen Sozialleistungen erst die zweite Priorität.

Die Gewährung betrieblicher Sozialleistungen wird durch die steuerliche Anerkennung von Aufwendungen hierfür vielfach erleichtert. Die eingesparten Steuern verringern die Gesamtbelastung. Ein ganz besonderer Anreiz liegt vor, wenn die Aufwendungen nicht sofort zu Ausgaben führen oder getätigte Ausgaben in Form von zinsgünstigen Darlehen wieder an das Unternehmen zurückfließen. Der angesprochene Liquiditätseffekt beeinflußt die Entscheidung für betriebliche Sozialleistungen besonders stark. Es sei in diesem Zusammenhang auf die Pensionsrückstellungen gemäß § 6a EStG hingewiesen.

2.8.3 Aufwendungen zur Sozialversicherung der Arbeitnehmer

Ein Teil der zu erbringenden betrieblichen Sozialleistungen ist unabdingbar. Der Arbeitgeber ist aufgrund gesetzlicher Bestimmungen verpflichtet, den überwiegenden Teil der Beitragsleistungen in Form der Arbeitgeberbeiträge zur gesetzlichen Kranken-, Renten-, Arbeitslosen- und Unfallversicherung zu übernehmen. Hinzu kommen noch Aufwendungen für Maßnahmen im Rahmen des Gesetzes über Betriebsärzte, Sicherheitsingenieure und andere Fachkräfte für Arbeitssicherheit von 1973, Ausgaben im Rahmen des Schwerbehindertengesetzes sowie zahlreiche Aufwendungen für bezahlte Ausfallzeiten nach dem Mutterschutzgesetz, als Sonderurlaub für Jugendliche, für den Bildungsurlaub und das Entgeltfortzahlungsgesetz. Diese noch nicht vollständige Aufzählung soll auf den angesprochenen Bereich nur hinweisen. Er soll jedoch nicht weiter ausgeführt werden.

2.8.3.1 Die gesetzliche Krankenversicherung

Der älteste Zweig der Sozialversicherung ist die Krankenversicherung, welche 1883 mit dem Gesetz über die Krankenversicherung der Arbeiter begründet und 1988 mit dem Gesundheitsreformgesetz (GRG) auf eine neue Basis gestellt wurde.

Die Kenntnis des Rechts der sozialen Sicherung ist in der Bevölkerung wenig verbreitet. Der Grund liegt in der großen Zahl unterschiedlicher Rechtsquellen. Um diesem Zustand entgegenzutreten, soll das Sozialrecht Schritt für Schritt im Sozialgesetzbuch zusammengefaßt werden. Das Gesundheitsreformgesetz ist daher als fünftes Buch (V) dem Sozialgesetzbuch (SGB) eingefügt worden. Diese Rechtsquelle wird in den weiteren Ausführungen mit SGB V zitiert.

Die Leistungen der gesetzlichen Krankenversicherung sind in § 21 SGB I aufgeführt, dem allgemeinen Teil des Sozialgesetzbuches. Einzelheiten dazu befinden sich im dritten Kapitel §§ 11 − 68 SGB V, den §§ 195 − 200b RVO, §§ 22 − 31 des Gesetzes über die Krankenversicherung der Landwirte und §§ 13 − 16 Mutterschutzgesetz:

- Leistungen zur Förderung der Gesundheit
- Leistungen zur Verhütung von Krankheiten
  - Verhütung von Zahnerkrankungen
  - medizinische Vorsorgeleistungen
  - Vorsorgekuren für Mütter
- Leistungen zur Früherkennung von Krankheiten
  - Gesundheitsuntersuchungen
  - Kinderuntersuchung

- Leistungen zur Behandlung einer Krankheit
  - ärztliche Behandlung
  - zahnärztliche Behandlung einschließlich der Versorgung mit Zahnersatz
  - Versorgung mit Arznei-, Verband-, Heil- und Hilfsmitteln
  - häusliche Krankenpflege und Haushaltshilfe
  - Krankenhausbehandlung
  - medizinische und ergänzende Leistungen zur Rehabilitation sowie Belastungserprobung und Arbeitstherapie

- Betriebshilfe für Landwirte

- Krankengeld

- Leistungen bei Schwerpflegebedürftigkeit

- Leistungen bei Schwangerschaft und Mutterschaft
  - ärztliche Betreuung und Hebammenhilfe
  - Versorgung mit Arznei-, Verband- und Heilmitteln
  - stationäre Entbindung
  - häusliche Pflege
  - Haushaltshilfe, Betriebshilfe
  - Mutterschaftsgeld, Entbindungsgeld

- Hinzu kommt der vom Arbeitgeber zu zahlende
  Zuschuß zum Mutterschaftsgeld

Nach den §§ 5 und 6 SGB V sind Arbeiter und Angestellte krankenversicherungspflichtig, wenn deren regelmäßiges Jahresarbeitsentgelt 75 % der Beitragsbemessungsgrenze in der Rentenversicherung der Arbeiter und Angestellten nicht übersteigt. Krankenversicherungspflichtig sind darüber hinaus alle Auszubildenden. Der Arbeitgeber hat diesen Personenkreis bei der Krankenkasse anzumelden, die für den Betrieb zuständig ist. Zum Kreis dieser Krankenkassen gehören nach § 4 (2) SGB V die Betriebskrankenkassen, die Innungskrankenkassen oder die Allgemeinen Ortskrankenkassen. § 249 (1) SGB V bestimmt, daß die nach dem Arbeitsentgelt zu bemessenden Beiträge jeweils zur Hälfte von den versicherungspflichtig Beschäftigten und ihrem Arbeitgeber zu tragen sind. Der Arbeitgeber trägt nach § 249 (1) SGB V die Beiträge allein, sofern die Geringverdienergrenze nicht überschritten wird.

Die Zuständigkeit der in § 4 SGB V aufgeführten Krankenkassen regelt sich nach den §§ 173 – 175 SGB V. Versicherungspflichtig Beschäftigte können gemäß § 183 SGB V die Mitgliedschaft bei einer Ersatzkasse wählen. Auch für diese Beschäftigten gelten die oben bereits geschilderten Bestimmungen des § 249 (1) und (2) SGB V.

Die Höhe der Beitragssätze werden von der Vertreterversammlung der Krankenkasse beschlossen. Die Krankenkassen haben unterschiedliche Einzugsgebiete, die Ersatzkassen sind bundesweit organisiert. Die Allgemeinen Ortskrankenkassen erstrecken sich in der Regel auf einen Landkreis oder eine kreisfreie Stadt. Während die Innungskrankenkassen den Bezirk einer Innung abdecken, ist der Mitgliederkreis der Betriebskrankenkasse auf alle im Betrieb beschäftigten Personen beschränkt. Hierin liegt die Begründung für die unterschiedliche Höhe der Kassenbeiträge.

Beschäftigte, deren regelmäßiges monatliches Einkommen oberhalb der Jahresarbeitsentgeltgrenze liegt, können gemäß § 185 (1) SGB V als freiwillige Mitglieder der Krankenkasse weiterhin angehören, in der sie vor dem Ausscheiden aus der Versicherungspflicht Mitglied waren.

Personen, die erstmals eine Beschäftigung aufnehmen und nach § 6 (1) Nr. 1 SGB V wegen Überschreitung der Jahresarbeitsentgeltgrenze versicherungsfrei sind, können wie die freiwilligen Mitglieder auch gemäß § 185 (2) SGB V die Mitgliedschaft wählen bei

- der Krankenkasse, der sie angehören würden, wenn sie versicherungspflichtig wären,
- der für ihren Wohnort zuständigen Allgemeinen Ortskrankenkasse,
- einer Ersatzkasse, wenn sie zu dem Mitgliederkeis gehören, den die gewählte Ersatzkasse aufnehmen darf.

Nach § 257 (1) SGB V erhält dieser Personenkreis vom Arbeitgeber als Beitragszuschuß die Hälfte des Beitrags, der für einen versicherungspflichtig Beschäftigten bei der Krankenkasse, bei der die Mitgliedschaft besteht, zu zahlen wäre, höchstens jedoch die Hälfte des Betrages, der tatsächlich zu zahlen ist.

Beschäftigte, die nur wegen Überschreitung der Jahresarbeitsentgeltgrenze (§ 6 (1) Nr. 1 SGB V) versicherungsfrei sind, können einer privaten Krankenversicherung beitreten. Zu beachten ist in diesem Fall, daß nicht das Solidaritätsprinzip gilt, nach dem alle Versicherten bei gleichem Beitrag die gleichen Versicherungsleistungen in Anspruch nehmen können, sondern jedes Risiko einzeln zu versichern ist.

§ 257 (1) Nr. 1 SGB V weist diesen Versicherten auch einen Arbeitgeberzuschuß zu, wenn sie für sich und ihre Angehörigen Vertragsleistungen beanspruchen können, die der Art nach den Leistungen des fünften Buches des SGB entsprechen. Der Zuschuß beträgt die Hälfte des Beitrags, den der Beschäftigte bei der Krankenkasse zu zahlen hätte, die bei Versicherungspflicht zuständig wäre, höchstens jedoch die Hälfte des Betrages, den er für seine Krankenversicherung zu zahlen hat.

Beschäftigte, die wegen Überschreitens der Jahresarbeitsentgeltgrenze (§ 6 (1) Nr. 1 SGB V) versicherungsfrei sind, können auf eine Krankenversicherung auch ganz verzichten, wenn sie der Auffassung sind, daß ihr Einkommen und Vermögen ausreichen, um im Krankheitsfall die Kostenbelastung abdecken zu können.

Gemäß Artikel 60 in Verbindung mit Artikel 67 und 68 Pflege-Versicherungsgesetz (PflegeVG) sind die §§ 1 – 9 Lohnfortzahlungsgesetz (LohnfortzG) ab 1. 6. 1994 nicht mehr anzuwenden. An ihre Stelle tritt das Entgeltfortzahlungsgesetz (EntgeltfortzG). Hierdurch werden die für Arbeiter, Angestellte und Auszubildende bislang unterschiedlichen Regelungen bei der Entgeltfortzahlung an Feiertagen und im Krankheitsfall auf eine gemeinsame Grundlage gestellt.

Anspruch auf Entgeltfortzahlung besteht gegen den Arbeitgeber,

- wenn eine Krankheit den Arbeitnehmer arbeitsunfähig macht und ihn an der Krankheit kein Verschulden trifft,

– während der Zeit einer von einem Sozialversicherungsträger bewilligten Maßnahme der medizinischen Vorsorge oder Rehabilitation, wenn die Maßnahme stationär durchgeführt wird

für einen Zeitraum von höchstens sechs Wochen. Durch Tarifverträge kann aber auch ein längerer Anspruch eingeräumt werden.

Für die lohnintensiven Klein- und Mittelbetriebe führte bereits das Lohnfortzahlungsgesetz von 1970 zu einem hohen wirtschaftlichen Risiko. Der Gesetzgeber hat deshalb den zweiten Abschnitt dieses Gesetzes „Ausgleich der Arbeitgeberaufwendungen" weiterhin in Kraft gelassen. § 10 LohnfortzG schreibt vor, daß die zuständige Pflichtkasse diesen Arbeitgebern 80 % der Aufwendungen erstattet, die an Arbeiter und Auszubildende für die Lohnfortzahlung im Krankheitsfall gezahlt werden. Das gleiche gilt für Mutterschutzlohn und Zuschuß zum Mutterschaftsgeld gemäß Mutterschutzgesetz. Ausgleichsberechtigt – und damit nach § 14 LohnfortzG zugleich beitragspflichtig zur Umlage – sind solche Arbeitgeber, die regelmäßig nicht mehr als 20 Arbeitnehmer beschäftigen. Zu den Arbeitnehmern in diesem Sinne zählen auch die Angestellten, nicht dagegen Beschäftigte in der Berufsausbildung. Die Umlagebeträge werden durch die Satzung des Trägers der gesetzlichen Krankenversicherung in Prozentsätzen des Entgelts festgesetzt, nach dem die Beiträge zu der gesetzlichen Rentenversicherung für die im Betrieb beschäftigten Arbeiter bemessen werden.

2.8.3.2 Die gesetzliche Rentenversicherung

1889 wurde das Gesetz über die Invaliditäts- und Altersversicherung geschaffen. Es gewährte Arbeitern und Angestellten eine Altersrente (ab 70. Lebensjahr) oder eine Invalidenrente bei Erwerbsunfähigkeit. Der Berufsstand der Angestellten forderte eine selbständige und unabhängige Angestelltenversicherung mit eigenem Versicherungsträger. Die Bemühungen hatten Erfolg, so daß die Rentenversicherung der Arbeiter bis zum 31. Dezember 1991 in der RVO und die Rentenversicherung der Angestellten im Angestelltenversicherungsgesetz (AVG) geregelt ist. Beide Gesetze stimmen im Wortlaut nahezu überein. Ab 1. Januar 1992 werden die Vorschriften des 4. Buches der RVO „Rentenversicherung der Arbeiter" gestrichen. Das Angestelltenversicherungsgesetz sowie das Reichsknappschaftsgesetz werden u.a. zum gleichen Zeitpunkt außer Kraft gesetzt. Diese Bestimmungen werden dann einheitlich im sechsten Buch „Gesetzliche Rentenversicherung" des Sozialgesetzbuches (SGB VI) zusammengefaßt. Träger der Rentenversicherung der Arbeiter sind die Landesversicherungsanstalten, die Bundesbahn-Versicherungsanstalt und die Seekasse. Träger der Rentenversicherung der Angestellten bleibt die Bundesversicherungsanstalt für Angestellte, und Träger der knappschaftlichen Rentenversicherung bleibt die Bundesknappschaft.

Ab 1. Januar 1992 sind die Leistungen der gesetzlichen Rentenversicherung im zweiten Kapitel §§ 9 – 124 SGB VI festgeschrieben und umfassen:

- Leistungen zur Rehabilitation §§ 9 – 32 SGB VI
  - berufsfördernde Leistungen zur Rehabilitation
  - ergänzende Leistungen zur Rehabilitation
  - sonstige Leistungen: u.a. Zuwendungen für Einrichtungen, die auf dem Gebiet der Rehabilitation forschen oder die Rehabilitation fördern

442

- Rentenzahlungen §§ 33 – 105 SGB VI
  - Renten wegen Alters werden geleistet als
    - Regelaltersrente
    - Altersrente für langjährig Versicherte
    - Altersrente für Schwerbehinderte, Berufsunfähige oder Erwerbsunfähige
    - Altersrente wegen Arbeitslosigkeit
    - Altersrente für Frauen
    - Altersrente für langjährig unter Tage beschäftigte Bergleute
  - Renten wegen verminderter Erwerbsfähigkeit werden geleistet als
    - Rente wegen Berufsunfähigkeit
    - Rente wegen Erwerbsunfähigkeit
    - Rente für Bergleute
  - Renten wegen Todes werden geleistet als
    - Witwenrente oder Witwerrente
    - Erziehungsrente
    - Waisenrente
- Zusatzleistungen §§ 106 – 108 SGB VI
  - Zuschuß zur Krankenversicherung
  - Rentenabfindung bei Wiederheirat von Witwen oder Witwern

- Rentenauskunft § 109 SGB VI

- Leistungen an Berechtigte außerhalb des Geltungsbereichs des Sozialgesetzbuchs §§ 110 – 114 SGB VI

Pflichtversichert sind nach § 1 SGB VI u.a. alle Personen, die gegen Arbeitsentgelt oder die zu ihrer Berufsausbildung beschäftigt sind. Der Beitragssatz wird nach § 157 SGB VI nach einem Vomhundertsatz von der Beitragsbemessungsgrundlage erhoben. § 160 SGB VI bestimmt, daß die Bundesregierung mit Zustimmung des Bundesrates den Beitragssatz in der Rentenversicherung der Arbeiter und der Angestellten für die Zeit vom 1. Januar des folgenden Jahres durch Rechtsverordnung festzusetzen hat. Das soll jeweils bis zum 30. September des Vorjahres erfolgen. Nach § 168 SGB VI werden die Beiträge von Personen, die gegen Arbeitsentgelt oder zu ihrer Berufsausbildung beschäftigt werden, von den Arbeitnehmern und den Arbeitgebern je zur Hälfte getragen, es sei denn, die Geringverdienergrenze wird nicht überschritten. In diesem Fall trägt der Arbeitgeber die Beiträge allein.

Der Beitragssatz beträgt am 1. Januar 1994 19,2 %. Die Höhe des zu zahlenden Beitrags wird durch die Beitragsbemessungsgrenze beschränkt.

2.8.3.3 Arbeitsförderung – Arbeitslosenversicherung

Dieser Versicherungszweig wurde erstmals 1927 gesetzlich geregelt. Nach dem 1969 erlassenen Arbeitsförderungsgesetz (AFG) ergibt sich die folgende Aufgabenstellung:

- Arbeitsförderung
  - Arbeitsmarkt- und Berufsforschung
  - Arbeitsvermittlungsmonopol (ab 1994 geändert)
  - Berufsberatung
  - Förderung der beruflichen Bildung

- Förderung der Arbeitsaufnahme
- berufliche Rehabilitation Behinderter
- Arbeitslosenversicherung
  - Sicherung von Arbeitsplätzen
    - Kurzarbeitergeld
    - Förderung der ganzjährigen Beschäftigung in der Bauwirtschaft (produktive Winterbauförderung und Schlechtwettergeld)
    - Maßnahmen zur Arbeitsbeschaffung
  - Leistungen an Arbeitslose
    - Arbeitslosengeld
    - Arbeitslosenhilfe
- Konkursausfallgeld

Träger der Arbeitsförderung und Arbeitslosenversicherung ist die Bundesanstalt für Arbeit. Sie gliedert sich in die Hauptstelle mit Sitz in Nürnberg, die Landesarbeitsämter und die Arbeitsämter.

Beitragspflichtig sind Personen, die als Arbeiter und Angestellte gegen Entgelt oder zu ihrer Berufsausbildung beschäftigt sind (§ 168 (1) AFG). Das Arbeitsförderungsgesetz schreibt in § 167 vor, daß die Bundesanstalt für Arbeit von Arbeitnehmern und Arbeitgebern Beiträge erhebt, wobei der Beitragssatz für beide gleich ist. Er beträgt am 1. Januar 1994 6,5 %.

2.8.3.4 Die gesetzliche Unfallversicherung

Das erste Unfallversicherungsgesetz stammt aus dem Jahr 1884. Heute ist die Unfallversicherung im 3. Buch der RVO geregelt. Die Leistungen der Unfallversicherung beziehen sich auf zwei große Gebiete und umfassen:

- Unfallverhütung und Erste Hilfe
  - Erlaß von Unfallverhütungsvorschriften
  - Überwachung durch technische Aufsichtsbeamte
  - Verhängung von Geldbußen
  - Erste Hilfe
  - Unfallverhütungsbericht

- Unfallfolgen
  - Heilbehandlung
  - Verletztengeld oder Übergangsgeld
  - Berufshilfe
  - Verletztenrente
  - Sterbegeld
  - Hinterbliebenenrenten
  - Abfindungen

Die Leistungen sind auf Arbeitsunfälle, Wegeunfälle und Berufskrankheiten beschränkt.

Träger der Unfallversicherung sind gemäß §§ 646 ff. RVO die Berufsgenossenschaften, ferner können Träger sein der Bund, die Bundesanstalt für Arbeit, die Länder, die Gemeinden und Gemeindeunfallversicherungsverbände.

444

Die Mittel für die Ausgaben der Berufsgenossenschaften werden nach § 723 RVO durch Beiträge der Unternehmer für den versicherten Personenkreis aufgebracht. § 725 RVO schreibt vor, daß die Höhe der Beiträge in der Regel nach dem Arbeitsverdienst der Versicherten in dem jeweiligen Unternehmen und nach dem Grad der Unfallgefahr bemessen wird. Der versicherte Personenkreis bestimmt sich nach den §§ 539 bis 545 RVO. Es wird zwischen Pflichtversicherten und freiwillig Versicherten unterschieden. Pflichtversicherter wird man ohne Rücksicht auf den eigenen Willen oder den des Arbeitgebers kraft Gesetzes, so u.a. alle Arbeitnehmer.

2.8.4 Instrumente der betrieblichen Sozialpolitik

Eine betriebliche Sozialpolitik, d.h. die Festlegung der Ziele und die Auswahl der Mittel, um diese Ziele zu erreichen, ist nur mit freiwilligen Sozialleistungen möglich. Bei der Auswahl der einzusetzenden sozialpolitischen Instrumente sind dabei einige allgemeingültige Überlegungen anzustellen.

● Es ist der Grundsatz der Wirtschaftlichkeit zu beachten.
In sehr vielen Fällen läßt sich die Realisierung sozialpolitischer Ziele nicht quantifizieren, so daß der Wirtschaftlichkeitsvergleich ausschließlich anhand eines Kostenvergleichs durchgeführt wird.

● Sozialpolitische Instrumente müssen flexibel einsetzbar sein.
Während soziale Ziele langfristig verfolgt werden müssen, ist der Einsatz der Instrumente flexibel zu gestalten. Der Grund für die erforderliche Flexibilität liegt in der Tatsache, daß die staatliche Sozialpolitik auf die gleichen Instrumente zurückgreift oder sie im Rahmen von Tarifverträgen in ihren Einsatzmöglichkeiten eingeschränkt werden.

Auch die Höhe des Lebensstandards oder die Höhe der Versorgung mit bestimmten Wirtschaftsgütern können dazu führen, daß bestimmte sozialpolitische Instrumente nicht mehr als zeitgemäß betrachtet werden. Es sei hier z.B. an die Versorgung mit Wohnraum erinnert. Es entspricht dem Prinzip der Flexibilität, veraltete Maßnahmen abzulösen und die freiwerdenden finanziellen Mittel für andere Instrumente einzusetzen, z.B. die Beschäftigung von Sozialhelfern zur Bekämpfung von Suchtgefahren.

Die Instrumente zur Bekämpfung rechtzeitig erkannter Lücken in der sozialen Versorgung der Mitarbeiter üben häufig eine Pilotfunktion aus. Erst wenn sie sich in einem oder wenigen Betrieben als erfolgreich einsetzbar erwiesen haben, werden sie von der Masse der Unternehmen aufgegriffen und in einem dritten Schritt durch Tarifvertrag oder Gesetz allgemeinverbindlich gemacht.

● Die sozialpolitischen Instrumente müssen koordiniert werden.
Zählungen haben rd. 300 unterschiedliche freiwillige soziale Leistungen ergeben. Die große Zahl vermittelt einen Eindruck davon, wie wichtig und schwierig die Koordinierung der verschiedenen sozialpolitischen Instrumente ist. Die Kosten zwingen den Arbeitgeber, unter rationalen Überlegungen auf nur wenige gut dotierte Maßnahmen zurückzugreifen, da sie nur dann für den Mitarbeiter eine materielle Bedeutung erlangen und damit einen hohen Grad der Beliebtheit. Ein breites Angebot unterschiedlicher Leistungen wird häufig abschätzig als „sozialer Klimbim" bezeichnet. Nach der Auswahl der verschiedenen Leistungen müssen diese dann noch in ein dem Gesamtziel angemessenes Verhältnis gesetzt werden.

2.8.4.1 Die betriebliche Altersversorgung

Sie stellt die wichtigste, aufwendigste und komplizicrtcstc Form dcr freiwilligen betrieblichen Sozialleistungen dar. Sie ist heute eine beachtliche Zusatzversorgung zur gesetzlichen Rentenversicherung. Sie soll dazu beitragen, im Versorgungsfall den Lebensstandard aus der Zeit des Erwerbslebens erhalten zu können. Im allgemeinen wird davon ausgegangen, daß dieses möglich ist, wenn der Versorgungsempfänger 75 % seines letzten Arbeitsentgelts als Versorgungsbezug erhält. Das ist mit Hilfe der gesetzlichen Rentenversicherung nur zu erreichen, wenn das Einkommen die Beitragsbemessungsgrenze nicht überschreitet und die versicherungsrechtlichen Voraussetzungen besonders günstig für den Versorgungsempfänger liegen. Normalerweise ist dieser Fall jedoch nicht gegeben. Vielmehr deckt die gesetzliche Rentenversicherung in der Mehrzahl der Fälle nur etwa 50 % der letzten Bezüge ab. Für Einkommensempfänger, deren Bezüge oberhalb der Beitragsbemessungsgrenze liegen, verschlechtert sich das Verhältnis, je weiter sich die Schere zwischen Einkommen und Beitragsbemessungsgrenze öffnet. Eine Zusatzversorgung bis 75 % der letzten Bezüge ist also sowohl für Bezieher von tariflich bestimmtem als auch übertariflichem Einkommen sinnvoll.

Soll im Unternehmen ein System der Alterssicherung geschaffen werden, so setzt das die Kenntnis der möglichen Gestaltungsformen voraus. Das kann in diesem Zusammenhang nur als Abriß geschehen, zumal gerade auf diesem Gebiet eine beträchtliche Dynamik festzustellen ist, die durch vielfältige sozial- und steuerpolitische Faktoren ausgelöst wird.

a) Gestaltungsformen der betrieblichen Altersversorgung

● **Pensionsverpflichtung**
Eine betriebliche Ruhegeldverpflichtung entsteht bei dieser Form durch die unmittelbare Zusage des Arbeitgebers, bei Eintritt des Versorgungsfalles an den begünstigten Mitarbeiter oder dessen Hinterbliebenen Versorgungsleistungen zu erbringen. Eine solche Pensionsverpflichtung kann begründet werden durch

- eine einzelvertragliche Pensionszusage,
- eine Betriebsvereinbarung,
- einen Tarifvertrag,
- eine Besoldungsordnung oder
- eine betriebliche Übung.

Träger der Altersversorgung ist im Falle der Pensionszusage die Unternehmung. Die Ruhegeldverpflichtungen werden ausschließlich durch das Unternehmen finanziert. Zwei Finanzierungsformen sind möglich:

- ohne Vorausfinanzierung

Diese Form hat keine große Bedeutung mehr, da der Finanzierungseffekt nicht erreichbar ist und ein Wechsel auf die zukünftige Ertragskraft des Unternehmens gezogen wird.

- mit Vorausfinanzierung

Diese Finanzierungsform umfaßt das Anwartschaftsdeckungsverfahren, das Kapitaldeckungsverfahren und das Rückdeckungsverfahren, auf die einzeln oder kombiniert zurückgegriffen werden kann. Die steuerliche Anerkennung der Pensionsrückstellung richtet sich nach § 6 a EStG.

446

- **Unterstützungskassen**

Sie gelten im Sinne des Betriebsverfassungsgesetzes als Wohlfahrtseinrichtung und haben eine eigene Rechtspersönlichkeit, meist in Form eines eingetragenen Vereins, einer Stiftung oder einer GmbH.

Ein Rechtsanspruch auf die Versorgungsleistung ist ausgeschlossen. Die Freiwilligkeit der Leistung ist durch die Rechtsprechung des Bundesarbeitsgerichtes unter Hinweis auf den arbeitsrechtlichen Gleichbehandlungsgrundsatz relativiert worden. Auch durch das Betriebsrentengesetz § 1 (4) sind die Leistungen der Unterstützungskassen den anderen Formen der betrieblichen Altersversorgung gleichgestellt. Die wichtigsten Einnahmequellen der Unterstützungskasse sind die Zuwendungen des Trägerunternehmens und die Erträge aus der Vermögensanlage. Welche Zuwendungen das Unternehmen als abzugsfähige Betriebsausgaben der Unterstützungskasse zukommen lassen kann, richtet sich nach § 4 d EStG. Dieser stellt vorwiegend auf das Kapitaldeckungsverfahren ab. Eine Beitragsbeteiligung der Begünstigten ist nicht möglich.

- **Pensionskassen**

Sie sind Lebensversicherungsunternehmen, welche überwiegend in der Rechtsform eines Versicherungsvereins auf Gegenseitigkeit geführt werden. Sie werden von einem oder mehreren Unternehmen getragen und zahlen Versorgungsleistungen ausschließlich an ehemalige Mitarbeiter dieser Unternehmen. Durch Beschluß des Trägerunternehmens, welcher der Pensionskasse mitgeteilt wird, erwirbt der Arbeitnehmer die Mitgliedschaftsrechte der Pensionskasse. Bei Eintritt des Versorgungsfalles hat er einen Rechtsanspruch auf die satzungsgemäßen Leistungen. Die notwendigen Zuwendungen übernehmen überwiegend die Trägerunternehmen. Die Zuführung kann sowohl in Form von laufenden jährlichen Beiträgen als auch in Form von Einmalbeiträgen erfolgen. Sie stellen beim Trägerunternehmen Betriebsausgaben dar, wenn sie ausschließlich dem satzungsgemäßen Zweck dienen.

Eigenleistungen der begünstigten Mitglieder können in der Satzung verankert werden. Weitere Einnahmen können sich aus dem mündelsicher angelegten Vermögen ergeben. Ein Finanzierungseffekt für die Trägerunternehmen ergibt sich lediglich eingeschränkt, da Darlehen nur in begrenztem Umfang und bei entsprechender Sicherung möglich sind.

- **Direktversicherung**

Eine betriebliche Altersversorgung kann auch dadurch begründet werden, daß zwischen einer privaten Versicherungsgesellschaft und dem Unternehmen als Versicherungsnehmer auf das Leben eines Arbeitnehmers ein Lebensversicherungsvertrag abgeschlossen wird, aus dem dieser unmittelbar bezugsberechtigt ist. Der Rentenanspruch des Arbeitnehmers richtet sich direkt an die Versicherungsgesellschaft. Die laufenden Prämien oder die Einmalprämie werden vom Unternehmen aufgebracht, bei dem sie Betriebsausgaben im Jahr der Zahlung darstellen. Eine finanzielle Beteiligung der Arbeitnehmer an der Prämie ist möglich.

Die Versicherungsverträge können als Einzelverträge oder auch als Gruppenversicherungen abgeschlossen werden.

- **Beiträge zur freiwilligen Versicherung**

Das Rentenreformgesetz 1992 sieht im § 7 SGB VI vor, daß Personen, die nicht versicherungspflichtig sind, sich für Zeiten von der Vollendung des 16. Lebensjahres an freiwillig versichern können. Die Mindestbeitragsbemessungsgrundlage ist ein Siebtel der Bezugsgröße (§ 167 SGB VI). Freiwillig Versicherte tragen ihre Beiträge selbst (§ 171 SGB VI). Personen, die nicht versicherungspflichtig sind und vor dem 1. Januar 1992 vom Recht der Selbstversicherung, der Weiterversicherung oder der freiwilligen Versicherung Gebrauch gemacht haben, können sich gemäß § 232 SGB VI freiwillig versichern. Nach § 234 SGB VI gilt das auch für die Höherversicherung. Versicherte, die vor dem 1. Januar 1942 geboren sind, können auch ohne eine Vorversicherung Beiträge zur Höherversicherung entrichten. Darüber hinaus ist eine Höherversicherung nach neuem Recht nicht mehr vorgesehen.

Für Beiträge der Höherversicherung werden zusätzlich zum Monatsbetrag einer Rente Steigerungsbeträge geleistet. Ihre Höhe ist vom Alter bei Zahlung des Beitrags abhängig. Einzelheiten regelt § 269 SGB VI.

Wegen des auch nach neuem Recht fehlenden Finanzierungseffektes dürfte die neue Regelung auch zukünftig keine große Bedeutung erlangen.

b) Mitbestimmungsrechte des Betriebsrates

Nach § 87 (1) Ziff. 8 BetrVG unterliegen Form, Ausgestaltung und Verwaltung von Sozialeinrichtungen, deren Wirkungsbereich auf den Betrieb, das Unternehmen oder den Konzern beschränkt ist, der Mitbestimmung des Betriebsrats. Dazu gehören immer die Unterstützungskassen und − sofern die geforderten Bedingungen vorliegen − auch die Pensionskassen. Die Mitbestimmung erstreckt sich nicht auf die Frage ihrer Errichtung oder ihrer finanziellen Ausstattung. Da die Tendenz immer mehr dahin geht, die betriebliche Altersversorgung als Teil des Leistungsentgelts zu behandeln, ist auch Ziffer 10 des § 87 (1) BetrVG zu beachten, insbesondere wenn auf genereller Basis eine betriebliche Ruhegeldverpflichtung, eine Direktversicherung oder freiwillige Sozialversicherung zugesagt wird.

c) Einige Bestimmungen des Betriebsrentengesetzes

Seit Mitte der 60er Jahre war die betriebliche Altersversorgung Gegenstand einer politischen Diskussion mit dem Ziel, eine Qualitätsverbesserung der Ansprüche für die Arbeitnehmer durchzusetzen. Das Ergebnis war das Gesetz zur Verbesserung der betrieblichen Altersversorgung (BetrAVG), welches am 22. 12. 1974 in Kraft trat.

Die wichtigsten und folgenreichsten Bestimmungen befassen sich mit den folgenden Inhalten:

- **Unverfallbarkeit**

Betriebliche Versorgungsanwartschaften bleiben nach den §§ 1 − 4 BetrAVG unter den hier genannten Bedingungen bei einem vorzeitigen Ausscheiden unverfallbar. Die Unverfallbarkeit gilt bei allen Gestaltungsformen der betrieblichen Altersversorgung und betrifft auch Anwartschaften auf Invaliden- und Hinterbliebenenleistungen.

Der Arbeitgeber oder der sonstige Versorgungsträger hat dem ausgeschiedenen Arbeitnehmer Auskunft darüber zu erteilen, ob für ihn die Voraussetzungen einer unverfallbaren betrieblichen Altersversorgung erfüllt sind und in welcher Höhe er Versorgungsleistungen bei Erreichen der in der Versorgungsregelung vorgesehenen Altersgrenze beanspruchen kann.

Durch diese Regelung werden für die evtl. später zu zahlenden Renten finanzielle Mittel gebunden, sofern das Unternehmen oder seine Unterstützungskasse die Rentenleistungen aufzubringen haben. Damit wird die Möglichkeit eingeschränkt, anstelle des ausgeschiedenen Mitarbeiters andere Mitarbeiter zu begünstigen.

● Insolvenzsicherung

Drohen Leistungen aus der betrieblichen Altersversorgung einem Berechtigten deshalb verlorenzugehen, weil das begünstigende Unternehmen zahlungsunfähig wird, so tritt an dessen Stelle nach den §§ 7 – 15 BetrAVG der Pensions-Sicherungs-Verein VVaG, der dem Bundesaufsichtsamt für das Versicherungswesen untersteht. Unter welchen Voraussetzungen die Zahlungsunfähigkeit vorliegt, ist im Betriebsrentengesetz und in den Allgemeinen Versicherungsbedingungen abschließend aufgelistet. Die Mittel für die Durchführung der Insolvenzsicherung werden aufgrund öffentlich-rechtlicher Verpflichtung durch Beiträge aller Arbeitgeber aufgebracht, die Leistungen der betrieblichen Altersversorgung unmittelbar zugesagt haben oder eine Unterstützungskasse unterhalten bzw. eine Direktversicherung durchführen, sofern die letztere mit einem widerruflichen Bezugsrecht ausgestattet oder die Versicherung abgetreten bzw. beliehen worden ist.

● Anpassung der Leistungen an geänderte Kaufkraftverhältnisse

Im Bereich der gesetzlichen Rentenversicherung ist 1957 die Dynamisierung der Renten eingeführt worden. Das Betriebsrentengesetz brachte auch für die betriebliche Altersversorgung eine Regelung auf diesem Gebiet, die nach § 16 BetrAVG wie folgt lautet: „Der Arbeitgeber hat alle drei Jahre eine Anpassung der laufenden Leistungen der betrieblichen Altersversorgung zu prüfen und hierüber nach billigem Ermessen zu entscheiden; dabei sind insbesondere die Belange des Versorgungsempfängers und die wirtschaftliche Lage des Arbeitgebers zu berücksichtigen." Damit hat der Gesetzgeber eine Formulierung gewählt, welche die Festlegung der praktischen Anwendung dem Bundesarbeitsgericht zuweist. Diese Rechtsprechung wurde in den letzten Jahren am meisten kritisiert. Mittlerweile sind darüber sowohl die Arbeitgeber als auch die Arbeitnehmer offensichtlich unzufrieden. Ein hundertprozentiger Inflationsausgleich – wie er vom Bundesarbeitsgericht in einem Grundsatzurteil gefordert wird – erscheint auch den Arbeitnehmervertretern durch das Unternehmen nicht verkraftbar. Das würde lediglich diejenigen Arbeitnehmer begünstigen, welche bereits in die betriebliche Altersversorgung aufgenommen worden sind. Die anderen Arbeitnehmer können sich dann nur noch geringe Chancen ausrechnen, in den Kreis der Begünstigten aufgenommen zu werden. Prof. Dr. Marieluise Hilger, vorsitzende Richterin des Bundesarbeitsgerichtes im Ruhestand, schlug deshalb vor, daß Arbeitgeber- und Arbeitnehmervertreter ihre Bedenken an dieser zu weit gehenden Rechtsprechung deutlich machen. Das könnte zu einer Revidierung der Rechtsprechung in dieser Frage führen.

Auch in diesem Bereich zeigt sich, daß Schutzvorschriften wie Unverfallbarkeit, Insolvenzsicherung, Dynamisierung erhöhte Kosten verursachen. Hierdurch werden dann die wirtschaftlichen Möglichkeiten der Unternehmen eingeschränkt, den Kreis der begünstigten Arbeitnehmer auszudehnen.

d) Lohnsteuerliche Auswirkungen beim Mitarbeiter

Die Zuführung von Finanzierungsmitteln für Pensionsverpflichtungen und zu Unterstützungskassen sind nicht lohnsteuerpflichtig. Rentenleistungen aus einer dieser beiden Formen stellen Versorgungsbezüge dar, die nach § 19 (1) Ziff. 2 EStG als Einkünfte aus nichtselbständiger Arbeit der Lohnsteuer zu unterwerfen sind. Dabei ist ein Versorgungsfreibetrag in Höhe von 40 % dieser Bezüge, maximal 6 000, – DM/Jahr zu berücksichtigen.

Beiträge des Arbeitgebers an eine Pensionskasse, für eine Direktversicherung oder für die freiwillige Versicherung in der gesetzlichen Rentenversicherung sind als geldwerte Vorteile lohnsteuerpflichtig. Eine pauschale Versteuerung durch das Unternehmen des Begünstigten ist gemäß § 40 b EStG mit einem Steuersatz von 15 % Lohnsteuer auf die Beiträge zu einer Pensionskasse oder für eine Direktversicherung möglich, sofern die einschränkenden Bedingungen des § 40 b EStG beachtet worden sind.

Zahlt der Arbeitgeber Zuschüsse zu den Aufwendungen des Arbeitnehmers für eine Lebensversicherung, für die freiwillige Versicherung in der gesetzlichen Rentenversicherung der Angestellten, für eine öffentlich-rechtliche Versicherungs- oder Versorgungseinrichtung seiner Berufsgruppe, so sind diese Beträge nach § 3 Ziff. 62 Sätze 2 und 3 EStG steuerfrei. Vorausgesetzt wird, daß der Arbeitnehmer von der Versicherungspflicht in der gesetzlichen Rentenversicherung befreit worden ist und die Zuschüsse die Hälfte bzw. zwei Drittel (knappschaftliche Rentenversicherung) der Gesamtaufwendungen des Arbeitnehmers nicht übersteigen, die bei Rentenversicherungspflicht zu entrichten wären.

Rentenleistungen aus den drei zuletzt angesprochenen Formen der betrieblichen Altersversorgung sind nach § 22 EStG als Sonstige Einkünfte mit dem Ertragsanteil der Einkommensteuer zu unterwerfen.

2.8.4.2 Unfallschutzmaßnahmen und Gesundheitsfürsorge

Die Gesundheit ist eines der höchsten Güter des Menschen. Sie hat deshalb aus soziologischen, aber auch aus wirtschaftlichen Gründen eine überragende Bedeutung im Rahmen der Sozialpolitik der Unternehmen. Es ist jedoch nicht nur das gestiegene Gesundheitsbewußtsein der Arbeitnehmer, welches zu einer medizinischen Vor- und Fürsorgebetreuung durch das Unternehmen führt, vielmehr erkennen die Unternehmen immer stärker, daß es bei steigenden Personalkosten auf die Dauer billiger ist, eine optimale Gesundheitsvorsorge zu betreiben, als Krankengeld zu zahlen, mit eingeschränkt arbeitsfähigem Personal zu arbeiten oder invalide Mitarbeiter mit hohen Kosten durch gesunde zu ersetzen.

Sicher gibt es viele Möglichkeiten, die Zahl der Arbeitsunfälle und den Krankenstand direkt zu beeinflussen. In den unterschiedlichen Formen werden hierzu immer wieder Anwesenheitsprämien eingesetzt. Es wird häufig übersehen, daß eine erfolgreiche Gesundheitsvorsorge auf die Dauer nur dadurch betrieben werden kann, daß man die Ursachen für Unfälle oder Krankheiten zu beseitigen versucht.

Von dieser Erkenntnis ging auch der Gesetzgeber aus und beschloß das Gesetz über Betriebsärzte, Sicherheitsingenieure und andere Fachkräfte für Arbeitssicherheit, welches am 1. Dezember 1974 in Kraft trat. Es ist bewußt flexibel gestaltet, um den unterschiedlichen Anforderungen der verschiedenen Wirtschaftszweige gerecht zu werden. Starre Regeln gibt es nicht. Den Berufsgenossenschaften wurde die Aufgabe zugewiesen, für ihren jeweiligen Zuständigkeitsbereich Ausführungsbestimmungen zu erlassen. Diese werden Unfallverhütungsvorschriften genannt. Sie beziehen sich auf Fachkräfte für Arbeitssicherheit und Betriebsärzte. Ob ein Unternehmen Sicherheitsfachkräfte bzw. einen Betriebsarzt verpflichten muß, das hängt von der Zahl und der Gefährdung der Arbeitnehmer am Arbeitsplatz ab. Eine große Verwaltung ist sicher anders zu beurteilen als ein Chemieunternehmen, in dem mit gefährlichen Arbeitsstoffen hantiert wird, ein Textilbetrieb anders als ein Zementwerk mit extremer Staubentwicklung.

Die Einsatzzeit der Fachkräfte für Arbeitssicherheit beträgt nach den Unfallverhütungsvorschriften 1,6 Stunden pro Jahr und beschäftigtem Arbeitnehmer.

Erfolg beim Arbeitsschutz

Die Bemühungen um einen verstärkten Arbeitsschutz hatten Erfolg. Den vom Bundesministerium für Arbeit und Sozialordnung herausgegebenen Zahlen ist zu entnehmen, daß in den alten Bundesländern

- die Zahl der gemeldeten Arbeitsunfälle von 1960 bis 1990 um 38,3 % zurückgegangen ist und 1990 noch 1 672 480 Arbeitsunfälle gemeldet wurden;
- die Zahl der Wegeunfälle von 1960 bis 1990 mit 187 836 um 33,8 % gegenüber dem Ausgangsjahr gesunken ist;

Alle diese Feststellungen sind vor dem Hintergrund zu sehen, daß die Zahl der Vollarbeiter in den Jahren von 1960 bis 1990 von 24 883 000 auf 30 717 000 angestiegen ist.

Am erfreulichsten ist die Entwicklung bei den tödlichen Unfällen, die, auf 1 000 Vollarbeiter bezogen, von 0,20 auf 0,04 gesunken ist, was einer Abnahme von 80 % entspricht.

Die Zahl der Berufskrankheiten ist hingegen von 1960 bis 1990, bezogen auf die absoluten Zahlen, um 71,2 % gestiegen. Auf die Zahl der gestiegenen Vollarbeiter bezogen, reduziert sich dieser Betrag jedoch auf 35,7 %.

Quelle: Zahlen zur wirtschaftlichen Entwicklung der Bundesrepublik Deutschland Ausgabe 1993, Hrsg. Institut der Deutschen Wirtschaft Köln, Köln 1993 Tabelle 102

Für die Betriebsärzte sind nach den Unfallverhütungsvorschriften pro Jahr und Beschäftigtem 0,38 Stunden Einsatzzeit vorgesehen. Es steht den Unternehmen frei, dieser Auflage nachzukommen, indem sie

- einen Betriebsarzt durch Abschluß eines Arbeitsvertrages verpflichten,
- einen freiberuflich tätigen Arzt bestellen oder
- sich an einem überbetrieblichen arbeitsmedizinischen Dienst von Betriebsärzten beteiligen.

Sofern die Voraussetzungen gegeben sind, können die Unternehmen Betriebskrankenkassen einrichten. Diese können wie alle anderen Krankenkassen in ihrer Satzung einen Krankenversicherungsschutz vorsehen, der über den Rahmen der gesetzlichen Vorschriften des SGB V hinausgeht.

Neben technischen, organisatorischen und arbeitsmedizinischen Maßnahmen müssen noch weitere unterstützende Aktivitäten im sozialen Bereich hinzutreten, von der sozialen Betreuung bei Suchtgefahren, über gute Wohnungen, bis zur sportlich aktiven Gestaltung der Freizeit.

2.8.4.3 Die zusätzliche Unfallversicherung

Die gesetzliche Unfallversicherung deckt nur Arbeits- und Wegeunfälle ab. Zudem beträgt die Vollrente nur zwei Drittel des Jahresarbeitsverdienstes aus dem letzten Jahr vor dem Unfall. Es ist daher höchst zweifelhaft, ob das Unfallopfer seinen Lebensstandard damit aufrechterhalten kann, insbesondere bei jüngeren Mitarbeitern mit noch geringem Einkommen und bei Führungskräften wegen der gesetzlich vorgesehenen Höchstgrenze. Aus diesem Grunde und um die Unfallgefahren zumindest teilweise im privaten Lebensbereich finanziell abzusichern, werden von den Unternehmen für die Mitarbeiter Gruppenunfallversicherungen mit privaten Versicherungsunternehmen abgeschlossen. Die Höhe der Versicherungssumme sollte sich nach der Höhe des Arbeitseinkommens richten. Die Höhe der Prämie bestimmt sich dann zusätzlich nach dem Unfallrisiko der ausgeübten Tätigkeit. Sinnvollerweise sollte eine Staffelung der Versicherungssummen zwischen Unfalltod und Invalidität von mindestens 1:2, besser aber von 1:4 vereinbart werden, da die Invalidität des Ernährers einer Familie in den meisten Fällen zu einer wesentlich höheren Belastung der Familienangehörigen führt als ein Unfall mit Todesfolge.

Die vom Arbeitgeber getragenen Prämien sind als geldwerter Vorteil der Lohnsteuer zu unterwerfen. Der Arbeitgeber kann die Lohnsteuer gemäß § 40 b (3) EStG pauschal berechnen. Der Pauschalsteuersatz beträgt 15 %. Die Pauschalisierung ist jedoch nur zulässig, wenn der auf einen Arbeitnehmer entfallene durchschnittliche Teilbetrag im Jahr 120, – DM nicht übersteigt.

2.8.4.4 Arbeitgeberkredite und Bürgschaften

Neben Notfällen, die zu körperlichen Schäden führen, gibt es auch solche, welche ausschließlich finanzielle Folgen zeitigen. Die soziale Belastung kann dennoch sehr hoch sein. Viele Unternehmen räumen ihren Mitarbeitern daher zinslose oder zinsgünstige Kredite ein, um ihnen die Möglichkeit zu geben, sich aus eigener Kraft aus der finanziellen Schwierigkeit zu befreien. Sofern nicht genügend liquide Mittel vorhanden sind, stellen sie auch manchmal eine Bürgschaft als Sicherheit für einen Bankkredit. Solche Hilfen werden in bestimmten Notfällen häufig nur zweckbestimmt eingeräumt, um mit den zurückfließenden Mitteln in anderen Fällen einspringen zu können.

Arbeitgeberkredite können aber auch im Interesse des Unternehmens gewährt werden. So z.B. für den Kauf eines PKW, der für Dienstfahrten genutzt werden soll.

452

Ein weiteres Feld ist die Finanzierung von Wohnungseigentum oder von Eigenheimen als zusätzliche Alterssicherung oder um die Betriebsbindung zu erhöhen.

Zum steuerpflichtigen Arbeitslohn gehören Zinsersparnisse gemäß Abschn. 31 (8) LStR nicht, wenn

- die Summe der zugrunde liegenden gewährten und im Zeitpunkt der Lohnzahlung noch nicht getilgten Darlehen 5 000 DM nicht übersteigt,
- der Effektivzins für das Darlehen 6 % nicht unterschreitet.

Die Darlehensverträge sehen häufig eine sofortige oder doch kurzfristige Rückzahlung vor, sofern das Arbeitsverhältnis aufgelöst wird.

2.8.4.5 Der Sozialdienst

Finanzielle Hilfen sind für die Mitarbeiter sicherlich von großer Bedeutung – aber nicht alles! Betreuung und persönliche Hilfe in Angelegenheiten, in denen sich der einzelne Mitarbeiter überfordert fühlt, sind von gleich großer Bedeutung. Es wird hierbei z.B. an die folgenden Beratungsthemen gedacht:

- Suchtprobleme (Alkohol und Drogen)
- Ehe- und Erziehungsschwierigkeiten
- Beratung und Hilfe bei Sterbefällen in der Familie
- Beratung und Hilfe bei Krankheiten
- Eingewöhnungsschwierigkeiten am Arbeitsplatz und Wohnort
- Kommunikationsschwierigkeiten im privaten Bereich oder am Arbeitsplatz.

In kleinen oder mittleren Unternehmen ist auf diesen Gebieten der Unternehmer oder – sofern vorhanden – der Personalchef gefordert. In großen Unternehmen wird ein/e Spezialist/in, häufig ist es es ein/e Sozialarbeiter/in, mit dieser Aufgabe betraut.

Eine solche sachkundige Hilfe, welche die Dinge aus neutraler Sicht betrachtet, muß vertraulich erfolgen und darf weder der Unternehmensleitung noch dem Betriebsrat bekannt werden. Sie stellt an den Amtsinhaber hohe Anforderungen und verlangt den vollen persönlichen Einsatz.

2.8.4.6 Die Belegschaftsverpflegung

Die Verpflegung der Mitarbeiter im Unternehmen erfolgte bereits in der Zeit der Industrialisierung. Anfänglich standen Motive des patriarchalisch führenden Unternehmers im Vordergrund, während heute die gesundheitlichen Notwendigkeiten der Belegschaft und die betriebswirtschaftlichen Vorteile in den Mittelpunkt der Betrachtung gerückt sind. Die Aufgabe besteht also darin, die Mitarbeiter vollwertig und bedarfsabhängig zu ernähren. Auf diese Weise können sie ihre Arbeitskraft uneingeschränkt bereitstellen. Durch den Wegfall einer Mittagsheimfahrt wird zusätzlicher Streß vermieden und die Zahl der Wegeunfälle verringert. Beides wirkt sich positiv auf die Arbeitsproduktivität aus.

Die Belegschaftsverpflegung kann auf recht unterschiedliche Weise organisiert werden:

- durch eine unternehmenseigene Küche und Kantine
  Diese Form setzt eine kalkulatorisch ausreichende Zahl von Teilnehmern am Essen voraus, was sie damit auf Großbetriebe beschränkt.
- durch Gemeinschaftskantinen
  Klein- und Mittelbetriebe schließen vertraglich die Benutzung von Kantinen der Großbetriebe ab. Auf diese Weise tragen sie zur Deckung der fixen Kosten bei.
- durch Fremdbezug von Mahlzeiten
  Großküchen liefern auch eßfertige Menüs an, seit einigen Jahren in Form von Tiefkühlkost. Hierdurch entfällt die Unterhaltung einer Küche und des dafür benötigten Personals. Es sollten jedoch auf jeden Fall Räume zur Einnahme der Mahlzeit vorhanden sein, um zu verhindern, daß dies am Arbeitsplatz geschieht. Diese Form der Verpflegung ist unabhängig von der Größe der Unternehmung.
- durch Vertragsgaststätten
  Diese Form wird vorzugsweise von Kleinunternehmen gewählt, welche über die Ausgabe von Wertmarken das Essen im Restaurant oder Kaufhaus verbilligen.

Der bisherige Essensfreibetrag von arbeitstäglich 1,50 DM ist ab 1. Januar 1990 weggefallen. Die Auswirkung dieser Streichung wird aber wesentlich dadurch abgemildert, daß die Anwendung des niedrigeren amtlichen Sachbezugswertes erheblich ausgeweitet worden ist und die von den Arbeitnehmern zu entrichtenden Entgelte mit ihrem Durchschnittswert berechnet werden können. Einzelheiten zu diesen Bestimmungen können Abschn. 31 (3) und (6) LStR entnommen werden.

Allen ernährungswissenschaftlichen Anforderungen an die Belegschaftsverpflegung kann nicht Rechnung getragen werden, da es nicht möglich ist, für jeden Arbeitnehmer oder doch mehrere Gruppen eine bedarfsabhängige Abstimmung der Bestandteile vorzunehmen. Aus Kostengründen kann auf die unterschiedliche Konstitution und Tätigkeit sowie das unterschiedliche Alter keine Rücksicht genommen werden.

Der Betriebsrat kann zwar die Einrichtung dieser Sozialmaßnahme im Zuge der Mitbestimmung nicht erzwingen, nach § 87 BetrVG hat er jedoch bei der Verwaltung und Ausgestaltung der Belegschaftsverpflegung ein Mitbestimmungsrecht.

2.8.5 Die arbeitsrechtliche Gleichbehandlungspflicht

Zwischen Arbeitgeber und Arbeitnehmer besteht ein personenrechtliches Gemeinschaftsverhältnis, das sich nicht nur auf den reinen Leistungsaustausch erstreckt. Es umfaßt auf seiten des Arbeitgebers auch eine allgemeine Fürsorgepflicht, welche u.a. besagt, daß der Arbeitgeber seine Mitarbeiter nicht ungleich behandeln darf. Dieses Gebot hat der Arbeitgeber bei allen Maßnahmen zu beachten, welche seiner einseitigen Gestaltungsmacht unterliegen. Das sind vorwiegend freiwillige Sozialleistungen.

Sie dürfen keiner willkürlichen Differenzierung unterworfen werden. Dennoch kann der Arbeitgeber nach sachlichen und individuellen Bedürfnissen seine freiwilligen Leistungen differenzieren. Er muß die sachlichen Gründe jedoch vor der Zuwendung bekanntgeben.

Solche Differenzierungen sind im Unternehmensgefüge praktisch nicht zu verhindern, da Sozialleistungen ja Sonderbelastungen ausgleichen sollen. Diese aber betreffen von der inneren Struktur her immer nur Individuen oder einzelne Betriebsgruppen. Die Gefahr, daß es zu Spannungen zwischen den Betriebsangehörigen kommt, ist dann gering einzuschätzen, wenn dem arbeitsrechtlichen Gleichbehandlungsprinzip in vollem Umfang entsprochen wird und die Differenzierungsgründe einsichtig gemacht werden.

2.8.6 Informationen über die betriebliche Sozialpolitik

Die betriebliche Sozialpolitik kann nur dann wirklich erfolgreich sein, wenn die Mitarbeiter und die interessierte Öffentlichkeit über die sozialen Maßnahmen und ihren Umfang informiert sind. Die Priorität der Veröffentlichung muß eindeutig bei der Information liegen. Public-Relations-Zwecke dürfen nicht die Oberhand gewinnen, da das dann zu einem nicht erwünschten Wettbewerb der Sozialleistungen mit anderen Unternehmen führen kann.

Sofern sich die Information ausschließlich an die Mitarbeiter wendet, stehen als Kommunikationsmittel Einführungsschriften, Aushänge, Rundschreiben, Veröffentlichungen in der Werkzeitschrift und Erörterungen in Belegschaftsversammlungen zur Verfügung. Hier werden nicht nur die Arten der Sozialleistungen genannt, sondern auch die Voraussetzungen, unter denen sie gewährt werden können. Ebenso wird die Höhe der möglichen und tatsächlich in Anspruch genommenen Leistungen angesprochen.

Wendet sich die Information auch an eine breitere Öffentlichkeit, so kommt neben der Werkzeitschrift nur noch eine Form der gesellschaftsbezogenen Rechnungslegung in Frage. Am verbreitetsten ist heute noch der Sozialbericht. Er enthält in der Regel die Daten über sämtliche sozialen Leistungen des Unternehmens, und zwar die gesetzlichen, die tarifvertraglich vereinbarten und freiwillig gewährten Sozialleistungen. Dieser Sozialbericht ist vielfach ein Teil des gesetzlich vorgeschriebenen oder freiwillig an die Eigenkapitalgeber erstatteten Geschäftsberichtes.

In einigen Fällen wird auf der Grundlage des Sozialberichtes die ausführlichere Informationsquelle, nämlich die Sozialbilanz aufgestellt. Während der Sozialbericht Angaben über Personalbestand und -veränderung, Einkommensentwicklung, Krankenstand, Unfallverhütung, Aus- und Weiterbildung sowie Fragen der sozialen Sicherheit enthält, versucht die Sozialbilanz die gesamten Beziehungen zwischen Unternehmen und Umwelt darzustellen.

Betroffen sind die Gebiete

- technische Abhängigkeiten,
  z.B. Umweltbelastung, Umweltschutz, Produktentwicklung
- wirtschaftliche Abhängigkeiten,
  Wertschöpfung des Unternehmens, Transferleistungen der öffentlichen Hand
- soziale Abhängigkeiten,
  Beiträge zur gesetzlichen und freiwilligen Sozialversicherung, Bekämpfung von Suchtgefahren

- gesellschaftspolitische Abhängigkeiten,
  kulturelle Betreuung der Mitarbeiter, Angebot zusätzlicher Ausbildungsplätze.

In den Rahmenempfehlungen des Arbeitskreises „Sozialbilanz-Praxis" wird die Sozialbilanz als die Gesamtheit der Elemente Sozialbericht, Wertschöpfungsrechnung und Sozialrechnung definiert. Diese umfassende Form der gesellschaftsbezogenen Rechnungslegung ermöglicht eine Gliederung in Beziehungsfelder. Damit können einzelne Teile auf bestimmte Zielgruppen hin orientiert werden. In den bisher bekannten Beispielen von Sozialbilanzen in der Bundesrepublik Deutschland wird zwischen einem inneren und einem äußeren Beziehungsfeld unterschieden. Es sei auf die Veröffentlichungen der Firmen Weingut Ferdinand Pieroth Weinkellerei GmbH, Saarbergwerke AG und Steag AG verwiesen. Wenn auch einige Unterschiede in der Darstellung des inneren Beziehungsfeldes festzustellen sind, da es keine gesetzlichen Regelungen gibt, die eine einheitliche Darstellungsweise erzwingen, werden zunächst aus der Wertschöpfungsrechnung die Einkommen aus nichtselbständiger Arbeit erfaßt. Anschließend kommen dann die im Rahmen des Sozialberichtes normalerweise erfaßten sozialen Abgaben und freiwilligen sozialen Leistungen. Die restlichen Positionen der Wertschöpfungsrechnung werden sehr unterschiedlich zugeordnet.

Der Aufwand ist überwiegend quantifizierbar und in einigen Fällen aus dem Rechnungswesen direkt zu entnehmen, in einigen anderen Fällen sind Sonderrechnungen anzustellen, und in wenigen Ausnahmen ist lediglich eine verbale Darstellung möglich. Auf der Ertragsseite, d.h. der Erfassung des Nutzens für die Gesellschaft, greift man fast ausschließlich auf eine verbale Darstellung in Stichworten zurück.

Die Mehrzahl der erforderlichen Daten für die Sozialbilanz kommt aus den Bereichen Personal- und Rechnungswesen. Es bietet sich daher an, das Zahlenwerk von einem dieser Bereiche oder einer besonderen Projektgruppe erstellen zu lassen. Die theoretischen Überlegungen zur Sozialbilanz sind den Möglichkeiten der Praxis vorausgeeilt. Der Praktiker sollte sich dadurch nicht entmutigen lassen. In vielen Fällen liegt bereits ein Sozialbericht vor, den man zur Sozialbilanz ausbauen kann.

Ein gut ausgebautes gesellschaftsbezogenes Rechnungswesen wendet sich einerseits an innerbetriebliche und außerbetriebliche Zielgruppen, andererseits ermöglicht es aber auch den Unternehmern, ihre Zielsetzung unter dem Gesichtspunkt gesamtgesellschaftlicher Zusammenhänge kritisch zu überprüfen. Nachdem die Unternehmen und ihre Leistungen nicht mehr kritiklos als Positivum für die Gesellschaft angesehen werden, dürfte dieser neuen Überprüfungsmöglichkeit unternehmerischer Zielsetzung sowie der daraus resultierenden Handlungsweisen zunehmende Bedeutung erwachsen.

In Frankreich sind seit 1979 alle Unternehmen ab 300 Beschäftigten gesetzlich verpflichtet, eine Sozialbilanz zu erstellen. Praxisorientiert umfaßt sie bisher lediglich den Bereich der betrieblichen Personal- und Sozialbilanz und ist damit vorzugsweise noch auf die Zielgruppe „Mitarbeiter" abgestellt. Die zu erwartende zukünftige Entwicklung zeichnet sich hierdurch aber schon deutlich ab.

2.8.7 Zusammenfassung

● Betriebliche Sozialleistungen hat es zu allen Zeiten gegeben, wenn auch ihre Bedeutung recht unterschiedlich zu beurteilen ist.

● Unterschiede hat es nicht nur in der Bedeutung, sondern auch in den Zielvorstellungen gegeben, die vom christlichen Gebot der Nächstenliebe bis zur ökonomischen Einkommenserzielung reichen.

● Nicht alle Aufwendungen für Sozialleistungen sind freiwilliger Art. Durch die staatliche Sozialgesetzgebung werden die Unternehmen in steigendem Maß mit Arbeitgeberbeiträgen belastet.

● Auch dadurch werden die Möglichkeiten eingeschränkt, Instrumente für freiwillige soziale Maßnahmen einzusetzen, da jede Mark nur einmal ausgegeben werden kann.

● Das sozialpolitische Instrumentarium erstreckt sich auf vier Gebiete:
Vorsorge zur Verhinderung von Notfällen
Es werden hier die betriebliche Altersversorgung, Unfallschutzmaßnahmen und Gesundheitsfürsorge sowie die zusätzliche Unfallversicherung angesprochen.
Vorsorge bei finanziellen Notlagen
Verwiesen wurde in diesem Zusammenhang auf Arbeitgeberkredite und Bürgschaften.
Beratung und Hilfe bei persönlichen Schwierigkeiten im Unternehmen und im privaten Bereich durch den Sozialdienst
Und zuletzt der sicherlich nicht unwichtige Bereich der Belegschaftsverpflegung, bei dem allerdings betriebliches Interesse im Vordergrund steht.

● Alle Instrumente wurden unter den Gesichtspunkten der Gestaltungs- und Wirkungsmöglichkeiten, Mitbestimmung des Betriebsrates und Auswirkungen auf die Lohnsteuer betrachtet.

● Die Informationen über die betriebliche Sozialpolitik wenden sich an die Mitarbeiter und die interessierte Öffentlichkeit. Erfolgt sie im Rahmen einer gesellschaftsbezogenen Rechnungslegung, so kann die Unternehmensleitung ihre Zielsetzung auf die gesamtgesellschaftliche Wirkung hin überprüfen.

2.9 Mitarbeiterfluktuation – Erkenntnisse und Strukturhinweise

2.9.1 Die Bedeutung der Fluktuation

Die Möglichkeit, den Arbeitsplatz wechseln zu können, ist eine der grundlegenden Voraussetzungen des marktwirtschaftlichen Systems. Sie ist als eines der Grundrechte durch Artikel 12 Grundgesetz (GG) geschützt. Danach haben alle Deutschen das Recht, Beruf, Arbeitsplatz und Ausbildungsstätte frei zu wählen. Die Arbeitsmobilität ist unter diesen Gesichtspunkten, einzel- und gesamtwirtschaftlich gesehen, ein durchaus förderungswürdiges Verhalten. Auf diese Weise kann man sich in den Unternehmen schnell und problemlos an gewandelte wirtschaftliche und gesellschaftliche Veränderungen anpassen. Die Arbeitnehmer ihrerseits können sich einen Arbeitsplatz suchen, der ihren Vorstellungen und Fähigkeiten entspricht.

Die Struktur der Unternehmen in der Bundesrepublik Deutschland hat sich in den vergangenen zwei Jahrzehnten grundlegend gewandelt. Veränderungen bei den Betriebsformen, im Standortgefüge sowie die Einführung neuer Produktions-, Vertriebstechniken und neuer Organisationssysteme haben sich in den letzten Jahren teilweise noch beschleunigt. Sie machen eine laufende personelle Anpassung notwendig. Zu einem Teil erfolgte diese durch eine gestiegene personelle Fluktuation. Insbesondere die Arbeitsteilung in kleinste Aufgabenelemente führte bei den qualifizierten Fachkräften zu einem Wechsel in andere Betriebe.

Aus der Sicht des aufnehmenden Betriebes wird ein zwischenbetrieblicher Personalwechsel durchaus positiv beurteilt, da es zu einer Mischung zwischen von außen kommenden Mitarbeitern und solchen, aus den eigenen Reihen herangebildeten Arbeitskräften kommt, was vielfach zu neuen Ideen und Ansichten bei erstarrtem Gefüge führt.

Das abgebende Unternehmen kann dem Personalverlust dann keine positiven Aspekte abgewinnen, wenn die abgewanderten Arbeitskräfte ersetzt werden müssen, was immer mit erheblichen Kosten verbunden ist. Unter diesem Gesichtspunkt wünschen die Unternehmen immer eine möglichst geringe Fluktuation. Steigende Personalkosten wirken sich auf diesen Wunsch verstärkend aus.

Das Grundrecht nach Art. 12 GG und die Vorstellungen der Unternehmen sind keine sich gegenseitig ausschließenden Tatbestände, da die Unternehmen Arbeitskräfte sowohl aufnehmen als auch abgeben und die Mitarbeiter eine Fluktuation z.T. wünschen, in anderen Fällen aber durchaus auch vermeiden möchten. Der Ausgleich unterschiedlicher Vorstellungen erfolgt im Zuge der arbeitsvertraglichen Vereinbarungen. Ökonomische Zwänge grenzen die Möglichkeiten beider Vertragsparteien ein. Schutzbestimmungen sind notwendig, um den wirtschaftlich Schwächeren vor sozialen Härten zu bewahren, wenn seine aktuelle Marktmacht hierzu nicht ausreicht. Die Eingriffe in das freie Spiel der Kräfte sollten aber so flexibel gestaltet sein, daß sie sich bei gewandelten Arbeitsmarktverhältnissen nicht gegen die Geschützten wenden.

Der Begriff der Fluktuation wird in Literatur und Praxis nicht einheitlich festgelegt. Einerseits werden sämtliche Abgänge in einer Periode als Fluktuation bezeichnet, andererseits wird nur der zwischenbetriebliche Personalwechsel dazu gezählt.

Die weitere Definition schließt die Personalverluste durch den außerbetrieblichen Personalwechsel und die gewollte Personalreduzierung ein.

Der außerbetriebliche Personalwechsel umfaßt

- die erstmalige Aufnahme einer beruflichen Tätigkeit (u.a. Auszubildende und Anlernlinge),
- den vorübergehenden Austritt aus dem Berufsleben (u.a. Arbeitslosigkeit, Berufsunfähigkeit),
- den endgültigen Austritt aus dem Berufsleben (Tod, Erwerbsunfähigkeit, Erreichen der Altersgrenze).

Die engste Fassung des Begriffes drückt sich darin aus, daß nur ersetzte Abgänge als Fluktuation bezeichnet werden.

Es ist müßig, einen Streit darüber anzufangen, welche Definition richtig ist. Die Frage, was als Fluktuation rechnerisch erfaßt werden soll, wird ausschließlich vom Zweck bestimmt, zu dem die Berechnung angestellt wird. Zweckmäßig ist es daher, den Begriff möglichst weit zu fassen, so daß alle denkbaren Rechengrößen von ihm abgedeckt werden.

Fluktuation sind danach alle personellen Abgänge, die einem zwischen- oder außerbetrieblichen Personalwechsel entspringen.

2.9.2 Die Fluktuationsursachen

Gezielte Maßnahmen zum Abbau der Fluktuation setzen voraus, daß die Ursachen und Motive bekannt sind. Dabei ist zwischen

- vermeidbarer Fluktuation,
  - ungewollter Fluktuation,
    erkennbar dadurch, daß freigewordene Stellen durch neue Mitarbeiter besetzt werden;
  - gewollter Fluktuation,
    Personalverluste werden nicht ersetzt, und

- unvermeidbarer Fluktuation,
  z.B. Tod, Berufsunfähigkeit und Pensionierung,

zu unterscheiden.

Die vermeidbare Fluktuation geht auf eine Kündigung durch den Arbeitgeber oder Arbeitnehmer zurück. Während bei der ungewollten Fluktuation die Gründe einer Arbeitgeberkündigung bekannt sind, sieht es bei der Kündigung durch den Arbeitnehmer ganz anders aus. Um die Fluktuationsmotive der Mitarbeiter strukturiert erfassen zu können und da die Kündigung eines Arbeitnehmers in der Regel auf mehreren Ursachen beruht, ist es sinnvoll z.B. auf den folgenden Katalog zurückzugreifen:

Überbetriebliche Ursachen

☐ 1. Anziehungskraft bestimmter Gemeinden (z. B. Großstädte)

☐ 2. Anziehungskraft bestimmter Branchen (z. B. Elektronik)

☐ 3. Bessere Infrastruktur einer anderen Region (z. B. Verkehrs-, Schul- und Wohnverhältnisse)

Persönliche Ursachen

☐ 1. Berufswechsel
☐ 2. Rückkehr in den ehemaligen Beruf
☐ 3. Übernahme einer selbständigen Tätigkeit
☐ 4. Fortbildung
☐ 5. Krankheit
☐ 6. Ungünstige Verkehrsverbindung (Pendler)
☐ 7. Wohnungswechsel
☐ 8. Veränderung der Familienverhältnisse (z. B. Heirat, Geburt eines Kindes)

Betriebliche Ursachen

I. Unbefriedigende Arbeit

☐ 1. Zu schwere Arbeit
☐ 2. Zu schmutzige Arbeit
☐ 3. Gesundheitsgefährdende Arbeit
☐ 4. Mangelnder Arbeitsschutz
☐ 5. Unbefriedigender Arbeitseinsatz (z. B. auszuführende Arbeit entspricht nicht dem gelernten Beruf)
☐ 6. Einsatz im Großraumbüro

II. Arbeitszeit

☐ 1. Überstunden
☐ 2. Schichtarbeit
☐ 3. Keine gleitende Arbeitszeit

III. Urlaubsregelung

☐ 1. Urlaubsdauer
☐ 2. Betriebsurlaub

IV. Entgelt

☐ 1. Lohn/Gehalt
☐ 2. Leistungsentgelt
☐ 3. Soziale Leistungen

V. Unbefriedigende Zusammenarbeit

☐ 1. mit Vorgesetzten
☐ 2. mit Mitarbeitern

VI. Berufliche Entwicklung

☐ 1. Mangelnde Aufstiegsmöglichkeiten
☐ 2. Zu häufige Versetzungen
☐ 3. Mangelnde Aus- und Fortbildung

VII. Führungsorganisation

☐ 1. Unklare Kompetenzverteilung
☐ 2. Ungerechte Aufgabenverteilung
☐ 3. Mangelhafte Information

VIII. Unternehmensstruktur

☐ 1. Lage des Unternehmens (z. B. Ballungsgebiet)
☐ 2. Produktion des Unternehmens (z. B. keine Wachstumsbranche)
☐ 3. Größe des Unternehmens (zu klein oder zu groß)
☐ 4. Image des Unternehmens

IX. Bessere Bedingungen bei anderen Unternehmen

☐ 1. Bei einem Konkurrenzunternehmen
☐ 2. Bei einem anderen Unternehmen oder einer Behörde

Abb. 2.9 – 1: Fluktuationsmotivkatalog

Quelle: Stopp, U., Betriebliche Personalwirtschaft, 2. Aufl., Grafenau und Stuttgart 1976, S. 234 f.

Dieser Katalog kann als Erhebungsbogen im Rahmen eines Abgangsinterviews eingesetzt werden, welches in der Literatur als wirkungsvollste Erfassungsmethode genannt wird. Wenn auch anzunehmen ist, daß der Wille zu einer ehrlichen Äußerung beim Ausscheiden aus dem Unternehmen sehr hoch ist, stellt sich die Befragungssituation für den ausscheidenden Mitarbeiter als Rechtfertigung dar. Er wird daher die Rationalität seiner Handlungsweise sowie das gewünschte Persönlichkeitsbild zu schützen wünschen. Weitere Befragungen über die Austrittsgründe sind daher angebracht. Es bieten sich hierfür an

- Rückfragen bei den Vorgesetzten,
- Gespräche mit dem Betriebsrat,
- Befragung informeller Gruppen,
- umfassende anonyme Meinungsbefragungen der Belegschaft.

Erst die gemeinsame Auswertung aller Befragungsergebnisse und der statistischen Erhebungen dürfte ein einigermaßen zutreffendes Bild über die Ursachen der nicht erwünschten Fluktuation vermitteln.

Bei der gewollten Fluktuation interessieren neben den Motiven, die zur aktuellen Kündigung führten, vor allem die Ursachen, weshalb es zu einer Reduzierung des Personalbestandes kommen konnte. Auch sie ist ja mit zusätzlichen Kosten verbunden.

Sofern eine oder mehrere dieser exakt zu analysierenden Ursachen sich nicht vermeiden lassen, so befindet sich die Erscheinungsform Fluktuation im Einklang mit den betrieblichen Zielvorstellungen. Bekämpfen läßt sich diese Art der Fluktuation allerdings nur durch Maßnahmen, die eine Personaleinschränkung von vornherein überflüssig machen.

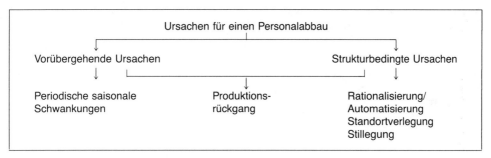

Abb. 2.9 – 2: Ursachen für die gewollte Fluktuation

Die unvermeidbare Fluktuation wird häufig als natürliche Fluktuation bezeichnet. Das ist eine Begriffsfestlegung, die nicht aufrechterhalten werden kann, wenn man die oben aufgeführten Beispiele um die Aufnahme des Wehr- oder Ersatzdienstes und den vertraglichen Ablauf von Zeitarbeitsverträgen oder Arbeitsbeschaffungsmaßnahmen erweitert. Eine Erhebung der Ursachenstruktur ist in all diesen Fällen jedoch nicht notwendig, da die Erfassung dieser Fluktuationsfälle gleichzeitig die Ursachen aufdeckt.

2.9.3 Die Fluktuationskosten

Der betriebliche Arbeitskräftewechsel, ob er gewollt oder ungewollt stattfindet, verursacht Kosten. Als Fluktuationskosten werden alle Beträge angesehen, welche durch das Ausscheiden von Arbeitnehmern anfallen. Als Beispiel hierfür seien u.a. genannt das Ausstellen der Arbeitspapiere und die evtl. fällig werdende Umorganisation der Arbeitsplätze. Weiterhin gehören zu den Fluktuationskosten auch alle mit der Einstellung und Einarbeitung eines neuen Mitarbeiters verbundenen Kosten.

Um inner- und zwischenbetriebliche Kostenvergleiche durchführen zu können, ist es zweckmäßig, von einer einheitlichen Berechnungsgrundlage auszugehen. Es sollte daher von dem gleichen Schema zur Ermittlung der Fluktuationskosten ausgegangen werden. Als Vorschlag hierfür ist die folgende Abbildung gedacht.

Ein einheitliches Schema ist zwar Voraussetzung für die Ermittlung der Fluktuationskosten, es reicht allein jedoch nicht aus, wie viele Versuche auf diesem Gebiet gezeigt haben. Die Ergebnisse sind von geringer Aussagekraft, weil es schwierig ist, die Wirkung von Kosteneinflußgrößen zu isolieren. Es werden Wertansätze mehr oder weniger willkürlich gewählt, und die Opportunitätskostenbestimmung ist problematisch. Um eine ungefähre Vorstellung zu bekommen, sei auf die Querschnittsuntersuchung einer bekannten deutschen Unternehmensberatung verwiesen, welche folgendes Ergebnis zeitigte:

Der Wechsel am Arbeitsplatz

- eines Lagerarbeiters verursacht   rd.   15 000,– DM
- eines Sachbearbeiters verursacht   rd.   25 000,– DM
- eines qualifizierten Sachbearbeiters verursacht   rd.   50 000,– DM
- einer Führungskraft (120 000,– DM Jahreseinkommen)
  verursacht   rd. 400 000,– DM

Häufig wird daneben der Imageverlust eines Unternehmens am Arbeitsmarkt sowie bei Kunden und Lieferanten unterschätzt, welches sein Personal zu oft wechselt.

A. Unmittelbare Fluktuationskosten

  1. Ausgabewirksame Kosten
    a) Einstellung
       Inserate oder andere Personalwerbungsmaßnahmen
      – Vorstellung (evtl. mehrere Bewerber)
      – Gutachten (evtl. mehrere Bewerber)
      – Umzugskosten
      – Wohnungsbesorgung
      – Ablösung von Darlehen
    b) Einarbeitung
      – Gehalt
      – Sozialkosten
    c) Überbrückungsgehälter für Aushilfen und Überstunden bis zur Wiederbesetzung
      des Arbeitsplatzes – soweit sie die normalen Gehälter übersteigen
    d) Anteile für kurzfristig zurückliegende Ausgaben für Weiterbildung des ausgeschie-
      denen Mitarbeiters

  2. Anteilige Kosten der betroffenen Abteilungen
    a) Personalabteilung
      – Bewerbungsgespräch (evtl. mehrere Bewerber)
      – Erledigung der Verwaltungsformalitäten (für den ausscheidenden und den eintre-
        tenden Mitarbeiter)
      – Vorstellung bei anderen Mitarbeitern
      – Grobe Einführung in das Arbeitsgebiet
      – Verhandlung mit Wohnungsmaklern
      – Einholen von Auskünften
    b) Fachabteilungen
      – Beteiligung am Bewerbungsgespräch (evtl. mehrere Bewerber)
      – Einweisung in das Arbeitsgebiet
      – Zusätzliche Kosten während der Einarbeitung
    c) Unternehmungsleitung, Bereichsleiter
      – Beteiligung an der Bewerberauswahl
      – Vorstellung
    d) Gesundheitsdienst
    e) Betriebsrat

B. Mittelbare Fluktuationsfolgen
  – Produktionsstörungen
  – Erhöhter Maschinen- und Werkzeugverschleiß
  – Erhöhte Unfallquote während der Einarbeitung
  – Unruhe unter der Belegschaft

Abb. 2.9 – 3: Schema zur Ermittlung der Fluktuationskosten

Quelle: RKW Handbuch, Praxis der Personalplanung, Teil IX Personalstatistik, Neuwied und Darmstadt 1978, S. 42 f.

2.9.4 Die rechnerische Erfassung der Fluktuation

Jeder Personalwechsel muß auch statistisch erfaßt werden, um seine kostenmäßigen Auswirkungen erfassen und ihnen entgegenwirken zu können.

Die rechnerische Erfassung der Fluktuationsrate ist allerdings umstritten und hat deshalb zu unterschiedlichen Berechnungsmodi geführt. Die Bundesvereinigung der Arbeitgeberverbände (BDA) schlägt die folgende Formel vor:

$$\text{Fluktuation in } \% = \frac{\text{Anzahl der Abgänge} \times 100}{\text{durchschnittlicher Personalbestand}}$$

Es muß genau erläutert werden, was im Zähler dieser BDA-Formel erfaßt werden soll. So können u.a. alle Abgänge undifferenziert oder auch nur die freiwilligen zwischenbetrieblichen Personalwechsel enthalten sein.

Auch die Bezugsgröße im Nenner ist nicht widerspruchsfrei geblieben. Der durchschnittliche Personalbestand ist eine Stichtagsgröße, während die Anzahl der Abgänge sich aus einem Zeitraum ergibt.

Ein weiterer Vorschlag ist die Formel des Rationalisierungs-Kuratoriums der Deutschen Wirtschaft (RKW), die nach ihrem Verfasser auch als Schlüter-Formel bezeichnet wird:

$$\text{Fluktuation in } \% = \frac{\text{Anzahl der Abgänge} \times 100}{\substack{\text{Personalbestand zu} \\ \text{Beginn des Zeitraums}} + \substack{\text{Zugänge im Be-} \\ \text{trachtungszeitraum}}}$$

In dieser Formel werden zwei Zeitraumgrößen aufeinander bezogen, so daß sie statistisch gesehen in sich stimmig ist. Allerdings müssen die Größen „Abgänge" sowie „Anfangsbestand" und „Zugänge" aus einem Zeitraum herrühren, damit sie, ohne daß es zu Verfälschungen kommt, aufeinander bezogen werden können.

Der Zentralverband der Elektrotechnischen Industrie (ZVEI) möchte in seiner Formel nur die unerwünschte Fluktuation erfassen. Seine Formel lautet daher:

$$\text{Fluktuation in } \% = \frac{\text{ersetzte Abgänge} \times 100}{\text{durchschnittlicher Personalbestand}}$$

Auch hier werden die Abgänge wie in der BDA-Formel wieder auf den Personalbestand, also auf eine Stichtagsgröße bezogen. Bezugsgröße müßte aber eine auf den Betrachtungszeitraum bezogene Größe sein. Hierfür bietet sich die Zahl der durchschnittlich Beschäftigten an. Sie ergibt sich aus dem Anfangsbestand abzüglich der Abgänge und zuzüglich der Zugänge.

Da der Begriff „Anzahl der Abgänge" die „ersetzten Abgänge" mit umfaßt und beide Formeln auf die „durchschnittliche Zahl der Beschäftigten" bezogen werden müssen,

464

kann man die folgende Formel entwickeln, die als modifizierte BDA-Formel bezeichnet werden soll:

$$\text{Fluktuation in \%} = \frac{\text{Anzahl der Abgänge} \times 100}{\text{durchschnittliche Zahl der Beschäftigten}}$$

Auf diese Weise stehen zwei Formeln für die Ermittlung der Fluktuationsquote zur Verfügung, welche auch allen Forderungen statistischer Überlegungen entsprechen, nämlich die modifizierte BDA-Formel und die RKW-Formel. Es bleibt die Frage zu klären, ob beide Formeln unter allen Umständen zu vergleichbaren Ergebnissen führen. Dieses soll anhand eines Beispiels geklärt werden.

Betrachtungs-zeitraum 1993	Bestand an Mitarbeitern am Monats-anfang	Zugänge im Monat	Abgänge im Monat	Bestand an Mitarbeitern am Monats-ende	Monatliche Fluktuations-quote nach Schlüter
Jan.	920	25	20	925	2,12
Feb.	925	15	18	922	1,91
März	922	27	32	917	3,37
April	917	20	17	920	1,81
Mai	920	23	28	915	2,97
Juni	915	40	35	920	3,66
Juli	920	7	9	918	0,97
Aug.	918	13	11	920	1,18
Sept.	920	25	29	916	3,07
Okt.	916	5	7	914	0,76
Nov.	914	9	8	915	0,87
Dez.	915	34	31	918	3,27
Summe	11022	243	245	11020	25,96
Jahres-durch-schnitt	918,5	20,25	20,42	918,3	2,16

Abb. 2.9 – 4: Die Entwicklung des Personalbestandes eines Jahres als Basis eines Vergleichs unterschiedlicher Fluktuationsquoten

Nach der modifizierten BDA-Formel ergibt sich eine Fluktuationsquote von

$$\frac{245 \times 100}{918} = \underline{\underline{26,69 \ \%}}$$

A.B.	920
Abgänge	245
	675
Zugänge	243
durchschnittliche Zahl der Beschäftigten	= 918

Auf das Jahr 1993 bezogen, wird nach Schlüter eine Fluktuationsquote von

$$\frac{245 \times 100}{920 + 243} = \underline{\underline{21,07 \ \%}}$$

ermittelt, was jedoch eine erhebliche Abweichung darstellt, welche auf die monatlichen Schwankungen im Umfang der Fluktuation zurückzuführen ist. Zu einem vergleichbaren Ergebnis führt erst die Summe der zwölf monatlichen Fluktuationsquoten nach Schlüter. Sie beträgt, wie man der letzten Spalte des Beispiels entnehmen kann, 25,96 %.

Im gewählten Beispiel schwankt die Zahl der Mitarbeiter in den einzelnen Monaten zwar zwischen 925 und 914. Der Trend, über das Jahr 1993 gesehen, jedoch ist konstant. Eine tendentielle Ausweitung oder Verringerung der Zahl der Mitarbeiter wirkt sich auf die beiden Formeln unterschiedlich aus.

Eine Ausweitung der Zahl der Mitarbeiter schlägt sich in beiden Formeln nur im Nenner nieder und führt damit zu keinen gravierenden Abweichungen. Anders bei einer Personalreduzierung. Sie verringert in der modifizierten BDA-Formel den Nenner und vergrößert gleichzeitig den Zähler. Bei der Schlüter-Formel hingegen wird nur der Zähler größer. Das führt bei der modifizierten BDA-Formel zu einem schnelleren Anwachsen der Fluktuationsquote als bei der Schlüter-Formel und damit zu signifikanten Abweichungen.

Es mag dahingestellt bleiben, welche der beiden Formeln man anwenden will und wie die Abgänge definiert werden; aussagekräftige zahlenmäßige Informationen erhält man, wenn die Gesamtheit der Arbeitnehmer eines Unternehmens in möglichst homogene Teilgesamtheiten zerlegt wird. Es bieten sich hierfür einzelne Mitarbeitergruppen oder betriebliche Funktionsbereiche an. Wichtig ist die Trennung nach Hierarchieebenen, da bereits empirisch nachgewiesen wurde, daß die Höhe der Fluktuationsquote mit ansteigender Hierarchieebene abnimmt.

Ein weiterer, insbesondere für die Personalpolitik wichtiger Gliederungspunkt ist eine getrennte Berechnung der Quoten nach Fluktuationsursachen.

2.9.5 Maßnahmen gegen die Fluktuation

Da auch die erwünschte Fluktuation Kosten verursacht, sollte man überlegen, inwieweit Maßnahmen ergriffen werden können, um den Wunsch gar nicht erst wirksam werden zu lassen oder ob nicht kostengünstigere Möglichkeiten gefunden werden können als den Personalabbau.

Für den ersten Aspekt bieten sich vorbeugende Maßnahmen an. So sollte das Produktionsprogramm langfristig so flexibel gestaltet sein, daß konjunkturelle oder strukturelle Einschränkungen mit Hilfe eines geänderten Produktionsprogramms aufgefangen werden können.

In gleicher Richtung wirkt die Verlagerung von Teilen der Produktion auf Fremdfirmen bei guter Auftragslage und der entsprechende Verzicht bei nachlassender Nachfrage.

Arbeitsplätze und Arbeitsbedingungen können für einen flexiblen Arbeitseinsatz gestaltet werden. Das setzt mehr berufliches Wissen und Können bei den Mitarbeitern voraus und ebenso eine vielfältigere Einsatzbereitschaft. Auf diese Weise lassen sich Umsetzungen innerhalb der Organisationsstruktur leichter bewerkstelligen.

Für den zweiten Aspekt sind alternative Möglichkeiten für einen Personalabbau ins Auge zu fassen. Dazu gehören:

● Maßnahmen im Rahmen der Produktions- und Absatzplanung
   − eine erweiterte Lagerhaltung,
   − Abbau von Aufträgen im Rahmen der Produktionsverlagerung auf Fremdfirmen,
   − Vorziehen von Reparatur-, Wartungs- und Erneuerungsarbeiten,
   − Produktdiversifikation,
   − Aufschub von Rationalisierungsinvestitionen.

● Maßnahmen im Rahmen der Arbeitszeitplanung
   − Abbau von Überstunden,
   − Kurzarbeit,
   − Arbeitszeitverkürzung in allen Variationen,
   − Umwandlung von Voll- in Teilzeitarbeitsplätze,
   − Urlaubsplanung.

● Maßnahmen des indirekten Personalabbaus
   − Abbau von Leiharbeit,
   − Umsetzungen.

Alle diese Maßnahmen verursachen natürlich auch Kosten, deren Höhe zu ermitteln ist und die mit den Fluktuationskosten zu vergleichen sind, bevor eine Entscheidung unter ökonomischen und sozialen Gesichtspunkten getroffen werden kann.

Die Bedeutung der unerwünschten Fluktuation zeigt sich an folgendem Beispiel:

Durchschnittliche Zahl der Beschäftigen	918
Fluktuationsrate (s.o.)	rd. 26,5 %
durchschnittliche gewichtete Fluktuations- kosten je Person	rd. 23 000, − DM

Gesamte jährliche Fluktuationskosten:

$$= \frac{918 \times 26,5 \times 23\,000}{100} = \text{rd. } 5\,600\,000. - \text{DM}$$

Ein Absenken der Fluktuationsquote auf 20 % würde Fluktuationskosten in Höhe von ca. 1 375 000, − DM ersparen.

Die Bekämpfung unerwünschter Fluktuation, sie zeigt sich in dem Neuverpflichtungswunsch gleichqualifizierter Mitarbeiter, muß bereits bei der Anwerbung künftiger Mitarbeiter beginnen und sich bis zum Abgangsinterview fortsetzen. Wenn es auch kein Patentrezept für Maßnahmen der Personalabteilung gibt, so lassen sich, gegliedert nach den Fluktuationsursachen, folgende Maßnahmen anführen:

- Bekämpfung von Ursachen, die zu Krankheit, Invalidität und Tod durch den Beruf führen können. Diese Maßnahmen sollten sich auch auf den Weg von und zur Arbeit erstrecken.
- Die Personalabteilung sollte ständig ihre Einstellungsgrundsätze überprüfen und nicht den besten Bewerber, sondern den geeignetsten einstellen (Vermeidung der Unter- bzw. Überqualifizierung). Sie sollte besondere Sorgfalt auf die richtige Einführung neuer Mitarbeiter legen, da ansonsten bereits wieder in der Probezeit Gründe für ein frühzeitiges Ausscheiden geschaffen werden. In die gleiche Richtung wirken das fachliche Anlernen und die Einarbeitung der neuen Mitarbeiter. Außerdem ist ständig das betriebliche Lohn- und Gehaltsgefüge zu überwachen, die Arbeitsanforderungen, die Aufstiegsmöglichkeiten und die berufliche Förderung. Eine wirkungsvolle innerbetriebliche Information muß laufend gewährleistet sein.
- Sofern sich Unzufriedenheit mit den gezeigten Mitarbeiterleistungen abzeichnet, ist ein Vergleich der zu erwartenden Fluktuationskosten mit den Kosten für eine Anpassung an die gewandelten Gegebenheiten vorzunehmen. Erst dann ist eine endgültige Entscheidung zu treffen, die eine Fluktuation verhindern kann.

Die Bekämpfung der beeinflußbaren Faktoren ist in jedem Fall komplexer Natur und wird sich im Zeitablauf ebenfalls gewandelten Bedingungen wie Konjunktur, Belegschaftsstruktur, Organisation und Standort anpassen müssen.

2.9.6 Zusammenfassung

- Die Fluktuation ist eine Erscheinung, welche zum Teil gewollt, zum Teil aber auch unerwünscht ist. Auf jeden Fall verursacht sie Kosten, die unter ökonomischen Gesichtspunkten zu erhöhter Aufmerksamkeit aufrufen.
- Höchst umstritten ist die Definition des Begriffs ,,Fluktuation". Er sollte deshalb möglichst weit gefaßt sein, um im Einzelfall alle denkbaren Rechengrößen abdecken zu können.
- Gezielte Maßnahmen zum Abbau der Fluktuation setzen eine Analyse der Ursachen und Motive voraus. Um die Anstrengungen zur Verminderung der Fluktuationsquote auf das notwendige Maß zu bringen, ist es notwendig, eine Vorstellung von der Höhe der Fluktuationskosten zu haben. Hierbei kann man im ersten Schritt durchaus auf überbetriebliche empirisch ermittelte Zahlen zurückgreifen.
- Zur Ermittlung der Fluktuationsquote werden drei Formeln in der Literatur vorgeschlagen, die aber auf zwei umfassende Formeln reduziert werden können. Dabei sind statistische Überlegungen zu berücksichtigen. Es handelt sich um die modifizierte BDA-Formel und die Schlüter-Formel, deren Möglichkeiten und Grenzen bekannt sein müssen.
- Zur Bekämpfung der Fluktuation bietet sich eine Fülle von Maßnahmen an, die systematisch gesammelt und zusammengestellt werden müssen, um sie möglichst effektiv zur Verminderung der Fluktuationsquote einsetzen zu können.
- Eine Verminderung der Fluktuation hat positive ökonomische und soziale Auswirkungen.

3. Personalarbeit 2000

Innovation – Qualifikation – Qualität heißt die Herausforderung zur Wertschöpfung des Human Resources Management

Clemens Heidack

3.1 Neue Aspekte der Gestaltung der Personalarbeit

3.1.1 Schwerpunkte der strategisch erfolgsorientierten Personalarbeit

Der Schwerpunkt der Personalarbeit liegt „postlean" zunächst auf der „lean"-geprägten strukturellen und institutionellen Verankerung der Human Resources durch ein Human Resources Management in allen Funktionsbereichen des Unternehmens, wie dies der Trend in Abb. 3. – 1 anzeigt. Bezogen auf die aktuelle Lage, ist die notwendige Personaleinschränkung als strategische Personalanpassung, nicht mehr Aufgabe einer administrativ abwickelnden Personalabteilung, sondern eine Führungsaufgabe ersten Ranges, die nicht einfach an eine Stabstelle delegiert werden kann. Eine Personalarbeit, die zum kritischen Erfolgspotential der Unternehmensführung geworden ist, vollzieht sich nicht in willkürlich veränderbaren oder direktiv organisierten Verhaltensstrukturen, sondern verlangt auch eine entsprechende strategische Unternehmensführung und ein damit vernetztes personalpolitisches Führungssystem zur Gestaltung der Aufgaben der Personalarbeit. Die Strukturoptimierung erfordert eine Leistungsverdichtung.

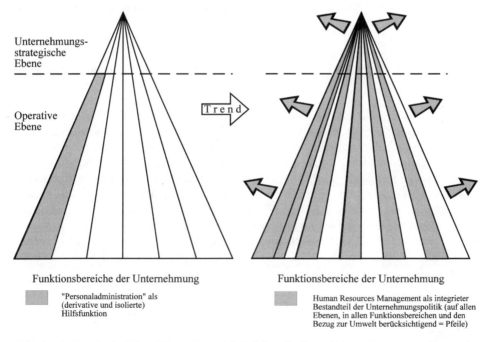

Abb. 3. – 1: Von der herkömmlichen „Personaladministration" zum Human Ressources Management (nach Wohlgemuth, A.C.)

Wo in diesem Sinne zur Strukturoptimierung Arbeitsfunktionen dynamisiert und flexibilisiert werden, ergeben sich auch wechselnde Leistungskonstellationen, die sich nicht vorab rein technisch abstimmen lassen. Statt dessen werden Effektivität und Wirtschaftlichkeit abhängen vom synergetischen Handeln kleiner Einheiten in dynamisierten Netzwerken, die eine klare strategische logistische Personalarbeit mit Blick auf Möglichkeiten synergetischer Wertschöpfungsansätze erfordern.

Wer diese Arbeitsstruktur wirklich ernst nimmt, muß bis in den Markt hinein einen meist informellen Informations- und Kommunikationsfluß beachten, in dem sich Eigenleistung immer weniger interpretieren läßt. Im Rahmen von Arbeitsanalysen ist also eine verstärkte Berücksichtigung der Partner (auch Kunde und Zulieferer) im Arbeitsprozeß erforderlich.

Zur Bewältigung dieser Herausforderung der modernen betrieblichen Personalarbeit, der Integration des Menschen in die Dynamik des umgreifenden sozio-technischen Arbeitssystems des Betriebes haben sich in den letzten Jahren drei Begriffe herausgebildet: Personalentwicklung, Personalcontrolling und Personalmarketing.

Insbesondere kann heute Personalmarketing nicht mehr als Schlagwort oder Modewort angesehen werden, sondern es steht für eine dynamische Personalarbeit im Betrieb und zur Optimierung derselben in Richtung des Human Resources Management sowie umfassender Wertschöpfung des Human-Kapitals.

Personalmarketing umfaßt alle Maßnahmen eines Unternehmens, die darauf abzielen, Mitarbeiter zu akquirieren und zu halten, d.h. das Unternehmen und der Arbeitsplatz müssen im Sinne der Markterfordernisse − genauso wie jedes Gut oder jede Dienstleistung − an bereits vorhandene und potentielle Mitarbeiter (= Kunden) verkauft werden. Hierbei ist der Erfolg des Personalmarketings abhängig vom Erreichen der gewünschten Zielgruppe innen und außen, die aus ganzheitlicher Sicht von innen her durch die Corporate Identity oder Corporate Culture, nach außen durch die Image-Prägung bestimmt wird.

Das Handlungsgeschehen des Marketing läuft nach der Darstellung von Kotler für das Marketing allgemein so ab, daß Marketing dazu dient, Austauschprozesse zu erleichtern und durchzuführen in einmaliger Transaktion wie auch durch kontinuierliche Austauschbeziehung. Der Austauschprozeß kennzeichnet aktuell nicht nur eine wirtschaftlich materielle, sondern auch eine geistig-soziale Wertschöpfungskette. Die soziale Wertschöpfungskette wird im Austauschprozeß speziell durch den interaktiven Gestaltungsprozeß (vgl. hierzu die Integration der Aktionsfelder: Funktionsfeld, Lernfeld und insbesondere in diesem Zusammenhang das Interaktionsfeld in Abb. 3. − 9) im Betrieb zum Ausdruck gebracht. Der Weg führt methodisch am günstigsten über die kooperative Selbstqualifikation, wodurch interaktiv die Arbeits- und Lernvollzüge im direkten Transfer gestaltet werden.

Die neuen strategischen Funktionsbereiche der Personalarbeit

− Personalmarketing
− Personalentwicklung
− Personalcontrolling

sind in ihrer allgemeinen wertschöpferischen Wirkweise in Abb. 3. – 2 dargestellt. Diese zielt auf die Zukunftssicherung durch

- Innovation
- Qualifikation
- Qualität

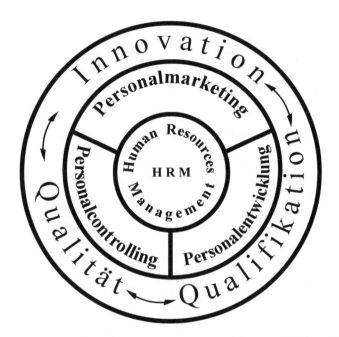

Abb. 3. – 2: Die strategischen Funktionsbereiche der Personalarbeit (aus Heidack, C., Personalmarketing-Management 1994, S. 11)

Festzustellen ist, wieweit sich eine strategische Personalanpassung mit den Prämissen und Zielvorgaben des personalpolitischen Führungssystems des quantitativen Abbaus und des qualitativen Aufbaus als Möglichkeit der Strukturoptimierung im Sinne der Leistungsverdichtung verwirklichen lassen.

Neben der Strukturoptimierung ist die entsprechende methodische Prozeßoptimierung im Rahmen der strategischen Personalanpassung durch kooperative Selbstqualifikation und partnerschaftliches Führen von wachsender Bedeutung. Die kooperative Selbstqualifikation als effektivste Form der betrieblichen Qualifikation dürfte ihre besondere Wirkung in der Diskussion in Szenarien bis hin zu Projekten im Personalanpassungsprozeß haben.

Langfristige Erfolgspotentiale aufzubauen, ist ein Schwerpunkt der strategischen Personalanpassung. Insbesondere soll Qualität und Innovation gefördert werden, wodurch mit der Qualifikation und schwerimitierbares Know-how aufgebaut wird, was einen leichtfertigen Abbau geradezu verbietet.

Folgende prinzipielle Forderungen können mit dem „Lean-Gedanken" verbunden sein:

1. Strikte Zuwendung zu all dem, was der primären Aufgabe des Unternehmens nutzt und die Primärprozesse bis hin zum Kunden unterstützt, bzw. sie optimiert (Wertschöpfung durch und im Bussiness-Center).

2. Konsequenten Aufbau und optimalen Ausbau eines interaktiven und kommunikativen Netzwerkes zur optimalen Erfüllung der Primäraufgabe schaffen, d.h. in dem Netzwerk sollen die Einzelaufgaben vom Gesamtziel her möglichst „just-in-time" gesteuert werden, und die Arbeit in diesen Einzelaufgaben von den Mitarbeitern kooperativ im Team selbstgesteuert werden.

3. Gleichzeitig entwickeln sich Dienstleistungen, um die Integration beider „Lean"-Angelegenheiten zu fördern (Wertschöpfung durch und mit Service-Centers). − Hierbei spielt die dynamische Entwicklung der Erfolgspotentiale Qualität und Qualifikationspotential zu einem unternehmensspezifischen Know-how und einer schwer imitierbaren Wertschöpfung eine zentrale Rolle. Ihre langfristige Wirksamkeit und Bedeutung für die Kontinuität des Erfolges (sustainable Development) gegenüber anderen Erfolgspotentialen ist aus der Abb. 2.4 − 13 ersichtlich.

Über das Team vor allem vollzieht sich die Wertschöpfung und ist synergetische Leistungsverdichtung möglich. Ziel und Prozeß können durch Personalmarketing intern über CI und extern durch Imageprägung konzeptionell beeinflußt werden.

Zu unterscheiden ist eine konzeptionelle Leistungsverdichtung, die letztlich die Wertschöpfungskette optimiert und die strategischen Erfolgspotentiale, wie „Know-how" und „Qualität" (im erweiterten Sinn als Qualität des Arbeitsergebnisses,) kurzfristig und langfristig erhöht. Hierzu gehört auch die organisatorische Strukturierung der Leistungspotentiale durch Änderungen des Organisationsaufbaus − flache Hierarchie, schlanke und teamorientierte Abteilungsbildung.

3.2 Aufgaben- und Gestaltungsfelder der „Personalarbeit 2000"

Zwei Untersuchungen zur Einschätzung der zukünftigen Personalarbeit kennzeichnen die grundlegenden Änderungen und die Faktoren, die in den Vordergrund getreten sind, und Herausforderung an die Funktionen der Personalarbeit sind und zur Veränderung ihrer Bedeutung im betrieblichen Alltag führen.

3.2.1 Ein Bezugsrahmen für die Gestaltung der „Personalarbeit 2000"

Die Funktionen der Personalarbeit werden in der Studie „Personalarbeit 2000", von Wunderer und Kuhn in einen Bezugsrahmen gestellt, den die Abb. 3. − 3 zeigt: Es sind die

- Veränderungsfaktoren der *Gesellschaft,*
- die Handlungsdimensionen
  - Haben,
  - Wollen,
  - Können,
  - Dürfen

in ihren *Ausprägungen beim Menschen und im Unternehmen.*

Es wird jeweils eine Ausprägung genannt, die speziell für die Personalarbeit im Unternehmen mit Blick auf die Auswirkungen auf die Funktionen der Personalarbeit 2000 von herausragender Bedeutung ist. Ergänzt wurde für „Dürfen" die „Mitbestimmung" der Mitarbeiter, die über den gesetzlichen Rahmen der Mitbestimmung weit hinausgeht; zur Integration des Menschen in den Betrieb. Ebenso erscheinen neben den wichtigen Charakteristiken im Feld „Mensch" (Abb. 3.–3) in den Kästchen zu

- „Haben" die Zielgruppenproblematik
- „Wollen" die Wertaspekte
  - Lebenswerte
  - Arbeitswerte
  - Arbeitsplatzwerte

- „Können" die Qualifikationsaspekte
  - Staatliche Ausbildung
  - betriebliche Ausbildung

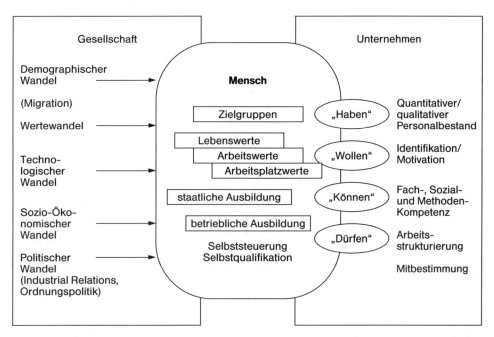

Abb. 3.–3: Ein Bezugsrahmen der Personalarbeit 2000 (nach Wunderer/Kuhn 1994, S. 19)

Zu „Dürfen" wurde hier ergänzt:

– Selbststeuerung und Selbstqualifikation, die nicht nur in der Ausbildung nicht früh genug gewährt, sondern auch später im Betrieb zu wenig beachtet werden.

Alle vier Merkmale sind nicht nur von der konstruktiven Seite her zu sehen. Wenn sie fehlen oder Mängel aufweisen, sind es Hindernisse für die Motivation (vgl. hierzu Kap. 1.5.1.3 vor allem Abb. 1.5 – 10).

Neben den drei psychologischen Barrieren mit dem Blick auf die funktionale Personalarbeit sollte der Hindernisfaktor „Haben" („ich habe nicht(s)!") in seiner ganzen Tragweite über die Grenzen des Betriebs (Negativmotivation vom puren Neid bis hin zum Mobbing) angedeutet werden und vom Wandel der Weltanschauungen in der Gesellschaft, dem Zusammenbruch kommunistischer Systeme, Nord-Süd-Konflikt, um nur drei Punkte mit weitreichender Wirkung zu nennen, in ihren Konsequenzen negativer Art bedacht werden. Insgesamt ist von der Bevölkerungsstatistik her gesehen nicht nur die demographische Entwicklung zu sehen, sondern auch die Wanderungsbewegungen (Migration), die einmal notwendige neue Humanresourcen für unsere Wirtschaft heranführen, ohne die wir manche Aufgaben nicht mehr ohne weiteres bewältigen könnten, aber auch als eine große Bedrohung wahrgenommen werden, wie wir in der gestiegenen „Ausländerfeindlichkeit" feststellen können. –

Ohne hier weiter auf die Problematik eingehen zu können, muß „Haben" als Bezugsgröße zur Personalarbeit als ein Ausdruck des Humankapitals angesehen werden. Für das Human Resources Management und die Entwicklung von erfolgreichem Humanpotential müssen die Zielgruppen sehr genau ins Auge gefaßt werden, die sich im Unternehmen als quantitativer/qualitativer Personalbestand „Haben" präsentieren.

3.2.2 Wandel der Prioritäten von Aufgaben- und Gestaltungsfeldern der Personalarbeit

Eine Untersuchung von 1987 versucht bei über 800 Personalleitern, neben einer qualitativen Einschätzung der heutigen Situation der betrieblichen Personalarbeit auch die Schwerpunkte ihrer Tätigkeit in den nächsten Jahren sowie den Stand und die Bedeutung der zur Zeit realisierten Personalmaßnahmen im Betrieb zu erheben.

Grundsätzlich scheint die *Akzeptanz der Personalarbeit* bei der Unternehmensleitung recht hoch zu sein. Etwas weniger bedeutsam werden *die eigenen Gestaltungsmöglichkeiten* eingeschätzt. Das weitaus größere Problem ist die *Durchsetzbarkeit gegenüber den Fachabteilungen*. Dies macht deutlich, daß die Personalabteilungen auf eine gute *Kooperation* angewiesen sind und daß die Personalabteilung eine *Servicefunktion* für die Personalarbeit im Unternehmen hat.

Gegenwärtig hat die Zusammenarbeit mit dem Betriebsrat (80 %) die höchste Priorität. Die dann folgenden Punkte: Personalauswahl (77 %), Lohn- und Gehaltspolitik (74 %) sowie Personalbeschaffung (72 %) sind grundlegend. Die Aktivierung der Mitarbeiter

(59 %) und die Personalverwaltung (59 %) stehen mit der gleichen Punktzahl relativ weit am Ende der Skala.

Die zukünftig zu erwartende Einstufung zeigt durchgängige Abweichungen von der heutigen Einschätzung auf. Weit vorne mit 91 % stehen die *Aus- und Weiterbildung* und die *Personalauswahl* (90 %). Die Zusammenarbeit mit dem Betriebsrat (88 %) hat zwar auch noch an Punkten dazugewonnen, ist aber an die dritte Stelle gerückt. So haben auch die meisten anderen *Aufgabenfelder einen höheren Stellenwert* erreicht:

Personalbetreuung (87 %)
Aktivierung der Mitarbeiter (87 %),
Personalplanung (85 %),
Personalbeschaffung (84 %) sowie
Personalinformationssysteme etc. *(80 %)*

Mit über 20 % Zuwächsen sind die vorstehend genannten Aufgabenfelder eingeschätzt worden. Diese Tatsache unterstreicht den Bedeutungswandel der Personalarbeit von der verwaltenden Personalarbeit zum gestaltenden Human Ressources Management, bei dem die Qualifikation der Mitarbeiter, die Personal- und Organisationsentwicklung die überragende Rolle spielen.

3.3 Neue Qualität der Arbeit als Rahmenbedingung der aktuellen und zukünftigen Personalarbeit

3.3.1 Aktuelle Entwicklungstendenzen bezogen auf die Personalarbeit

Unter den Bedingungen des immer rascheren technologischen Wandels in Wirtschaft und Verwaltung nimmt die Bedeutung der einzelnen funktionalen Aufgabenfelder der Personalarbeit, wie die Statistik des ersten Abschnitts zeigt, nicht nur ständig zu, sondern erhält auch eine andere Qualität. Diese ergibt sich aus den neuen *Rahmenbedingungen für die Aufgabe, Kompetenz und Verantwortung im Funktionsfeld des arbeitenden Menschen.* Sie erfordern eine Qualifikationssicherung durch permanentes lebenslanges Lernen, die den Ansprüchen neu entstehender Organisationsansätze entsprechen. Sie folgen vornehmlich der Informationstechnologie, die sich zur Schlüsseltechnologie entwickelt. Durch die Miniaturisierung der Computer durchdringt sie in zunehmender Breite und Tiefe immer mehr Arbeitsprozesse und bedingt die permanenten Lernprozesse.

Ein *neues Aufgaben- und Führungsverständnis* (vgl. Kap. 1.5.2.3) ergibt sich für die aktuelle und künftige Personalarbeit im Betrieb in anbetracht folgender Entwicklungstendenzen:

– Die Mitarbeiter übernehmen in ihrem Funktionsfeld mehr unmittelbare Verantwortung für die Steuerung und Sicherung der Produktivität und die Qualität der Arbeit.
– Im Rahmen der dispositiv bedingten Entscheidungsmöglichkeiten bestimmen die Mitarbeiter Arbeitsorganisation und Arbeitszeit zunehmend selbst.
– Die Beziehungen der Mitarbeiter verlaufen immer mehr horizontal im Sinn von Teamwork und informell im Sinne vernetzter kooperativer Aufgabenbewältigung und Problemlösung.

– Durch den steigenden Einsatz von Kleincomputern (PC) gewinnen die Mitarbeiter im Rahmen ihrer individuellen Tätigkeit zunehmend Zeit für innovative und dispositive Aufgaben, da sie Service- und Routinetätigkeiten auf den Computer verlagern können. Damit gerät ihre Arbeit geradezu automatisch in eine umfangreichere Wechselbeziehung zu der Arbeit von anderen und erfordert *intensivere Interaktion* und zwingt zur Kooperation und Teamarbeit.

Die *Dimensionen der Qualität der Arbeit und des Arbeitsergebnisses* versucht die Abb. 3. – 1 durch ein auf die ganzheitlichen Aspekte zugeschnittenes Modell zu verdeutlichen. Dabei bilden die technische *Produktqualität*, die *Verfahrensqualität* und die *soziale Qualität* (mit den jeweils zu den inhaltlichen Aspekten genannten Stichwörtern) die neue Perspektive der Qualität der Arbeit als Rahmenbedingung für die aktuelle und zukünftige Personalarbeit im Betrieb.

Besondere Anregung für die neue Qualität im Betrieb erhält die Personalarbeit durch die Einführung der ISO 9000. Durch ihren Audit und ihre Zertifizierung bildet sie die Grundlage für eine umfassende Qualität im Betrieb. Die Zertifizierung erfolgt gemäß der Abb. 3. – 4, ist insgesamt jedoch nur als eine Grundlage für ein Total Quality Management aufzufassen. Die ISO 9000 schärft auf jeden Fall das Bewußtsein für Qualität im Betrieb, die nicht nur auf technische und Verfahrensqualität beschränkt bleibt, sondern auch die Arbeitsplatzqualität im weitesten Sinne erfaßt wie im Grundsatz der Arbeitsgestaltung zum Ausdruck kommt (vgl. Abb. 1.5.3: Die Qualität des Arbeitserlebnisses bestimmt die Qualität des Arbeitsergebnisses.)

3.3.2 Verlagerung der Schwerpunkte der Personalarbeit

Die Schwerpunkte der Personalarbeit verlagern sich somit *von der funktional-programatischen Dimension institutioneller Personalarbeit* (vgl. Kap. 2.2.3; Abb. 2.2 – 6) *zur Verhaltensdimension im Sinne einer kooperativen Handlungs- und Führungskompetenz,* die für

● die Entfaltung der individuellen und interaktionellen Personalarbeit,
● die Personalentwicklung und
● die Organisationsentwicklung im Sinne der Unternehmenskultur von größter Bedeutung sind. Eine wirksame Entwicklung des dazu erforderlichen Verhaltenspotentials ist nicht mehr lediglich mit Verwaltungsaufgaben kollektiver Personalarbeit (vgl. Abb. 2.2 – 4) und herkömmlichen Programmen der institutionalisierten betrieblichen Weiterbildung zu erzielen. *Kooperative Formen des Human Ressources Managements* im Zusammenhang mit dem Wertewandel, der Innovation und Qualität gewinnen in der Personalarbeit an Gewicht. *Kooperatives Führungsverhalten mit Förderung der kooperativen Selbstqualifikation treten zunehmend in den Vordergrund der Anforderungen.*

Mit diesen Anforderungen an eine aktuelle und zukünftige Personalarbeit gewinnt auch die Stellung und die Rolle des Personalressorts an Gewicht, wie es die Untersuchungen zu den funktionalen Aufgabenfeldern zu Anfang dieses Beitrags anzeigen. Neben den personalpolitischen Gestaltungsaufgaben (vgl. Kap. 2.2.2.2) sind insbesondere seine Ser-

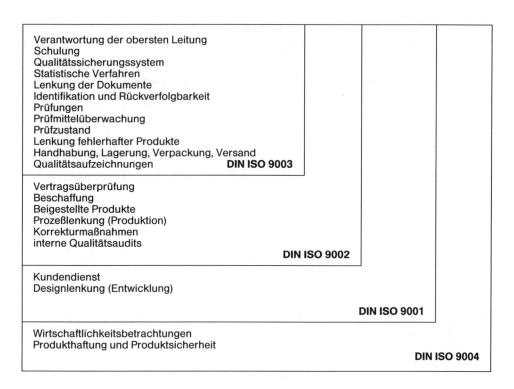

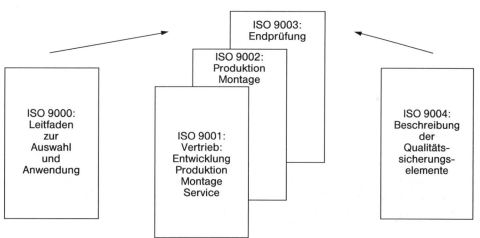

ISO 9000 – Normenreihe: Qualitätsmanagement und Qualitätssicherung – Inhaltliche Übersicht

Abb. 3. – 4: Übersicht über die Inhalte und den Zusammenhang der Bestimmungen von ISO 9000

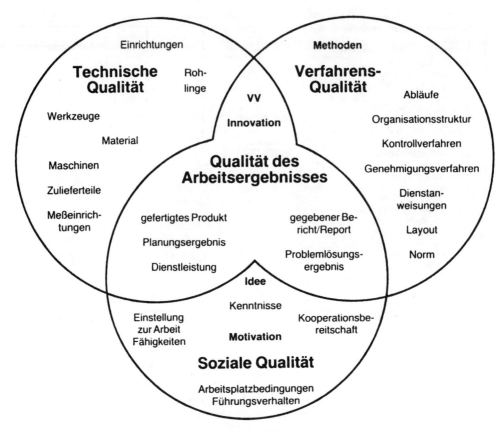

Abb. 3. – 5: Erweitertes Verständnis des Begriffs „Qualität"

vicefunktionen für innovative und qualifikatorische Vorgänge zu nennen. Ferner sollte es Katalysator für die neue *Qualität* bei der Gestaltung der Personalarbeit im Betrieb und der *Humanisierung der Arbeitswelt* sein.

Die neue Qualität der Personarbeit resultiert letztlich aus der Tatsache, daß der *Mensch wieder weniger als Produktionsfaktor „in beliebiger Arbeitsteilung"* angesehen wird, *sondern als Handelnder und Mitgestalter* in dem Gefüge der Wirtschaft und als Ziel aller Anstrengungen unter dem Zwang sich verändernder Arbeitsverhätlnisse „neu entdeckt" wurde. Die Pflege („Kultur") und Nutzung des *Humanpotentials* im Unternehmen sind *zum kritischen Erfolgsfaktor geworden.*

Das Umfeld des Arbeitsplatzes als *Betätigungsfeld* im weitesten Sinne rückt wieder in das Zentrum ganzheitlicher *Lebensgestaltung*. Der einzelne ist aufgrund seiner insgesamt gestiegenen Qualifikation selbstbewußter geworden, muß aber, um erfolgreich zu sein, mit anderen zusammenarbeiten, d.h. mitdenken, mithandeln, mitverantworten. Damit erhält der Begriff *„Mitarbeiter"* seine *neue Qualität* für die Personalarbeit und für die Qualität der Arbeit, wie die Vorgänge in der Abb. 3. – 6 verdeutlichen.

478

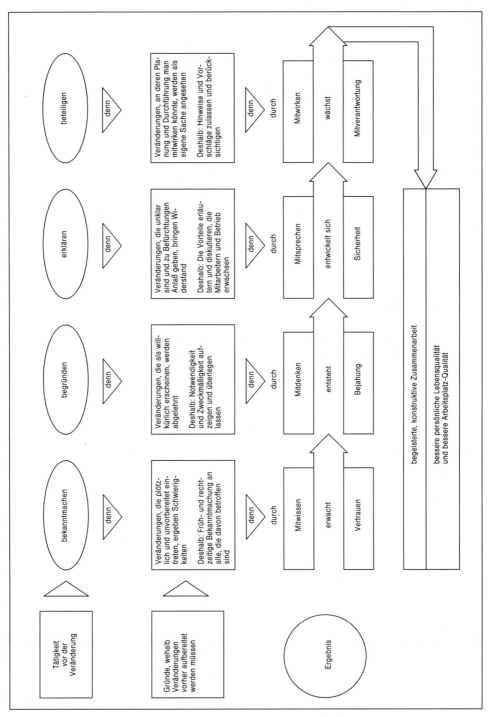

Abb. 3. – 6: Voraussetzungen für eine konstruktive Zusammenarbeit beim Planen und Entscheiden bei Veränderungen

Diese Qualität läßt sich nicht mehr von außen kontrollieren. *Selbstkontrolle und Mitdenken* des einzelnen im „Sinn des Ganzen" und in den Zusammenhängen mit seiner Tätigkeit bestimmen die Qualität der Arbeit und damit den Erfolg des Betriebs. In einem solchen Umfeld ist die Humanisierung der Arbeitswelt recht weit gediehen.

Zum Verständnis der sich rasch bildenden neuen Strukturen, die sich in den Organisationsansätzen und den dazu gehörigen Trainings- und Qualifikationsbemühungen zeigen, soll die Entwicklung der „Humanisierung der Arbeitswelt" in ihren einzelnen Stufen dargestellt werden. Die *vorhergehenden Stufen* bauen aufeinander auf und *bleiben integrative Bestandteile der sich neubildenden Strukturen.* Die ausführliche Darstellung der Entwicklungsstufen scheint für das Verständnis der zukünftigen Personalarbeit und Qualifikation deshalb so wichtig, weil vielfach die Meinung besteht, der *Strukturwandel* der Wirtschaft (und der Gesellschaft) *im Osten Deutschlands* und insbesondere *der UdSSR* könne sich „von heute auf morgen" vollziehen. Traditionelle, gewachsene Strukturen spielen bei jedem evolutiven Strukturwandel eine wesentliche Rolle. Ihre Beachtung und „Flexibilisierung" bedingt eine belastbare und relativ rasche Entwicklung und sich ausbildende neue Kultur von Dauer.

3.4 Entwicklungsstufen der Humanisierung der Arbeitswelt

3.4.1 Humanisierung der Arbeitswelt: weiterhin umfassendste Zielvorgabe für die Personalarbeit in Zukunft

Der Sinn der Humanisierung der Arbeitswelt für den einzelnen Berufstätigen läßt sich auch für die Zukunft in zwei Sätzen beschreiben: *Wer arbeitet, strebt danach, dies unter bestmöglichen Bedingungen zu tun. Wo sie dementsprechend gestaltet sind, wird er den Arbeitsprozeß human empfinden.* Diese Art der Humanisierung im Bemühen um den Menschen im Betrieb verlangt die Beachtung seines Verhaltens zur Leistungserstellung (*Funktionsfeld*) und seine Qualifikation hierfür (*Lernfeld*) sowie seine soziale Interaktion (*Interaktionsfeld*) *im Rahmen bestimmter Organisationsstrukturen* im Betrieb (vgl. Abb. 3.–7).

Aus der Sicht des Managements wird Humanisierung der Arbeitswelt als ein *ganzheitlicher Faktor der Personalarbeit im Betrieb* angesehen und als *strategische Aufgabe* betrachtet. Dies bedeutet allerdings mehr, als die fünf Hauptströmungen der siebziger Jahre im einzelnen erkennen lassen. Humanisierung wird verstanden als:

1. Strategie gegen physische wie psychische Überbelastung und Verschleißerscheinungen (äußere Humanisierung)
2. Strategie zur Realisierung von größerer Autonomie gegen tayloristische Tendenzen der Arbeit (autonome Gruppenbildung)
3. Politische Mitbestimmung
4. Strategie zur Systemüberwindung
5. Strategie einer „herrschaftsfreien Gesellschaftsordnung".

Der ganzheitliche Aspekt der Humanisierung der Arbeitswelt umfaßt die Organisationsentwicklung und die Selbstfindung des Menschen im Rahmen dieser Entwicklung sowie ein partnerschaftliches Führungsverhalten (= *innere Humanisierung*). Innere Humani-

	Organisationstheorie	Trainingsansatz
1. Stufe	**Human Engineering** Klassische Theorien der Arbeitswissenschaft (Taylor; Gilbreth) und der Organisation (Fayol; Max Weber)	Arbeitsunterweisung als Training-Within-Industry (TWI)
2. Stufe	**Human Relations** Hawthorne Study (Elton Mayo) Informelle Beziehungen; Gruppenforschung: Soziometrie, (Moreno) Analyse der Bürokratie, Gruppendynamik (Lewin)	Nicht-Direktive Methode (Rogers); Trainingsseminare: Selbsterfahrungsgruppen; zwischenmenschliche Beziehung und Gruppendiagnostik
3. Stufe	**Human Integration** Erforschung der Machtverhältnisse, Neorationalismus (Crozier; March und Simon; Lapassade) Bürokratismus-Ethik (Crozier), Allgem., Systemtheorie, Kybernetik (Bertanlanffy; Wiener; Shannon/Weaver), Menschenbild (McGregor) OE: päd. Ansatz (Bennis)	Institutionalisierte Pädagogik; Interventionstechniken und Beratung in der OE; Instrumentierte Gruppenarbeit; Bedarfs- und Transferorientierung der Weiterbildung; Teamarbeit; autonome Gruppenarbeit; Moderatorentechnik
4. Stufe (5. Stufe?)	**Human Ressources Management** Vernetzung durch Informations- und Kommunikationstechnologie; Strategische Unternehmensführung; − Qualitätsoffensive zum Total-Quality; Ideen-/Innovationsmanagement; Personal- und Organisationsentwicklung als Integration in soziotechnische Arbeitsysteme; Identitätskrise; Unternehmenskultur ökologische Perspektiven Internationalisierung PERESTROIKA/Glasnost Lean-Wertschöpfung und Rationalisierung	**Paradigmawechsel** Permanentes, selbstgesteuertes Lernen: Einheit von Lehren/Lernen; autonome und kooperative Selbstqualifikation OE-Ansatz; Pluralität der Lernorte; informelle und interaktionelle Lernansätze; Pluralität der Führungsrollen; ,,Brainworker''; Ausbau der Lernstatt und der Projekt/Teamorg.; Vernetztes Lernen mit PC/Hosts/Fernunterricht;

Abb. 3. − 7: Humanisierung in der Arbeitswelt: Entwicklungsstufen der Organisations- und Trainingsansätze seit Taylor (Wiesbaden)

sierung (Sahm) ist eine zwischenmenschliche Leistung, die auf personalen und sozialen Lernschritten beruht und bei der das emotionale Engagement der Beteiligten eine bedeutsame Rolle spielt.

3.4.2 Humanisierung durch Entwicklung von Organisation und Qualifikation

Es gibt eine *Parallelentwicklung von Ansätzen der Organisationstheorien und Trainingsansätzen seit Taylor,* wie sie in Abb. 3.−7 anhand von Stichwörtern angedeutet wird.

Ihre Ausprägung spiegelt sich in der Geschichte der Theorien und Techniken der Organisation mit ihren entsprechenden Qualifikationsansätzen, die mittlerweile durch vier Phasen hindurchgegangen sind und sich *als Entwicklungsstufen* aufeinander *aufbauend* ergänzen. Die einzelnen Phasen sind in Abb. 3.−7 mit entsprechenden Stichwörtern gekennzeichnet. Sie geben einen *längerfristigen Überblick zur Personalarbeit und Qualifikation im Wandel.*

Insbesondere *im anglo-amerikanischen Bereich* zeigte zunächst die Entwicklung der letzten Jahrzehnte eine *Zuwendung zu Organisationstheorien und Organisationstechniken* (vgl. vor allem March/Simon 1976; Simon 1981), die sich immer stärker von autoritären, systemvorgegebenen Formen lösten und nach Wegen suchen, die der menschlichen Natur besser angepaßt sind. Theorien und Entwicklung der betrieblichen Bildung weisen eine ähnliche Entwicklung auf wie die Organisationstheorien, ,,deren Ergänzung und praktische Dimension sie sind". In *Frankreich* und im *deutschsprachigen Raum* folgt man dieser Entwicklung. Insbesondere *McGregor,* für den eine *Verquickung von Organisationstheorie mit dem Bildungswesen* kennzeichnend ist, hat hier auf weite Kreise eingewirkt. ,,Erweist sich seine Umgebung seinem Wachstum nicht als förderlich, so wird keine weitere Fördermaßnahme anschlagen", lautet seine noch immer aktuelle Aussage. Die Art der Gestaltung der Arbeitsumgebung ist für das konkrete Bildungsgeschehen im Betrieb eines jeden Mitarbeiters von zentraler Bedeutung.

Hiermit ist der Trend zu einer *Humanisierung der Organisation des Arbeitsplatzes* mit seiner Wirkung auf das Bildungsgeschehen deutlich ausgesprochen, wie er in der Organisationsentwicklung voll zum Ausdruck kommt, d.h. in der Parallelentwicklung von menschlich ausgerichteter Organisationstheorie und dem entsprechenden Ausbildungs- und Trainingsgeschehen.

3.4.3 Humanisierung der Arbeitswelt als Integration des Menschen in das soziotechnische Arbeitssystem − Organisations- und Trainingsansätze seit Taylor

1. Stufe: Human Engineering

Von der Organisation her betrachtet, brachte *Taylor* mit seiner wissenschaftlichen Betriebsführung den *ersten systematischen Ansatz zur ,,Humanisierung".* Das Human Engineering kennzeichnet den Beginn, menschliches Verhalten auf seinen produktiven Einsatz im betrieblichen Geschehen zu erfassen. Durch strikte Trennung von Arbeitsvorbereitung und Arbeitsdurchführung wurde die Basis für die Rationalisierung geschaffen und der Prozeß der modernen Arbeitsteilung eingeleitet und von Gilbreth weiterhin verfeinert. Durch die Arbeiten von *Fayol* wurde die *Funktionalität des Organisationsvorgangs*

(Planen, Durchführen, Kontrollieren) grundlegend gekennzeichnet. Die Fragen der Arbeitsvereinfachung durch *Rationalisierung* dieses Ansatzes wurden organisationstheoretisch erfaßt und in Deutschland konsequent im Arbeitsstudium von REFA (Reichsausschuß für Arbeitsstudien) weiterverfolgt. In der Arbeitsorganisation wird ein *mechanistischer Rationalismus* vertreten, der die Arbeitsteilung als ersten Schritt der Rationalisierung und Produktivität in den Vordergrund treten läßt und lediglich als äußere Humanisierung gestalten kann. Der Mensch gewinnt nur insofern an Bedeutung, als er dazu beiträgt, eine möglichst hohe Produktion zu schaffen und das Funktionieren der Organisation zu begünstigen, was *Max Weber* in einem strukturellen, formalistisch soziologischen Ansatz seiner Organisationslehre weiterhin untermauert.

Die *Ausbildungsmaßnahmen*, das sog. *Training-Within-Industry* (TWI), konzentrierten und beschränkten sich auf das Anlernen am Arbeitsplatz. Zum Zwecke der Unterweisung werden die Arbeitsvorgänge *in kleinste Arbeitsschritte* zerlegt, die durch Arbeitsstudien genau erfaßt und *am Arbeitsplatz* selbst in der Einheit, wie sie jeweils zum Arbeitsgang gebraucht werden, *unterwiesen* werden.

2. Stufe: Human Relations

Die *Kritik an dieser atomistischen Spezialisierung und der funktionalistisch formalen Denkart* der Organisation wurde durch die Human-Relations-Bewegung von einem gegensätzlichen Standpunkt vorgetragen.

Die Aussagen der Human-Relations-Bewegung stützten sich auf die bisher größte Sozialstudie, die sogenannten *Hawthorne-Experimente* in der Western Electric Company in den Jahren 1927 – 32. Sie wurden allerdings in ihren wesentlichen Ergebnissen erst nach dem Krieg um 1950 vorgelegt und brauchten ein weiteres Jahrzehnt, um greifen zu können. Als wesentliche Daten können angenommen werden, daß soziale Normen vorrangig das Leistungsverhalten und das Arbeitsergebnis bestimmen und nicht physiologische Leistungsgrenzen und finanzielle Anreize.

Der arbeitende Mensch muß vor allem als Gruppenmitglied gesehen werden. In den Gruppen gibt es nicht nur formale Führung, sondern man muß *zwischen formeller und informeller Führung unterscheiden.* Bereits hier wird eine allseitige Kommunikation zwischen den betrieblichen Rangstufen als nützlich angesehen. Eine Aufklärung der Mitarbeiter über Pläne und Arbeitsabläufe sowie die Personalbetreuung wird als besonders wichtig erachtet.

Im Gegensatz zur Arbeit mit ihren zweckrationalen Bestimmungen wurden die persönlichen und sozialen Beziehungen und gefühlsmäßigen Werte gefördert. Man wollte *Arbeitsgruppen nach Sympathiebeziehungen* bilden und in Frei- und Freizeiträumen das neuentdeckte Netz informeller Beziehungen ausnutzen, um die Arbeitszufriedenheit zu erhöhen und Konflikte zu lösen.

Die junge *gruppendynamische Seminarkultur* konzentrierte sich mit ihren Bildungsbemühungen außerhalb des Arbeitsgeschehens, um gefühlsmäßige Kontakte und menschliche Beziehungen in der Gruppe bewußt zu machen und in *Selbsterfahrungsseminaren* zu trainieren.

In manch einer naiven Auffassung von der Humanisierung der Arbeitswelt wurde viel ,,Sozialklimbim'' geschaffen. *An der eigentlichen tayloristischen Form der Arbeitsbedingungen änderte sich meistens nichts.* Sozialkritische Stimmen sehen hier eher eine Verschönung der *Entfremdung des Arbeitslebens* als einen Ansatz zur Humanisierung.

3. Stufe: Human Integration

Aus dem *Unbehagen gegenüber den in reiner Seminarkultur* gepflegten und trainierten Gruppenbeziehungen der Gruppendynamik wandte man sich der institutionalisierten Gruppe in der Organisation, der Arbeitsgruppe in ihrem Umfeld zu. Die Kritik richtete sich auf die mangelnde Übertragungsfähigkeit in den Arbeitsalltag.

Lewin, als ,,Vater der Gruppendynamik'' bekannt, hat in seine gruppendynamischen Seminare insbesondere die informellen Beziehungsstrukturen der Gruppe in das Training integriert. Erst seine Schüler gingen den *Weg des Lernens im Team* im Sinne seiner feldtheoretischen System- und Gestaltungsansätze konsequent weiter: von der reinen Trainingsgruppe (off-the-job) hin zur Organisationsentwicklung (on-the-job) nach dem Motto: *Wie verändert die Mikro-Dynamik die Makro-Struktur?*

Dieses Vorgehen trifft die *Kritik an der Human-Relations-Bewegung*, vor allem das Hauptkriterium, daß sie *Freiräume für den Menschen* schaffen wollte, jedoch *nicht in das Arbeitsgeschehen* und am Arbeitsplatz *integrieren* wollte. Trotz Betonung des Menschen als soziales Wesen, der Entdeckung informeller Bindungen und der Beschäftigung mit der Bedeutung von Betriebsklima und Arbeitszufriedenheit *bewirkte* die Human-Relations-Bewegung unter kritischen Gesichtspunkten *mehr eine äußere als eine innere Humanisierung* der Arbeitswelt. Heute weiß man, daß es keinen unterstellten Automatismus zwischen hoher Arbeitszufriedenheit und Leistung gibt. Auch die Vorstellung von einem harmonischen Ausgleich zwischen betrieblichen Zielen und persönlichen Bedürfnissen ist falsch.

Durch die Überbetonung der sozialen Bedürfnisse werden *strukturelle und technische Arbeitseinflüsse vernachlässigt.* Die Anreizgestaltung kann heute als Manipulationsinstrument zugunsten des Taylorismus eingestuft werden.

In den siebziger Jahren wurden die *Wertvorstellungen* stärker durch den Zusammenhang zwischen betrieblichem und gesellschaftlichem Geschehen betont, die *Grundprinzipien von Solidarität und Subsidiarität sowie demokratische Gestaltungsmaximen* standen im Vordergrund.

Die *Integrationsbewegung* zeigte sich auch in der Entwicklung der Organisationstheorie mit dem *Schwerpunkt der Systemtheorie.* 1949 erschienen Veröffentlichungen mit den wichtigsten theoretischen Ansätzen, die die Systemtheorie für die Informations-, Kommunikations- und Computertechnologie begründete: Bertalanffy die ,,Allgemeine Systemtheorie''; Wiener (1948) die ,,Kybernetik als allgemeine Wissenschaft'' und Shannon/Weaver die ,,Allgemeine Nachrichten- und Informationstheorie''. Nachdem Ashby (1956) diese Ansätze zu einem einheitlichen systemtheoretischen, kybernetischen Konzept als umfassenden Integrationsrahmen zusammengeführt hatte, richtete sich in den 60er Jahren die *Kritik* gegen die formelhafte Entleerung und methodische Entfremdung der

Organisation am Arbeitsplatz. 1962 lehnte der Nobelpreisträger H.A. Simon eine Unterteilung der verschiedenen Organisations- und Managementansätze ab und bestand auf ihrer *integrativen Einheit unter der Klammer der Systemtheorie,* die die menschlich-soziale Seite nicht vernachlässigt. In den USA wandte man sich seit Mitte der 60er Jahre auch in diesem Bereich wieder der humanen Seite der Organisation zu.

Ergänzend zu den Trainingsansätzen ist zu sagen: Im Rahmen der sich entfaltenden *Organisationsentwicklung* (OE) zeigt sich ein *Trend zur institutionalisierten Pädagogik* der betrieblichen Weiterbildung. Für Bennis ist OE eine *„Pädagogische Strategie".* Die Bemühungen gehen dahin, in den institutionellen System- und Organisationsstrukturen, in denen jeder seinen Platz und sein Funktionsfeld hat, zu trainieren und die ganze Arbeitsgruppe oder ganze „Organisationsfamilie" systemorientiert zum Schulungsobjekt zu machen. Der organisatorisch-soziale Wandel zwingt dazu, im *Funktionsfeld als einem Feld von Spannungen und Konflikten* innerhalb der Arbeitsgruppe zu lernen. Das Funktionsfeld wird weitgehend zum Lernfeld, in dem die Notwendigkeit besteht, bei Bedarf auch permanent zu lernen. Die nötige Lernmentalität entsteht nur in dazu angeleiteten Arbeitsgruppen qualifizierter Mitarbeiter. Eine Schlüsselrolle haben dabei die Führungskräfte bzw. die Vorgesetzten. Sie werden auf die Aufgabe vorbereitet, *im richtigen Augenblick ein arbeitendes System in ein lernendes System zu überführen.*

4. Stufe: Human Ressources Management

Die dominante Fragestellung der Personalarbeit und Weiterbildung im Betrieb, um den *Anforderungen des soziotechnischen Wandels* gerecht zu werden, lautete Anfang bis Mitte der 80er Jahre:

● Wie können die Weiterbildungsaktivitäten in die Unternehmensentwicklung integriert werden?

Die Integration gelingt dann, wenn der Bedarf an Weiterbildung umfassend am betrieblichen Bildungsmarkt extern und intern gedeckt werden kann. Die Marktsituation bestimmt Angebot und Nachfrage. Im Zentrum der Nachfrage bildet sich um den vernetzten Block „Information und Interaktion" ein Marketing-Interaktionsfeld, der im Sinne des Personalmarketing die Austauschprozesse zwischen Nachfrage und Angebot steuert und gestaltet.

Der inhaltliche und strategische Gestaltungsrahmen ist in den Abb. 3. – 12 und im Überblick nach den Dimensionen der Weiterbildung dargestellt.

● Wie können Werthaltungen, Arbeitserleben und Handlungskompetenzen im Sinne der „Unternehmenskultur" bei der Qualifikation berücksichtigt werden?

Die *aktuelle Entwicklung* strebt darüber hinaus die Einheit von Lehren und Lernen in kooperativer Selbstqualifikation als angemessenste Form der Erwachsenenbildung an. *Formen des selbstgesteuerten Lernens sollten bereits in der Ausbildung* eingeübt werden, um auf die spätere Weiterbildung vorzubereiten, die sich an *unterschiedlichen Lernorten* abspielt. Die genannte Kernproblematik wird noch ausführlich behandelt. Über die Entwicklungsschritte der Trainingsansätze im Funktionsfeld und die systematische Einbin-

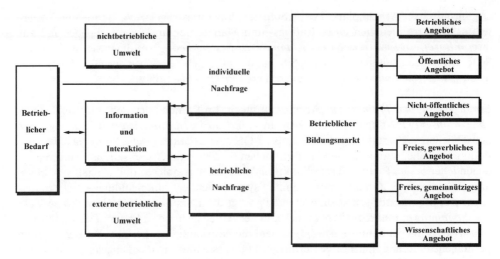

Abb. 3.—8: Betriebliche Bildung nach Interaktion, Nachfrage und dem komplexen Angebot

dung der Gestaltung der betrieblichen Weiterbildung und darüber hinaus des Human Ressources Managements jeweils in einen handlungs- und strategieorientierten Handlungsrahmen werden im Überblick graphisch dargestellt, um den Stand der Entwicklung zu beleuchten und den Bezugsrahmen aufzuzeigen.

3.5 Qualifikation der Zukunft

3.5.1 Herausforderung „permanent zu lernen"

„Lernen entspricht mehr dem Zünden einer Fackel als dem Füllen eines Fasses!"

3.5.1.1 Selbstgesteuertes Lernen „just-in-time"

Diese aus der Antike stammende Weisheit kennzeichnet vortrefflich die Motivation, den *effektiven Qualifikationserwerb und die unmittelbare Qualifikationsnutzung,* die permanentes Lernen in der Weiterbildung Erwachsener im Beruf erfordert, und trifft den Kerngedanken der kooperativen Selbstqualifikation im Betrieb. Bei der kooperativen Selbstqualifikation geht es in erster Linie nicht um die Anhäufung von Wissen im Sinne von „Lernen auf Vorrat", sondern um die Verfügbarkeit und die Umsetzung von Qualifikationen gemäß dem *Prinzip „just-in-time"* sowie um die Motivation durch das gemeinsame Erlebnis von Lernerfolg.

Von daher gesehen, überrascht es nicht, daß *Überlegungen zur „neueren Logistik"* in der letzten Zeit auch in der öffentlichen Weiterbildungsdiskussion über lebenslanges und permantes Lernen aufgegriffen worden sind. Dennoch ist man sich dieser Humanressourcen heute noch zu wenig bewußt und schätzt ihre Bedeutung bisher zu gering ein. Somit werden wichtige Ansätze, die permanentes Lernen im beruflichen Alltag motivieren und fördern könnten, nicht gesehen und deshalb bedauerlicherweise nicht mit der nötigen me-

486

thodischen Konsequenz genutzt. Dabei geht es nicht nur um eine hohe Motivation zum weiteren Lernen, sondern vor allem um die Lernkompetenz als Fähigkeit zur Selbststeuerung von verantwortungsvollem und reflektiertem Handeln beim Umsetzen des Gelernten, insbesondere dann, wenn es um Änderungen und Neuerungen bzw. Innovationen geht. Die *Selbststeuerung* und *Kompetenz für ein lebenslanges Lernen* sollte möglichst früh erworben und eingeübt werden, d.h., die Einstellung zum selbstgesteuerten Lernen sollte damit zur Weiterbildung bereits in der Ausbildung geprägt werden.

3.5.1.2 Kerngedanken der kooperativen Selbstqualifikation

a) Bedarf und praktische Bedeutung
Der überwiegende Teil des betrieblichen Qualifikationsbedarfs wird durch individuelle und kooperative Selbstqualifikation gedeckt. Selbst gut funktionierende betriebliche Bildungswesen wären nicht in der Lage, ohne diese Aktivitäten den laufenden alltäglichen Bedarf auch nur annähernd zu bewältigen. Individuelle und kooperative Selbstqualifikation brauchen zur Unterstützung die institutionalisierte Weiterbildung. Mit ihrer gezielten *Hilfe zur Selbsthilfe* kann die Effektivität der individuellen und kooperativen Selbstqualifikation gesteigert werden.

In der Praxis des Berufslebens war von jeher die kooperative Selbstqualifikation die *verbreitetste Form der Weiterbildung* und war in der vorindustriellen Zeit die Regel. In der dann folgenden, zunehmend schneller werdenden Veränderung in der Industrialisierung und rasch fortschreitenden Arbeitsteilung und Spezialisierung ging der ganzheitliche Charakter der Zusammenarbeit verloren.

Je mehr der Überblick über das Ganze durch Arbeitsteilung und Spezialisierung verlorengeht, umso stärker wird der Druck zur Koordination und Integration im technisch-organisatorischen, aber auch im zwischenmenschlichen Bereich. Die Herausforderung der sich immer rascher technologisch verändernden Rahmenbedingungen heute besteht vor allem darin, als einzelner die Situation aufgrund von Selbstqualifikation durch permanentes Lernen und den Transfer von Fachkenntnissen und Erfahrungen *„just-in-time"* *interaktiv* mit anderen zu bewältigen.

Für die *Führungskräfte* bedeutet diese Herausforderung, daß kooperative Führung die Förderung kooperativer Selbstqualifikation verlangt. Dem Vorgesetzten kommt bei der Selbstqualifikation seiner Mitarbeiter eine besondere Rolle zu. Sie gehört zur erfolgreichen Personalführung. Dabei kann der Vorgesetzte wesentlich die Organisationsentwicklung beeinflussen, wenn er dazu beiträgt, daß der einzelne Mitarbeiter allein oder mit anderen in seinem Tätigkeitsbereich lernt. Dies kann man nicht verordnen, sondern es muß mit Einsatz der eigenen Persönlichkeit mit den Mitarbeitern und Kollegen gemeinsam geübt und entwickelt werden. Die nötige Lernmentalität entsteht erfahrungsgemäß in dazu angeleiteten Teams lernbereiter Mitarbeiter. Wie bereits gesagt, gibt es heute *im High-Tech-Bereich* immer häufiger die Situation, in der sie in der Lage sein müssen, *ein „arbeitendes System" in ein „lernendes System"* zu überführen.

b) Effektivität und interaktive Vorgänge

Besondere Merkmale der kooperativen Selbstqualifikation sind:

1. das *partnerschaftliche Verhalten* von Personen mit unterschiedlichen Fachkenntnissen und Berufserfahrungen, die im Gruppenverband (Projekten, Qualitätszirkeln, Lernstatt, Planungssitzungen etc.) an neuen Aufgabenstellungen oder Problemlösungen gemeinsam in der Gruppe voneinander und miteinander *lernen/lehren* und
2. sich gegenseitig helfen, die dabei *bestehenden und entstehenden Konflikte zu handhaben.*

Es geht dabei nicht nur um einen Lernprozeß. Die einzelnen Teilnehmer geben zu den anstehenden Fragen und Problemen aus ihrem Spezialwissen und ihren Detailkenntnissen mehr oder weniger kurz und prägnant Informationen an ihre Partner weiter. Es sind sozusagen *,,Mini-Unterweisungen''*, die der oder die Partner mit anderem Spezialwissen erhalten. Das ,,Neu-Gelernte'' wird jeweils mit dem eigenem Wissen und den eigenen Erfahrungen verarbeitet und so angereichert diskutiert. Dabei kommt es zu *Synergieeffekten* gemäß dem Synergieprinzip: Das Ganze ist mehr als die Summe seiner Teile.

Je nachdem, wie lange dieser Prozeß dauert, kann man von einem *Schneeballeffekt bzw. Multiplikatoreffekt* des Qualifikationserwerbs sprechen, der unmittelbar mit der Qualifikationsnutzung verbunden ist und eine Wertschöpfungskette darstellt.

Drei Effekte zeichnet die kooperative Selbstqualifikation aus und macht sie zur effektivsten Form der Aus- und Weiterbildung im Betrieb:

- der Synergieeffekt
- der Transfereffekt ,,just-in-time''
- der Schneeball- oder Multiplikatoreffekt.

Kooperative Selbstqualifikation ist eine *adäquate Form der Weiterbildung von Erwachsenen.* Auf der Grundlage von selbstgesteuertem Lernen und Lehren besteht im Gegensatz zur Schule eine Einheit von Lehren und Lernen. Besonderes Ziel dieses Qualifikationsprozesses ist, das gelernte Wissen nicht nur anwenden, sondern auch den anderen mitteilen zu können. Dies erfordert ein hohes Maß an Kompetenz, die sich im einzelnen in *Fachkompetenz, Methodenkompetenz* und *Sozialkompetenz* differenzieren läßt. Eine flexible Handhabung dieser Kompetenzen im ,,Lernfeld Betrieb'' oder generell im Berufsleben erfordert folgende ,,übergreifende'' Qualifikationen:

- Lernen zu lernen (autonom, interaktiv und intermedial);
- Lernen zu lehren (eigenes vorhandenes und gerade gelerntes Wissen an andere weiterzugeben)
- Lernen zu helfen
- Helfen zu lernen
- Die Motivation, ,,permanent zu lernen'', d.h. lernend zu leben und zu arbeiten.

Da diese Zusammenhänge eine überaus große Komplexität besitzen, scheint es notwendig die wesentlichen *Systemstrukturen* herauszustellen und anhand eines Modells zu verdeutlichen, um danach die Prozesse, die in diesem Systemzusammenhang ablaufen, besser zu verstehen.

Das „*Lernfeld*" umfaßt alle Phänomene, die als bewußtes und absichtsvolles Lernen feststellbar sind. Im Lernfeld bzw. in den Teilen, die zu dem Lernfeld gehören, vollzieht sich das Lernen *intentional*. Das Lernfeld stellt für die betrieblichen Systemgegebenheiten den Bereich der beruflichen Aus- und Weiterbildung dar.

Mit dem „*Funktionsfeld*" ist eindeutig das berufliche Betätigungsfeld festgelegt. Dort entsteht der Bedarf für berufliche Weiterbildung, und dort soll das Gelernte auch angewandt werden. Das Lernen vollzieht sich im Funktionsfeld arbeitsprozeßabhängig und wird vielfach nicht voll bewußt. In den Teilabschnitten, die zum Funktionsfeld und nicht zum Lernfeld gehören, vollzieht sich das Lernen *funktional*.

Der Begriff „*Interaktionsfeld*" referiert die sozial-kommunikativen Beziehungsstrukturen und die soziale Interaktion, die in der beruflichen Weiterbildung auf das soziale Verhalten Einfluß ausüben und sich als soziales Lernen auswirken. Die sozialen Beziehungsstrukturen, die beim Lernen und insbesondere beim Lerntransfer eine wesentliche Rolle spielen, sind als eigenständiger Faktor der beruflichen Weiterbildung zu sehen. Bei Überlegungen zur Veränderung und Entwicklung der Organisation wird deutlich, daß Lernen, Probleme lösen und Konflikte handhaben im Zusammenhang gesehen werden müssen. In den Teilabschnitten, die zum Interaktionsfeld und nicht zum Lernfeld gehören, vollzieht sich nicht geplantes, vom sozialkommunikativen Prozeß der Interaktion abhängiges *soziales Lernen*.

Betrachtet man das Modell nach Möglichkeiten der *Lernortkombinationen* in Abbildung 3. – 9, so bieten sich die vier Segmente im Lernfeld (a, d, e, g) als grobe Unterscheidungskriterien an.

a bedeutet *individuelles selbstgesteuertes Lernen* außerhalb des Tätigkeitsbereichs. Dazu zählen alle Lernorte selbstgesteuerten individuellen Lernens außerhalb des Arbeitsplatzes, z.B. Computer- oder CAD-Arbeitsplatz, Studio oder Videothek wie auch zum individuellen Lernen eingerichtete Simulatoren, Übungsplätze. Auch Prüfstände bei Kunden auf der Messe etc. sind hier zu nennen.

d zeigt individuelles selbstgesteuertes Lernen, also *individuelle Selbstqualifikation* vor Ort an. Hierzu sind alle Lernorte zu rechnen, die selbstgesteuertes individuelles Lernen am Arbeitsplatz ermöglichen. Programmierte Unterweisung oder Anweisung für Maschinenprogramme machen den Arbeitsplatz zum Lernort.

e kennzeichnet intentionales *seminaristisches Lernen im Gruppenverband* (Unterricht) oder bewußt berufsbezogenes soziales Lernen außerhalb des Tätigkeitsbereiches (Rollenspiel, Fallstudien, Planspiel z.B.), was im weiteren Sinne zur *kooperativen Selbstqualifikation* zu rechnen ist. Hierzu gehören der Unterrichtsraum, die Lehrwerkstatt usw., wo unterrichtet oder z.B. in Gruppenarbeit gelernt wird. Aber auch Diskussionsformen, Präsentationsformen, Podiumsdiskusionen zählen dazu.

g kennzeichnet die unmittelbare Anwendersituation in der Arbeitsgruppe, die am Arbeitsplatz oder in unmittelbarer Arbeitsplatznähe *kooperative Selbstqualifikation* betreibt oder dort mit einem Trainer oder Berater (vgl. die Beiträge von Kessler und Wohlgemuth) lernt. Zu den Lernorten sind hierbei zu zählen: Projekt- und Planungsbüros, Besprechungszimmer und Konferenzräume, Qualitätszirkel, Lernstatt, wo in pädagogischer Ausrichtung mit pädagogisch qualifiziertem Personal Lernen vor Ort oder kooperative Selbstqualifikation stattfindet.

Das Systemkonzept in Abbildung 3. – 9 entspricht weithin dem Grundkonzept der Organisationsentwicklung (OE). Insbesondere der Kernbereich kennzeichnet Lernvorgänge im Sinne der Organisationsentwicklung. Hier können pädagogische Strategien direkt den beruflichen Tätigkeitsbereich beeinflussen und zu einer Organisationsentwicklung hinführen.

Die *anderen Feldabschnitte* lassen sich wie folgt im Hinblick auf die Gestaltung der Selbstqualifikation kennzeichnen:

b bedeutet soziales berufsbezogenes Lernen bei privaten oder informellen Arbeitsbeziehungen, ohne daß es direkt bewußt wird.

c kennzeichnet individuelles funktionales Lernen im Tätigkeitsbereich.

f zeigt funktionales Lernen im sozialen Kontakt, und zwar während des formellen Ablaufs der beruflichen Tätigkeit, z.B. in Planungssitzungen, in Projektgruppenarbeit etc., auf. Durch die hierbei *nicht bewußt ablaufende kooperative Selbstqualifikation* können arbeitsprozeßabhängige, soziotechnische Qualifkation und Erfahrung erworben werden.

3.5.1.3 Kooperative Selbstqualifikation im Systemfeld des Betriebes

Veränderungen im Betrieb wirken sich jeweils auf die Beziehungsstrukturen und den Umgang der Menschen miteinander aus. *Kommunikation und Interaktion*, die sich dadurch ändern, beeinflussen als eigenständige Komponenten die Arbeits- und Lernprozesse. Um die *Wege der pädagogischen Strategie* festzulegen, sind deshalb nicht allein die Ziele, sondern im gleichen Maße auch die Prozesse, die zu Leistungs- und Lernergebnissen im Betrieb führen, konkret in der beruflichen Weiterbildung zu beachten. Hierbei werden verschiedene Lernorte durchlaufen. Man kann davon ausgehen, daß zur optimalen Veränderung und Entwicklung der Organisation eine Verhaltenssteuerung gehört, die das Zusammenarbeiten, die kooperative Selbstqualifikation in Verbindung mit dem Lernen an verschiedenen Lernorten sowie das Lösen von Problemen und das Handhaben von Konflikten ermöglicht. *Typische Beispiele* für solche *Lernorte* sind die *Lernstatt* oder die *Qualitätszirkel.*

Um die *Ansätze der Organisationsentwicklung und der kooperativen Selbstqualifikation* zu kennzeichnen, sollen *in einem feldtheoretischen Modell* die Elemente: das Arbeitsgeschehen (*Funktionsfeld*), die Lernvollzüge (*Lernfeld*) und die sozial-kommunikative Interaktion (*Interaktionsfeld*) miteinander verbunden und nach pädagogischen Gesichtspunkten integriert werden. Abb. 3. – 9 stellt diese Aktionsfelder des Betriebes dar.

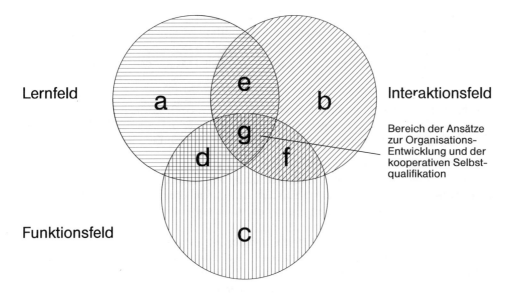

Lernfeld

Interaktionsfeld

Bereich der Ansätze
zur Organisations-
Entwicklung und der
kooperativen Selbst-
qualifikation

Funktionsfeld

Abb. 3. – 9: Graphische Darstellung der Handlungsfelder der beruflichen Weiterbildung und die Umfeldstruktur von Organisationsentwicklung und kooperativer Selbstqualifikation (Heidack 1989, S. 22)

3.5.2 Neue Qualität der Weiterbildung: effizienter Qualifikationserwerb und unmittelbare Qualifikationsnutzung

3.5.2.1 Beispiel für die Veränderung von Qualifikationsanforderungen

Die Situation läßt sich an der *Veränderung der Qualifikationsanforderungen* in den letzten 20 Jahren skizzieren. Tätigkeiten und Aufgaben im Betrieb waren noch Anfang der 70er Jahre deutlich abgegrenzt und überschaubar. Ihre Ausführung ließ weniger Spielraum und verlangte u.U. fundiertes Fachwissen. Zur *Kommunikation* innerhalb der Betriebsorganisation bestand keine Notwendigkeit. Sie war eher eine Ausnahme. Als Fachmann qualifiziert zu sein, bedeutete, dies auf Dauer zu bleiben. Erst das Vordringen der Informationstechnologie veränderte die Situation grundlegend und auf breiter Basis.

Bei permanentem Wandel konnte in letzter Zeit der Mitarbeiter nur noch in beschränktem Maße auf einmal erlerntes Wissen und bekannte Lösungsansätze zurückgreifen. Zunehmend wird er mit neuen, ihm noch unbekannten Situationen konfrontiert, für die er keine Problemlösungsmuster kennt. Er muß die Fähigkeit besitzen, seine *Probleme selbst zu strukturieren* und durch richtige Fragestellung die richtigen Lösungswege zu finden und mit notwendigen Informationen und bestgeeigneten Hilfsmitteln und Werkzeugen *zu steuern*. Neben fundiertem Fachwissen fordert seine Aufgabe im steigenden Maße als zusätzliche berufliche Qualifikation *methodische Kompetenz*. Da er die zunehmende Komplexität seiner Aufgabenstellung allein nicht bewältigen kann, hängt sein Erfolg wesentlich von seiner *Sozialkompetenz* ab. Soziale Kompetenz bedeutet z.B., den eigenen Platz in der Argbeitsgruppe für sich und die anderen sachlich und emotional befriedigend und sinnvoll auszufüllen.

Die Schilderung der veränderten Situation macht die Qualität der neuen Qualifikationen deutlich. Sie enthält viele fachübergreifende Qualifikationen, die als Schüsselqualifikationen bekannt geworden sind und deren Basis nach Mertens, der als erster den Begriff verbreitete, *Flexibilität* ist. (Sie sind im nachfolgenden Text mit den schwarzen Punkten gekennzeichnet.)

Was die Anforderungen eines qualifizierten Fach- bzw. Sachbearbeiters in der heutigen Situation *im Netz der Zusammenarbeit* mit anderen, insbesondere seine *Information und seine Medien,* d.h. Hilfsmittel und Werkzeuge, betrifft, muß er sich

- die notwendigen Informationen selbst beschaffen und
- die bestgeeigneten Hilfsmittel und Werkzeuge zur Bearbeitung auswählen;
- als Autodidakt, d.h. unabhängig von Schulungsangeboten, auch mit neuen Medien, z.B. mit computergestützten Lernprogrammen, die notwendigen Kenntnisse beschaffen.

Die *zunehmende Komplexität der Aufgabenstellungen* kann darüber hinaus oft *nicht mehr von einem Fachmann allein* bewältigt werden. An dessen Stelle tritt die *Arbeitsgruppe.* In ihr müssen

- Informationen gesammelt, ausgetauscht und bewertet,
- Planungen erstellt und diskutiert,
- Entscheidungen getroffen und wieder in Frage gestellt sowie
- Abläufe iniziiert und kontrolliert werden.

Der *Erfolg einer Arbeitsgruppe* hängt ganz wesentlich davon ab, wie gut beispielsweise

- der einzelne zuhören,
- von anderen lernen und andererseits
- sein eigenes Wissen weitergeben, d.h. lehren kann.

Da *Konflikte die Zusammenarbeit beeinträchtigen,* wird es des weiteren darauf ankommen, daß jedes Gruppenmitglied sein eigenes Verhalten so steuern kann,

- daß eine offene, vertrauensvolle Kommunikation möglich ist.
- Im Konfliktfall ist dazu die Bereitschaft zum Kompromiß gefragt.

Es wird also offensichtlich, daß *neben der Fachkompetenz und Methodenkompetenz als drittem Qualifikationaspekt* die Sozialkompetenz vorhanden sein muß, d.h. zum Beispiel

▶ die Fähigkeit, den eigenen Platz in einer Arbeitsgruppe für sich und die anderen sachlich und emotional befriedigend und sinnvoll auszufüllen.

Sozialkompetenz heißt, daß man dabei unter anderem die Fähigkeit erwerben muß,

- in einer Gemeinschaft zu lernen, zu arbeiten und zu lehren,
- von anderen zu lernen,
- Beiträge für die Gruppe zu leisten,
- Initiative zu ergreifen und Verantwortung zu übernehmen,
- Status- und Rollenverteilung in der Gruppe und der Organisation einzuordnen und wiederzuerkennen,
- auch die Werthaltungen und Erfahrungen anderer zu respektieren.

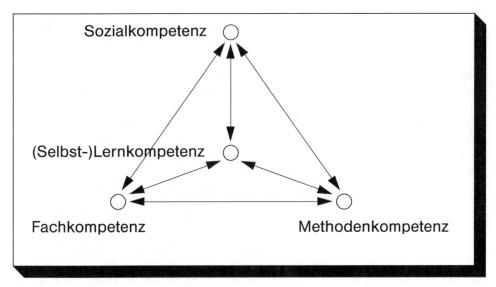

Abb. 3. – 10: Dimensionen des Qualifikationsbegriffes

Besuche von Seminaren und Kursen können die neue Art von *Handlungskompetenz als (Selbst)-Lernkompetenz* (vgl. den Zusammenhang in Abb. 3. – 10) nur in begrenztem Maße fördern. Daher wird die Selbstqualifikation durch funktionales Lernen in der sozialen Gruppe, die *kooperative Selbstqualifikation,* immer bedeutungsvoller. Die Integration in das soziotechnische Arbeitssystem wird im täglichen Arbeitsprozeß zum ,,Miteinander'', ,,Voneinander'' und ,,Füreinander''.

Die Entwicklung fachübergreifender Qualifikationen, d.h. von Schlüsselqualifikationen, beansprucht aber andererseits eine wesentlich längere Zeitspanne als der Erwerb von reinen *Fachkenntnissen.* Umso dringlicher ist der *Erwerb von Schlüsselqualifikationen und selbstgesteuertem Lernen bereits in der Schulung von Jugendlichen und in ihrer Ausbildung* mit Nachdruck zu betreiben.

3.5.2.2 Lernziel ,,selbstgesteuertes Lernen'': Train the Trainers

Hinderlich für die Zukunftsorientierung ist die bisherige Vorstellung vom Lernen als schulischem Lernen. In anbetracht der weitverbreiteten Schulmüdigkeit wäre dann für viele lebenslanges Lernen mit dem Alptraum verbunden, ein Leben lang die Schulbank zu drücken. Damit fehlt die Basis der *innengesteuerten Motivation* für ein selbstgesteuertes Lernen.

Von zentraler Bedeutung für die damit notwendig werdende *Fremdmotivation sind die Ausbilder.* Sie haben für die Vermittlung von selbstgesteuertem Lernen und der Perspektive ,,lebenslanges Lernen'' entscheidenden Einfluß. Der *Ausbilder* ist selbst *Vorbild* für die kooperative Handlungsfähigkeit und Weiterbildungskompetenz. Er ist gewissermaßen *Schlüssel für die Schlüsselqualifikationen.* Zunächst müssen die Ausbilder selbstgesteuertes Lernen selbst kompetent praktizieren können oder wenigstens vertiefte Kenntnisse über die Methode des *selbstgesteuerten Lernens durch Weiterbildung der Ausbilder* erworben haben. Bereits Piaget machte deutlich, daß man nur an die bekannten Strukturen beim Lernen und Lehren anknüpfen sollte, wenn man Erfolg haben wolle.

Folgerung hieraus ist: *Perspektiven,* die für künftige Mitarbeiter im Unternehmen Bedeutung haben oder gar eine Herausforderung sind, lassen sich mit entsprechend geschulten Ausbildern und solchen, die selbst im Unternehmen Perspektiven haben, gestalten. Ausbilder, die selbst im Betrieb keine Perspektive haben, gescheitert sind und in die Ausbildung abgeschoben wurden, sind hierfür nicht geeignet. Damit stellt sich die Frage, welche Perspektive man den Ausbildern aufzeigen kann? – Wie kann man sie nachhaltig qualifizieren, daß sie den laufend wachsenden und sich ständig wandelnden Anforderungen gerecht werden? – Zum Umfeld einer zukunftsorientierten Ausbildung mit Perspektiven für die zukünftige Weiterbildung der Auszubildenden gehört eine entsprechende Weiterbildung der Ausbilder und darüber hinaus die *Weiterbildung ihrer Weiterbilder. . .*

Betrachtet wurde bisher fast ausschließlich das laufende Ausbildungsgeschehen. Der Ausbilder und auch der Ausbildungsleiter sowie das andere *Ausbildungspersonal waren lediglich Randprobleme.* Für ein Umdenken und eine veränderte Gestaltung der Aus- und Weiterbildung wird der Ausbilder Zentralproblem der Entwicklung. Deshalb muß er zunächst einmal selbst so weitergebildet werden, daß er die Freiräume zum selbstgesteuerten Lernen und zur individuellen und kooperativen Selbstqualifikation kennt und die flexible Anwendung von Methoden zur Förderung der berufsübergreifenden Fähigkeiten selbst als Schlüsselqualifikation beherrscht.

Zum Problemumfeld gehören auch *Kompetenz und die Qualifikation* derjenigen, die die *Weiterbildung von Ausbildern* planen, gestalten und durchführen.

Die *klassische Frage: Wer bildet dazu wiederum aus?* führt – wie auch die Frage: Wer kontrolliert die Kontrolle? – nicht nur *ad infinitum,* sondern auch ad absurdum. So wie sich bei der *Kontrolle die Selbstkontrolle* anbietet, gestaltet sich die *Qualifikation* in diesen Bereichen im wesentlichen durch *Selbstqualifikation,* die sich dabei als besonders effizient erweist. Kooperative Selbstqualifikation zeitigt auf mehreren Ebenen in unterschiedlicher Vernetzung ihren Erfolg. Insbesondere für die zukunftsorientierte Weiterbildung der Ausbilder ist ihre Bedeutung klar erkannt.

Generell müssen aber *für die gesamte Berufsausbildung* im Gefolge der Veränderung von Organisations- und Arbeitsstrukturen die gesellschaftlichen und wirtschaftlichen Entwicklungen in gleicher Weise beachtet werden. Sie bringen *höhere Anforderungen* an die organisatorische und methodische Steuerung bzw. Selbststeuerung der Qualifikationsentwicklung, z.B. durch die Zunahme heterogener Lernadressen in der Berufsbildung aufgrund unterschiedlicher Alters- und Bildungsstrukturen der Gruppen.

Im einzelnen wird *partnerschaftliches Lernen als Methode* in der beruflichen Ausbildung vielfach als sehr nützlich angesehen und durchaus *akzeptiert.* Kooperative Selbstqualifikation als Organisationprinzip auch in der beruflichen Ausbildung zu etablieren übersteigt jedoch häufig die Vorstellung selbst derer, die die kooperative Selbstqualifikation als Faktor der Organisationsentwicklung akzeptieren. *Ganzheitliches Denken* muß aber die Ausbildung in die Perspektiven der Personal- und Organisationsentwicklung einbeziehen. Wenn wir heute von *Unternehmenskultur* sprechen und damit die gewachsenen Werteorientierung im Unternehmen meinen, so gehört die *Pflege des Nachwuchses in Vorbereitung auf die berufliche Weiterbildung* auch dazu.

3.6 Entwicklungsschritte zu einem neuen Organisations- und Qualifikationsverständnis sowie Wertschöpfungsvorstellungen

Die Entwicklungsschritte der auf Organisationsentwicklung bezogenen Weiterbildung vor Ort verdeutlicht im einzelnen Abb. 3. – 11. Die Entwicklung auf dem Gebiet der beruflichen Weiterbildung macht darin deutlich, daß man von der Orientierung an der Schuldidaktik abgerückt ist. Permanentes, lebenslanges Lernen ist ins Bewußtsein gedrungen, und bestimmte Lern- und Handlungskompetenzen werden an unterschiedlichen Lernorten eingefordert. Die Selbstqualifikation, ob allein oder kooperativ im Gruppenverbund, ist als besonderer Einflußfaktor betrieblicher Bildungsarbeit und der Unternehmenskultur einzuschätzen.

Herauszustellen ist insbesondere die Ausweitung der Rolle des Führungspersonals. Der Vorgesetzte ist zum Partner und Mitgestalter einer hohen Arbeits- und Leistungsqualität und somit Lebensqualität geworden, die umfassende Lernkompetenz erfordert. *Mit der „Total-Quality"-Herausforderung ist auch „Total-Qualification" angesagt.*

Fortschritte in der Entwicklung Kriterien	Unterrichtsorientierte Schulung	Methoden- und angebotsorientierte Weiterbildung	Lern- und bedarfsorientierte Weiterbildung	Problemlösungs- und transferorientierte Weiterbildung	Team- und projektorientierte Weiterbildung	Auf Organisationsentwicklung bezogene wertorientierte Weiterbildung	Auf „permanentes Lernen" ausgerichtete, system- und wertorientierte Weiterbildung
Einsatz der Entwicklung	30 – 50er Jahre	60er Jahre	Anfang der 70er Jahre	Mitte der 70er Jahre	Ende der 70er Jahre	Anfang/Mitte der 80er Jahre	Aktuelle Entwicklung
Dominante Fragestellung	„Welche Lehrinhalte sollen vermittelt werden?"	„Wie kann die Effizienz durch aktive Lehrmethoden und Unterrichtsmedien verbessert werden?"	„Wie kann die betriebliche Notwendigkeit durch Bildungsbedarfsanalysen betriebswirtschaftlich nachgewiesen werden?"	Wie kann der Teilnehmer durch Weiterbildung in einen Problemlösungsprozeß eingebunden den und die Übertragung des Gelernten an den Arbeitsplatz unterstützt werden?	Wie können Arbeits- und Qualitätsgruppen lerneffizient gestaltet und bei der Lösung konkreter betrieblicher Problemstellungen unterstützt werden, um der Flexibilisierung des Arbeitseinsatzes mit Flexibilisierung der Qualifikation zu begegnen?	Wie können die Weiterbildungsaktivitäten in die Organisations- und Personalentwicklung integriert werden, und wie können Werthaltungen Arbeitserleben und Humankompetenzen im Sinne der „Unternehmenskultur" bei der Qualifikation berücksichtigt werden?	Wie kann die Einheit von Lehren und Lernen in kooperativer Selbstqualifikation erreicht werden, und wie kann selbstgesteuerte Weiterbildung der Ausbildung bereits auf selbstgesteuerte Weiterbildung vorbereitet werden? Was ist Lean?
Typische Aktionsfelder der Weiterbildungsbemühungen	Aneinanderreihung von Themenblöcken in durchstrukturierten Seminaren	Aktivitätspädagogischer Lehrmethoden-Mix in Seminaren	Institutionalisierung betrieblicher Weiterbildung. Bedarfsbezogene Erstellung von betrieblichen Bildungsprogrammen sowie neuen internen und externen Lehrgängen nach methodisch-didaktischen Konzeptvorstellungen	Individueller Bedarfszuschnitt für curricularen Qualifikationserwerb, Lehr- und Lernmethoden-Mix in Seminaren mit mehr Betriebsnähe, gruppendynamischen Komponenten und Transferhilfen. Train the Trainers	Einsatz von Workshops; Einrichtung von Problemklärungsgruppen, Lernstatt, Qualitätsgruppen etc.	Einbeziehung des Managements zu übergreifenden Themen der Unternehmensführung und Werteproblematik. Selbstqualifikation tritt „aus der Grauzone" der Weiterbildung ins Bewußtsein der systematischen Weiterbildung	Selbstgesteuertes Lernen an unterschiedlichen Lernorten; kooperative Selbstqualifikation in Arbeits- und Projektgruppen; OE- und projektbezogene Seminare mit der Frage nach Entfaltung des Humanpotentials; geistige Wertschöpfung

Rolle des Weiterbildungsverantwortlichen	Verpflichter von fachlichen Experten	Fachliche Experten in der Anwendung von aktiven Lehrmethoden und im Einsatz von Unterrichtsmedien beraten und verpflichten	Organisation von Bedarfsermittlung, Konzepterstellung und Durchführung von Bildungsprogrammen und Schulungsmaßnahmen sowie pädagogischer und betrieblicher Erfolgskontrolle	Professionalisierung zum Weiterbildner in den organisatorischen, methodisch-didaktischen und pädagogisch-sozialen Anforderungen.	Organisatorische und interaktionelle Steuerung bzw. Moderation von Lern- und Änderungsprozessen; Qualifikation interner Trainer und Moderatoren	Multifunktionale Hilfestellungen und Serviceleistungen durch Beratungen. Ansätze zur Schaffung eines betriebsinternen Support-Systems einer modernen Infrastruktur zur Selbstqualifikation an verschiedenen Lernorten	Gestaltung der Weiterbildungslogistik im Sinne der Hilfe zur Selbsthilfe; strategische Steuerung des Systems der Personal- und Organisationsentwicklung; Gestaltung von Wertschöpfungscenters und Pipelinefunktionen
Rolle der Trainers	fachlicher Experte oder Lehrer	fachlicher Experte mit didaktischen Fähigkeiten	fachlicher Experte in der Initiierung von Lernprozessen mit didaktischen Fähigkeiten	Experte mit Fach- und Methodenkompetenz, vor allem in Initiierung von Innovationsprozessen; zunehmend mehr Betriebspraktiker, pädagogisch geschult	Moderator und Methodenexperte für die Steuerung von Selbsthilfeaktionen	Moderator und Systementwickler aus den eigenen Reihen oder mit intimer Kenntnis des Unternehmens und seines Umfeldes	Moderator und Gruppen- und System-Supervisor mit objektbezogener Fach-, Methoden- und Sozialkompetenz
Rolle des Teilnehmers	Konsument	überwiegend Konsument	überwiegend Konsument mit Tendenzen zur Beteiligung	aktiv lernend mitgestalten	Interaktiv mitgestaltend in Lern- und Sozialrollen	selbststeuernd lernen und mitgestalten	als Partner interaktiv lernend/lehrend sich selbst qualifizieren
Rolle des Vorgesetzten	passive Rolle	Informationsträger für Teilnehmer-Entsender	Bedarfsmelder, Entsender und Förderer des Mitarbeiters	Auftraggeber, Vorbereitungs- und Feedback-Gespräche mit Teilnehmer, Verantwortlicher für Mitarbeiterentwicklung	Zentrale Funktion als Förderer und „Kümmerer" um Weiterbildungsaktivitäten	Schlüsselkraft für alle Kommunikations- und Qualifikationsprozesse als Kommunikator, Moderator, Trainer. Zentralfigur für die Sozialisationsprozesse: „cultural hero" (Stiefel)	Partner und Schlüsselfigur in einem „arbeitenden System", das er im richtigen Moment in ein „lernendes System" zu überführen weiß. Hohe Sozial- und Selbstlernkompetenz

Abb. 3. – 11: Entwicklungsschritte der Weiterbildung in Betrieben, um den Anforderungen des technologischen Fortschritts zu entsprechen (Heidack 1989, S. 19 – 20; vgl. Stiefel/Belz 1987, S. 55)

3.7 Gestaltungsrahmen und Überblick über die Dimensionen der betrieblichen Weiterbildung

Die Abb. 3. – 12 vermittelt in einem strategiebezogenen Gestaltungsrahmen einen Überblick über die akutell gegebenen Dimensionen der betrieblichen Weiterbildung.

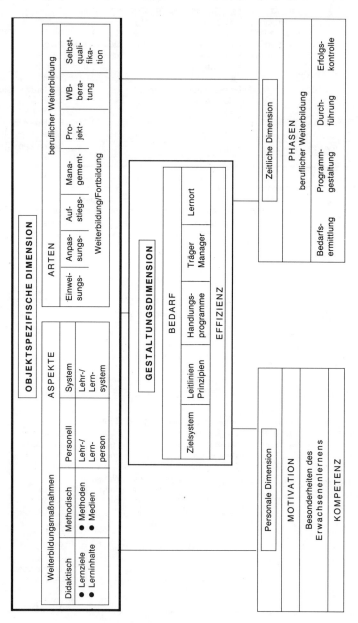

Abb. 3. – 12: Dimensionen und Determinanten bei der Gestaltung beruflicher Weiterbildung durch institutionale Weiterbildung im Betrieb (aus Heidack, 1985, S. 392)

Die *objektspezifische Dimension* zeigt die aktuellen Aspekte von Weiterbildungsmaßnahmen auf und gibt einen Überblick über die Arten der beruflichen Weiterbildung. Die zeitliche Dimension kennzeichnet den Phasenverlauf des betrieblichen Weiterbildungsprogramms oder einzelner Maßnahmen. Die Gestaltungsdimension bildet den Kern des handlungsorientierten Bezugsrahmens. *Bedarf und Effizienz* umfassen die übergreifenden Gestaltungselemente vom Zielsystem bis zum Lernort für die strategische Gestaltung betrieblicher Weiterbildung. In der personalen Dimension wird dargelegt, daß den Besonderheiten des Erwachsenenlernens insbesondere durch gezielte Motivation und mit umfassender Kompetenz (Selbstlern-Kompetenz vgl. Abb. 3. – 7) entsprochen werden kann.

Die Abb. 3. – 13 greift den strategieorientierten Gestaltungsrahmen der Graphik des Gestaltungsrahmens von Abb. 3. – 12 auf. *Die Objektspezifische Dimension* weist in die strategische Richtung der Erfolgspotentiale der strategischen Unternehmensführung (vgl. hierzu Abb. 1.6 – 13 und Abb. 2.2 – 2), zu denen auch das *Qualifikations-Potential* gehört. Zu beiden Bereichen werden die Ziele und Anforderungen genannt, die sich einmal auf die Organisation allgemein, zum anderen auf die handlungsorientierten *Inhalte der betrieblichen Weiterbildung* beziehen.

– Wissen
– Können
– Handeln
– Einstellungen

Das Modell wird im unteren Bereich im Unterschied zu Abb. 3. – 12 zu einer Leistungsdimension zusammengefaßt. *Die Personale Dimension* wird durch die Lernvorgangselemente etwas ausführlicher dargestellt. Die *Zeitliche Dimension* versucht die Bedeutung und *enge Bezogenheit von Evaluation und Transferqualität* zu veranschaulichen.

Der mittlere Bereich stellt übergreifend die Gestaltungsdimension auf. Die Gestaltung vollzieht auf der institutionalen Weiterbildung und auf die Individuelle und die Kooperative Selbstqualifikation. Den Kern der Gestaltung bildet der Feldtheoretische Ansatz: Es ist das Funktionsfeld, das Lernfeld und das Interaktionsfeld, welche in Abb. 3. – 9 dargestellt sind.

3.8 Motivations- und Führungsstrategie im Rahmen des Human Ressources und Ideen-Managements

Die Abb. 3. – 11 zeigt ein *strategisch umfassendes Rahmenkonzept* des Human Ressources und Ideen-Managements auf der Basis der Organisationsentwicklung und der Motivation durch die Aufgabe oder durch die Arbeit selbst (= traditioneller Ansatz der Humanisierung der Arbeitswelt).

Die Ziele der Leistungsmotivation (vgl. Abb. 1.5 – 5):

● Leistung
● Erfolg
● Zufriedenheit

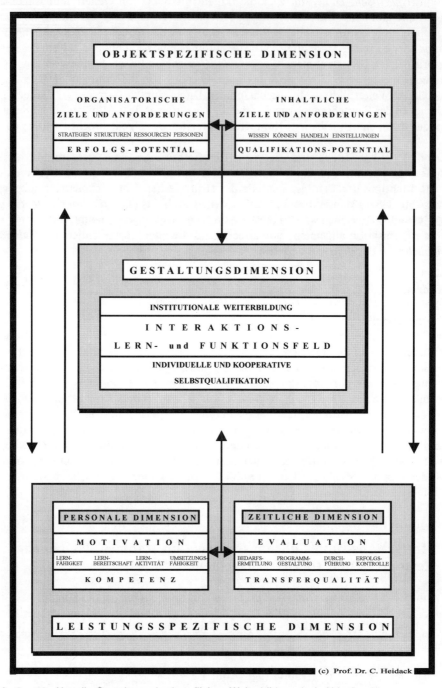

Abb. 3. – 13: Aktuelle Gestaltung der beruflichen Weiterbildung (vgl. Abb. 3. – 9)

bestimmen den Rahmen und die Richtung der Entwicklung von Know-how im Strategie-gitter des Human Ressources Managements.

Die erfolgreiche Entfaltung eines bestimmten qualitativen Leistungsniveaus wird in hori-zontaler Richtung durch einzelne Aspekte im individuellen, sozialen und organisatori-schen Leistungsbereich gekennzeichnet. Die Entfaltung im Leistungsbereich zielt auf Syn-ergien, die das Leistungsniveau als Ganzes betreffen.

Die *Entfaltung der verschiedenen Motivationsaspekte* mit dem Ergebnis von Zufrieden-heit auf einem entsprechenden persönlichen Anspruchsniveau wird vertikal angezeigt.

Die strategische Fortentwicklung der Qualifikation zur Weiterbildung als Human Res-sources Management wird durch die von oben rechts nach unten links laufende Dia-gonale optimaler Führungsstrategie angezeigt. Der Strategieansatz umschließt alle Ziel-gebiete von Qualifikations- und Leistungspotentialen in einem umfassenden Planungs-ansatz.

Das fortschreitende Motivationskonzept, nach dem sich die Qualifikation aus der Lei-stungsanforderung einer Arbeitsaufgabe in Stufen bis hin zum Know-how in *,,Total-Qualification''* des Human Ressources Managements verwirklicht, kann man anhand der Diagonalen, die von unten nach oben durch das Gitter läuft, verfolgen. Der Kerngedanke ist die *Gestaltung und Entfaltung eines Human Ressources Managements* bis in die öko-logischen Bedingungen.

Im einzelnen können Qualifikationsinhalte, Ideen, Vorschläge u.a.m. den Gegenstand der Arbeit bzw. der Aufgabe bilden. Sie sind dann Ausgangspunkt der *Strategie des Mo-tivationskonzeptes oder Ziel der Führungsstrategie,* die jeweils die vorgelagerten Leistungs-potentiale von der Organisationsentwicklung über die Gruppenleistung bis zum persönli-chen Arbeitsergebnis in der Planung umfaßt.

3.9 Möglichkeiten und Grenzen der Anpassung mit Blick auf die Strukturveränderungen im Osten

Angesichts der Veränderungen in Ostdeutschland und darüber hinaus in den ehemaligen Ostblockstaaten und der UdSSR stellt sich die Frage, wie schnell Anpassungen an andere Strukturen vor sich gehen; welche Möglichkeiten sich auftun und wo Grenzen liegen. All-gemein ergibt sich überall *dort, wo sich etwas verändert, die Notwendigkeit zu lernen:* d.h. ein Lernfeld. Jede Strukturanpassung erfordert Lernbereitschaft und Flexibilität. Die *Möglichkeiten sind dann günstig, wenn die alten Strukturen bekannt und die Änd-rungen mit den bisherigen Erfahrungen und Verhaltensweisen vereinbar sind,* keine grö-ßeren *Verunsicherungen* auftreten und lernend zu bewältigen sind. Die Gruppe kann hierbei sehr nützlich, aber auch sehr hinderlich sein, wie wir es bei Gastarbeitern häufig antref-fen. Bereits der Pädagoge *Piaget* wies – wie gesagt – darauf hin, daß man dann am besten lernt, wenn man *an bekannte Lernstrukturen anknüpfen* kann.

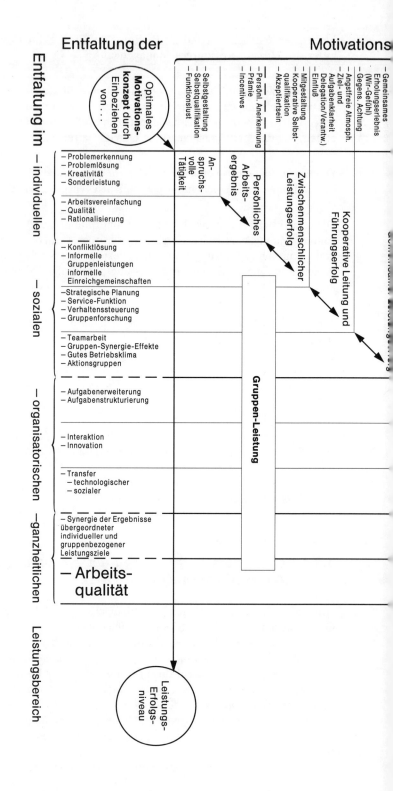

502

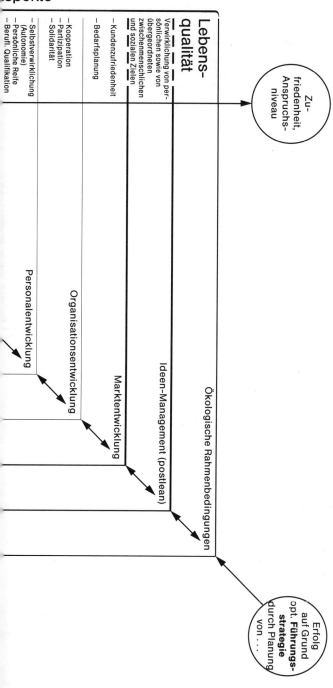

Abb. 3.−14: Human Ressources Management

Wie schwer die Anpassungbildung häufig den Menschen im eigenen System fällt, läßt erahnen, mit welchen Schwierigkeiten Menschen kämpfen, die ihre *Erfahrungen und Anpassungsmechanismen in anderen Systemen* erworben haben. Ein Übernehmen der Strukturen ohne Hilfe der anderen wird zu Frustrationen, Fehlinterpretationen und schießlich zu unüberwindlichen Verunsicherungen und Konflikten führen. Auch gutgemeinte Hilfen können schnell an Grenzen gelangen, wenn sie nicht oder falsch verstanden werden und zu gleichen Effekten wie im ersten Fall führen. Wichtig scheint, daß man sich zunächst verständigt und dann eine Brücke zur ,,Hilfe zur Selbsthilfe'' baut. Dabei ist es notwendig, daß jeder vom anderen lernt.

Die effektivste Form, die Strukturanpassungen ermöglicht, ist die kooperative Selbstqualifikation.

Literaturverzeichnis

(Die Literaturauswahl ist kapitelweise geordnet, um dem Leser die Vertiefung der einzelnen Gebiete zu erleichtern)

Zu Kapitel 1.2

Battegay, R., Der Mensch in der Gruppe, Bd. I, Sozialpsychologische und dynamische Aspekte, 4. Aufl., Bern/Stuttgart/Wien 1974

Bendix, R., Herrschaft und Industriearbeit, Frankfurt 1960

Benys, B., Familienleben in Deutschland, Reinbek b. Hamburg 1980

Bisani, F., Personalwesen, Grundlagen, Organisation, Planung, Opladen, 3. Aufl., 1983

Bornemann, E., Das Patriarchat, Frankfurt/M. 1975

Freyer, H., Theorie des gegenwärtigen Zeitalters, Stuttgart 1958

Marx, K., Das Kapital, 3 Bände, 1964, 1970, 1971

Neuberger, O., Messung der Arbeitszufriedenheit, Stuttgart 1974

Roethlisberger, F. J., Betriebsmoral und Arbeitsmoral, Köln und Opladen 1954

Schneider, H. (Hrsg.), Geschichte der Arbeit: Vom alten Ägypten bis zur Gegenwart, Frankfurt/M., Berlin, Wien 1983

Tannenbaum, F., Eine Philosophie der Arbeit, Nürnberg 1954

Taylor, F. W., The principles of scientific management, in: Chruden, H. J., Sherman jr., Arthur, W. (Hrsg.): Readings in personnel management, Cincinnatti 1972

Zu Kapitel 1.3

Amann/Kellner/Pauli, Im Spannungsfeld der Politik, Darmstadt 1979

Bolte, K. M., Der achte Sinn, Gesellschaftsprobleme der Gegenwart, Bad Harzburg 1971

Bolte, K. M., Der Betrieb in soziologischer Sicht, Bad Harzburg 1974

Engels, W., Soziale Marktwirtschaft, Verschmähte Zukunft, Stuttgart 1973

Erhard/Müller-Armack, Soziale Marktwirtschaft, Frankfurt 1972

Model/Creifelds, Staatsbürger-Taschenbuch, München 1981

Oberreuter, H., Phänomene des Pazifismus, in: Bayer. Landeszentrale für politische Bildungsarbeit, Frieden und Sicherheit, München 1984

Ortlieb, H.-D., Die verantwortungslose Gesellschaft, München 1973

Thieme, H. J., Wirtschaftspolitik in der sozialen Marktwirtschaft, Hamburg 1974

Scheuch, E. K., Die Wiedertäufer der Wohlstandsgesellschaft, Köln 1968

Stammen, Th., Die politische Ordnung der Bundesrepublik, Bad Harzburg

Weizsäcker, C. F. v., Gesammelte Aufsätze, Hamburg 1981

Zu Kapitel 1.4

Affemann, R., Krank an der Gesellschaft, Stuttgart 1973

Dahrendorf, R., Die neue Freiheit, München 1975

Fromm, E., Haben oder Sein, Stuttgart 1976

Illich, Ivan, Selbstbegrenzung, Reinbek 1975

Rosenstiel, L. v., Wertewandel und Organisationsentwicklung, Referat auf der Jahrestagung der GOE in Hamburg 1982

Streithofen, H. B., Macht und Moral, Die Grundwerte in der Politik, Stuttgart 1979

Stückelberger, Ch., Aufbruch zu einem menschengerechten Wachstum, Zürich 1979

Zu Kapitel 1.5

Bennis, W. G., Organisationsentwicklung Baden-Baden, Bad Homburg v.d.H. 1972

Boudon, R., Die Logik des gesellschaftlichen Handelns, Darmstadt 1980

Büschkes, G., Organisationssoziologie, in Grochla, E. (Hrsg.), Handbuch der Organisation, 2. Aufl., Stuttgart 1980, Sp. 1770 – 1778

Büschkes, G., Einführung in die Organisationssoziologie, Hagen 1981

Etzioni, A., Soziologie der Organisation, München 1967

Gebert, D., Organisationsentwicklung, Stuttgart 1974

Heidack, C., Betriebspsychologie/Betriebssoziologie, Wiesbaden 1983

Heidack, C., Organisationssoziologie, in: Management-Enzyklopädie, Bd. 7, S. 404 – 419

Heidack, C., Planspiel-Praxis, Speyer 1980

Heidack, C./Brinkmann, E. P., Unternehmenssicherung durch Ideenmanagement, 2. Bd., Mehr Erfolg durch Motivation, Teamarbeit und Qualität, Freiburg i. Br. 1987

Heidack, (Hrsg.), Neue Lernorte der beruflichen Weiterbildung, Berlin 1987

Heidack, (Hrsg.), Lernen der Zukunft. Kooperative Selbstqualifikation – die effektivste Form der Aus- und Weiterbildung, 2. Aufl., München 1993

Jestroch, Weg zur Top-Aufgabe, München 1989

Lewin, K., Grundzüge der topologischen Psychologie, Bern 1969

March, J. G./Simon, H. A., Organisation und Individuum, Wiesbaden 1976

Mayer, A. (Hrsg.), Organisationspsychologie, Stuttgart 1978

Mayntz, R., Soziologie der Organisation, Reinbek 1975

McGregor, D., Der Mensch im Unternehmen, Düsseldorf 1970

Neuberger, O., Organisation und Führung, Stuttgart 1977

Parsons, T., The Social Systems, Glencoe III. 1951

Rosenstiel, L. v., Organisationspsychologie, München 1981

Sahm, A., Humanisierung im Führungsstil, Frankfurt 1977

Schein, E. H., Organisationspsychologie, Wiesbaden 1980

Simon, H. A., Entscheidungsverhalten in Organisationen, Landshut 1981

Staehle, W., Management, München 1980

Weber, M., Wirtschaft und Gesellschaft, 4. Aufl., 1. Hbd. Tübingen 1956

Weinert, A. B., Lehrbuch der Organisationspsychologie, München, Wien, Baltimore 1981

Wohlgemuth, A. C., Das Beratungskonzept der Organisationsentwicklung, Bern 1982

Zu Kapitel 1.6

Adam, D., Produktions- und Kostentheorie bei Beschäftigungsänderungen, Tübingen 1977
Gutenberg, E., Grundlagen der Betriebswirtschaftslehre, Bd. 1, Die Produktion, 22. Aufl., Berlin, Heidelberg, New York 1976
Heinen, E., Betriebswirtschaftliche Kostenlehre, 3. Aufl., Wiesbaden 1974
Kilger, W., Produktions- und Kostentheorie, Wiesbaden 1958
Klaus, J., Produktions- und Kostentheorie, Stuttgart 1974
Krelle, W., Produktionstheorie, Tübingen 1969, 2 Bände
Dürr, W./Kleibohm, K., Operations Research, München, Wien 1983
Schweitzer, M./Küpper, H.-U., Produktions- und Kostentheorie der Unternehmung, Reinbek 1974
Vester, F., Neuland des Denkens, Stuttgart 1980
Wittmann, W., Produktionstheorie, Berlin, Heidelberg, New York 1968

Zu Kapitel 1.7

Brede, G./Edel, B., Arbeitsrecht, Herne, Berlin 1984
Brox, H., Grundbegriffe des Arbeitsrechts, 6. Aufl., Stuttgart, Berlin, Köln, Mainz 1983
Eberbach, W., Arbeitsrecht, München 1981
Föhr, H., Arbeitsrecht für Arbeitnehmer, 3. Aufl., 1984
Girgensohn, G., Arbeitsrecht für Wirtschaftswissenschaftler, Stuttgart, Berlin, Köln, Mainz 1977
Götz, H., Arbeitsrecht, Braunschweig 1976
Grossmann, R./Schneider, F., Arbeitsrecht, 6. Aufl., Bonn 1982
Hanau, P./Adomeit, K., Arbeitsrecht, 7. Aufl., Frankfurt 1983
Hohn, H./Romanovszky, B., Vorteilhafte Arbeitsverträge, Bd. II, 3. Aufl., Freiburg i. Br. 1981
Hohn, H./Romanovszky, B., Vorteilhafte Arbeitsvertäge, Bd. I, 3. Aufl., Freiburg i. Br. 1981
Holland, R., Arbeitsrecht, Bielefeld, Köln 1975
Linnenkohl, K., Einführung in die Grundlagen des Arbeitsrechts, Baden-Baden und Bad Homburg v.d.H. 1977
Matthey, F., Arbeitsvertragsrecht, München, Wien 1981
Schaub, G., Arbeitsrechtshandbuch, 5. Aufl., München 1983
Schlessmann, K., Rechtskunde für Ausbilder, Heidelberg 1973
Schwedes, R., Einstellung und Entlassung des Arbeitnehmers, 4. Aufl., Freiburg i. Br. 1980

Zu Kapitel 1.8

Bidlingmaier, J., Unternehmerziele und Unternehmerstrategien, Wiesbaden 1964
Cabe, F. v., Was ist Kybernetik? Wiesbaden 1979
Forrestor, J. W., Grundsätze einer Systemtheorie, Wiesbaden 1972
Giese, R., Sozial handeln – an der Erkenntnis des sozial Ganzen, 1980
Heinen, E., Das Zielsystem der Unternehmung, Wiesbaden 1966

Hirth/Sattelberger/Stiefel, Lifestyling, München 1981

Hopfenbeck, W., Allgemeine Betriebswirtschafts- und Managementlehre, 2. Auflage, Landsberg/L. 1990

Lievegoed, B. C. J., Organisation im Wandel, 1974

Lindenau, Ch., Soziale Dreigliederung, Der Weg zu einer lernenden Gesellschaft, 1983

Pestalozzi, H. A., Nach uns die Zukunft, München 1981

Rieckmann, Heijo, Auf der grünen Wiese, Organisationsentwicklung einer Werksneugründung, 1982

Schmundt, W., Zeitgemäße Wirtschaftsgesetze, 1980

Schweppenhäuser, H. G., Gefangene des Systems, Der Weg aus der Sackgasse, 1981

Steinbuch, K., Falsch programmiert, Stuttgart 1969;
    ders., Kurskorrektur, Stuttgart 1973

Ulrich, H., Die Unternehmung als produktives soziales System der Wirtschaft, 1983

Wilken, F., Selbstgestaltung der Wirtschaft, 1983

Zu Kapitel 2.1

Ackermann/Reber, Personalwirtschaft, Stuttgart 1981

Baumgarten, R., Führungsstile und Führungstechniken, Berlin 1976

Bisani, F., Personalführung, Wiesbaden, 1981

Blake/Monton, Verhaltenspsychologie im Betrieb, Düsseldorf 1980

Bleicher/Meyer, Führung in der Unternehmung, Hamburg 1976

Engel/Riedmann, Die neuen Management-Techniken in Fällen, Band 2, München 1973

Fiedler, F. E., Persönlichkeits- und situationsbedingte Determinanten der Führung, in: Grochla, E. (Hrsg.) Organisationstheorie, 1. Band, Stuttgart 1975

Friedrichs, H., Moderne Personalführung, 5. Auflage, München 1978

Harlander, N., Führen durch Gespräche, 2. Auflage, Köln 1978

Harlander, N., So aktiviere ich meine Mitarbeiter, Köln 1982

Harlander, N., Wie Mitarbeiter künftig zu motivieren sind, in: Der Einzelhandelsberater Heft 5, Köln 1983

Heidack, C., Betriebspsychologie, Betriebssoziologie, Wiesbaden 1983

Heidack, C., Kooperative Selbstqualifikation, in: Günther, J., Quo vadis, Industriegesellschaft, Heidelberg 1984, S. 183 ff.

Hersey/Blanchard, Management of organizatioral behavior, Eaglewood Cliffs, 1977

Höhn, R., Führungsbrevier der Wirtschaft, 8. Auflage, Bad Harzburg 1969

Hofmann/Gusl, Das Harzburger Modell, 2. Auflage, Wiesbaden 1976

Lattmann, Ch., Führungsstil und Führungsrichtlinien, Bern 1975

Likert, R., Neue Formen der Unternehmensführung, Bern 1972

Maslow, A., Motivation und Persönlichkeit, München 1978

Neuberger, O., Führungsverhalten und Führungserfolge, Berlin 1976

Odiorne, G. S., Management by Objectives, München 1967

Panse/Müller/Schulz, Betriebliche Personalwirtschaftslehre, Baden-Baden 1983

Rosenstiel, L. v., Motivation im Betrieb, 2. Auflage, München 1973

Sahm, A., Führungspädagogik II, München 1975

Sahm, A., Humanisierung im Führungsstil, Frankfurt 1977

Tannenbusch/Schmidt, How to choose a leadership pattern, Harvard Buisiness Review 2, 1958

Witthauer, K. F., Menschen führen, 2. Auflage, Stuttgart 1979

Zu Kapitel 2.2

Bisani, F., Personalwesen, 3. Aufl., Wiesbaden 1983

Drumm, H. J., Personalplanung, Handwörterbuch des Personalwesens, 2. Auflage, Stuttgart 1992, S. 1758 ff.

Gälweiler, A., Unternehmensplanung, 2. Aufl., Stuttgart 1984

Gälweiler, A., Die Gestaltung geschäftspolitischer Grundsätze, in: Haberland, G., Der Kaufmännische Geschäftsführer, 3.1 2. Nachlieferung, Landsberg/L. 1979

Heidack, C./Brinkmann, E. P., Unternehmenssicherung durch Ideenmanagement, 2. Bd., Mehr Erfolg durch Motivation, Teamarbeit und Qualität, 2. Aufl., Freiburg i. Br. 1987

Heidack, (Hrsg.), Neue Lernorte der beruflichen Weiterbildung, Berlin 1987

Heidack (Hrsg.), Lernen der Zukunft. Kooperative Selbstqualifikation − die effektivste Form der Aus- und Weiterbildung, 2. Aufl., München 1993

Heidack, C., Bedarf − Zur Deutung des Begriffs in Wissenschaft und Praxis, Düsseldorf 1991

Heidack, C., Personalmarketing, in: Poth, L. (Hrsg.) Marketing, Nr. 67, Neuwied 1994

Hopfenbeck, W., Allgemeine Betriebswirtschafts- und Managementlehre, 7. Aufl., Landsberg/L. 1993

Kossbiel, H., Personalplanung, in: Gaugler, E. (Hrsg.), Handwörterbuch des Personalwesens, Stuttgart 1975, Sp. 1616 ff.

Platzeck, G., Personalbedarfsplanung ein Instrument des Personalcontrolling, in: Handbuch Revision, Controlling, Consulting, 5. Auflage, Landsberg/L. 1982, II.5

RKW (Hrsg.), Handbuch der Praxis der Personalplanung, Neuwied/Darmstadt 1978

Sahm, A., Personalführung I, 4. Aufl., München 1984

Thom, N., Personalentwicklung als Instrument der Unternehmensführung, Köln 1984

Wunderer, R./Kuhn, T., Unternehmerisches Personalmanagement, Frankfurt/New York 1993

Zu Kapitel 2.3

Bieding, F., Stellenbewertung und Personalbeurteilung, Bad Harzburg 1979

Bisani, F., Personalwesen, 3. Aufl., Wiesbaden 1984

Blum, E., Betriebsorganisation, Wiesbaden 1982

Goosens, F., Personalleiterhandbuch, München 1980

Heeg, W./Münch, J. (Hrsg), Personalentwicklung, Freiburg i.Br. 1993

Heidack, C., Betriebspsychologie, Betriebssoziologie, Wiesbaden 1983

Heidack, C./Brinkmann, E. P., Unternehmenssicherung durch Ideenmanagement, 2. Bd., Mehr Erfolg durch Motivation, Teamarbeit und Qualität, Freiburg i. Br. 1987

Heidack, (Hrsg.), Neue Lernorte der beruflichen Weiterbildung, Berlin 1987

Heidack (Hrsg.), Lernen der Zukunft. Kooperative Selbstqualifikation – die effektivste Form der Aus- und Weiterbildung, 2. Aufl., München 1993

Heidack, C., Lernort Computer, Wiesbaden 1991

Nüssgens, K. H., Führungsaufgabe Personalwesen, Berlin/New York 1975

Panse, W./Müller, K. D., Betriebliche Personalwirtschaftslehre, 2. Aufl., Baden-Baden/Bad Homburg v.d.H. 1983

Platt, W., Leistungsbewertung, München 1977

REFA (Hrsg.), Methodenlehre des Arbeitsstudium 6. Auflage, Darmstadt 1978

RKW (Hrsg.), Praxis der Personalplanung, Neuwied/Darmstadt 1978

Sahm, A., Humanisierung im Führungsstil, Frankfurt/M. 1977

Thom, N., Personalentwicklung als Instrument der Unternehmensführung, Köln 1984

Zum Unterpunkt 2.3.6

Bleil, J./Korb, H., Personalinformationssysteme (PIS), in: Management-Enzyklopädie Bd. 7, Landsberg/L. 1984, S. 606 ff.

Domsch, F., Personal-Informationssysteme – Instrumente der Personalführung, Personalverwaltung, 5. Aufl., Hamburg 1981

Heidack, C., „Bedarf" – zur Deutung des Begriffes in Wissenschaft und Praxis, Düsseldorf 1991

Heidack, C./Brinkmann, E. P., Unternehmenssicherung durch Ideenmanagement, 2. Bd., Mehr Erfolg durch Motivation, Teamarbeit und Qualität, Freiburg i. Br. 1987

Heidack, C., Lernort Computer, Wiesbaden 1991

Koffka, D., Mitwirkungs- und Informationsrechte des Betriebsrats bei Einführung und Betrieb von Personalinformationssystemen, in: Jobs, F., Samland, J., S. 87 ff.

Schuster, K., Aufgaben, Probleme, Chancen und Kontrolle von Personalinformationssystemen, in: Jobs, F. Samland, J., S. 1 ff.

Thom, N., Personalentwicklung als Instrument der Unternehmensführung, Köln 1984

Wohlgemuth, A. C., Managementnachwuchsplanung mit dem Computer, in: Management-Zeitschrift i.o. 9/1984, S. 408 ff.

Wohlgemuth, A. C., Unternehmensdiagnose in Schweizer Unternehmungen: Untersuchungen zum Erfolg mit besonderer Berücksichtigung des Humanpotentials, Bern 1989

Wolf/Köppen, P., Personalinformationssysteme als Instrument der Personalplanung, in: Jobs, F., Samland, J., S. 45 ff.

Zu Kapitel 2.4

Amthauer, R., Die Beurteilung der Mitarbeiter, Wiesbaden 1968

Bisani, Personalbeschaffung und Personalbeschaffungsplanung, 2. Auflage in: Handwörterbuch des Personalwesens, Stuttgart 1992

Bühner, R., Personalmanagement, Landsberg/L. 1994

Heidack, C., „Bedarf" – Zur Deutung des Begriffes in Wissenschaft und Praxis, Düsseldorf 1991

Heidack, C., Personalmarketing, in: Poth, L. (Hrsg.), Marketing Nr. 67, Neuwied 1994.

Knebel, H., Das Vorstellungsgespräch, 13. Aufl., Freiburg i. Br. 1992
Panse/Müller-Schulz, Betriebliche Personalwirtschaftslehre, Baden-Baden 1983
Rosenstiel, L. v., Motivation im Betrieb, 3. Aufl., München 1992
Stopp, U., Betriebliche Personalwirtschaft, 5. Auflage, Grafenau 1980

Zu Kapitel 2.5

Die Beteiligung von Mitarbeitern, Herne 1973
Eckardstein, v./Schnellinger, Betriebliche Personalpolitik, 3. Auflage, München 1975
Leavitt, H. J., Grundlagen der Führungspsychologie, München 1974
Maier, W., Arbeitsanalyse und Lohngestaltung, Stuttgart 1983
Mitarbeiterbeteiligung im Steuerdschungel, Veröffentlichung des AGP-Arbeitskreises
    ,,Steuern und Mitarbeiterbeteiligung'', Kassel 1987
Müller, K.-D., Management-Methoden, in: Neue Betriebswirtschaft 6/81, S. 327 ff.
Paasche, J., Zeitgemäße Entlohnungssysteme, Essen 1978
Paasche, J., Zeitgemäße Lohngestaltung, Essen 1981
Panse, W./Müller, K.-D./Schulz, P., Betriebliche Personalwirtschaftslehre, Hrsg.
    Preitz, O., 2. Aufl., Bad Homburg v.d.H. 1983
Panse, W., Der Wandel in der heutigen Führungsphilosophie, in: Festschrift für Dr. Otto
    Preitz, Bad Homburg v.d.H. 1983, S. 52 ff.
Reisch, K., Grundlagen der betrieblichen Lohnfindung, Wiesbaden
Rhonheimer, M., Liebe allein macht das Nest nicht warm, in: Die Welt 175/1977,
    30. 7. 1977
Röglin, H.-Chr., Der Rückkopplungseffekt des Eigentums, Bonn 1969
Steinmann, H./Müller, H./Klaus, H., Arbeitnehmer-Beteiligungsmodelle, Die Betriebs-
    wirtschaft 42 (1982) I, S. 117 ff.
Zander, E., Lohn- und Gehaltsfestsetzung in Klein- und Mittelbetrieben, 6. Aufl., Frei-
    burg i. Br. 1980

Zu Kapitel 2.6

Albach, H./Gabelin, T., Mitarbeiterführung, Wiesbaden 1983
Bisani, F., Personalwesen, Grundlagen, Organisation, Planung, 3. Aufl., Opladen 1983
Friedrichs, H., Moderne Personalführung, 5. Aufl., München 1978
Gaugler, E. u.a., Leistungsbeurteilung in der Wirtschaft, Baden-Baden 1978
Hentze, J., Arbeitsbewertung und Personalbeurteilung, Stuttgart 1980
Hoelemann, W./Spengler, G., Die Beurteilung von Führungskräften, Königstein 1978
Justen, R., Mitarbeiterbeurteilung, Stuttgart 1971
Mentzel, W., Unternehmenssicherung durch Personalentwicklung, 2. Aufl., Freiburg i.
    Br. 1983
Panse, W./Müller, K./Schulz, P., Betriebliche Personalwirtschaftslehre,, 2. Aufl., Baden-
    Baden und Bad Homburg v.d.H. 1983
Raschke, H./Knebel, H., Taschenbuch für Personalbeurteilung, 6. Aufl., Heidelberg 1983
Schwarz, H., Arbeitsplatzbeschreibungen, 8. Aufl., Freiburg i. Br. 1981
Stengel-Güttner, G., Mitarbeiterbeurteilung, in: Personal-Enzyklopädie, Bd. 2, München
    1978, S. 587

Stopp, U., Betriebliche Personalwirtschaft. 10. Aufl., Grafenau/Württ. und Stuttgart 1983

Zander, E., Führung in Klein- und Mittelbetrieben, Freiburg i. Br., 2. Aufl., 1982

Zu Kapitel 2.7

Bisani, F., Personalwesen, Grundlagen, Organisation, Planung, Opladen, 3. Aufl., 1983

Decker, F./Maier, R., Betriebliche Personalpolitik, 3. Aufl., München 1978

Gagné, R., Die Bedingungen des menschlichen Lernens, Hannover, 4. Aufl., 1982

Heidack, C., Neue Lernorte in der beruflichen Weiterbildung, Berlin 1987

Heidack, C., (Hrsg.), Lernen der Zukunft. Kooperative Selbstqualifikation – die effektivste Form der Aus- und Weiterbildung, 2. Aufl., München 1993

Hentze, J., Personalwirtschaftslehre 1/2, Bern und Stuttgart, 2. Aufl., 1981

Kaiser, A., Erfolgreich lernen in Aus- und Fortbildung, Stuttgart 1976

Klöfer, F., Betriebliches Bildungswesen, Bielefeld 1978

Köpfler, F., Industriepädagogische Untersuchungen zur Programmierten Unterweisung (Diss.), Aachen 1968

Lehmann, C.: Die Ausbildung des Mitarbeiters als Aufgabe der Unternehmung, München 1974

Lewin, K., Feldtheorie in den Sozialwissenschaften, Bern-Stuttgart 1963

Maeck, H., Kreative Planung und Kontrolle des Lernens und Trainierens, Landsberg/L. 1980

Mentzel, W., Unternehmenssicherung durch Personalentwicklung, 2. Aufl., Freiburg i. Br. 1983

Münch, J.: Berufliche Qualifikation und soziale Kompetenz, in: Günther, J. (Hrsg.): Quo vadis Industriegesellschaft, Heidelberg 1984

Panne, H./Schult, R., Personalwesen, Bielefeld 1978

Panse, W./Müller, K./Schulz, P., Betriebliche Personalwirtschaftslehre, 2. Aufl., Baden-Baden und Bad Homburg 1983

Stiefel, R. T./Flöther, E., Die Praxis betrieblicher Weiterbildungsveranstaltungen, Köln 1976

Vester, F., Denken, Lernen, Vergessen, Stuttgart 1975

Zielinski, J., Praktische Berufsausbildung, 4. Aufl., Heidelberg 1977

Zu Kapitel 2.8

Bundesminister für Arbeit und Sozialordnung, Rentenreform '92, Bonn 1990

Dücker, H.-G. v., Arbeitsrecht, Wiesbaden, o. J.

Eckardstein, D. v., Schnellinger, F., Betriebliche Personalpolitik, 3. Auflage, München 1978

Engel, P., Betriebliche Sozialleistungen, Köln 1977

Grätz, F./Meinecke, K., Handbuch der betrieblichen Zusatz- und Sozialleistungen, 2. Aufl., Wiesbaden 1979

Haberkorn, K., Betriebliche Sozialpolitik, 2. Aufl., München 1978

Haberkorn, K., Grundlagen aktueller Sozialpolitik im Betrieb, in: Das Personalbüro in Recht und Praxis, Gruppe 12 aus Heft Nr. 10/1976, S. 69 ff.; Loseblattsammlung, Freiburg i. Br.

Heubeck, G./Höhne, G./Rau, H. G./Weinert, W., Gesetz zur Verbesserung der betrieblichen Altersversorgung, Gesetzestext mit Einführung, Heidelberg 1975

Maurer, M./Wisso, F., Praktische Lohnabrechnung 1990, München 1990

Panse, W./Müller, K.-D./Schulz, P., Betriebliche Personalwirtschaftslehre, Hrsg. Preitz, O., 2. Aufl., Bad Homburg v.d.H. 1983

Pelikan, W., Rentenberechnung, München 1970

Pensions-Sicherungs-Verein, Hrsg., Satzung/Allgemeine Versicherungsbedingungen für die Insolvenzsicherung der betrieblichen Altersversorgung, Köln 1975

Schilling, W./ Staude, J., Betriebliche Sozialleistungen, Wiesbaden, o. J.

Statistisches Jahrbuch 1983 für die Bundesrepublik Deutschland, Hrsg. Statistisches Bundesamt Wiesbaden, Stuttgart und Mainz 1983, S. 395

Übersicht über die Soziale Sicherung, Hrsg. Der Bundesminister für Arbeit und Sozialordnung, 9. Aufl., Bonn 1975

Wenzel, B./Meiser, E., Wie wird eine Sozialbilanz aufgestellt? in: Das Personalbüro in Recht und Praxis, Gruppe 12 aus Heft Nr. 1/1981, S. 101 ff., Loseblattsammlung, Freiburg i. Br.

Zu Kapitel 2.9

Adebahr, H., Die Fluktuation der Arbeitskräfte, Berlin 1971

Daul, H., Personalstatistik, 2. Aufl., Köln und Opladen 1967

Goosens, F., Der Personalwechsel, Pöcking 1957

Haberkorn, K., Die Bekämpfung der Fluktuation, Essen 1965

Marr, R., Fluktuation, in: Handwörterbuch des Personalwesens, Gaugler, E., (Hrsg.), Stuttgart 1975, Sp. 845 ff.

Müller, K.-D., Personelle Fluktuation, in: Das große Lexikon für Handel und Absatz, Falk, R., Wolf, J. (Hrsg.), 2. Aufl., Landsberg/L. 1982

Panse, W./Müller, K.-D./Schulz, P., Betriebliche Personalwirtschaftslehre, 2. Auf., Bad Homburg v. d. H. und Berlin, Zürich, 1983

RKW-Handbuch, Praxis der Personalplanung, Teil IV, Planung des Personalabbaus und Teil IX, Personalstatistik, Neuwied und Darmstadt 1978

Stopp, U., Betriebliche Personalwirtschaft, 2. Aufl., Grafenau und Stuttgart 1976

Zu Kapitel 3

Bennis, Organisationsentwicklung, Baden-Baden/Homburg v.d.H. 1972

Hauptmann, G./Hohmann, R., Soziotechnische Arbeitssysteme, in: Reinraumtechnik, H. 2, 1990, S. 37 f.

Heidack, C., Kooperative Selbstqualifikation, in: Günter, J. (Hrsg.), Quo vadis Industriegesellschaft? Perspektiven zu Führungsfragen von morgen, Heidelberg 1984, S. 183 ff.

Heidack, C. (Hrsg.), Neue Lernorte in der beruflichen Weiterbildung, Berlin 1987

Heidack, C. (Hrsg.), Lernen der Zukunft. Kooperative Selbstqualifikation – die effektivste Form der Aus- und Weiterbildung im Betrieb, 2. Aufl., München 1993

Heidack, C., Weiterbildung im Wandel, in: Hartmann/Hohmann, Handbuch für Reinraumtechnik, Landsberg/L. 1991

Heidack, C./Brinkmann, E. P., Unternehmenssicherung durch Ideenmanagement, Bd. 2, 2. Aufl., Freiburg i. Br. 1987

Heidack, C./Schulz, W., Zukunftsorientierte Weiterbildung der Ausbilder, in: Heidack, C. (Hrsg.). Lernen der Zukunft a.a.O., S. 100 ff.

Hohmann, R., Institutionalisierte Gruppenarbeit als pädagogische Strategie am Beispiel der Lernstatt, in: Heidack, C. (Hrsg.), Neue Lernorte a.a.O.

Lappsade, G., Gruppen, Organisationen, Institutionen, Stuttgart 1972

Lewin, K., Feldtheorie, Bad Nauheim 1968

Lewin, K., Grundzüge der topologischen Psychologie, Bern 1969

Lippitt, R., Wie verändert die Micro-Dynamik die Makro-Struktur? in: Gruppendynamik 1974, S. 274 ff.

Münch, J., Berufliche Qualifikation und soziale Kompetenz, in: Günter, J. (Hrsg.), Quo vadis Industriegesellschaft? Perpektiven zu Führungsfragen von morgen, Heidelberg 1984, S. 131 ff.

Münch, J., Heeg, W., (Hrsg.), Personalentwicklung, Freiburg i. Br. 1993

Pawlek, K., Lehren und Lernen als Einheit in der kooperativen Selbstqualifikation. Neue Wege der Berufsausbildung, in: Heidack, C. (Hrsg.), Lernen der Zukunft. Kooperative Selbstqualifikation – die effektivste Form der Aus- und Weiterbildung im Betrieb, 2. Aufl., München 1993, S. 76 ff.

Staudt, E., Defizitanalyse betrieblicher Weiterbildung, in: Schlaffke, W., Weiß, R. (Hrsg.), Tendenzen betrieblicher Weiterbildung, Köln 1990, S. 72 f.

Wohlgemuth, A. C., Das Beratungskonzept der Organisationsentwicklung, 2. Aufl., Zürich 1984

Wunderer, R./Kuhn, T., Unternehmerisches Personalmanagement, Frankfurt/New York 1993

Autorenverzeichnis

Prof. Norbert A. Harlander

Prof. Norbert A. Harlander, Dipl.-Kfm. Jg. 1941, studierte Wirtschafts-und Sozialwissenschaften in München, Münster und Köln. Nach dem Examen arbeitete er als Assistent, später als Geschäftsführer eines bauwirtschaftlichen Spitzenverbandes in Bonn und dann als Mitglied der Geschäftsleitung eines mittelständischen Unternehmens in Südwestdeutschland.

Seit 1974 ist er Professor für Allgemeine Betriebswirtschaftslehre an der FH Rheinland-Pfalz, Abteilung Koblenz, und leitet dort das Institut für Betriebspolitik und Beschaffungsmarketing. Daneben ist er als Unternehmensberater und Seminarleiter in Mittel- und Großunternehmen sowie in Non-profit-Unternehmen tätig.

Prof. Dr. phil. Clemens Heidack

Prof. Dr. phil. Clemens Heidack, Dipl.-Volkswirt, Jg. 1938, studierte in Bonn, Köln und Innsbruck Geistes-, Verhaltens- und Wirtschaftswissenschaften, baute im Bereich der Elektromotorenwerke der Siemens AG die Abteilung ,,Bildungswesen und Information" auf, war danach Zentralabteilungsleiter für den kfm. Nachwuchs der AEG-Telefunken und anschließend Bildungsleiter in der Generaldirektion der Allianz Versicherungs AG. Er lehrt als Professor für Betriebswirtschaft, insbesondere Personal- und Ausbildungswesen, an der Fachhochschule Düsseldorf. Er ist Gründungsmitglied der Arbeitsgemeinschaft für betriebliche Weiterbildungsforschung e.V. des Bundesministeriums für Bildung und Wissenschaft. Berater in Osteuropa, Gründungsmitglied des Europäischen Bildungsvereins E.U.E. in Strasbourg (Kapitel 1.5, 2.2., 2.3, 2.4, 3.).

Prof. Dr. Fritz Köpfler

Prof. Dr. phil. Fritz Köpfler, Jg. 1933, studierte in München BWL mit Abschluß als Dipl.-Kfm. und Dipl.-Handelslehrer, später Pädagogik und Psychologie in Aachen und schloß ein juristisches Teilstudium ab. Stationen seines Berufsweges sind: Unterrichtstätigkeit an einer Privatschule, Stellvertretender Werbeleiter, Sonderbeauftragter für die Verkaufsorganisation, Leiter der Abteilung für alle Aus- und Weiterbildungsmaßnahmen, dann Leiter des Tankstellengeschäfts im Ruhrgebiet in einem großen Mineralölkonzern. Seit 1973 Professor für BWL, insb. Personalwesen, an der FH Aachen. 14 Semester Lehrauftrag an der RWTH: ,,Einführung in die Industriepädagogik", Gastvorlesungen in der VR China. (Kapitel 1.2, 1.7, 2.6, 2.7).

Prof. Dr. Klaus-Dieter Müller

Jg. 1934, Diplom-Kaufmann. Nach kaufmännischer Lehre Studium der Betriebswirtschaftslehre in Münster. Hier auch Promotion. Anschließend Geschäftsführer der Wirtschaftsvereinigung Groß- und Außenhandel, Landesverband Nordrhein-Westfalen, Düsseldorf, zugleich Geschäftsführer der verbandseigenen Unternehmungsberatungsgesellschaft mbH. Später Personalleiter und Leiter der Verwaltung des Forschungsinstituts der Zementindustrie, Düsseldorf. Ab 1973 Professor an der Fachhochschule Münster, Hauptarbeitsgebiet: Allgemeine Betriebwirtschaftslehre, insbesondere Personalwirtschaftslehre (Kapitel 1.6, 2.5, 2.8, 2.9).

Stichwortverzeichnis

518